# COMPOSER POUR L'IMAGE À L'ÈRE NUMÉRIQUE

## *STAR WARS*, D'UNE TRILOGIE À L'AUTRE

## Dernières parutions dans la même collection

*L'expérience musicale : appréciation, expression, émotion*, par Jerrold LEVINSON, textes réunis, traduits et introduits par Clément CANONNE et Pierre SAINT-GERMIER, 2020, 360 pages.

*Musique, cinéma, processus créateur : Norman McLaren et Maurice Blackburn, David Cronenberg et Howard Shore*, par Solenn HELLÉGOUARCH, 2020, 296 pages.

*Fidélité et infidélité dans les mises en scène d'opéra*, par Jean-Jacques NATTIEZ, 2019, 320 pages.

*Mémoires d'Hector Berlioz de 1803 à 1865, et ses voyages en Italie, en Allemagne, en Russie et en Angleterre, écrits par lui-même*, texte établi, présenté et annoté par Peter BLOOM, 2019, 920 pages.

*De la Libération au Domaine musical : dix ans de musique en France (1944-1954)*, sous la direction de Laurent FENEYROU et Alain POIRIER, 2019, 576 pages.

*Écoles de Paris en musique, 1920-1950 : identités, nationalisme, cosmopolitisme*, par Federico LAZZARO, 2018, 436 pages.

*Léo Delibes : itinéraire d'un musicien des Bouffes-Parisiens à l'Institut*, par Pauline GIRARD, 2018, 432 pages.

Maurice EMMANUEL, *Lettres choisies, 1880-1938*, rassemblées, présentées et annotées par Christophe CORBIER, 2017, 632 pages.

Jules MASSENET, *Mes souvenirs et autres écrits*, textes rassemblés, présentés et annotés par Jean-Christophe Branger, 2017, 360 pages.

*Berlioz et la scène : penser le fait théâtral*, par Violaine ANGER, 2016, 304 pages.

*Regards sur le Dictionnaire de musique de Rousseau : des Lumières au Romantisme*, par Emmanuel REIBEL, 2016, 290 pages.

*Entretiens d'artistes : poétique et pratiques*, par Laurence BROGNIEZ et Valérie DUFOUR, 2016, 280 pages.

Jean COCTEAU, *Écrits sur la musique*, présentés par David GULLENTOPS et Malou HAINE, 2016, 648 pages.

*Marges de l'opéra : musique de scène, musique de film et musique radiophonique en France, en Suisse, en Allemagne et aux États-Unis, 1920-1950*, sous la direction de Frédérique TOUDOIRE-SURLAPIERRE et Pascal LÉCROART, 2015, 288 pages.

*L'orchestre à cordes sous Louis XIV*, sous la direction de Jean DURON et Florence GÉTREAU, 2015, 472 pages.

*Essais de philosophie*, par Jerrold LEVINSON, textes réunis, traduits et introduits par Clément CANONNE et Pierre SAINT-GERMIER, 2015, 288 pages.

*L'orchestre au travail : interprétations, négociations, coopérations*, par Hyacinthe RAVET, 2015, 384 pages.

*L'enquête en ethnomusicologie : préparation, terrain, analyse*, par Simha AROM et Denis-Constant MARTIN, 2015, 288 pages.

# COMPOSER POUR L'IMAGE À L'ÈRE NUMÉRIQUE

## *STAR WARS*, D'UNE TRILOGIE À L'AUTRE

par

Chloé Huvet

*Ouvrage publié avec le concours*
*du Centre national du livre (CNL),*
*de l'Observatoire interdisciplinaire de création et de recherche en musique (OICRM),*
*de l'antenne Recherches en Arts, Spectacle, Musique (RASM) du Centre d'Histoire Culturelle des Sociétés Contemporaines (CHCSC, EA 2448)*
*et de l'École Doctorale Arts, Lettres, Langues (ED 595) et de l'Unité de recherche Arts : pratiques et poétiques (EA 3208) de l'Université Rennes 2*

**VRIN**

Musicologies

La collection *MusicologieS* présente des ouvrages qui répondent aux attentes des mélomanes, des musiciens, des musicologues mais aussi à celles de toutes les personnes qui s'intéressent à la musique et qui souhaitent découvrir et explorer son histoire, son langage, sa place et son rôle au cœur des sociétés occidentales et non occidentales.
La musicologie contemporaine possède de multiples orientations disciplinaires : histoire, histoire de l'art, philosophie, psychologie, psychanalyse, esthétique, sociologie ou anthropologie, pour ne citer qu'elles. Les ouvrages de la collection puiseront à ces univers et contribueront à la connaissance et à la compréhension des musiques savantes et populaires de toutes les époques.

*MusicologieS*
collection dirigée par
**Malou Haine et Michel Duchesneau**


Imprimé en France
ISSN 2114-169X
ISBN 978-2-7116-2895-7
www.vrin.fr

# INTRODUCTION

Le présent ouvrage propose de dégager et de théoriser la complexité et l'inventivité des procédés musico-sonores actuellement en vigueur dans l'industrie hollywoodienne, en montrant comment les mutations techniques – en particulier l'emploi du montage numérique et la transformation des systèmes de création et de diffusion sonore – ont pu tout à la fois accompagner et susciter l'apparition de pratiques musicales et sonores spécifiques. Il s'agira également de reconstituer l'atelier de création collective que constitue la réalisation de la bande-son d'un film, en nous intéressant à des figures souvent délaissées dans les études sur la musique de cinéma, les monteurs et les mixeurs [1]. Cette étude se fera au prisme d'un cas particulièrement représentatif dans le domaine des *blockbusters* : la double trilogie *Star Wars* créée par George Lucas (1977-2005).

## Numérique et mutations esthétiques

L'adoption généralisée des technologies numériques dans l'industrie cinématographique hollywoodienne depuis les années 1990 a suscité nombre de bouleversements esthétiques dans les films à grand spectacle. Ces mutations se traduisent tout d'abord sur le plan visuel par ce que David Bordwell a théorisé sous l'expression de « continuité intensifiée » [2] : le style visuel des *blockbusters* [3] contemporains correspond à

1. Bien que les orchestrateurs jouent habituellement un rôle déterminant dans le domaine de la création musicale pour l'image, nous ne leur consacrerons pas de développement dans le présent volume, dans la mesure où les manuscrits de John Williams constituent quasiment une partition achevée. Fait suffisamment rare pour une musique de film, le compositeur livre en effet des brouillons relativement aboutis, où les noms des instruments souhaités sont annotés ainsi que, très souvent, le nombre d'instrumentistes par pupitres. Les nuances, les phrasés, les accents et les indications de caractère sont également déjà présents. Le rôle des orchestrateurs se résume pour l'essentiel à un travail de copiste, à une mise au propre en vue des sessions d'enregistrement, comme nous l'a confirmé Conrad Pope (entretien personnel enregistré le 13 février 2013).

2. David Bordwell, « Intensified Continuity Visual Style in Contemporary American Film », *Film Quarterly*, vol. 55, n° 3, printemps 2002, p. 16-28.

3. Selon Warren Buckland (*Directed by Steven Spielberg : Poetics of the Contemporary Blockbuster*, New York, Continuum, 2006, p. 17), « un *blockbuster* peut être défini selon deux variables : les sommes colossales investies dans la production et le *marketing*, ainsi que le montant des revenus reçus » (« *A blockbuster can be defined in terms of two variables : the huge sums involved in production and marketing, and the amount of revenues received* »). Toutes les traductions de l'anglais vers le français sont les nôtres, à

une intensification des techniques visant à renforcer les principes d'unité, de clarté et de cohérence narratives établis par la tradition « classique » du cinéma américain.

L'esthétique visuelle dominante dans les films hollywoodiens de l'ère numérique repose sur quatre éléments principaux, qui recoupent à la fois des principes de montage et de composition de l'image[4]. Les films se caractérisent tout d'abord par la rapidité de leur montage, avec, au tournant du XXI^e^ siècle, une durée moyenne des plans oscillant entre trois et six secondes (contre six à huit secondes dans les années 1960). Ce raccourcissement est étroitement lié à l'usage extensif des gros plans, second critère énoncé par Bordwell. Dans les séquences dialoguées, en particulier, les gros plans suivent la logique du champ / contrechamp en insistant sur les expressions du visage et les réactions de chaque personnage au lieu de cadrer les protagonistes ensemble dans un plan plus large. Leur rapide enchaînement et leur courte durée participent ainsi au dynamisme des scènes. L'« usage bipolaire de la distance focale dans ses extrêmes »[5] est un troisième trait essentiel. Les (très) courtes focales, aussi appelées « grand angle » lorsqu'elles sont inférieures à 18 mm, tendent à creuser l'espace, à offrir une grande profondeur de champ où tous les plans sont nets simultanément, à accentuer voire déformer les perspectives, générant ainsi des aberrations visuelles exploitées pour leur potentiel expressif par Brian De Palma ou Darren Aronofsky. De l'autre côté du spectre, les très longues focales (à partir de 135 mm), également nommées « téléobjectifs », rétrécissent l'espace, écrasent la perspective et isolent les personnages dans le décor. En outre, comme l'affirme Jeff Smith, « la profondeur de champ réduite produite par les téléobjectifs ajoute parfois une touche de pictorialisme [...], les zones du cadre entourant le sujet étant rendues sous la forme d'un méli-mélo flou de couleurs abstraites »[6]. On rencontre cette esthétique « maniériste » notamment dans les films de Tony Scott ou de Michael Mann. Les focales ne sont bien sûr pas exclusives l'une de l'autre : des réalisateurs comme Steven Spielberg et Francis F. Coppola tendent à passer rapidement et librement de l'un à l'autre de ces extrêmes[7]. Enfin, à l'ère numérique, le cinéma *mainstream* est caractérisé par l'usage de mouvements de caméra à la fois amples et virtuoses, touchant parfois à l'extravagance, tels les pano-travellings hélicoïdaux, les « travellings perpendiculaires au déplacement, [ou les] raccords-mouvement sans raccords-objet »[8] ou les fréquents mouvements de grue. La caméra est sans cesse en mouvement, que ce soit par l'usage de zooms

l'exception des répliques de films et des commentaires audio issus des bonus des DVDs ou des Blu-rays, où nous avons retranscrit le sous-titrage français existant.

4. Les quatre éléments que nous détaillons ici synthétisent les recherches menées par David Bordwell dans son ouvrage *The Way Hollywood Tells It : Story and Style in Modern Movies*, Berkeley, University of California Press, 2006, p. 121-122.

5. « *Bipolar extremes of lens lengths* ». Bordwell, « Intensified Continuity Visual Style », p. 16-28, ici p. 17.

6. « *The shallow depth of field produced through telephoto lenses sometimes add a soft pictorialism [...] as the areas of the frame surrounding the subject are rendered as blurs of abstract colors* ». Jeff Smith, « The Sound of Intensified Continuity », dans John Richardson, Claudia Gorbman et Carol Vernallis (dir.), *The Oxford Handbook of New Audiovisual Aesthetics*, New York, Oxford University Press, 2013, p. 333.

7. Voir à ce sujet David Bordwell, *On the History of Film Style*, Cambridge, Harvard University Press, 1997, p. 253-260.

8. Laurent Jullier, *Star Wars : anatomie d'une saga* [2005], Paris, Armand Colin, 2010, p. 54. Pour d'autres marqueurs visuels emblématiques de ce type de cinéma, voir Laurent Jullier, *L'écran post-moderne : un cinéma de l'allusion et du feu d'artifice*, Paris / Montréal, L'Harmattan, 1997.

qu'aucun élément de l'image ne semble pourtant appeler, par les travellings de suivi filmés en plan-séquence permettant d'accompagner les déplacements complexes d'un personnage à travers l'espace et impliquant des répétitions chorégraphiées en amont du tournage, ou par les plans tremblés et souvent décadrés. L'usage de drones, équipés de caméras et contrôlés à distance, contribue de manière déterminante à ces mouvements ostentatoires, « gratuits » et complexes.

Si l'étude de l'esthétique visuelle des *blockbusters* numériques est donc bien documentée, la contrepartie sonore de ces mutations techniques n'a pas fait l'objet de recherches aussi approfondies. Dans une publication en écho à celle de Bordwell, Jeff Smith a dégagé les principales caractéristiques du son des films hollywoodiens contemporains : un volume sonore intense, une mise en valeur des fréquences graves, une expansion de l'étendue des fréquences, une spatialisation accrue, un travail de bruitage (*foley*) confinant à l'hyperdétail, et l'emploi d'effets sonores extra-diégétiques comme ponctuation stylistique [9]. Pour intéressant qu'il soit, son article pointe pourtant un manque majeur dans les travaux sur le son des films hollywoodiens contemporains : ceux-ci, mentionnant la musique de manière périphérique, se focalisent quasi exclusivement sur les bruitages et les effets sonores. En outre, ils n'abordent que rarement et avec précision la manière dont ces derniers s'intègrent dans le tissu sonore général et interagissent avec la musique [10].

Cette lacune s'avère problématique pour deux raisons : premièrement, les outils numériques ont pleinement accompagné et participé à la fois à la transformation du processus d'écriture musicale et du statut de la partition au sein du film, deuxièmement, chaque matériau sonore n'est qu'une partie d'un tout. Il ne nous semble plus possible de séparer de manière hermétique dans l'analyse les effets sonores d'un côté et la partition de l'autre dans la mesure où les résultats qui en découlent sont nécessairement tronqués. Intégrée au son dans tous ses aspects, la musique devient matériau filmique : dialogue, *foley*, effets sonores et partition musicale s'entremêlent et s'associent à l'image. En post-production s'effectue un second travail de composition, où monteurs et mixeurs mettent à profit l'extrême facilité et la rapidité de manipulation offerte par les outils numériques, la partition étant envisagée comme un matériau malléable interchangeable.

## *STAR WARS*, UN CAS EMBLÉMATIQUE

Dès la sortie de l'*Épisode IV : Un nouvel espoir* (1977), *Star Wars* marque profondément à la fois l'histoire du cinéma – en particulier le cinéma de science-fiction, de *fantasy* et le cinéma-spectacle – et celle de la musique de film, prenant la forme d'un véritable phénomène de société. Outre la richesse, l'inventivité de son univers visuel et les conquêtes successives réalisées par la société d'effets spéciaux fondée par George

9. Smith, « The Sound of Intensified Continuity », p. 338-347.

10. Voir en particulier William Whittington, *Sound Design & Science Fiction*, Austin, University of Texas Press, 2007 ; Mark Kerins, *Beyond Dolby (Stereo) : Cinema in the Digital Sound Age*, Bloomington, Indiana University Press, 2011.

Lucas, Industrial Light & Magic (ILM), la saga se distingue par un « retour en grâce de la dimension sonore »[11], à travers la palette des bruitages conçus par le *sound designer* Ben Burtt ainsi que par l'ampleur de la partition orchestrale du compositeur John Williams. L'attention accordée au son et la particularité du traitement de la bande sonore dans son ensemble constituent la signature particulière de la saga, comme le souligne Amy McGill :

> Les qualités de densité claire, de plénitude et de flamboyance acoustique, ainsi que le narratif spectaculaire, sont les caractéristiques sonores principales et distinctives des films *Star Wars*, qui peuvent également être entendues dans la seconde trilogie[12].

*John Williams, figure prééminente de la musique hollywoodienne*

Figure de proue de la musique de cinéma contemporaine, musicien attitré de Spielberg cinq fois oscarisé, Williams est étroitement associé au rayonnement de la saga de Lucas. Le style du compositeur ayant déjà été abondamment traité dans la littérature, nous nous contenterons ici d'en rappeler les principaux traits. Tout d'abord, en ce qui concerne les rapports musique / image, Williams valorise sans ambiguïté le synchronisme audio-visuel en entretien, proche en cela des pionniers du symphonisme hollywoodien des années 1930-1940[13]. Son approche s'inscrit parfaitement au sein de conceptions esthétiques et narratives qui ont façonné la musique de cinéma américaine depuis l'« âge d'or » du classicisme : l'industrie culturelle met en œuvre un programme narratif adossé à un langage romantique et postromantique, répondant à des stratégies commerciales. Il n'est dès lors pas rare d'observer le recours au *mickey-mousing*[14] dans les partitions de Williams. Pour autant, sa musique ne se contente pas de suivre fidèlement l'image ou d'illustrer point par point ce qui s'y passe. Elle apporte très fréquemment une dimension supplémentaire, en faisant ressortir un seul des aspects de la scène ou en proposant une autre lecture de l'action représentée, et prend alors une valeur de commentaire sur les images[15].

---

11. Laurent Jullier, *Star Wars : anatomie d'une saga*, p. 61.

12. « *The qualities of dense clarity, sonic plenitude and flamboyance, and sensational narration are identifiable sonic hallmarks of the Star Wars films, and can also be heard in the second trilogy* ». Amy C. McGill, *The Contemporary Hollywood Film Soundtrack : Professional Practices and Sonic Styles Since the 1970s*, thèse de doctorat, Exeter, University of Exeter, 2008, p. 243.

13. Voir Tony Thomas, « A Conversation with John Williams », *The Cue Sheet, Journal of the Society for the Preservation of Film Music*, vol. 8, n° 1, mars 1991, p. 6-15, plus spécifiquement p. 6; James Buhler, David Neumeyer et Rob Deemer, *Hearing the Movies : Music and Sound in Film History*, New York, Oxford University Press, 2010, p. 105.

14. Dans le *mickey-mousing* (voir Glossaire), la musique s'apparente à un « bruitage stylisé des événements visuels : *pizzicati* de cordes ou cymbales selon le type de pas des personnages, accord sur les fermetures de porte, *glissandi* de harpe pour décrire une chute d'eau, etc. » Jean-Claude Mari, *Quand le film se fait musique : une nouvelle ère sonore au cinéma*, Paris, L'Harmattan, 2007, p. 52.

15. Voir Chloé Huvet, *John Williams, héritier du symphonisme de l'âge d'or hollywoodien ? Étude comparative d'*E.T. the Extra-Terrestrial *et de* Jurassic Park *de Steven Spielberg (1982-1993)*, mémoire de master, Lyon, ENS de Lyon, 2011, p. 167-214; Frank M. Lehman, *Reading Tonality Through Film : Transformational Hermeneutics and the Music of Hollywood*, thèse de doctorat, Cambridge, Harvard University, 2012 p. 13-16.

Selon Michel Chion, l'écriture de Williams se distingue par des thèmes « ostensibles et reconnaissables, personnalisant [...] clairement chaque camp et chaque personnage », en particulier dans la trilogie impériale de *Star Wars*. Le rôle narratif de sa musique est clairement affirmé à travers un réseau thématique extrêmement dense caractérisant les différents lieux, « les personnages et les enjeux de l'histoire, les idéaux et les symboles »[16]. De nombreux motifs, principaux et secondaires, architecturent fortement les partitions de Williams, dont les retours et les transformations mettent en valeur les moments importants de la diégèse et signalent l'évolution du récit ou des personnages, favorisant alors une clarté structurelle importante et des repères pour le spectateur[17]. Ils revêtent une efficacité dramatique d'autant plus grande qu'ils s'avèrent souvent relativement simples, facilement identifiables et mémorisables – le compositeur insistant souvent sur la nécessité d'éviter une musique trop complexe[18]. À l'instar des symphonistes de l'âge d'or hollywoodien, Williams introduit et déploie la plupart de ses thèmes principaux selon la technique du « dévoilement graduel »[19] : les motifs importants tendent à être présentés de manière fragmentée tout au long du film, ces segments se développant jusqu'à une exposition ample et entière à un moment stratégique de la narration, comme le motif de la chasse au requin dans *Les Dents de la mer* (1975) ou le thème principal d'*E.T. l'extra-terrestre* (1982).

Particulièrement prolifique dans les genres de la science-fiction, du film d'aventures et du merveilleux, Williams développe une esthétique musicale du spectaculaire au souffle épique, à travers une ampleur mélodique, une présence orchestrale quasi constante, un traitement de l'orchestre où prédominent les envolées lyriques de cordes et les gammes fusées aux bois dans le registre aigu[20]. Les marches et les fanfares cuivrées au caractère majestueux sont également une constante de son écriture : les thèmes principaux de *1941* (1980) et des *Aventuriers de l'Arche perdue* (1981) sont des marches entraînantes dans un tempo vif, tandis que les ennemis de Superman dans le film de 1978 se voient attribuer la pompeuse et parodique « March of the Villains ». Au sein des vastes masses orchestrales mobilisées, il convient par ailleurs de remarquer la place importante que Williams ménage aux solos instrumentaux aux sonorités épurées, auxquels les autres pupitres se joignent au fur et à mesure, créant un effet d'amplification lyrique progressive.

Le compositeur s'attache également à la création d'atmosphères sonores et de textures orchestrales non thématiques, ainsi qu'à l'écriture d'accompagnements

---

16. Michel Chion, *La musique au cinéma*, Paris, Fayard, 1995, p. 156 et 160.

17. Voir Huvet, *John Williams, héritier du symphonisme de l'âge d'or hollywoodien ?*, p. 86-127.

18. Voir Thomas, « A Conversation with John Williams », p. 6-15, plus spécifiquement p. 7-8 ; Richard Dyer, « John Williams. Scoring *The Phantom Menace* », *Soundtrack*, vol. 18, n° 70, été 1999, p. 6 et 10-13, plus spécifiquement p. 12.

19. « *gradual disclosure of the main theme* ». Emilio Audissino, *John Williams's Film Music : Jaws, Star Wars, Raiders of the Lost Ark, and the Return of the Classical Hollywood Music Style*, Madison, The University of Wisconsin Press, 2014, p. 126.

20. Voir *ibid.*, p. 75 et 124 ; Pierre Berthomieu, *La musique de film*, Paris, Klincksieck, 2004, p. 84 ; Chion, *La musique au cinéma*, p. 156.

purement dynamiques, inspirés par les mouvements visuels et la plastique de l'image[21]. Le paramètre rythmique occupe ainsi une place essentielle dans son esthétique, notamment à travers les ostinatos et pédales qui jalonnent de manière constante et reconnaissable ses partitions[22]. Les ostinatos williamsiens présentent la particularité d'entretenir un mouvement motorique vers l'avant très marqué dans un tempo soutenu, et de posséder un profil mélodique à la fois simple et bien dessiné au sein d'un ambitus assez restreint.

Le langage harmonique de Williams, s'il reste fermement ancré dans un idiome tonal hérité du XIX^e^ siècle, est caractérisé par les apports contemporains de l'atonalité, notables dans *Rencontres du troisième type* (1977), *Minority Report* (2002) ou *La Guerre des mondes* (2005), voire de la polytonalité dans certaines pages des *Dents de la mer*, de *Superman* ou d'*A.I. Intelligence Artificielle* (2001). Même lorsque ses partitions restent arrimées à un langage tonal, Williams intègre fréquemment des passages opérant en dehors de la logique des fonctions harmoniques, un usage prononcé du chromatisme et des effets de relais de timbre où un même motif circule entre différents pupitres[23]. Il recourt aussi à des éléments issus du jazz, liés à sa collaboration répétée avec Shelly Manne et à sa pratique pianistique dans les *clubs* new-yorkais tels « l'emploi fréquent d'accords de treizième ou les rythmes syncopés »[24], que l'on rencontre notamment dans *Arrête-moi si tu peux* (2002) ou *Les Aventures de Tintin : Le Secret de la Licorne* (2011). La musique de Williams est également colorée par des emprunts au folklore dans la veine de Ralph Vaughan Williams et d'Aaron Copland – sensibles par exemple dans *Jane Eyre* (1970), *Cheval de guerre* (2011) ou *Lincoln* (2012) –, à la modalité (*Jurassic Park*; *Mémoires d'une geisha*, 2005; *La Voleuse de livres*, 2013) et au pandiatonisme, c'est-à-dire l'usage libre des degrés d'un mode sans résolution obligée ni enchaînements d'accords conventionnels, comme dans certains *cues* de *The Patriot : le chemin de la liberté* (2002) ou *Harry Potter et la chambre des secrets* (2002)[25].

---

21. Voir Laurent Guido, « Entre opéra wagnérien et culture de masse : l'univers musical de *Star Wars* », *Décadrages*, n° 8-9, 2006, p. 52-75, plus spécifiquement p. 64-65.

22. Voir William Darby et Jack Du Bois, *American Film Music : Major Composers, Techniques, Trends, 1915-1990*, Jefferson / Londres, McFarland Classics, 1990, p. 531-542; Jérôme Rossi, « Le dynamisme harmonique dans l'écriture filmique de John Williams : harmonie fonctionnelle *versus* harmonie non fonctionnelle », dans Alexandre Tylski (dir.), *John Williams : un alchimiste musical à Hollywood*, Paris, L'Harmattan, 2011, p. 123-125.

23. Voir à ce sujet Audissino, *John Williams's Film Music*, p. 122-123; Rossi, « Le dynamisme harmonique dans l'écriture filmique de John Williams », p. 115 et p. 127-129.

24. « *the frequent use of thirteenth chords or syncopated rhythms* ». Audissino, *John Williams's Film Music*, p. 123.

25. Voir Neil Lerner, « Copland's Music of Wide Open Spaces : Surveying the Pastoral Trope in Hollywood », *Musical Quarterly*, vol. 85, n° 3, automne 2001, p. 477-515; Frank Lehman, « Scoring the President : Myth and Politics in Williams's *JFK* and *Nixon* », *Journal of the Society for American Music*, vol. 9, n° 4, 2015, p. 409-444, plus spécifiquement p. 409-420; Jeremy Orosz, « John Williams : Paraphraser or Plagiarist ? », *Journal of Musicological Research*, vol. 34, n° 4, 2015, p. 299-319, plus spécifiquement p. 305-308.

*Spécificités esthétiques et techniques de* Star Wars

Les partitions composées par Williams pour les différents épisodes de *Star Wars* occupent une place essentielle et unique dans l'histoire de la musique de film. D'*Un nouvel espoir* à *Star Wars – Épisode III : La Revanche des Sith* (2005), l'hexalogie se compose de deux ensembles distincts – la trilogie impériale et la trilogie républicaine [26], séparées de seize années – et couvre une période temporelle très étirée de vingt-huit ans.

Si elle peut être comparée à celles des sagas *Harry Potter* (2001-2011), *Indiana Jones* (1981-2008) ou *X-Men* (2000-2019), la musique de Williams pour *Star Wars* s'en distingue cependant par son ampleur et sa singularité : les partitions accompagnant les six épisodes, d'une durée oscillant entre une heure trente et plus de deux heures, ont toutes été composées par le même compositeur malgré l'écart temporel conséquent entre le premier et le dernier films, ce qui en fait un cas unique dans l'histoire de la musique de cinéma. Seule la récente hexalogie de Peter Jackson comprenant *Le Seigneur des Anneaux* (2001-2003) et *Le Hobbit* (2012-2014) peut prétendre à un rapprochement avec *Star Wars*, dans la mesure où l'ensemble des partitions est de la main d'Howard Shore. La particularité de notre corpus réside cependant dans la temporalité couverte par l'ensemble des épisodes – singularité qui n'est que confirmée par la mise en production d'une nouvelle trilogie à partir de *Star Wars – Épisode VII : Le Réveil de la Force* (2015), près de dix ans après la sortie du dernier film réalisé par Lucas.

Outre sa constance compositionnelle, *Star Wars* se distingue par la présence du *sound designer* Ben Burtt d'un bout à l'autre des deux trilogies, épaulé par une équipe son se démarquant elle aussi par la permanence d'un petit noyau de mixeurs et de monteurs. Par ailleurs, si *Star Wars – Épisode V : L'Empire contre-attaque* (1980) et *Star Wars – Épisode VI : Le Retour du Jedi* (1983) ont connu deux réalisateurs différents, Irvin Kershner (1923-2010) et Richard Marquand (1938-1987), l'ensemble de l'hexalogie est cependant dirigé et contrôlé de près par George Lucas. Celui-ci demeure sur ces deux films, à titre de producteur et de créateur de l'univers starwarsien, l'interlocuteur privilégié de Williams et de Burtt, présent tant aux *spotting sessions* qu'aux sessions d'enregistrement [27]. Lucas exerce un droit de regard sur tous les aspects créatifs de l'hexalogie, et possède un pouvoir décisionnel essentiel qui s'applique tout aussi bien sur les films qu'il n'a pas réalisés personnellement.

Enfin, la double trilogie est particulièrement pertinente à analyser dans le cadre de notre axe d'étude par la place singulière qu'elle occupe dans l'histoire du cinéma, de la musique de film et des technologies. Après le « désenchantement » du

---

26. Afin d'éviter toute confusion pouvant être introduite par les terminologies « ancienne trilogie » / « nouvelle trilogie » ou « première trilogie »/« seconde trilogie », nous préférons emprunter à Pierre Berthomieu (*Hollywood moderne : le temps des voyants*, Pertuis, Rouge Profond, 2011, p. 521-544) les termes de « trilogie impériale » et « trilogie républicaine », plus clairs et pertinents. À l'heure où nous écrivons ces lignes, la nouvelle trilogie ouverte par l'*Épisode VII* n'est pas encore achevée.

27. Voir George Lucas, *A Conversation with the Masters : The Empire Strikes Back – 30 years later*, 20th Century Fox Home Entertainment, 2010 ; Erin K. Lauten, « Interview with Ben Burtt : Editor and Sound Designer, *Star Wars : Episode II* », *FilmSound*, avril 2002, http://filmsound.org/starwars/editorsnet-interview.htm, consulté le 12 avril 2017.

Nouvel Hollywood (1972-1979)[28] et la période de doute que traverse l'Amérique, un groupe de jeunes cinéphiles, diplômés en cinéma à l'université pour la plupart, tels Martin Scorsese, Steven Spielberg, George Lucas, John Milius, Paul Schrader, Brian De Palma, Michael Cimino ou Terrence Malick[29], forme la relève. Spielberg et Lucas en particulier, désireux de toucher un large public, ouvrent alors les portes d'un cinéma du rêve, fondamentalement optimiste, dont le maître mot est l'émotion.

Au-delà de cette dimension esthétique, les films des deux réalisateurs signalent une mutation essentielle de l'industrie cinématographique, en particulier dans le domaine des stratégies de production : avec Spielberg et Lucas, le cinéma américain entre dans l'ère du *blockbuster*. Si la logique du spectaculaire qui préside aux *blockbusters* ne naît ni avec *Les Dents de la mer* (1975) ni avec *Un nouvel espoir*, ces films lui confèrent toutefois une nouvelle dimension en combinant selon Geoff King un déploiement d'effets spéciaux impressionnants, une narration au rythme haletant et des racines puisant fréquemment dans les mythes[30].

Sur le plan musical, la particularité de la saga *Star Wars* réside dans l'affirmation du style d'écriture pour grand orchestre, signalée dès son générique de début par un synchronisme éclatant entre musique et image, précédé d'un grand silence théâtral accompagnant l'énigmatique « Il y a bien longtemps, dans une galaxie lointaine, très lointaine… »[31], en lettres bleues sur fond noir. Cette ampleur symphonique est relativement singulière après une période dominée par les compilations de chansons pop et *rock and roll*, sélectionnées par les cinéastes ou les producteurs, au succès commercial certain[32]. L'impact de la partition symphonique de Williams sur les ventes de disques de bandes originales entraîne également une modification des stratégies des producteurs, prenant conscience qu'une musique orchestrale peut désormais battre des records de rentabilité[33].

Cette renaissance de l'écriture orchestrale au cinéma est loin d'être anodine. Liée à la formation même de Williams auprès des symphonistes de l'âge d'or hollywoodien – en particulier Dimitri Tiomkin (1894-1979) et Franz Waxman (1906-1967) –, elle

28. Jean-Baptiste Thoret, *Le cinéma américain des années 70*, Paris, Cahiers du cinéma, 2006, p. 33. La délimitation temporelle du Nouvel Hollywood est délicate à déterminer précisément, et sujette à débat. Certains, comme Thoret, considèrent ce mouvement cinématographique sur une période relativement resserrée, débutant à la fin des années 1960 et dont la fin des années 1970 constituerait en quelque sorte le chant du cygne. Mais pour d'autres chercheurs, les films contemporains de Spielberg, Lucas ou Scorsese s'inscrivent encore pleinement dans cette esthétique. Sur la pluralité des acceptions et le flou conceptuel que recouvre cette dénomination, voir Geoff King, *New Hollywood Cinema : An Introduction*, New York, Columbia University Press, 2002 ; Thomas Schatz, « The New Hollywood », dans Julian Stringer (dir.), *Movie Blockbusters*, Londres / New York, Routledge, 2003, p. 15-44.

29. Peter Biskind, *Le Nouvel Hollywood : Coppola, Lucas, Scorsese, Spielberg… La révolution d'une génération*, Paris, Le Cherche Midi, 2002, p. 10.

30. Voir à ce sujet Geoff King, *Spectacular Narratives : Hollywood in the Age of the Blockbuster*, Londres / New York, IB Tauris, 2000, p. 76.

31. « *A long time ago, in a galaxy far, far away…* ».

32. Gilles Mouëllic, *La musique de film*, Paris, Cahiers du Cinéma / SCÉRÉN-CNDP, 2003, p. 38.

33. Voir à ce sujet Mervyn Cooke, *A History of Film Music*, Cambridge, Cambridge University Press, 2008, p. 474-475 ; Jon Burlingame, *Sound and Vision : 60 Years of Motion Picture Soundtracks*, New York, Billboards Books, 2000, p. 17-19 et 27-28.

est en outre étroitement corrélée aux progrès techniques, notamment à l'apparition du système de filtrage *Dolby Stéréo* en 1977. Celui-ci succède, comme le rappelle Philippe Cathé, au son optique monophonique des années 1920, présentant « une réponse en fréquence assez faible, un bruit de fond important, surtout dans l'aigu », puis au son stéréo magnétique des années 1950, dont l'inconvénient est d'impliquer un « surcoût important et [une] durée de vie plus brève des [bandes] »[34]. Le système de filtrage *Dolby Stéréo* valorise alors la richesse du son déployé et permet notamment aux spectateurs de percevoir des fréquences dans un éventail plus large, certains sons graves ou aigus étant auparavant inaudibles ou source de saturation.

Le premier épisode de la trilogie impériale est primordial dans l'adoption massive du *Dolby Stéréo* par les exploitants des salles de cinéma, ce qui lui a valu le qualificatif de « *Jazz Singer* du Dolby »[35]. *Star Wars* joue en effet selon Laurent Jullier un rôle d'« exemplification technique de l'installation sonore d'une salle »[36]. Les épisodes de *Star Wars* sont presque à chaque fois l'occasion pour Lucas de repousser les limites en matière d'expérimentation et de perfectionnement sonore, ce qui permet en retour à Burtt et son équipe de créer un monde sonore très affiné. Le système THX, certification technique co-créée en 1981 avec Tomlinson Holman, assurant une uniformisation de la qualité de diffusion sonore dans les salles de cinéma, apparaît ainsi pour la première fois avec *Le Retour du Jedi*[37]. Lucas poursuit son ambition d'être à la pointe de la recherche sur le son dans la trilogie républicaine, puisque *Star Wars – Épisode I : La Menace fantôme* (1999) est le premier film à être présenté en son numérique avec le système *Dolby Digital Surround EX*. Celui-ci permet de diffuser le son jusqu'à huit canaux différents (six ou sept canaux étant la configuration la plus courante), et d'accroître considérablement la palette sonore au niveau des registres, des contrastes de dynamique, de la spatialisation et de la différenciation sonore. Or, l'impact des perfectionnements technologiques joue un rôle non négligeable sur la conception et le traitement de la bande sonore dans son ensemble (musique, effets sonores et voix), qu'il s'agira d'interroger de manière approfondie.

La double trilogie *Star Wars* constitue ainsi un exemple idéal et révélateur à plusieurs titres. Elle permet d'étudier en profondeur le réamorçage du processus créateur en musique dans des films à la fois très éloignés dans le temps et présentant une dernière particularité : au lieu de composer dans un ordre chronologique et linéaire sur le plan de

34. Philippe Cathé, « Bruit et musique dans la course des *Podracers* de *Star Wars, Episode I, The Fantom Menace* (*La Menace fantôme*), 1999 », *Musurgia*, vol. XIV, n° 2, 2007, p. 53-69, ici p. 61.

35. Charles Schreger, « Altman, Dolby, and the Second Sound Revolution », dans Elisabeth Weis et John Belton (dir.), *Film Sound : Theory and Practice*, New York, Columbia University Press, 1985, p. 352. Sur les liens entre *Star Wars* et le *Dolby Stéréo*, voir Gianluca Sergi, *The Dolby Era : Film Sound in Contemporary Hollywood*, Manchester, Manchester University Press, 2004, p. 24-30 ; Jay Beck, *Designing Sound : Audiovisual Aesthetics in 1970s American Cinema*, New Brunswick / Londres, Rutdgers University Press, 2016, p. 191-202.

36. Laurent Jullier, « Esthétique du multipistes numérique », dans Didier Huvelle et Dominique Nasta (dir.), *Le son en perspective : nouvelles recherches / New Perspectives in Sound Studies*, Bruxelles, PIE / New York, Peter Lang, 2004, p. 203.

37. Voir notamment Michael Allen, « From *Bwana Devil* to *Batman Forever* : Technology in Contemporary Hollywood Cinema », dans Steve Neale et Murray Smith (dir.), *Contemporary Hollywood Cinema*, New York, Routledge, 1998, p. 118.

la diégèse, Williams est amené à écrire en quelque sorte « à rebours », puisque l'action de la trilogie républicaine précède celle de la trilogie impériale. Les six épisodes offrent ainsi la possibilité d'appréhender précisément comment le changement de paradigme sur les plans esthétique, narratif et technique a été abordé par les créateurs de la bande sonore, et de quelle manière ces derniers se sont servi des possibilités offertes par le numérique en les pliant à leurs besoins, pour réaliser leur projet artistique et servir leur inventivité. En nous intéressant aux différentes évolutions qui se dessinent entre la trilogie impériale et la trilogie républicaine, tant au niveau du matériau musical même, des pratiques compositionnelles de Williams, du traitement de la partition et de la narration musicale, que des interactions entre musique, sons et images, nous montrerons comment *Star Wars* emblématise les transformations affectant la composition musico-sonore des *blockbusters* à l'heure actuelle.

Notre articulation entre images, musique, sons et technique se fera selon une double perspective : d'une part, nous tenterons de mettre en lumière la nature des changements apportés par les transformations technologiques sur le processus de création et les choix esthétiques du compositeur, du *sound designer* et du *music editor*. D'autre part, il conviendra d'éviter l'écueil du « déterminisme technologique » [38] : la réussite sonore de *Star Wars* (entendue ici dans son sens large) repose sur la réflexion et le travail minutieux d'une équipe relativement réduite et fidèle, aussi compétente qu'inventive – dont certains membres s'avèrent d'ailleurs être eux-mêmes les maîtres d'œuvre de plusieurs de ces perfectionnements technologiques.

## Méthodologie

Notre ouvrage s'inscrit dans le sillon des recherches transversales sur les interactions entre musique symphonique, images et effets sonores engagées par Philippe Cathé, Stephen Keane, Amy McGill et, plus généralement, dans la lignée du projet poursuivi par le collectif dirigé par Jay Beck et Tony Grajeda [39]. Aussi riches que précis, ces travaux ne font qu'esquisser par ailleurs une réflexion plus systématique sur l'organisation du tissu sonore, nécessitant d'être élargie.

En ce qui concerne les relations entre musique et montage, nous avons été confrontée à une carence méthodologique frappante, cette thématique constituant pour l'instant un champ de recherche relativement vierge. En adaptant librement le mode de présentation utilisé par Frank Lehman [40], qui n'est pas spécifiquement dédié au montage, nous avons

---

38. Selon Jay Beck et Tony Grajeda (« Introduction : The Future of Film Sound Studies », dans Jay Beck et Tony Grajeda (dir.), *Lowering the Boom : Critical Studies in Film Sound*, Urbana, University of Illinois Press, 2008, p. 14), le « déterminisme technologique [est] une approche qui domine de nombreuses histoires générales du son au cinéma » (« *technological determinism – an approach that dominates many general histories of film sound* »).

39. Cathé, « Bruit et musique dans la course des *Podracers* », p. 53-69; Stephen Keane, « Walter Murch and Ben Burtt : The Sound Designer as Composer », dans Graeme Harper, Ruth Doughty et Jochen Eisentraut (dir.), *Sound and Music in Film and Visual Media : An Overview*, New York, Continuum, 2009, p. 452-462; McGill, *The Contemporary Hollywood Film Soundtrack;* Beck et Grajeda (dir.), *Lowering the Boom.*

40. Frank Lehman, « Scoring the President : Myth and Politics in Williams's *JFK* and *Nixon* », *Journal of the Society for American Music*, vol. 9, n° 4, 2015, p. 409-444.

choisi de recourir à plusieurs tableaux qui mettent en regard le matériau musical utilisé et sa provenance avec le minutage, le plus souvent accompagné d'une brève description de l'action. Ces tableaux offrent un support essentiel à nos analyses du montage, dont ils facilitent la lisibilité.

L'étude précise de la singularité des rapports musique / image, musique / montage et musique / effets sonores / voix que nous nous proposons de réaliser demeure donc relativement marginale dans la littérature dominante sur les *blockbusters* et sur *Star Wars*. Or, les différences observables entre les deux trilogies, tant dans l'écriture de Williams que dans l'utilisation de sa musique au sein des six films, ne peuvent être pensées en dehors du contexte visuel, sonore et technique dans lequel la partition s'inscrit et pour lequel elle est spécifiquement conçue : cette considération est essentielle pour cerner et comprendre les choix effectués au montage et au mixage. Notre démarche consiste ainsi principalement à analyser la musique dans son contexte global, et apprécier comment celui-ci influe sur l'écriture et le traitement de la partition. Notre approche, transversale, s'inscrit au croisement de plusieurs champs disciplinaires : l'analyse musicale et l'histoire de la musique du côté de la musicologie, l'analyse de l'image, l'histoire du cinéma et des techniques du côté des études cinématographiques. Nous espérons dès lors contribuer à approfondir la branche disciplinaire encore récente qu'est la « cinémusicologie »[41].

*Sources*

Aborder la musique de film d'un point de vue musicologique n'est pas sans embûches, comme nous l'avons détaillé ailleurs[42]. Trouver des sources sur lesquelles travailler, en particulier, s'avère délicat dans la mesure où la majorité des partitions composées pour le cinéma ne sont pas éditées. La difficulté est accrue dans le cas d'un compositeur contemporain comme Williams, qui n'a encore fait aucune donation à une bibliothèque ou une université (même si un legs est prévu à la Juilliard School de New York). Le partenariat qui existait dans les années 1980 entre la Cinema Arts Library de l'Université de Californie de Los Angeles (UCLA) et le studio Twentieth Century Fox n'ayant pas été reconduit après la fin de la première entente, les partitions ne sont plus consultables à l'UCLA[43]. Les manuscrits, dont chaque compositeur est tenu de remettre

41. Nous proposons ce néologisme en traduction de l'expression *film musicology* couramment utilisée en langue anglaise par les chercheurs en musique de film ; l'expression « cinémusicologie » permet de conserver le caractère interdisciplinaire de la dénomination. Cette nouvelle branche de la discipline propose de réaliser une analyse technique de la musique dans son contexte visuel et sonore, à l'aide des outils de la musicologie traditionnelle et des études cinématographiques, mais aussi selon des méthodes spécifiques développées principalement par des chercheurs anglo-saxons.

42. Voir Chloé Huvet, « La musicologie du cinéma : enjeux disciplinaires et problèmes méthodologiques », *Intersections : Canadian Journal of Music / Intersections : revue canadienne de musique*, vol. 35, n° 2, 2015, p. 73-106.

43. Cette information nous a été confirmée par Julie Graham, bibliothécaire spécialisée dans les archives des « *UCLA Library Special Collections* » lors d'un terrain de recherche en Californie de janvier à mars 2013, ainsi que par Kathryn Kalinak, avec laquelle nous avons échangé plusieurs courriels. Celle-ci avait pu consulter par ce biais les partitions manuscrites de *L'Empire contre-attaque*, auquel elle consacre un chapitre conséquent de son ouvrage sur le cinéma classique hollywoodien : Kathryn Kalinak, *Settling The Score : Music and the Classical Hollywood Film*, Madison, University of Wisconsin Press, 1992, p. 184-202 (chapitre 8, « John Williams and *The Empire Strikes Back* : The Eighties and Beyond : Classical Meets Contemporary »).

un exemplaire au studio producteur du film, sont conservés dans les bibliothèques des studios qui ne sont pas accessibles aux chercheurs. L'étude de la correspondance du compositeur n'est pas davantage envisageable.

Nous sommes néanmoins parvenue à contourner cette difficulté d'accès à des archives écrites. Williams ayant pour habitude de transformer ses compositions pour le cinéma en suites d'orchestre qu'il interprète ensuite en concert, de nombreuses partitions sont éditées par Hal Leonard, préfacées par le musicien lui-même[44]. Certes parcellaires, elles n'en demeurent pas moins précieuses pour l'analyse. En outre, des réductions de partitions d'orchestre au piano ont été publiées. Si elles nécessitent également quelques précautions dans leur utilisation en raison des possibles (ré)arrangements et modifications par rapport à la version de la musique présente dans les films, elles facilitent le travail d'analyse musicale par un support écrit et représentent un gain de temps précieux par rapport à nos propres transcriptions.

Surtout, au cours d'un séjour de recherche en Californie et dans l'Oregon de janvier à mars 2013, nous nous sommes livrée à un important travail de collecte de sources manuscrites, qui nous a permis de réunir du matériel conséquent de première main. Grâce à un orchestrateur qui n'a pas souhaité être identifié, nous avons eu accès à l'intégralité des brouillons du compositeur pour *Star Wars – Épisode II : L'Attaque des clones* (2002), ainsi qu'aux *cues* « 6M4 The Big Army » et « 6M5 Droid Battle » de *La Menace fantôme*, et « 3M7 Riding the Lizard » de *La Revanche des Sith*, que nous avons pu consulter en détail.

Notre recherche de partitions s'est poursuivie de manière particulièrement fructueuse grâce à la découverte de l'existence de sites internet tels Swappano où d'ardents amateurs de musiques de film s'échangent des partitions intégrales sans aucun monnayage. Le désir de connaissance et d'échange de ces collectionneurs mélomanes permet de faire circuler gratuitement, dans le cercle privé et restreint de la plate-forme, des documents extrêmement difficiles à se procurer autrement. Bien entendu, les partitions scannées disponibles doivent être maniées avec précaution puisqu'il s'agit de publications non autorisées ; à l'ère d'internet, beaucoup de documents, dont il est malaisé de déterminer la provenance, se retrouvent en ligne. Eu égard à la carence de partitions, ces sources ne peuvent toutefois pas être occultées, mais nécessitent une authentification que nous avons pu réaliser sans aucun problème grâce à notre consultation approfondie préalable, en comparant la graphie de ces partitions avec les manuscrits que nous avions pu récupérer chez l'orchestrateur de Williams. L'écriture, absolument identique, et la mention de certains noms des musiciens de l'orchestre sur plusieurs *cues*, attestent qu'il ne s'agit pas là de réécritures ou d'arrangements, mais bien des originaux du compositeur et des orchestrateurs[45].

Les manuscrits intégraux de *L'Empire contre-attaque*, de *L'Attaque des clones* et de *La Revanche des Sith* se sont avérés inestimables pour notre étude : l'accès à ces sources inédites nous a permis d'ouvrir plusieurs axes de réflexion qui auraient été impossibles

44. Pour toutes les partitions évoquées ici, nous renvoyons aux sources primaires de notre bibliographie.

45. Les partitions scannées sur internet mêlent en effet souvent *cues* de la main de Williams, et leur mise au propre en version orchestrale détaillée par les orchestrateurs, dont les noms figurent à chaque fois à côté du titre du *cue*.

à explorer autrement. Cependant, puisque nous n'avons malheureusement pas obtenu personnellement l'autorisation de reproduire les partitions de Williams et de ses orchestrateurs, elles n'apparaîtront jamais dans le présent ouvrage de façon exacte ni sous leur forme d'origine ; les exemples sur portées n'en seront que des transcriptions réduites que nous avons nous-même réalisées en les combinant à notre écoute personnelle. Pour les scènes où nous ne disposons d'aucun support écrit, le matériau musical que nous exploitons provient de nos propres transcriptions à l'oreille de l'accompagnement musical, réalisées à partir des films et des bandes originales, indispensables pour réaliser une analyse musicale approfondie. Compte-tenu de la nature du médium, nous ferons figurer dans les légendes des exemples les minutages des films (ou des disques) en lieu et place des traditionnelles indications de mesure.

Le séjour de recherche que nous avons mené en Californie et en Oregon a également été l'occasion de réaliser un certain nombre d'entretiens avec le *music editor* Kenneth Wannberg et trois orchestrateurs de Williams, qui nous ont permis d'étayer nos hypothèses et de nourrir notre argumentation grâce à de nombreuses précisions sur le matériau musical, la démarche compositionnelle, le travail de collaboration, et la conception de chaque épisode de la saga. Parmi ces orchestrateurs, Conrad Pope a eu l'extrême gentillesse de nous recevoir à deux reprises, et a accepté d'être enregistré et cité. Nous n'exploitons pas directement les discussions menées auprès des autres orchestrateurs, hormis de façon très ponctuelle où nous avons rendu anonymes les propos recueillis. Il nous a en outre été impossible de parvenir à nous entretenir directement avec Williams. Nous avons toutefois pu pallier cet obstacle en exploitant un corpus peu connu d'entretiens approfondis accordés par le compositeur à un périodique français bimestriel spécialisé dans la musique de cinéma, qui a connu trois appellations différentes : *Dreams to dreams...s* en 1995, *Dreams Magazine* en 2001 puis *Cinéfonia* en 2003 (arrêté définitivement en 2006). Ces textes offrent un aperçu détaillé et inédit du processus créateur de Williams, grâce aux questions très précises des journalistes – contrastant avec l'approche générale et la visée souvent promotionnelle de la presse grand public. Dans ces entrevues plus spécialisées, le compositeur se confie davantage sur son approche et livre notamment son opinion personnelle à l'égard des pratiques de montage sur les épisodes républicains. Les éléments recueillis dans ces entretiens ont ainsi pu nous fournir un éclairage très précieux absent de tout autre support, et détaché de l'image d'Épinal de la collaboration Lucas / Williams qui se dégage fréquemment des écrits dans la presse généraliste.

*Méthodes analytiques adoptées*

Notre sujet appartenant à une branche récente de la discipline, il n'existe pas de méthodologie claire et fixée qui ferait unanimement autorité pour l'analyse des musiques de film ni d'ouvrage musicologique spécifiquement consacré à l'élaboration d'une méthode analytique audio-visuelle, ou qui consignerait l'ensemble des approches proposées de manière éparse et ponctuelle par différents auteurs. Deux articles écrits par David Neumeyer et James Buhler, et un ouvrage collectif pluridisciplinaire dirigé par Frédéric Gimello-Mesplomb posent néanmoins les jalons d'une méthodologie qui appelle à être développée[46]. Buhler et Neumeyer préconisent de réaliser une analyse préalable de la musique *seule*, avant de l'étudier *en contexte* : les différents types d'interactions son / image peuvent émerger si l'on prend en compte (1) les divers paramètres de l'écriture musicale (et du son) et (2) les fonctions de la bande sonore et ses modes d'intégration au sein du film. Les différentes méthodes pour l'analyse des musiques de film proposées par Philip Tagg nous servent aussi d'exemple[47]. Ce dernier recommande plusieurs étapes essentielles : écouter sans l'image, voir sans le son, avant d'associer les deux éléments afin de bien les dissocier dans l'analyse et d'éviter de se laisser influencer par l'un ou l'autre de ces paramètres. Il préconise aussi l'établissement d'une *cue list* comportant toutes les entrées et sorties de la musique du film étudié, du début jusqu'à la fin, présentant le minutage exact, la description de l'action sur l'écran, et quelques mots d'analyse sur la musique et les effets sonores pour chaque *cue*. Nous prenons également pour modèles, à partir des exemples particuliers d'analyse qu'ils développent, les méthodes de musicologues anglophones spécialisés en musique de film, tels Kate Daubney ou James Deaville[48]. La thèse de Jamie L. Webster sur les cinq premiers volets de *Harry Potter* nous a paru particulièrement inspirante[49] : outre l'analyse musicologique comparative des partitions, Webster analyse toujours les récurrences thématiques en lien avec l'image et accorde une attention particulière aux entremêlements entre musique et effets sonores. Nous avons été amenée à élaborer nous-mêmes[50] notre propre cadre d'analyse et une typologie très détaillée des interactions entre la musique, les sons et les images, qui servent de fondation au présent volume.

En faisant varier les échelles d'analyse (épisodes, trilogies, hexalogie), nous avons procédé de manière empirique à des études de l'écriture thématique et orchestrale de Williams, des procédés de montage musical, et des interactions entre musique, effets

46. David Neumeyer et James Buhler, « Analytical and Interpretative Approaches to Film Music (I) : Analysing the Music », dans Kevin J. Donnelly (dir.), *Film Music : Critical Approaches*, Edinburgh, Edinburgh University Press, 2001, p. 16-38 ; James Buhler, « Analytical and Interpretative Approaches to Film Music (II) : Analysing Interactions of Music and Film », dans *ibid.*, p. 39-61 ; Frédéric Gimello-Mesplomb (dir.), *Analyser la musique de film : méthodes, pratiques, pédagogie*, Norderstedt, Books on Demand, 2010. Plusieurs modèles d'analyse audio-visuelle plus spécifiquement développés autour du cinéma d'auteur constituent par ailleurs une partie entière de l'ouvrage de Marie-Noëlle Masson et Gilles Mouëllic (dir.), *Musiques et images au cinéma*, Rennes, Presses universitaires de Rennes, 2003, p. 161-205.

47. Philip Tagg, « Trois méthodes proposées pour l'analyse de musiques de films », dans Gimello-Mesplomb (dir.), *Analyser la musique de film*, p. 169-184 ; Philip Tagg et Bob Clarida, *Ten Little Title Tunes : Towards a Musicology of the Mass Media*, New York / Montréal, Mass Media Music Scholars' Press, 2003.

48. Nous nous sommes appuyée en particulier sur Kate Daubney, *Max Steiner's* Now, Voyager *: A Film Score Guide*, Westport, Greenwood Press, 2000 ; James Deaville, « The Beauty of Horror : Kilar, Coppola, and *Dracula* », dans Neil Lerner (dir.), *Music in the Horror Film : Listening to Fear*, Londres, Routledge, 2010, p. 187-205.

49. Jamie L. Webster, *The Music of Harry Potter : Continuity and Change in the First Five Films*, thèse de doctorat, Eugene, University of Oregon, 2009.

50. Chloé Huvet, *Georges Delerue : une esthétique musicale et sa mise en application dans deux films de Jean-Luc Godard et François Truffaut (1963-1983)*, mémoire de master, Lyon, ENS de Lyon, 2010 ; Huvet, *John Williams, héritier du symphonisme de l'âge d'or hollywoodien ?* ; Chloé Huvet, *D'Un Nouvel Espoir (1977) à La Revanche des Sith (2005) : écriture musicale et traitement de la partition au sein du complexe audio-visuel dans la saga Star Wars*, thèse de doctorat, Rennes / Montréal, Université Rennes 2 / Université de Montréal, 2017.

sonores et voix. La démarche comparative et systématique que nous avons choisie a permis de mettre en évidence de manière fine les mécanismes techniques et les dispositifs concrets qui fondent le travail musico-sonore dans les *blockbusters* tels les films *Star Wars*, et de dégager une typologie détaillée des procédés de montage et d'entrelacement des matériaux sonores employés à la fois avant et pendant l'ère numérique.

Pour ce qui est du montage, notre démarche s'est articulée autour de la comparaison des manuscrits du compositeur avec la musique telle qu'elle apparaît au montage final. Dans l'optique d'effectuer une recomposition musicale de certaines scènes, nous avons noté précisément toutes les altérations de chaque *cue* que nous avons pu repérer, et reconstitué quand cela était possible l'architecture musicale des séquences. En reliant la réalisation et les procédés techniques, le résultat final et le travail préparatoire, nous avons ainsi procédé à une forme de génétique de la bande-son.

Plusieurs logiciels sont par ailleurs venus avantageusement appuyer nos analyses. « Lignes de temps », développé par l'Institut de recherche et d'innovation (IRI) du Centre Pompidou, s'est avéré particulièrement utile et précieux. Générant une représentation graphique de chaque film et de ses découpages, il nous a permis d'obtenir une « cartographie » extrêmement détaillée des motifs musicaux, de visualiser leurs récurrences respectives par comparaison et combinaison de critères de pertinence, ainsi que de quantifier précisément leurs interventions. Grâce aux frises obtenues, placées dans le cahier couleur, nous avons notamment pu faire émerger de manière objective les divergences d'écriture thématique entre les deux trilogies et le changement d'approche significatif effectué par Williams sur les épisodes républicains. Dans le dernier chapitre de ce volume plus spécifiquement consacré à l'étude des bruitages, nous nous appuierons aussi, à la suite de Cathé, sur des représentations de l'intensité du signal sonore et sur des sonagrammes (permettant de visualiser le spectre d'un son et l'évolution de ses partiels au cours du temps), pour étayer nos analyses avec précision.

Enfin, la constitution d'un « contre-corpus »[51] nous a paru découler nécessairement de la nature comparative de notre approche. Il permet en effet d'éclairer les spécificités de notre corpus, d'avoir une vue plus surplombante et de déterminer dans quelle mesure le trio Lucas / Williams / Burtt s'intègre au sein d'une communauté de pratiques sonores dans les *blockbusters* contemporains. Ce contre-corpus est formé de films à grand spectacle (principalement hollywoodiens, mais pas exclusivement), contemporains de chacun des épisodes de la saga. Dans la mesure où *Star Wars* n'appartient pas à un genre cinématographique unique et où la science-fiction est elle-même un « métagenre »[52], les longs-métrages que nous mettrons en regard de l'hexalogie s'inscrivent au sein de cette grande nébuleuse dont les ramifications englobent les films d'anticipation, les films catastrophes, de *fantasy* et de superhéros. Ceux-ci présentent en outre des stratégies de production, des contraintes et des technologies sonores communes avec *Star Wars*. Notre attention s'est portée en particulier sur les franchises *Harry Potter*,

51. Nous entendons ce terme selon le sens que lui donne Jean-Jacques Nattiez dans son article « Quelques réflexions sur l'analyse du style », *L'Analyse musicale*, n° 32, juillet 1993, p. 5-8 : il est possible de dégager des traits récurrents au sein d'un corpus stylistiquement cohérent, dont la pertinence et la spécificité sont éclairées et validées par une confrontation avec un contre-corpus.

52. Whittington, *Sound Design & Science Fiction*, p. 5 ; Cooke, *A History of Film Music*, p. 455.

*Batman* (2005-2012), *X-Men*, *Superman* (1978-2013), *Alien* (1979-2012) et le reboot récent de *Star Trek* (2009, 2013, 2016).

Cet ouvrage n'entend naturellement pas offrir une approche exhaustive. Afin d'éviter un éparpillement et une multiplication d'exemples qui auraient nui à l'intelligibilité de notre argumentation, des choix ont dû être effectués. Nous ne nous intéresserons que de manière périphérique aux questions de forme, de rythme ou de langage harmonique, qui n'apporteraient que peu d'éléments véritablement pertinents dans la perspective choisie pour cette étude.

## Remerciements

La réalisation de cet ouvrage a été rendue possible grâce au soutien et à la confiance dont m'ont témoigné de nombreuses personnes. Je tiens tout d'abord à exprimer ma profonde reconnaissance à Gilles Mouëllic et Michel Duchesneau, pour leur extrême gentillesse, leurs encouragements constants et leurs précieux conseils, ainsi qu'à Nicole Biamonte, Laurent Guido, Hervé Lacombe et Caroline Traube, dont les commentaires et suggestions ont enrichi ma réflexion. Je remercie vivement Yves Balmer et Élise Domenach qui m'ont soutenue depuis le début de mon parcours de cinémusicologue. Mes remerciements s'adressent également à Philippe Cathé et à Martin Barnier pour nos riches échanges sur le son au cinéma, ainsi qu'à Philippe Gonin pour avoir partagé avec moi ses recherches sur la musique de *Star Wars* avant leur publication.

Mes sincères remerciements vont à Kenneth Wannberg et à Karen Jeffcoat Lucier qui m'ont accueillie avec amitié chez eux dans l'Oregon, ainsi qu'aux orchestrateurs de Williams qui ont bien voulu m'accorder des entretiens, et en particulier à Conrad Pope pour le temps et l'attention qu'il m'a consacrés.

Je remercie chaleureusement Michel Duchesneau et Malou Haine pour la confiance dont ils me témoignent en accueillant cet ouvrage dans leur collection, pour leurs relectures minutieuses de mon manuscrit et leurs commentaires avisés.

Mes recherches ont également bénéficié de l'accueil enthousiaste et de l'appui logistique et financier de plusieurs laboratoires et institutions, que je tiens à remercier ici : les membres du laboratoire d'Études cinématographiques et de l'École doctorale Arts, Lettres, Langues de l'Université Rennes 2 ainsi que de l'Observatoire interdisciplinaire de création et de recherche en musique et de la Faculté des études supérieures et postdoctorales de l'Université de Montréal, les membres de l'antenne RASM du Centre d'Histoire Culturelle des Sociétés Contemporaines et l'École Normale Supérieure de Lyon.

Un très grand merci à plusieurs amis chers qui ont accompagné et soutenu mon entreprise intergalactique : Charles « Gold Leader » (cinéphile à l'oreille attentive, expert en bûches de Noël), Zophie (spécialiste du « cri Wilhelm ») et Marie-Hélène « Mary Poppins » (ardente partisane d'Obi-Wan, pointue en *mickey-mousing*), Marie-Ève (coaventurière et passionnée d'analyse musicale), Florence, Marie-Pier et Federico (sans oublier Leonardo !), Hubert, Candy et Jérôme, Marie-Hélène Benoit-Otis, Jérémy et les passionnés de musiques pour l'écran Cécile Carayol et Jérôme Rossi. Merci aussi à Frank Lehman, Nick Kmet, Stefan Swanson, Sébastien Belval et Philippe Béland (mon consultant *Star Wars*) pour nos conversations pointues sur la musique de John Williams, à Céline Carenco, Simon Daniellou et Jean-Baptiste Massuet pour nos discussions et pour leurs conseils, à Nathalie Chamiot-Clerc, Nick et Charles qui m'ont apporté leur aide pour plusieurs traductions épineuses, et à Elsa Graboswki pour son assistance dans la transcription de certains exemples musicaux.

J'adresse enfin une pensée toute particulière à mes parents, Laurence et Philippe, qui m'ont fait découvrir les étoiles cinématographiques dès mon plus jeune âge, pour avoir encouragé et soutenu avec ferveur ma passion pour la musique de film, à ma sœur Juliette, mon agent dévoué, spécialiste des répliques de films qui m'accompagne depuis toujours avec bienveillance et enthousiasme, et à Florent, dont l'écoute, la confiance et le soutien indéfectible sont particulièrement précieux au quotidien. Continuons à suivre la route de briques jaunes.

## ABRÉVIATIONS

Afin d'alléger au maximum le corps du texte et de faciliter la lecture, des abréviations seront utilisées pour les indications de mesure, de dynamique, et pour les titres de chaque épisode de notre corpus (sauf dans l'introduction où ils sont cités en entier pour davantage de clarté) :

– *mes.* : mesure.

– *pizz.* : pizzicato.

– *p*, *mf*, *f*, etc. : *piano*, *mezzoforte*, *forte*, etc.

– *SW4* : *Star Wars – Épisode IV : Un Nouvel Espoir* (*A New Hope*, George Lucas, 1977).

– *SW5* : *Star Wars – Épisode V : L'Empire contre-attaque* (*The Empire Strikes Back*, Irvin Kershner, 1980).

– *SW6* : *Star Wars – Épisode VI : Le Retour du Jedi* (*Return of the Jedi*, Richard Marquand, 1983).

– *SW1* : *Star Wars – Épisode I : La Menace fantôme* (*The Phantom Menace*, George Lucas, 1999).

– *SW2* : *Star Wars – Épisode II : L'Attaque des clones* (*Attack of the Clones*, George Lucas, 2002).

– *SW3* : *Star Wars – Épisode III : La Revanche des Sith* (*Revenge of the Sith*, George Lucas, 2005).

– *SW7* : *Star Wars – Épisode VII : Le Réveil de la Force* (*The Force Awakens*, J. J. Abrams, 2015).

– *SW8* : *Star Wars – Épisode VIII : Les Derniers Jedi* (*The Last Jedi*, Rian Johnson, 2017).

Les abréviations suivantes seront utilisées pour les bandes originales et les jeux vidéo :

– [*SW1* BO] : John Williams, *Star Wars – Episode I: The Phantom Menace. Original Motion Picture Soundtrack*, 1 disque compact, Sony Classical, S261812, 1999.

– [*SW1 UE*] : John Williams, *The Ultimate Edition. Star Wars – Episode I: The Phantom Menace*, 2 disques compacts, Sony Classical, S2K 89460, 2000.

– [*SW2* BO] : John Williams, *Star Wars – Episode II: Attack of the Clones. Original Motion Picture Soundtrack*, 1 disque compact, Sony Classical, SK89968, 2002.

– [*SW4* BO] : John Williams, *Star Wars – Episode IV : A New Hope. Original Motion Picture Soundtrack*, 2 disques compacts, Sony Classical, SK92950, 2004.

– [*SW5* BO] : John Williams, *Star Wars – Episode V : The Empire Strikes Back. Original Motion Picture Soundtrack*, 2 disques compacts, Sony Classical, S2K92951, 2004.

– [*SW6* BO] : John Williams, *Star Wars – Episode VI : Return of the Jedi. Original Motion Picture Soundtrack*, 2 disques compacts, Sony Classical, S2K92952, 2004.

– [*SW3* BO] : John Williams, *Star Wars – Episode III : Revenge of the Sith. Original Motion Picture Soundtrack*, 1 disque compact, Sony Classical, SK94220, 2005.

– [*SW1* JV] : *Star Wars – Episode I : The Phantom Menace*, 1 CD-Rom, LucasArts, 1999.

– [*SW1 Racer*] : *Star Wars Episode I : Racer*, 1 CD-Rom, LucasArts, 2001.

Les termes techniques relatifs au cinéma (image et son) sont définis dans le Glossaire en fin d'ouvrage.

Première Partie

# TRANSFORMATIONS DE L'ÉCRITURE MUSICALE SUR LES DEUX PREMIÈRES TRILOGIES *STAR WARS*

Chapitre premier

# LA PRÉLOGIE *STAR WARS* : UNE DYNAMIQUE GLOBALE DE RENOUVEAU ?

Par l'espace où sans fin l'or ruisselle
De chaque atome monte une voix solennelle
Cherchant dans l'azur noir à réveiller un cœur [1].

L'une des particularités de *Star Wars* est sa nature même de « cycle » cinématographique. Cette notion, issue des études littéraires, se caractérise par trois éléments fondamentaux : la continuité chronologique de l'intrigue, le retour évolutif du monde diégétique et de ses héros, altérés par les différentes péripéties et l'écoulement du temps, et l'ambition de totalisation où l'ensemble prime sur l'indépendance des parties [2]. Les cycles mettent par ailleurs en jeu des questions stylistiques (unité / différences), poétiques (grande forme) et esthétiques (inscription au sein de la « grande œuvre » culturelle des XX^e^ et XXI^e^ siècles) [3].

Les deux trilogies de *Star Wars* achevées à l'heure où nous écrivons ces lignes (2018) présentent le même univers fictionnel et une intrigue continue organisée autour d'Anakin Skywalker, depuis son affranchissement par Qui-Gon Jinn, sa formation de Jedi et sa corruption progressive par Dark Sidious jusqu'à son basculement du côté obscur de la Force et sa rédemption finale précédant sa mort dans *SW6*. La trilogie impériale se focalise également sur les aventures de ses deux jumeaux cachés, Luke et Leia, luttant contre leur propre père. Ce fil narratif axé sur la famille Skywalker tout au long des six épisodes n'est pas le seul facteur constitutif de l'hexalogie en tant que cycle. La trilogie républicaine présente en effet une autre spécificité essentielle, celle d'avoir été créée « à rebours » selon une chronologie inversée, dans un processus de

1. Jules Laforgue, « Intarissablement », *Œuvres complètes : édition chronologique* intégrale, tome 1 : *1860-1883*, Lausanne, L'Âge d'homme, 1986, p. 296.

2. Anne Besson, *D'Asimov à Tolkien : cycles et séries dans la littérature de genre*, Paris, Éditions du CNRS, 2004, p. 22-23.

3. Nous remercions Hervé Lacombe pour avoir porté ces éléments à notre attention.

fondation de l'origine et de retour aux sources[4]. Dans son ensemble, l'hexalogie prend ainsi la forme d'un cycle « dischronique »[5], l'ordre de réalisation des deux (désormais trois) trilogies et l'ordre chronologique réel de l'intrigue ne coïncidant pas. De là naît un arc narratif singulier : dans la trilogie impériale, « le spectateur *se doute*, sur la foi des indices génériques, que l'histoire se termine *bien*, dans la seconde il *sait* que l'histoire se termine *mal*, puisqu'elle l'amène au point de chaos même où la première trilogie a démarré »[6].

*Star Wars* semble être la première saga d'envergure à présenter ce type de configuration. Elle est en effet relativement isolée dans le paysage cinématographique de la fin des années 1990, encore dominé par la vague des suites (séquels); les exemples de « revisitations structurelles »[7] des années 1980, selon l'expression de Pierre Berthomieu, concernent davantage des films pris isolément que les grands cycles cinématographiques. La trilogie républicaine précède ainsi l'engouement récent et généralisé pour les préquels, de *Casino Royale* (2006) et *Quantum of Solace* (2008) pour la franchise *James Bond*, *Prometheus* (2012) et *Alien : Covenant* (2017) pour la saga *Alien*, jusqu'à la trilogie du *Hobbit* (2012-2014) précédant diégétiquement celle du *Seigneur des Anneaux* (2001-2003).

La question de l'unité occupe une place centrale dans la mesure où l'essence même d'un cycle réside dans une tension féconde entre stabilité et nouveauté, mobilisant la mémoire et le degré de connaissance du spectateur[8]. L'équilibrage délicat de ces deux orientations contradictoires, théorisé par Anne Besson sous l'expression de « renouvellement par le même », implique le recours à des procédés

> aptes à répondre à la double demande de renouvellement *et* de maintien de la familiarité. Pour le cycle, cette réponse passe par un jeu sur le tout et ses parties [...] : ainsi, la discontinuité matérielle entre les [épisodes] doit être contre-balancée par la perception d'une continuité ou d'une unité de l'ensemble[9].

Dès lors, dans le cas de *Star Wars*, comment penser le réamorçage du processus créateur sur des épisodes qui non seulement sont fort éloignés dans le temps, mais obéissent aussi à des régimes de production différents ? De quelles manières les nouveaux paradigmes esthétique, narratif et technologique ont-ils été assumés par les créateurs ?

---

4. Voir Pierre Berthomieu, *Hollywood : le temps des mutants*, Pertuis, Rouge profond, 2013, p. 716; Anne Lancashire, « *The Phantom Menace* : Repetition, Variation, Integration », *Film Criticism*, vol. 24, n° 3, printemps 2000, p. 23-44.

5. Nous empruntons cette dénomination littéraire à Daniel Aranda, « Originalité historique de retour de personnages balzaciens », *Revue d'Histoire littéraire de la France*, n° 5, novembre-décembre 2001, p. 1573-1589, ici p. 1576. Les cycles dischroniques sont relativement populaires dans les œuvres littéraires dès le XX^e^ siècle.

6. Laurent Jullier, *Star Wars : anatomie d'une saga* [2005], Paris, Armand Colin, 2010, p. 47. Voir aussi *ibid.*, p. 48-49; Pierre Berthomieu, *Hollywood moderne : le temps des voyants*, Pertuis, Rouge Profond, 2011, p. 482.

7. Berthomieu, *Hollywood : le temps des mutants*, p. 715-716.

8. Voir à ce sujet Paul Sutton, « The "Afterwardsness" of the Sequel », dans Carolyn Jess-Cooke et Constantine Verevis (dir.), *Second Takes : Critical Approaches to the Film Sequel*, Albany, State University of New York Press, 2010, p. 146-149.

9. Besson, *D'Asimov à Tolkien*, p. 6.

## George Lucas et la « tragédie de Dark Vador »

En dépit du caractère dischronique de la saga qui pourrait être synonyme de fragmentation et de rupture de continuité, Lucas insiste de manière récurrente en entretien sur l'unité de l'hexalogie :

> Ce projet est vraiment conçu comme un film en six parties dont l'*Épisode I* est le premier chapitre. [...] Chaque film, même s'il a son importance et doit être divertissant en soi, n'est en réalité qu'une pièce d'une grande mosaïque [10].

Dans cette perspective, le cheminement d'Anakin Skywalker vers le côté obscur joue selon le réalisateur le rôle de principe unificateur reliant les six épisodes, comme il l'explique rétrospectivement :

> Le sous-titre [de *SW4*] était « La tragédie de Dark Vador ». [...] J'ai fini par diviser le matériau en trois parties. [...] C'est une des raisons qui m'ont fait réaliser les trois premiers épisodes, pour avoir une meilleure idée de toute l'histoire. Mais avec toutes les pièces maintenant en place, j'espère qu'on le verra comme un seul film et pas six petits films, mais comme la tragédie de Dark Vador, ce que ça devait être d'abord [11].

Les propos du réalisateur doivent être maniés avec précaution dans la mesure où ils sont difficilement vérifiables, les archives de Lucasfilm étant inaccessibles pour les chercheurs. L'insistance sur l'organicité de son projet autour de Dark Vador au moment où il met en chantier la trilogie républicaine vise indéniablement à donner une image mythifiée de sa propre création et à renforcer l'illusion d'un tout cohérent. Elle procède, au moins en partie, de la reconnaissance par Lucas à la fois de la place prise par le seigneur Sith dans la culture populaire et le *fandom* [12] comme figure archétypale du héros déchu et tourmenté, et d'une reconstruction de l'histoire officielle de l'hexalogie – surtout après 1997, où le metteur en scène se livre à une forme de « téléologie rétrospective » [13]. L'écriture de *SW4*, fortement influencée par *La Forteresse cachée* (1958), est en effet d'abord centrée sur une jeune fille et un guerrier âgé avant que l'idée d'un jeune héros masculin ne fasse son apparition [14]. Par ailleurs, avant 1978, Lucas ne sait pas encore s'il va finalement faire fusionner en un même personnage le père de Luke, Anakin et Dark Vador ; à l'époque, il se concentre sur la création d'une romance [15].

Au-delà des évolutions des scénarios dans le détail et de la focalisation hypothétique sur la figure de Dark Vador, des entretiens contemporains de la trilogie impériale

---

10. George Lucas, commentaires audio du DVD de *SW1*. Voir aussi Rex Weiner, « Lucas the Loner Returns to *Wars* » [1995], dans Sally Kline (dir.), *George Lucas Interviews*, Jackson, University Press of Mississipi, 1999, p. 189.

11. George Lucas, commentaires audio du DVD de *SW3*.

12. Le terme *fandom* « désigne spécifiquement le microcosme des amateurs de science-fiction ou de *fantasy*, dont l'influence est déterminante ». Besson, *D'Asimov à Tolkien*, p. 242.

13. Berthomieu, *Hollywood : le temps des mutants*, p. 343.

14. Voir Robert Benayoun et Michel Ciment, « Entretien avec George Lucas », *Positif*, n° 197, septembre 1977, p. 51-60, plus spécifiquement p. 52-53 ; Michael Kaminski, *The Secret History of Star Wars : The Art of Storytelling and the Making of a Modern Epic*, Kingston, Legacy Books Press, 2008, p. 48-52.

15. Berthomieu, *Hollywood moderne : le temps des voyants*, p. 481 ; Berthomieu, *Hollywood : le temps des mutants*, p. 338.

permettent toutefois de démêler ce qui relève de la légende réécrite *a posteriori*, de ce qui est plus plausible. Dès 1980, Lucas explique ainsi avoir scindé son matériau en deux, et développé uniquement la seconde moitié dont il ambitionne de faire trois films [16], ce qui concorde avec ses affirmations de 2005. Il est donc raisonnable d'avancer que le matériau scénaristique de la trilogie républicaine est déjà présent, bien qu'à un état embryonnaire, au moment de la genèse de la trilogie impériale. Comme le souligne Berthomieu, ce matériau originel sert de fondation à partir des années 1990 à l'écriture des trois épisodes républicains :

> Lucas œuvre à organiser l'héritage des brouillons, des versions de 1970. Quantité d'idées sont abandonnées, mais beaucoup d'autres, esquissées dans les textes d'époque, trouvent une place dans les nouveaux films. Dans le compte rendu de l'univers de *Star Wars* fait par Lucas à Alan Dean Foster et Lippincott en 1975 [...], le cinéaste évoque les futurs films suivant un principe vague mais effectivement en phase avec les films à venir : « Un jour, je voudrais tourner l'histoire de la jeunesse de Kenobi, l'histoire des Jedis et de l'Empereur qui finit par prendre le pouvoir, renverse la République [...] manipule les Jedis et les tue » [17].

La conception par Lucas d'une liaison chronologique et causale entre les épisodes est confirmée implicitement par la numérotation des films à partir de *SW5*, qui signale à la fois une histoire en cours dans la trilogie impériale et situe objectivement la place de chaque film au sein d'un vaste projet d'ensemble. Enfin, si l'on considère l'hexalogie telle qu'elle est désormais disponible dans son état final, chaque épisode apparaît en quelque sorte comme une étape obligée dans le déroulement narratif, lié à ce qui précède et à ce qui suit de façon logique et continue à travers la généalogie des Skywalker. Il s'agit là du propre même d'une saga qui, à la différence de la série comme le rappelle Umberto Eco, « retrace l'évolution d'une famille et s'intéresse à un intervalle de temps "historique". [...] C'est l'histoire du vieillissement d'individus, de familles, de peuples, de groupes » [18].

### *Récurrences visuelles et situations symétriques*

Au-delà des affirmations de Lucas parfois sujettes à caution, plusieurs particularités visuelles et narratives internes, présentes sur l'ensemble des six épisodes, ont fait l'objet d'études approfondies dont nous résumons ici les principaux aspects. Sur le plan formel, le récit est organisé dans chaque épisode selon quatre techniques délimitées par Laurent Jullier : la segmentation des péripéties et les interruptions récurrentes de l'action, héritées du *serial* cinématographique des années 1930 [19], l'invitation à la révision des

16. Voir Jean Vallely, « *The Empire Strikes Back* and So Does Filmmaker George Lucas With His Sequel to *Star Wars* » [1980], dans Kline (dir.), *George Lucas Interviews*, p. 92-93.

17. Berthomieu, *Hollywood : le temps des mutants*, p. 342.

18. Umberto Eco, « Innovation et répétition : entre esthétique moderne et post-moderne » [1987], *Réseaux*, vol. 12, n° 68, 1994, p. 9-26, ici p. 16.

19. Au cinéma, le *serial* « se comprend comme une œuvre unique proposée au public par chapitres successifs (12 ou 15 pour la forme cinématographique, plus strictement codifiée), et dont les dénouements à fort suspense ont été appelés *cliffhangers* » (Besson, *D'Asimov à Tolkien*, p. 243). *Star Wars* partage d'autres points communs avec le *serial*, moins sur le plan structurel que par son ton léger et insouciant.

suppositions du spectateur par le recours à l'ellipse et le montage alterné issus du cinéma muet[20]. Le début et la fin de chaque film sont également identiques. À l'encontre du règlement de la Guilde des Cinéastes des États-Unis imposant un générique complet au début des films[21], chaque épisode de *Star Wars* s'ouvre, après le carton « Il y a bien longtemps, dans une galaxie lointaine, très lointaine… », par un texte déroulant (*crawl*). Ce format spécifique du *crawl*, donnant l'illusion d'un texte déployé sur un plan incliné avant de disparaître dans le lointain, est lancé à partir du deuxième épisode du *serial Buck Rogers* produit par Universal en 1939, « Tragedy on Saturn », qui débute par la mention « Préambule, chapitre deux »[22]. Le *crawl* est popularisé dès l'année suivante par *Flash Gordon à la conquête de l'univers* et contribue à faire la signature de Universal, se distinguant notamment du mode de présentation des résumés des *serials* produits par Columbia[23]. Rappelons aussi que chaque film de la saga se referme sur un iris précédant le générique de fin.

Par ailleurs, un réseau signifiant est mis en place entre les différents épisodes à travers des liens manifestes de film en film et de trilogie en trilogie, qui s'expriment par des déclinaisons de situations et de dialogues[24]. Ces échos internes se font le plus souvent sur un mode ludique et participent pleinement du fonctionnement du *fandom* : les clins d'œil plus ou moins subtils impliquent la mémoire, l'attention active et la complicité du spectateur connaisseur, voire expert – bien que leur repérage ne soit pas posé comme nécessaire à la compréhension ni à l'appréciation des films.

Un système de rappels et d'annonces est bâti entre les deux trilogies. Dans *SW4* par exemple, lors de sa rencontre avec Luke, Obi-Wan évoque la guerre des clones où il a combattu avec son père, Anakin Skywalker, qu'il présente comme le meilleur astropilote de la galaxie et un ami cher. Ces éléments seront développés tout au long de *SW1*, *SW2* et *SW3*. L'interpellation d'Obi-Wan à Anakin au début de *SW2* (« J'ai parfois l'impression que tu veux ma mort »[25]) résonne d'une manière singulière puisque Dark Vador tue Obi-Wan dans *SW4* lors de leur duel au sabre laser.

Des situations similaires sont également déclinées entre les films. La scène de *SW2* où Obi-Wan, Padmé et Anakin attendent leur exécution dans l'arène de Géonosis fait écho aux mises à mort par le rancor dans le donjon souterrain du palais de Jabba et à l'exécution publique dans la Grande fosse de Carkoon à laquelle sont destinés Luke, Han et Chewbacca dans *SW6*. *SW1*, *SW3*, *SW4* et *SW6* (mais aussi *SW7*) présentent des stations spatiales géantes dont le cœur générateur très vulnérable est facilement accessible au plus commun des vaisseaux, et qui deviennent les cibles stratégiques des héros. La saga met également à profit sa dimension chronologique pour ajouter une

---

20. Jullier, *Star Wars : anatomie d'une saga*, p. 43-44.

21. Alexandre Tylski, *Le générique de cinéma : histoire et fonctions d'un fragment hybride*, Toulouse, Presses universitaires du Mirail, 2009, p. 48.

22. « *Foreword, Chapter Two* ».

23. Voir Max Sexton et Malcolm Cook, *Adapting Science Fiction to Television : Small Screen, Expanded Universe*, Lanham, Rowman & Littlefield, 2015, p. 7.

24. Nous ne développons ici que quelques exemples. Pour davantage d'approfondissements, voir Lancashire, « *The Phantom Menace* : Repetition, Variation, Integration », p. 23-44 ; Jullier, *Star Wars : anatomie d'une saga*, p. 30-36.

25. « *Why do I get the feeling you're going to be the death of me ?* ».

strate de sens supplémentaire aux épisodes impériaux. Ainsi, dans *SW2* par exemple, Obi-Wan parvient à duper Jango et Boba Fett en se faisant passer pour mort, posé à même un astéroïde ; fort de cette leçon, Boba est le seul chasseur de prime à deviner la ruse du Faucon Millénium dans *SW5* : celui-ci a disparu des radars parce qu'il posé de manière similaire *sur* le croiseur impérial.

Un système de reprises gouverne certaines répliques, répétées à l'identique – les plus célèbres étant « Que la Force soit avec toi » et « J'ai un mauvais pressentiment » [26] – ou variées en fonction de la situation, souvent sur un mode humoristique comme lorsque les Jedi font usage de la Force sur les esprits faibles en leur faisant répéter mécaniquement des paroles persuasives [27]. Mais ces retours sont aussi visuels, comme le rappelle Berthomieu :

> Les rimes de plans sont constantes, simples ou complexes et innombrables. [...] Des éléments métriques les plus larges (symétrie des titres, des compositions, des plans de conclusion), Lucas va jusqu'à l'infime (rime des hologrammes miniatures, circulation des coiffures, incrustation de vaisseaux) en passant par des signaux formels périodiques (décapitation, bras coupé, sabre laser au sol, croisement de lames, plongée sur les gouffres...) [28].

Toutefois, la présence de ces procédés visant à établir un réseau signifiant de film en film et d'une trilogie à l'autre, fait-elle de l'unité de la saga une évidence indiscutable qui irait de soi ? Si des liens existent bien, peuvent-ils fonder à eux seuls la cohésion de l'hexalogie en *un* « grand » film ? La question continue de faire débat parmi les chercheurs [29]. Chaque épisode ajoute nécessairement à cette toile de fond commune des éléments porteurs de variété, de nouveaux personnages et des planètes inconnues, tandis que les héros vieillissent et évoluent au fil de la chronologie narrative. L'unité organique revendiquée par Lucas revêt en réalité une forme mouvante et paradoxale, sans cesse tendue entre continuité et changement, que le traitement visuel ne fait par ailleurs que renforcer – ne serait-ce que par le fait que les deux trilogies ont été réalisées à des époques dissemblables et à partir de technologies différentes [30]. En ce qui concerne l'aspect visuel de la trilogie républicaine, les choix de cadrage, les références picturales et cinématographiques, le traitement plastique des formes, des couleurs et des décors tirent parti des possibilités du numérique, que Lucas utilise pour travailler jusqu'à l'intérieur

26. « *May the Force be with you* » et « *I have a bad feeling about this* ».

27. Qui-Gon utilise la Force pour obtenir de Boss Nass un vaisseau de transport jusqu'à Theed dans *SW1*, Obi-Wan pour convaincre le revendeur de bâtons de la Mort qu'il doit « rentrer chez lui et réfléchir à son avenir » dans *SW2*, puis pour obtenir un sauf-conduit auprès des *Stormtroopers* à Mos Eisley dans *SW4*, et Luke pour obliger Bib Fortuna à l'amener auprès de Jabba dans *SW6*. Notons que dans *SW7*, Rey obtient de son gardien du Premier Ordre qu'il la libère et lui cède son arme grâce à l'influence de la Force.

28. Berthomieu, *Hollywood moderne : le temps des voyants*, p. 530-531.

29. Voir en particulier Corinne Vuillaume, « *La Revanche des Sith*, George Lucas (2005). L'impatience des limites », *Diable et cinéma*, 2005, http://www.diable-cinema.net/articles/index_revanche.htm, consulté le 16 novembre 2016 ; Pierre Berthomieu, « *Star Wars Épisode I : La Menace fantôme*. Les paradoxes de George Lucas », *Positif*, n° 465, novembre 1999, p. 64-65.

30. La question du montage et de l'impact des technologies numériques sera traitée dans la deuxième partie de cet ouvrage.

des pixels[31]. Dès lors, comme l'écrit Berthomieu au sujet de *SW1*, « c'est bien le même univers, et pourtant ce n'est pas tout à fait le même film »[32].

## Une configuration singulière : composer la musique de préquels seize ans après

Cette tension créatrice entre répétition, variation et intégration dans un large ensemble se joue bien entendu également sur le plan musical.

### *Du côté de la réception*

Si, dans une saga, l'attachement particulier des spectateurs vient des retrouvailles avec des héros familiers et un récit en devenir et, dans le même temps, de l'aptitude à renouveler l'histoire et à varier les protagonistes secondaires, de la même façon, l'auditoire désire retrouver les thèmes et marqueurs musicaux qui lui sont chers.

Dans ces conditions, il n'est guère étonnant que la continuité musicale de l'hexalogie ait à la fois cristallisé les discussions[33] et fait l'objet de débats houleux au moment de la sortie des épisodes républicains. On observe en effet un clivage net dans la littérature dominante – à la fois sous la plume de chercheurs, de critiques musicaux et de journalistes – entre, d'une part, les défenseurs d'une cohérence musicale évidente tout au long de l'hexalogie et, d'autre part, les tenants d'une nouveauté inconciliable avec les partitions de la trilogie impériale.

Le musicologue Jeff Bond soutient ainsi qu'en dépit de l'altération du style d'écriture de Williams au cours des vingt dernières années, « *La Menace fantôme* sonne bel et bien comme une partition de *Star Wars* »[34] et présente tous les éléments musicaux attendus d'un épisode de la saga. Il les énumère de la sorte : la marche triomphale ouvrant chaque film, suivie de textures orchestrales au caractère mystérieux qui accompagnent le traditionnel panoramique sur une nouvelle planète, le *mickey-mousing* humoristique, et les triades cuivrées pour les actions d'éclat des héros et les combats[35]. Cette énumération appelle à être interrogée. Les deux derniers éléments cités, en particulier, ne sont pas propres à *Star Wars*, mais relèvent d'habitudes compositionnelles jalonnant l'ensemble de la production de Williams pour les *blockbusters*. Pour sa part, Doug Adams insiste

31. L'étude détaillée des changements visuels dans la saga dépasse notre propos, centré sur la narration. Si nous serons amenée à les évoquer ponctuellement au cours de nos analyses, nous renvoyons aux recherches approfondies de Jullier, *Star Wars : anatomie d'une saga*, p. 53-60 et 67-73 ; Berthomieu, *Hollywood moderne : le temps des voyants*, p. 525-538 ; Berthomieu, *Hollywood : le temps des mutants*, p. 344-350.

32. Berthomieu, « *Star Wars Épisode I : La Menace fantôme* », p. 64-65, ici p. 64.

33. Berthomieu y consacre une section entière de son ouvrage *La musique de film*, Paris, Klincksieck, 2004, p. 87-89 (« La musique de *Star Wars* a-t-elle évolué en 25 ans ? »).

34. « The Phantom Menace *does, indeed, sound like a* Star Wars *score* ». Jeff Bond, « The Second Coming », *Film Score Monthly*, vol. 4, n° 5, juin 1999, p. 2. Voir aussi Jeff Bond, « *Star Wars : The Phantom Menace, The Ultimate Edition*. Score Review », *Film Score Monthly*, vol. 5, n° 9, novembre-décembre 2000, p. 49-50.

35. Bond, « The Second Coming », p. 2.

sur « l'architecture cohésive des partitions »[36] et sur la continuité des deux trilogies quant à la construction thématique et au langage harmonique employé :

> Les nouveaux thèmes de *Star Wars* sont en grande partie construits dans le même style que les thèmes précédents, et nombre d'entre eux semblent discrètement faire référence aux anciens motifs. Les liens de parenté intervalliques restent une constante, tout comme, globalement, le langage harmonique de Williams[37].

De même, selon Rick McCallum, la force du cycle star warsien réside dans son homogénéité et sa cohérence musicales[38]. Mais cette valorisation de l'unité par le producteur de la trilogie républicaine procède, au moins en partie, d'une visée promotionnelle qui ne doit pas être occultée.

De l'autre côté du spectre critique, de nombreux auteurs ont fait part de leur déception quant à la rupture des liens musicaux entre les deux trilogies, en particulier lors de la sortie de *SW1* seize ans après *SW6*. Il n'est ainsi pas anodin que Tony Buchsbaum ouvre sa critique musicale de la bande originale de *SW1* par un avertissement aux amateurs mélomanes de la trilogie impériale :

> Laissez-moi commencer en affirmant ceci : la musique de *La Menace fantôme* ne ressemble à aucune des autres partitions de *Star Wars*, alors si c'est ce que vous recherchez, passez votre chemin[39].

Un même constat amer imprègne les critiques musicales françaises des épisodes républicains[40], tandis que Nicolas Saada s'attache à souligner dès les premières pages d'un ouvrage général sur le compositeur les « différences de ton et de style qui séparent »[41] les partitions des deux trilogies, sans toutefois clarifier sa position à ce sujet. Il oppose ainsi de manière vague « le tapis musical presque continu » des épisodes républicains à la musique « vive, saillante, pleine d'idées »[42] de *SW5*. Mentionnons à cet égard que le discours critique comporte souvent une part d'idéalisation de la musique des épisodes impériaux ; l'image maternelle nostalgique convoquée par Jean-Christophe

---

36. « *Williams's cohesive construction of the scores* ». Doug Adams, « Sounds of the Empire », *Film Score Monthly*, vol. 4, n° 5, juin 1999, p. 22-25 et 47, ici p. 22.

37. « *The new* Star Wars *themes are constructed much in the same style as his previous ones and many of the new themes seem to vaguely reference the older ones. Intervallic relationships and connections have remained consistent, as has, more or less, Williams's harmonic language* ». Doug Adams, « A Return, or a New Hope ? », *Film Score Monthly*, vol. 4, n° 7, août 1999, p. 32-34, ici p. 32.

38. Voir Brian J. Robb, « Across the Stars », *Star Wars Insider*, n° 61, octobre 2002, p. 22-32, plus spécifiquement p. 27-28.

39. « *Let me start by saying this : the* Phantom Menace *score doesn't sound like any of the other* Star Wars *scores, so if that's what you're looking for, look elsewhere* ». Tony Buchsbaum, « *Star Wars – Episode I : The Phantom Menace*. Music by John Williams », Soundtrack, vol. 18, n° 70, été 1999, p. 7.

40. Voir Didier Leprêtre et Nicolas Michel, « La guerre ne fait pas rage que dans les étoiles », *Dreams to Dream...s*, n° 15, automne 1999, p. 42-44 ; Don Pascual, « Chroniques sonores. *Star Wars Episode I : The Phantom Menace. The Ultimate Edition* », *Colonne sonore*, n° 3, printemps-été 2001, p. 192-193 ; Didier Leprêtre, « Le retour du Jedi Williams », *Dreams Magazine*, n° 27, avril-mai 2002, p. 30.

41. Nicolas Saada, « Ouverture », dans Alexandre Tylski (dir.), *John Williams : un alchimiste musical à Hollywood*, Paris, L'Harmattan, 2011, p. 11.

42. *Ibid.*, p. 12.

Arlon, évoquant une rupture du « cordon ombilical » [43] avec la trilogie impériale, en est particulièrement révélatrice.

Il est intéressant de remarquer que le musicologue Doug Adams paraît revenir sur ses propos de 1999 lorsqu'il consacre en 2005 un nouvel article relativement technique au langage harmonique, à l'écriture des scènes d'action, des orchestrations et des thèmes des épisodes républicains. Rétrospectivement, la musique des trois films lui paraît finalement bien distincte de celle de la trilogie impériale. Il déplore ainsi : « Cette musique a été écrite pour des épisodes de *Star Wars*, mais ne sonnait pas toujours totalement comme de la musique de *Star Wars*. [...] N'était-ce pas supposé être une saga unifiée de six histoires ? » [44].

D'un côté comme de l'autre, et au-delà des divisions marquées entre ces deux pôles de la réception, on ne peut que remarquer le manque de définition précise de ce que serait la « musique type » de *Star Wars*, définie par *SW4*, *SW5* et *SW6*. Avec l'écart temporel de seize années entre les deux trilogies, chaque auteur semble s'être forgé sa propre idée de ce qu'il estime devoir figurer ou non dans la musique d'un nouvel épisode, et qui diffère donc d'un exégète à l'autre. Cette étiquette englobante de « style starwarsien » pose d'ailleurs problème dans la mesure où l'unité même de la musique de la trilogie impériale ne va pas de soi, surtout si l'on prend en considération l'éclectisme des styles mobilisés par Williams pour les musiques diégétiques [45] : la scène de la cantina de *SW4* mélange les sonorités des *steel bands* des Caraïbes au style *swing* de Benny Goodman, auxquels se joignent des kazoos et des instruments à anche désaccordés. Plusieurs scènes de *SW6* impliquent elles aussi des musiques diégétiques très variées. Le *cue* « Lapti Nek » de style disco qui accompagnait la performance dansée de l'esclave Oola dans le palais de Jabba a, depuis l'« édition spéciale » de 1997, été remplacé par la chanson pop « Jedi Rocks » dont l'écriture est confiée à l'arrangeur Jerry Hey. Enfin, des influences folkloriques et extra-européennes imprègnent les musiques jouées par les Ewoks.

### *Du côté des créateurs musique*

Outre cette hétérogénéité stylistique propre aux musiques diégétiques, les particularités narratives de la double trilogie *Star Wars* ne sont pas sans incidence sur l'écriture de Williams et sa manière de structurer ses partitions. Or, la scission du discours critique se retrouve également chez les créateurs musique eux-mêmes. Pour

43. Jean-Christophe Arlon, « L'Empire contre-attaquera », *Dreams Magazine*, n° 27, avril-mai 2002, p. 31-32, ici p. 31.

44. « *This music was written for* Star Wars films, *but didn't always sound quite like* Star Wars *music. [...] Wasn't this supposed to be a unified six-story saga ?* ». Doug Adams, « Revenge of the Sixth », *Film Score Magazine*, vol. 10, n° 3, mai-juin 2005, p. 33-35, ici p. 33.

45. Voir Craig L. Byrd, « The *Star Wars* Interview : A New Talk », *Film Score Monthly*, vol. 2, n° 1, janvier-février 1997, p. 18-21, plus spécifiquement p. 21 ; Seth Mulliken, « Ambient Reverberations : Diegetic Music, Science Fiction, and Otherness », dans Mathew J. Bartkowiak (dir.), *Sounds of the Future : Essays on Music in Science Fiction Film*, Jefferson, McFarland & Company, 2010, p. 91-92 ; Michael Matessino, « The *Star Wars* Trilogy Special Edition : The Comprehensive Reference for the John Williams Music Scores », *Film Score Monthly*, vol. 2, n° 1, janvier-février 1997, p. 12-17, plus spécifiquement p. 16.

l'orchestrateur Conrad Pope, les deux trilogies forment deux entités bien distinctes sur le plan musical, les partitions ayant changé de façon drastique à partir de *SW1*[46]. À l'inverse, étonné de notre interrogation à ce sujet, le *music editor* Kenneth Wannberg considère comme une évidence que les six films déploient exactement le même type de musique et en font une utilisation tout à fait semblable – une idée qu'il expose déjà dans un entretien de 1999[47].

Le discours de John Williams n'est lui-même pas dénué de contradiction. Il n'est pas possible de dégager une évolution de la pensée du compositeur quant à la continuité qu'il a souhaité conférer à ses partitions : la coexistence des propos divergents qu'il tient à ce sujet s'observe aussi bien au moment de la composition des épisodes impériaux que rétrospectivement, au tournant des années 2000. Il n'est en outre pas rare que, dans une même entrevue, Williams loue à la fois la grande unité musicale de la saga et les différences ou l'indépendance des épisodes[48]. Les propos du compositeur mettent en tension d'une part l'organisation du matériau de l'hexalogie de façon cohérente, et d'autre part ses capacités d'inventivité et de renouvellement, valorisant indirectement la qualité de la partition de chaque épisode en soi.

Dans un entretien contemporain de *SW5*, le compositeur explique avoir commencé l'écriture « un peu plus tôt que d'habitude, parce que la partition reprendra certaines musiques de *Star Wars* »[49], et insiste sur l'organicité des deux partitions de *SW4* et *SW5* :

> Avec cette base, j'ai voulu essayer de développer du matériau qui se marierait avec la partition d'origine et sonnerait comme la partie d'un tout organique ; [...] une extension de ce qui existait déjà. Par conséquent, dans la création de nouveaux thèmes et la manipulation du matériel originel, la mission était d'étoffer quelque chose que j'avais écrit trois ans auparavant, aussi bien en matière de conception que d'instrumentation. J'ai dû regarder en arrière[50].

Aussi bien en 1997 qu'en 2007, Williams estime que les musiques de la trilogie impériale sont suffisamment unifiées pour être considérées comme un seul ensemble : « Les partitions ne font qu'une, et un thème qui faisait sa première apparition dans le

---

46. « *Frankly I see these things as a trilogy and another trilogy. [...] The music changed so drastically* ». Conrad Pope, entretien personnel enregistré le 13 février 2013.

47. Voir Ford A. Thaxton, « *Star Wars Episode One : The Phantom Menace*. Music Editor Ken Wannberg », *Soundtrack*, vol. 18, n° 70, été 1999, p. 8-10, plus spécifiquement p. 9.

48. Voir en particulier Byrd, « The *Star Wars* Interview : A New Talk », p. 18-21, plus spécifiquement p. 19-20 ; Jean-Christophe Manuceau, « *Star Wars, Épisode I. La Menace Fantôme* : un renouveau pour John Williams », *Cinéfonia*, n° 12, juin 2005, p. 56-57, plus spécifiquement p. 57 ; Didier Leprêtre, « Étoiles fantômes », *Dreams to Dream...s*, n° 16, hiver 1999, p. 8-18.

49. Williams, cité dans Jonathan W. Rinzler, *Le Making of de L'Empire contre-attaque*, Talence, Akileos, 2013, p. 266.

50. « *With that as a basis I wanted to try to develop material that would wed with the original and sound like part of an organic whole; [...] an extension of what already existed. So, in the creation of new themes and the handling of the original material, the task, both in concept and instrumentation, was one of extending something that I had written three years before. I had to look back* ». Williams, cité dans Alan Arnold, livret de *The Original Soundtrack for the Motion Picture Star Wars : The Empire Strikes Back*, 2 disques 33 tours, RSO Records, RS-2-4201, 1980.

second film était sûrement très proche intervalliquement, c'est-à-dire note à note, d'un thème que nous connaissions déjà » [51].

Interrogé sur sa manière d'aborder musicalement la trilogie républicaine après la sortie de *SW1*, le compositeur reprend quasiment les mêmes termes que lorsqu'il évoquait *SW5* : « Le défi pour moi [...] était non seulement de tenter d'écrire une musique aussi efficace que celle de la première trilogie, mais qui épouserait aussi la trame des films précédents, de manière à en paraître le prolongement » [52]. Fait notable, à la suite de l'écriture de *SW7* dix ans après *SW3*, Williams jette le même regard sur la palette musicale désormais formée par les sept épisodes :

> Cela doit représenter quinze heures de musique ou plus qui, dans ce cas précis, ont été créées par un seul compositeur, et pour un même projet d'ensemble. Cela constitue, à ma connaissance, une opportunité unique. [...] Ce serait comme écrire un opéra, puis en composer six autres basés sur le même type de matériau et la même histoire... sur une période de quarante ans [53].

Pourtant, ce plaidoyer du compositeur en faveur de l'unité musicale de l'hexalogie n'est pas aussi tranché ni unilatéral qu'il y paraît. Dans nombre d'entretiens, Williams se montre plus circonspect, invoquant par exemple en 1997 le rôle opportun du hasard :

> Je pense que si la partition possède une unité architecturale, celle-ci résulte d'un heureux accident. J'ai abordé chaque film comme une entité distincte. [...] J'imagine que c'est une métamorphose naturelle mais inconsciente des thèmes musicaux qui a engendré quelque chose qui semble présenter davantage d'interconnexion architecturale et consciente que je n'avais l'intention de générer en réalité [54].

Cette revendication de l'approche de chaque film comme une entité séparée fait retour dans les entretiens contemporains de la trilogie républicaine, où Williams tend à singulariser chaque nouvel épisode [55].

---

51. « *The scores are all one thing and a theme that appeared in film two that wasn't in film one was probably a very close intervallic, which is to say note-by-note-by-note, relative to a theme that we've had* ». Williams, cité dans Byrd, « The *Star Wars* Interview : A New Talk », p. 18-21, ici p. 19-20.

52. « *The challenge for me [...], was to try to not only write music that I thought was as effective as the first trilogy, but that it would also wed to the tapestry of the earlier films, so it would seem an outgrowth* ». Williams, cité dans Richard Dyer, « John Williams. Scoring *The Phantom Menace* », *Soundtrack*, vol. 18, n° 70, été 1999, p. 10-13, ici p. 11.

53. « *It must be about 15 hours of music or more, having been created by, in this case, one composer, and one overall project. That's, as far as I know, a unique opportunity. [...] It would be like writing an opera, and then writing six more based on the same kind of material and the same story... over the course of 40 years* ». Williams, cité dans Tim Greiving, « John Williams on *The Force Awakens* and the Legacy of *Star Wars* », *Projector & Orchestra*, 5 janvier 2016, http://projectorandorchestra.com/john-williams-on-the-force-awakens-and-the-legacy-of-star-wars/, consulté le 2 mai 2017.

54. « *I think if the score has an architectural unity, it's the result of a happy accident. I approached each film as a separate entity. [...] I suppose it was a natural but unconscious metamorphosis of musical themes that created something that may seem to have more architectural and conscious interrelatedness than I actually intended to put there* ». Williams, cité dans Byrd, « The *Star Wars* Interview : A New Talk », p. 18-21, ici p. 18.

55. Voir John Williams, commentaires audio du Blu-ray de *SW2*, et les entretiens donnés par le compositeur dans Leprêtre, « Étoiles fantômes », p. 8-18, plus spécifiquement p. 14 ; Jean-Christophe Arlon et Vivien Lejeune, « *Star Wars, Épisode III*. Avec des Sith, on refait le monde », *Cinefonia*, n° 12, juin 2005, p. 62-65.

Par ailleurs, en dépit de la divergence des propos que l'on vient d'évoquer, une constante se dessine de manière nette dans l'ensemble des entretiens accordés par le compositeur entre 1979 et 2016 : Williams affirme ainsi quasi systématiquement que, dans chaque nouvel épisode postérieur à *SW4*, quatre-vingt-dix pour cent de la musique est nouvelle, dix pour cent seulement du total de la partition étant constitués de reprises du matériau des films précédents[56].

La part de la nouveauté et de la reprise du matériau d'origine est, on le voit, chose délicate à démêler. L'on pourrait penser que travailler à rebours permettrait *a priori* à Williams de créer un tout d'autant plus cohérent qu'il lui est possible de travailler à partir du matériau musical existant et de le réintroduire progressivement, par la perpétuation de procédés d'écriture types, de gestes compositionnels récurrents ou par le biais de nouveaux motifs dérivés des thèmes de la trilogie impériale, qui pourront notamment susciter des effets d'annonce sur le plan narratif. Pourtant, Williams ne semble pas avoir fait de l'organicité du matériau musical de la double trilogie une priorité, d'autant que les partitions des épisodes républicains concentrent nombre de transformations voire de ruptures assumées vis-à-vis de la trilogie impériale.

## Marqueurs musicaux et fils narratifs : un traitement musical diversifié dans les épisodes républicains

*Star Wars* présente quelques marqueurs musicaux forts et des fils musico-narratifs qui, comme certaines situations, configurations visuelles et lignes de dialogue, sont eux aussi objets de récurrences. Ces retours ou ces déclinaisons de situations types sont toutefois loin d'être abordés avec constance par le compositeur.

### *Transformations de la construction musicale des génériques de fin*

Les ouvertures et les génériques de fin sont des bornes structurelles fondamentales dans l'identité visuelle de *Star Wars*, construits de la même façon dans chaque film. Sur le plan musical, Adams note la récurrence incontournable de la marche triomphale exposant le thème de Luke au début de chaque épisode et des « textures orchestrales angoissantes et mystérieuses qui la suivent toujours, alors que la caméra effectue un panoramique vers le bas depuis le *crawl* d'ouverture vers l'horizon de quelque nouveau monde étrange »[57]. Mais les génériques de fin font quant à eux l'objet de modifications musicales conséquentes.

56. Nous renvoyons à Alan Arnold, *Once Upon a Galaxy : A Journal of the Making of The Empire Strikes Back*, New York, Ballantine Books, 1980, p. 263 ; Dyer, « John Williams. Scoring *The Phantom Menace* », p. 11 ; Leprêtre, « Étoiles fantômes », p. 18 ; Greiving, « John Williams on *The Force Awakens* and the Legacy of *Star Wars* ».

57. « *the creepy, mysterioso textures that always follow as we pan down from the opening crawl to the horizon of some strange new world* ». Bond, « The Second Coming », p. 2.

Les génériques de fin méritent d'être étudiés, en dépit du fait que les spectateurs restent rarement dans la salle de cinéma pour en écouter la musique. Ils constituent en effet là encore une spécificité de la saga et occupent une place particulière dans l'histoire de la musique de film. La nouveauté du générique de *SW4* sur le plan structurel a été soulignée par Michel Chion :

> [La cérémonie finale] s'enchaîne avec un morceau de bravoure musical d'un genre nouveau au cinéma, permettant de dévider une liste interminable de noms d'acteurs, de collaborateurs et de techniciens. Le cinéma suscite ainsi une forme musicale inédite : non plus l'ouverture, mais la fermeture, sur les longs génériques de fin [...]. Les *end credits* de *La Guerre des étoiles* et du *Retour du Jedi* notamment sont une sorte de réjouissance musicale jouée à plein orchestre, qui en même temps récapitulent le matériel thématique [58].

Le maintien de cette particularité à l'époque contemporaine est d'autant plus notable que, de nos jours, une grande majorité de *blockbusters* accompagnés par une musique orchestrale optent pour une chanson en début de générique. Celle-ci est parfois construite sur l'un des thèmes principaux de la partition (comme dans *A.I. Intelligence Artificielle*, 2001, par exemple) ou, le plus souvent, totalement déconnectée stylistiquement de l'univers musical du film. Cette dernière configuration repose alors principalement sur le vedettariat et la notoriété du chanteur interprétant la chanson, comme le note Erik Heine :

> Dans ces cas de figure, les chansons interviennent habituellement en premier, la partition orchestrale étant reléguée à la fin pour remplir le temps restant. Les chansons des génériques de fin sont souvent placées là dans l'espoir de faire vendre les disques de la bande originale [59].

La spécificité des épisodes de *Star Wars* est ainsi de présenter un générique de fin exceptionnellement long, que le compositeur accompagne par un pot-pourri des principaux motifs entendus au cours du film, à la manière d'une ouverture d'opéra inversée (tableau 1). Par ailleurs, ils se distinguent en étant le lieu de développements thématiques qui n'ont pas été entendus précédemment. Souvent, seul un fragment du thème est employé par Williams dans le film, et le motif n'est exposé dans son intégralité qu'au générique de fin, comme c'est le cas par exemple pour le thème d'Anakin dans *SW1* ou le thème d'amour de *SW2* (dont la section médiane, martiale et tourmentée, n'est jamais utilisée au sein du film). Cette pratique williamsienne est amorcée sur *SW6*, où le thème des Ewoks est exposé intégralement et soumis à divers procédés de variation et de développement dans le générique, alors que seule sa première partie intervient au cours du film.

58. Michel Chion, *La musique au cinéma*, Paris, Fayard, 1995, p. 162.

59. « *In those cases, the songs usually occur first, with the score relegated to filling out time at the end. The songs in the End Credits are place there, often in hopes of selling soundtrack albums* ». Erik Heine, *James Newton Howard's Signs : A Film Score Guide*, Lanham, Rowman & Littlefield, 2016, p. 31.

| | *SW4* | *SW5* | *SW6* | *SW1* | *SW2* | *SW3* |
|---|---|---|---|---|---|---|
| **Durée** | 3 mn 34 | 4 mn 14 | 4 mn 58 | 6 mn 16 | 6 mn 19 | 6 mn 17 |
| **Thèmes** | Luke (un seul énoncé) | Luke (un seul énoncé) | Luke (un seul énoncé) | Luke (un seul énoncé) | Luke (un seul énoncé) | Luke (un seul énoncé) |
| | Fanfare des rebelles ;<br>courte transition | Fanfare des rebelles | Fanfare des rebelles ;<br>courte transition | Fanfare des rebelles ;<br>courte transition | Fanfare des rebelles ;<br>courte transition | Fanfare des rebelles ;<br>courte transition |
| | Luke (plus long, aabaa) | Yoda (développé) | Luke (un seul énoncé) | Luke (un seul énoncé et retour de la même courte transition) | Luke (un seul énoncé et retour de la même courte transition) | Luke (un seul énoncé puis lente transition) |
| | Princesse Leia (développé) | Marche impériale (ostinato seul, puis AA') ;<br>courte transition | Ewoks (développé) ;<br>transition lente | « Duel of the Fates » (développé) | « Across the Stars », version longue de concert | Princesse Leia (développé) |
| | Luke (développé) | Han Solo et Leia (développé) | Luke et Leia (développé ; retour de la courte transition) | Anakin, version longue avec le motif issu de la Marche impériale | | « Battle of the Heroes » (développé, puis courte transition) |
| | Fanfare des rebelles (développée) | Fanfare des rebelles | Luke (développé) | Respiration de Dark Vador | | Luke |
| | Courte coda conclusive en *sol* majeur | Courte coda conclusive avec cadence en *fa* majeur marquée aux timbales | Fanfare des Rebelles (développée) | | | Fanfare des rebelles (développée) |
| | | | Courte coda conclusive en *sol* majeur (comme dans *SW4*) | | | Courte coda conclusive en *sol* majeur (comme dans *SW4*) |

Tableau 1. Construction musicale des génériques de fin dans les six épisodes.

Comme on le voit sur le tableau 1, Williams conçoit véritablement ses génériques de fin comme un pan de composition à part entière, où il va pouvoir développer ses motifs selon une logique plus proprement musicale qu'au cours du film. Le manuscrit de *SW2* atteste avec éloquence de ce soin particulier apporté à l'écriture des génériques de fin : Williams a intégralement composé plusieurs versions différentes de la même seconde moitié du générique. La partition présente ainsi un *cue* « End Credits » de 121 mesures, un *cue* « End Credit Gelb Version » de 108 mesures, et enfin un *cue* « End Credit Updated

Gelb Version » de 138 mesures, ces deux dernières versions étant probablement destinés spécifiquement à l'enregistrement de la bande originale [60].

Les génériques de fin sont par ailleurs particulièrement intéressants à étudier dans notre perspective d'analyse, car ils sont révélateurs à la fois du nœud créatif de l'hexalogie mettant en tension les principes de continuité et de changement, et de l'approche particulière de chaque épisode républicain par le compositeur – enjeux que l'on retrouvera dans la manière dont Williams réintroduit les thèmes originels de la trilogie impériale, étudiée à la fin du présent chapitre.

La trilogie impériale présente une unité indéniable dans la construction tripartite de ses génériques de fin bien que, dans le détail, les trois épisodes ne présentent pas tout à fait la même structure linéaire. Dans *SW4* et *SW6*, la première section est constituée d'un énoncé du thème de Luke, de la fanfare des rebelles, puis du retour symétrique du thème de Luke. Par ailleurs, on peut noter les liens très forts entre les conclusions de ces deux épisodes, qui font intervenir le thème de Luke une dernière fois avant le retour de la fanfare des rebelles et se referment sur la même courte coda terminée par une cadence parfaite marquée en *sol* majeur. *SW5* se situe toutefois un peu à part. Le thème de Luke n'est repris ni à la fin de la première section ni pour amorcer la conclusion. En outre, après son premier énoncé, la fanfare des rebelles n'est pas suivie d'une courte transition à la manière de *SW4* et *SW6* et, lors de son retour final, elle n'est pas non plus développée comme dans les autres épisodes. La partie médiane du générique est également révélatrice : sa structuration autour de deux ou trois motifs principaux enchaînés par de courtes transitions ne germe dans l'esprit du compositeur qu'à partir de *SW5* [61], comme on peut le voir sur le tableau 1 : *SW4* se limite à un développement du thème de la princesse Leia, tandis que *SW5* et *SW6* énoncent respectivement le thème de Yoda, la Marche impériale, le thème d'amour entre Han Solo et Leia ; le thème des Ewoks puis le thème de Luke et Leia.

Pour sa part, la structure des génériques de *SW1*, *SW2* et *SW3* ne présente pas de cohésion semblable – il n'est pas possible de dégager un « modèle » des génériques républicains –, mais témoigne au contraire clairement de la place spécifique de chaque épisode dans l'hexalogie et de l'approche particulière de Williams sur chacun. Le seul point commun des génériques finaux de la trilogie républicaine est qu'ils commencent tous de la même manière, avec une première partie quasiment identique à celles de *SW4* et *SW6*. Mais la suite diffère considérablement d'un épisode à l'autre.

*SW1* signale ainsi une forme de rupture vis-à-vis du canevas formel des épisodes impériaux à plusieurs niveaux. Sa structure est bipartite, avec la disparition du thème de Luke, de la fanfare des rebelles et de la coda conclusive en fin de générique. Le compositeur exprime ainsi une volonté de renouveler la structure de ces pages, jugeant que l'énonce de la fanfare après le thème d'Anakin « aurait été trop mécanique par

60. La mention « Gelb » fait en effet référence à Peter Gelb, directeur de Sony Classical Records jusqu'en 2006.

61. Voir Leprêtre, « Étoiles fantômes », p. 8-18, plus spécifiquement p. 14.

rapport à la première trilogie »[62]. Par ailleurs, en dépit de sa longueur accrue par rapport aux épisodes républicains, la seconde moitié du générique ne comporte l'énoncé que de deux thèmes, ce qu'explique à nouveau Williams :

> À partir du moment où il avait été décidé d'exposer « Duel of the Fates » dans son intégralité, précédé de « Augie's Great Municipal Band », je ne pouvais guère recréer des « *end credits* » proposant les dix thèmes principaux. [...] Cela n'entrait pas dans la conception de la *Menace fantôme*[63].

Enfin, le générique de *SW1* clôt le film de manière tout à fait singulière au sein de la saga, sur l'énoncé de la respiration de Dark Vador, sans aucune musique, semblant ainsi présager le basculement d'Anakin vers le côté obscur dès l'épisode suivant.

*SW2* porte cette rupture vis-à-vis des génériques impériaux à un degré encore supérieur : on observe une raréfaction thématique, bien qu'il s'agisse du générique le plus long de l'hexalogie. La deuxième et dernière partie est tout entière concentrée autour du développement du thème d'amour « Across the Stars ». On peut ainsi s'étonner de l'absence d'autres motifs comme la Marche impériale, que la fin du générique de *SW1* paraissait annoncer, ou du thème d'Anakin par exemple. Comme dans *SW1*, la fanfare des rebelles et le thème de Luke sont totalement absents de la conclusion. Dans cet épisode, le modèle du pot-pourri est ainsi quasiment abandonné.

En revanche, le générique de *SW3* atteste une volonté de créer musicalement un pont avec la trilogie impériale. Il engendre en effet une continuité manifeste avec le générique de *SW4* dans la mesure où il est quasiment identique à celui-ci, comme un pendant symétrique au film suivant, à deux petites exceptions près : l'énoncé final du thème de Luke est plus court, et entre celui-ci et le thème de Leia s'intercale le *cue* « 6M9 Revenge of the Sith » (mes. 1-100), où l'un des thèmes phares du film, « Battle of the Heroes », est développé. Dans cette perspective de liaison avec les épisodes impériaux, notons que *SW3* est le seul épisode de l'hexalogie pour lequel Williams n'a pas composé de seconde moitié de générique spécifique : son générique consiste essentiellement en un travail de montage à partir des partitions de *SW4*. Comme on peut l'observer sur le manuscrit, l'apport de Williams se limite ici à quelques courtes transitions à quatre reprises, formant un total de dix mesures sur les 272 que compte le *cue* « 7M8 End Credits ». Ce dernier tient ainsi sur une seule page – contrastant fortement avec les 121 mesures intégralement écrites du générique de *SW2* – et se compose principalement d'un travail de découpage et de collage à partir de notes de renvoi à l'intention de ses orchestrateurs : des extraits du « Throne Room and Finale » et du thème de Leia provenant de *SW4* doivent être juxtaposés au *cue* « 6M9 Revenge of the Sith » utilisé plus tôt dans le film, suivis de « Throne Room and End Title », avant la dernière partie de « Throne Room and Finale ». Au-delà du pragmatisme de ce montage de *cues* dans une optique de gain de temps, on peut voir là un moyen pour Williams de relier musicalement les deux épisodes successifs sur le plan de la diégèse, qui sont aussi les plus éloignés sur le plan de la chronologie réelle. Le générique de *SW3* se distingue ainsi des autres épisodes républicains en ce que la majorité des thèmes qui y

62. Leprêtre, « Étoiles fantômes », p. 8-18, plus spécifiquement p. 14.
63. *Ibid.*

sont énoncés ne sont pas des motifs propres à l'épisode, mais proviennent directement des partitions originelles.

Il s'avère donc difficile d'établir une continuité musicale des génériques de fin à l'échelle des six films qui ferait écho à leur stabilité visuelle, bien que la présence d'un même modèle structurel sous-jacent soit indéniable, ne serait-ce que par les débuts identiques de tous les génériques et le principe du pot-pourri thématique. Les deux trilogies ne forment pas deux ensembles distincts ni homogènes ; des passerelles peuvent être tracées entre des épisodes appartenant à des trilogies différentes. Des liens forts relient *SW4* et *SW6*, *SW3* et *SW4*, tandis que *SW1* et *SW2* s'avèrent être des épisodes à part, présentant chacun une approche bien spécifique. Les génériques de ces deux films ont semble-t-il été abordés dans leur singularité, et non comme la partie d'un tout que constituerait la trilogie républicaine. Enfin, si *SW5* s'avère relativement proche de *SW4* et *SW6* sur le plan formel, il possède également certains traits particuliers qui invitent à nuancer son assimilation totale au modèle de la trilogie impériale. *SW7* confirme d'ailleurs cette structuration relativement flexible des génériques finaux : alors que l'on pourrait s'attendre à ce qu'il suive logiquement le modèle de *SW6*, son seul point commun est de faire entendre à deux reprises le thème de Luke entrecoupé par la fanfare des rebelles. Williams y développe en outre considérablement le principe du pot-pourri par rapport aux six autres épisodes : sont énoncés successivement les motifs associés à Rey soumis à divers développements, le thème de Luke, le thème de la Force, les motifs de Kylo Ren, le thème de Finn, de Poe Dameron puis à nouveau celui de Finn, la marche de la Résistance développée, le thème de la Force entremêlé au motif lyrique principal de Rey, la tête de la fanfare des rebelles, le motif lyrique de Rey, tandis que le générique se clôt pour la première fois sur le thème de la Force, joué en *si* bémol majeur au célesta.

La transformation des pratiques compositionnelles sur les épisodes républicains s'exprime également dans le traitement williamsien de quelques situations types ou « fils narratifs »[64], pour reprendre l'expression de Jamie L. Webster dont la méthode analytique nous a partiellement servi de modèle. On a vu plus haut que Lucas tisse un vaste réseau cohésif et ludique de récurrences visuelles et narratives, notamment par la déclinaison d'événements identiques ou symétriques entre les deux trilogies. En va-t-il de même sur le plan musical ? Les partitions composées par Williams font-elles écho à ces reprises visuelles par le recours à un type d'écriture similaire qui en soulignerait la parenté ? Nous nous intéresserons ici à la mort de personnages liés au mal dans les deux trilogies, puis au traitement musical de la romance dans *SW5* et *SW2*, dans une optique comparative[65].

---

64. « *narrative threads* ». Jamie L. Webster, *The Music of Harry Potter : Continuity and Change in the First Five Films*, thèse de doctorat, Eugene, University of Oregon, 2009, p. 356. Webster propose une analyse comparative extensive du traitement musical de l'amour, de l'amitié, du deuil, de la mort, de la montée du mal, de la victoire du bien, des manifestations de la magie, et de l'humour dans les cinq premiers volets de *Harry Potter* (voir *ibid.*, p. 369-590).

65. Les possibilités d'étude étant innombrables, nous avons choisi de nous limiter à ces deux éléments. Mais d'autres « passages obligés » comme les combats dans l'espace, les situations de danger pour les héros ou les célébrations finales, auraient pu tout aussi bien être abordés.

*Les personnages malfaisants : mise à mort, mise en musique*

La destruction des « méchants » et des personnages malfaisants est traitée de manière très diversifiée par le compositeur, aussi bien dans les deux trilogies qu'à l'échelle même des épisodes. La mort de l'Empereur, tué par Dark Vador dans *SW6*, emprunte à certains procédés d'écriture de la musique contemporaine avec l'emploi de différents *glissandi* superposés au chœur masculin et aux cordes (*cue* « The Battle of Endor II (The Duel Begins / Overtaking the Bunker / The Dark Side Beckons / The Emperor's Death) », 09:25-09:33), tandis que celle de Dark Maul à la fin de *SW1* est soulignée plus classiquement par un motif descendant aux cuivres sur des agrégats dissonants dans l'aigu (*cue* « The Tide Turns / The Death of Darth Maul », 02:13-02:20). Cette disparité musicale est d'autant plus notable que leur anéantissement est traité de manière très similaire sur le plan visuel : tous deux font une chute vertigineuse dans un générateur d'énergie, filmée en plongée quasi zénithale. Williams ne semble au contraire pas vouloir faire de parallèles musicaux explicites entre ces deux scènes.

Dans *SW3*, la décapitation de Dooku par Anakin et la destruction de Grievous par Obi-Wan présentent un accompagnement orchestral fort différent : la décollation du comte (14:24) est accompagnée uniquement par des sons percussifs, dans un grand *crescendo* aboutissant sur un *fff* accentué, alors que l'anéantissement du général droïde (01:07:17) est scandé par un court trait chromatique ascendant aux trompettes, trombones et tuba, puis un accord parfait de *fa* dièse mineur tenu aux six pupitres de cors.

Le traitement musical de ces séquences de la saga où les personnages maléfiques sont mis hors d'état de nuire par les héros s'inscrit ainsi globalement dans une dynamique de renouveau dans l'écriture du compositeur. Il n'est d'ailleurs pas possible de dégager une constante williamsienne dans la manière d'aborder la mort des ennemis à l'échelle de la filmographie du compositeur ; le type d'accompagnement musical dépend toujours de la situation narrative et du ton de la séquence. Au sein d'une même saga comme *Indiana Jones*, on remarque par exemple un traitement musical léger et humoristique lorsque l'avion nazi s'écrase dans *Indiana Jones et la dernière croisade* (1989), qui met en valeur l'ingéniosité du père d'Indiana utilisant un simple parapluie pour sauver leurs vies, tandis qu'une note tenue dans l'aigu accompagne la chute fatale de la traîtresse Elsa. La mort de Donovan dans ce même film, ou celle des « méchants » lors de l'ouverture de l'Arche d'alliance dans *Les Aventuriers de l'Arche perdue* (1981), est soulignée par des traits dissonants aux cuivres et des accords *stingers*[66]. Williams propose encore un autre type d'écriture dans *Harry Potter à l'école des sorciers* (2001) avec les figuralismes dessinés par le mouvement orchestral descendant qui accompagne la « désagrégation » et la chute au sol du professeur Quirrell.

---

66. Voir Claudia Gorbman, *Unheard Melodies : Narrative Film Music*, Londres / Bloomington, BFI / Indiana University Press, 1987, p. 88.

*Un traitement musical différencié des deux romances de* Star Wars

Le traitement des thèmes d'amour de *SW5* et *SW2* est particulièrement éclairant pour notre étude comparative de l'accompagnement musical de quelques « fils narratifs » communs aux deux trilogies. La saga s'organise en effet autour de deux romances qui jouent un rôle narratif essentiel : celle de Padmé et Anakin dans la trilogie républicaine, de Leia et Han dans la trilogie impériale. La première est contrariée par la carrière politique de Padmé et l'interdiction pour les Jedi de tout attachement amoureux, prenant la forme d'une tragédie annoncée. La seconde est compliquée par les caractères opposés des deux personnages, louvoyant dans *SW4* et au début de *SW5* dans une forme de relation amour / haine, traitée sur un mode léger. Enfin, la révélation des sentiments mutuels intervient similairement dans des scènes particulièrement dramatiques à la fin de *SW2* et *SW5*, où au moins l'un des amants risque de périr.

*Écriture musicale des deux thèmes d'amour*

Sur le plan musical, le thème de Han et Leia (exemple 1) et « Across the Stars » (exemple 2) possèdent quelques points communs. Tout d'abord, ils présentent chacun le même nombre d'occurrences avec respectivement dix-sept énoncés dans le film où ils sont introduits (*SW5* et *SW2*), et sept reprises dans l'épisode suivant (*SW6* et *SW3*). Par ailleurs, ils sont tous les deux « dévoilés graduellement »[67] selon cette technique d'écriture traditionnelle, chère à Williams. Lors de leur première intervention, seule la phrase *a* est jouée. L'énoncé complet de chaque thème (comportant *a*, *b* et *c* comme indiqué sur les exemples) n'intervient qu'à deux reprises, signalant des tournants dramatiques et narratifs cruciaux : dans *SW2*, l'exposé du thème entier accompagne le moment où Padmé avoue à Anakin ses sentiments juste avant leur entrée dans l'arène où ils doivent être exécutés, puis leur mariage secret à la fin du film ; dans *SW5*, le thème complet accompagne le premier baiser de Han et Leia puis les derniers plans du film, affirmant la résolution de Luke et Leia de sauver le contrebandier des griffes de Jabba. Cet exposé entier à la fin des films sous la forme d'un apogée lyrique *ff* et dans une orchestration très fournie crée dans les deux cas un effet de plénitude et de clôture. Enfin, en ce qui a trait à la construction mélodique, signalons que les deux thèmes s'ouvrent par un saut de sixte ascendant caractéristique des thèmes lyriques de la tradition romantique :

67. Voir Emilio Audissino, *John Williams's Film Music :* Jaws, Star Wars, Raiders of the Lost Ark, *and the Return of the Classical Hollywood Music Style*, Madison, The University of Wisconsin Press, 2014, p. 126.

Exemple 1. *SW5*, thème d'amour de Han et Leia. Réduction à partir du film (48:45-49:27).

Exemple 2. *SW2*, thème d'amour « Across the Stars ».
Réduction à partir du film (01:43:00-01:43:40).

Toutefois, en dépit de ces points communs, l'écriture des thèmes et leur utilisation par rapport à l'image s'avèrent fort différentes dans les deux trilogies. Sur les plans mélodique et harmonique tout d'abord, le thème de Han et Leia est très tortueux et passionné, émaillé de nombreuses septièmes d'espèce, de chromatismes et de notes de passage. Le lyrisme est exalté par les notes diversement altérées, les changements de modes majeur et mineur (par enharmonies, *ré* bémol majeur / *do* dièse mineur), et l'accord de septième de dominante avec quinte diminuée sur lequel s'achève en suspens la phrase *c*. Le thème de Han et Leia s'avère en réalité bien plus proche d'un autre thème d'amour williamsien que de celui de *SW2* : le motif de Marion et Indiana Jones dans *Les Aventuriers de l'Arche perdue* (1981), qui s'ouvre lui aussi par un saut de sixte, est bâti sur des harmonies complexes et chromatiques, et dont « l'étirement de la ligne mélodique crée un effet languissant »[68]. Cette parenté d'écriture n'est guère surprenante dans la mesure où les deux films sont contemporains, partagent une similitude de ton et réunissent les mêmes créateurs. À l'instar de Han et Leia, la relation d'amour / haine de Marion et Indiana évolue progressivement au cours du film. Williams compose ici deux motifs immédiatement identifiés comme « romantiques », proches dans l'écriture et le caractère des thèmes d'amour des films de l'âge d'or hollywoodien, tel *Une femme cherche son destin* (1942) que le compositeur affectionne particulièrement et révèle

68. « *the stretching of the melodic line creates an effect of longing* ». *Ibid.*, p. 159.

avoir pris pour modèle[69]. Plusieurs chercheurs ont également rapproché le thème de Han et Leia de la mélodie principale de l'« Allegro moderato » du *Concerto pour violon en* ré *majeur* op. 35 de Piotr Ilitch Tchaïkovski, renforçant d'autant plus sa dimension romantique[70]. Enfin, Irena Paulus voit dans le thème d'amour de *SW5* une dérivation du thème de la princesse Leia de *SW4* dans le profil mélodique et l'architecture du motif[71].

Pour sa part, « Across the Stars » est majoritairement modal et présente un lyrisme beaucoup moins exacerbé. Construit dans le mode de *la* sur *ré*, le thème repose sur de nombreux enchaînements plagaux – IV-I et accord napolitain du II^nd^ degré abaissé-I – et des parallélismes d'accords qui renforcent son caractère à la fois hiératique et tendre. Malgré le repos de *c* sur une dominante de *sol* mineur, créant ainsi une hésitation entre modalité et tonalité, le thème est plus stable harmoniquement. L'alternance de triolets conjoints et de valeurs rythmiques plus longues lui confère une certaine délicatesse. Les mesures 4-5 présentent par ailleurs un tétracorde descendant à la basse ; ce symbole conventionnel de lamentation (« *lament bass* » en anglais) introduit ici un élément sous-jacent de tristesse. Le profil mélodique du thème est plus nettement dessiné que celui de *SW5*, où la cellule de croches ascendantes semble se déplier et se développer au fil des trois phrases. À la différence du « premier degré » marqué du thème romantique de Han et Leia, Williams voit dans le motif de *SW2* un thème « moins personnel », faisant davantage « ressortir la douceur » en accord avec la manière dont Lucas « a filmé cette histoire d'amour avec beaucoup de pudeur et d'affection »[72]. Enfin, contrairement au motif de *SW5* dérivé du thème de Leia, « Across the Stars » n'est pas issu d'un thème de *SW1*, comme celui d'Anakin par exemple. Sur le plan mélodique, il peut plutôt rappeler selon Mark Richards certains motifs des *cues* « Prologue » et « Remembering Childhood » de *Hook ou la revanche du capitaine Crochet* (1991) et « The 1960's : The Turbulent Years » de *Nixon* (1995)[73], bien que le caractère en soit différent. D'une certaine manière, les deux thèmes d'amour de la saga reflètent ainsi l'évolution globale de l'écriture de Williams, certains traits de chaque motif étant caractéristiques de phases ou de périodes identifiables dans sa production cinématographique.

---

69. Voir Ian Freer *et alii*, « *Raiders of the Lost Ark*. Indy Interviews », *Empire*, n° 208, octobre 2006, p. 72-82, plus spécifiquement p. 81-82.

70. Adams, « Sounds of the Empire », p. 22-25 et 47, plus spécifiquement p. 24 ; David Schroeder, *Experiencing Tchaikovsky : A Listener's Companion*, Lanham, Rowman & Littlefield, 2015, p. 34 ; William Darby et Jack Du Bois, *American Film Music : Major Composers, Techniques, Trends, 1915-1990*, Jefferson / Londres, McFarland Classics, 1990, p. 541.

71. Irena Paulus, « Williams versus Wagner or an Attempt at Linking Musical Epics », *International Review of the Aesthetics and Sociology of Music*, vol. 31, n° 2, 2000, p. 153-184, plus spécifiquement p. 169.

72. Williams, cité dans Didier Leprêtre, « Que les clones attaquent… », *Dreams Magazine*, n° 27, avril-mai 2002, p. 26-30, ici p. 27-28.

73. Voir Mark Richards, « Celebrating *Star Wars* Themes, Part 5 of 6 : Across the Stars », *Film Music Notes*, décembre 2015, http://www.filmmusicnotes.com/celebrating-star-wars-themes-part-5-of-6-across-the-stars/, consulté le 6 août 2017.

*Utilisation des thèmes d'amour au sein des films*

Par ailleurs, le thème de Han et Leia et « Across the Stars » n'entretiennent pas le même rapport à l'image dans les deux films. Dans *SW5*, on s'aperçoit que le thème d'amour est en réalité relativement mobile dans ses référents au fil de ses dix-sept occurrences. Il sert à plusieurs reprises de thème pour Han Solo – seul personnage important de la trilogie impériale à ne pas posséder de motif propre –, notamment lorsque, pour échapper aux chasseurs TIE à la poursuite du Faucon Millenium, Han repère une cavité dans un astéroïde où se cacher (38:19). Dans ce type de séquences, le motif, énoncé aux cors, n'est ainsi pas directement rattaché à la relation amoureuse. À plusieurs reprises, il est également employé comme thème lyrique « générique » dans des passages peu propices à la romance (les piques envoyées par Leia au sujet de l'arrogance de Han ou la fuite du Faucon Millénium après l'invasion de la base par les troupes impériales, par exemple), voire sans aucun lien avec Han et Leia, comme lorsque Luke et les rebelles vaincus décollent de la planète Hoth. Enfin, à la fin du film, le thème revêt un aspect martial et précipité, notamment quand la tête de la phrase *a* est jouée *f* aux cors, cuivres et trombones sur un ostinato de doubles croches frénétiques aux cordes, alors que Lando et Leia se fraient un chemin au milieu de la panique générale dans le palais de Bespin (01:42:18).

« Across the Stars », en revanche, est plus stable et « direct » dans son application audio-visuelle : il réfère clairement aux sentiments d'Anakin pour Padmé, à la romance entre les deux personnages, ou à quelques reprises à Padmé elle-même – mais cette dernière application relève principalement de choix effectués au montage par Kenneth Wannberg, et non du projet compositionnel d'origine. Cette relative stabilité s'explique par la place centrale qu'occupe le motif au sein du film et son rôle de véritable pôle musical.

En outre, les thèmes d'amour ne sont pas déployés narrativement de la même façon par Williams sur les deux films. Leur premier énoncé, par exemple, diffère. Dans *SW5*, présenté aux cors sur un accompagnement de cordes en sextolets de doubles croches, il fait office de motif musical pour Han Solo dès les premières minutes du film : sorti en éclaireur, celui-ci prévient Luke qu'il rentre à la base des rebelles (03:30). L'énoncé du thème lyrique n'est pas justifié par le traitement de l'image ni par la situation narrative. Il sert essentiellement à mettre en valeur le personnage, cadré en plan général dans l'immensité glacée : le compositeur souhaite que le thème soit joué « noblement », précisant au-dessus de la mesure « Plan large Han sur le *tauntaun* »[74].

Dans *SW2*, il est intéressant de noter qu'« Across the Stars » n'intervient pas lors des retrouvailles d'Anakin et Padmé dix ans après leur séparation dans *SW1*, mais une trentaine de minutes après le début du film, alors que la sénatrice se prépare pour son voyage vers Naboo (29:18). Le cadre est plus intime, et la conversation prend une tournure personnelle ; Anakin suscite le trouble de Padmé par ses regards pénétrants. L'énoncé du thème dans ce contexte est ainsi directement lié aux prémices de la romance.

74. « *Nobly* » et « *L.S. Han on Tauntaun* ».

Son caractère délicat et mélancolique est accentué par les choix d'instrumentation : le motif est confié à un hautbois solo doublé par le piano, sur des balancements d'arpèges *mp* à la harpe et au clavecin synthétique, et des accords *pp* en valeurs longues aux cordes. Cette douceur de l'orchestration s'accorde particulièrement avec les choix visuels : les cadrages en gros plan soulignent l'intensité du regard d'Anakin et magnifient le visage de Padmé, tandis que l'éclairage contrasté fait ressortir çà et là quelques touches de couleurs (le rose cerise des lèvres de la jeune femme, l'éclat rayonnant de son visage, l'argenté presque blanc de son diadème, ou la blondeur d'Anakin) sur l'ensemble chromatique foncé de gris bleuté.

*Traitement orchestral des thèmes d'amour dans* SW5 *et* SW2

Enfin, la divergence principale entre les deux thèmes réside dans leur traitement orchestral, sur le plan des alliages de timbres et de l'environnement instrumental des motifs. Dans *SW5*, le thème de Han et Leia est majoritairement joué (1) aux cors avec un accompagnement de cordes, ou (2) aux violons qui sont parfois doublés dans les climax, soit par des cuivres (cors, trompettes) soit par les violoncelles ou les altos. Pour sa part, « Across the Stars » est principalement confié (1) au hautbois solo, doublé ou accompagné par des timbres cristallins (célesta, glockenspiel, piano, harpe, clavecin), ou (2) aux violons souvent doublés par des bois (flûtes, clarinettes). L'orchestrateur Conrad Pope nous a ainsi expliqué au sujet du thème de *SW2* :

> Le « thème d'amour » est orchestré d'une manière plus lumineuse. La clarté est bien plus notable que pour l'ancien [motif de *SW5*], il n'est pas alourdi par tant de couleurs. Avec le hautbois, cela devient un amour triste et tragique. [...] L'orchestration de ce thème possède de nombreuses caractéristiques spécifiques à la partition de *SW2* : le son des cordes est extrêmement pur et les sonorités se fondent toutes, comme quand les bois doublent les cordes[75].

Le compositeur révèle avoir privilégié les « nuances extrêmement chatoyantes [afin de mettre en valeur] les sentiments dissimulés »[76]. Cette conception s'incarne notamment dans la scène où Anakin dévoile ses sentiments à Padmé (53:59) : les phrases *a* et *b* d'« Across the Stars », jouées *mp* au piano doublé par le synthétiseur mélangeant des sonorités de harpe et de flûte, nimbent ses paroles d'un voile triste et délicat, mettant subtilement en valeur les souffrances évoquées par le jeune homme tout en favorisant l'intelligibilité du dialogue et l'intimité du cadre de la séquence.

Même dans les passages paroxystiques que sont les séquences finales de *SW5* et *SW2*, où l'on pourrait s'attendre à retrouver des stratégies similaires quant à l'emploi des deux thèmes, des différences de traitement dans l'écriture orchestrale peuvent être observées (tableaux 2 et 3) :

---

75. « *The "Love theme" is orchestrated in a way that is more luminous. It's much clearer than the old one, it's not as weighted down with so many colors. With the oboe, it's a sad, tragic love. [...] The orchestration of that theme has a lot of characteristics of this particular score : the strings are very very pure and the sounds are all blended, like the woodwinds playing along with the strings* ». Pope, entretien personnel enregistré le 13 février 2013.

76. Williams, cité dans Leprêtre, « Que les clones attaquent… », p. 26-30, ici p. 27.

| PHRASE | INSTRUMENTS MÉLODIE | REGISTRE ET DYNAMIQUE | ACCOMPAGNEMENT ORCHESTRAL |
|---|---|---|---|
| *a* | Violons, altos, violoncelles et 6 cors | Aigu, *ff* | Dense : traits fusée aux flûtes ; grands arpèges à la harpe et au piano ; accords tenus aux cuivres graves. |
| *b* | Violons, altos, violoncelles, et cors | Aigu, *ff* | Très dense : *glissandi* de harpe ; grands arpèges aux flûtes, à la harpe et au piano ; accords aux cuivres graves ; ostinato de triolets de doubles croches aux bois. |
| Courte transition aux bois dans l'aigu/suraigu ; ponctuée par des *pizz.* de cordes graves. | | | |
| *c* | Violons, altos, cors et bois | Aigu/suraigu, *f* | Très dépouillé : deux arpèges ponctuels à la harpe et au piano ; contrechant *mf* aux cordes graves. |
| *a'* | Violons, altos, violoncelles et 6 cors | Aigu, *ff* | Très dense : coups de cymbale, roulements de timbales ; *glissandi* de harpe ; traits fusée aux bois, grands arpèges à la harpe et au piano ; accords tenus aux cuivres graves. |

Tableau 2. Accompagnement orchestral de la scène finale de *SW5* (01:54:43-01:55:29).

| PHRASE | INSTRUMENTS MÉLODIE | REGISTRE ET DYNAMIQUE | ACCOMPAGNEMENT ORCHESTRAL |
|---|---|---|---|
| *a* | Violons, altos, clarinettes, hautbois, flûtes et piccolo | Aigu, *f* cantabile | Harmonies en valeurs longues aux clarinettes, bassons, cors, trombones, tuba, contrebasses ; arpèges aux violoncelles. |
| *b* | | | |
| *c* | Altos, violoncelles, cors, cor anglais et bassons | Médium, *mf/f* | Harmonies en valeurs longues aux flûtes et clarinettes ; arpèges aux violons, *pizz.* de contrebasses. |
| *c* transposée | Altos, cors, hautbois et cor anglais auxquels se joignent les trompettes | Médium/aigu, *f* | Harmonies en valeurs longues aux trombones, auxquels se joignent les flûtes, clarinettes et tuba ; arpèges aux violons, *pizz.* de contrebasses. |
| *a* | Violons, altos, cors, hautbois et flûtes | Suraigu, *ff* cantabile | Harmonies en valeurs longues aux trombones, tuba, bassons, contrebasses ; arpèges aux violoncelles et bassons ; grands arpèges rapides aux clarinettes, jeu de timbres (synthétiseur) et piano, *glissandi* de harpes. |
| *b'* | Violons, altos, jeu de timbres (synthétiseur), cloches, trompettes, cors, hautbois, flûtes et piccolo | | Harmonies en valeurs longues aux trombones, tuba, contrebasson, contrebasses ; arpèges aux clarinettes, bassons, violoncelles et piano ; roulements de timbales, triangle ; *glissandi* de harpes. |

Tableau 3. Accompagnement orchestral de la scène finale de *SW2* (02:14:48-02:15:54).

On remarque ainsi que, dans *SW5*, Williams crée une gradation vers le climax final principalement par la modification des textures orchestrales *autour* du motif, avec notamment le retrait des strates sur la phrase *c* qui crée un effet de « mise à nu » de la mélodie, puis une densification soudaine sur *a'* pour conclure en apothéose. Les registres et l'instrumentation de la mélodie restent relativement constants pendant tout l'énoncé du thème, maintenant un caractère romantique exacerbé. Dans *SW2*, les textures de l'accompagnement sont moins mouvantes. La progression vers une apogée lyrique repose en majeure partie sur l'exploitation des inflexions expressives apportées par les registres et la mobilité des alliages de timbres dans l'énoncé de la *mélodie*, avec la circulation des trois phrases du thème à différents groupes instrumentaux.

L'ensemble des analyses comparatives effectuées tout au long de cette section permet ainsi d'évaluer objectivement le changement d'approche initié par le compositeur sur la trilogie républicaine. Certains éléments témoignent d'une évolution de l'écriture de Williams au tournant des années 1990, tandis que d'autres s'insèrent dans une dynamique globale de renouveau musical et sonore. Les deux scènes de poursuite dans un champ d'astéroïdes présentes dans chaque trilogie renforcent ce constat : alors que celle de *SW5* est pourvue d'un accompagnement orchestral dense où domine une fanfare cuivrée triomphale, celle de *SW2* est majoritairement dénuée de musique, donnant alors à Ben Burtt la possibilité de créer des objets sonores novateurs [77]. L'approche de Williams tend ainsi à se démarquer, dans la plupart des cas, des retours visuels et narratifs tracés dans l'ensemble de la saga.

## Modalités d'intervention des thèmes impériaux dans la trilogie républicaine

En conclusion du présent chapitre, l'étude des modalités d'intervention des motifs impériaux dans les épisodes républicains permet d'apporter des éléments d'éclairage sur la manière dont le compositeur a modifié sa manière de concevoir le réseau thématique entre les deux trilogies.

### *Citations et réinventions thématiques : des évocations voilées*

Nous ne nous intéresserons pas ici aux liens unissant certains motifs de la trilogie impériale – nous venons d'en évoquer un exemple avec le thème d'amour de *SW5* [78]. En outre, le processus de composition sur les séquels et les préquels est différent puisque ces derniers impliquent une approche « à rebours » soulignée par Williams :

---

77. Cette séquence est étudiée en détail à la fin de notre troisième partie, dans le chapitre X.

78. Ils ont déjà été abondamment traités dans la littérature et ne s'inscrivent pas dans notre perspective d'étude à l'échelle des deux trilogies. Irena Paulus (« Williams versus Wagner », p. 153-184, plus spécifiquement p. 166-171), en particulier, consacre plusieurs pages aux liens « organiques » unissant l'ensemble des thèmes de la trilogie impériale. Voir aussi Adams, « Sounds of the Empire », p. 22-25 et p. 47 ; Adams, « A Return, or a New Hope ? », p. 32-34, plus spécifiquement p. 34 ; Bill J. Poché, *Musical Content and Thematic Process in the Star Wars Concert Suites of John Williams*, mémoire de maîtrise, San Diego, San Diego State University, 1995.

> Cette idée de faire allusion à des thèmes à venir, ou de suggérer et de donner des indices sur des thèmes que nous connaissons déjà, fut pour moi une expérience nouvelle sur *La Menace fantôme*. Je n'ai eu ce type de pensée sur aucun des trois films précédents [79].

Dans nombre d'entretiens accompagnant la sortie de *SW1*, le compositeur insiste sur le modelage de plusieurs nouveaux motifs à partir des thèmes connus de la trilogie impériale, de manière à créer des liens musicaux audibles qui contre-balanceraient en quelque sorte l'écart temporel de seize années séparant *SW6* et *SW1*, et contribueraient à l'identité musicale de la saga. Afin d'interroger ces propos, nous traiterons deux motifs de *SW1* qui procèdent d'une ramification motivique à grande échelle : le thème de célébration accompagnant la parade de Naboo dans la dernière scène du film, et le thème d'Anakin [80].

La déconstruction et la réorganisation intervallique, orchestrale et harmonique du thème de l'Empereur de *SW6* (exemple 3) sont particulièrement représentatives de ces pratiques, donnant naissance à un nouveau motif lors de la célébration finale de *SW1* (exemple 4) :

Exemple 3. *SW6*, thème de l'Empereur.
Réduction à partir de [*SW6* BO], disque 2, piste 4 (01:07-01:40).

79. « *This idea of hinting of themes that are to come, or suggesting and giving hints of themes that we already know, was for me a new experience with* Phantom Menace. *I didn't have any of this thinking in the earlier three* ». Williams, cité dans Dyer, « John Williams. Scoring *The Phantom Menace* », p. 10-13, ici p. 13.

80. Pour un aperçu d'autres liens thématiques dans *SW1*, comme celui unissant le motif de Qui-Gon et le thème de la Force, nous renvoyons à Adams, « A Return, or a New Hope ? », p. 32-34.

Exemple 4. *SW1*, thème de la célébration finale.
Réduction à partir de [*SW1 UE*], disque 2, piste 31 (00:31-00:47).

Le lien qui unit ces deux motifs a été remarqué par plusieurs chercheurs, mais ceux-ci se concentrent uniquement sur leur parenté intervallique[81]. Pourtant, comme le rappelle James Buhler, le thème de l'Empereur possède certes une courbe mélodique distincte, mais son identité est avant tout timbrale et harmonique[82] : il repose sur des triades mineures dans le registre grave qui échappent à la logique tonale, émaillées de chromatismes et de secondes augmentées. On note également la coloration passagère de quinte augmentée à la fin de la quatrième mesure de l'exemple 3, qui ajoute une tension expressive supplémentaire.

Or, le processus de transformation et de recontextualisation effectué par Williams, qui masque la similitude de ces deux motifs et la rend difficilement perceptible au premier visionnage du film, n'est étonnamment jamais souligné. Pourtant, la spécificité du travail d'écriture effectué ici nous semble en partie résider dans ces nombreuses altérations apportées au thème, au point de rendre méconnaissable sa parenté avec sa matrice originelle : le processus de dérivation thématique entrepris par Williams affecte tous les paramètres musicaux. Le caractère joyeux, festif et entraînant du *cue* de *SW1*, généré par le tempo rapide, l'accentuation, les nombreux contretemps et syncopes, est diamétralement opposé à la dimension sombre et menaçante du thème de l'Empereur. L'orchestration est également différente : le thème est ici énoncé dans un registre bien plus aigu par un chœur de femmes et d'enfants sans paroles, connotant l'innocence et la pureté par leur timbre séraphique, auréolé de rires et de sifflets qui parachèvent ce tableau idyllique. L'accompagnement fait appel aux sonorités éclatantes des trompettes dans l'aigu et à un large ensemble de percussions évoquant les sonorités du gamelan. Sur le plan mélodique, on observe une déconstruction et une reconstruction intervallique : la tête du motif est légèrement modifiée (une seconde majeure remplace la tierce mineure du thème de l'Empereur), et les intervalles de la queue sont renversés. Williams crée un petit canon entre les deux voix du chœur, qui se répondent en écho, ajoutant à son caractère entraînant. Enfin, toute trace de tension harmonique disparaît, remplacée par un pentatonisme généralisé et la prédominance d'intervalles consonants : unissons, quartes justes, quintes à vide et nombreuses quintes parallèles se substituent aux triades mineures juxtaposées créant une ambiguïté entre tonalité et modalité dans le thème initial.

À travers ces références voilées, Williams se livre davantage à une activité de recréation qu'à un simple travail de variation à partir du matériau d'origine. Ce travail musical de camouflage est important à souligner dans la mesure où il s'avère étroitement lié à la place de *SW1* au sein de la chronologie narrative de la trilogie républicaine et à son statut de premier préquel. L'altération considérable du motif s'accorde particulièrement avec la menace voilée du futur Empereur qui tire les ficelles à visage couvert, sous sa double identité de Chancelier Palpatine / Dark Sidious, d'autant que le *cue* suit le gros plan faisant la mise au point sur Palpatine sur lequel résonne l'interrogation inquiète

81. Voir Audissino, *John Williams's Film Music*, p. 125-126; Adams, « A Return, or a New Hope ? », p. 32-34, plus spécifiquement p. 33.

82. James Buhler, « *Star Wars*, Music, and Myth », dans James Buhler, Caryl Flinn, et David Neumeyer (dir.), *Music and Cinema*, Hanover, Wesleyan University Press, 2000, p. 47.

de Mace Windu[83]. L'énoncé du thème de l'Empereur sans aucune modification aurait été quelque peu inopportun en ce qu'il aurait créé une discordance trop grande par rapport à l'image mettant en valeur l'exubérance festive, à travers les manifestations euphoriques de la foule, la pluie de confettis multicolores, la dominance des tons pastel, la monumentalité des décors parés de fleurs et des cadrages en plans larges. Williams choisit au contraire de ne pas terminer le film sur une note purement triomphale, mais introduit à travers cette récréation thématique un commentaire subtil vis-à-vis de l'image :

> Ce qui a été le plus amusant fut de transformer le motif de « The Emperor » en chant pour enfant car j'ai essayé de me démarquer à ma façon de ce que voulait George Lucas, en jouant sur le contraste du sénateur Palpatine. C'est fort ironique de ma part[84].

Williams prend ainsi le contre-pied des célébrations finales précédemment écrites pour *SW4* et *SW6*, en choisissant un thème associé au côté obscur comme base compositionnelle, qui lui permet d'esquisser le danger planant sur la fragile République à la fin de *SW1* : comme le souligne Emilio Audissino, « la victoire du Bien sur le Mal célébrée ici est trompeuse et tragiquement éphémère »[85]. À ce geste final du compositeur fait d'ailleurs écho l'insertion très singulière de la respiration de Dark Vador pour conclure le générique, comme on l'a vu plus haut.

Au sein de cette réinvention compositionnelle des motifs de la trilogie impériale, le thème d'Anakin de *SW1* occupe une place intéressante puisqu'il comporte une citation de la fin de la « Marche impériale » introduite dans *SW5* (exemple 5), que Williams infléchit considérablement.

La Marche impériale possède une dimension militaire et mécanique qui, lors de son premier énoncé dans *SW5*, met en valeur le caractère implacable et impitoyable de l'Empire galactique. Elle repose sur un ostinato pesant, hiératique et menaçant en triolets de doubles croches, et une mélodie exposée en homophonie et en homorythmie aux trompettes et trombones, dont la régularité rythmique, les accents et les grands sauts intervalliques renforcent le caractère martial et décidé. Surtout, Williams génère un brouillage harmonique intéressant jouant sur les couleurs introduites par la mobilité du *sol* à la mélodie (mes. 3-4), tandis que l'accompagnement repose sur l'emploi d'une « mixture fonctionnelle »[86] selon la terminologie de Daniel Harrison, faisant entendre une harmonie de « dominante » grâce à l'enharmonie *fa* dièse (sensible de *sol* mineur,

---

83. À la suite de la mort de Dark Maul, Mace Windu s'interroge : « Mais lequel [des Sith] a été détruit, le maître ou l'apprenti ? » (« *But which was destroyed ? The master or the apprentice ?* »).

84. Williams, cité dans Leprêtre, « Étoiles fantômes », p. 8-18, ici p. 14.

85. « *the victory of Good versus Evil being celebrated here is deceitful and tragically ephemeral* ». Audissino, *John Williams's Film Music*, p. 125.

86. « *functional mixture* ». Daniel Harrison, *Harmonic Function in Chromatic Music : A Renewed Dualist Theory and an Account of Its Precedents*, Chicago, University of Chicago Press, 1994, p. 64. Ce terme désigne un accord combinant au moins deux fonctions harmoniques différentes. Harrison note que les doublures, la conduite des voix et la texture conduisent l'auditeur à percevoir l'une de ces fonctions de manière plus proéminente. Ainsi, l'identité harmonique réelle de l'accord dépend à la fois des degrés mélodiques qui le composent, et du mouvement de ces degrés dans la progression vers l'accord suivant. Pour davantage de détails, voir *ibid.*, p. 64-72.

ton principal) / sol bémol, bien que l'accord effectivement énoncé soit celui du sixième degré minorisé. Comme l'explique avec justesse Jérôme Rossi, Williams

> substitue à l'accord de dominante (*ré-fa♯-la* en *sol* mineur) un accord mineur sur le sixième degré (*mi♭-sol♭-si♭*) [...]. On assiste donc à une forme de logique tonale « pervertie » dans laquelle la fonction de dominante demeure, mais avec des notes différentes [87].

Les nombreux accords de septièmes et de neuvièmes enrichissent par ailleurs l'harmonie de dissonances expressives.

Exemple 5. *SW5*, fin du thème de la Marche impériale.
Réduction à partir de [*SW5* BO], disque 2, piste 1 (00:29-00:39).

---

87. Jérôme Rossi, « Le dynamisme harmonique dans l'écriture filmique de John Williams : harmonie fonctionnelle *versus* harmonie non fonctionnelle », dans Tylski (dir.), *John Williams*, p. 120.

Cette configuration particulière est retrouvée dans le thème d'Anakin, qui présente un contour intervallique et des couleurs harmoniques identiques, dans une citation quasi exacte du motif de la Marche impériale (mesure 6 de l'exemple 6). Une marche harmonique chromatique descendante précède en outre l'énoncé du motif, rappelant le chromatisme descendant des lignes de crêtes du *cue* d'origine :

Exemple 6. *SW1*, fin du thème d'Anakin.
Réduction à partir de [*SW1* BO], piste 3 (01:37-01:57).

Pourtant, là encore, Williams tend à masquer la parenté entre les deux segments. Le caractère martial originel est totalement absent du thème d'Anakin, qui mêle lyrisme et douceur par sa nouvelle orchestration et son tempo beaucoup plus lent : il est énoncé aux violons et altos, sur un accompagnement où dominent les délicates ondulations des arpèges de flûtes dans l'aigu, harpe et violoncelles. La disparition de l'ostinato et du rythme pointé renforce par ailleurs la fluidité du motif, qui se déroule sans à-coups. L'évocation de la Marche impériale n'est donc là encore qu'esquissée. Le compositeur souligne justement sa volonté d'éviter une référence trop ouvertement explicite à la Marche impériale d'origine dans le thème d'Anakin :

> Un motif dans l'esprit « impérial » eut été idiot et malvenu. Un motif alliant le merveilleux à l'enfance eut été trop peu subtil et maladroit. J'ai donc dû reprendre le squelette du thème de Dark Vador, apposer les notes sur le papier et créer plusieurs dérivations. [...] Ce fut un petit jeu d'écriture où j'échangeais les intervalles, voire même les mesures et les demi-mesures. « Anakin's Theme » est nouveau. En même temps, il incorpore tout ce que Dark Vador deviendra[88].

Cette écriture à rebours et le modelage de nouveaux motifs à partir de plusieurs thèmes impériaux sur la trilogie républicaine devrait *a priori* permettre au compositeur à la fois de créer une continuité musicale et de déployer des trajectoires musico-narratives à grande échelle au-delà du cadre du seul épisode de *SW1*. Néanmoins, leur dimension cryptée rend la parenté des thèmes loin d'être évidente à l'écoute du

88. Williams, cité dans Leprêtre, « Étoiles fantômes », p. 8-18, ici p. 14.

film. Les dérivations thématiques dissimulées prennent ainsi la forme d'un véritable exercice d'écriture destiné à un auditoire spécialiste de la musique de *Star Wars* – dont l'oreille aiguisée parviendrait à détecter ces évocations masquées, dans un processus de gratification typique du cercle relativement fermé que constitue la communauté des fans –, mais peut-être surtout et avant tout au compositeur lui-même. Williams ne cache pas le caractère très satisfaisant que représente pour lui ce travail d'écriture d'un point de vue intellectuel : « Parfois, un motif fait subtilement référence aux thèmes plus anciens. [...] Les gens ne le remarquent pas mais c'est amusant de les entremêler » [89].

La référence à la Marche impériale dans le thème d'Anakin possède de riches potentialités sur le plan dramatique : par cette référence voilée, Williams peut introduire une menace latente et sous-tendre la destinée tragique du personnage. Pourtant, en dépit de ces possibilités intéressantes et de sa place importante dans la bande originale, les partitions éditées et dans le discours même du compositeur, ce segment final s'avère singulièrement peu exploité dans le film, sans que nous ne puissions déterminer la raison exacte de son emploi anecdotique [90]. Il n'intervient que deux fois, aux flûtes, lorsque la mère d'Anakin exprime sa fierté quant à sa victoire à la course de la Bounta, puis lorsque Qui-Gon explique à Anakin ce que sont les midi-chloriens – donc à des moments dénués de toute référence réelle au futur sombre du jeune garçon. Le thème disparaît par la suite complètement de *SW2* et *SW3* et n'a dès lors qu'un impact insignifiant sur la narration musico-visuelle des épisodes républicains, ce dont Williams a conscience et qu'il semble regretter à demi-mot. Il explique en effet n'avoir pas pu développer le thème d'Anakin pour aboutir de manière quasi organique à la Marche impériale comme il en avait l'intention en 1999 [91], en raison de l'orientation nouvelle du récit donnée par Lucas dès *SW2* autour de la romance entre Anakin et Padmé [92], et de l'évolution même du protagoniste : « Je ne peux [utiliser] un thème qui ne correspond pas au personnage. Ce n'est plus le petit enfant naïf et insouciant de l'*Épisode I* et ce n'est pas encore Dark Vador. Il est intraduisible, scénaristiquement et musicalement parlant » [93].

### *Réemploi du réservoir thématique impérial*

Pour remarquable que soit ce processus de dérivation et de recombinaison thématique, son potentiel narratif et dramatique n'a ainsi pas pu être réellement mis à profit par le compositeur à l'échelle de la trilogie républicaine. Il convient dès lors de se tourner vers le réemploi des motifs d'origine eux-mêmes. Nous nous intéresserons ici uniquement à leur importance en matière de *présence* au sein des épisodes républicains ;

89. John Williams, commentaires audio du Blu-ray de *SW6*.

90. Nous n'avons en effet pas pu consulter l'intégralité des manuscrits de *SW1*. Aussi nous est-il impossible de déterminer si Williams prévoyait d'utiliser davantage le motif au cours du film, ou si ce manque de récurrences relève surtout de coupures au montage.

91. Voir Leprêtre, « Étoiles fantômes », p. 8-18, plus spécifiquement p. 14 et 16 ; Richard Dyer, « Making *Star Wars* Sing Again », *Film Score Monthly*, vol. 4, n° 5, juin 1999, p. 18-21, plus spécifiquement p. 19-20 ; Jon Kaplan et Al Kaplan, « Sithburger ? », *Film Score Monthly*, vol. 10, n° 3, mai-juin 2005, p. 31-32, plus spécifiquement p. 31.

92. Voir Leprêtre, « Que les clones attaquent... », p. 26-30 et p. 30, plus spécifiquement p. 27-28.

93. *Ibid.*, p. 28.

le mode d'utilisation des thèmes par rapport à l'image et à la narration dans les deux trilogies sera abordé dans le chapitre suivant. Nous nous sommes appuyée pour cela sur les données issues des frises thématiques générées par le biais du logiciel « Ligne de temps » (voir cahier couleur) qui permettent de faire émerger de manière objective plusieurs phénomènes éclairants quant à la construction thématique des épisodes (tableau 4) :

| THÈME REPRIS (NOMBRE D'OCCURRENCES) | *SW4* | *SW5* | *SW6* | *SW1* | *SW2* | *SW3* |
|---|---|---|---|---|---|---|
| Thème de la Force | 21 | 12 | 19 | 10 | 8 | 19 |
| Thème de Luke | 20 | 22 | 16 | 5 | 4 | 5 |
| Fanfare des rebelles | 11 | 4 | 9 | 1 (au générique de fin) | 1 (au générique de fin) | 3 (dont 2 au générique) |
| Thème de Leia | 10 | 2 | 2 | 0 | 0 | 3 |
| Marche impériale | | 34 | 18 | 4 | 5 | 12 |
| Thème de Yoda | | 13 | 4 | 1 | 3 | 2 |
| Thème de l'Empereur | | | 10 | 5 | 4 | 8 |

Tableau 4. Récurrence des thèmes de la trilogie impériale dans les six épisodes.

Le tableau permet tout d'abord d'observer que le motif le plus fédérateur de la saga est bien, comme l'avance le compositeur, le thème de la Force. Cela apparaît très nettement sur les frises thématiques, tant par le nombre de ses retours que dans la répartition de ses différentes occurrences, plus régulière que pour les autres motifs de la trilogie impériale.

Mais en dehors de ce cas particulier, il appert que la musique de la trilogie impériale occupe une place très peu importante dans *SW1* et *SW2*. Les motifs d'origine sont certes présents, mais leurs occurrences s'avèrent fort limitées, tant par le nombre que par leur durée d'intervention. Le thème de l'Empereur, par exemple, possède une durée moyenne de 34,7 secondes sur *SW6*, contre 19,5 secondes dans *SW2* et 22 secondes dans *SW3* – épisode républicain où il est le plus justifié narrativement ; la durée moyenne du thème de Yoda est respectivement de 21 secondes dans *SW5* et 30,5 secondes dans *SW6*, alors que ses énoncés durent en moyenne 11,7 secondes dans *SW1*, et 15,3 secondes dans *SW2*. En outre, comme le montrent fort bien les frises thématiques, les thèmes d'origine sont inégalement répartis au sein des épisodes républicains : certains interviennent au début et disparaissent totalement jusqu'au générique final (comme le thème de Luke par exemple), d'autres sont énoncés uniquement dans les dernières minutes et n'ont ainsi qu'un impact minimal sur la narration, les derniers voient leurs différentes occurrences séparées par de (très) longues plages temporelles.

Parmi les réductions les plus frappantes du nombre d'occurrences des thèmes, le motif de Luke se révèle quatre fois moins présent dans les épisodes républicains que dans *SW4* ou *SW5*, tandis que dans *SW1* et *SW2*, les thèmes de la Force et de l'Empereur voient leur présence diminuer de moitié par rapport aux épisodes impériaux. Certains thèmes disparaissent même totalement : l'absence du motif de la princesse Leia dans *SW1* et *SW2* est certes logique au regard de la narration, mais la non-utilisation de la fanfare des rebelles au sein des trois films républicains paraît plus surprenante, dans la mesure où Williams l'utilise fréquemment comme thème victorieux « générique » dans la trilogie impériale. Ici, elle est réduite à une peau de chagrin en tant qu'élément incontournable des génériques de fin, soulignant une seule fois un succès remporté par Anakin et R2D2 dans la bataille spatiale qui ouvre *SW3*. En dépit de la place importante de Yoda dans *SW2* et *SW3*, le thème du personnage n'est lui aussi que très peu repris par Williams.

Distinguons également le cas exemplaire de la Marche impériale : si la saga est conçue dans son entier par Lucas comme la « tragédie de Dark Vador », il n'en va cependant pas de même pour la musique. La Marche impériale ne constitue pas le cœur des trois nouvelles partitions, où son utilisation s'avère beaucoup plus parcimonieuse et fragmentée : alors qu'elle est employée de façon prééminente dans *SW5* et *SW6*, elle est finalement assez peu utilisée sur les épisodes républicains, et particulièrement dans *SW1* où ses quatre occurrences se limitent en moyenne à une durée de 5,6 secondes. Faisant écho aux propos qu'il tenait déjà au sujet de *SW1* et *SW2*, le compositeur justifie ainsi la relative rareté du motif impérial dans *SW3* :

> *La Revanche des Sith* est davantage un film sur la mutation d'Anakin que sur Dark Vador. C'est donc en toute logique que le « Darth Vader's Theme » [*sic*] n'apparaît qu'avec parcimonie et de manière beaucoup plus subliminale que l'utilisation martiale que l'on trouve dans *Le Retour du Jedi*[94].

Une précision importante s'impose au sujet de *SW3* : au regard du tableau 4, cet épisode semble occuper une place singulière au sein de la trilogie républicaine, par l'importance plus marquée des motifs d'origine. Ceux-ci sont collectivement plus présents, et la récurrence des thèmes de la Force ou de l'Empereur rejoint celle des épisodes impériaux. Mentionnons également que dans cet épisode, si le motif de Yoda est peu énoncé, la durée moyenne de ses interventions, autour de 26 secondes, est toutefois bien plus grande que dans les deux films précédents et s'avère relativement similaire à ceux des épisodes impériaux (21 secondes dans *SW5* et 30,5 secondes dans *SW6*). Comme on peut le noter sur les frises thématiques (cahier couleur), l'énoncé des thèmes de Luke et de Leia est en outre concentré dans les dernières minutes du film, créant un nœud musico-narratif dont le pendant intervient au début de *SW4*. Des liens musicaux sont ainsi tissés entre *SW3* et *SW4*, et un pont semble être jeté à grande échelle entre les deux trilogies par la reprise accrue de ces thèmes connus, indépendamment de leur provenance exacte dans la trilogie impériale. Toutefois, cette perception d'un rôle cohésif joué par *SW3* doit être nuancée par une mise en perspective de ces reprises

94. Williams, cité dans Arlon et Lejeune, « Avec des Sith, on refait le monde », p. 62-65, ici p. 63.

thématiques avec le nouveau matériau, par le biais des frises. Il convient en effet de noter la part égale que Williams ménage aux motifs spécifiquement composés pour cet épisode, ce qui confirme les propos du compositeur, affirmant sa volonté de ne pas faire reposer sa partition sur les thèmes d'origine : « *La Revanche des Sith* fait référence aux thèmes de la [trilogie impériale], mais en aucun cas il ne base sa construction sur eux »[95]. Notons d'ailleurs que les motifs issus des deux épisodes républicains précédents y sont aussi présents que ceux de la trilogie impériale.

L'impossibilité de dégager un fil directeur dans l'approche du compositeur de manière ferme et définitive sur les épisodes républicains semble ainsi appuyer davantage l'idée d'« heureux hasards » avancée par Williams. Les partitions de la trilogie républicaine s'inscrivent majoritairement dans une dynamique globale de renouveau, découlant probablement à la fois du désir de changement du compositeur et de l'évolution générale de son style, qui connaît une inflexion marquée à partir des années 1990. L'étude de la construction des génériques de fin des six épisodes et des modalités d'intervention du matériel thématique impérial dans la trilogie républicaine, en particulier, atteste qu'en dépit de la présence de certaines constantes, Williams ne fait pas de la continuité musicale de la saga le point de mire de ses partitions. Les épisodes républicains, notamment, ont visiblement été abordés comme des entités séparées par le compositeur et il est difficile de les considérer eux-mêmes comme un ensemble homogène musicalement. La jonction avec la trilogie impériale est principalement portée par *SW3*, même si elle doit être relativisée ; elle ne domine ni l'approche du compositeur ni sa mise en application effective dans cet épisode. Dans *SW1* et *SW2*, on ne peut que constater la rareté du réemploi et de l'importance quantitative des thèmes d'origine.

Au-delà de la question de la récurrence des motifs impériaux, la construction du canevas thématique telle qu'elle apparaît sur nos frises semble différer entre les épisodes impériaux et républicains, ce qui nécessite d'être interrogé et expliqué. C'est à cette manière même de structurer la partition et d'utiliser les thèmes vis-à-vis de la narration et de l'image dans chacune des trilogies que nous consacrerons donc les deux chapitres suivants, tout d'abord par le biais du procédé d'écriture du *leitmotiv*.

---

95. *Ibid.*, ici p. 64-65.

Chapitre II

# DU *LEITMOTIV* DANS *STAR WARS*

## L'importation du *leitmotiv* au cinéma. Une technique d'écriture et ses malentendus

Le lien entre la musique de cinéma hollywoodienne et le drame musical wagnérien a fait l'objet de nombreux écrits voire de polémiques virulentes, centrées autour du procédé du *leitmotiv*[1]. Ce dernier est si communément évoqué dans la littérature cinémusicologique qu'il pourrait sembler redondant d'y faire retour en y consacrant de nouveaux développements. Pourtant, force est de constater que le terme reste entouré d'un flou définitionnel, ses acceptions variant selon les auteurs :

> Le sens même du mot *leitmotiv* a [...] volé en éclats ; un rapide coup d'œil à la littérature scientifique sur le sujet révèle un objet appréhendé de manière imparfaite, comme s'il était perçu selon différents angles à travers un verre réfracteur[2].

### *Origines et définition(s)*

Si l'on a coutume d'associer le *leitmotiv* (« motif conducteur ») à la pratique wagnérienne, le procédé est néanmoins déjà présent sous des formes simplifiées dans de nombreux opéras avant Richard Wagner : des « motifs de réminiscence » sont ainsi utilisés par Johann W. Franck à la fin du XVII^e siècle ou Reinhard Keiser au XVIII^e siècle, et surtout par Étienne N. Méhul, Luigi Cherubini ou Carl Maria von

1. Voir en particulier Theodor W. Adorno et Hanns Eisler, *Musique de cinéma* [1944], Paris, L'Arche, 1972, p. 12-15 ; Gérard Dastugue, *Le corps du cinéma : musique de film et réception spectatorielle dans le cinéma hollywoodien classique*, Lille, ANRT, 2006, p. 134-149 ; François Nicolas, « La généalogie wagnérienne de la musique de film », dans Frédéric Gimello-Mesplomb (dir.), *Analyser la musique de film : méthodes, pratiques, pédagogie*, Norderstedt, Books on Demand, 2010, p. 37-54.

2. « *The very meaning of the word leitmotif [...] has splintered ; a cursory glance at the scholarly literature on the topic reveals an object imperfectly apprehended, as though viewed from different angles through a refracting lens* ». Matthew Bribitzer-Stull, *Understanding the Leitmotif : from Wagner to Hollywood Film Music*, Cambridge, Cambridge University Press, 2015, p. xix.

Weber au XIXe siècle[3]. Dans les opéras français en particulier, dès la fin du XVIIIe siècle, les compositeurs développent l'emploi de motifs récurrents à l'échelle de l'œuvre. En reprenant un motif entendu dans une scène première de l'opéra, ils renvoient ainsi à une scène passée, rappellent un moment particulier ou évoquent un sentiment ; il s'agit de « motifs de rappel » localisés dans la partition et relativement circonscrits[4]. Mentionnons également l'« idée fixe » d'Hector Berlioz qui, associée à la femme aimée, se transforme et se déforme au fil des mouvements de la *Symphonie fantastique* (1830), en fonction des inflexions du programme qu'elle reflète dans un processus musico-narratif. Si Wagner n'est donc pas l'inventeur de la technique d'écriture du *leitmotiv*, déjà en germe sous différentes formes, il l'a toutefois codifiée, développée, et portée à un degré de réalisation et une ampleur inégalés par ses prédécesseurs.

Dans cette association étroite entre le procédé du *leitmotiv* et le nom du compositeur allemand, l'empreinte laissée par les exégètes wagnériens ne doit pas être occultée. Alors que Wagner devient, pour reprendre l'expression de Timothée Picard, une « question européenne »[5] suscitant de nombreuses polémiques parmi les défenseurs et les détracteurs de la « musique de l'avenir »[6], fleurissent d'innombrables guides d'écoute. Ces écrits d'accompagnement des œuvres fournissent à l'auditeur des points de repère musicaux face à la monumentalité du cycle wagnérien. À la suite de la publication de son catalogue des « fils conducteurs » de *L'Anneau du Nibelung* en 1876, Hans von Wolzogen est considéré comme le premier théoricien à centraliser l'analyse des œuvres wagnériennes autour du concept de *leitmotiv*, supplantant le terme de *Grundthema* (« thème fondamental ») employé par le compositeur[7]. La technique leitmotivique devient ainsi dès le dernier tiers du XIXe siècle un fondement capital pour l'analyse et l'écoute des opéras de Wagner, faisant l'objet « d'un véritable militantisme »[8] parmi ses exégètes prosélytes –, et ce malgré les réserves de l'artiste lui-même, qui en redoutait un usage mécanique et simplificateur à l'encontre de ses propres conceptions esthétiques. Dans l'entrée de son journal datée du 1er août 1881, Cosima Wagner rapporte ainsi :

> Je joue à quatre mains avec Lusch des passages du *Crépuscule des Dieux* [...]. Malheureusement, cette édition fourmille d'indications comme : thème de la joie du voyage, thème du malheur, etc. R. dit : à la fin, les gens vont croire que ces absurdités se font sur mon ordre[9] !

---

3. Voir *ibid.*, p. 20-23 ; Andrew McCredie, « Leitmotife : Wagner's Points of Departure and their Antecents », *Miscellanea Musicologica*, n° 14, 1985, p. 1-28 ; Thomas S. Grey, « ...*wie ein rother Faden* : On the Origins of "Leitmotif" as Critical Construct and Musical Practice », dans Ian Bent (dir.), *Music Theory in the Age of Romanticism*, 1996, Cambridge, Cambridge University Press, p. 187-210 ; John Warrack, *German Opera : From the Beginnings to Wagner*, Cambridge, Cambridge University Press, 2001.

4. Nous remercions Hervé Lacombe d'avoir porté ce point à notre attention.

5. Timothée Picard, *Wagner, une question européenne : contribution à une étude du wagnérisme (1860-2004)*, Rennes, Presses universitaires de Rennes, 2006.

6. Voir notamment Carl Dahlhaus, *Les drames musicaux de Richard Wagner* [1971], traduit de l'allemand par Madeleine Renier, Liège, Mardaga, 1994, p. 9-12 et 168-170.

7. Rémy Campos et Nicolas Donin, « Wagnérisme et analyse musicale : l'émergence de nouvelles pratiques savantes de lecture et d'écoute en France à la fin du XIXe siècle », dans Rémy Campos et Nicolas Donin (dir.), *L'analyse musicale, une pratique et son histoire*, Genève, Droz, 2009, p. 36-41.

8. *Ibid.*, p. 37.

9. Richard Wagner, cité dans Cosima Wagner, *Journal*, traduit de l'allemand par Michel-François Demet, vol. 4 : *1869-1883*, Paris, Gallimard, 1979, p. 136. À ce sujet, nous renvoyons à Jean-Jacques Nattiez, « L'univers

L'histoire complexe des origines et de l'emploi du terme *leitmotiv*, généralisé au cours du XX^e siècle jusqu'à occulter les anciens termes désignant un retour thématique lié à un sens (motifs de rappel, de réminiscence ou motifs caractéristiques), joue un rôle non négligeable dans le flou définitionnel dont il est entouré. En recoupant les propositions récentes de plusieurs chercheurs [10], il est néanmoins possible de délimiter la spécificité de ce procédé d'écriture autour de plusieurs caractéristiques essentielles – temporelle, symbolique et compositionnelle :

– un *leitmotiv* désigne un motif musical court et récurrent associé à une idée extra-musicale (personnage, objet, lieu, sentiment, concept abstrait...), qui peut être d'essence mélodique, rythmique, timbrale ou harmonique ;

– en ce sens, il possède une double nature à la fois musicale et associative. Partant, il peut être exploité dans une optique narrative et représentationnelle, tout en s'inscrivant au sein d'une large structure musicale où il devient intimement lié à l'essence symbolique du drame ;

– à la différence d'un simple thème récurrent, le *leitmotiv* est caractérisé par sa nature évolutive, excluant quasiment toute répétition littérale. Tout en restant reconnaissable, le motif se transforme considérablement au fil de ses occurrences, en fonction de la forme musicale, des circonstances du récit et des nouveaux contextes émotionnels et dramatiques, qu'il reflète et contribue à générer tout à la fois. Ses métamorphoses permettent ainsi d'éclairer son (ou ses) référent(s) sous de multiples facettes, mettant en valeur l'évolution de l'intrigue. Le *leitmotiv* engage la mémoire de l'auditeur, dans un processus constant d'enrichissement graduel, d'évaluation rétrospective et d'anticipation ;

– l'ensemble du matériel leitmotivique est lié organiquement par un processus d'expansion et de développement à partir d'un motif générateur (*Urmotiv*). Les différents *leitmotive* peuvent dès lors s'entremêler et se superposer les uns aux autres.

### *Pour une reconsidération de l'emploi du* leitmotiv *dans le cinéma hollywoodien*

L'importation de ce procédé d'écriture au cinéma a fait couler beaucoup d'encre. Au fil des ans s'est cristallisée dans la littérature dominante une conception parfois étroite et stéréotypée de son usage dans les films – notamment dans le cinéma classique américain [11] –, qui découle de différents facteurs.

---

wagnérien et les wagnérismes » [2004], dans Jean-Jacques Nattiez (dir.), *Musiques : une encyclopédie pour le XXI^e siècle*, vol. 4, *Histoires des musiques européennes*, Arles, Actes Sud / Paris, Cité de la musique, 2006, p. 1227-1228.

10. Peter Larsen, « From Bayreuth to Los Angeles : Classical Hollywood Music and the Leitmotif Technique », dans Didier Huvelle et Dominique Nasta (dir.), *Le son en perspective : nouvelles recherches / New Perspectives in Sound Studies*, Bruxelles / New York, PIE / Peter Lang, 2004, p. 188-197 ; Stan Link, « Leitmotif : Persuasive Musical Narration », dans Graeme Harper, Ruth Doughty et Jochen Eisentraut (dir.), *Sound and Music in Film and Visual Media : An Overview*, New York, Continuum, 2009, p. 180-192 ; Stephen C. Meyer, Stephen C. Meyer, « "Leitmotif" : On the Application of a Word to Film Music », *Journal of Film Music*, vol. 5, n° 1-2, 2012, p. 101-108, plus spécifiquement p. 102-103 ; Bribitzer-Stull, *Understanding the Leitmotif*, p. 10-19.

11. Pour un aperçu historique de son emploi dès les premiers temps du cinéma, voir Laurent Guido, « Entre opéra wagnérien et culture de masse : l'univers musical de *Star Wars* », *Décadrages*, n° 8-9, 2006, p. 52-75, plus spécifiquement p. 52-55.

Les écrits apparaissent tout d'abord imprégnés des propos tenus par les pionniers du symphonisme hollywoodien tels Max Steiner, Erich W. Korngold ou Franz Waxman, cités à titre d'« arguments d'autorité » pour justifier le rapprochement entre leur pratique compositionnelle et celle de Wagner. Un tel usage s'avère problématique à plusieurs égards. Waxman, par exemple, réduit essentiellement le *leitmotiv* à un thème de personnage :

> La technique du *leitmotiv* est courante dans la musique de film. Elle consiste à relier des thèmes à des personnages et ensuite à les varier lorsque les situations changent ; j'ai trouvé cela très pratique pour écrire pour le cinéma. C'est une aide à la composition et à l'écoute [12].

Steiner s'en fait également l'écho, proposant une définition très simplifiée du *leitmotiv* et de la pratique wagnérienne en général :

> *Autant en emporte le vent* est, comme toutes mes partitions, écrit à la manière d'un opéra. Si vous écoutez le *Ring* de Wagner, vous allez retrouver le même thème d'un bout à l'autre [...] Un thème réapparaît de différentes façons. C'est ce que j'ai fait dans toutes mes partitions. [...] J'ai dit que Richard Wagner aurait été l'un des plus grands compositeurs de musique de film jamais connus parce qu'il accompagne le dialogue par la musique exactement comme moi. [...] Il soulignait l'intégralité de l'action jusqu'à ce qu'il arrive à un air [13].

Le discours tenu par Steiner au sujet de sa partition du *Mouchard* (1935) est également abondamment cité pour qualifier son processus compositionnel : « Chaque personnage devrait avoir un thème. [...] Un aveugle aurait pu s'asseoir dans une salle de cinéma et savoir à quel moment Gypo apparaissait à l'écran » [14].

Or, ces propos tenus par les pionniers du symphonisme hollywoodien ne rendent pas justice à leurs propres pratiques. Force est pourtant de constater qu'ils ont essaimé dans la littérature sur la musique de film, où ils tendent à être pris au pied de la lettre sans que l'exactitude de leur contenu ni leurs implications esthétiques ne soient véritablement interrogées. Ce manque de remise en perspective est d'autant plus étonnant lorsque l'on prend en considération l'exagération manifeste dont fait preuve Steiner en particulier, et surtout l'optique de vulgarisation musicale et d'autopromotion dont ces discours procèdent. Ils relèvent en outre, du côté des compositeurs, d'un processus de légitimation

---

12. « *The leitmotif technique is common in film scoring. That is, the attaching of themes to characters and then varying them as the situations change, and I have found this very practical in writing film music. It is an aid to composition and an aid to listening* ». Waxman, cité dans Fred Karlin, *Listening to Movies : The Film Lover's Guide to Film Music*, New York, Schirmer, 1994, p. 73.

13. « Gone with the Wind*, like all my scores, is written like an opera. If you listen to Wagner's* Ring *you will find the same theme throughout. [...] A theme reoccurs in different ways. I did it with every one of my scores. [...] I said Richard Wagner would have been one the greatest picture composers that ever lived because he was underscoring dialogue just like I do. [...] He was underlining the whole action until he gets to a song* ». Steiner, cité dans Myrl A. Schreibman, « On *Gone with the Wind*, Selznick, and the Art of "Mickey Mousing" : An Interview with Max Steiner » [1967], *Journal of Film & Video*, vol. 56, n° 1, printemps 2004, p. 41-50, ici p. 42-43.

14. « *Every character should have a theme. [...] A blind man could have sat in a theatre and known when Gypo was on the screen* ». Steiner, cité dans Kathryn Kalinak, *Settling the Score : Music and the Classical Hollywood Film, Madison*, University of Wisconsin Press, 1992, p. 113.

culturelle. Le choix de l'opéra et l'évocation du nom de Wagner ne sont pas anodins : ces rapprochements permettent indirectement de faire rejaillir le prestige attaché à ce genre musical savant et au patronyme de l'artiste tant sur le modèle classique américain que sur le cinéma en général, et de faire accéder la musique de film au statut d'art [15].

La conception parfois étroite de l'emploi du *leitmotiv* au cinéma découle par ailleurs d'une comparaison explicite avec la pratique wagnérienne en tant que telle, qui pose problème à double titre. Premièrement, cette comparaison quasi unilatérale avec Wagner paraît discutable dans la mesure où, on l'a vu, le *leitmotiv* n'est nullement exclusif à la seule pratique du compositeur allemand. Deuxièmement, l'évaluation du procédé à l'aune de la musique savante entraîne forcément une vision biaisée : son emploi cinématographique ne peut paraître que simplificateur par comparaison. Dans la mesure où la trame narrative filmique est le plus souvent constituée d'un ensemble d'inserts musicaux successifs, la musique de cinéma est incompatible avec le *leitmotiv* dans son sens plénier, fondamentalement lié au mouvement continu et simultané du drame et de la musique. Si, comme le rappelle Carl Dahlhaus, dans la Tétralogie wagnérienne « le développement musical est porté et déterminé par les *leitmotive* » [16], au cinéma, l'accompagnement musical et le déploiement des thèmes sont définis par l'image, le montage et la narration. Des auteurs comme James Buhler ou Irena Paulus regrettent ainsi que l'écriture de John Williams dans *Star Wars* n'atteigne pas la même envergure ni la même complexité que celle des opéras de Wagner [17], alors que leurs partitions ne procèdent tout simplement pas de la même ambition et relèvent de contextes de création bien différents. À ce titre, rappelons que Williams lui-même ne fait que très rarement référence à Wagner en entretien : contrairement à Steiner par exemple, il ne revendique pas ouvertement de filiation avec le compositeur allemand, préférant citer plusieurs modèles parmi des musiciens de cinéma (Waxman, Korngold, Alfred Newman) plutôt qu'un seul qui serait fondamental pour lui [18].

De cette comparaison littérale entre les opéras wagnériens et les partitions de cinéma découle une autre critique qui a fait florès dans la littérature cinémusicologique. Chez Wagner, le *leitmotiv* est, selon Carolyn Abbate, animé d'une vie propre dont la logique est purement musicale, transcendant son association référentielle première :

> [Les *leitmotive*] ont *tendance* à posséder des associations spécifiques lors de leurs premières occurrences. Mais ces associations se dissipent aussi […]. Les motifs de Wagner peuvent, en résumé, revêtir un sens spécifique à des moments exceptionnels et solennels, mais à

15. Voir Mervyn Cooke, *A History of Film Music*, Cambridge / New York, Cambrige University Press, 2008, p. 80 ; Meyer, « "Leitmotif" : On the Application of a Word to Film Music », p. 101-108, plus spécifiquement p. 102.

16. Dahlhaus, *Les drames musicaux de Richard Wagner*, p. 24.

17. James Buhler, « *Star Wars*, Music, and Myth », dans James Buhler, Caryl Flinn, et David Neumeyer (dir.), *Music and Cinema*, Hanover, Wesleyan University Press, 2000, p. 51-54 ; Irena Paulus, « Williams versus Wagner or an Attempt at Linking Musical Epics », *International Review of the Aesthetics and Sociology of Music*, vol. 31, n° 2, 2000, p. 162-164 et 172-173.

18. Voir à ce sujet Chloé Huvet, *John Williams, héritier du symphonisme de l'âge d'or hollywoodien ? Étude comparative d'E.T. the Extra-Terrestrial et de Jurassic Park de Steven Spielberg (1982-1993)*, mémoire de master, Lyon, ENS de Lyon, 2011, p. 38-42.

moins qu'ils ne soient maintenus dans cet état sémiotique, ils perdent leur signification et deviennent des idées musicales [19].

Cette résorption ultime du *leitmotiv* dans la musique « pure », qui ne fait d'ailleurs pas l'unanimité parmi les chercheurs, est jugée irréalisable au cinéma : dans les films, il serait réduit à une étiquette sémantique et illustrative dénuée de toute profondeur, entraînant alors une « démythification » du procédé et la perte de sa portée symbolique [20]. Cette critique a notamment été portée par Theodor W. Adorno et Hanns Eisler dans leur célèbre essai engagé de 1944, s'insérant plus largement dans une condamnation virulente du modèle hollywoodien, où le recours majoritaire à un « langage conventionnel préfabriqué » [21] hérité de la musique romantique véhiculerait des références préétablies et figées. Les auteurs soutiennent l'impossibilité pour le *leitmotiv* de dépasser une valeur indicative au cinéma : dans la mesure où il ne peut se développer ni sur la longueur ni au sein d'une vaste forme musicale, et où le montage entraîne des interruptions incessantes du flux musical, il devient une simple caractérisation de son référent, réduit à un « valet de chambre musical qui présenterait son maître d'un air entendu alors que tout le monde connaît cette personnalité éminente » [22].

Alors que l'écriture thématique des pionniers du symphonisme a pu être réduite à l'exploitation de simples « emblèmes » musicaux de personnages [23], de récentes études ont proposé une réévaluation en profondeur de l'emploi des motifs dans les films de l'âge d'or. Dans *Une femme cherche son destin* (1942) par exemple, Charles Leinberger fait la distinction entre, d'une part, le thème renvoyant aux sentiments et à la transformation de Charlotte et celui associé à la relation mère / fille – qui sont de véritables *leitmotive* – et, d'autre part, les cinq autres motifs « d'identification », simples et récurrents, qui servent essentiellement à guider le spectateur au cours des deux heures du film, s'avérant ainsi plus proches des traditions issues de la musique de scène et du cinéma muet que du procédé wagnérien [24]. De manière similaire, Justin London propose une relecture critique de l'analyse musicale faite par Claudia Gorbman du *Roman de Mildred Pierce* (1945) : sur les cinq *leitmotive* recensés par Gorbman, seuls les

---

19. « *[Leitmotifs] tend to have specific associations at their first occurrences. But these associations also escape [...]. Wagner's motifs may, in short, absorb specific meaning at exceptional and solemn moments, but unless they are maintained in this semiotic state, they shed their meaning and become musical thoughts* ». Carolyn Abbate, *Unsung Voices : Opera and Musical Narrative in the Nineteenth Century*, Princeton, Princeton University Press, 1991, p. 168.

20. Ces idées ont récemment été remises en cause par Philippe Lacoue-Labarthe, *Musica Ficta (Figures de Wagner)*, Paris, Christian Bourgois, 1991, p. 219-222 ; Danijela Kulezic, « The Audio-Visual Structure of Film and the Influence of the Poetics of Myth on its Maturing », *New Sound*, n° 9, 1997, p. 59-64, Larsen, « From Bayreuth to Los Angeles », p. 195 ; Guido, « Entre opéra wagnérien et culture de masse », p. 58 ; Bribitzer-Stull, *Understanding the Leitmotif*, p. 142-143 et surtout p. 255-300.

21. Adorno et Eisler, *Musique de cinéma*, p. 42.

22. *Ibid.*, p. 15.

23. Voir notamment Caryl Flinn, *Strains of Utopia : Gender, Nostalgia and Hollywood Film Music*, Princeton, Princeton University Press, 1992, p. 26.

24. Voir Charles Leinberger, « Thematic Variation and Key Relationships : Charlotte's Theme in Max Steiner's Score for *Now, Voyager* », *The Journal of Film Music*, vol. 1, n° 1, 2002, p. 63-77, plus spécifiquement p. 64-76 ; Meyer, « "Leitmotif" : On the Application of a Word to Film Music », p. 101-108, plus spécifiquement p. 102.

thèmes de Mildred et de Veda peuvent véritablement prétendre à cette dénomination [25]. Enfin, plus généralement, Peter Larsen note avec justesse l'évolution de la pratique compositionnelle de Steiner au fil du temps et le hiatus qu'elle génère par rapport aux propos du musicien :

> Dans *Le Mouchard*, il utilisa la technique du thème référentiel de façon presque automatique. Mais au cours des années suivantes, le système fut varié et considérablement développé et, comme l'indiquent les exemples du *Grand Sommeil*, les motifs récurrents revêtaient bien d'autres fonctions que de signaler la présence des personnages [26].

Cette récente reconsidération de l'usage du *leitmotiv* dans les films de l'âge d'or est fondamentale en ce qu'elle ouvre la voie à une meilleure compréhension globale de l'écriture thématique dans le cinéma hollywoodien *mainstream* (« classique » et contemporain) : elle permet d'opérer une distinction claire entre ce qui relève d'un *leitmotiv* et ce qui s'apparente à un thème référentiel récurrent, fréquemment confondus sous l'étiquette englobante du procédé wagnérien dont une partie du sens est détournée.

## Présence du *leitmotiv* dans la double trilogie

La présence du *leitmotiv* dans *Star Wars* a fait l'objet de plusieurs publications, mais les auteurs présentent fréquemment des avis divergents, voire contradictoires, en raison de la complexité de cette notion parfois aplanie, et de sa définition soit imprécise soit partiellement ébauchée. Or, l'usage majoritaire que Williams fait du procédé concorde en tout point avec la définition que nous en avons donnée plus haut, dont nous reprenons ici brièvement les critères.

Tout d'abord, comme le *leitmotiv* nécessite une structure musicale vaste et ample, il peut s'épanouir pleinement dans les grands cycles cinématographiques où un même compositeur œuvre sur différents volets, tels *Star Wars* et la double trilogie du *Seigneur des Anneaux* et du *Hobbit* (2001-2014) :

> *Justement*, c'est sur la durée que se développe l'épopée lucasienne. De fait, la musique composée par Williams, presque omniprésente, *peut* se développer et les motifs récurrents dépasser une « simple fonction indicative » [27].

L'hexalogie de George Lucas et l'ensemble tolkienien de Peter Jackson partagent d'ailleurs, à l'instar des opéras wagnériens, « un esprit de grandeur mythique et la

25. Justin London, « Leitmotifs and Musical Reference in the Classical Film Score », dans Buhler, Flinn et Neumeyer (dir.), *Music and Cinema*, p. 90-95. London fait référence à Claudia Gorbman, *Unheard Melodies : Narrative Film Music*, Londres, BFI / Bloomington, Indiana University Press, 1987, p. 93.

26. « *In* The Informer, *he used the reference technique almost automatically. But over the following years, the system was varied and developed considerably and, as the examples from* The Big Sleep *indicate, the recurring motifs often have many other tasks than to mark the presence of the characters* ». Peter Larsen, *Film Music* [2005], Londres, Reaktion Books, 2007, p. 110.

27. Philippe Gonin, « L'héritage wagnérien dans la musique de John Williams : réflexion sur l'usage du leitmotiv dans la première trilogie de *Star Wars* », dans Alexandre Tylski (dir.), *John Williams : un alchimiste musical à Hollywood*, Paris, L'Harmattan, 2011, p. 104.

patine de l'épopée »[28]. Sur le plan du processus créateur, Lucas a procédé dans le cas de *Star Wars* à la manière de Wagner (qui commença par écrire *La Mort de Siegfried*) en remontant à l'origine d'une situation donnée et en réalisant à rebours son cycle. Comme Wagner, Williams a évolué stylistiquement entre le début du projet et son achèvement. Enfin, le destin de Dark Vador n'est pas sans rappeler celui de Siegfried. Mais à la différence de *Star Wars*, la partition de la Tétralogie a été composée chronologiquement, de *L'Or du Rhin* au *Crépuscule*[29].

Si l'on s'intéresse plus précisément au matériau mobilisé lui-même, il appert que la plupart des thèmes principaux de *Star Wars* sont liés les uns aux autres, comme l'ont souligné notamment plusieurs musicologues[30]. Paulus, en particulier, voit dans le thème de la Force une sorte de *Urmotiv* : l'ensemble des motifs de la trilogie impériale, liés organiquement, dériveraient tous du thème de la Force, conçu par l'analyste comme une matrice originelle, à la manière du « motif de la nature » dans *L'Or du Rhin* de Wagner[31].

À certains endroits stratégiques de la narration, Williams tresse et superpose ses motifs, fidèle en cela à l'un des traits distinctifs de la technique leitmotivique; comme le souligne Laurent Guido, « les possibilités de combinaison, d'enchevêtrement des thèmes sont constamment explorées, la partition glissant très rapidement d'une mélodie à l'autre en suivant le développement du récit visuel »[32], en particulier dans la trilogie impériale. La scène de la mort de Yoda dans *SW6* en offre un exemple emblématique. Williams épouse étroitement le déroulement du dialogue tout en générant un commentaire sur l'image; l'accompagnement musical noue subtilement le lien de parenté entre Luke et Leia avec le destin familial des Skywalker, partagé entre les côtés lumineux et obscur de la Force (tableau 5). Le motif de l'« autre Skywalker » est presque continuellement transformé, apparaissant sous deux formes principales (*a* et *b*), elles-mêmes soumises à des variations de timbre, de registre, de rythme, et de profil intervallique. Ce motif, au caractère mystérieux et mélancolique, repose sur la répétition lancinante d'un arpège descendant complet ou tronqué, pourvu d'un saut expressif ascendant de sixte mineure (*b*) ou de quarte juste (*a*). Il est transposé à différentes hauteurs, confié aux flûtes, aux cors ou aux clarinettes, et superposé au thème de la Force sur l'une des répliques cruciales de Yoda.

---

28. « *a sense of mythic hugeness, and the patina of epicness* ». Bribitzer-Stull, *Understanding the Leitmotif*, p. 295. Voir aussi *ibid.*, p. 294-300; Buhler, « *Star Wars*, Music, and Myth », p. 41-54; David Schroeder, *Cinema's Illusions, Opera's Allure : The Operatic Impulse in Film*, New York, Continuum, 2002, p. 213-222 (« Wagner's *Ring* for Adolescents : Star Wars »); Guido, « Entre opéra wagnérien et culture de masse », p. 52-75, plus spécifiquement p. 57-63.

29. Nous sommes redevable à Hervé Lacombe de nous avoir signalé ces points de similitude.

30. Voir Bill J. Poché, *Musical Content and Thematic Process in the Star Wars Concert Suites of John Williams*, mémoire de maîtrise, San Diego, San Diego State University, 1995; Doug Adams, « Sounds of the Empire », *Film Score Monthly*, vol. 4, n° 5, juin 1999, p. 22-25 et 47; Doug Adams, « A Return, or a New Hope ? », *Film Score Monthly*, vol. 4, n° 7, août 1999, p. 32-34; Roger Hickman, *Reel Music : Exploring 100 Years of Film Music*, New York, W.W. Norton, 2006, p. 439-441 (« The *Star Wars* Prequels »); Mark Richards, « Celebrating *Star Wars* Themes, Part 5 of 6 : Across the Stars », *Film Music Notes*, novembre-décembre 2015, http://www.filmmusicnotes.com/celebrating-star-wars-themes-part-5-of-6-across-the-stars/, consulté le 6 août 2017.

31. Paulus, « Williams versus Wagner », p. 153-184, plus spécifiquement p. 166-171.

32. Guido, « Entre opéra wagnérien et culture de masse », p. 52-75, ici p. 56.

| **Répliques de Yoda** | **Formes du motif de l'« autre Skywalker »** |
|---|---|
| - « Vieux et faible je suis. Mais quand tu auras 900 ans, moins en forme tu seras. » | - phrase *b*   |
| - [Luke] : « Alors je suis un Jedi. » | - phrase *b'* (augmentation rythmique et suppression de la tierce)   |
| - « Tu dois affronter Vador. Ensuite, et seulement ensuite, un Jedi tu seras. » | - phrase *a* (affectée ici d'un rythme pointé qui n'est pas sans évoquer la Marche impériale, en lien avec les paroles de Yoda)   |
| - « Une fois que tu t'engages du côté obscur, à jamais, il dominera ton destin. » | - phrase *b''* (diminution rythmique)   |
| - « 1) Le dernier des Jedi tu resteras. 2) La Force est puissante dans ta famille. 3) Transmets ce que tu as appris. » | - thème de la Force aux cors superposé à la phrase *b''* transposée 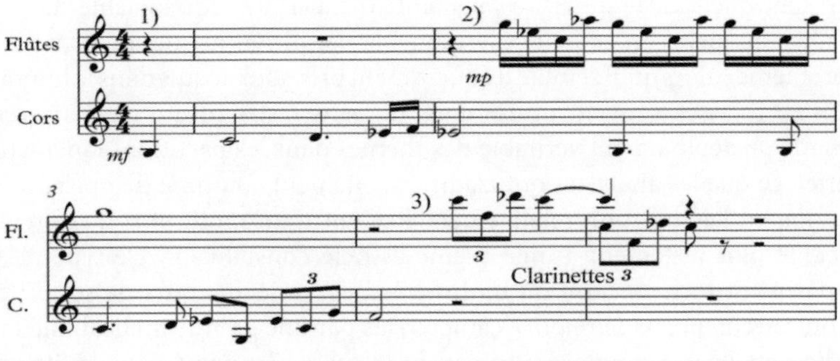  |
| - « Il y a un autre… » | - phrase *b'''* (diminution rythmique et suppression de la tierce)   |

Tableau 5. *SW6*, Yoda révèle à Luke l'existence secrète d'un parent, interventions du motif de l'« autre Skywalker » (37:50-41:01).

L'association du motif avec le poids de la tragédie familiale, qui est esquissé dans cette scène à travers l'évocation de l'affrontement inévitable entre Luke et son père, de la tentation du côté obscur, et sa superposition au thème de la Force, est renforcée dans la séquence où Luke dévoile à Leia qu'elle est sa sœur (01:16:19). La phrase *a* est énoncée en triolets aux cordes et au célesta sur le gros plan du visage de Leia alors que celle-ci prend conscience de leur lien de parenté, puis superposée au thème lyrique de Luke et Leia. Cet entremêlement des deux motifs revient peu après, quand Luke essaie de convaincre sa sœur qu'il reste du bon en Dark Vador et qu'il peut le sauver en le ramenant du côté lumineux de la Force (01:16:54).

*Malléabilité référentielle du* leitmotiv

Cet emploi du motif de l'« autre Skywalker » est d'autant plus intéressant qu'il met en valeur une autre caractéristique de l'écriture thématique de Williams, formant par ailleurs l'un des traits constitutifs du *leitmotiv* que nous avons volontairement peu abordé jusqu'à présent : la grande souplesse du motif et de ses référents. Loin de constituer un simple « signal » musical et mécanique du lien de parenté entre les deux personnages, le motif de l'« autre Skywalker » revêt différentes valeurs expressives selon le dialogue qu'il accompagne, le contexte narratif et dramatique où il intervient, sa présentation musicale elle-même et les autres thèmes avec lesquels il est associé. Par son caractère mélancolique et lancinant, il renvoie dans certains cas plus généralement à la tragédie familiale des Skywalker ou à leur maîtrise de la Force, pouvant conduire au bien comme au mal.

Cette malléabilité référentielle du *leitmotiv* est étonnamment peu évoquée dans les analyses thématiques cinémusicologiques alors qu'elle fonde en partie l'essence même du procédé. Si les nombreuses transformations des thèmes au cours des films sont souvent soulignées, certains écrits restent toutefois imprégnés de la vision du *leitmotiv* en tant que « carte de visite » sémantico-musicale indissociable du personnage ou de l'objet auquel il est associé. C'est ainsi la définition même du terme *leitmotiv* qui pose problème : alors qu'il semble fréquemment pris pour acquis dans la littérature dominante, il s'avère assez souvent utilisé dans un sens restrictif qui offre un reflet déformé du mode de déploiement véritable des thèmes dans les partitions cinématographiques. En effet, ce que les analystes ont traditionnellement coutume d'appeler *leitmotiv* lorsqu'ils évoquent l'association relativement fixe entre un motif et son référent s'apparente en réalité plus justement à un « thème associé constant »[33]. Ce type de thème demeure quasiment inchangé, ou du moins très peu varié au cours de ses différents retours[34], contrairement aux *leitmotive* caractérisés par une grande malléabilité tant musicale que référentielle[35]. L'emploi impropre du terme de *leitmotiv* dans la littérature dominante

---

33. Vivien Villani, *Guide pratique de la musique de film : pour une utilisation inventive et raisonnée de la musique au cinéma*, Paris, Scope, 2008, p. 108.

34. Voir en particulier Jérôme Rossi, « De la musique de scène à la musique de film : *Macbeth* d'Orson Welles et Jacques Ibert, une écriture musico-cinématographique », dans Frédérique Toudoire-Surlapierre et Pascal Lécroart (dir.), *Marges de l'opéra : musique de scène, musique de film et musique radiophonique 1920-1950*, Paris, Vrin, 2015, p. 156-165 ; Vivien Villani, « L'analyse des musiques de films : quelques études de cas », dans Frédéric Gimello-Mesplomb (dir.), *Analyser la musique de film : méthodes, pratiques, pédagogie*, Norderstedt, Books on Demand, 2010, p. 76-88.

35. Nous renvoyons à ce sujet à Bribitzer-Stull, *Understanding the Leitmotif*, p. 75 et 267-269 ; Dastugue, *Le corps du cinéma*, p. 146-148 ; Larsen, « From Bayreuth to Los Angeles », p. 190-194.

est pointé avec humour par Royal S. Brown dans un article au titre évocateur, « Music and / as Cine-Narrative or : *Ceci n'est pas un leitmotif* [*sic*] »[36].

La rigidité longtemps appliquée à ce procédé d'écriture transparaît explicitement dans l'analyse de la partition d'*Ève* (1950) par Gorbman. Face à la mouvance des associations thématiques, l'auteure se montre circonspecte quant à la possibilité même de les caractériser de *leitmotive* et affirme : « Dans bien des cas, la désignation du thème est si éparpillée que l'appeler un *leitmotiv* contredit l'intention de Wagner »[37]. Cette gêne manifeste découle précisément du présupposé selon lequel un *leitmotiv* devrait faire valoir une association fixe, en dépit de leur mouvance fondamentale tant dans la musique de Wagner que dans les partition filmiques. Malgré les réévaluations récentes proposées notamment par Peter Larsen, Stan Link et Matthew Bribitzer-Stull, la question est loin d'être résolue et fait encore débat entre les tenants d'une fixité et les défenseurs d'une malléabilité référentielle du *leitmotiv* dans son application au cinéma[38].

Dans *Star Wars*, en particulier, il n'est guère étonnant de retrouver cette tendance à la simplification. De même que « la musique de Wagner a d'abord été entendue comme un amoncellement de *leitmotive*, apparaissant tels de petites images allégoriques sur des mots-clés »[39], la musique de la saga tend parfois à être présentée comme un catalogue de thèmes fixes de personnages issus de la trilogie impériale, énoncés dès que leur référent est présent à l'image ou évoqué par le dialogue. Emblématisant une opinion répandue sur la musique de *Star Wars*, Laurent Jullier regrette par exemple l'usage schématique qui serait fait de la Marche impériale : « Même si nous avons déjà mémorisé l'association de Dark Vador et de son thème [...], chaque apparition du célèbre homme en noir en est inébranlablement accompagnée »[40] – affirmation qu'il conviendra d'interroger à la fin de ce chapitre.

La question qui se pose n'est donc pas tant de déterminer si *leitmotive* il y a réellement ou non dans *Star Wars*, mais plutôt de clarifier la définition que l'on en donne, en considérant le procédé dans toute sa complexité. Pour notre part, nous embrassons la conception du *leitmotiv* en tant que motif fondamentalement malléable – aussi bien dans son écriture que dans ses associations –, conception qui nous paraît moins réductrice et plus fidèle à l'usage qu'en propose Williams. En effet, il n'est pas possible d'appréhender correctement les thèmes de la saga si l'on s'en tient au sens le plus restreint et le plus courant du procédé : en accolant trop rapidement l'étiquette commode de *leitmotiv* dès lors qu'un thème revient de manière récurrente, on risque de passer à côté de la spécificité même du traitement qu'en fait Williams. L'approche

36. Royal S. Brown, « Music and / as Cine-Narrative or : *Ceci n'est pas un leitmotif* », dans James Phelan et Peter J. Rabinowitz (dir.), *A Companion to Narrative Theory*, Malden, Blackwell, 2005, p. 451-465.

37. « *In many cases, the theme's designation is so diffused that to call it a leitmotif contradicts Wagner's intention* ». Gorbman, *Unheard Melodies*, p. 29.

38. Parmi les tenants d'une fixité dans l'association du *leitmotiv* à son référent, citons *ibid.*, p. 26-29; Paulus, « Williams versus Wagner », p. 153-184, plus spécifiquement p. 156-157; Buhler, « *Star Wars*, Music and Myth », p. 40-43 et 50-54; Hickman, *Reel Music*, p. 43.

39. Dahlhaus, *Les drames musicaux de Richard Wagner*, p. 170.

40. Laurent Jullier, *Star Wars : anatomie d'une saga* [2005], Paris, Armand Colin, 2010, p. 62. Voir aussi Paulus, « Williams versus Wagner », p. 153-184, plus spécifiquement p. 157, 174-175 et 181; Hickman, *Reel Music*, p. 331-334.

thématique du compositeur ne s'arrête pas à la simple identification ou caractérisation de personnage, mais possède une portée plus générale, plus abstraite, permettant de dépasser une application audio-visuelle étroite au sein des films. Larsen note à juste titre : « Ces thèmes sont souvent ambigus, ou utilisés de telle façon qu'ils font référence à quelque chose de plus que les personnages eux-mêmes. [...] Les thèmes ne sont pas de simples signaux » [41].

Certes, l'association entre un motif musical et un référent principal demeure fondamentale. Mais la majeure partie du réseau thématique impérial ne se limite pas là : elle s'apparente à un système d'idées musicales dont le potentiel expressif, plus large, permet de circuler d'un personnage ou d'une idée à l'autre, et dont l'ancrage n'est pas tout à fait définitif. Plusieurs analystes ont ainsi récemment souligné le caractère inapproprié de l'étiquette de « carte de visite » musicale accolée aux thèmes impériaux principaux. L'énoncé emphatique du thème de la princesse Leia, synchronisé avec la réaction épouvantée de Luke quand Obi-Wan se fait terrasser sous ses yeux par Dark Vador dans *SW4* (01:26:20), par exemple, a fait couler beaucoup d'encre par son inadéquation apparente avec l'image [42]. Or, c'est ici le potentiel expressif du motif qui est pris en considération par le compositeur pour accompagner ce moment tragique, au-delà de sa dimension « sémantique » restreinte. Williams explique ainsi :

> Pour la mort de Ben, au début, j'ai utilisé un segment du thème de la princesse. J'ai pensé qu'il présentait la mélodie la plus communicative de tous les thèmes de la partition. Cette musique au romantisme exacerbé représente, dans ce contexte tragique, la réaction de Luke et de la princesse à l'idée de devoir partir sans Ben [43].

De même, le thème de Yoda présente une mouvance certaine dans son association avec l'image, aussi bien dans les épisodes impériaux que dans la trilogie républicaine où il peut être employé sans rapport direct avec le personnage, comme « morceau de bravoure » [44]. Doug Adams relève la portée « générale » du thème dans son emploi à la fin de *SW5* :

> Comme pour le thème de Leia, Williams utilise le thème de Yoda dans une scène centrale où il ne représente pas littéralement le personnage. Alors que Luke manœuvre les troupes impériales dans la Cité des Nuages, une version flamboyante de la mélodie de Yoda l'encourage, suggérant soit (A) que Luke se remémore les mises en garde de son professeur, soit (B) que Williams fait à nouveau usage du profil romantique d'un thème plutôt que de son association avec le personnage [45].

41. « *These themes are often ambiguous, or are used as a reference to something more than the characters themselves. [...] The themes are not just signals* ». Larsen, *Film Music*, p. 170-171.

42. Voir notamment Adams, « Sounds of the Empire », p. 22-25 et p. 47, plus spécifiquement p. 23.

43. « *For Ben's death I used part of the Princess Theme in the beginning. I felt it had the most sweeping melody of all the themes in the score. This wildly romantic music in this tragic setting represents Luke's and the Princess' reaction to leaving Ben behind* ». Williams, cité dans Charles Lippincott, livret de *Star Wars Original Soundtrack*, 2 disques 33 tours, 20th Century Records, RSO RS-2-4201, 1977.

44. Nous en verrons plusieurs exemples au chapitre VII.

45. « *As with Leia's theme, Williams uses Yoda's theme in one major scene where it doesn't literally represent the character. As Luke maneuvers the Imperial troops in Cloud City, a dashing setting of Yoda's melody urges him a long suggesting that either (A) Luke is recalling his teacher's warnings or (B) Williams is once again using the romantic sweep of a theme rather than the character associations* ». Adams, « Sounds of the Empire », p. 22-25 et 47, ici p. 24.

Les mêmes remarques peuvent être faites au sujet du thème d'amour de Han et Leia, comme on l'a vu plus haut, ou de la fanfare des Rebelles que le compositeur emploie de manière relativement libre, à la manière d'un thème victorieux « générique », pour souligner à divers endroits de l'hexalogie les succès remportés par les héros. Mais parmi les matériaux associés au bien, les thèmes de Luke et de la Force se démarquent particulièrement en ce qu'ils présentent les glissements référentiels les plus significatifs et à très large échelle[46].

*Glissements référentiels et transférabilité des motifs à grande échelle*

*Le thème de Luke*

Ce que les chercheurs (et Williams lui-même) ont coutume d'appeler « thème de Luke » (exemple 7) est en fait le thème principal de *Star Wars*, énoncé dès le générique de début en *si* bémol majeur. Loin d'être exclusivement associé à Luke, il renvoie plutôt à une idée archétypale d'héroïsme issue de conventions culturelles et historiques[47], par le timbre brillant des trompettes, son caractère impétueux, son profil majoritairement ascendant, qui présente un élargissement intervallique graduel expressif avec les sauts de quarte et quinte juste puis de septième mineure marquant l'acmé de la phrase sur une tenue de *si* bémol dans l'aigu, le rythme de marche de l'accompagnement, et le mouvement vers l'avant entretenu par les triolets.

Exemple 7. *SW4*, thème de Luke.
Transcription à partir de [*SW4* BO],disque 1, piste 2 (00:06-00:15).

Sur le plan harmonique, le thème, en majeur, repose essentiellement sur l'accord de tonique (pendant six mesures) et de septième de dominante ; selon Jérôme Rossi, « cette simplicité (I→V) est la garante de la pureté du personnage et du noble but qu'il s'est fixé »[48]. Le motif symbolise ainsi les qualités et les idéaux du protagoniste de manière

46. Par commodité et souci de clarté, nous continuerons à employer les dénominations habituelles de ces motifs de façon globale, nonobstant leur dimension réductrice.

47. De nombreux auteurs ont souligné la parenté entre ce motif et le thème principal de *Crimes sans châtiment* (1942) composé par Erich W. Korngold. Voir notamment Neil Lerner, « Nostalgia, Masculinist Discourse, and Authoritarianism in John Williams' Scores for *Star Wars* and *Close Encounters of the Third Kind* », dans Philip Hayward (dir.), *Off the Planet : Music, Sound and Science Fiction Cinema*, Londres / Eastleigh, John Libbey, 2004, p. 98-100 ; Larsen, *Film Music*, p. 171-172.

48. Jérôme Rossi, « Le dynamisme harmonique dans l'écriture filmique de John Williams : harmonie fonctionnelle *versus* harmonie non fonctionnelle », dans Tylski (dir.), *John Williams*, p. 118.

large : il ne s'agit pas tant du thème « personnel » de Luke que du thème du Héros, à l'instar de celui de *Superman* (1978)[49].

Après le générique du début, le thème baptise immédiatement le personnage : alors que la tante Beru appelle Luke nommément, il est exposé avec douceur aux cors en *ré* majeur sur les plans du jeune homme (16:12). Un second « baptême » rétrospectif intervient également à la fin de *SW3*, quand Obi-Wan confie Luke bébé à ses jeunes oncle et tante sur Tatooine (02:12:53) : le motif est énoncé aux violons et aux flûtes sous une forme plus lyrique et ample.

Mais le motif s'éloigne vite de cette fonction narrative identificatrice restreinte, pour reprendre la terminologie de Cristina Cano[50], et revêt de multiples dimensions au fil de ses occurrences dans l'hexalogie. Sous sa version « héroïque », il évoque la bravoure, l'intrépidité ou l'ingéniosité des protagonistes présents dans les plans qu'il accompagne, par exemple dans *SW4* quand C3PO et R2D2, cachés, attendent l'occasion de se faufiler dans le Faucon Millenium à l'insu des *Stormtroopers* (01:23:28). Dans les scènes d'action de *SW4* et *SW6* en particulier, la présentation triomphale du thème aux cuivres dans un tempo rapide accentue l'ardeur des combats menés par les héros – et plus globalement par la rébellion – contre les troupes de l'Empire, sans que Luke soit nécessairement présent à l'image.

Cette circulation du thème d'un personnage à l'autre s'accentue dans les épisodes républicains, où il ne se limite pas aux seuls chevaliers Jedi : dans *SW1*, par exemple, s'il souligne dès les premières minutes la bravoure de Qui-Gon et Obi-Wan (05:47), il est également énoncé en *si* bémol majeur aux trompettes lorsque la doublure de la reine Amidala abat plusieurs droïdes dans l'offensive menée au palais de Theed (01:47:42). Le motif prend la valeur d'un thème martial victorieux à la fin de *SW2* (02:01:16), où il met en relief les lourdes pertes infligées par l'armée des clones aux forces droïdes des Séparatistes, et élève les actions des escadrons républicains à un niveau épique. Alors qu'aucun personnage n'est individualisé à l'image dans un camp comme dans l'autre, l'énoncé du motif aux trompettes apporte une clarification et une épaisseur supplémentaire à cette bataille « impersonnelle », entièrement numérique et proche d'un visuel de jeu vidéo, baignant dans une monochromie de tons ocre foncé. Le choix thématique est donc essentiel ici. Le caractère entraînant du thème et la rapidité du tempo s'accordent en outre particulièrement avec l'animation frénétique à l'image, presque saturée de mouvements simultanés et de traversées horizontales du cadre de part en part. Aussi Guido souligne-t-il :

> En produisant [...] une double stylisation (d'une part en capturant l'essence des connotations héroïques et mythiques que cherchent à produire les films, d'autre part en saisissant les lignes rythmiques essentielles de l'action visuelle), la musique devient absolument nécessaire à l'explicitation des enjeux et des sentiments fondamentaux, sur le double plan narratif et émotionnel[51].

49. Voir notamment Emilio Audissino, *John Williams's Film Music :* Jaws, Star Wars, Raiders of the Lost Ark, *and the Return of the Classical Hollywood Music Style*, Madison, The University of Wisconsin Press, 2014, p. 157-158.

50. Cristina Cano, *La musique au cinéma : musique, image, récit*, Rome, Gremese, 2010, p. 214-215.

51. Guido, « Entre opéra wagnérien et culture de masse », p. 52-75, ici p. 66.

Présenté sous une forme minorisée, dans un accompagnement beaucoup plus dépouillé et un tempo lent, le thème revêt une dimension désenchantée. Ces transformations reflètent dans certaines scènes l'état psychologique ou physique de Luke, traduisant son absence de repères lors du *crash* de son vaisseau sur Dagobah dans *SW5* (à 39:57), son découragement et son abattement pendant l'entraînement de Jedi qui met à rude épreuve son entrain optimiste, ou son échec à l'épreuve de la grotte maléfique. Là encore, la minorisation du thème intervient également en dehors de son association explicite avec le personnage. Elle souligne notamment, dans *SW5*, le refus initial de Yoda de former Luke en raison de la colère qui l'habite (exemple 8). Énoncé aux clarinettes et aux bassons dans une nuance *p* généralisée sur une tenue de quinte à vide et des oscillations de seconde mineure, le motif revêt une dimension douce et triste à la fois, dénué de toute connotation épique. Son tempo lent se dissocie de l'agitation de Luke, qui contredit le vieux maître Jedi avec véhémence. L'inflexion du thème met à la fois en valeur la sagesse de jugement de Yoda, estimant que Luke ressemble trop à son père et qu'il n'est pas prêt à affronter les épreuves de la formation, tout en laissant pressentir le douloureux parcours à venir pour le jeune homme :

Exemple 8. *SW5*, thème de Luke, Yoda refuse de former Luke (53:12-53:23).

Le thème se désolidarise du personnage de Luke dans d'autres séquences tendues dont il est totalement absent, comme lorsque Han retourne s'assurer de la sécurité de Leia alors que la base rebelle est sur le point d'être envahie par les troupes impériales au début de *SW5*. Énoncé en strette aux bois et aux trompettes doublées par les cors, le thème revêt ici un caractère plaintif et tourmenté par son instrumentation, sa minorisation, les changements intervalliques (seconde majeure suivie d'un saut de septième majeure, mesure 3), ainsi que par les frottements dissonants occasionnés par sa présentation en contrepoint et le reste de l'accompagnement (exemple 9). Cette scène présente ainsi un cas emblématique de ce que Bribitzer-Stull désigne comme une « corruption harmonique » du thème héroïque, qui est « une intensification du processus musico-dramatique à l'œuvre dans le changement de mode »[52]. L'assombrissement apporté au motif suggère l'inquiétude de Han à l'égard de la princesse, et la défaite imminente des rebelles.

52. « *Harmonic Corruption [...] represents an intensification of the musical-dramatic process occurring in Change of Mode* ». Bribitzer-Stull, *Understanding the Leitmotif*, p. 175-176.

Exemple 9. *SW5*, thème de Luke, Han retourne s'assurer de la sécurité de Leia (30:09-30:19).

Le « thème de Luke » présente ainsi une grande malléabilité à la fois musicale et dans son association avec l'image : il ne renferme pas de signification qui serait fixée à l'avance et totalement figée, mais se voit au contraire reconfiguré dans son potentiel expressif et narratif au fil de ses différentes occurrences dans l'ensemble de l'hexalogie.

*Le thème de la Force*

De la même manière, le « thème de la Force » ne possède pas d'ancrage définitif, mais est redistribué d'un référent à l'autre tout au long de la saga. Lors de sa deuxième occurrence dans *SW4* (24:15), au moment où Luke contemple l'horizon, le motif semble symboliser l'appel du lointain, de l'aventure, et l'aspiration du jeune homme à une autre vie hors de la ferme familiale. Sur le plan d'ensemble cadrant Luke face aux soleils couchants sur Tatooine, le thème est énoncé en *sol* mineur par un cor soliste (exemple 10). Par son caractère calme et majestueux, il renforce le hiératisme de la scène, tandis que la portée mythique du gros plan sur les deux soleils blanc et rouge est mise en valeur par la coloration dorienne générée par l'accord du quatrième degré majorisé (mesure 4)[53]. La deuxième partie du thème est ensuite confiée aux cordes, atteignant un climax lyrique dont l'intensité est accentuée par l'extension des intervalles et de l'ambitus jusqu'à un « sommet » mélodique, le grand *crescendo* généralisé, la texture orchestrale plus dense, les doublures à l'octave et la propulsion apportée par le rythme

53. Voir Rossi, « Le dynamisme harmonique dans l'écriture filmique de John Williams », p. 118.

trochaïque. La désinence du thème, qui se referme sur une quinte à vide « creuse », renforce par sa couleur mélancolique l'abattement de Luke et sa déception de ne pas pouvoir quitter la ferme. Comme le rappelle Philip Tagg, les accords privés de tierce peuvent évoquer « le vide du "nulle part" » [54], ce qui fait ici écho au ressenti de Luke. Cette présentation du thème dans son intégralité est assez peu présente dans l'ensemble de l'hexalogie ; il est plutôt énoncé sous une forme tronquée où seules la tête ou les deux premières phrases sont jouées.

Exemple 10. *SW4*, thème de la Force.
Transcription à partir de [*SW4* BO], disque 1, piste 6 (02:21-02:52).

Bribitzer-Stull délimite en ces termes la spécificité de la scène :

> Nous *savons* que ce thème a une signification importante [...], mais ce n'est que plus tard que notre pressentiment vague se fond en une association claire. John Williams semble affectionner particulièrement cette technique – on la retrouve également avec les prémonitions fragmentaires du « thème de Yoda » dans *L'Empire contre-attaque* et [...] du « thème du Graal » dans *Indiana Jones et la dernière croisade*, avant que le lien entre la musique et l'icône chrétienne ne soit forgé [55].

Le motif intervient ainsi dans plusieurs scènes où un « enseignement » sur la Force est délivré par les maîtres Jedi à leurs futurs apprentis – par exemple lorsqu'Obi-Wan initie Luke aux secrets de la Force dans *SW4*, ou quand Qui-Gon donne des conseils à Anakin avant la course des modules dans *SW1* (57:47). Il met également en valeur les pouvoirs de télékinésie des Jedi, notamment lorsque ces derniers font appel à la

54. Philip Tagg, *Everyday Tonality : Towards a Tonal Theory of What Most People Hear* [2009], New York, The Mass Media Music Scholar's Press, version 2.5.2., 2014, p. 333.

55. « *We know this theme has great meaning [...], but it is only later that our vague presentiment coalesces into a clear association. John Williams seems particularly fond of this technique – one finds it as well with fragmentary presentiments of the "Yoda" theme in* The Empire Strikes Back *and [...] of the "Grail" Theme in* Indiana Jones and the Last Crusade *before the association of music and Christian icon is forged* ». Bribitzer-Stull, *Understanding the Leitmotif*, p. 101-102.

Force pour se tirer d'un mauvais pas[56]; l'emploi du motif en corrélation avec ce type d'actions contribue fortement « à rendre plus "concret" cet élément invisible »[57] tout en les auréolant d'une dimension presque magique.

Soulignons toutefois que cette association entre le thème et l'évocation de l'énergie mystique gouvernant l'univers est loin d'être aussi « claire » que ne le laisse entendre Bribitzer-Stull. Fréquemment, le motif réfère aussi de manière large aux chevaliers Jedi, à l'ancienne République et aux rebelles qui se battent pour cet idéal. Il est notamment énoncé sous la forme d'une marche triomphale à la fin de *SW4* pendant la cérémonie de remise des médailles, célébrant la victoire remportée par les rebelles sur l'Empire[58].

Lors de la rencontre entre Luke et Obi-Wan dans *SW4*, et à de nombreuses reprises dans la trilogie impériale, le motif devient en outre l'emblème musical d'Obi-Wan. Cette manière d'aborder le thème, ponctuelle dans *SW1* (par exemple, quand Qui-Gon présente Obi-Wan à Anakin à bord du vaisseau de la reine) et *SW2*, se fait plus fréquente dans *SW3*. La logique de cette utilisation du motif dans ce dernier épisode apparaît « dictée » en quelque sorte par la narration et sa place structurelle dans l'hexalogie : le film voit Anakin basculer du côté obscur et les Jedi être exterminés, Obi-Wan demeurant l'un des derniers chevaliers encore en vie.

Par ailleurs, l'utilisation du thème par rapport à l'image se révèle intéressante en ce qu'elle n'est pas unilatérale. En effet, lorsqu'il est employé dans les séquences d'action, souvent confié aux trompettes sous une forme brillante, un tempo très enlevé et un accompagnement orchestral dense, le motif met en valeur l'ardeur des combats tout en suggérant que la Force est du côté des héros, notamment pendant la bataille de Yavin à la fin de *SW4* (01:39:09), ou quand Luke s'apprête à combattre le rancor dans *SW6* (24:43). Par son décalage avec la situation périlleuse immédiate dans laquelle se trouvent les protagonistes, la musique crée un effet d'annonce sur l'image et le récit, en suggérant l'issue heureuse des affrontements à venir. L'énoncé complet du thème à la fin de *SW1* au moment où Anakin fait exploser le vaisseau-mère de la Fédération (02:03:05), souligne le tournant dramatique occasionné par son action, tout en renforçant le sentiment de plénitude généré par les cris de joie des pilotes abasourdis par cet exploit et par la déflagration finale, synchronisée avec la cadence parfaite en *la* mineur.

Cependant, de façon remarquable, le thème accompagne tout aussi bien certaines scènes de la trilogie impériale dépeignant les revers infligés aux rebelles, comme lors de la débâcle sur Hoth dans *SW5* (30:45) et, dans les épisodes républicains, l'affaiblissement de la clairvoyance et des pouvoirs des Jedi. Dans *SW2*, par exemple, Yoda explique à Obi-Wan que seul un Jedi a pu effacer des archives la planète Kamino, sans parvenir à percevoir les motivations derrière ce geste troublant. Son inquiétude et les questions sans réponse qu'il soulève sont appuyées par l'énoncé de la tête du thème, contrepointé par des secondes mineures dans le grave aux altos, trombones et bassons (38:08). Le motif prend alors une coloration tragique fort éloignée de l'emploi triomphal

56. Citons par exemple la scène au début de *SW5* où Luke, attaché la tête en bas par un Wampa, attrape son sabre laser grâce à la Force et parvient à se libérer *in extremis*, tout comme Obi-Wan à la fin de *SW1* qui, suspendu au-dessus du vide, parvient à récupérer l'arme de son maître agonisant pour terrasser Dark Maul. De même, l'appel au secours télépathique de Luke à Leia dans *SW5* est mis en relief par le thème de la Force.

57. Villani, *Guide pratique de la musique de film*, p. 118.

58. Au sujet de cette scène, voir *ibid.*, p. 85; Buhler, « *Star Wars*, Music, and Myth », p. 51-52.

que nous venons d'évoquer. C'est d'ailleurs ce thème qui accompagne, à la manière d'une élégie, les premières images de l'Empire galactique à la fin de *SW3* (02:11:26). Dans plusieurs séquences de la trilogie républicaine, et notamment la scène d'ouverture de *SW3*, Williams confère au motif une dimension sombre et martiale inaccoutumée, dans une texture orchestrale beaucoup plus dense et une puissance sonore sans équivalent dans la trilogie impériale. Certes, on a vu que le thème peut revêtir un aspect guerrier dans la trilogie impériale, où il accompagne à plusieurs reprises les actions héroïques des protagonistes. Mais dans ces cas de figure, le tempo est relativement rapide et le motif est majoritairement confié aux trompettes, revêtant un caractère très brillant – caractéristiques que l'on retrouve très peu dans son utilisation sur les scènes d'action des épisodes républicains.

Le thème apparaît ainsi associé à plusieurs reprises aux points de vacillement entre les côtés lumineux et obscur de la Force, en particulier dans la trilogie républicaine[59]. Un exemple frappant peut être observé à la fin de *SW3*, quand Anakin et Obi-Wan abandonnent momentanément leur duel dantesque au sabre laser pour s'affronter à travers leur maîtrise de la Force (exemple 11).

Exemple 11. *SW3*, thème de la Force,
duel télékinétique entre Anakin et Obi-Wan sur Mustafar (01:52:06-01:52:16).

59. C'est le cas par exemple de la scène de *SW1* où Anakin quitte sa mère restée esclave sur Tatooine, et de celle de *SW2* où il part à sa recherche après qu'elle ait été enlevée par les Hommes des Sables.

L'interruption du déploiement virtuose des figures d'escrime, jusque-là enchaînées à un rythme effréné, génère une stase momentanée où les deux versants de la Force se retrouvent à un point d'équilibrage, figuré par le gros plan sur les mains de chacun des combattants, séparées par un puissant champ d'énergie invisible sur le point d'imploser. Cet équilibre fragile entre l'usage agressif et défensif de la Force est renforcé par la symétrie des cadrages en plan rapproché, montrant tour à tour Obi-Wan puis Anakin ployer sous la concentration, et par la symbolique attachée aux couleurs opposées de leurs vêtements. Alors que la paralysie momentanée est rompue, la rapidité et la violence du nouvel assaut d'Anakin est soulignée musicalement par un assombrissement harmonique : au quatrième degré majorisé couramment employé dans les occurrences du thème de la Force, Williams substitue ici une sixte napolitaine. Le compositeur confère par ailleurs une intensité particulière à ces dix plans par les doublures sur trois octaves, la tension produite par l'accord dissonant à la deuxième mesure, élevant ce duel télékinétique à un rang mythique par les sonorités grandioses et hiératiques d'un chœur mixte et d'un orgue en accompagnement de la mélodie.

Enfin, le thème se voit associé en particulier à la tragédie des Skywalker dans *SW6*, et à la relation père / fils de Dark Vador et Luke à partir du deuxième tiers du film. Alors que Luke, Han et Leia tentent d'obtenir l'autorisation de se poser sur Endor grâce à un code obtenu clandestinement (52:44), ils sont démasqués par Dark Vador, sentant la présence de son fils à bord de leur navette. De son côté, Luke perçoit également la présence de son père et se rend compte qu'il met en danger la mission. Sur le montage alterné cadrant successivement Dark Vador et Luke en gros plan, le thème se fait entendre dans différents tons et par des groupes instrumentaux contrastés. Il accroît ainsi la tension dramatique en soulignant la connexion particulière et pathétique qui lie les deux personnages. Dans la suite de cet épisode, les interventions du thème de la Force évoquent à plusieurs reprises le conflit intérieur de Dark Vador, puis soulignent son basculement du côté lumineux lorsqu'il assassine l'Empereur pour sauver la vie de son fils (01:51:19). Dans cette dernière scène, de manière intéressante, le dénouement du tiraillement psychologique de Dark Vador intervient exactement au même moment que la résolution musicale d'un long passage dissonant et d'une progression chromatique ascendante aux cordes et aux trompettes : le thème de la Force est énoncé en *ré* mineur de manière puissante et majestueuse par les cors, en synchronisation avec la prise de décision du père et le mouvement qu'il amorce vers l'Empereur. Il amplifie alors la portée dramatique et symbolique du geste de Dark Vador et génère un fort sentiment d'achèvement, amplifié par les ponctuations de timbales et trombones.

Tout au long de la saga, Williams construit ainsi, pour reprendre une expression de Solenn Hellégouarch, un « système de transférabilité ou de non exclusivité des motifs »[60] : les *leitmotive* impériaux font l'objet de glissements référentiels incessants, qui participent à la richesse du récit audio-visuel. Ils échappent dès lors à la rigidité

60. Solenn Hellégouarch, *Musique, cinéma, processus créateur. Norman McLaren et Maurice Blackburn, David Cronenberg et Howard Shore*, Paris, Vrin, 2020.

simplificatrice qui leur est parfois accolée et les réduit à de simples marqueurs signalant la présence de tel ou tel personnage. Cette circulation dans l'association des motifs à leur(s) objet(s) constitue d'ailleurs un trait récurrent de l'écriture de Williams[61], qui tend à rapprocher sa pratique de procédés thématiques davantage employés dans un cadre cinématographique plus « expérimental », comme chez Angelo Badalamenti et David Lynch, ou Howard Shore et David Cronenberg[62].

### *Déploiement narratif et structurel des* leitmotive *originels dans les deux trilogies : l'exemple de la Marche impériale*

Cette grande souplesse des *leitmotive* impériaux de *Star Wars* leur permet de pleinement prendre part à la construction et à l'évolution du récit, par le biais des retours thématiques et de leurs transformations : « Williams réutilise, reformule, adapte ses *leitmotive* au fil des différents épisodes de la saga, en fonction des nécessités narratives »[63]. Ces métamorphoses sont doubles : elles concernent aussi bien les glissements dans les associations thème / référent que les changements internes aux motifs. Si ces différentes inflexions dans l'écriture musicale des *leitmotive* ont été brièvement évoquées de façon ponctuelle à l'occasion de nos analyses des thèmes de Luke et de la Force, nous nous focalisons ici précisément sur cet aspect, en étudiant de façon plus approfondie comment les *leitmotive* impériaux sont déployés par Williams dans l'ensemble des deux trilogies, et de quelle manière ils fondent un réseau musical signifiant à grande échelle.

Dans cette perspective, nous avons choisi de nous concentrer sur l'utilisation de la Marche impériale, qui est peut-être le motif le plus emblématique de *Star Wars*, mais aussi celui qui a le plus souffert de la « "mentalité de la carte de visite" »[64] déplorée par Bribitzer-Stull. Buhler, par exemple, soutient que la Marche impériale « adhère strictement à un signifié » auquel elle est mécaniquement associée; selon lui, sa réitération quasi automatique sur les plans cadrant Dark Vador « nuit véritablement à l'intégrité compositionnelle de la partition »[65]. Une étude détaillée de plusieurs interventions de la Marche impériale nous permettra d'opposer à ces arguments une vision plus nuancée du traitement de ce thème par rapport à l'image.

Tout d'abord, il convient de mentionner qu'à l'instar des autres thèmes principaux de la trilogie impériale, la Marche impériale est elle aussi transférable à divers référents : elle n'est pas en soi le thème ni le *leitmotiv* de Dark Vador, comme on le trouve communément dans la littérature. Comme l'explique Williams lui-même,

---

61. Huvet, *John Williams, héritier du symphonisme de l'âge d'or hollywoodien ?*, p. 129-127 et 142-144; Florent Groult, « Perle noire : musica dentata », *Colonne Sonore*, n° 3, printemps-été 2001, p. 160.

62. Voir respectivement Kathryn Kalinak, « "Disturbing the Guests with This Racket" : Music and *Twin Peaks* », dans David Lavery (dir.), *Full of Secrets : Critical Approaches to Twin Peaks*, Detroit, Wayne State University Press, 1995, p. 87-91; Hellégouarch, *Musique, cinéma, processus créateur*, p. 269-290.

63. Guido, « Entre opéra wagnérien et culture de masse », p. 52-75, ici p. 56.

64. « the "*calling-card mentality*" ». Bribitzer-Stull, *Understanding the Leitmotif*, p. 142.

65. « *It stricly adheres to a signified* » et « *it does actual damage to the compositional integrity of the score* ». Buhler, « *Star Wars*, Music, and Myth », p. 45.

elle « personnifie non seulement Vador, mais aussi les forces impériales »[66]. La dénomination élargie de « motif récurrent du côté obscur » nous paraît dès lors plus pertinente, dans la mesure où elle offre une plus grande souplesse et rend davantage justice à la mouvance référentielle du thème. Loin d'être aussi rigide et systématique que ne l'affirme Buhler, la Marche impériale se rapporte très souvent – notamment dans *SW5* – à la flotte impériale et aux forces déployées à la recherche des rebelles, plutôt qu'au personnage de Dark Vador lui-même. L'association avec le seigneur Sith n'est jamais complètement stable et alterne à de nombreuses reprises avec l'affiliation aux forces terrestres et aériennes de l'Empire galactique dans des scènes d'où Dark Vador peut être totalement absent[67]. De même, à plusieurs reprises dans la saga, le thème a pour référent non pas l'Empire ou Dark Vador, mais le pouvoir destructeur du côté obscur de la Force et l'Empereur lui-même, qui possède pourtant son propre thème. C'est le cas lors de l'arrivée de l'Empereur sur la nouvelle Étoile de la mort en construction au début du *SW6* par exemple, ainsi que dans *SW3*, quand Anakin révèle à Mace Windu que le chancelier Palpatine est en réalité le seigneur Sith qu'ils recherchent (01:08:10), ou lorsque Palpatine utilise la puissance du côté obscur de la Force pour terrasser Yoda à l'aide des éclairs bleus jaillissant de ses doigts (01:48:54).

Lorsque le thème est réellement associé à Dark Vador, il prend diverses formes parfois fort éloignées de son caractère martial initial et revêt de multiples significations par rapport à l'image. À partir de *SW5*, le personnage prend une importance accrue par rapport à l'épisode précédent, tant scénaristiquement que sur le plan visuel. L'utilisation que fait Williams de la Marche impériale dans plusieurs séquences participe à cette mise en valeur nouvelle du protagoniste comme figure « de l'ange noir damné, associé à la mort »[68]. Elle contribue à étoffer considérablement l'aura maléfique du seigneur Sith en suggérant notamment la peur qu'il inspire autour de lui. L'un des exemples les plus frappants intervient dans la scène de *SW5* où Lando commet l'imprudence de contester les ordres de Dark Vador concernant le sort de Han, Leia et Chewbacca. L'apparition du Sith et le début de l'échange entre les deux personnages sont dénués d'accompagnement musical, jusqu'au moment où Lando laisse éclater sa colère au sujet des modifications apportées à leur accord. Immédiatement après la réponse de Dark Vador (« Estimez-vous n'avoir pas été traité équitablement ? »[69]), la tête du thème est énoncée aux bassons, aux clarinettes et à la clarinette basse en synchronisation avec la réaction inquiète de Lando faisant immédiatement marche arrière. Le registre extrême grave et l'harmonie, réduite à une simple ligne de basse aux violoncelles et aux contrebasses, renforcent l'effet de menace sous-jacente (exemple 12) :

66. Williams, cité dans Jonathan W. Rinzler, *Le Making of de L'Empire contre-attaque*, Talence, Akileos, 2013, p. 278.

67. C'est le cas par exemple à la fin du *SW6* quand les *Stormtroopers* capturent les rebelles sur Endor, puis au moment où ils se lancent à la poursuite de C3PO et R2D2 ou, dans *SW3*, lorsque les clones recherchent les derniers Jedi survivants sur la planète Kashyyyk pour les exterminer. Dans ces différentes scènes, le thème est donc associé aux forces terrestres de l'Empire, sans rapport particulier avec Dark Vador.

68. Corinne Vuillaume, « *La Revanche des Sith*, George Lucas (2005) : l'impatience des limites », *Diable et cinéma*, 2005, http://www.diable-cinema.net/articles/index_revanche.htm, consulté le 16 mai 2017.

69. « *Perhaps you think you are been treated unfairly ?* ».

Exemple 12. *SW5*, Marche impériale,
Dark Vador menace froidement Lando (01:26:40-01:26:46).

La plongée sur Lando, sa petitesse générée par son éloignement et son décadrage au sein du plan où la silhouette quasi abstraite de Dark Vador occupe, voire obstrue, l'intégralité de la moitié gauche du cadre, soulignent la supériorité du Sith. Le retour soudain de la Marche impériale, utilisé à la manière d'une ponctuation dramatique de sa réplique, accentue cet effet de domination et intensifie l'envergure malfaisante de Dark Vador. Il confère un poids et une force particulière à la menace sourde que le Sith fait planer sur Lando par une simple question formulée d'un ton froid et poli, grâce aux timbres sombres et feutrés des bois dans le grave, aux accents pesants sur les temps faibles, au choix du registre extrême grave, au tempo lent et à la présentation très dépouillée du thème.

L'emploi de la Marche impériale entre aussi en résonance avec la trame narrative, dramatique et émotionnelle des films : à la fin de *SW5*, la révélation du lien de parenté entre Dark Vador et Luke affecte le mode même de présentation orchestrale du thème jusqu'à la fin du film. En effet, une fois que Dark Vador a dévoilé à Luke qu'il est son père, le motif perd son caractère martial et implacable pour revêtir une dimension désolée, notamment lorsque les chasseurs impériaux tentent de capturer Luke, Leia et Chewbacca qui se sont enfuis de Bespin (exemple 13). Unifiant le rapide montage alterné sur le dialogue télépathique entre Dark Vador, filmé en gros plan sur l'*Executor*, et Luke blessé à bord du Faucon Millénium, la première section du thème est énoncée *mp*, dans un tempo lent et dans l'extrême aigu par les flûtes doublées par une petite clarinette en *mi* bémol, ce qui lui confère une sonorité beaucoup plus grêle et fragile. La pédale harmonique et les oscillations répétées au célesta contribuent à figer le temps. L'accompagnement par des trémolos, des gammes fusées aux cordes et des *glissandi* de harpe dans une nuance *p* crée un effet nébuleux qui renforce le brouillage temporel. Cette parenthèse suspendue au sein de la course-poursuite haletante entre les vaisseaux participe à détacher le dialogue entre Luke et son père de l'action immédiate, soulignant l'importance dramatique de ce court échange entre les deux personnages. Dénuée de son ostinato martial et de son accompagnement *marcato*, la mélodie apparaît comme mise à nu. Par l'alliage de timbres singulier et son environnement dissonant, la Marche impériale revêt ici un caractère intime et douloureux qui met en valeur les liens affectifs tragiques entre le père et le fils, la tentative de Dark Vador de convaincre Luke de le rejoindre, et le sentiment de trahison mêlée de tristesse ressenti par le jeune homme (« Ben, pourquoi ne m'avoir rien dit ? »[70]) :

70. « *Ben, why didn't you tell me ?* ».

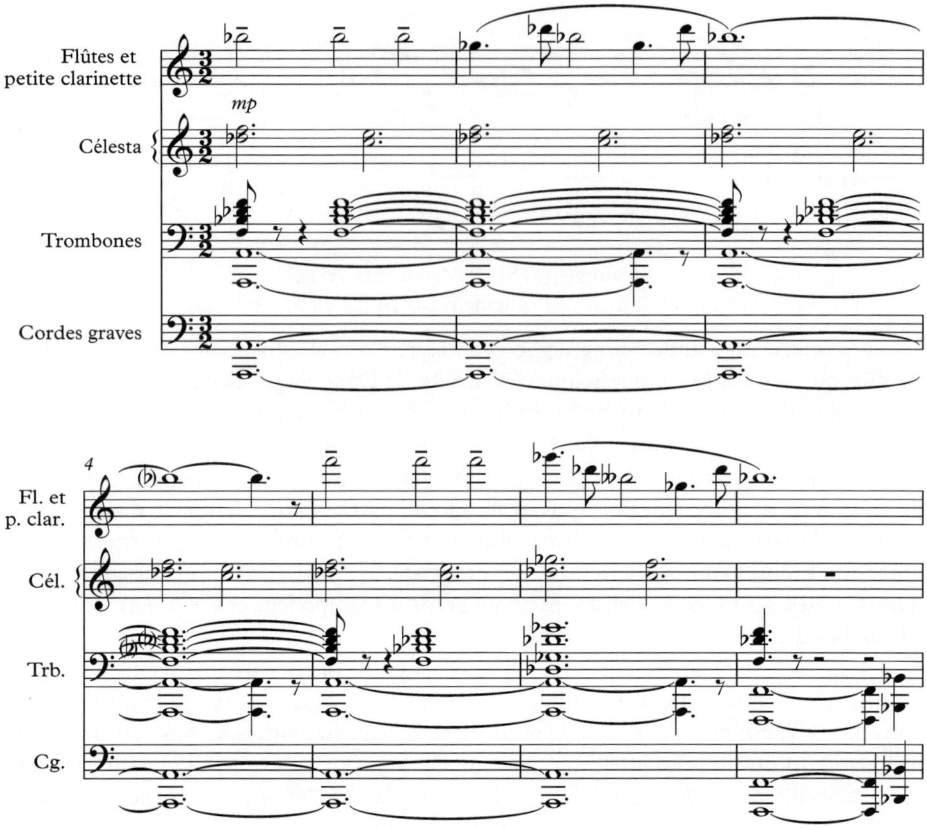


Exemple 13. *SW5*, Marche impériale,
dialogue télépathique entre Dark Vador et Luke (01:51:36-01:51:54).

Les différents retours de la Marche impériale jouent également un rôle fondamental sur le plan structurel, en particulier dans les épisodes républicains où les énoncés du thème accompagnent, à plusieurs moments-clés, la transformation progressive d'Anakin et suscitent fréquemment un effet d'annonce par rapport à l'image ou à l'histoire[71]. À cet égard, le réemploi de la Marche impériale dans la scène finale de *SW2*, montrant l'armée des clones défiler sous le balcon où se trouvent les sénateurs, est le lieu d'une narration musicale parallèle. La partition a fait l'objet d'une réécriture de Williams à la demande de Lucas : le manuscrit d'origine ne comporte aucune allusion à la Marche impériale. Le remaniement proposé par le compositeur est d'autant plus intéressant à étudier qu'il est significatif : il s'agit de l'unique séquence de toute la trilogie républicaine où le thème est non seulement énoncé dans son intégralité, mais où il renoue aussi avec son ampleur orchestrale et son caractère martial originels. Ceux-ci s'accordent particulièrement avec les choix de mise en scène visant à créer un effet de masse et de puissance.

71. Voir par exemple la scène de *SW2* où Yoda et Mace Windu perçoivent des remous inquiétants dans la Force à la suite du massacre des Hommes des Sables perpétré par Anakin.

Joué dans le grave en *do* mineur par six pupitres de cors, le thème débute sur un plan général où un lent panoramique vers la gauche permet d'embrasser une vue très large des troupes en présence, révélant l'immensité de l'armée et la grandeur des machines. Placé sur le bord-cadre qui leur confère un statut trouble, un groupe de sénateurs mené par Palpatine observe avec fascination la parade depuis un balcon. Les longues lignes aiguës de la ville géométrique qui se dessine en arrière-plan et le ciel de braise revêtent un aspect menaçant, dramatisant la violence à venir. La transposition de la Marche impériale en *mi* mineur aux trompettes et aux trombones à l'octave, puis aux trompettes et aux cors une octave plus haut, génère une amplification saisissante, accentuée par les triolets pesants et les harmonies martelées en contretemps aux bois, cors et cordes (exemple 14). Le motif, qui se poursuit sur un pano-travelling cadrant de lourds vaisseaux en train de décoller, souligne alors la puissance de cette armée nouvelle :

Exemple 14. *SW2*, Marche impériale,
parade militaire de l'armée des clones devant Palpatine et les sénateurs (02:14:09-02:14:47).

Le choix d'accompagner cette séquence par la Marche impériale rejoint ainsi l'hyperbolisation visuelle et la thématique guerrière. En outre, l'approche musicale crée un effet d'annonce sur l'histoire – l'Empire n'est pas encore constitué à ce moment de la diégèse et les clones servent toujours loyalement la République –, tout en enrichissant fortement la portée de la scène. En établissant sans ambiguïté Palpatine comme le futur Empereur et les clones comme terreau de l'armée impériale, la musique renforce en effet l'anticipation du spectateur en vue de l'épisode suivant, qui verra l'avènement de l'Empire galactique. L'accompagnement orchestral propose une lecture particulière des images : alors que les sénateurs pensent contempler les légions nouvelles de la République, le choix du thème de la Marche impériale, accentuant l'insistance des zooms sur Palpatine / Dark Sidious, séparé du reste des personnages, le regard figé et tourné vers la guerre, dévoile au contraire le véritable visage de cette armée. Il oriente ainsi l'interprétation de la scène comme un sombre présage, dans une efficacité dramatique maximale.

La métamorphose interne du thème la plus saisissante de la saga est probablement celle qui intervient à la fin de *SW6*, lorsque Dark Vador agonisant demande à Luke de lui ôter son masque (01:54:41). La transformation dans l'écriture de la Marche impériale, qui circule à différents instruments et dans des registres opposés afin de mettre en valeur les multiples facettes de la scène, souligne ici la rédemption d'Anakin Skywalker par le sacrifice et la mort, « en *dénaturant* l'esprit même du thème utilisé »[72]. La première phrase du thème débute précisément au moment où Luke commence à retirer le masque de son père, en synchronisation avec le plan rapproché en plongée sur les deux personnages. Elle est énoncée *p* aux violons dans le suraigu en sons harmoniques qui lui confèrent un caractère plaintif et éthéré, tandis que le thème est dépourvu de son harmonie caractéristique (exemple 15) ; le timbre désincarné des cordes accentue d'autant plus le dévoilement progressif d'Anakin sous les oripeaux de Vador. De même, sa respiration se modifie, devenant beaucoup plus sifflante et rauque : au-delà de l'absence du masque qui jouait jusqu'alors un rôle de « caisse de résonance », ce changement sonore symbolise le râle du mourant. Le timbre perlé de la harpe, qui accompagne la mélodie par une descente conjointe en octaves dans l'aigu, le tempo lent et la disparition du rythme pointé, renforcent la dimension à la fois intime et recueillie de ce passage :

Exemple 15. *SW6*, Marche impériale, Luke retire à Dark Vador son masque. Transcription à partir de [*SW6* BO], disque 2, piste 8 (02:45-03:07).

72. Gonin, « L'héritage wagnérien dans la musique de John Williams », p. 109.

Le deuxième énoncé mélodique est partagé entre la flûte et la clarinette dans l'aigu, sur *ré* puis sur *la*. La disparition momentanée de la pédale grave, l'allégement de l'accompagnement, le timbre rond et chaleureux de la flûte mettent en valeur le court moment d'affection entre Luke et son père. La délicatesse et la tendresse de la fin de la phrase jouée par la clarinette sont nuancées par les trémolos de cordes et un agrégat arpégé à la harpe, qui maintiennent une tension sur le plan rapproché de Luke tentant de convaincre son père qu'il peut encore le sauver et l'emmener avec lui. En outre, comme le note Vivien Villani, la modification intervallique qui affecte les trois dernières notes (jouées une tierce majeure plus bas que dans la morphologie d'origine du thème) « donne une sensation d'affaissement » [73].

Le timbre du cor solo confère ensuite une dimension à la fois majestueuse et mélancolique au thème, alors que Dark Vador demande à Luke : « Dis à ta sœur que tu avais raison » [74]. En synchronisation avec le moment où le père ferme les yeux, à bout de forces, l'accord parfait de *mi* bémol mineur joué par les cuivres dans le grave sonne comme un glas après la douce intervention du cor et laisse présager la fin imminente du personnage. Williams accompagne la mort de l'un des protagonistes centraux tout en retenue, par des changements de couleurs harmoniques, de timbres, une texture orchestrale peu fournie, une dynamique douce, et par un triton symbolique à la flûte lorsqu'Anakin rend son dernier soupir.

Enfin, la harpe solo, uniquement soutenue par une pédale de *si* bémol dans le grave, énonce une dernière fois la tête du thème dans l'aigu sur le plan rapproché de Luke qui pleure en tenant son père mort : le motif, dépouillé, se fait élégiaque. Williams le fait suivre de deux harmonies très expressives. À l'accord tendu de quinte augmentée succède un cluster très dissonant éclaté dans différents registres, comportant notamment un triton et une quinte augmentée ; il est auréolé de sons de cloches dont la justesse approximative rajoute des frottements dissonants. Un unisson évocateur aux cordes dans le grave fait office de résolution et conclut le panoramique vers le bas soulignant l'affliction de Luke, figé dans une attitude prostrée (exemple 16) :

Exemple 16. *SW6*, Marche impériale, mort de Dark Vador.
Transcription à partir de [*SW6* BO], disque 2, piste 8 (04:04-04:27).

73. Villani, « L'analyse des musiques de films », p. 85.

74. « *Tell your sister you were right* ».

Cette séquence a fait l'objet de nombreuses analyses, les auteurs insistant fréquemment sur l'adoucissement suscité par la dernière présentation de la mélodie. Kathryn Kalinak, par exemple, y décèle une « atmosphère quasi religieuse » incitant « le spectateur à pardonner à Vador » [75], tandis que selon Villani, le thème « perd sa carapace et sa dimension rude, pour devenir doux et émouvant » [76]. Il convient pourtant de souligner que les dernières interventions du thème sont loin d'évoquer un apaisement ou une mort totalement sereine. Par le maintien d'harmonies tendues, de pédales dans le grave, par l'opposition extrême de registres et le geste cadentiel final, le compositeur enveloppe les plans d'un voile funèbre qui renforce l'amertume de la scène : malgré la rédemption de Dark Vador et la mort de Dark Sidious, la musique met subtilement en relief le douloureux prix à payer et l'impossibilité pour Luke et son père d'être réunis par la disparition de l'Empereur.

Grâce à leurs référents extrêmement malléables, leurs multiples transformations internes et leurs diverses potentialités expressives faisant « l'objet de réadaptations permanentes » [77], les thèmes originels mettent en valeur l'arc narratif ainsi que les trajectoires dramatiques et émotionnelles des films, participent à leur structuration formelle, produisent des commentaires sur l'image, approfondissent les choix visuels et plastiques, et mettent en valeur certaines « dimensions enfouies » [78] des séquences où ils interviennent dans l'ensemble de la saga. À partir des thèmes des épisodes impériaux, le compositeur élabore une architecture musicale dont les fils se déploient et se redistribuent sur les épisodes subséquents, tissant un réseau musical signifiant. Mais cette présence des motifs impériaux sur l'ensemble de l'hexalogie ne doit pas occulter deux éléments fondamentaux. Premièrement, rappelons que le matériau musical issu de la trilogie impériale se raréfie sur les épisodes républicains. Si les *leitmotive* originels sont donc employés dans la même perspective que précédemment par Williams, ils sont toutefois bien moins récurrents et ne revêtent pas le même degré d'importance au sein du maillage global des films que dans la trilogie impériale. Deuxièmement, les canevas thématiques des épisodes républicains diffèrent considérablement par rapport à ceux de *SW4*, *SW5* et *SW6*, comme cela apparaît clairement sur les frises (cahier couleur). C'est à ces transformations du type d'écriture thématique du compositeur et à la spécificité de traitement du matériel motivique républicain qu'il convient à présent de s'intéresser.

75. « *The quasi-religious mood [encourages] the audience to forgive Vader* ». Kalinak, *Settling the Score*, p. 198.

76. Villani, « L'analyse des musiques de films », p. 86.

77. Guido, « Entre opéra wagnérien et culture de masse », p. 56.

78. Villani, « L'analyse des musiques de films », p. 87.

## Chapitre III

# TRANSFORMATIONS DE L'ÉCRITURE THÉMATIQUE DANS LA TRILOGIE RÉPUBLICAINE

Les nouveaux motifs composés *spécifiquement* pour les épisodes républicains ne sont pas issus de la même stratégie compositionnelle que ceux des épisodes impériaux ; le modèle dégagé précédemment ne rencontre que peu d'échos dans la prélogie.

### Disparition du procédé du *leitmotiv* pour les nouveaux thèmes républicains

Tout d'abord, la majorité des nouveaux matériaux thématiques ne peuvent être qualifiés de *leitmotive*[1] pour plusieurs raisons. À quelques exceptions près observables sur les frises – « Duel of the Fates » et le thème d'Anakin dans *SW1*, « Across the Stars » et le thème lié au complot dans *SW2* –, les motifs sont bien moins récurrents que leurs homologues impériaux : le nombre moyen de leurs occurrences se situe autour de deux ou trois interventions dans tout le film. Ils ne s'inscrivent donc pas dans une large structure musicale et, de fait, n'occupent pas le rôle central au sein de la partition que pouvaient jouer plusieurs grands thèmes dans la trilogie impériale. Comme on le voit sur les frises, les thèmes impériaux principaux sont nettement plus présents et participent aux canevas des partitions de *SW4*, *SW5* et *SW6* dans leur globalité ; pour leur part, les motifs républicains apparaissent beaucoup plus localisés à l'échelle du film dans son ensemble.

Certes, dans les épisodes impériaux, certains motifs ne sont énoncés que deux ou trois fois, mais cela s'explique par le fait qu'ils se rapportent soit à des situations ponctuelles – tels la fanfare entendue dans la scène du champ d'astéroïdes dans *SW5*, ou le motif martial énoncé lorsque la flotte rebelle se déploie en position d'attaque en orbite d'Endor dans *SW6* –, soit à des personnages secondaires qui apparaissent assez peu à l'écran sur la durée du film, comme les Jawas dans *SW4*, Boba Fett dans *SW5* ou Jabba dans *SW6*. Ces motifs n'ont donc pas lieu d'être réexposés par la suite. Dans la trilogie

1. Voir chapitre II.

républicaine, au lieu d'être sporadique, ce type de pratique revêt au contraire une forme majoritaire, devenant la règle pour quasiment tous les nouveaux motifs. Nous avons recensé dans le tableau 6 leur nombre d'occurrences dans *SW1*, *SW2* et *SW3* à partir des données établies par nos frises thématiques, en excluant volontairement les quatre thèmes mentionnés plus haut qui font figure d'exceptions :

| ***SW1*, NOM DU MOTIF ET NOMBRE DE RETOURS** | | ***SW2*, NOM DU MOTIF ET NOMBRE DE RETOURS** | | ***SW3*, NOM DU MOTIF ET NOMBRE DE RETOURS** | |
|---|---|---|---|---|---|
| The Droids | 3 | Absence Shmi, deuil | 2 | Battle of the Heroes | 9 |
| Dark Maul | 8 | Aveu massacre Anakin | 1 | General Grievous | 3 |
| Séparation Anakin | 2 | Kamino fanfare | 4 | Grievous MS action | 3 |
| Shmi et Anakin | 1 | Kamino thème lyrique | 5 | Thème noble vol Obi-Wan | 4 |
| Courage d'Anakin | 5 | Intérieur transport | 1 | Lamentation immolation | 4 |
| Jar Jar | 4 | Enfance Padmé Naboo | 1 | Marche Résistance Jedi | 3 |
| Monstres marins | 2 | Meadow Theme | 3 | Planète Mustafar | 2 |
| Monde sous-marin | 2 | Mystère / Menace | 3 | Mort de la liberté | 2 |
| Qui-Gon et Anakin | 4 | Tourment d'Anakin | 1 | Élégie Anakin mourant | 2 |
| Qui-Gon et Boss Nass | 2 | Lama Su | 2 | Proximité A-Palpatine | 2 |
| Funeral | 2 | Thème martial arène | 1 | Anakin seul troublé | 2 |
| Amidala & Federation | 2 | | | Trahison d'Anakin | 2 |
| Réussite / Victoire | 2 | | | « It Can't Be » | 1 |
| Watto's Deal (2nd part) | 2 | | | | |
| Fanfare Flag Parade | 3 | | | | |

Tableau 6. Nombre d'occurrences des nouveaux motifs dans *SW1*, *SW2* et *SW3*.

Outre cet aspect épisodique des thèmes par le nombre limité de leurs occurrences, les motifs républicains présentent d'autres particularités qui les distinguent de véritables *leitmotive*. Le thème de *SW1* lié de manière lâche au personnage de Qui-Gon Jinn en est un exemple représentatif. D'un caractère noble et chantant, il est formé de deux phrases en *do* mineur puis en *mi* bémol mineur, dont l'une est la transposition légèrement variée de la première (exemple 17).

Le thème est majoritairement confié aux cordes à l'octave ou à la tierce, doublées par les cors dans l'unique scène d'action où il intervient. Sa couleur instrumentale et son profil mélodique le rapprochent de la tête du thème de Gilderoy Lockhart dans *Harry Potter et la chambre des secrets* (2002), composé trois ans plus tard par John Williams.

Exemple 17. *SW1*, « thème associé constant » relié à Qui-Gon.
Transcription à partir de [*SW1 UE*], disque 2, piste 1 (00:12-00:32).

Fidèle à sa pratique habituelle, Williams emploie le thème de manière relativement souple dans ses associations à l'image au cours de ses quatre interventions. Cette fluctuation rend peu adéquate la dénomination de « thème de Qui-Gon » qui lui est souvent accolée[2]. Par deux fois, il emblématise le lien affectif particulier qui se tisse entre Qui-Gon et Anakin ; le Jedi voit en Anakin un garçon aux facultés exceptionnelles, l'Élu qui doit rétablir l'équilibre dans la Force. Cette association du thème à Qui-Gon et Anakin est suggérée lors de sa première apparition quand le Jedi part chercher le petit garçon, désormais affranchi, pour l'emmener sur Coruscant, et lors de sa dernière occurrence, quand Qui-Gon mourant fait promettre à Obi-Wan de former Anakin. Mais le motif intervient aussi deux fois en relation avec Dark Maul : il accompagne le duel entre le Jedi et le Sith sur Tatooine, puis est énoncé lorsque Qui-Gon réfléchit au but poursuivi par Dark Maul.

Si l'absence de rigidité référentielle du thème semble à première vue rejoindre le type de traitement observé pour les *leitmotive* impériaux, plusieurs traits fondamentaux l'en distinguent pourtant. À la différence des thèmes de Leia, de Luke ou de Yoda qui, à certains moments, faisaient clairement référence à ces personnages et suggéraient, par le biais de leurs transformations, le ressenti ou les pensées de ces derniers, le motif de *SW1* ne renvoie jamais uniquement au maître Jedi. Son association par rapport à l'image demeure relativement floue. En outre, contrairement aux thèmes de Leia et de Luke par exemple, énoncés dès la première apparition de chacun des personnages dans *SW4*, aucun « baptême » musico-visuel ne peut être observé dans le cas de Qui-Gon. Le motif

2. Voir par exemple Doug Adams, « A Return, or a New Hope ? », *Film Score Monthly*, vol. 4, n° 7, août 1999, p. 32-34, plus spécifiquement p. 32.

n'intervient qu'à partir de la seconde moitié du film, soit relativement tard étant donné que Qui-Gon est l'un des protagonistes présentés à l'écran dès les premières minutes de l'épisode.

Limité par son faible nombre d'énoncés au cours du film, le thème ne peut prétendre à la qualification de *leitmotiv* en raison d'un dernier aspect essentiel : au cours de ses quatre interventions, il est uniquement varié dans sa présentation instrumentale, et une seule fois dans son tempo (rapide lors du duel sur Tatooine). Dans les quatre scènes, il est caractérisé par sa fixité mélodique et tonale : dénué de toute variation véritable – on n'observe pas de majorisation ni de changement d'intervalles par exemple –, il est énoncé soit en *do* mineur soit en *mi* bémol mineur, en écho à sa première présentation qui comporte conjointement les deux tonalités.

*Un fil conducteur musical pour le complot des Séparatistes dans* SW2

Hormis le thème d'amour « Across the Stars » de *SW2*, les motifs républicains reviennent relativement peu transformés musicalement au cours du film, et s'apparentent ainsi davantage à des « thèmes associés constants ». Cette logique est poussée à l'extrême dans l'écriture et le déploiement du motif sombre et menaçant de *SW2* renvoyant au danger, à l'idée de complot et aux Séparatistes (exemple 18). Ce dernier ne présente en effet quasiment aucune altération au fil de ses douze interventions : il ne fait l'objet d'aucun développement mélodique ou changement intervallique et ne présente aucune altération rythmique ni de tempo. Sa couleur timbrale est également remarquablement similaire dans tout le film, où il est majoritairement confié aux cors, aux trombones et au trombone basse, doublés par les bassons et la clarinette basse. Outre sa stabilité instrumentale, il est fréquemment énoncé sur les mêmes hauteurs (sur *si* bémol dans le registre grave) :

Cors, trombones
et trombone basse
(+ bassons et
clarinette basse)

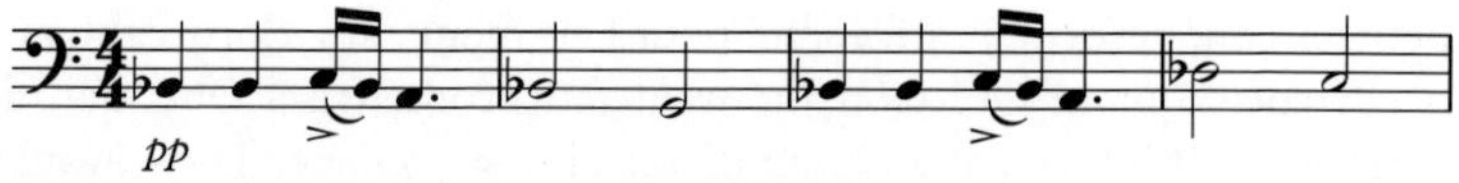


Exemple 18. *SW2*, motif associé constant lié au complot des Séparatistes, les Jedi s'inquiètent de la perspective d'une guerre (04:41-04:57).

Contrairement à sa fixité interne, le motif ne possède pas d'association précise ni prédéterminée à un élément du récit, et fait valoir là encore des référents très mouvants au fil de ses occurrences. Cette fluctuation des référents semble ainsi être une caractéristique fondamentale de l'écriture thématique de Williams, que l'on retrouve aussi bien pour les *leitmotive* que pour les motifs ne s'inscrivant pas dans cette catégorie. C'est le cas par exemple du thème martial des droïdes dans *SW1*, au sujet duquel le compositeur insiste : « Vous noterez que j'ai utilisé le motif également pour la reine Amidala »[3]. Williams résume en ces termes la démarche entreprise avec George Lucas :

3. Williams, cité dans Didier Leprêtre, « Étoiles fantômes », *Dreams to Dream…s*, n° 16, hiver 1999, p. 8-18, ici p. 15.

« Nous n'avons donc pas essayé de rattacher tel ou tel motif sur un personnage [*sic*], mais plutôt sur des moments et des faits »[4].

La technique de transférabilité des motifs d'un référent à l'autre permet au compositeur d'enrichir la narration en créant un sous-texte complémentaire. Les interventions de ses thèmes apparaissent globalement bien moins directes et stéréotypées que ne le dépeignent certains chercheurs[5]. Le processus est double ici : l'image « recolore » le motif en fonction du contexte narratif, du dialogue et de la mise en scène de la séquence où il intervient. Il se voit ainsi sans cesse reconfiguré au fil du film et devient porteur de potentialités fécondes : en intervenant à plusieurs reprises de manière immédiatement reconnaissable au cours de situations séparées dans l'espace et dans le temps, le motif génère en retour un commentaire sur l'image.

Au début de *SW2*, alors que Mace Windu s'inquiète du possible échec des négociations au Sénat et explique que les Jedi ne sont pas assez nombreux pour protéger la République (04:40), le motif évoque un danger flou et imprécis. De même, plus loin, quand Obi-Wan se rend compte que la planète Kamino a été délibérément effacée des archives (33:58), le retour à l'identique du thème traduit une menace diffuse et l'idée d'un complot généralisé.

L'origine de cette conspiration est précisée musicalement lorsque le motif revient à trois reprises dans les scènes sur Kamino : il intervient une première fois alors que Obi-Wan, accueilli par Taun-We, s'étonne d'être attendu par les cloneurs dont il ignorait totalement l'existence (41:56), puis lorsque le Jedi interroge Jango Fett (51:12). La musique aide à clarifier le propos de cette deuxième scène à plusieurs niveaux. Le motif renforce la teneur ironique du dialogue, notamment lorsque Jango estime que sa dernière sortie a été « extrêmement productive » (il a assassiné Zam Wesell avant qu'elle ne puisse révéler aux Jedi l'identité de son commanditaire). Plus tard, énoncé dans le grave en synchronisation avec le moment de réflexion que prend le chasseur de primes avant de répondre à la question d'Obi-Wan au sujet de Sifo-Dyas, puis avec l'ordre que Jango donne à Boba dans une langue incompréhensible pour le Jedi, il met en valeur les non-dits dans l'échange froid entre les personnages et les mensonges de Jango. Accompagnant le zoom avant sur le costume du chasseur de primes caché dans la salle attenante, le motif pointe son identité d'assassin, et suggère sa responsabilité dans l'attentat contre Padmé au début du film et le meurtre de Zam. À la fin du dialogue, l'ultime retour du motif dément les paroles provocantes de Jango (« C'est toujours un plaisir de parler à un Jedi »[6]). Par son caractère menaçant souligné par des roulements de timbales en *crescendo*, il accroît la tension palpable dans les échelles de plan resserrées sur les visages fermés de Jango et Obi-Wan, et dans les regards noirs échangés entre les personnages.

---

4. *Ibid.*, p. 16.

5. Voir en particulier Irena Paulus, « Williams versus Wagner or an Attempt at Linking Musical Epics », *International Review of the Aesthetics and Sociology of Music*, vol. 31, n° 2, 2000, p. 153-184, plus spécifiquement p. 172-173.

6. « *Always a pleasure to meet a Jedi* ».

Dans la suite du film, plusieurs occurrences du motif participent à élucider le vaste complot galactique, qui dépasse largement le seul chasseur de primes. À trois reprises, il intervient sur des plans montrant les Séparatistes œuvrer dans l'ombre à l'insu des sénateurs et des Jedi, notamment lorsque Poggle décide de cacher les plans secrets de leur arme absolue, la future Étoile Noire (02:00:48). Le motif met également au jour un autre acteur essentiel de la conspiration : le comte Dooku, *leader* des Séparatistes, qui joue auprès d'eux un double jeu en travaillant secrètement pour Dark Sidious. Au début de l'épisode (05:48), Padmé fait part de ses suspicions envers Dooku, immédiatement balayées par Plo-Koon et Mace Windu : en tant qu'ancien Jedi, Dooku ne peut selon eux se rendre coupable d'assassinat. Le compositeur génère ici un décalage marqué entre la musique et le dialogue : l'énoncé du motif sous sa présentation habituelle contredit les paroles rassurantes et idéalistes des deux Jedi, en suggérant que le comte est bien l'instigateur de l'attentat à l'encontre de la sénatrice. La musique prend de l'avance sur l'histoire ; ce n'est que bien plus tard dans le film que la trahison de Dooku, soulignée par un nouveau retour du motif, est découverte par Obi-Wan (01:16:50). Enfin, le motif est associé à deux reprises au véritable instigateur du complot, Palpatine / Dark Sidious qui dirige tout en secret. Ce nouveau transfert de référent intervient en effet quand le conseiller du chancelier Mas Amedda suggère de donner les pleins pouvoirs à Palpatine (01:30:26), puis lors du discours mensonger de ce dernier au Sénat, assurant qu'il renoncera à ses nouveaux pouvoirs dès que la crise sera résolue (01:34:32).

Williams met donc à profit la quasi-invariabilité du motif pour découvrir les différentes connexions au sein de la vaste toile d'araignée tissée par Palpatine, dont les Séparatistes, Jango, voire même Dooku, ne sont que des pantins manipulables. L'absence de transformations internes permet au motif de conserver une forme facilement reconnaissable et de jouer ainsi un rôle de fil conducteur à la fois parmi les nombreux montages alternés montrant des actions très différentes se dérouler en parallèle, et les strates emboîtées de l'intrigue risquant d'être déconnectées : quête d'Obi-Wan pour démasquer les commanditaires de l'attentat contre Padmé, doublée de sa recherche de la planète Kamino effacée des archives et de sa découverte d'une armée de clones secrète ; actions de Jango Fett, de Dooku et des Séparatistes qui ont eux aussi assemblé une vaste force armée droïde ; double jeu de Palpatine qui avance patiemment ses pions en secret, à la fois au Sénat et sur Géonosis auprès des anciens dirigeants de la Fédération du Commerce. Le mode de déploiement du motif semble ainsi véritablement pensé en fonction des spécificités narratives et formelles propres à cet épisode. L'emploi d'un *leitmotiv* soumis à de nombreuses altérations aurait probablement été moins adéquat ou efficace, compte tenu de la complexification et des ramifications de l'intrigue par rapport aux épisodes impériaux.

Le rôle de fil conducteur musical assumé par ce motif tout au long du film en fait une exception dans les épisodes républicains, où rares sont les nouveaux thèmes qui jalonnent véritablement les films dans leur entier et se détachent particulièrement au sein de la trame musicale. Mais il partage avec la majorité des motifs républicains une certaine immuabilité interne, qui constitue une première différence frappante vis-à-vis de l'écriture thématique de la trilogie impériale. Cette démarche fait l'objet d'une insistance particulière de Williams sur l'ambition différente qu'il nourrit dans l'écriture des épisodes républicains :

> J'étais hors de ce schéma, [...] de ces conventions. Vous pouviez vous attendre à [...] des développements comme pour les musiques impériales ou le thème de la Force. Mais je le répète, je ne désirais pas obtenir cette expression-là. Vous savez, c'est comme une rupture dans la forme [7].

## Une absence de thèmes marquants ?

Le délaissement par Williams du procédé leitmotivique et la faible récurrence de la majorité des nouveaux motifs a, en partie, donné lieu à une idée largement partagée dans la littérature et chez les fans, selon laquelle les épisodes républicains seraient dénués de thèmes saillants [8]. Didier Leprêtre et Nicolas Michel soutiennent ainsi : « Aucun personnage n'est doté d'un thème fort, marquant ou émouvant. [...] Quant aux Jedis, Qui-Gon, Obi-Wan et même Yoda, allez savoir ce qui les représente vraiment ! » [9].

Cette opinion répandue fait écho aux critiques formulées à l'égard du scénario des épisodes républicains et de leurs personnages jugés insuffisamment développés, en particulier dans *SW1*. Dans un article au titre emblématique, « Le scénario fantôme », Hélène Smissi affirme :

> *La Menace fantôme* est un film sans héros. [...] La multitude de personnages introduits rend difficile l'identification immédiate à un protagoniste principal et l'on assiste à une suite de saynètes à l'assemblage purement linéaire [10].

Ces affirmations doivent être nuancées, mais elles pointent une certaine réalité quant à l'abstraction accrue des nouveaux personnages : à la différence de *SW4* ou *SW5*, construits sur le modèle du roman d'apprentissage, dans la trilogie républicaine Lucas s'attarde peu sur chaque protagoniste sur le plan narratif, tandis que le principe du dédoublement affecte la majorité d'entre eux (« maître et apprenti, doublure de la reine, hologramme masqué » [11]). La focalisation sur un héros ou sur un antagoniste majeur à la manière de *SW4* et *SW5* est en réalité inconciliable avec la position même de *SW1*, et dans une moindre mesure de *SW2*, au sein de l'arc narratif de l'hexalogie : ces deux épisodes posent avant tout les bases de la transformation progressive d'Anakin et de la chute de la République. À contre-courant de l'opinion dominante, le musicologue Mark

7. Williams, cité dans Leprêtre, « Étoiles fantômes », p. 8-18, ici p. 14.

8. Voir en particulier *ibid.*, p. 14-15 ; Jon Kaplan et Al Kaplan, « Sithburger ? », *Film Score Monthly*, vol. 10, n° 3, mai-juin 2005, p. 31-32 ; Jean-Christophe Arlon, « L'Empire contre-attaquera », *Dreams Magazine*, n° 27, avril-mai 2002, p. 31-32, plus spécifiquement p. 31.

9. Didier Leprêtre et Nicolas Michel, « La guerre ne fait pas rage que dans les étoiles », *Dreams to Dream...s*, n° 15, automne 1999, p. 42-44, ici p. 42.

10. Hélène Smissi, « Le scénario fantôme », *Synopsis*, n° 4, automne 1999, p. 12-16, ici p. 12.

11. Pierre Berthomieu, « *Star Wars Épisode I : La Menace fantôme*. Les paradoxes de George Lucas », *Positif*, n° 465, novembre 1999, p. 64-65, ici p. 65.

Richards explique en ces termes le faible développement des personnages dans *SW1* et la prééminence accordée à l'enchaînement des actions :

> L'aspect précurseur fondamental de l'intrigue ne laisse aucune place pour un héros tout puissant comme Luke, ni pour un méchant aussi redoutable que Vador ou même le futur Empereur. En raison des restrictions de l'histoire, aucun des personnages principaux n'est en mesure de secourir ou de menacer les gentils autant qu'ils le font dans les trois premiers films. En d'autres termes, *La Menace fantôme* est moins focalisée sur le développement des personnages que sur l'action sous toutes ses formes [12].

En ce sens, avec ces protagonistes presque laissés à l'état d'esquisses, Lucas « se montre antididactique » ; comme le souligne Pierre Berthomieu, l'intériorité et l'épaisseur des personnages sont à creuser sur la base des indices visuels, dans « ces nombreux plans de visages méditatifs, inquiets, perplexes [...] sans signification explicite » [13].

*Des motifs délicats à circonscrire*

L'absence d'étoffement des protagonistes est justement soulevée par Williams pour expliquer son changement d'approche sur les épisodes républicains :

> J'ai dû m'adapter [...] à ces personnages, certes moins développés, moins « individuels » surtout. Mes motifs s'en sont donc ressentis car ils sont moins récurrents et, comme le film, bien moins « individuels » [14].

La mention par le compositeur du faible nombre d'interventions des nouveaux motifs constitue un premier point important. Rappelons que dans le cas des thèmes impériaux, le sens de leur relation à l'image était construit au fur et à mesure, grâce à leurs transformations et à l'enrichissement progressif dont ils bénéficient au fil de leurs occurrences. Ils pouvaient dès lors revêtir une valeur rétrospective ou prospective dans l'ensemble de l'hexalogie. Avec les motifs républicains, cette stratification progressive des associations musico-visuelles est beaucoup moins présente, ce qui accroît le caractère abstrait des thèmes.

Mais plusieurs traits saillants de l'*écriture* même choisie pour le nouveau matériau de *SW1*, *SW2* et *SW3* concourent à cette impression d'absence de véritables thèmes individuels. Il s'avère en effet délicat de circonscrire les motifs et de déterminer précisément à quoi ils renvoient, pour trois raisons principales que nous détaillerons successivement : leur faible définition mélodico-rythmique, la parenté de certains

12. « *The precursor emphasis of the plot does not leave room for a hero as all-powerful as Luke, nor for a villain as all-powerful as Vader or even the future Emperor. Because of the plot constraints, none of the main characters are able to either save or threaten the good guys to the extent that they do in the first three films. In other words, the narrative focus in* The Phantom Menace *is less on character development than it is on action of all kinds* ». Mark Richards, « Celebrating *Star Wars* Themes, Part 4 of 6 : Duel of the Fates », *Film Music Notes*, novembre 2015, http://www.filmmusicnotes.com/celebrating-star-wars-themes-part-4-of-6-duel-of-the-fates/, consulté le 6 août 2017.

13. Berthomieu, « *Star Wars Épisode I : La Menace fantôme* », p. 64-65, ici p. 65.

14. Williams, cité dans Leprêtre, « Étoiles fantômes », p. 8-18, ici p. 14.

d'entre eux qui les rend difficilement distinguables les uns des autres, et leur association plus lâche avec l'image[15].

*Un profil mélodico-rythmique moins dessiné*

Au-delà du problème de la sémantique musicale, depuis longtemps sujette à débat, la difficulté que l'on peut rencontrer en tentant de déterminer à quoi renvoient les motifs républicains est liée à leur nature même : ils présentent, pour la plupart, un profil mélodique et rythmique moins dessiné que les thèmes impériaux, à l'instar du motif que nous avons baptisé « thème du mystère / de la menace » (exemple 19). Il s'agit en effet d'un simple arpège circulaire au caractère énigmatique répété deux fois, formé d'un accord parfait mineur et d'une broderie de sixte mineure qui renforce son expressivité. Joué sur pédale dans un tempo lent aux harpes doublées par les altos et le synthétiseur, il est transposé à différentes hauteurs dans un effet de gradation :

Exemple 19. *SW2*, thème du mystère / de la menace, Obi-Wan, porteur de découvertes au sujet de Kamino, retourne à son vaisseau pour contacter le Conseil des Jedi (57:03-57:26).

Ce motif est exposé dans deux séquences assez rapprochées, mais présentant des situations non reliées entre elles : sur Kamino, Obi-Wan retourne à son vaisseau pour s'entretenir avec le Conseil des Jedi au sujet de l'armée des clones et de Jango Fett (57:03) ; sur Tatooine, Lars relate à Anakin le rapt de Shmi par les Hommes des Sables (01:12:38). Ces deux strates narratives sont bien différentes et ne convergent jamais – contrairement à celles rattachées par le motif associé au complot des Séparatistes. Cette absence de liens conduit à la quasi-impossibilité d'identifier le rôle précis du motif à l'échelle du film, tandis que sa faible délimitation mélodique atténue son individualisation : il colore immédiatement l'image de façon inquiétante non pas parce qu'il s'inscrirait dans un projet narratif pensé à grande échelle, mais parce qu'il est bâti sur des stylèmes associés au mystère et à la menace, avec ce mouvement spiralé de va-et-vient soumis à différents

15. Nous considérerons ici le matériel motivique tel qu'il se présente majoritairement, en excluant évidemment les thèmes phares que sont « Duel of the Fates » pour *SW1*, « Across the Stars » pour *SW2*, et « Battle of the Heroes » dans *SW3*, qui constituent justement des exceptions par rapport au reste du canevas thématique de ces épisodes.

éclairages harmoniques. À cet égard, notons que l'on retrouve exactement ce même motif comme base du thème principal composé par Williams pour le thriller horrifique *Furie* (1978). Il ne possède donc pas véritablement d'individualité propre : celle-ci est fondée sur des habitudes compositionnelles génériques jalonnant l'histoire de la musique à programme et de la musique de film, et sur un idiome musical très courant en arpèges ascendant / descendant.

Très flexible par sa construction même et véhiculant des notions générales par son inscription au sein de conventions établies, le motif s'adapte ainsi facilement à des situations très diverses pour peu qu'elles présentent un climat inquiétant propice, comme on le voit dans les deux séquences où il intervient. Ce sont donc les choix de mise en scène et le dialogue qui vont permettre de préciser son sens. Dans la séquence sur Kamino, l'image accentue son caractère mystérieux et angoissant par le décor diluvien évoquant les films noirs des années 1930-1940 et l'atmosphère poisseuse des romans policiers de Raymond Chandler ou Dashiell Hammett [16], la palette chromatique déclinée dans des tons sombres, et le geste méfiant du Jedi se retournant pour vérifier qu'il n'est pas épié. Dans la seconde scène, le cadre est très différent : l'action se déroule sur une planète désertique, l'éclairage est lumineux. L'accrochage musico-visuel se fait par la teneur du dialogue (l'enlèvement de Shmi, le massacre de ses sauveteurs) et les gros plans sur les visages tourmentés ou inquiets des personnages : c'est avant tout avec ces éléments-là que le thème va trouver une résonance particulière, laissant présager le sort sinistre de Shmi.

*Une relative indistinction des motifs*

La deuxième raison de cette difficulté à percevoir et délimiter des thèmes forts et saillants est la proximité de certains motifs républicains, qui les rend difficilement distinguables. Dans *SW2*, par exemple, le motif associé au tourment d'Anakin est très proche du « thème du mystère / de la menace ». Il intervient une seule fois, dans la scène où Yoda perçoit les remous dans la Force causés par le massacre des Hommes des Sables par Anakin, et la souffrance du jeune homme à la mort de sa mère (01:20:54). L'analyse des partitions et des visionnages répétés permettent d'établir qu'il s'agit pourtant bien de deux thèmes distincts. Le motif du tourment est beaucoup plus pressant et agité ; au lieu du lent mouvement mélodique en va-et-vient inquiétant, il s'enroule rapidement sur lui-même, générant un effet obsédant. Enfin, des variations subtiles affectent le déroulement de ses arpèges, sans cesse métamorphosés au fil de leurs répétitions. Les transpositions ne sont pas exactes ici, contrairement à la première occurrence du motif mystérieux sur Kamino.

Pourtant, à la simple écoute, ces légères différences sont en quelque sorte aplanies, et les deux motifs peuvent aisément être confondus en raison de leur écriture similaire : le thème du tourment d'Anakin (exemple 20) possède un profil mélodique comparable, construit lui aussi sur des arpèges sinueux comportant une sixte mineure,

16. Lucas revendique sans ambiguïté cet hommage, en particulier au *Faucon maltais* (1941). Voir George Lucas, commentaires audio du DVD de *SW2*.

et présente la même polarité du registre grave que le motif du mystère. Ses couleurs instrumentales sont également quasiment identiques, puisqu'il est confié aux harpes, altos et aux clarinettes sur des pédales de violoncelles et de contrebasses. Mais le trait le plus frappant de cette proximité d'écriture est sans doute la manière dont Williams déploie son motif harmoniquement : on retrouve presque exactement le même type de progression harmonique que dans l'exemple 19, avec un second exposé (varié ici) au demi-ton inférieur, puis une transposition vers l'aigu à la tierce mineure, seconde majeure et seconde mineure supérieures. Comme pour le motif du mystère, la trajectoire ascendante dessine un triton qui renforce le climat de tension de la scène. Le motif s'achève sur la réponse de Yoda à Mace Windu (« Douleur, souffrance, mort, je perçois » [17]) et s'enchaîne à un énoncé prémonitoire de la tête de la Marche impériale aux trombones avec sourdines, à la clarinette basse et à la harpe dans le grave. Le caractère fiévreux du motif renforce l'alarme des deux Jedi, soulignée par les gros plans sur leur visage et par l'éclairage qui les plonge dans une pénombre contrastée symbolique.

Exemple 20. *SW2*, thème du tourment d'Anakin,
Yoda perçoit la souffrance d'Anakin après la mort de sa mère (01:20:54-01:21:20).

Cette similitude entre les motifs fait directement écho aux propos tenus par le compositeur au sujet de la trilogie républicaine : il reconnaît volontiers que la partie thématique « est bien moins conséquente et diversifiée que dans la première trilogie » [18], et que les motifs « sont plus communs, plus proches, voire interchangeables, selon les

17. « *Pain, suffering, death I feel* ».
18. Williams, cité dans Leprêtre, « Étoiles fantômes », p. 8-18, ici p. 14.

évolutions et les mutations » [19]. La proximité des nouveaux thèmes écrits par Williams ne s'arrête d'ailleurs pas aux seuls épisodes républicains, mais concerne aussi la production du compositeur qui leur est contemporaine. Ainsi, le motif du tourment d'Anakin est très proche dans son écriture et son caractère des thèmes lancinants en arpèges spiralés des *cues* « The Miami Convention » de *Nixon* (1995), et « The Greenhouse Effect » de *Minority Report* (2002), énoncés eux aussi à la harpe et aux cordes graves.

*Une association plus lâche avec l'image*

Enfin, la difficulté à délimiter clairement les thèmes de la trilogie républicaine et à interpréter leur rôle au sein du film résulte aussi, pour certains, de leur association lâche avec l'image. Comme le « thème du mystère / de la menace » dans *SW2*, le motif de *SW1* que nous avons intitulé « courage d'Anakin » (exemple 21) est représentatif de ce phénomène. Il intervient à cinq reprises dans la séquence où la reine Amidala et les Jedi investissent le hangar du palais de Theed (01:47:12). Il revêt une connotation épique par son instrumentation cuivrée, avec les doublures entre les trompettes, les cors et le glockenspiel dans sa dernière occurrence, son profil ascendant général, les rythmes trochaïques et la redondance du saut de quarte juste final. Notons également sa nette ressemblance avec le thème noble associé à Qui-Gon (voir exemple 17), nonobstant l'inflexion expressive apportée ici par le triton (*la-ré♯*) et son harmonisation en majeur :

Exemple 21. *SW1*, thème du courage d'Anakin.
Transcription à partir de [*SW1 UE*], disque 2, piste 21 (00:37-00:42).

La dénomination de ce thème a été assez ardue, car en dépit de son caractère brillant et héroïque proprement musical, il n'accompagne pas spécialement des actions significatives de la part d'Anakin au cours de ses cinq interventions. Au contraire, lors de sa première occurrence, Anakin court se mettre à l'abri de la bataille sur l'ordre de Qui-Gon. Plus loin, il est entendu alors que le garçon peine à comprendre le fonctionnement des commandes du vaisseau dans lequel il est caché, et teste au hasard les boutons à sa portée. C'est donc pratiquement sur un coup de chance qu'il parvient à désintégrer les *droidekas* face à lui. Enfin, il s'envole du hangar bien malgré lui, entraîné vers le vaisseau mère de la Fédération du Commerce par le pilote automatique. Le compositeur ne cherche pas ici à saisir toutes les péripéties de la scène : la partition

19. Williams, cité dans Jean-Christophe Arlon et Vivien Lejeune, « *Star Wars, Épisode III.* Avec des Sith, on refait le monde », *Cinefonia*, n° 12, juin 2005, p. 62-65, ici p. 65.

s'écarte d'un accompagnement « pointilliste » pour renvoyer de façon plus générale à une idée d'héroïsme flamboyant, que la musique entre ou non en résonance avec les actions spécifiquement effectuées par le personnage à tel moment précis. Il s'agit plutôt d'une sorte de substrat musical, qui met en valeur le protagoniste et l'un de ses traits de caractère – le courage dont il fait preuve tandis qu'il essuie des tirs nourris – sans synchronisation étroite avec l'action immédiate.

Cet exemple apporte une forme d'illustration à l'intuition analytique du musicologue Doug Adams qui, dans son court article comparatif consacré aux changements musicaux dans la trilogie républicaine, émet la proposition suivante : « Comme les autres préquels, [*La Revanche des*] *Sith* est fondamentalement une métapartition – focalisée sur les aspects plus larges de l'histoire » [20]. Si cette affirmation nous paraît loin d'être généralisable à tout le réseau thématique de *SW1*, *SW2* et *SW3*, elle a néanmoins le mérite d'éclairer le mode de fonctionnement caractéristique de plusieurs motifs républicains, dans le rapport plus lâche qu'ils entretiennent avec l'image.

Il existe donc bien des thèmes dans la trilogie républicaine, mais leur écriture et leur emploi sont fort différents. Les motifs ne présentent pas d'identification aussi claire à un élément du récit ou de l'image que dans les épisodes impériaux. Bien moins référentiels, ils revêtent alors une portée plus générale et abstraite dans leur utilisation au sein du film. Les thèmes rattachés clairement à un (ou plusieurs) personnage(s) sont beaucoup moins nombreux, comme on le voit sans ambiguïté sur les frises quant à la dénomination des motifs : alors que le tissu thématique de *SW5* et *SW6*, par exemple, apparaît nettement dominé par les thèmes de personnages – bien que cet ancrage ne soit ni rigide ni définitif, on l'a vu –, ceux-ci se raréfient considérablement à partir de *SW1*. Dans *SW3* notamment, seul le thème du général Grievous peut être considéré comme un « portrait [musical] de personnage » [21] pour reprendre les termes de Kate Daubney, mais il est redoublé d'un second motif pour les scènes d'action où combat Grievous. Cette raréfaction de thèmes clairement associés à des personnages est aussi ce qui rend les motifs républicains moins faciles à circonscrire.

Une scission s'est ainsi clairement opérée entre les épisodes impériaux et républicains. Les nouveaux motifs font principalement référence à :

1) des idées : par exemple, la « mort de la liberté » évoquée par Padmé dans *SW3* ;

2) des sentiments : tourment d'Anakin dans *SW2*, Anakin seul troublé dans *SW3* ;

3) des atmosphères : mystère / menace ou complot / danger dans *SW2* ;

4) des situations : réussite / victoire dans *SW1*, proximité entre Anakin et Palpatine dans *SW3* ;

5) des lieux : thème du monde sous-marin opalescent des Gungans dans *SW1*, fanfare et thème lyrique de la planète-déluge Kamino battue par les flots et l'orage dans *SW2* auxquels peut s'ajouter le motif pastoral de la prairie verdoyante de Naboo, marche de la planète volcanique Mustafar aux lueurs rougeâtres apocalyptiques dans *SW3*.

---

20. « *Like the other prequels,* Sith *is primarily a meta score – one concerned with the larger ideas of the story* ». Doug Adams, « Revenge of the Sixth », *Film Score Magazine*, vol. 10, n° 3, mai-juin 2005, p. 33-35, ici p. 35.

21. « *character portrayal* ». Kate Daubney, *Max Steiner's Now, Voyager : A Film Score Guide*, Westport, Greenwood Press, 2000, p. 18.

Notons d'ailleurs que ces thèmes topographiques sont assez nombreux – au moins un par film – alors que dans la trilogie impériale, aucun thème n'est spécifiquement associé à la planète glaciaire Hoth, à la jungle de Dagobah ni à la lune forestière d'Endor, par exemple. Plutôt que les personnages, moins étoffés en raison de la spécificité narrative des épisodes républicains, Williams semble ici exploiter la possibilité de caractérisation musicale des lieux; ceux qui se voient attribuer un thème musical sont en effet bien individualisés visuellement.

Par le fait qu'ils renvoient plutôt à des concepts qu'à des personnages ou à des objets précis (hormis pour les lieux), les motifs républicains apparaissent nécessairement plus « vagues » ou indéterminés; ils exigent un décryptage pour affiner la compréhension de leur rôle par rapport à l'image. Cette nouvelle approche découle bien sûr de la spécificité narrative des trois films, mais aussi de l'ambition différente du compositeur sur la trilogie républicaine, exprimant un désir de renouvellement[22]. L'évolution de son écriture cinématographique, notable à partir des années 1990, est un autre facteur fondamental. Dans son article sur les partitions de *JFK* (1991) et de *Nixon*, Frank Lehman démontre de manière convaincante la quasi-absence d'allusions thématiques à des personnages au profit d'un travail sur le timbre, le rythme, les couleurs harmoniques, et la composition de mélodies à la portée plus générale connotant l'héroïsme, la parentalité, la corruption et la violation du rêve américain[23]. L'approche contemporaine de Williams tend ainsi vers une abstraction thématique accrue, confirmée par les récents *Cheval de guerre*, *SW7* (2015), *Bon Gros Géant* (2016) et *Pentagon Papers* (2017).

*Des thèmes moins mémorisables*

Outre cette relative indétermination et le faible nombre de leurs retours, l'absence alléguée de thèmes véritables et marquants s'explique aussi par le caractère moins immédiatement mémorisable de la plupart des motifs républicains[24], issu d'un type d'écriture différent de la trilogie impériale qui les rend moins aisés à percevoir. C'est le cas par exemple du thème de Jar Jar, qui semble revêtir pour le compositeur une importance particulière puisqu'il lui dédie une piste de la bande originale et surtout un mouvement intégral de sa suite d'orchestre de *SW1*. Pourtant, il n'intervient qu'à quatre reprises dans le film et disparaît des épisodes suivants, en dépit de la présence de Jar Jar dans *SW2* et *SW3*, qui joue un rôle non négligeable dans l'avènement de l'Empire. Au sein de ces quatre occurrences, il n'est énoncé entièrement qu'une seule fois, dans la scène où le Gungan rencontre Padmé. Léger, leste et sautillant, le thème possède un profil mélodique bien dessiné, mais il se révèle difficilement fredonnable en raison de son profil disjoint et irrégulier parcouru de grands sauts de neuvièmes, des intervalles de quarte diminuée (mes. 2) et quinte augmentée (mes. 4), des décrochages de registre et

22. Voir l'entretien accordé à Leprêtre, « Étoiles fantômes », p. 8-18, plus spécifiquement p. 14-16.

23. Voir Frank Lehman, « Scoring the President : Myth and Politics in Williams's *JFK* and *Nixon* », *Journal of the Society for American Music*, vol. 9, n° 4, 2015, p. 409-444, plus spécifiquement p. 421-440.

24. Certes, plusieurs motifs possèdent un profil mélodico-rythmique bien découpé, tels le motif associé à Qui-Gon (exemple 17) ou le thème doux de Shmi et Anakin, mais ils reviennent trop peu au cours des films pour générer un réel marquage auditif ou pour tresser un fil narratif conséquent.

des nombreuses cellules chromatiques ascendantes (exemple 22). L'essence du motif est avant tout rythmique et dynamique, avec l'effet entraînant généré par les contretemps, les anapestes et les rythmes pointés. Comme le souligne Winston Cook-Wilson, l'écriture thématique contemporaine de Williams est moins tournée vers le *songcraft* (terme difficilement traduisible désignant l'art de ciseler une mélodie chantante) que vers l'énergie cinétique[25]. Le relief accidenté du motif qui le rend peu chantable semble traduire la maladresse de Jar Jar, qui constitue l'un des traits fondamentaux du personnage ; dans un registre burlesque, ce dernier endosse principalement la charge comique de l'épisode.

Exemple 22. *SW1*, thème de Jar Jar.
Transcription à partir de [*SW1 UE*], disque 1, piste 17 (00:06-00:21).

25. Voir Winston Cook-Wilson, « Why You Can't Hum Any of the Tunes from John Williams' *Star Wars* Soundtrack for *The Force Awakens* », *Inverse*, décembre 2015, https://www.inverse.com/article/9553-why-you-can-t-hum-any-of-the-tunes-from-john-williams-star-wars-soundtrack-for-the-force-awakens, consulté le 11 novembre 2016.

En outre, dans l'unique séquence où il apparaît sous sa forme complète, il ne bénéficie pas d'une mise en relief particulière. Confié à une clarinette soliste, il accompagne le dialogue sous une forme moins singulière que dans la bande originale et la partition éditée par Williams, où il possède une identité timbrale distinctive : il est joué par un hautbois soliste doublé par le tuba, ponctué par des arpèges ascendants aux blocs chinois graves (*low temple blocks*). Dénué de ce trait singulier lors de son seul exposé complet, il retient moins l'attention au cours de la séquence. En outre, sa présentation très fragmentée et fugitive dans les deux dernières scènes où il intervient, ainsi que sa cohabitation avec le dialogue et divers bruitages, ne facilitent guère sa mémorisation.

Le motif de Dark Maul (exemple 23) constitue une autre illustration frappante. Ce thème associé constant, sombre et heurté, s'avère très singulier en ce qu'il est intégralement percussif et sans hauteur déterminée, psalmodié *p* en sanskrit dans le grave par des voix de femmes.

Exemple 23. *SW1*, thème de Dark Maul.
Transcription à partir de [*SW1 UE*], disque 2, piste 27 (00:27-00:33).

Son essence est timbrale et rythmique, ce qui le distingue de la plupart des thèmes écrits par Williams. Il s'agit en effet de l'une des rares formes d'identification musicale non mélodique employée par le compositeur sur l'ensemble de la saga : seuls le motif cuivré dissonant de l'Étoile Noire dans *SW4* (identité harmonique et timbrale) et surtout celui de Boba Fett dans *SW5*, en sextolets discontinus confiés aux bassons dans l'extrême grave (identité timbrale et rythmique), lui sont véritablement comparables. Comme on peut l'observer dans le tableau 6 [26], le motif de Dark Maul semble pouvoir se démarquer des autres motifs républicains par son nombre supérieur de retours – huit au cours de l'épisode, contre deux ou trois pour la plupart des motifs. Mais son profil singulier ne lui permet pas de se détacher au sein du film pour devenir un thème saillant mémorisable : il prend la majorité du temps la forme d'un chuchotement inquiétant aux accents guerriers sans délimitation claire et affecté d'une dynamique douce, utilisé davantage pour l'*effet* qu'il produit que comme thème phare de personnage.

On peut opposer cette démarche compositionnelle de Williams à l'écriture choisie par Howard Shore sur la trilogie du *Hobbit*, dont la narration précède les événements du *Seigneur des Anneaux* à la manière de la trilogie républicaine. Outre les nombreuses reprises des grands thèmes du *Seigneur des Anneaux* (la Comté, l'Anneau, les Elfes, les Nazgûls, la dissolution de la Communauté de l'Anneau…), Shore compose plusieurs nouveaux motifs clairement délimités, mémorisables, et répétés de nombreuses fois, comme les thèmes d'Erebor, de Gandalf, de l'aventure, de Thorin, de Radagast, de

26. Voir au début de ce chapitre.

Tauriel, de Lacville, d'Azog ou de Smaug. Un tel repérage des motifs puis de leurs transformations, relativement aisé dans la trilogie du *Hobbit*, est en revanche quasiment impossible dans les épisodes républicains sans visionnages répétés et attentifs.

## ÉCLATEMENT DE L'ÉCRITURE MOTIVIQUE

Une autre tendance se dessine également distinctement dans les épisodes républicains : l'éclatement, la fragmentation et l'éparpillement du matériau participent grandement à contrarier la reconnaissance des motifs et leur mémorisation.

### *Une démultiplication des motifs*

Le premier signe de cet éclatement du matériau se manifeste d'abord dans la démultiplication des motifs républicains se rapportant à une même idée, à un même lieu ou à un même personnage. Comme on peut l'observer sur les frises thématiques, c'est le cas par exemple de la planète Kamino dans *SW2*, de Qui-Gon dans *SW1* ou du général Grievous dans *SW3*. Cette tendance se confirme d'ailleurs dans *SW7*, où coexistent plusieurs motifs différents associés à Rey ou à Kylo Ren.

Un cas emblématique intervient dans *SW3* : plusieurs motifs de cet épisode auraient pu donner lieu à un développement ou à une exploitation plus poussée, mais ils disparaissent totalement du film après un ou deux énoncés relativement courts. Ils se rapportent pourtant à la même idée, la lente descente d'Anakin vers le côté obscur, provoquée par sa peur irrationnelle de perdre Padmé et par les manipulations de Palpatine. Au lieu d'être resserré autour d'une seule idée forte, le matériel thématique est dispersé en quatre motifs ponctuels qui entretiennent peu de relations entre eux sur le plan de l'écriture. Alors que la proximité dangereuse entre Anakin et Palpatine constitue un fil rouge de l'épisode, déjà préparé en amont sur *SW1* et *SW2*, le motif qui lui est associé est uniquement énoncé à deux reprises lors d'un échange tendu entre Obi-Wan et Anakin (38:40 puis 39:45), quand le Conseil des Jedi charge le jeune homme d'espionner le chancelier qui détient les pleins pouvoirs depuis trop longtemps. Son profil houleux et son environnement harmonique dissonant (cluster au synthétiseur, frottements générés par les pédales superposées, non reproduits dans l'exemple 24 ci-dessous) s'inscrivent parfaitement en accord avec la teneur du dialogue, où ressortent la suspicion du Conseil envers le chancelier, les rancœurs accumulées par Anakin à l'encontre d'Obi-Wan et des Jedi, et sa loyauté à Palpatine :

Exemple 24. *SW3*, motif lié à la proximité entre Anakin et Palpatine, échange tendu entre Obi-Wan et Anakin (39:51-40:05).

Le deuxième motif se rapportant à la chute progressive d'Anakin est celui que nous avons baptisé « Anakin seul troublé » : à de nombreuses reprises, le jeune homme laissé seul est en proie à de fortes angoisses et met en doute son apprentissage du code des Jedi, désorienté par les mensonges de Palpatine. Comme le thème précédent, ce motif menaçant et lancinant (exemple 25), énoncé aux cordes, est seulement entendu deux fois. Notons qu'il s'agit d'un motif différent de celui associé au tourment d'Anakin dans *SW2* (voir exemple 20). Il suit le dernier échange fraternel entre Anakin et Obi-Wan, lorsque le jeune homme reste seul sur Coruscant, le visage progressivement assombri (51:19). Dans cette scène, l'éclairage joue un rôle fondamental : un halo lumineux symbolique tombe sur la tête et les épaules du Jedi, tandis que Anakin reste dans la pénombre, environné de couleurs sombres et d'une touche de rouge prophétique. Son expression se transforme entièrement en l'espace de quelques instants alors que le jeune homme est à nouveau assailli d'incertitudes et d'appréhension [27].

Exemple 25. *SW3*, thème d'Anakin seul troublé,
Anakin replonge dans les ténèbres après le départ d'Obi-Wan (51:19-51:29).

Un troisième motif tortueux et plaintif (intitulé « It Can't Be » d'après l'exclamation incrédule d'Obi-Wan) est énoncé en relais par quatre cors puis par les clarinettes, les bassons et la flûte en *sol* sur des clusters vocaux (exemple 26), lorsque Obi-Wan découvre, horrifié, les premiers pas d'Anakin du côté obscur de la Force en visionnant les images de surveillance du temple. Son ancien padawan y massacre sans pitié les petits apprentis Jedi et reçoit les félicitations de Dark Sidious. Ce passage constitue l'unique occurrence du motif dans l'épisode.

Exemple 26. *SW3*, motif « It Can't Be »,
Obi-Wan visionne les images de surveillance du temple Jedi (01:37:30-01:37:40).

Un dernier thème, toujours relatif à la trahison d'Anakin, intervient à deux reprises de manière assez rapprochée, dans la séquence où Obi-Wan révèle à Padmé que Anakin est passé du côté obscur (exemple 27). Le hiératisme produit par le profil de la mélodie en notes répétées à l'ambitus très restreint, l'écriture verticale et les balancements d'accords aux cordes, renforce la gravité de la scène et la consternation du Jedi. On peut noter qu'au lieu de reprendre le motif « It Can't Be » quand Obi-Wan évoque la tuerie du temple Jedi, Williams fait le choix d'unifier l'ensemble du dialogue par un nouveau thème omniprésent, qui gagne progressivement en intensité jusqu'à la fin de la scène.

27. Le deuxième énoncé de ce thème intervient lorsque Mace Windu apprend la véritable identité de Palpatine et décide de ne pas impliquer Anakin dans l'arrestation du Sith, sentant une grande confusion chez le jeune homme à qui il ordonne de l'attendre (01:08:18).

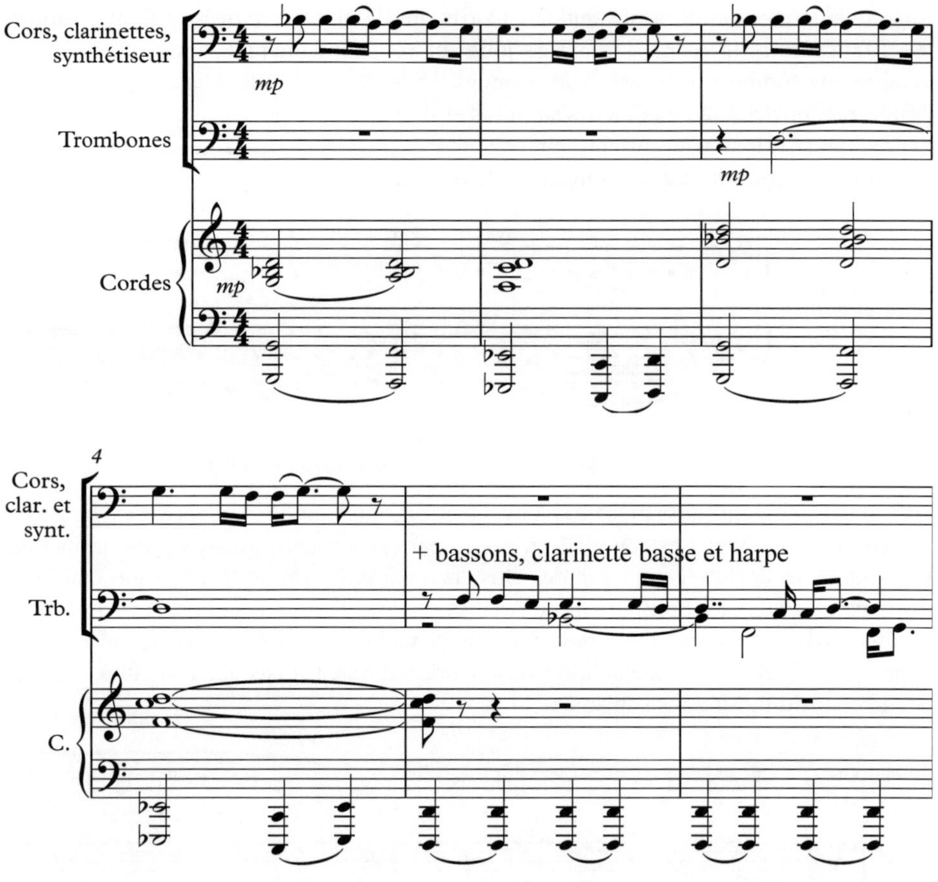


Exemple 27. *SW3*, thème de la trahison d'Anakin,
Obi-Wan révèle à Padmé qu'Anakin est passé du côté obscur (01:39:05-01:39:25).

La dispersion du matériau musical attaché à la chute progressive d'Anakin est à penser en lien avec le rythme même de l'épisode, qui s'accélère notablement après sa première moitié comme le note Corinne Vuillaume :

> La seconde partie du film, celle qui évoque la chute, se déroule très vite (on est […] dans la vitesse et l'instantané), comme si les rouages enclenchés par le pacte s'emballaient subitement vers le broiement. Le passage du côté obscur, l'extermination des Jedi, la bataille, la mutilation et la restauration s'enchaînent sans temps mort [28].

Cette « instantanéité » visuelle et narrative est donc retrouvée sur le plan musical, par l'accompagnement de motifs ponctuels qui interagissent avec l'image dans l'instant présent, sans faire référence au passé ni suggérer les événements à venir, et qui disparaissent totalement du film sitôt la scène finie. Williams propose ainsi des sortes de

28. Corinne Vuillaume, « *La Revanche des Sith*, George Lucas (2005) : l'impatience des limites », *Diable et cinéma*, 2005, http://www.diable-cinema.net/articles/index_revanche.htm, consulté le 16 mai 2017.

vignettes musicales, s'enchaînant rapidement les unes aux autres. La démultiplication des motifs se rapportant à un même concept ou un même objet atteste un changement d'approche compositionnelle sur les épisodes républicains, et en particulier dans *SW3*, où la majorité des thèmes ne jouent plus réellement le rôle de fils conducteurs, mais sont conçus comme des parenthèses ponctuelles au sein d'un accompagnement musical moins fonctionnel, moins individuel, dominé par de la musique d'action[29]. Cette conception singulière s'exprime aussi dans la masse totale des thèmes déployée par Williams dans *SW1*, *SW2* et *SW3*, où l'on observe une extension globale du matériau thématique mobilisé sur chaque film (tableau 7)[30].

| | ***SW4*** | ***SW5*** | ***SW6*** | ***SW1*** | ***SW2*** | ***SW3*** |
|---|---|---|---|---|---|---|
| NOMBRE TOTAL DE THÈMES | 12 | 12 | 14 | 23 | 24 | 27 |
| NOMBRE DES NOUVEAUX THÈMES | | 8 | 7 | 17 | 13 | 13 |
| THÈMES ISSUS DE *SW4* (NOMBRE ET OCCURENCES) | | 4 thèmes<br>– Thème de Luke : 22<br>– Thème de la Force : 12<br>– Thème de Leia : 2<br>– Fanfare des rebelles : 4 | 4 thèmes<br>– Thème de la Force : 19<br>– Thème de Luke : 16<br>– Fanfare des rebelles : 9<br>– Thème de Leia : 2 | 3 thèmes<br>– Thème de la Force : 10<br>– Thème de Luke : 5<br>– Fanfare des rebelles : 1 | 3 thèmes<br>– Thème de la Force : 8<br>– Thème de Luke : 4<br>– Fanfare des rebelles : 1 | 4 thèmes<br>– Thème de la Force : 19<br>– Thème de Luke : 5<br>– Thème de Leia : 3<br>– Fanfare des rebelles : 3 |
| THÈMES ISSUS DE *SW5* (NOMBRE ET OCCURENCES) | | | 1 thème<br>– Marche impériale : 18 | 2 thèmes<br>– Marche impériale : 4<br>– Thème de Yoda : 1 | 2 thèmes<br>– Marche impériale : 5<br>– Thème de Yoda : 3 | 2 thèmes<br>– Marche impériale : 12<br>– Thème de Yoda : 2 |
| THÈMES ISSUS DE *SW6* (NOMBRE ET OCCURENCES) | | | | 1 thème<br>– Thème de l'Empereur : 5 | 1 thème<br>– Thème de l'Empereur : 4 | 1 thème<br>– Thème de l'Empereur : 8 |
| THÈMES ISSUS DE *SW1* (NOMBRE ET OCCURENCES) | | | | | 5 thèmes<br>– Duel of the Fates : 2<br>– Thème d'Anakin : 3<br>– Shmi et Anakin : 2<br>– Thème des droïdes : 2<br>– Réussite / victoire : 1 | 5 thèmes<br>– Duel of the Fates : 3<br>– Funeral : 5<br>– Thème d'Anakin : 1<br>– Thème des droïdes : 1<br>– Réussite / victoire : 1 |

29. Voir Arlon et Lejeune, « Avec des Sith, on refait le monde », p. 62-65, plus spécifiquement p. 64.

30. *Nota bene* : tous les tableaux de la présente section sont à consulter en regard des frises du cahier couleur, qui complètent les informations recueillies au-delà de la dimension quantitative.

| | *SW4* | *SW5* | *SW6* | *SW1* | *SW2* | *SW3* |
|---|---|---|---|---|---|---|
| **Thèmes issus de *SW2* (nombre et occurences)** | | | | | | 2 thèmes<br>– Across the Stars : 7<br>– Thème martial arène : 2 |

Tableau 7. Démultiplication du matériau thématique mobilisé par Williams de *SW4* à *SW3*.

Devant une densification et un éclatement tels du matériau au fil de *SW1*, *SW2* et *SW3*, il devient dès lors difficile, lors du visionnage des épisodes républicains, d'embrasser la cohérence de l'ensemble. Williams puise aussi bien dans les thèmes d'origine que dans les nouveaux motifs pour modeler ses partitions. Le canevas musical global s'enrichit, se complexifie et s'atomise, entérinant une rupture dans l'approche du compositeur vis-à-vis de la démarche adoptée dans la trilogie impériale.

*Fragmentation et atomisation du matériau à grande échelle*

L'impression d'éclatement de la partition sur la trilogie républicaine est également liée à une caractéristique aisément observable sur les frises : la quasi-disparition d'une catégorie thématique intermédiaire. En effet, dans chacun des épisodes impériaux, deux ou trois thèmes principaux dominent franchement l'ensemble de la partition par le nombre de leurs occurrences, et l'on peut aussi distinguer sur le tableau 8 jusqu'à trois nouveaux thèmes secondaires (groupe intermédiaire) qui se démarquent également nettement du reste du matériel motivique ponctuel par leur dizaine de retours (variés ou non) :

| | **Thèmes principaux** | **Thèmes secondaires** |
|---|---|---|
| ***SW4*** | – Thème de la Force : 21 occurences<br>– Thème de Luke : 20 occurences<br>– Thème des forces impériales : 16 occurences | – Fanfare des rebelles : 11 occurences<br>– Thème de Leia : 10 occurences |
| ***SW5*** | – Marche impériale : 34 occurences<br>– Thème de Luke : 22 occurences | – Thème d'amour de Han Solo et Leia : 17 occurences<br>– Thème de Yoda : 13 occurences<br>– Thème de R2D2 et C3PO : 11 occurences |
| ***SW6*** | – Thème de la Force : 19 occurences<br>– Marche impériale : 18 occurences<br>– Thème de Luke : 16 occurences | – Thème des Ewoks : 14 occurences<br>– Thème de l'Empereur : 10 occurences |
| ***SW1*** | – Thème d'Anakin : 15 occurences<br>– « Duel of the Fates » : 11 occurences | – Motif de Dark Maul : 8 occurences |
| ***SW2*** | – « Across the Stars » : 17 occurences<br>– Motif associé au complot des Séparatistes : 12 occurences | |
| ***SW3*** | – Thème de la Force : 19 occurences<br>– Marche impériale : 12 occurences | – « Battle of the Heroes » : 9 occurences |

Tableau 8. Thèmes musicaux principaux et secondaires dans les deux trilogies.

On remarque premièrement que les proportions changent considérablement entre les deux trilogies : la présence quantitative des motifs forts diminue considérablement sur les épisodes républicains, où aucun thème principal n'atteint vingt occurrences – ce qui est au contraire la moyenne dans la trilogie impériale. Deuxièmement, la catégorie intermédiaire disparaît presque totalement. Seuls le motif de Dark Maul dans *SW1* et « Battle of the Heroes » dans *SW3* peuvent s'en rapprocher, mais ils revêtent toutefois des particularités par rapport aux motifs secondaires de la trilogie impériale : l'un est peu mémorisable, l'autre est concentré uniquement dans le dernier tiers du film, comme on le voit distinctement sur la frise de *SW3*.

Les divergences que l'on peut observer entre les épisodes sont par ailleurs à mettre en relation avec la place individuelle des films au sein de cette double trilogie. Il est en effet possible, au regard du tableau 8 et des frises thématiques, de tracer des ponts entre des épisodes homologues, tout en gardant à l'esprit les différences de degré que l'on a soulignées. Dans chacun des deux épisodes conclusifs, les idées musicales dominantes sont des reprises des thèmes principaux de *SW4* et *SW5*, et non les nouveaux motifs spécialement composés par Williams pour *SW6* et *SW3*. Cela s'explique par la moins grande latitude créatrice sur ces épisodes, qui découle de la résolution finale des nœuds dramatiques développés au cours des deux films précédents. Le compositeur s'en explique ainsi :

> *Le Retour du Jedi* a [...] eu le gros désavantage d'être l'épisode qui concluait la trilogie, ce qui impliquait moins de « permissions » que sur *L'Empire contre-attaque*. Il y avait quatre heures de matériel existant et [...] *Le Retour du Jedi* ne pouvait être aussi novateur que le deuxième épisode[31].

Les contraintes sont encore accentuées dans le cas de *SW3*, qui doit conclure la trilogie républicaine tout en jetant un pont vers *SW4*.

À l'inverse, les deux épisodes centraux que sont *SW5* et *SW2* sont dénués de cette exigence d'aboutissement, et offrent ainsi au compositeur la possibilité à la fois d'enrichir la trame thématique et de mettre en avant le nouveau matériau. La Marche impériale accède ainsi dans *SW5* à une ampleur inégalée dans la trilogie impériale, liée également au recentrement de la narration autour du personnage de Dark Vador. Dans le cas de *SW2*, le thème d'amour « Across the Stars » et, à un degré moindre, celui associé au complot des Séparatistes, apparaissent nettement comme des pôles au sein de la partition, par leurs nombreuses occurrences qui les distinguent du mode d'utilisation des autres motifs. « Across the Stars », en particulier, offre un ancrage ferme et un confort d'écoute qui viennent en quelque sorte faire contrepoids à l'emboîtement des intrigues et à la profusion des personnages, en mettant en valeur le fil rouge de l'épisode, sur lequel Williams insiste :

> *SW2* est bien différent et plus complexe au niveau des protagonistes. Le champ s'est considérablement élargi et chaque personnage, Zam, Jango Fett, le comte Dooku, n'est qu'une partie d'un scénario très étoffé. Si vous comparez avec le premier *Star Wars* de

31. Williams, cité dans Leprêtre, « Étoiles fantômes », p. 8-18, ici p. 10. Voir aussi Randall D. Larson, « Déjà Vu. The Music of John Williams », *Musique Fantastique. A Survey of Film Music in the Fantastic Cinema*, Metuchen / Londres, Scarecrow Press, 1985, p. 303.

> 1977, tout a été multiplié par dix. George et moi avons donc décidé de centraliser la musique autour de « Across the Stars » [...]. Là encore, nous ne voulions pas de thèmes pour untel ou untel [...] La force et l'essence du film sont basées sur cet amour interdit [32].

Cette présence de quelques motifs phares dans les épisodes républicains, bien moins récurrents que leurs homologues dans la trilogie impériale, cohabite cependant avec un éparpillement et une atomisation thématique généralisés, très notables sur les frises de *SW1* et *SW3* (et dans une moindre mesure sur celle de *SW2*). Les épisodes républicains sont caractérisés par un mode de déploiement fort différent de celui des épisodes impériaux. Le nombre de motifs est bien plus conséquent, mais la majorité d'entre eux sont ponctuels et ont une durée relativement réduite. De fait, le canevas thématique devient beaucoup plus fragmenté et éclaté, comme on le voit clairement sur les frises; les motifs ne sont que très rarement énoncés dans leur intégralité. Le traitement de la Marche impériale est symptomatique à cet égard. Sur l'ensemble de la trilogie républicaine, le thème n'est entendu qu'une seule fois en entier, dans la scène finale de *SW2* qui a d'ailleurs fait l'objet d'une réécriture de Williams (voir exemple 14). Aussi les thèmes font-ils figure d'îlots isolés au sein des partitions des épisodes républicains. Peu tressés au reste de l'accompagnement, ils apparaissent davantage comme des « éclats » au sein de la structure musicale globale, que comme des « éléments formels constitutifs » [33] pour reprendre les termes de Carl Dahlhaus, alors que les thèmes participent pleinement à l'ossature musicale de la trilogie impériale, à travers le maillage dense que l'on peut fréquemment y observer.

Il est en effet aisé de repérer sur les frises des épisodes impériaux de nombreuses zones où les thèmes s'enchaînent les uns aux autres de manière fluide, comme pris dans un même flux. Dans la scène d'ouverture de *SW4*, par exemple (de 02:19 à 05:02), plusieurs des motifs principaux se succèdent avec ou sans transitions : fanfare des rebelles énoncée à plusieurs reprises à divers pupitres, courte transition en notes répétées martelées, thème des forces impériales au moment où les *Stormtroopers* envahissent le vaisseau, fanfare des rebelles sur les plans cadrant la fuite des soldats de la rébellion, thème de l'Étoile noire quand Dark Vador apparaît, thème de la Force lorsque Leia confie les plans secrets à R2D2, puis thème de la princesse lorsque la jeune femme finalise son message de détresse et que le droïde s'éloigne. Autre exemple emblématique, dans le premier tiers de *SW6* (de 30:38 à 43:18), trois scènes successives présentent un tressage thématique serré : lors de l'exécution publique dans la Grande fosse de Carkoon, le thème de Luke s'entremêle à la fanfare des rebelles; quand Dark Sidious rejoint Dark Vador sur la nouvelle base spatiale en construction, la Marche impériale est suivie du thème de l'Empereur; enfin, dans la scène de la mort de Yoda se succèdent divers énoncés du thème de Yoda, du « motif de l'autre Skywalker », du thème de Luke et du thème de la Force. Ainsi, au cours de ces treize minutes de film, hormis quelques brèves

32. Williams, cité dans Didier Leprêtre, « Que les clones attaquent... », *Dreams Magazine*, avril-mai 2002, p. 26-30, ici p. 27.

33. Carl Dahlhaus, *Les drames musicaux de Richard Wagner* [1971], traduit de l'allemand par Madeleine Renier, Liège, Mardaga, 1994, p. 113.

transitions, l'accompagnement musical est uniquement constitué de thèmes enchaînés les uns aux autres de façon continue à la manière d'un pot-pourri.

Dans la trilogie républicaine, il est possible d'observer quelques regroupements thématiques plus isolés, selon deux cas de figure. Au début de *SW1* (de 16:26 à 19:36) par exemple, plusieurs énoncés des thèmes de Qui-Gon et Boss Nass, des monstres marins, de l'Empereur et du monde sous-marin se suivent de manière assez rapprochée. Dans *SW2*, lors de l'arrivée d'Obi-Wan sur Kamino (de 41:16 à 42:37), s'enchaînent la fanfare de la planète, le thème lyrique de Kamino, le motif associé au complot des Séparatistes, la tête de la fanfare de Kamino, et l'exposé du motif de Lama Su circulant à différents pupitres. Mais ces agglomérats de motifs demeurent peu comparables au maillage des épisodes impériaux, en raison de leur enchaînement relativement lâche dans la première configuration, ou de leur durée restreinte dans le second cas. On ne retrouve de maillage serré « en pot-pourri » que dans les six dernières minutes de *SW3*, à partir du premier énoncé de « Funeral » (02:07:10); à partir de la mort de Padmé, les derniers plans assurent la jonction entre les deux trilogies avec la construction de l'Étoile Noire, l'exil d'Obi-Wan sur Tatooine et le choix des familles adoptives pour les jumeaux Skywalker.

Par ailleurs, le mode d'intervention des motifs dans les épisodes républicains contraste fortement avec la distribution relativement homogène du matériau thématique tout au long des films dans la trilogie impériale. Dans *SW1*, *SW2* et *SW3*, les motifs sont éparpillés et nombre d'entre eux présentent des récurrences quasi immédiates (ou rapprochées) à des endroits ciblés avant de disparaître totalement du tissu musical, tandis que les thèmes principaux et secondaires des épisodes impériaux tendent à être répartis à différents moments clés ou tournants dramatiques de l'intrigue. Dans cette perspective, « Duel of the Fates » de *SW1* et « Battle of the Heroes » de *SW3* présentent la particularité d'être exclusivement circonscrits à la fin du film dans leurs épisodes respectifs. Aucune exposition préliminaire ne donne lieu à une construction progressive selon la technique thématique du « dévoilement graduel », très courante chez Williams. Leurs nombreuses itérations sur une période resserrée (voir tableau 8) et leur mise au premier plan de la partition dans le dernier quart des films leur permettent de générer une empreinte musicale mémorable et, finalement, de ressortir davantage que d'autres motifs plus récurrents, mais plus dispersés, tel le thème d'Anakin dans *SW1*[34].

L'absence de constructions thématiques à grande échelle dans les épisodes républicains s'explique par l'impossibilité pour Williams de développer ses thèmes, en raison de l'écriture différente du scénario faisant la part belle à la diffraction des intrigues, au foisonnement des personnages principaux et secondaires, au flou narratif et aux incertitudes (politiques, idéologiques)[35]. Le changement d'approche du compositeur a aussi à voir avec le nombre et le volume croissant d'effets sonores

34. L'utilisation de « Duel of the Fates » dans *SW1* relevant principalement de changements opérés au montage, nous étudierons au chapitre VII son déploiement, son apport sur le plan dramatique ainsi que ses implications vis-à-vis de son homologue « Battle of the Heroes ».

35. Voir à ce sujet Laurent Jullier, *Star Wars : anatomie d'une saga* [2005], Paris, Armand Colin, 2010, p. 17-24; Pierre Berthomieu, *Hollywood moderne : le temps des voyants*, Pertuis, Rouge Profond, 2011, p. 539-542.

avec lesquels la musique doit cohabiter, comme nous le verrons dans notre troisième partie. Enfin, l'impact des technologies numériques ne doit pas être négligé, surtout à l'égard de la vitesse et de la chronologie rapide des événements, ainsi que du rythme accéléré du montage dans les épisodes républicains. David Bordwell rappelle, au sujet des *blockbusters* contemporains :

> Le montage rapide [...] établit une cadence autoritaire : détournez le regard et vous risquez de manquer un élément essentiel. Par l'alternance de gros plans, la mise au point très mouvante et les mouvements de caméra chaotiques, le spectateur se voit promettre à chaque instant quelque chose de significatif, ou du moins de nouveau. Proche de la télévision, ce style cherche à river le spectateur à l'écran [36].

L'ensemble de ces éléments cinématographiques, qui « ont changé notre manière de suivre l'histoire » [37], impliquent une nécessaire adaptation de la part du compositeur. La construction des films à la manière de gigantesques puzzles souvent disparates ne s'accorde guère avec le type d'écriture employé sur la trilogie impériale ni avec un quelconque développement thématique, comme Williams l'explique au sujet du projet originel qu'il avait conçu pour « Duel of the Fates » sur les trois épisodes républicains :

> Il y avait dans « Duel of the Fates » une théologie conférée entre autres par la chorale que je désirais reprendre dans l'*Épisode II*, pour la clore dans l'*Épisode III*. *L'Attaque des clones* a refusé cette continuité, le film ne s'y prêtant pas du tout. Et finalement, *La Revanche des Sith* pas plus [38].

De même, on a vu que le compositeur n'a pas pu réexploiter le thème d'Anakin de *SW1* dans *SW2* pour le faire dériver progressivement vers la Marche impériale comme telle était son intention initiale, en raison de l'orientation donnée au film par Lucas – ce qui est confirmé par les très rares retours du motif dans *SW2* (trois énoncés) et *SW3* (une seule intervention). Une observation similaire peut être faite au sujet du thème d'amour « Across the Stars » que Williams prévoyait de développer sur *SW3* [39], mais qui, en réalité, revient assez peu et n'est pas soumis à des développements conséquents. Le compositeur souligne ainsi les difficultés représentées par la vitesse de déroulement des événements et la rapidité du montage, empêchant l'exposition de grands thèmes saillants et impliquant une juxtaposition de phrases musicales éclectiques, en particulier dans *SW3* :

---

36. « *Rapid editing [...] sets a commanding pace : look away and you might miss a key point. In the alternating close views, in the racking focus and the edgily drifting camera, the viewer is promised something significant, or at least new, at each instant. Television-friendly, the style tries to rivet the viewer to the screen* ». David Bordwell, « Intensified Continuity Visual Style in Contemporary American Film », *Film Quarterly*, vol. 55, n° 3, printemps 2002, p. 16-28, ici p. 24.

37. « *[These devices] have changed our experience of following the story* ». David Bordwell, *The Way Hollywood Tells It : Story and Style in Modern Movies*, Berkeley, University of California Press, 2006, p. 180. Voir aussi à ce sujet David Bordwell et Kristin Thompson, *L'art du film : une introduction* [2000], Bruxelles, De Boeck, 2009, p. 370-374 ; Benjamin Wright, *Sound from Start to Finish : Professional Style and Practice in Modern Hollywood Sound Production*, thèse de doctorat, Ottawa, Carleton University, 2011, p. 383-397.

38. Williams, cité dans Arlon et Lejeune, « Avec des Sith, on refait le monde », p. 62-65, ici p. 63.

39. Voir l'entretien avec Jeff Bond, « God Almighty ! », *Film Score Monthly*, vol. 8, n° 1, janvier 2003, p. 10-13, plus spécifiquement p. 11.

> J'aurais bien voulu développer le destin mortuaire de Padmé Amidala jumelé à celui d'Anakin [...], la transformation du Chancelier Palpatine en Dark Sidious, ou encore l'univers violent de Grievous dans des registres plus thématiques. De cela, il fut impossible tant l'espace était restreint, suffisant d'un point de vue cinématographique, mais pas assez large d'un point de vue musical. [...] Je me suis donc rabattu sur de nombreuses réminiscences thématiques, souvent des contre-thèmes d'ailleurs, pour transcrire certains sentiments, certaines actions. [...] Personnellement, il me manque peut-être un épisode III ½ pour conclure vraiment[40].

L'écriture thématique du compositeur subit donc des transformations considérables dans la trilogie républicaine. Face à la multiplication des fils narratifs, la diffraction et l'emboîtement des intrigues, la prolifération des personnages, et au rythme plus soutenu du montage, Williams modifie et adapte sa stratégie compositionnelle. Cette autre façon de réaliser les films, liée en partie aux bouleversements technologiques que nous aborderons en détail tout au long de nos deuxième et troisième parties, appelle en effet un autre type d'accompagnement musical, qui s'inscrit d'ailleurs pleinement dans l'évolution globale de l'écriture du compositeur à partir des années 1990. À ce titre, l'étude comparative de la palette orchestrale mobilisée par Williams sur les six épisodes permettra d'apporter des éclairages complémentaires à nos conclusions préliminaires.

---

40. Williams, cité dans Arlon et Lejeune, « Avec des Sith, on refait le monde », p. 62-65, ici p. 64-65.

## Chapitre IV

# UN ENRICHISSEMENT DE LA PALETTE ORCHESTRALE

Le traitement orchestral de la trilogie républicaine cristallise à la fois l'évolution globale de l'écriture de John Williams et le tournant amorcé dans les années 1990 (déjà évoqué) mais aussi sa corrélation avec le développement des technologies numériques. Le compositeur reconnaît lui-même : « Les transformations technologiques [...] favorisent les changements d'approches esthétiques » [1]. Il lie ainsi ces deux éléments de manière indissociable lorsqu'il évoque son changement d'approche vis-à-vis de la trilogie impériale à partir de *SW1* : « Vingt ans se sont écoulés. Il y a eu une évolution dans mon écriture et dans la technique » [2].

### Mixage numérique et écriture orchestrale dans la trilogie républicaine

*Une délimitation nette des lignes instrumentales*

L'enregistrement et le mixage son numériques offrent notamment la possibilité de rendre les différentes lignes de la texture orchestrale claires et perceptibles – en particulier les sonorités plus douces ou transparentes de la flûte, de la harpe, du piano et du célesta –, de modifier la résonance ainsi que le registre et le timbre des instruments [3].

*La modification du timbre instrumental*

Dans de nombreux *cues* des épisodes républicains, Williams apporte une attention minutieuse aux possibilités de transformation du timbre naturel des instruments. Il révèle ainsi avoir considérablement retravaillé en post-production « Duel of the Fates »,

1. « *Changes in technology [...] help change aesthetic approaches* ». Williams, cité dans « John Williams : Back Again to a Galaxy... », *International Musician*, juin 2015, http://internationalmusician.org/john-williams/, consulté le 12 juillet 2015.

2. Williams, cité dans Didier Leprêtre, « Étoiles fantômes », *Dreams to Dream...s*, n° 16, hiver 1999, p. 8-18, ici p. 14.

3. Voir Cécile Carayol, *Une musique pour l'image : vers un symphonisme intimiste dans le cinéma français*, Rennes, Presses universitaires de Rennes, 2012, p. 89.

l'un des *cues* phares de *SW1* : « Techniquement, nous avons dû faire beaucoup de retouches, car le *live* que je souhaitais ne fut pas si concluant que cela »[4].

La parade festive devant le palais de Theed sur Naboo qui clôt ce même épisode offre un exemple emblématique de ce travail sur le timbre instrumental. Les sonorités des cuivres ont fait l'objet d'un traitement minutieux de la part du compositeur, des orchestrateurs et du *music editor*. Conrad Pope nous a ainsi expliqué :

> « The Parade » est un hommage à ce son strident du jeu des trompettes de la fin des années 1930 et du début des années 1940, où les trompettistes étaient défiés par les clarinettistes comme Ferguson[5].

Dans ce *cue*, les trompettes sont doublées par le synthétiseur, qui leur confère une rondeur de son supplémentaire. Le *music editor* Kenneth Wannberg évoque en ces termes le processus de transformation de leur timbre :

> La majorité du *cue* a été générée par un synthétiseur, les cuivres étaient l'élément *live*. Nous avons enregistré une partie des trucs [*sic*] joués par les cuivres à mi-tempo puis nous les avons accélérés, ce qui a entraîné une transposition une octave plus haut, que les trompettes ne peuvent atteindre[6].

L'aspect très brillant qui en résulte est particulièrement perceptible dans le geste de clôture du *cue* (exemple 28), où la progression des trompettes vers une tessiture extrême aigüe, les quintes parallèles et à vide renforcent les sonorités transformées éclatantes des cuivres, affectées de surcroît d'une audible réverbération :

Exemple 28. *SW1*, geste cadentiel final, derniers plans de liesse (02:09:47-02:09:53).

On remarque également dans cet exemple la cohabitation équilibrée entre, d'un côté, le chœur d'enfants dans une nuance *mf* et, de l'autre les trompettes *ff* en *crescendo*, qui ne noient pas la ligne vocale – et ce en dépit de la différence de dynamique – grâce à leur différenciation de registre, de traitement rythmique et à la modification de leur timbre en post-production. Un soin méticuleux est ainsi apporté à l'alliage entre les différentes lignes de la texture orchestrale, dans l'écriture et au mixage.

---

4. Williams, cité dans Leprêtre, « Étoiles fantômes », p. 8-18, ici p. 13.

5. « *"The Parade" is an homage to this screechy trumpet playing of the late thirties and early forties when trumpet players where challenged by clarinet players, like Ferguson* ». Conrad Pope, entretien personnel enregistré le 13 février 2013.

6. « *Most of it was synthesizer, the live stuff was brass. Some of the brass stuff we did at half tempo and sped it up, so it got an octave higher, which trumpets can't go* ». Wannberg, cité dans Ford A. Thaxton, « *Star Wars Episode One : The Phantom Menace*. Music Editor Ken Wannberg », *Soundtrack*, vol. 18, n° 70, été 1999, p. 8-10, ici p. 9.

En pointant cette corrélation technique / esthétique, nous ne suggérons évidemment pas que l'écriture de Williams sur la trilogie républicaine soit *déterminée* par les développements des technologies numériques, mais plutôt que le compositeur exploite les possibilités offertes notamment par l'enregistrement et le mixage pour mettre en valeur ses choix d'orchestration, aussi bien dans les textures denses que dans les détails ciselés. Cette question ne peut être occultée puisqu'elle fonde la spécificité même de la musique de cinéma, cette « musique destinée à la seule reproduction technique, [...] qui n'a pas pour objet d'être confrontée au public dans la performance du concert »[7], comme le rappelle Gilles Mouëllic.

*La clarté des plans sonores*

Dans les *tutti* orchestraux, le mixage numérique permet ainsi à Williams de générer des textures très denses où tous les timbres ressortent distinctement sans qu'un groupe instrumental prévale « accidentellement » sur l'autre, indépendamment de l'écriture choisie. C'est le cas par exemple à la fin du combat opposant Anakin et Obi-Wan dans *SW3*. La musique y atteint une ampleur orchestrale et une puissance sonore considérables, ainsi qu'une force dramatique exacerbée notamment par l'intervention d'un grand chœur mixte. Il est toutefois possible de percevoir nettement différents plans sonores – et ce en dépit de l'environnement sonore dense, peuplé de bruits d'explosions, d'éruptions volcaniques, de grondements sourds et de coups de sabre laser. Conjointement à l'écriture orchestrale de Williams, la gestion du mixage rend parfaitement distincts la ligne du chœur, la mélodie de « Battle of the Heroes » jouée aux cors (parfois doublés par les trompettes), l'ostinato nerveux de croches circulant alternativement aux cordes graves, trompettes et trombones et aux bois dans l'aigu, ainsi que les *glissandi* de harpe et les interventions ponctuelles fragmentées dans le suraigu aux piccolo et xylophone.

Cette clarté des plans sonores peut également être repérée dans des *cues* moins emphatiques, à l'orchestration plus légère. « 4M5A Padme's Ruminations » accompagne une parenthèse dramatique au sein de l'intrigue : tandis qu'Anakin, seul au Sénat, est hanté par les mensonges de Palpatine affirmant pouvoir déjouer la mort de Padmé, la jeune femme semble habitée par la même tristesse inquiète. Williams délimite ici plusieurs plans sonores, clairement distincts en dépit de la nuance *pp* généralisée : sur une texture dissonante de pédales de cordes réparties de l'extrême grave au médium, les dernières notes d'un *glissando* de soprano dans le grave et un motif descendant en valeurs longues aux cors, un énoncé diaphane du thème d'amour « Across the Stars » se fait entendre au synthétiseur en *decrescendo* (exemple 29).

Cet exposé exsangue, presque fantomatique – Williams note sur le manuscrit son souhait qu'il soit joué « très faiblement »[8] –, n'est constitué que d'un fragment de la tête du thème et revêt un caractère beaucoup plus désolé. Il symbolise l'épuisement de l'amour unissant Anakin et Padmé, gangrené par les promesses traîtresses de Palpatine. À l'image des derniers rayons or et rose du soleil couchant sur Coruscant, le

7. Gilles Mouëllic, « Postface », dans Carayol, *Une musique pour l'image*, p. 258.
8. « *Very faintly* ».

motif apparaît comme l'ultime manifestation de l'union des deux amants, rapprochés métaphoriquement par un montage alterné faisant se succéder les gros plans sur les visages de Padmé et d'Anakin, qui semblent se regarder malgré la distance les séparant. Mais l'exténuation du motif, qui s'interrompt immédiatement après ce court exposé alors qu'une larme de désespoir coule sur la joue du jeune homme, signe la fin irrémédiable de leur idylle, confirmée par la symétrie des expressions impuissantes des amants qui baissent la tête en fermant les yeux, comme s'ils pressentaient la tragédie à venir. Le dernier plan de la séquence, beaucoup plus éloigné, cadrant Padmé de dos isolée au sein du décor, met fin à la communion des jeunes gens pour ne laisser place qu'à une solitude irrémédiable. La présence du thème d'amour est ici quasiment subliminale ; sa perception n'aurait pas été possible de manière aussi claire sans le raffinement du mixage et des systèmes de diffusion sonore numériques.

Exemple 29. *SW3*, épuisement de l'amour unissant Anakin et Padmé (01:10:17-01:10:37).

Dans une perspective similaire, dans la scène de *SW3* où la rancœur nourrie par Anakin à l'égard du Conseil des Jedi éclate pour la première fois ouvertement au Sénat, Cécile Carayol note l'énoncé clair de la Marche impériale dans l'extrême grave : « Grâce au mixage numérique [...], elle est repérable malgré le registre extrême grave de la clarinette basse qui joue dans des nuances *piano*, accompagnée par les [cordes] graves et une tenue des violons dans l'aigu »[9]. Ajoutons que le timbre et le registre choisis par Williams permettent aussi au thème, exposé par deux clarinettes basses doublées par les bassons, d'être perceptible sous le dialogue. Le compositeur fait ainsi ressortir le rapport

9. Carayol, *Une musique pour l'image*, p. 86.

de force très tendu entre Anakin et Mace Windu, tout en suggérant à la fois l'impact néfaste des flatteries de Palpatine et l'orgueil blessé du jeune homme, qui occuperont un rôle central dans son basculement vers le côté obscur.

*Les doublures et alliages de timbres transparents*

Dans cette conjoncture entre mixage et écriture du compositeur, certains types de doublures instrumentales, alliant plusieurs timbres « transparents »[10] d'après la classification de Mario Litwin, méritent d'être signalées[11]. Tout un pan de l'orchestration de Williams est caractérisé par l'emploi de timbres transparents comme le célesta, la harpe et le piano ; Emilio Audissino y voit l'influence des compositeurs russes, tel Nikolaï Rimsky-Korsakov :

> Les partitions [de Williams] attestent une attention profonde portée à l'usage coloristique et inventif des timbres, et des traits récurrents comme les envolées de bois dans l'aigu, la proéminence de *glissandos* de harpe, des touches chatoyantes de célesta, et la présence constante du piano, employé soit pour ajouter de la couleur à une mélodie soit pour renforcer la section de percussions[12].

L'alliage de timbres transparents dans l'écriture de Williams participe pleinement à la clarté des plans sonores. L'association de la harpe à d'autres claviers aux sonorités cristallines vise à ajouter une luminosité en transparence (« *glow* »[13] selon l'expression du compositeur). Déjà présente dans ses partitions des années 1970[14], elle devient chez lui une pratique quasi systématique et ostensible à partir des années 1990 selon deux cas de figure, que nous étudierons successivement : les doublures strictes et les alliages de timbres (doublures partielles ou lignes distinctes confiées à chaque instrument). Dans un cas comme dans l'autre, le mixage numérique rend ces timbres transparents plus présents et perceptibles, comme mis en relief.

Dans le cas des doublures strictes, il est intéressant de noter que Williams varie les configurations instrumentales : les associations de timbres ne sont jamais figées. Si la harpe et le piano jouent majoritairement ensemble, comme dans les *cues* « Hide and Seek » ou « David Studies Monica » d'*A.I. Intelligence Artificielle* (2001), les

---

10. Voir Mario Litwin, *Le film et sa musique : création, montage*, Paris, Romillat, 1992, p. 35-36.

11. Nous laissons volontairement de côté les autres doublures habituellement employées par Williams, qui seront abordées en détail au chapitre IX : utilisées notamment pour générer une intensification sonore voire des effets de masse dans les scènes d'action, elles doivent en effet être étudiées en corrélation avec le contexte sonore global dans lequel elles s'insèrent.

12. « *In [Williams'] scores there is a keen attention for a coloristic and inventive use of timbres, and such recurring traits as high-pitched woodwind runs, prominent harp glissandos, glistening touches of celesta, and the constant presence of the piano used either for adding color to a melody or to reinforce the percussion section* ». Emilio Audissino, *John Williams's Film Music : Jaws, Star Wars, Raiders of the Lost Ark, and the Return of the Classical Hollywood Music Style*, Madison, The University of Wisconsin Press, 2014, p. 124.

13. Voir Jeff Bond, « Dialogue : John Williams », *The Hollywood Reporter*, janvier 2006, http://www.hollywoodreporter.com/hr/search/article_display.jsp?vnu_content_id=1001808239, consulté le 20 avril 2017.

14. Écouter par exemple les arpèges ascendants aux deux harpes suivies de gammes fusées confiées au piano et au célesta en doublure au début du *cue* « Chrissie's Death » des *Dents de la mer* (1975). Ils font écho au miroitement de la lumière de la lune à la surface de l'océan et aux mouvements gracieux de la jeune fille-naïade, filmés en contre-plongée depuis les profondeurs en caméra subjective.

percussions cristallines qui leur sont adjointes diffèrent selon le film et le contexte de la scène, apportant ainsi de très légères nuances de couleur tout en conservant l'effet lumineux général. Ainsi, dans *Hook ou la revanche du capitaine Crochet* (1991), lorsque Peter se remémore sa rencontre avec la fée Clochette et leur premier voyage au pays imaginaire, Williams confie le thème à deux harpes doublées par le piano et les cloches synthétiques, sur un accord tenu en pédale aux violons et aux altos. Le son des cloches vient subtilement auréoler l'ensemble d'une douceur supplémentaire dans la résonance, renforçant l'évocation du monde de l'enfance tout en suggérant peut-être aussi la présence de la fée qui veille sur le jeune Peter (exemple 30) :

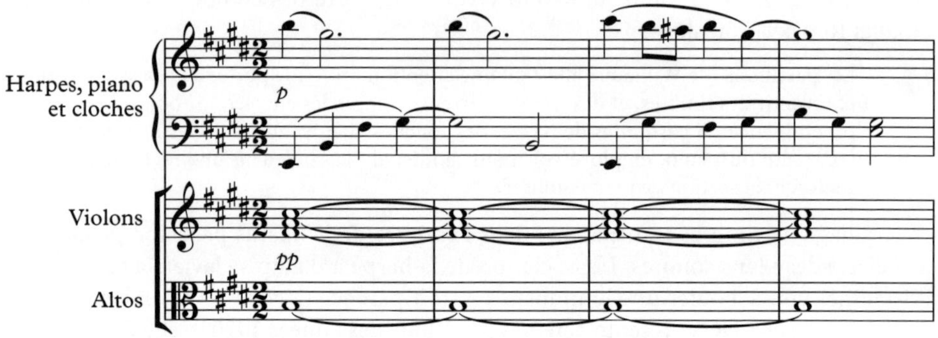


Exemple 30. *Hook ou la revanche du capitaine Crochet*,
Peter se remémore sa rencontre avec la fée Clochette (01:32:57-01:33:05).

*Arrête-moi si tu peux* (2002) présente un autre exemple type : la mélodie principale du *cue* « The Float », ascendante et entraînante, est jouée à la harpe, au piano et au glockenspiel. Le thème revêt ainsi un aspect très léger et carillonnant, qui exprime l'euphorie éprouvée par Franck lorsqu'il met au point ses faux chèques et décide de devenir pilote (exemple 31) :

Exemple 31. *Arrête-moi si tu peux*, « The Float », thème principal.
Transcription à partir de la bande originale, piste 2 (00:45-00:52).

La trilogie républicaine de *Star Wars* s'inscrit donc parfaitement au sein de cette pratique généralisée de doublures cristallines. Dans *SW1*, par exemple, le climat intime et rêveur de la scène nocturne où Anakin et Qui-Gon discutent de l'immensité de l'univers (50:01) est amplifié par les choix d'orchestration de Williams. L'évocation des étoiles est rehaussée par l'accompagnement construit majoritairement sur des timbres chatoyants, avec les scintillements de triangle, les harmoniques aux cordes dans l'extrême aigu, un petit contre-chant descendant joué au glockenspiel, les arpèges lents et délicats égrenés note à note par la harpe doublée par le piano et le célesta, qui confèrent un relief et une luminosité au timbre rond de la harpe dans le registre médium. Le compositeur sculpte le matériau sonore en travaillant sur les contrastes de hauteurs et d'épaisseur de son entre les timbres « transparents » et ceux, plus opaques, du hautbois et des cordes graves (exemple 32) ; ces choix orchestraux sont en retour mis en valeur par le mixage. La mélodie mélancolique jouée par le hautbois revêt un aspect orientalisant par la seconde augmentée qui ouvre le thème et l'altération du quatrième degré (*ré* dièse). Très sinueuse et chantante, alternant mouvements conjoints et décrochages mélodiques expressifs, elle renforce le mystère des différents systèmes de planètes. La musique magnifie l'évocation de l'Ailleurs et de l'infini. Elle exprime, par ses sonorités chatoyantes et mélancoliques, le désir d'Anakin de partir de Tatooine, son aspiration à une autre vie (« Je veux être le premier à visiter toutes les planètes » [15]) :

Exemple 32. *SW1*, « Anakin's Midi-Chlorian Count ».
Transcription à partir de [*SW1 UE*], disque 1, piste 27 (00:22-00:41).

*SW7* confirme ce tournant pris par Williams dans son écriture orchestrale depuis les années 1990, notamment avec le thème de Rey, dont la première phrase en écriture verticale est jouée au célesta doublé par le piano, avant que la deuxième phrase ne soit énoncée au piano seul. L'attribution d'un thème (ou d'un segment mélodique) au piano soliste – et non fondu avec les autres pupitres – constitue une nouveauté dans la saga, mais aussi dans la filmographie générale du compositeur : on ne rencontre cette configuration de façon notable que dans *Lincoln* (2011), *La Voleuse de livres* (2013) et *Le Bon Gros Géant* (2015).

15. « *I want to be the first one to see them all* ».

En dehors des doublures strictes de timbres transparents, Williams associe fréquemment ce type de sonorités également au sein de ses textures d'ensemble. On en observe quelques exemples dans la trilogie impériale, comme dans la scène de *SW5* où, lors de son entraînement de Jedi, Luke a une vision de Han et Leia prisonniers à Bespin. Le compositeur superpose les sonorités du vibraphone, du glockenspiel, du thérémine, du piano, mais leur confie des lignes distinctes, auxquelles il adjoint des arpèges ascendants sporadiques au célesta et le thème de Yoda joué en harmoniques aux violons. L'alliage des timbres couplé aux registres aigu et suraigu crée un climat éthéré, mystérieux et surnaturel, soulignant le caractère magique de la vision de Luke qui perçoit « une cité dans les nuages » [16], tout en maintenant une tension par le contexte harmonique dissonant en écho à la souffrance de ses amis (exemple 33) :

Exemple 33. *SW5*, Luke a une vision de Han et Leia prisonniers à Bespin (01:13:40-01:13:54).

16. « *I saw a city in the clouds* ».

Les associations de timbres transparents se généralisent dans la trilogie républicaine, où elles sont fréquemment employées par petites touches afin de générer un contexte sonore global très lumineux, comme dans la scène de *SW3* où Anakin tente de dissiper l'inquiétude de Padmé en détournant son attention sur le collier qu'il lui avait confectionné quand il était enfant. Williams superpose deux arpèges en mouvement contraire à la harpe et au célesta, surmonté d'un motif au caractère rêveur en valeurs longues joué par une cloche synthétique dans le suraigu et affecté d'une forte réverbération (exemple 34). L'écriture et le mixage produisent ici un son d'ensemble perlé, dont le scintillement et la douceur rehaussent la délicatesse du bijou, le moiré de la robe en soie bleue de Padmé, la brillance de la chaîne d'argent et des joyaux ornant la tenue de la jeune femme. Cette minutie dans la recherche de concordance entre la musique et l'image est confirmée par l'annotation du compositeur, précisant « Gros plan sur le collier » [17] au-dessus de la mesure correspondante.

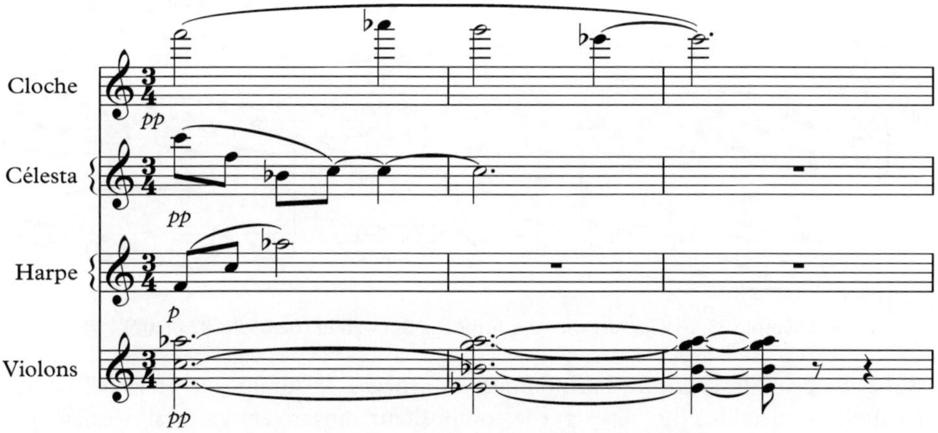


Exemple 34. *SW3*, Anakin pointe le collier qu'il avait confectionné à Padmé enfant (31:47-31:53).

Outre ces moments très ponctuels, Williams recourt aux alliages de timbres transparents de manière plus extensive dans plusieurs scènes importantes, comme lors de la naissance des jumeaux Skywalker à la fin de *SW3*. La superposition d'arpèges en triolets obstinés aux deux harpes et d'un grand motif disjoint en mouvement contraire au célesta crée une parenthèse enchantée momentanée au sein du drame voyant la renaissance d'Anakin en Dark Vador et le décès de Padmé (exemple 35). L'impression de flottement, de brouillage temporel générée par les ondulations des arpèges, la superposition de rythmes ternaires et binaires, et les couleurs harmoniques ornementales y concourt aussi. L'accord de *sol* dièse mineur (mes. 1) fonctionne comme une triple appogiature de l'accord de *la* mineur qui survient à la mesure 2, puis devient un accord de passage (mes. 5-6) entre deux formulations de l'accord de *la* mineur. Dans la partie de harpes, si la superposition de *sol* dièse mineur et *la* mineur peut paraître très

17. « *C.U. [Close-Up] Necklace* ».

dissonante à première vue, le résultat sonore l'est en réalité beaucoup moins grâce aux notes arpégées des accords :

Exemple 35. *SW3*, naissance des jumeaux Skywalker (02:05:36-02:06:02).

La douceur de l'écriture harmonique en arpèges, la luminosité et la délicatesse des timbres cristallins mobilisés par le compositeur s'inscrivent en total décalage par rapport aux cris de Padmé, dont le visage défait par les douleurs de l'enfantement est écrasé par une forte plongée. L'accompagnement musical semble plutôt faire écho au calme attendri d'Obi-Wan, trouvant uniquement une résonance dans le court moment de répit vécu par Padmé lorsqu'elle prénomme son premier bébé Luke dans un souffle émerveillé. Rappelant les sonorités chatoyantes employées par Williams sur les trois premiers volets de la saga *Harry Potter* (2001-2004), la partition se dissocie ici de la souffrance de Padmé et jette un voile presque féerique sur la scène, suggérant qu'un « nouvel espoir » est encore possible grâce à Luke et Leia.

Il s'agit là d'un trait caractéristique de l'approche williamsienne des rapports musique / image : tout en proposant un accompagnement relativement synchrone et « empathique » [18], le compositeur introduit très souvent une forme de commentaire sur les images en se dissociant de l'un des aspects de la séquence ou en mettant en valeur un élément de l'image moins saillant. C'est le cas par exemple lors de la naissance du bébé

18. Michel Chion (*Un art sonore, le cinéma : histoire, esthétique, poétique*, Paris, Cahiers du cinéma, 2003, p. 382) définit la musique empathique comme une musique « qui participe directement à l'émotion de la scène, de la situation, vibre en sympathie avec elle, l'enveloppe, la prolonge, et l'amplifie ».

vélociraptor dans *Jurassic Park* (1993)[19] ou quand l'aviation américaine bombarde le camp japonais dans *L'Empire du soleil* (1987) : une grande part de l'impact dramatique de la séquence repose sur le contraste entre l'exultation de Jim face au Mustang P-51 et les scènes de carnage autour de lui, auxquelles la musique ne prête aucune attention jusqu'à l'énoncé d'une progression harmonique dissonante venant briser l'élan orchestral. Ainsi, dans toute la scène, la musique joue simultanément plusieurs fonctions : elle renforce les plans relatifs à Jim, subvertit le chaos et la destruction qui règnent en délaissant temporairement cet aspect ; comme le note Frank Lehman, la musique interprète la séquence tout autant qu'elle l'accompagne, en proposant tour à tour le point de vue du petit garçon et la réalité[20].

*L'extension des registres*

Outre la mise en relief des lignes individuelles et des différents plans sonores, la clarté des alliages de timbres singuliers qui font ressortir certains éléments importants des séquences, ajoutent une strate de sens supplémentaire ou proposent une forme de commentaire sur l'image, le mixage numérique limite les risques de distorsion et de saturation involontaires du son. Il autorise ainsi un élargissement de la palette des fréquences et la pleine exploitation par Williams des registres extrêmes sur les épisodes républicains.

*Types d'utilisation des registres extrêmes dans la trilogie impériale*

Le compositeur recourt déjà aux contrastes de registres dans la trilogie impériale, de façon spécifique. L'extrême aigu, en particulier, est mobilisé dans les séquences inquiétantes comme la scène des Mynocks ou celle de la grotte du mal sur Dagobah dans *SW5*. Williams y exploite la stridence du suraigu pour construire un climat angoissant et souligner les apparitions soudaines de créatures malfaisantes à l'écran (Mynocks, reptiles...) par des cellules disjointes fragmentées au piccolo, et des *glissandi* ascendants de clusters joués aux violons ou par plusieurs piccolos. Cette seconde technique est employée dans une optique similaire aux violons et au synthétiseur au début des *Aventuriers de l'Arche perdue* (1981, *cue* « The Idol Temple ») quand Indiana Jones et Satipo se rendent compte qu'ils sont couverts de tarentules[21], ou lors de la découverte des rats grouillant dans les égouts vénitiens dans *Indiana Jones et la dernière croisade* (1989, *cue* « Ah, Rats!!! »). En dehors de ces moments ciblés pour susciter la révulsion chez le spectateur et produire un « équivalent musical à un "frisson dans le dos" »[22], le suraigu est assez peu exploité seul dans les épisodes impériaux.

19. Voir Chloé Huvet, « La dissociation musique/images dans *Jurassic Park* : un élargissement des pratiques compositionnelles de l'âge d'or hollywoodien dans la partition de John Williams », *Cahiers de la Société Québécoise de Recherche en Musique*, vol. 15, n° 2, automne 2014, p. 23-39, plus spécifiquement p. 34-35.

20. Voir Frank M. Lehman, *Reading Tonality Through Film : Transformational Hermeneutics and the Music of Hollywood*, thèse de doctorat, Cambridge, Harvard University, 2012, p. 13-18.

21. Voir Audissino, *John Williams's Film Music*, p. 163-164.

22. « *a musical equivalent of a "shiver running down the spine"* ». *Ibid.*, p. 164.

De même, le registre extrême grave y est utilisé de façon relativement parcimonieuse, souvent par le biais de clusters de piano dans des textures orchestrales denses, comme lors de la bataille de Hoth au début de *SW5*. Le motif de Boba Fett est l'unique thème concentré exclusivement dans ce registre, et il n'apparaît que trois fois dans *SW5*. Un cas intéressant d'exploitation de l'extrême grave peut être observé au début de *SW6* dans la scène où Luke, Han et Chewbacca sont sur le point d'être jetés dans la Grande fosse de Carkoon. Williams crée une correspondance audio-visuelle frappante entre la béance terrifiante qui s'ouvre sous les pieds de Luke, et un motif plongeant dans le grave aux trombones, au tuba et aux cordes graves, souligné par un roulement de timbale dramatique (exemple 36). Un effet d'élargissement sonore est créé par contraste aux violons avec un arpège ascendant de quinte augmentée (sur une basse de *mi* bémol), « résolu » sur le *sol* bécarre dans l'extrême grave énoncé en synchronisation avec le plan subjectif en plongée sur la gueule hérissée du monstre :

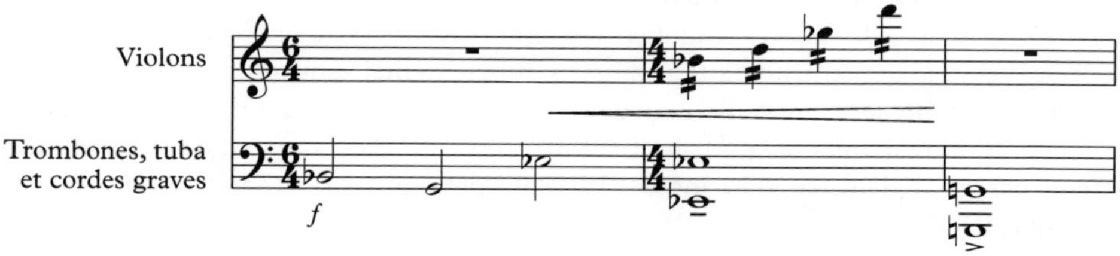


Exemple 36. *SW6*, Grande fosse de Carkoon.
Transcription à partir de [*SW6* BO], disque 1, piste 6 (00:00-00:08).

*Un rôle dramatique à part entière sur les épisodes républicains*

Dans la trilogie républicaine, les registres extrêmes acquièrent une présence, une « visibilité » et une précision de rendu sonore sans égales dans les épisodes antérieurs. L'orchestrateur Conrad Pope insiste sur ce nouveau déploiement vers le grave et l'aigu : « Au cours des vingt dernières années, les basses sont devenues bien plus répandues, et les instruments aigus se sont faits beaucoup plus stridents. [...] Il y a une sorte d'exubérance »[23].

Dans la scène de *SW1* où Qui-Gon négocie avec Watto la libération d'Anakin en cas de victoire du garçon à la course de modules (45:35), par exemple, Williams accompagne l'ensemble des tractations par un motif doux et cristallin au synthétiseur dans le suraigu, fortement réverbéré, auréolé de *glissandi* de rivière (*mark tree*) dans l'extrême aigu, ponctué par quelques arpèges ascendants de harpe et des trilles aigus en trémolos aux violons. Le marchandage se voit ainsi enveloppé d'un voile merveilleux qui renforce le charisme du Jedi et souligne l'importance du pari pour la suite de l'intrigue.

Le compositeur exploite également le suraigu « à nu » comme facteur de grande tension dans de nombreuses scènes de *SW3*. C'est le cas notamment lorsque Palpatine évoque auprès d'Anakin le pouvoir de déjouer la mort avant de le baptiser « Dark Vador » (01:16:03), ou pendant le dialogue entre Anakin et Padmé qui suit l'une des prémonitions macabres du Jedi. Dans cette dernière scène, Padmé évoque d'un ton léger

23. « *In the last twenty years, the basses became far more prevalent, and the high instruments have become far more screechy. [...] There is a kind of exuberance* ». Pope, entretien personnel enregistré le 13 février 2013.

la visite que lui a rendue Obi-Wan. Extrêmement dépouillée, la musique s'inscrit en porte-à-faux vis-à-vis de l'attitude enjouée de la jeune femme, qui range négligemment un vêtement, et du contenu même du dialogue. Très tendu, l'accompagnement musical repose sur la division des pupitres de violons avec des octaves tenues dans le suraigu et des oscillations de seconde mineure dans l'aigu, et une pédale jouée par les altos dans l'aigu de leur tessiture (exemple 37). Le retour obsédant sur les mêmes notes aux seconds violons semble faire écho aux idées noires ressassées par Anakin. La partition reflète ainsi le mal-être intérieur profond du jeune homme, qui transparaît dans son ton tranchant et son expression morose.

Exemple 37. *SW3*, Padmé évoque la visite d'Obi-Wan à Anakin (52:38-53:00).

L'effet de malaise engendré par ces choix d'écriture est accentué par la rupture soudaine de registre, introduite par Williams au moment où Anakin avoue se sentir perdu et rejeté par les autres Jedi : les altos et les violoncelles font entendre des *glissandi* de demi-tons et de quarts de tons en trémolos *sul ponticello* dans le registre médium, accompagnés par des clusters dans l'extrême grave aux bassons, piano, clarinette basse, contrebasson et synthétiseur.

Outre l'exploitation de l'expressivité du suraigu, les partitions de la trilogie républicaine ménagent une place nouvelle et particulièrement remarquable aux registres grave et extrême grave. Au-delà de l'effet de profondeur sonore qu'ils génèrent, ils jouent eux aussi un rôle dramatique à part entière.

À la fin de *SW1*, les troupes de la Fédération du Commerce et les Gungans s'affrontent dans une vaste prairie sur Naboo. À deux reprises, l'arrivée puis le déploiement des forces droïdes se font sans aucune musique, avec pour seul accompagnement les effets sonores, qui amplifient l'impact dramatique en suggérant la domination technologique et la froideur mécanique de l'armée de la Fédération. Ce silence musical confère par la suite une force particulière au synchronisme musique / image, réalisé juste après l'ordre d'activer les droïdes : le tempo musical se calque sur les gestes des droïdes, le compositeur soulignant sur son manuscrit l'annotation « En cadence avec les droïdes ! »[24]. Le thème martial des droïdes est énoncé de manière très déclamatoire dans le grave dans le mode de *la* sur *la* par quatre trombones doublés par le tuba, accompagné par des percussions très présentes (roulements de caisse claire, coups de cymbales) et un ostinato de cordes dans l'extrême grave (exemple 38). La diversité rythmique (anapestes, dactyles, rythmes pointés, triolets) et les contretemps génèrent un grand dynamisme. La mélodie est « interrompue » à deux reprises par des gestes cadentiels aux sonorités modales :

24. « *In Step with Droids!* ».

l'enchaînement plagal IV-I (mes. 4) est réinterprété par le biais du quatrième degré altéré (*ré* dièse, mes. 5) qui émaille l'harmonie d'un triton expressif. Ce thème n'est pas sans rappeler les précédentes marches militaires composées par Williams dans *Nixon* (1996, *cue* « The 1960's : The Turbulent Years ») ou pour les nazis dans le troisième volet d'*Indiana Jones* (1989), comme il l'explique :

> Lucas voulait quelque chose de martial, d'extrêmement grandiloquent, une marche militaire où chaque note ajoutait à la précédente son lot de puissance. Nous avions évoqué *Indiana Jones et la dernière croisade* et le thème a été conçu dans le même esprit[25].

Exemple 38. *SW1*, thème des droïdes, la Fédération du Commerce active ses bataillons de combat. Transcription à partir de [*SW1 UE*], disque 2, piste 18 (00:00-00:12).

Le thème est ici beaucoup plus pesant que lors de ses précédentes occurrences ; la mobilisation de tous les pupitres de trombones, assez inhabituelle, génère un son puissant et massif. Pope insiste à cet égard : « Le registre est fondamental ici. […] Un espace est ménagé pour que les trombones puissent sonner, et ils jouent ce motif tous ensemble »[26]. La profondeur sonore, l'aspect hiératique et imposant qui en résultent accroissent ainsi le dépliement symétrique impressionnant des bataillons droïdes, mis en valeur par l'alternance de gros plans et de prises de vue plus éloignées démultipliant les rangées de machines. La musique et l'image dépeignent de concert une forme de naissance monstrueuse et terrifiante – suggérée notamment par la position fœtale des droïdes dans le premier plan –, la mise en branle d'une entité dédiée à l'anéantissement.

25. Williams, cité dans Leprêtre, « Étoiles fantômes », p. 8-18, ici p. 15.

26. « *The register is very important here. […] The trombones are given space in order to be able to sound, and it's all of them playing that* ». Pope, entretien personnel enregistré le 13 février 2013.

L'extrême grave acquiert sur les épisodes républicains une visibilité notable, exploité pour lui-même et non plus seulement en tant que renforcement des sonorités d'ensemble. On l'observe par exemple dans la scène de *SW2* sur Kamino où Taun-We charge Obi-Wan de prévenir les Jedi que les premiers bataillons de clones sont prêts (56:50), mais la séquence à l'opéra de *SW3* en est certainement la manifestation la plus saisissante. Dès les premiers plans extérieurs sur le bâtiment, un accompagnement musical très singulier se fait entendre, construit sur un drone vocal dans l'extrême grave qui se poursuit pendant le dialogue entre Palpatine et Anakin. Le chancelier révèle au jeune homme l'existence d'une « conspiration » des Jedi, qui projetteraient de le renverser pour s'emparer du pouvoir. Williams fait appel à des voix de basses tibétaines, voulant ainsi chercher « le ton de voix le plus bas que nos corps puissent produire » [27]. Sur son manuscrit, le compositeur demande aux choristes d'alterner les reprises de souffle pour créer un son guttural extrêmement continu et égal, renforcé par la transformation imperceptible des sonorités vocales, passant insensiblement des syllabes « *oh* » à « *ah* », « *eh* » ou « *ee* ». À ce drone s'adjoignent des *glissandi* de clusters aléatoires sur des hauteurs variées et indéterminées au synthétiseur ; l'ensemble est affecté d'une forte réverbération, ouvrant un espace sonore d'une grande profondeur. À la différence du thème de l'Empereur, les voix masculines sont ici « privées de dimension mélodique pour devenir pure texture » [28].

Les choix d'orchestration effectués par Williams et son travail sur le timbre s'inscrivent de façon remarquable au sein de la scénographie même de la scène, et ce à plusieurs titres. Plongés dans une semi-obscurité, Anakin et Palpatine contemplent un spectacle abstrait où une forme de vie élémentaire s'épanouit dans des bulles mauves phosphorescentes, évoquant les concerts Vortex de Jordan Belson au Morrison Planetarium de San Francisco (1957-1959) [29].

L'extrême dépouillement du matériau musical rejoint ici l'abstraction visuelle. La lenteur et l'« aura planante » [30] du spectacle lumineux s'offrant sous les yeux des deux personnages se voient amplifiées par le temps lisse de l'accompagnement musical non mesuré [31]. À l'iridescence des bulles font écho les sons flûtés et diaphanes produits par le synthétiseur, tandis que l'« iconographie des limbes » [32] trouve une résonance puissante dans les sonorités d'outre-tombe du chœur masculin, suggérant également la manipulation pernicieuse du chancelier.

Ces sonorités, nouvelles dans l'univers de la saga, s'inscrivent au sein d'une communauté de pratiques musicales dans le cinéma contemporain où, depuis le début des

27. Williams, cité dans Laurent Bouzereau, *Scoring War of the Worlds*, Dreamworks Home Entertainment, 2005.

28. « *deprived of melody to become pure texture* ». Frank Lehman, « What the Sith Lord Said : Monologic Narration and Musical Reflexivity in Leitmotivic Scores », colloque international *Music & the Moving Image*, New York University, 26 mai 2017.

29. Pierre Berthomieu, *Hollywood moderne : le temps des voyants*, Pertuis, Rouge Profond, 2011, p. 527.

30. *Ibid.*

31. Sur les notions de « temps lisse » et de « temps strié », nous renvoyons à Pierre Boulez, *Penser la musique aujourd'hui*, Paris, Gonthier, 1963, p. 107-108.

32. Berthomieu, *Hollywood moderne*, p. 528.

années 2000, l'exploitation « à nu » du registre extrême grave se généralise. On l'observe aussi bien dans les *blockbusters* – avec par exemple, le thème du Kraken composé par Hans Zimmer pour *Pirates des Caraïbes : Le Secret du coffre maudit* (2006) – que dans des films n'appartenant pas au courant *mainstream* tel *Sicario* (2015, *cue* « The Beast » de Jóhann Jóhannsson). Williams lui-même réemploie des voix de basses tibétaines dans *La Guerre des mondes* (2005) lorsque les extra-terrestres descendent fouiller le sous-sol après le passage de la sonde, et dans le *cue* associé au Suprême Leader Snoke dans *SW7* et *SW8*. Notant également la présence d'un chœur masculin dans l'extrême grave dans la partition d'Alexandre Desplat pour *Nid de guêpes* (2002), Carayol insiste sur la corrélation entre ces sonorités rauques et profondes, et les développements de la technique :

> Cette attirance pratiquement simultanée pour cette sonorité spécifique et relativement récente du chœur, reliant le compositeur américain et le musicien français, s'explique en partie parce que les progrès technologiques du mixage numérique permettent non seulement de rendre ces voix perceptibles, mais surtout d'en retravailler la texture à l'aide de samples [...] ou encore de baisser le registre à l'extrême [33].

## Évolution du traitement des couleurs orchestrales : circulation des motifs et mobilité des timbres

Outre la délimitation nette de plans sonores clairement différenciés et l'accroissement des registres vers les extrêmes, l'écriture orchestrale du compositeur sur la trilogie républicaine est également caractérisée par de rapides variations de couleurs instrumentales. La spatialisation des timbres constitue un trait distinctif remarqué de l'orchestration williamsienne, qui s'est s'amplifié dans ses partitions récentes. Si la circulation des motifs à différents groupes d'instruments semble être une constante des deux trilogies [34], le traitement spatialisé des timbres orchestraux évolue toutefois de façon notable dans les épisodes républicains.

### *Des fonctions délimitées dans la trilogie impériale*

Le « séquençage horizontal de couleurs » [35] réalisé par Williams revêt trois fonctions principales dans les épisodes impériaux. Tout d'abord, il vise à renforcer le dynamisme général. À ce titre, il est fréquemment appliqué dans les scènes d'action et pendant les batailles, où un même motif circule à différents pupitres au cours de plusieurs énoncés successifs. C'est le cas par exemple dans *SW4* lorsque Luke et Leia affrontent

33. Carayol, *Une musique pour l'image*, p. 89.

34. Au sujet de la trilogie impériale, voir Irena Paulus, « Williams versus Wagner or an Attempt at Linking Musical Epics », *International Review of the Aesthetics and Sociology of Music*, vol. 31, n° 2, 2000, p. 153-184, plus spécifiquement p. 177-178 ; Doug Adams, « Revenge of the Sixth », *Film Score Magazine*, vol. 10, n° 3, mai-juin 2005, p. 33-35, plus spécifiquement p. 34-35.

35. « *horizontal sequencing of instrumental timbre* ». Paulus, « Williams versus Wagner », p. 153-184, ici p. 177.

les *Stormtroopers* sur l'Étoile Noire. La tête du thème de Luke est d'abord énoncée à deux reprises par les trompettes, rejointes sur le dernier triolet par les violons et les altos la première fois, et par les violons, les altos et les trombones la seconde fois. La deuxième phrase du thème de Luke, elle aussi jouée deux fois, passe ensuite des cors aux flûtes, au piccolo et au glockenspiel dans l'aigu, avant que la tête ne soit reprise une dernière fois aux trombones et au tuba après une brève transition. Cette circulation instrumentale dans un tempo vif ponctue et met en valeur l'action : l'énoncé héroïque de la tête du thème aux trompettes accompagne l'échange de tirs nourris entre Luke et les *Stormtroopers*, auquel il confère une dimension épique. Les ajouts ponctuels d'autres pupitres sur le dernier triolet contribuent à maintenir le rythme soutenu du montage alterné. L'énoncé aux cors de la deuxième phrase du thème revêt un caractère plus noble, soulignant l'ingéniosité du jeune homme qui décide d'utiliser un filin pour franchir le vide. Cette même phrase est prise en relais aux bois et au glockenspiel lorsque Leia intervient en tirant à son tour sur leurs assaillants. Enfin, le retour de la tête du thème aux cuivres graves accentue l'urgence de la situation, au moment où les deux héros sont sur le point d'être pris en tenaille. La mobilité orchestrale du motif entretient et relance le mouvement général, contribuant ainsi à maintenir la tension et le suspense pendant tout l'affrontement[36].

La circulation d'un même motif à différents groupes instrumentaux est également employée par Williams pour signaler un événement ou un tournant dramatique important, comme lors de la rencontre entre Luke et Obi-Wan au début de *SW4*. Le thème de la Force, qui joue ici le rôle d'emblème du personnage, est d'abord énoncé au cor anglais. Son aspect mélancolique, conféré par ce choix de timbre « voilé », s'accorde particulièrement avec la remémoration nostalgique d'Obi-Wan qui n'a plus entendu prononcer son véritable nom depuis bien longtemps. Un changement de sonorité intervient au moment où le Jedi révèle son identité à Luke : la deuxième phrase du thème est jouée par les violoncelles, dans un élan lyrique contenu qui met en valeur ce dévoilement au sein du dialogue. Un autre exemple marquant de mobilité instrumentale à caractère narratif intervient à la fin de *SW6* lors de la mort de Dark Vador, analysée au chapitre II : les multiples transformations de la Marche impériale expriment la métamorphose intérieure d'Anakin et sa rédemption par le sacrifice.

Le compositeur emploie aussi ce procédé principalement pour engendrer une unité au sein d'une scène, dont l'accompagnement musical est construit sur un motif unique circulant à différents instruments. C'est le cas dans la séquence de *SW6* où Leia, déguisée en chasseur de primes, négocie auprès de Jabba sa récompense pour la capture de Chewbacca (13:50). Au moment où le Hutt engage la discussion, la tête du thème tortueux de Jabba, légèrement variée, est énoncée aux bassons, auxquels répondent dans l'aigu les flûtes et le piccolo, jouant la seconde phrase aux sonorités archaïques (exemple 39) :

---

36. Des remarques similaires pourraient être faites au sujet de la scène d'ouverture de *SW4*, où la fanfare des rebelles passe des trompettes aux cors puis aux cordes, ou lorsque les troupes impériales prennent en chasse le Faucon Millénium où s'embarquent Obi-Wan et Luke. Sur cette dernière scène, voir Michael Matessino, livret de [*SW4* BO], p. 19.

Exemple 39. *SW6*, thème de Jabba pendant la négociation entre le Hutt et Leia. Transcription à partir de [*SW6* BO], disque 1, piste 3 (00:59-01:06).

Après une reprise légèrement transformée des deux premières phrases aux bassons puis aux flûtes et au piccolo, une variation du thème est ensuite proposée au hautbois puis au cor anglais, avant que la tête du motif ne soit énoncée au tuba solo lorsque le Hutt refuse de céder au marchandage du chasseur de primes. La mobilité instrumentale du motif joue avant tout un rôle formel ici, unifiant l'ensemble des échanges entre Leia et Jabba.

Irena Paulus note que « le découpage du thème en plus petits fragments de façon à ce que chaque segment soit énoncé par un instrument différent est caractéristique de l'écriture de Williams » [37]. Le procédé est toutefois loin d'être systématique dans les épisodes impériaux, et concerne surtout les thèmes principaux. Le thème des Jawas au début de *SW4*, ou la fanfare cuivrée énoncée dans la scène de poursuite dans le champ d'astéroïdes de *SW5*, par exemple, demeurent circonscrits au sein du même groupe instrumental lorsqu'ils sont réénoncés au cours de leur scène respective.

### *Généralisation du procédé et rapides variations de couleurs dans la trilogie républicaine*

Dans la trilogie républicaine, la circulation orchestrale des motifs s'accentue et se généralise au point de devenir totalement intégrée à l'écriture globale du compositeur, désormais susceptible d'affecter tout type de motif. Partant, elle ne remplit plus de fonctions narratives ou formelles aussi clairement délimitées que dans les épisodes impériaux, mais s'apparente davantage à un trait caractéristique devenu élément de langage.

Cette idée est attestée par la grande mobilité orchestrale des motifs, qui se meuvent très rapidement d'un pupitre à l'autre dans les partitions récentes de Williams. Dans le *cue* « David Studies Monica » d'*A.I. Intelligence Artificielle*, par exemple, le thème de l'abandon se fait entendre successivement sous des alliages divers : hautbois / clarinettes, harpe / piano, puis hautbois / célesta / piano [38]. De façon similaire, une circulation timbrale fluide des motifs peut être observée dans « The Auction » de *Cheval de guerre* (2011). Faisant référence au *cue* « Talk of Podracing » de *SW1*, le musicologue Doug Adams affirme au sujet de la trilogie républicaine :

37. « *Characteristic of Williams is the chopping of the theme into smaller parts so that each part should be stated by a different instrument* ». Paulus, « Williams versus Wagner », p. 153-184, ici p. 177.

38. Au sujet de l'orchestration mobile du *cue* « Hide and Seek », voir l'analyse de Rebecca Eaton, *Unheard Minimalisms : The Functions of the Minimalist Technique in Film Scores*, thèse de doctorat, Austin, The University of Texas at Austin, 2008, p. 115-121.

> Les idées circulent généralement entre les instruments à chaque énoncé individuel. Si la conversation de [*La Menace*] *fantôme* qui se tient lors du dîner dans la masure d'Anakin s'était déroulée dans *Un nouvel espoir*, il est probable que la ligne mélodique passant du cor à la flûte puis au hautbois serait restée au même instrument pendant toute la durée de la scène [39].

Un double mouvement s'opère sur les épisodes républicains, que l'on peut également observer dans *SW7* et *SW8*. D'une part, cette mobilité orchestrale fonctionne à grande échelle dans les partitions, où elle est généralisée et, d'autre part, elle intervient à une échelle plus réduite selon trois types de procédés. Les deux premiers sont issus de la trilogie impériale, mais portés à un degré de présence supérieur par leur usage extensif. La première technique consiste chez Williams à faire passer très rapidement une même cellule mélodique à divers pupitres. Le motif « It Can't Be » de *SW3* (voir exemple 26) constitue un exemple emblématique : lors de son unique énoncé qui accompagne le visionnage de la vidéo de surveillance du temple Jedi par Obi-Wan, ce motif tortueux et menaçant est exposé par quatre cors, puis répété immédiatement par un autre groupe instrumental comprenant les clarinettes, les bassons et la flûte en *sol*.

Le second procédé, particulièrement répandu, réside dans la fragmentation d'un même thème ou d'une même ligne mélodique en petites sections affectées à des instruments appartenant à des familles différentes [40]. La reprise de « Duel of the Fates » pour accompagner le duel dantesque opposant Yoda à Palpatine au Sénat à la fin de *SW3* en est exemplaire. La mélodie passe d'un pupitre et d'un registre à l'autre. Introduite dans son intégralité aux trombones, à la clarinette basse et au tuba dans le médium / grave, la phrase est scindée en deux et partagée entre les cors, les cloches et le synthétiseur dans le médium, et les trompettes dans l'aigu. Cette fragmentation orchestrale – couplée à la présence du chœur mixte en écriture verticale et de l'ostinato motorique et obsédant aux violons et aux bois – a pour effet de générer un grand dynamisme en entretenant un mouvement pressant vers l'avant, ainsi qu'un élargissement de l'espace sonore suscité par la gradation de timbres et de registres (exemple 40).

L'ampleur et la profondeur sonores, la dramatisation musicale et le caractère grandiose de l'accompagnement orchestral générés par les choix d'écriture de Williams, s'accordent particulièrement avec la dimension spectaculaire de la mise en scène. Celle-ci s'incarne dans la grandeur imposante du décor, l'extrême rapidité des mouvements des personnages et de la caméra, ainsi que dans les destructions apocalyptiques causées par Palpatine, filmé en contre-plongée à la manière d'un véritable chef d'orchestre du mal utilisant la Force à des fins agressives.

---

39. « *Ideas generally pass among instruments in each single statement. Had* Phantom*'s dinner conversation in Anakin's hovel occurred in* A New Hope*, it's likely that the figure floating between French Horn, flute and oboe would have stayed with one instrument for the duration* ». Doug Adams, « Revenge of the Sixth », *Film Score Monthly*, vol. 10, n° 3, mai-juin 2005, p. 33-35, ici p. 34.

40. Dans *SW7*, ce procédé est très fréquemment employé, notamment lors du premier exposé du thème de Rey, ou dans plusieurs énoncés de celui de Poe Dameron, en particulier dans la séquence de l'offensive de la Résistance sur Takodana, où le pilote s'illustre en détruisant d'affilée dix chasseurs TIE et en tuant trois *Stormtroopers*. Voir Chloé Huvet, « D'*Un nouvel espoir* au *Réveil de la Force* : John Williams, compositeur d'émotions », *Cahiers du cinéma*, n° 731, mars 2017, p. 32-34.

Exemple 40. *SW3*, « Duel of the Fates »,
duel entre Yoda et Palpatine au Sénat (01:52:44-01:53:02).

Cette écriture instrumentale très mouvante doit être pensée en lien avec l'éclatement global de l'écriture thématique de Williams étudié au chapitre III. De fait, si l'orchestration se fait encore plus mobile, c'est en partie parce qu'elle s'inscrit dans la dynamique généralisée de fragmentation du matériau propre aux épisodes républicains. Selon Pope, ce type d'écriture « segmenté » engendre des couleurs orchestrales plus contrastées, souvent à l'échelle de séquences entières. L'orchestrateur cite ainsi la scène de *SW2* où Anakin retrouve sa mère et déchaîne une vengeance meurtrière contre les Hommes des Sables :

> La musique m'a toujours frappé. Les contrastes sont tout à fait saisissants avec le début de la scène et l'accompagnement devient bien plus dissonant. L'orchestre n'est pas unifié mais recourt davantage à l'hétérophonie. Et cela aide à brosser le portrait du personnage [41].

De son côté, le compositeur évoque, au début de *SW1*, l'enchaînement entre la marche militaire cuivrée des droïdes (voir exemple 38) lors de l'invasion de Theed par l'armée de la Fédération du Commerce, le thème léger et sautillant de Jar Jar aux bois (voir exemple 22), et la mélodie du monde sous-marin de Naboo confiée à un chœur féminin : « [Cet enchaînement] était le bienvenu, car il me permettait de m'exprimer avec une palette très large de couleurs » [42].

41. « *The music has always striken me [...]. Contrasts are very striking with the beginning of the scene and it becomes far more dissonant. The orchestra is not unified, it uses more heterophony. And that helps paint the character* ». Pope, entretien personnel enregistré le 13 février 2013.

42. Williams, cité dans Leprêtre, « Étoiles fantômes », p. 8-18, ici p. 15.

Ainsi, on observe également dans les épisodes républicains de rapides variations de couleurs dans la disposition et la répartition globale des motifs, prenant la forme d'un dialogue entre les pupitres. Pope souligne à cet égard : « Les couleurs changent beaucoup plus. [...] C'est une orchestration très stratifiée, de manière à ce que chaque élément possède une couleur distincte » [43]. Ce procédé de dialogue orchestral est illustré de façon emblématique dans la scène de *SW1* où Qui-Gon et Obi-Wan viennent à la rescousse de la reine Amidala, faite prisonnière par le vice-roi Gunray (exemple 41) :

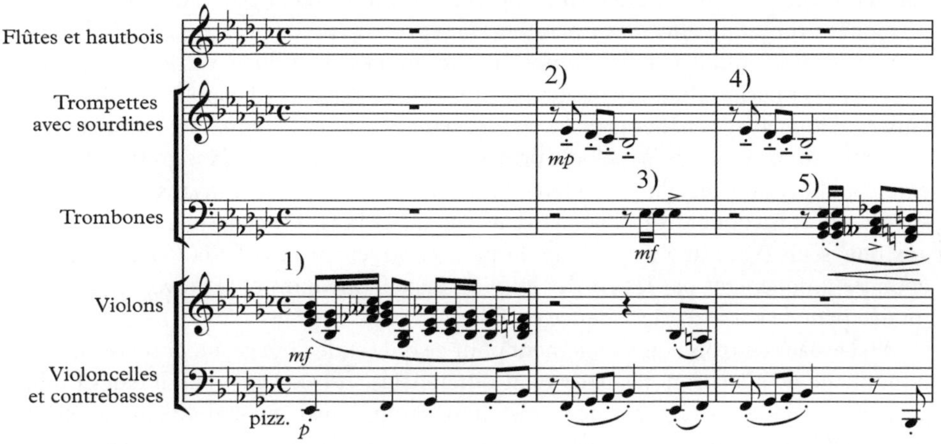

Exemple 41. *SW1*, Amidala est emmenée prisonnière hors du palais par les droïdes de la Fédération. Transcription à partir de [*SW1 UE*], disque 1, piste 13 (00:54-01:08).

43. « *The colors change a lot more. [...] It's a very stratified orchestration so that every element has a distinct color on it* ». Pope, entretien personnel enregistré le 13 février 2013.

Le panoramique cadrant la doublure de la reine descendre les marches du palais sous bonne garde, le plan d'ensemble dévoilant le déploiement des forces droïdes de la Fédération dans toute la ville, puis le plan rapproché en plongée sur l'escorte de la reine, sont le lieu de changements de couleurs très rapides avec : (1) une petite marche très chantante, légère et sautillante, énoncée en *mi* bémol mineur par les violons dans le registre médium; (2) un contre-chant conjoint aux trompettes avec sourdines et cordes graves en *pizz.* en mouvement contraire; (3) des notes répétées aux trombones contrepointées par un chromatisme expressif en mouvement contraire aux cordes en *pizz.* qui introduit un effet de surprise; (4) la reprise du petit contre-chant; (5) le retour varié et légèrement développé du motif de trombones en écriture verticale, présentant des éclairages harmoniques riches (apparition fugace de l'accord napolitain mineur puis fausse relation avec le *fa* bécarre sur la dominante; accord de dominante avec septième majeure); (6) le retour de la mélodie principale aux violons auxquels se greffent les flûtes et les hautbois, affectée d'un caractère plus clair et brillant par la transposition à l'octave supérieure et les doublures à l'octave dans l'aigu aux bois; (7) la désinence de la phrase aux bois seuls (variation rythmique du petit-contrechant initial); et (8) la conclusion énoncée uniquement par les cordes en *pizz.* dans le médium et le grave, esquissant le mouvement de basse d'une cadence parfaite.

En l'espace de trois plans seulement pour ce qui est de l'image, on observe ainsi une multiplicité de plans sonores nettement différenciés, et l'extrême mobilité des timbres avec le passage d'un segment de phrase d'un groupe instrumental à l'autre, générant un véritable dialogue orchestral. L'accompagnement musical empêche tout statisme dans l'action et, par son caractère guilleret, laisse présager que le danger pour la reine sera bientôt écarté, délaissant totalement la gravité de la situation. Amidala est délivrée immédiatement après par les chevaliers Jedi. Là encore, cette écriture orchestrale mouvante et contrastée tire indéniablement profit de la clarté du mixage ainsi que des possibilités de spatialisation des systèmes de diffusion numériques.

## L'EXPANSION DE L'INSTRUMENTATION

L'emploi extensif des contrastes de couleurs orchestrales sur les épisodes républicains est également lié à l'expansion de l'instrumentation entre les deux trilogies. L'une des particularités de la partition de *SW4* est, on l'a dit, la réaffirmation de l'écriture cinématographique pour grand orchestre, ample et narrative. En partie héritée des formations symphoniques du cinéma classique hollywoodien employées par Erich W. Korngold, Max Steiner ou Franz Waxman auxquelles elle greffe des apports musicaux contemporains, la partition de Williams est « [adaptée] au studio d'enregistrement moderne »[44], bénéficiant de l'élargissement de la palette sonore offert par le *Dolby Stéréo*. Les épisodes impériaux, couplés à *Superman* (1978) et aux *Aventuriers de l'Arche perdue* (1980), contribuent ainsi à établir un modèle compositionnel, comme

44. « *[adapted] for the modern recording studio* ». Kathryn Kalinak, *Settling The Score : Music and the Classical Hollywood Film*, Madison, University of Wisconsin Press, 1992, p. 188. Voir aussi p. 189-202.

le rappelle Mouëllic : « Cette musique opératique [...] va devenir un nouveau standard pour tous les films d'aventures qui se succèdent dans les années quatre-vingt et quatre-vingt-dix »[45].

L'orchestre « habituel » d'un épisode impérial de *Star Wars* possède certains traits distinctifs, partagé entre « le monde épique (cuivres, percussions, timbales, cymbales, fanfare, marches et tonalité) » où les « cuivres rutilants [...] incarnent l'optimisme américain qui nourrit le *space opera* », et l'univers « lyrique (cordes et vents des thèmes sentimentaux) »[46]. Les excursions en dehors de cette nomenclature sont réservées à des moments très particuliers et circonscrits. Dans un *cue* bien spécifique accompagnant la bataille sur Hoth au début de *SW5* par exemple, Williams élargit considérablement sa palette instrumentale pour créer une tension accrue à l'arrivée des quadripodes impériaux, et retranscrire musicalement leur pas lourd et leur puissance de frappe redoutable. Le compositeur explique ainsi :

> La bataille des neiges a une orchestration singulière qui nécessite cinq piccolos, cinq hautbois, une batterie de huit percussions, trois grands pianos et deux ou trois harpes en complément de l'orchestre normal. [...] C'était nécessaire pour obtenir un son étrange, un son mécanique et brutal pour la séquence[47].

On remarque notamment le son massif déployé par les cuivres, l'écartèlement des bois entre le grave et l'aigu, et les interventions « bruitistes » de pianos et du xylophone. Ce type d'orchestration particulière est uniquement employé de manière localisée sur les épisodes impériaux, souvent jumelé à l'exploitation des registres extrêmes, dans les séquences angoissantes – telles l'attaque des Mynocks ou l'initiation de Luke dans la grotte du mal sur Dagobah dans *SW5* – ou certaines scènes de combat comme la bataille de Hoth, qui sont le lieu d'une « introduction saillante d'instruments nouveaux »[48].

La trilogie républicaine suscite une modification d'échelle dans la mobilisation de cette instrumentation singulière venant compléter l'orchestre symphonique traditionnel. Pope insiste à cet égard :

> John a changé et je ne crois pas que le fait de se répéter l'intéresse particulièrement. [...] Selon moi, les trois premiers épisodes [républicains] sont en quelque sorte autonomes et exemplifient ce qui s'est produit depuis *Jurassic Park*[49].

Trois éléments principaux tendent à singulariser les partitions républicaines vis-à-vis de l'instrumentation déployée sur les épisodes impériaux, reflétant l'évolution globale du style orchestral de Williams à partir des années 1990 : l'usage élargi des percussions, l'emploi généralisé du synthétiseur, le traitement étendu et varié des voix.

---

45. Gilles Mouëllic, *La musique de film*, Paris, Cahiers du Cinéma / SCÉRÉN-CNDP, 2003, p. 40.

46. Pierre Berthomieu, *La musique de film*, Paris, Klincksieck, 2004, p. 87.

47. Williams, cité dans Jonathan W. Rinzler, *Le Making of de L'Empire contre-attaque*, Talence, Akileos, 2013, p. 278.

48. Berthomieu, *La musique de film*, p. 87.

49. « *John has changed and I don't think he is particularly interested in repeating himself. [...] To me, all the first ones sort of stand alone and they exemplify what happened from* Jurassic Park ». Pope, entretien personnel enregistré le 13 février 2013.

*Un élargissement du pupitre des percussions*

Dans la trilogie impériale, les pupitres de percussions larges et / ou inhabituels sont réservés à des moments ponctuels. Outre la bataille de Hoth de *SW5* évoquée plus haut, Williams recourt notamment au début de *SW4* à des percussions en bois (*tuned logs*), des cliquettes (*slap sticks*) et des plaques de métal (*steel plates*) afin de suggérer la sauvagerie et la barbarie des pillars Tuskens. Par ailleurs, pour dépeindre le monde sylvestre des Ewoks dans *SW6*, le compositeur déploie un éventail de percussions inhabituelles dans un cadre symphonique, mais de manière principalement diégétique. Des claves, des maracas, une conga, des wood-blocks et des métallophones peuvent être entendus dans les scènes qui se déroulent dans le village des Ewoks, interprétés par les membres de la tribu eux-mêmes. Ces percussions évoquent ici l'aspect primitif du peuple des Ewoks, mais aussi leur communion avec la nature en rappelant leur environnement forestier par le timbre des idiophones en bois. Les choix d'orchestration apparaissent donc justifiés narrativement. Notons toutefois que l'exotisme ostensible du *cue* « Parade of the Ewoks », renforcé notamment par la mélodie confiée à la flûte à bec, n'est pas aussi marqué dans le film : le *cue* est développé uniquement dans le générique de fin, la bande originale et la suite de concert écrite par Williams. Au sein même de l'épisode, le compositeur tend à employer des instrumentations plus conventionnelles : il associe les flûtes à la clarinette en *mi* bémol ou confie fréquemment la mélodie au hautbois, tandis que le thème est énoncé aux cuivres lors des actions héroïques des Ewoks. Enfin, lors de la bataille d'Endor, où l'on peut déceler la présence de plusieurs sortes de percussions exotiques à l'écoute de la bande originale, la musique est souvent recouverte par les effets sonores, ce qui atténue la visibilité de cette orchestration singulière dans le contexte du film.

Le degré d'utilisation de vastes pupitres de percussions est beaucoup plus élargi dans la trilogie républicaine. Tout d'abord, elles sont mobilisées dans quasiment chaque scène d'action, où elles génèrent un effet de masse sonore et de ponctuation vis-à-vis de l'image, tout en accentuant l'intensité des gestes des personnages et la rapidité du montage par leur dimension propulsive. Dans la scène de *SW2* où Anakin et Obi-Wan poursuivent la chasseuse de primes Zam Wesell à travers Coruscant, par exemple, le compositeur élabore une texture percussive dense et complexe comprenant un xylophone, quatre pupitres de tambours de différentes hauteurs (dont un *low drum*, un *long drum* et un *high drum*), un bongo, des cymbales, une cymbale crash, une cymbale *sizzle*, un jeu de cymbales suspendues (médium et aigue), une grosse caisse, une caisse claire, des timbales, des percussions de bois aux timbres variés (*wood sides* et *heavy wood*), un marimba, un *bell tree* (percussion idiophone composée de cylindres métalliques emboîtés verticalement), des cloches, un gong, un vibraphone, une enclume et un jeu de timbres synthétiques. L'éventail de percussions déployé ici est, on le voit, sans commune mesure avec celui des scènes les plus « chargées » de la trilogie impériale.

*SW1* présente une autre particularité dans l'utilisation des percussions : elles sont mises en avant au sein de la texture dans plusieurs énoncés thématiques importants – une pratique presque totalement absente des motifs principaux de la trilogie précédente en dehors de la Marche impériale. Les percussions accompagnent de façon très présente le thème des droïdes de la Fédération du Commerce par exemple, dans les *cues*

« Activate the Droids », dans l'ostinato introductif de « The Droid Invasion », ou dans la marche martiale lançant l'invasion de Theed. Elles sont également employées de façon proéminente pour un motif de personnage, celui de Dark Maul : les tambours et les cymbales en particulier sont couplés à une utilisation très singulière de la voix. Williams explique ainsi son choix : « Les percussions, qui escortent Dark Maul, me sont apparues [...] nécessaires car elles suffisent à expliquer la vocation destructrice du Sith »[50].

La spécificité la plus marquante des épisodes républicains par rapport à la trilogie impériale réside dans la composition de pans entiers de *cues* confiés aux percussions seules, alliant instruments occidentaux et extraeuropéens sans aucun lien avec un contexte exotique ou tribal. L'orchestrateur Conrad Pope commente à ce sujet :

> Les percussions sont devenues plus facilement accessibles au cours des trente dernières années ; nous avons vu une explosion des instruments « ethniques ». Aussi faisons-nous maintenant usage de tambours tibétains et chinois, et de tout ce qui n'était d'abord pas disponible en grande quantité. À mon sens, cela aide à ajouter toutes ces couleurs différentes[51].

Les percussions « ethniques » originaires des Caraïbes, d'Afrique ou d'Asie infusent ainsi de nombreux *cues* des épisodes républicains. Outre le vaste éventail d'instruments à percussion occidentaux mobilisés, on note par exemple la présence de tam-tams dans le *cue* « 7M2 Yoda Strikes Back » de *SW2* ou, dans *SW3*, de tambours japonais dans « 1M3 Boys into Battle », de *steel-drums* (tambours métalliques) et d'un marimba dans « 4M4 Rolling with Grievous ». Le duel final de *SW2* opposant Anakin et Obi-Wan au comte Dooku est notamment accompagné par un gong, un tabla, des claves, des blocks japonais aigus, et plusieurs tambours joués de différentes manières (à la main ou, comme le spécifie Williams à certains endroits de son manuscrit, avec des baguettes sur les bords de l'instrument).

Ces percussions sont loin d'être sollicitées uniquement pour s'intégrer au reste de la texture dans un effet de densification sonore. Introduites de manière extensive dans l'écriture orchestrale de Williams à partir du *Monde perdu : Jurassic Park* (1997, *cues* « The Lost World » et « The Raptors Appear ») où elles sont justifiées narrativement par le cadre géographique de la jungle d'Isla Sorna, les sections de percussions occidentales et orientales solistes se généralisent ensuite dans l'ensemble de la production *mainstream* du compositeur, notablement dans *Harry Potter à l'école des sorciers* (2001, « The Chess Game »), *Minority Report* (2002, « Spyders ») et *Harry Potter et le prisonnier d'Azkaban* (2004, « Buckbeak's Flight »). Dans la scène de course-poursuite de *SW2* sur Coruscant évoquée plus haut, Williams génère des contrastes de textures au sein d'un accompagnement musical très dense, en faisant intervenir à plusieurs reprises le duo suivant : percussion en bois (*heavy wood*) / trois tambours de hauteurs différentes et grosse caisse solistes jouant « avec attaque » (exemple 42). Cette section accompagne notamment le moment où Obi-Wan en mauvaise posture, accroché au droïde-espion,

50. Williams, cité dans Leprêtre, « Étoiles fantômes », p. 8-18, ici p. 16.

51. « *The percussion has become more available, over the past 30 years; we have had an explosion of "ethnic" instruments. And so we now have use of Tibetan drums and Chinese drums and everything that first was not available in any great quantity. I think it helps add all these different colors* ». Pope, entretien personnel enregistré le 13 février 2013.

est mis en joue par Zam qui le fait chuter dans le vide. Les sonorités « tribales », proches des tam-tams, ne sont ainsi pas directement reliées au contexte narratif, mais expriment plutôt selon Williams la dangerosité de la chasseuse de primes, tout en entretenant une attente fébrile quant au sort du Jedi par leur dimension motorique continue [52] :

Exemple 42. *SW2*, Zam met en joue Obi-Wan (15:27-15:38).

La même année, le compositeur reproduit ce type d'accompagnement et des sonorités à connotation tribale tout à fait similaires dans la scène de *Minority Report* où John Anderton tente d'échapper aux *spyders* en plongeant dans un bain d'eau glacée. Ici, le suspense tendu est maintenu par un duo soliste de tambours et tabla (exemple 43) :

Exemple 43. *Minority Report*, percussions solistes.
Transcription à partir de la bande originale, piste 5 (02:28-02:35).

L'écriture de sections solistes confiées à des percussions mêlant instruments occidentaux et extraeuropéens sans justification narrative directe semble ainsi être devenue un nouveau trait caractéristique de l'approche du compositeur sur les scènes de course-poursuite et de suspense, infusant à une échelle beaucoup plus vaste les épisodes républicains et sa production récente pour les *blockbusters*. Cette pratique affirme sa singularité au sein du cinéma *mainstream* hollywoodien ; le seul exemple comparable peut être trouvé dans la partition composée par le Chinois Tan Dun pour *Tigre et dragon* (2000), en particulier dans la scène de poursuite sur les toits et du combat nocturne opposant Shu Lien à Yu Jiao Long, accompagnée par des percussions solistes. La bande originale du film oscarisée ayant rencontré un vif succès, il n'est pas impossible que les sonorités proposées par Tan Dun, associées à la fluidité et la virtuosité des combats, aient pu influencer Williams de façon consciente ou non.

52. Didier Leprêtre, « Que les clones attaquent… », *Dreams Magazine*, n° 27, avril-mai 2002, p. 27.

*Une omniprésence du synthétiseur*

Une autre caractéristique orchestrale saillante des épisodes républicains est la présence généralisée du synthétiseur. De nombreux exemples musicaux comportant un synthétiseur ayant été analysés tout au long de cette première partie, nous nous contenterons ici d'en rappeler les principaux traits. Le compositeur explique, au sujet des différences entre *SW1* et les épisodes impériaux :

> Les trois premiers films présentaient vraiment [...] une configuration orchestrale standard de vents, cuivres, cordes, et percussions. Cette fois [...] nous avons ajouté quelques éléments électroniques, des sons de claviers synthétiques, des matériaux qui n'étaient pas techniquement disponibles en 1977[53].

Dans *SW5*, seuls deux *cues* font appel au synthétiseur (*electric piano*) : dans le « R6P3 This is Not a Cave » composé pour la scène des Mynocks, le synthétiseur double la partie de flûte sur une mesure, mais cette section a finalement été coupée au montage ; dans le « R6/7 P5/1 The Magic Tree », le synthétiseur intervient très ponctuellement dans la scène de la grotte du mal sur Dagobah. Notons qu'il reste relativement discret et ne s'entend pas clairement en tant que tel : il double de rapides arpèges descendants joués à la harpe, puis tient des clusters en pédale *p* lorsque Luke perçoit la présence de Dark Vador en hors-champ.

À titre comparatif, sur les quarante-neuf *cues* que compte *SW2* – son homologue républicain –, quarante-trois comportent au moins un synthétiseur. Williams emploie fréquemment deux synthétiseurs, qu'il s'agisse de séquences d'action chargées, comme dans le « 4M3 The Spare Canister Caper » accompagnant la fin de la poursuite entre Obi-Wan et les Fett dans le champ d'astéroïdes, ou de scènes plus « intimistes ». Ainsi, le cauchemar où Anakin entend sa mère souffrir et implorer son aide mobilise deux synthétiseurs dont l'un, affecté d'un timbre de « cymbalum mouillé », est chargé de reproduire dans ses clusters l'« effet du vent »[54]. Le compositeur est toujours extrêmement précis quant aux sonorités que doivent produire les synthétiseurs, comme l'attestent ses annotations sur les manuscrits.

La progression vers cet usage généralisé du synthétiseur se fait toutefois à l'échelle de la saga dans son ensemble, et non de manière tranchée : il convient d'éviter de tracer une séparation hermétique entre la trilogie impériale d'un côté, et la trilogie républicaine de l'autre. *SW6* se distingue en effet au sein des épisodes impériaux en ce qu'il comporte plusieurs *cues* impliquant des sonorités synthétiques marquées. Plusieurs *cues* en particulier font un usage similaire du synthétiseur : « Tatooine Rendezvous »[55], « Luke Confronts Jabba » et « Den of the Rancor ». Dans ces trois *cues*, le synthétiseur est employé de manière à produire une nappe sonore mouvante et inquiétante dans le grave. Williams crée ici un vrombissement réverbéré tout à fait inhabituel par rapport à

53. « *The first three films had [...] very much a standard orchestral set up of winds, brass, strings, and percussions. The [...] thing we've added this time are some electronics, synthesized keyboard sounds, materials that weren't technically available in 1977* ». Williams, cité dans Richard Dyer, « John Williams. Scoring *The Phantom Menace* », *Soundtrack*, vol. 18, n° 70, été 1999, p. 10-13, ici p. 12.

54. « *Try Cymbalon ("Wet")* » et « *Wind Effect* ».

55. Ce *cue* n'est pas utilisé dans le film puisque la scène qu'il accompagnait a été supprimée au montage final (Ben Burtt, commentaires audio du Blu-ray de *SW6*).

*SW4* et *SW5*, très proche des sonorités synthétiques de John Carpenter sur *Fog* (1980), qui apporte un effet de profondeur et de miroitement angoissant dans les scènes se déroulant dans le palais décadent de Jabba (20:50 ou 26:24 par exemple). Par ailleurs, dans « The Dark Side Beckons » qui accompagne la scène où Dark Vador cherche Luke dans la salle du trône de l'Empereur pour l'affronter, le synthétiseur est utilisé pour amplifier et enrichir le son des bois et des contrebasses dans le registre grave. Les sonorités produites mettent particulièrement en valeur les paroles de Dark Vador, enjoignant à Luke de « s'abandonner au côté obscur »[56] (01:46:40). Outre la plus grande disponibilité des instruments électroniques dans les années 1980, le succès commercial des bandes originales électroniques de *Fog* ou de *Blade Runner* (1982), contemporaines de *SW6*, n'est peut-être pas à négliger dans l'inclusion plus importante du synthétiseur dans cette partition. Son mode d'utilisation particulier, avec ces nappes bourdonnantes quasi continues, apparaît d'ailleurs assez aisément datable et sera abandonné par Williams par la suite ; on ne le retrouve dans aucun des épisodes républicains. Il situe donc *SW6* à part, à la fois dans la trilogie impériale et dans l'hexalogie.

Dans la trilogie républicaine, le synthétiseur est omniprésent et majoritairement employé selon deux configurations. Il permet tout d'abord la création d'atmosphères mystérieuses. Rappelons que dans la trilogie impériale et la production *mainstream* de Williams antérieure aux années 1990, celles-ci sont soit quasi exclusivement réservées à des moments ponctuels de confrontation avec des forces malfaisantes[57], soit générées acoustiquement. C'est le cas par exemple dans la scène de *SW4* où Obi-Wan part désactiver le rayon tracteur de l'Étoile Noire (01:19:09) ; le *cue* « The Tractor Beam » repose sur la division des cordes partagées entre des notes tenues dans l'aigu, des motifs descendants en trémolos et *pizz.*, et des grondements dans le grave produits au gong et aux cuivres.

Signe d'une diversification de leur emploi sur les épisodes républicains, les ambiances mystérieuses synthétiques interviennent fréquemment dans un cadre intimiste, comme dans la séquence de *SW1* où Qui-Gon révèle l'existence du Sith Dark Maul au Conseil des Jedi et sa conviction qu'Anakin est l'Élu (01:24:24). Le dialogue est accompagné par des voix féminines synthétiques désincarnées partagées entre le médium et l'extrême aigu, et des voix masculines synthétiques dans le grave qui enveloppent la scène d'un voile glacé, soulignant l'incrédulité des Jedi et le manque de clairvoyance de Qui-Gon, source de troubles à venir. On retrouve ce type d'écriture dans la production récente du compositeur, par exemple dans *Sleepers* (1996) et surtout dans de nombreuses pages de *A.I. Intelligence Artificielle* et *Minority Report*.

Un autre exemple singulier de sonorités synthétiques mystérieuses intervient dans *SW3*, sur les plans rapprochés sur Obi-Wan nageant sous l'eau après sa chute quasi fatale provoquée par la trahison des clones (01:25:16). Le compositeur demande ici à Randy Kerber, son joueur de clavier attitré depuis *Les Cendres d'Angela* (1999), de produire des sons atmosphériques en *glissandi* ondulatoires à la manière du « verre

56. « *Give yourself to the dark side* ».

57. C'est le cas de la scène de la grotte du mal sur Dagobah de *SW5* ou de la séquence péruvienne au début des *Aventuriers de l'Arche perdue* (1981). Voir à ce sujet Randall D. Larson, *Musique Fantastique : A Survey of Film Music in the Fantastic Cinema*, Metuchen / Londres, Scarecrow Press, 1985, p. 301-302.

frotté », certainement suggérés par l'environnement aquatique d'Utapau. Alors qu'un panoramique dévoile la présence d'un droïde recherchant le corps du Jedi s'ajoutent, au second synthétiseur, des « voix profondes » dans le médium affectées d'une forte réverbération, énonçant une cellule chromatique tortueuse et inquiétante dont chaque note doit longuement résonner[58].

Williams se plaît également à enfouir les parties vocales synthétiques au sein de certaines textures orchestrales denses, comme dans la scène de course-poursuite à travers Coruscant de *SW2*, où le premier synthétiseur double les violons et les altos, tandis que le second appuie les parties de flûtes, hautbois, clarinettes et piano. Dans cette perspective, le synthétiseur « est davantage un condiment et un rehaut qu'une couleur véritable. Il est employé comme renforcement dans la plupart des *cues* »[59].

Le synthétiseur n'est toutefois pas uniquement chargé de créer des atmosphères étranges ou des sons d'ambiance mystérieux sur les épisodes républicains. Il se voit aussi confier des lignes importantes au sein de la texture générale, agissant alors comme *substitut* des instruments acoustiques. Le synthétiseur remplace ainsi très fréquemment le célesta, pour plusieurs raisons : son timbre propre adoucit le son « percussif » ou les attaques de notes dures que peut générer l'instrument, tout en offrant davantage de contrôle sur le son émis et la possibilité de jouer facilement des traits véloces. Si le célesta a pris une importance significative dans les partitions de Williams depuis les années 1990, l'essentiel de ses interventions – qu'il s'agisse de *Hook ou la revanche du capitaine Crochet*, *Jurassic Park*, *Harry Potter* (2001-2004) ou du *Terminal* (2004) – est en fait confié au synthétiseur, et non à l'instrument acoustique comme dans *E.T. l'extra-terrestre* (1982). En supplantant le célesta, le synthétiseur est souvent amené à jouer des lignes mélodiques principales, comme dans le *cue* « 3M8 Rainy Ramp and Anakin's Nightmare » de *SW2*, où il énonce le « thème du mystère / de la menace » (voir exemple 19).

### *L'importance croissante et diversifiée des voix*

Le dernier trait d'orchestration notable des épisodes républicains, peut-être le plus remarqué par les chercheurs, est l'enrichissement, l'expansion et la diversification considérables des voix dans la palette orchestrale extra-diégétique (tableau 9).

Comme on peut l'observer à la lecture du tableau, l'usage de la voix est assez restreint à l'échelle de la trilogie impériale, bien que le compositeur fasse intervenir le chœur à des endroits stratégiques ou des tournants dramatiques. Absente de *SW4*, la voix est introduite avec parcimonie dans *SW5*, où elle apparaît seulement lorsque le Faucon Millenium arrive à Bespin. À la manière des « Sirènes » des *Nocturnes* (1899) de Claude Debussy, le chœur féminin sans paroles est utilisé comme un timbre de l'orchestre, partiellement doublé par les trombones, auréolant la mélodie aux cordes et aux cors d'un halo lumineux et chatoyant (exemple 44). Le chœur de femmes est ici mobilisé

58. Sur son manuscrit, Williams note pour le premier synthétiseur « *Randy Synth. Rub Glass "Atmospheres"* », et « *Deep "Voice". All Ring. Deep Reverb* » pour le second.

59. « *It's more of a spice and a highlight than a real color. It is used to reinforce, in most of the cues* ». Pope, entretien personnel enregistré le 13 février 2013.

par Williams pour ses connotations célestes[60]; cette section de la partition emprunte au registre du merveilleux à travers les timbres mobilisés, l'exploitation du suraigu et les balancements d'accords entraînant des changements d'éclairage harmonique.

| | **Types d'écriture vocale** |
|---|---|
| ***SW5*** | – voix comme timbre de l'orchestre : chœur de femmes sans paroles |
| ***SW6*** | – voix comme timbre de l'orchestre : chœur mixte sans paroles<br>– thème confié à un chœur masculin sans paroles |
| ***SW1*** | – voix comme timbre de l'orchestre : chœur de femmes sans paroles<br>– thème confié à un chœur masculin *avec paroles en sanskrit*<br>– grand chœur mixte *avec paroles en sanskrit*<br>– usage « percussif » des voix : thème psalmodié par des voix de femmes *en sanskrit* sans hauteurs déterminées<br>– voix comme texture subliminale, fondue au reste de l'orchestre et produite par le synthétiseur |
| ***SW2*** | – voix comme timbre de l'orchestre : chœur masculin sans paroles<br>– ligne mélodique confiée à un chœur féminin sans paroles<br>– voix comme texture subliminale, produite par le synthétiseur<br>– soprano soliste sans paroles |
| ***SW3*** | – lignes mélodiques confiées à un chœur féminin sans paroles<br>– grand chœur mixte avec paroles *en sanskrit*<br>– grand chœur mixte sans paroles employé comme élément de puissance sonore<br>– voix comme texture subliminale, produite par le synthétiseur<br>– mélodie orientalisante de soprano soliste sans paroles<br>– basses tibétaines sans paroles |

Tableau 9. Expansion et diversification de l'utilisation de la voix de *SW5* à *SW3*.

Synchronisé avec le premier plan d'ensemble dévoilant la ville, l'accompagnement musical rehausse l'aspect féérique de l'image où émergent des bâtiments sphériques suspendus dans les airs comme par enchantement, entourés de nuages cotonneux, baignant dans les derniers rais jaune orangé du soleil couchant :

Exemple 44. *SW5*, le Faucon Millenium arrive à Bespin (01:15:22-01:15:30).

60. Voir à ce sujet David Le Breton, *Éclats de voix : une anthropologie des voix*, Paris, Métailié, 2011, p. 188.

Le compositeur emploie à nouveau cette écriture vocale visant à ajouter une nouvelle couleur à l'orchestre dans *SW6*, lorsque Luke prend le dessus sur Dark Vador à la fin de leur duel au sabre laser (01:47:28). Il introduit aussi dans cet épisode la voix comme signature timbrale d'un motif important, avec le chœur masculin sans paroles associé au thème de l'Empereur (voir exemple 3).

Dans les épisodes républicains, Williams intègre les modes d'utilisation de la voix de *SW5* et *SW6*, tout en incluant de nombreux autres types d'écriture vocale. *SW1* occupe ainsi d'emblée une place particulière, comme le note le compositeur lui-même :

> Le travail choral est plus conséquent dans cet épisode que sur les trois précédents. [...] Il y a une demi-douzaine (ou plus) de séquences importantes dans *La Menace fantôme* qui impliquent des chœurs de femmes, d'enfants ou des chœurs mixtes[61].

Dans la lignée de la scène d'arrivée à Bespin de *SW5*, Williams recrée une sorte de chant des sirènes au caractère mystérieux et merveilleux, en doublure des violoncelles, lorsque Qui-Gon et Obi-Wan, guidés par Jar Jar, nagent vers la ville sous-marine luminescente d'Otoh Gunga sur Naboo (13:24). À partir de *SW1*, et dans les deux épisodes subséquents, le compositeur emploie également la voix comme un élément de texture quasi subliminal, totalement intégrée au reste de l'orchestre. Générée par le synthétiseur et souvent peu audible en tant que telle, la voix n'est alors pas mise en valeur pour elle-même ; elle agit comme un surlignement timbral discret, comme on l'a vu dans plusieurs exemples précédents.

La grande nouveauté vocale de *SW1* est sans doute l'introduction de paroles en sanskrit (en italique dans le tableau 9 pour plus de visibilité), employées de différentes manières. Le thème de Dark Maul, tout d'abord, comporte des murmures accentués inquiétants sur des syllabes heurtées (*Ko-rah Rah-tah-mah*). Les voix féminines détimbrées, psalmodiées sans hauteur déterminée dans une nuance *p*, revêtent un aspect guerrier et menaçant tout à fait saisissant, en particulier dans la scène où Qui-Gon est terrassé par le Sith. Relativement inusitée dans le paysage musical des *blockbusters* du tournant des années 2000, cette utilisation singulière de la voix sera réinterprétée par Zimmer dans *The Dark Knight Rises* (2012). La partition comporte en effet les traces de ce chant guerrier psalmodié sans hauteur fixe dans le motif vocal associé au personnage malfaisant de Bane, puis à l'ascension du puits par Bruce Wayne, écrit dans un rythme saccadé et accentué à 5 / 4 sur les syllabes *Deh-shay Deh-shay Bah-sah-rah*, issues d'un dialecte arabe.

L'autre partition chorale phare de *SW1* en sanskrit, en dehors du chœur funèbre accompagnant la crémation de Qui-Gon, est « Duel of the Fates ». À la manière de l'écriture chorale grandiloquente du *Carmina Burana* (1936) de Carl Orff infusant nombre de partitions cinématographiques, de *La Malédiction* (1976) au dernier volet du *Seigneur des Anneaux : Le Retour du roi* (2003), Williams y convoque un chœur mixte imposant complété par une large instrumentation, au caractère sauvage et tribal sans

61. « *There's more choral work in this piece than we've had in the earlier three. [...] We have a half-dozen or more important sequences in* Phantom *that do involve either women or children or mixed choir* ». Williams, cité dans Dyer, « John Williams. Scoring *The Phantom Menace* », p. 10-13, ici p. 12.

égal dans les épisodes impériaux. Pope insiste à cet égard sur l'importance de l'inclusion d'un texte :

> Dans ce *cue*, les voix expriment les enjeux cruciaux de ce qui est à l'œuvre. C'est une manière de rendre l'action bien plus opératique et épique. Ce qui est formidable dans « Duel of the Fates », c'est vraiment la présence de mots. Le chœur a un impact immense lorsque les chanteurs ont un texte à déclamer ; en l'absence de paroles il s'apparente en quelque sorte à un instrument à vent[62].

Si *SW2* présente une palette vocale moins développée, Williams y introduit néanmoins deux nouveautés au sein de l'hexalogie. S'éloignant de l'écriture chorale emphatique – on note l'absence de grands chœurs mixtes sur cet épisode –, le compositeur opte pour une approche plus recueillie et intimiste de la voix. Pour la première fois dans *Star Wars*, et dans le sillon de *cues* tels « From Lost Boys to Mermaids » de *Hook ou la revanche du capitaine Crochet* ou « Hatching Baby Raptor » de *Jurassic Park*, Williams met en avant un chœur féminin séraphique sans paroles à qui il confie la partie mélodique principale, douce et vaporeuse, de la scène où Obi-Wan rend visite à Yoda et ses padawans pour retrouver la planète Kamino effacée des archives. L'accompagnement, très dépouillé et joué *rubato*, est constitué uniquement d'arpèges graciles *pp* à la harpe sur une pédale tenue dans le médium par les violoncelles (exemple 45) :

Exemple 45. *SW2*, Obi-Wan rend visite à Yoda et ses padawans (37:01-37:17).

L'atmosphère délicate et aérienne qui s'en dégage contribue à créer un effet de flottement et de rêverie, qui accentue la féerie de la cartographie galactique lumineuse déployée tout autour des personnages, et la sagesse du vieux maître Jedi. L'écriture orchestrale de Williams contribue à faire de cette scène une véritable parenthèse onirique au sein de l'action, dans cet épisode où les fils narratifs s'emboîtent les uns dans les autres à un rythme soutenu.

*SW2* se singularise également dans l'hexalogie et au sein de la trilogie républicaine par le recours à une soprano soliste, dans la séquence finale où Dooku rejoint Dark Sidious sur Coruscant pour lui annoncer avec satisfaction le début de la guerre des clones. La ligne mélodique, tortueuse et disjointe, est émaillée de chromatismes, de secondes augmentées et de grands sauts intervalliques soudains, revêtant un caractère tendu et lugubre. Sans paroles, la voix féminine est désincarnée, dénuée de tout

62. « *In this cue, the voices show you the great stakes of what is involved. It has a way of making it far more operatic and epic. What is great about "Duel of the Fates" is that you actually have words. The chorus is most effective when you have a text that they can declaim, otherwise, it kind of becomes like wind instruments* ». Pope, entretien personnel enregistré le 13 février 2013.

vibrato lyrique; son timbre est affecté d'une réverbération marquée et transformé en post-production pour paraître lointain, voilé, comme provenant d'outre-tombe. Couplé à des arpèges circulaires de harpe parcourus d'intervalles tendus sur des accords de quintes augmentées tenus en pédales aux cors et au synthétiseur, le solo de soprano « ajoute une sorte d'étrangeté, de dimension surnaturelle »[63] (exemple 46) :

Exemple 46. *SW2*, Dooku rejoint Dark Sidious sur Coruscant (02:12:22-02:12:48).

Ce traitement « fantomatique » de la voix[64], rejoignant l'univers infernal suggéré visuellement par les tons ocre rouge et la silhouette spectrale encapuchonnée de Dark Sidious, constitue l'unique intervention de ce topique du genre horrifique dans toute l'hexalogie. Précisons toutefois que, dans le cinéma fantastique et d'épouvante, la voix féminine tend plutôt à être traitée de manière chorale (chœur de femmes ou d'enfants)

---

63. « *It adds a kind of eeriness to it, a sort of otherworldliness* ». *Ibid.*

64. Sur la manière dont le traitement numérique de la voix – le plus souvent des voix féminines – modifie ou refuse leur sexe ou leur humanité, voir Joseph Auner, « "Sing It for Me" : Posthuman Ventriloquism in Recent Popular Music », *Journal of the Royal Music Association*, vol. 128, n° 1, 2003, p. 98-122. Nous remercions Nicole Biamonte de nous avoir indiqué cette référence.

et prend fréquemment la forme d'une comptine lancinante[65] – éléments absents ici. L'écriture de Williams pour la voix de soprano soliste dans une optique inquiétante se démarque donc de ces pratiques généralisées. Ce « chant de l'abîme »[66], pour reprendre l'expression de Maurice Blanchot, se rapproche davantage de propositions plus isolées et singulières, comme le thème de la Nécropole, place forte des nécromanciens, composé par Paul A. Romero, Rob King et Steve Baca pour le jeu vidéo *Heroes of Might and Magic III* (1999), ou de l'utilisation faite par Wojciech Kilar de la voix féminine seule dans l'aigu dans *La Neuvième Porte* et *Dracula* (1992), qui se rapporte très souvent à la tentation, à la fascination pour le mal et l'attirance pour le Diable[67].

Les épisodes républicains tendent à posséder chacun leur propre couleur musicale distincte. *SW1* se démarque par son caractère monumental, sa puissance épique et ses sonorités modales ou primitives, tandis que *SW2* emprunte davantage au lyrisme pastoral coloré de quelques touches orientales et possède une dimension davantage recueillie et intériorisée. Parcouru de sections atonales tourbillonnantes et « tribales » dans les scènes d'action, cet épisode est également habité par une inquiétude diffuse et sous-jacente, véhiculée notamment par les boucles orchestrales répétitives et obsédantes qui jalonnent de nombreux *cues*. La partition de *SW3* atteint une âpreté inégalée, partagée entre registre élégiaque et méditatif, dépouillement extrême du matériau à connotation tragique, et déchaînements soudains de tout l'ensemble orchestral et vocal[68]. La trilogie républicaine affirme ainsi une hétérogénéité musicale manifeste, qui s'exprime peut-être avec le plus d'éclat dans *SW3*.

*Hétérogénéité stylistique et influences musicales extérieures : le cas de* SW3

*SW3* se situe relativement à part des deux premiers volets républicains. Williams évoque lui-même sa volonté de « créer une identité propre et sombre »[69] à cet épisode, s'incarnant de manière frappante dans la diversification particulièrement marquée des différents types d'écriture vocale mobilisés par le compositeur. Or, cette exploitation des voix se révèle bien plus poreuse que les épisodes précédents – les deux trilogies confondues – aux influences extérieures exercées par les pratiques musicales dominantes des *blockbusters* des années 2000. Il en résulte un apogée dans l'hétérogénéité stylistique de l'accompagnement musical extra-diégétique starwarsien, que l'on ne retrouvera guère dans les partitions de *SW7* et *SW8*.

Outre l'exploitation nouvelle des basses tibétaines et l'emploi d'un grand chœur mixte dans une optique de puissance sonore, de fureur et de violence, *SW3* se caractérise par sa couleur musicale tragique. Celle-ci semble particulièrement apte à répondre à la

65. Voir notamment Carayol, *Une musique pour l'image*, p. 69-71.

66. Maurice Blanchot, *Le livre à venir*, Paris, Gallimard, 1959, p. 10.

67. Voir à ce sujet Chloé Huvet, « *Ouvrir la neuvième porte* : musique et sorcellerie dans le film de Roman Polanski (1999) », dans Cécile Carayol, Pierre-Albert Castanet et Pascal Pistone (dir.), *Le fantastique dans les musiques des* XX*e et* XXI*e siècles : musiques actuelles, musique contemporaine, musique de film*, Sampzon, Delatour France, 2017, p. 204-221.

68. Voir notamment Berthomieu, *La musique de film*, p. 87-89.

69. Williams, cité dans Jean-Christophe Arlon et Vivien Lejeune, « *Star Wars, Épisode III*. Avec des Sith, on refait le monde », *Cinefonia*, n° 12, juin 2005, p. 62-65, ici p. 63.

singularité de l'approche visuelle de Lucas, qui se démarque des épisodes précédents, tant impériaux que républicains :

> *La Revanche des Sith* s'affirme comme le plus âpre des films. Mise en scène nouvelle : cadrages plus déséquilibrés, perspectives plus inquiétantes, usages violents du gros plan. Aux tons chatoyants et variés des *Épisodes I* et *II*, Lucas préfère les monochromes et les dégradés d'un seul ton. Jamais l'abstraction ne s'est aussi clairement exprimée chez lui. [...] Avec *La Revanche des Sith*, Lucas atteint le sommet de son formalisme coloré [...] et livre un pessimisme élégiaque [70].

L'âpreté et le pathétique de *SW3* ne trouvent pas d'écho semblable dans les autres volets. *SW4*, *SW5* et *SW6* sont imprégnés d'un « esprit de camaraderie adolescente » [71] et optimiste autour des rêves d'aventures de Luke, de son parcours initiatique jusqu'à reprendre le flambeau d'Obi-Wan et devenir un Jedi, et de son rôle central dans la rédemption finale de son père. Les épisodes républicains suivent une trajectoire inverse, dont la dimension désespérée culmine dans *SW3* où la déchéance du héros apparaît inéluctable. Sur le plan musical, ce registre tragique est notamment porté par trois utilisations distinctes de la voix, emblématisant chacune une pratique dominante dans les *blockbusters* contemporains, que Williams n'avait pas intégrée jusqu'à présent dans la saga. La lamentation orientalisante composée pour le *cue* « 4M5A Padme's Ruminations » porte tout d'abord la marque évidente d'une influence zimmerienne. Le compositeur allemand est en effet le premier à avoir importé ce trait stylistique « du monde de la pop gothique / *ethereal wave* » [72] dans le cinéma *mainstream* avec *Gladiator* (2000, co-composé avec Lisa Gerrard) : les *cues* « The Wheat » ou « Sorrow », qui se rapportent respectivement à la remémoration nostalgique du foyer familial par Maximus et à la découverte effroyable de sa famille assassinée par l'Empereur Commode, font appel à une voix féminine tremblée, fortement réverbérée. Sa plainte est parcourue de micro-intervalles et de courts *glissandi* qui lui confèrent une couleur « ethnique ». Or cette écriture est loin d'être limitée à ce seul film : à partir de *Gladiator* s'est forgé dans le cinéma hollywoodien un véritable topos musical associé à l'expression de la douleur et de l'affliction. Des plaintes orientalisantes peuvent ainsi être entendues dans les *cues* « 3200 Years Ago » et « Hector's Death » de *Troie* (2004) ou « Shutting Down Grace's Lab » d'*Avatar* (2009), composés par James Horner, et dans la partition d'*Exodus : Gods and Kings* (2014) écrite par Alberto Iglesias. Signalons que cette utilisation vocale a également essaimé dans les séries télévisées, notamment dans la saison 2 des *Tudors* (2008) et la saison 1 des *Borgias* (2011) signées par Trevor Morris [73].

Face à la généralisation de ce type d'écriture, devenu selon Laurent Jullier le « passage obligé [...] de tous les "moments tragiques" » [74] des *blockbusters*, il n'est guère étonnant

70. Pierre Berthomieu, « *Star Wars – Épisode III : La Revanche des Sith.* Les deux soleils de Tatooine », *Positif*, n° 533-534, juillet-août 2005, p. 126-127, ici p. 127.

71. *Ibid.*

72. Laurent Jullier, *Star Wars : anatomie d'une saga* [2005], Paris, Armand Colin, 2010, p. 65.

73. Voir à ce sujet Chloé Huvet, « *The Tudors* de Trevor Morris : l'importation du style "Media Ventures" dans une série télévisée ? », dans Cécile Carayol et Jérôme Rossi (dir.), *Musiques de séries télévisées*, Rennes, Presses Universitaires de Rennes, 2015, p. 124-125.

74. Jullier, *Star Wars : anatomie d'une saga*, p. 65.

d'en retrouver la marque dans *SW3*, bien qu'elle demeure strictement circonscrite à un court et unique passage – contrairement aux partitions citées ci-dessus. Pope concède d'ailleurs : « Je regrette de devoir dire que John a été influencé par quoi que ce soit, mais oui, je pense que le recours à ce genre de gémissement humain était en vogue. C'était *la* norme [...] autour des années 2000 »[75]. La voix orientalisante reste toutefois ponctuelle chez le compositeur, limitée à la seule année 2005 : on la retrouve uniquement dans le *cue* « The Fire Scene and the Coming of War » de *Mémoires d'une geisha* et dans la partition de *Munich*, lors de la scène finale où les athlètes israéliens pris en otage par Septembre noir sont assassinés.

Dans *SW3*, la plainte est introduite par un motif désolé au synthétiseur alors que Anakin se remémore le chantage mensonger de Palpatine au sujet de Padmé. Accompagnée par un bourdon de quinte à vide (*ré-la*) synthétique réverbéré dans le grave, la mélodie vocale, construite sur des *glissandi* de micro-intervalles, débute sur le plan de demi-ensemble où Padmé, seule dans son appartement, se lève et s'approche de la fenêtre, comme si elle percevait et partageait la souffrance de son amant. Symétriquement, au Conseil des Jedi, Anakin vient se placer face à la baie vitrée avant qu'un gros plan sur son visage ne mette en valeur son regard perdu et son expression torturée. Énoncée lentement, de façon quasi improvisée, la mélopée orientalisante est chantée par une soprano soliste avec un timbre nasillard qui comporte beaucoup de souffle, des effets de voilement et de tremblement marqués. Fortement amplifiée et réverbérée, elle pare ce montage alterné d'une coloration tragique, évoquant le crépuscule de la relation amoureuse, mais aussi l'agonie du personnage d'Anakin Skywalker, bientôt remplacé par la figure de Dark Vador. Si Williams se plie ici à un stylème dominant, il exploite néanmoins aussi ce type de vocalité pour ses qualités physiologiques, cognitives et symboliques propres, particulièrement adéquates pour rehausser le pathétique de cette scène. Coralie Vincent rappelle ainsi les implications véhiculées par la voix chantée soliste :

> À l'origine d'une résonance privilégiée dans les neurones miroirs, la voix permet de déclencher l'empathie pour le personnage qu'elle accompagne à l'écran. Cette empathie peut être renforcée par l'apparition simultanée d'un autre élément prépondérant : le regard. [...] L'utilisation d'une voix solo est associée à une certaine fragilité. [...] Dans nombre de civilisations, un timbre fortement nasalisé (comme celui utilisé pour les voix « ethniques » d'*Avatar*) est un signe annonciateur de la mort[76].

L'incorporation d'une plainte féminine orientalisante dans *SW3* paraît donc justifiée sur les plans narratif et dramatique. Aucun autre épisode ne se prêtait à un tel accompagnement musical : le sentiment de tragique qui imprègne *SW3*, lié à son arc narratif singulier où tous les événements s'additionnent et convergent vers la catastrophe finale menant à l'avènement de l'Empire et à la naissance de Dark Vador est, on l'a

75. « *I hate to say that John had been led by anything but yes, I think it was in the air to have that kind of human wailing. That was the standard [...] around 2000* ». Pope, entretien personnel enregistré le 13 février 2013.

76. Coralie Vincent, « Voix chantée et émotion dans le cinéma de James Cameron : une étude empirique », dans Muriel Joubert et Bertrand Merlier (dir.), *La traduction des émotions dans les musiques de films*, Sampzon, Delatour France, 2015, p. 147.

dit, assez unique dans l'hexalogie. La scène de dialogue muet entre Anakin et Padmé constitue de surcroît un pivot important puisqu'elle précède immédiatement la trahison du jeune homme et l'activation de l'Ordre 66 visant à exterminer les Jedi.

Outre l'influence circonscrite de Zimmer, l'un des *cues* de *SW3* se révèle très proche de l'une des pages de la partition composée quelques années auparavant par Howard Shore pour *Le Seigneur des Anneaux : La Communauté de l'Anneau* (2001). La proximité frappante entre le début du *cue* de Shore « The Treason of Isengard » (exemple 47) et celui du « 5M7 Anakin's Dark Deeds » (exemple 48) s'incarne dans l'utilisation similaire du chœur féminin dans le registre médium sur les voyelles *oo / ah*, dessinant une mélodie funèbre très conjointe *pp* dans le mode de *la* sur *la*, l'accompagnement en bourdon de quinte (*la-mi*) aux cordes dans le grave et l'extrême grave, les valeurs longues plus ou moins étirées créant une suspension temporelle, et les ponctuations percussives synthétiques dans l'extrême grave qui interviennent régulièrement lors des « repos » ou des respirations de la ligne mélodique.

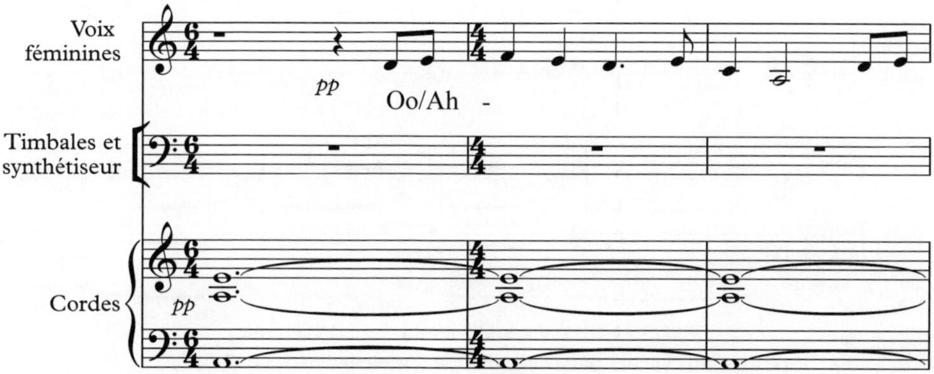


Exemple 47. Howard Shore, *Le Seigneur des Anneaux : La Communauté de l'Anneau*, « The Treason of Isengard ». Transcription à partir de la bande originale, piste 4 (00:00-00:29).

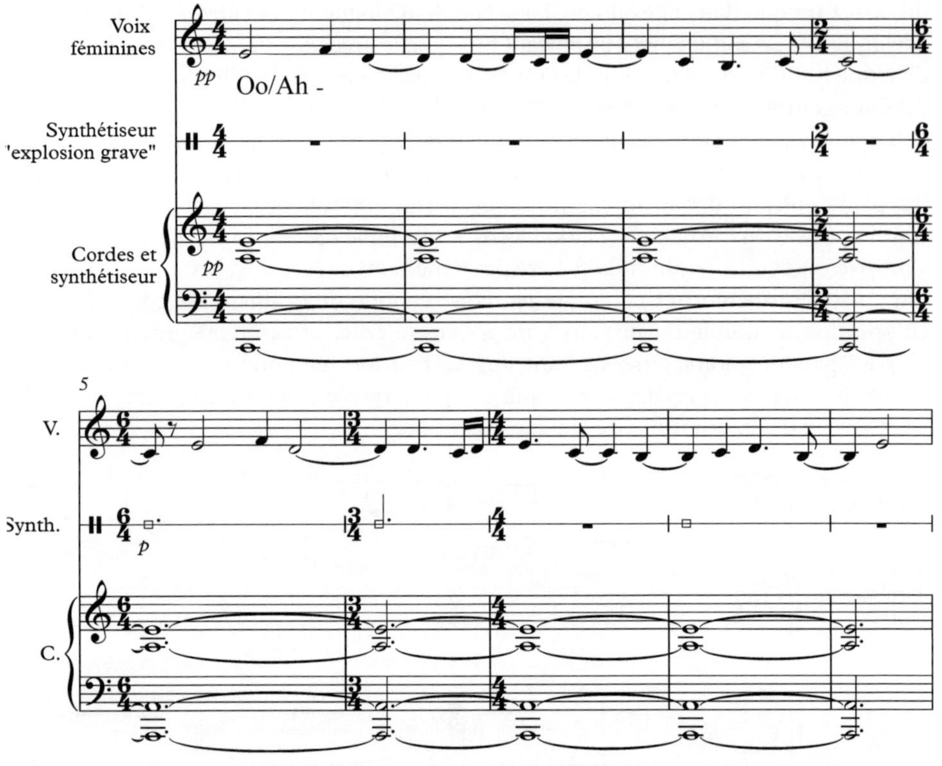


Exemple 48. *SW3*, Yoda et Obi-Wan découvrent les corps sans vie des padawans dans le temple Jedi (01:34:27-01:35:01).

Ces deux *cues* jouent un rôle narratif assez différent au sein des films : celui de Shore intervient à trois reprises, d'abord lorsque Gandalf met Frodon en garde contre les espions de Sauron et lui enjoint de ne jamais passer l'Anneau maléfique à son doigt, quand Boromir ramasse l'Anneau et se sent irrésistiblement attiré par son pouvoir, puis dans la scène où Aragorn résiste à l'appel de l'Anneau et à la tentation de le prendre à Frodon. Cette écriture vocale n'est employée qu'une seule fois par Williams, lorsque Yoda et Obi-Wan découvrent les corps sans vie des padawans dans le temple Jedi, dont certains ont été assassinés au sabre laser (exemple 48). En dépit de ces divergences, on peut néanmoins remarquer que les *cues* revêtent tous les deux un même caractère obsédant, désolé et pesant, et qu'ils interviennent dans des scènes tragiques : celles du *Seigneur des Anneaux* mettent en jeu le basculement potentiel du monde dans les ténèbres, tandis que celle de *SW3* dévoile les actes monstrueux commis par Anakin.

La partition de *SW3* comporte un dernier procédé musical relativement répandu au cinéma : une élégie pour voix et orchestre, que Williams n'avait pas intégrée jusqu'alors dans l'hexalogie à l'exception de la scène de l'hommage funéraire rendu à Qui-Gon à la fin de *SW1*. Or, dans cette scène, le recueillement général et l'immolation du Jedi justifiaient en quelque chose visuellement et contextuellement le recours à un chant funèbre déploratif. Dans *SW3*, la lamentation intervient lors d'un climax dramatique déchirant, où les Jedi sont exterminés un à un par les clones sur ordre de Dark Sidious. L'emploi d'une telle écriture pour accompagner une scène de massacre est une première dans la saga, que l'on retrouvera dans *SW7* sous une forme instrumentale lors de la destruction par le Premier Ordre des planètes affiliées à la République. Si Williams l'introduit dans *Star Wars* pour la première fois en 2005, l'écriture élégiaque dans la lignée de l'*Adagio pour cordes* de Samuel Barber (1936) est toutefois fréquemment employée au cinéma en contrepoint de scènes violentes pour amplifier une tension dramatique particulière et susciter une émotion tragique. Carayol théorise ce procédé sous l'expression de « lyrisme-épique », qui

> consiste à superposer les deux dimensions – épique et lyrique – afin de confondre action violente et émotion contenue [...]. Cette pratique permet d'apporter une dimension émotionnelle à un endroit inattendu en éclipsant, durant un instant, le premier degré de l'action[77].

Williams avait déjà exploité ce lyrisme-épique dans d'autres films tels *JFK* (1991, *cue* « Arlington »), *La Liste de Schindler* (1993) ou *A.I. Intelligence Artificielle* (*cue* « Cybertronics »), et au sein de sa production savante, notamment au début du deuxième mouvement de son *Concerto pour violon* (1976) dédié à la mémoire de son épouse défunte, Barbara Ruick. Remarquons cependant que l'écriture en est uniquement instrumentale, confiée principalement à un ensemble de cordes. Ces « cordes-larmes »[78] sont aussi mobilisées dans un autre passage élégiaque de *SW3*, lorsque Anakin, brûlé, agonise sous les yeux d'Obi-Wan après leur combat sur la planète Mustafar (01:45:49). Le seul exemple vocal et instrumental véritablement comparable à celui du massacre des Jedi dans la production williamsienne intervient dans *La Guerre des mondes*, lorsque Robbie monte au front pour combattre les tripodes extra-terrestres ; la musique suspend momentanément l'action et crée une parenthèse presque irréelle au sein d'un décor de fin du monde[79].

La séquence de *SW3* où les Jedi se font décimer par les clones s'inscrit donc dans une communauté de pratiques au sein des *blockbusters*, que Williams infléchit par l'intégration d'un grand chœur mixte sans paroles. Comme le révèle Jonathan Rinzler, qui a assisté à certaines entrevues entre le compositeur et le réalisateur à l'occasion des *spotting sessions*, l'usage d'un chœur découle ici directement de la piste temporaire (*temp track*) utilisée, dont la source exacte n'est malheureusement pas spécifiée : « À l'écoute de la piste temporaire [...], Lucas commente : "J'aime beaucoup le fait que ça

77. Carayol, *Une musique pour l'image*, p. 60.

78. *Ibid.*, p. 62.

79. Voir Chloé Huvet, « Le son de l'apocalypse spielbergienne : musique et *sound design* dans *La Guerre des mondes* (2005) », dans Sylvie Allouche, Hélène Machinal, Monica Michlin et Arnaud Regnauld (dir.), *Formes d(e l)'Apocalypse*, Paris, Bibliothèque numérique de l'Université Paris 8, 2017, p. 179-202, https://octaviana.fr/document/COLN20_1.

aboutisse au chœur", alors que Plo Koon est désintégré en plein vol. "C'est assurément la voie à suivre", acquiesce Williams » [80].

Le *cue* « 5M3 Lament » débute au moment où Obi-Wan et sa monture, pris pour cibles par les clones sur Utapau, poursuivent leur chute vertigineuse vers un étang en contrebas. La mélodie, lente et plaintive, est exposée dans le mode de *la* sur *la* aux violons doublés par les clarinettes, sur de longues tenues au chœur féminin, aux cuivres et aux cordes graves. Elle crée d'emblée une rupture de temporalité en ralentissant l'enchaînement des événements et fige l'action en une suite de tableaux tragiques imprégnés d'un sentiment d'inéluctabilité : la musique poursuit son cours en se déployant dans des décors contrastés et majestueux où se répètent les mêmes tueries. Les mouvements amples et fluides de la caméra, souvent placée en plongée surplombante, saisissent les massacres à travers toute la galaxie, soulignant l'ampleur du processus d'extermination lancé par le Sith. Les multiples explosions et tirs de *blasters* qui zèbrent l'image par intermittence accentuent le déséquilibre des forces entre chaque chevalier Jedi isolé et les escadrons de clones qui l'entourent.

La mélodie s'amplifie avec l'entrée des voix d'hommes qui complètent les harmonies, sur une pédale de *la* aux contrebasses. Elle gagne en lyrisme et en solennité lors de son retour à l'octave supérieure en *crescendo* aux violons, altos, cors, clarinettes et hautbois (exemple 49), qui accompagne l'assassinat lâche d'Aayla Secura sur la luxuriante planète Felucia, abattue par de nombreux tirs dans le dos. Les voix intérieures de la texture vocale et orchestrale s'enrichissent de notes étrangères et de septièmes, ajoutant à l'expressivité de l'ensemble. L'accompagnement musical intensifie l'émotion pathétique de la scène ; par son caractère poignant, il crée une proximité avec les Jedi condamnés, renforçant l'empathie et l'identification du spectateur.

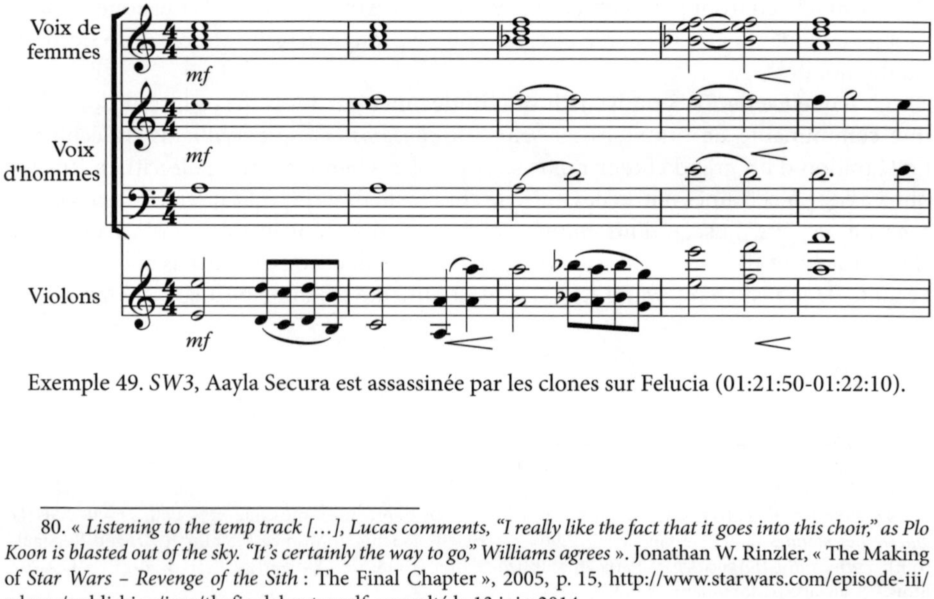


Exemple 49. *SW3*, Aayla Secura est assassinée par les clones sur Felucia (01:21:50-01:22:10).

80. « *Listening to the temp track […], Lucas comments, "I really like the fact that it goes into this choir," as Plo Koon is blasted out of the sky. "It's certainly the way to go," Williams agrees* ». Jonathan W. Rinzler, « The Making of *Star Wars – Revenge of the Sith* : The Final Chapter », 2005, p. 15, http://www.starwars.com/episode-iii/release/publishing/img/thefinalchapter.pdf, consulté le 13 juin 2014.

*SW3* se démarque donc au sein de la saga et des épisodes républicains par son hétérogénéité et l'absorption de tendances dominantes dans les *blockbusters* contemporains, comme si Williams voulait embrasser la totalité musicale la plus large dans cet épisode où se côtoient les esthétiques et les registres les plus divergents. La partition se fait ainsi en quelque sorte l'image du style lucasien, qui « s'épanouit dans le foisonnement formel et les greffes improbables »[81].

Des changements multiples dans l'écriture même du compositeur sur l'ensemble de la saga ont ainsi été observés au fil de ces quatre chapitres. Mais ce premier niveau de lecture est insuffisant : que devient la musique de Williams une fois intégrée au sein des films ? Comment est-elle employée au montage final dans les deux trilogies, et comment s'insère-t-elle dans l'environnement sonore global des séquences ? Quelles évolutions peut-on tracer à cet égard entre les deux trilogies, et quel rôle les transformations technologiques ont-elles joué ? Il s'agit à présent d'étendre notre regard analytique à l'*inscription* de la partition dans son contexte audio-visuel spécifique.

81. Berthomieu, « *Star Wars – Épisode III : La Revanche des Sith* », p. 126-127, ici p. 127.

Deuxième Partie

# RELATIONS MUSIQUE / MONTAGE : INTENSIFICATION ET RECONFIGURATION DES PRATIQUES

Chapitre V

# LA MUSIQUE À LA TABLE DU MONTAGE : UNE REMISE EN QUESTION DE LA PARTITION COMME « ŒUVRE »

Analyser les partitions des deux trilogies sous le prisme du montage permet de mettre en perspective plusieurs transformations observées dans l'écriture de John Williams avec leur contexte général de création, et plus particulièrement l'histoire des techniques. Si l'éclatement du matériel thématique fait partie intégrante du processus compositionnel sur la trilogie républicaine, l'impact des mutations technologiques sur la fragmentation de l'accompagnement orchestral et du discours musical tout au long des films n'est toutefois pas à négliger. C'est en effet peut-être avec le montage que les conséquences des transformations des techniques se manifestent avec le plus d'acuité. Entre les deux trilogies, la nature des machines utilisées pour effectuer le montage a changé, et la question de la transformation des « gestes » créateurs se pose. La comparaison des manuscrits avec la musique telle qu'elle est présente dans les films nous a permis de faire émerger un certain nombre de traits saillants quant à son utilisation dans les deux trilogies. Elle met également en lumière un certain nombre de pratiques liées aux possibilités du numérique qui, s'il ne les *invente* pas, en rend la réalisation beaucoup plus facile et rapide, entraînant alors une reconfiguration de leur échelle d'application sur les épisodes républicains.

Chaque montage des épisodes de la saga a connu des remaniements dans des proportions diverses au fil des nouvelles sorties et rééditions DVD et Blu-ray des films – les versions 35 mm et 70 mm au moment de la sortie en salle présentant aussi entre elles de légères différences, notamment en ce qui concerne les raccords (volets, fondus enchaînés, *cuts*[1]). Pour la trilogie impériale, George Lucas n'hésite pas à ajouter, remonter ou retoucher des plans et des répliques, voire à introduire de nouvelles scènes par rapport aux versions diffusées sur les écrans de cinéma afin de donner vie à ce

1. Les changements de raccords constituent les seules différences entre les deux versions sur le plan du montage. Les autres modifications concernent surtout la composition interne des plans, transformés par les effets spéciaux numériques, et l'ajout ou le retrait de sons au mixage. Au sujet de *SW5* et *SW6*, voir Michael Matessino, « 70 mm Variations Strike Back », *Film Score Monthly*, vol. 2, n° 1, janvier-février 1997, p. 15.

qui est, d'après lui, la meilleure version de *Star Wars* possible, tirant parti des progrès technologiques, spécialement dans le domaine des effets visuels :

> Nous avons fait du mieux que nous pouvions étant donné les circonstances [...], mais nous avons eu l'opportunité de revenir en arrière et de rapprocher le film de ce nous avions imaginé au départ[2].

L'« édition spéciale » de 1997 célébrant le vingtième anniversaire de la trilogie impériale, en particulier, a engendré d'intenses polémiques parmi les fans, les spécialistes et les chercheurs qui se sont insurgés avec véhémence contre ces modifications[3], à tel point qu'à l'occasion d'un coffret DVD collector sorti en 2006, Lucas a finalement joint sur un DVD bonus les versions « originales » des épisodes impériaux. Un documentaire réalisé en 2010 par Alexandre O. Philippe a même été consacré à cette scission entre le créateur et ses fans, portant le titre révélateur *The People vs George Lucas*. Nous n'entrerons pas dans ce débat. Nous avons pris pour support d'analyse la version originelle des épisodes impériaux[4] et étudions donc les changements apportés au montage final vis-à-vis de la partition dans les films tels qu'ils ont été présentés en salle en 1977, 1980 et 1983, et non dans les multiples versions successives ultérieures qu'il serait fastidieux de détailler[5]. Williams a d'ailleurs été fort peu impliqué dans les remontages musicaux nécessités par l'ajout de plans ou de scènes dans les différentes éditions commerciales des épisodes impériaux, confiant cette tâche à son *music editor* Kenneth Wannberg ou à d'autres musiciens tels l'arrangeur Jerry Hey.

## Le montage, une création sonore collective

### *Définitions*

Le montage image consiste, après un choix effectué parmi les *rushes* (prises de vue captées lors du tournage d'un film), en l'« *assemblage* des plans sélectionnés dans un certain ordre » par des coupures et des points de collure sur la pellicule, et la « détermination à un niveau plus précis de la *longueur* exacte qu'il convient de donner

2. « *We did the best we could under the circumstances [...], but we got the chance to go back and make the film closer to what was originally envisioned* ». Lucas, cité dans Ron Magid, « An Expanded Universe : Digital and Analog Special Effects Collide in the Retooled Version of *Star Wars* », *American Cinematographer*, vol. 78, n° 2, février 1997, p. 60-62 et 64-70, ici p. 60.

3. Voir à ce sujet Patti J. McDaniel, *The Lucas Effect : George Lucas and the New Hollywood*, thèse de doctorat, Los Angeles, University of Southern California, 2004, p. 290-309 ; Mark A. Altman, « A Critical Look at the *Star Wars* Trilogy Special Editions », dans Ted Edwards (dir.), *The Unauthorized Star Wars Compendium : The Complete Guide to the Movies, Comic Books, Novels, and More*, Boston, Little Brown, 1999, p. 158-167.

4. Les épisodes républicains n'ont pas bénéficié d'une édition spéciale qui comporterait la version sortie en salle. Toutefois, les différences au montage sont relativement minimes entre celle-ci, la version DVD et la version Blu-ray, et n'altèrent pas fondamentalement l'accompagnement musical.

5. Michael Matessino entreprend cette tâche délicate au sujet des épisodes impériaux (« The *Star Wars* Trilogy Special Edition : The Comprehensive Reference for the John Williams Music Scores », *Film Score Monthly*, vol. 2, n° 1, janvier-février 1997, p. 12-17).

à chaque plan, et des *raccords* entre ces plans »[6]. À l'ère numérique, ces opérations reposent sur les mêmes principes, bien qu'elles soient en réalité dématérialisées.

Outre cet aspect « technique », le montage se constitue également comme « ordre discursif »[7]. À ce titre, David Bordwell et Kristin Thompson proposent des compléments définitionnels intéressants. Le montage image crée des relations visuelles, rythmiques, spatiales et temporelles spécifiques entre les plans ainsi coordonnés qui visent le plus souvent, dans le cinéma hollywoodien *mainstream*, à générer des « effets de continuité narrative »[8] bien que ceux-ci n'excluent pas les ruptures et les contrastes marqués. Le montage permet ainsi de « fournir aux images un supplément de sens »[9], de focaliser l'attention du spectateur, de « produire des effets de suspense ou de surprise »[10]. Le travail plastique de l'image, à travers les rimes et échos visuels retrouvés dans deux plans successifs en matière de formes, de dispositions dans l'espace, de couleurs ou de mouvements au sein de l'image – certains plans étant conçus à la manière de tableaux picturaux –, est également un élément remarquable du montage de l'hexalogie[11].

*Une imbrication progressive des procédés de montage et de mixage son*

Le montage son implique en partie le même type de manipulations (coupures, points de jonction) à partir des pistes créées et enregistrées par l'équipe son, qui sont synchronisées avec le montage image en post-production. Toutefois, le mode de fonctionnement s'avère relativement complexe. Le travail est réparti entre l'équipe chargée du dialogue, les bruiteurs (*foley*) et les créateurs des effets sonores, comme le rappellent James Buhler, David Neumeyer et Rob Deemer : « Chaque unité va produire sa propre piste – généralement appelée un "pré-mixage" ou un "stem" – et l'ensemble sera combiné en un mixage final »[12] avec les pistes musique relativement tard dans le processus de post-production.

Les progrès technologiques ont par ailleurs ajouté à cette complexité organisationnelle en brouillant au fil des années les frontières entre les métiers de *sound editor* et de *re-recording mixer*, « grâce à l'informatisation des outils et à la substitution croissante du numérique à l'analogique »[13]. Cet aspect ayant déjà été abondamment traité dans la littérature sur le son, nous synthétisons ici les principaux éléments à titre de rappel. Bien

6. Jacques Aumont, Alain Bergala, Michel Marie et Marc Vernet, *Esthétique du film* [1983], Paris, Armand Colin, 2008, p. 38. Les italiques sont ceux des auteurs.

7. Marie-Claire Ropars-Wuilleumier, « Fonction du montage dans la constitution du récit au cinéma », *Revue des sciences humaines*, n° 141, janvier-mars 1971, p. 33-52, ici p. 34.

8. David Bordwell et Kristin Thompson, *L'art du film : une introduction* [2000], Bruxelles, De Boeck, 2009, p. 349.

9. René Gardies (dir.), *Comprendre le cinéma et les images*, Paris, Armand Colin, 2007, p. 39.

10. Bordwell et Thompson, *L'art du film*, p. 377.

11. Voir Pierre Berthomieu, *Hollywood moderne : le temps des voyants*, Pertuis, Rouge Profond, 2011, p. 521-544 (« Les deux soleils de Tatooine : le destin de George Lucas »).

12. « *Each unit will produce its own track – generally called a "pre-dub" or "stem" – and all of these will be dubbed down into a final mix* ». James Buhler, David Neumeyer et Rob Deemer, *Hearing the Movies : Music and Sound in Film History*, New York, Oxford University Press, 2010, p. 414.

13. Michèle Borghi, « L'évolution du montage dans les nouveaux types de post-production », dans Stéphane Benassi et Alphonse Cugier (dir.), *Le montage : état des lieux réel(s) et virtuel(s)*, Paris, L'Harmattan, 2003, p. 233.

avant que le montage numérique ne se généralise, les monteurs son recourent déjà à un code temporel (*timecode*) exprimé en heures, minutes, secondes et images, développé en 1969 par la Society for Motion Picture and Television Engineers afin de synchroniser précisément les pistes son et image en post-production [14]. Grâce aux enregistreurs multipistes, il devient possible pour les monteurs d'« enregistrer, écouter et mixer les sons avant le mixage final d'un film. Dans la mesure où les prémixages [...] pouvaient être élaborés au cours du processus de montage, le rôle des *sound effects editors* a pris davantage d'ampleur » [15].

Ben Burtt participe pleinement à l'orientation nouvelle donnée au métier de monteur son :

> En utilisant des enregistreuses multipistes pour prémixer leurs effets sonores, Burtt et ses confrères qui partageaient la même sensibilité affaiblissaient la séparation entre le montage des effets sonores et le mixage, chose qui ne pouvait se produire que dans la baie [de San Francisco], où les règlementations des syndicats étaient plus souples [16].

L'imbrication progressive des tâches de mixage et de montage s'amplifie par la suite avec l'adoption généralisée des technologies numériques, qui facilitent grandement tous les types de manipulations à n'importe quel endroit des pistes. Comme le souligne Mark Kerins :

> Des stations audionumériques comme *Pro Tools* rendent les vastes capacités de montage, de mixage et même d'enregistrement immédiatement disponibles à toutes les étapes de la post-production. Les monteurs son peuvent panoramiquer les sons, ajouter de la réverbération, égaliser et compresser les pistes; les mixeurs peuvent facilement écouter de nouveaux sons, remodifier ceux qui existent déjà, et réaliser n'importe quelle autre opération faite par les monteurs [17].

Aussi devient-il relativement fréquent que les monteurs réalisent eux-mêmes une forme de pré-mixage des sons : « Ce processus a été baptisé mixage "de l'entre-deux" par les monteurs, où des choix sont faits avant le mixage, puis affinés à l'étape du mixage proprement dit » [18].

La redéfinition juridictionnelle du métier de *sound editor* fait dès lors l'objet de nombreux débats chez les professionnels et leurs représentants, dont la manifestation

14. Voir Jay Beck et Vanessa Theme Ament, « The New Hollywood, 1981-1999 », dans Kathryn Kalinak (dir.), *Sound : Dialogue, Music, and Effects*, Londres / New York : I.B. Tauris, p. 127-128.

15. « *[Sound editors] could record, audition, and mix sounds before the final rerecording mix for a film. Because premixes [...] could be constructed during the editing process, sound effects editors took on a larger role* ». *Ibid.*, p. 128.

16. « *By using multitrack recorders to premix their effects, Burtt and like-minded colleagues were breaking down the barrier between sound effects editing and rerecording mixing, something that could happen only in the [San Francisco] Bay Area, where the union regulations were more relaxed* ». *Ibid.*

17. « *DAWs like Pro Tools make extensive editing, mixing, and even recording capabilities readily available at every stage of postproduction. Sound editors can pan sounds, add reverb, equalize, and compress tracks; rerecording mixers can easily audition new sounds, reedit existing ones, and do anything else editors can* ». Mark Kerins, « The Modern Entertainment Marketplace, 2000-Present », dans *ibid.*, p. 136.

18. « *Editors have called this process "in-between" mixing, where choices are made before the mix, which are fined-tuned on the mixing stage* ». Benjamin Wright, *Sound from Start to Finish : Professional Style and Practice in Modern Hollywood Sound Production*, thèse de doctorat, Ottawa, Carleton University, 2011, p. 338.

la plus symbolique est peut-être le transfert de membres entre les deux syndicats des techniciens son les plus importants de Los Angeles, Local 695 (post-production sonore) et Local 776 (montage son), appartenant à l'organisation International Alliance of Theatrical Stage Employees (IATSE). En 1997, le syndicat des monteurs Local 776 absorbe ainsi les *re-recording mixers* affiliés au Local 695, tandis que les deux branches des syndicats de monteurs situées sur les côtes est et ouest des États-Unis fusionnent à leur tour en 1998 pour former un seul groupe national, l'IATSE Sound Local 700 [19]. Comme le note Benjamin Wright, le brouillage entre les métiers de *sound editor* et *re-recording mixer* se voit attesté par des institutions prestigieuses de l'industrie telle l'Académie des Oscars, décernant les prix du meilleur montage son et du meilleur mixage son au même homme :

> Le superviseur du montage son et mixeur Paul N. J. Ottosson repartit avec les deux récompenses majeures dans le domaine du son pour son travail sur *Démineurs* de Kathryn Bigelow (2009), également primé comme Meilleur Film de l'année. Avec la consécration d'Ottosson, quatre-vingts années de séparations juridictionnelles et de division du travail s'effondrèrent momentanément [20].

Outre l'impact des mutations technologiques, cet entrelacement des métiers est encore accentué dès les années 1970 par l'émergence de la figure du *sound designer*, assumant de multiples tâches autrefois séparées et, dans le cas de Burtt, par la responsabilité du montage image qui lui échoit de surcroît sur l'intégralité des épisodes républicains [21]. Il peut ainsi véritablement mettre en œuvre son approche intégrative du cinéma, générant la cohérence la plus grande possible à l'échelle du film entier :

> On ne devrait pas monter visuellement un film sans songer au montage son [...]. Et, alors que la majorité des monteurs font leur assemblage sonore à partir d'un film déjà fini, [...] j'ai la liberté de modifier les images si je découvre quelque chose sur le plan sonore qui me donne une idée. Une fois que vous avez été gâté comme moi sur les derniers épisodes de *Star Wars* – à monter les images et le son, et à avoir un blanc-seing dans les deux domaines –, il n'y a plus d'autre façon possible de faire un film [22].

Le contrôle que Burtt exerce alors sur l'image lui permet de pousser plus loin son ambition de composition sonore globale et son goût pour l'expérimentation.

---

19. *Ibid.*, p. 323-331.

20. « *Supervising sound editor and mixer Paul N. J. Ottosson walked away with the two major sound awards for his work on Kathryn Bigelow's* The Hurt Locker *(2009), which also won for Best Picture of the Year. With Ottosson's win, eighty years of jurisdictional boundaries and labor segmentation momentarily collapsed* ». Ibid., p. 342-343.

21. C'est le cas également de Walter Murch sur *Le Patient anglais* (1996), qui lui vaut d'ailleurs deux Oscars en 1997. Il est le seul *sound designer* à avoir été oscarisé pour le montage image et pour le mixage son d'un même film. Murch a aussi été monteur sur *Conversation secrète* (1974) et *Apocalypse Now* (1979), en plus d'en être le *sound designer*.

22. « *You shouldn't be cutting picture without thinking about cutting sound. [...] And, while most editors obviously cut sound to a preexisting picture, [...] I have the freedom to change the picture if I discover something in the sound which gives me an idea. Once you get spoiled like I was on the last* Star Wars *films – cutting picture and sound, and having freedom in both areas – there's no other way to make a movie* ». Burtt, cité dans Jonathan W. Rinzler, *The Sounds of Star Wars*, San Francisco, Chronicle Books, 2010, p. 294.

*Les multiples rôles du* music editor *Kenneth Wannberg*

Le montage musique nécessite quant à lui un certain nombre d'étapes précises. Il consiste, selon la définition de Steven Saltzman, à « manipuler et à modeler la musique afin qu'elle soit en adéquation avec l'image, et à fournir des pistes musique pour le mixage »[23]. Toutefois, le métier de *music editor* ne se limite pas à ce travail de découpage et de coordination[24].

Né le 28 juin 1930 à Los Angeles, Kenneth Wannberg est le *music editor* attitré de John Williams depuis *La Vallée des poupées* (1967) jusqu'à sa retraite en 2005 après *Munich*. La longévité de leur collaboration a ainsi permis au compositeur et au *music editor* de mettre en place un processus créateur relativement stable et fluide de film en film. En amont, avant même les rencontres avec le compositeur, le *music editor* est tout d'abord chargé de réaliser un assemblage de *temp tracks* selon les vœux formulés par le réalisateur et les conventions musicales du genre. Ces pistes musicales temporaires permettent de guider le montage image en générant un rythme particulier qui facilite les articulations entre les plans, et en exprimant l'intention musicale du metteur en scène quant à l'atmosphère de telle ou telle séquence. Les pièces sélectionnées pour former la charpente des *temp tracks* peuvent provenir des partitions précédentes du compositeur engagé sur le film, d'autres musiques de cinéma devenues canoniques dans l'accompagnement conventionnel de certains types de séquences[25], ou du répertoire classique « savant ». Les *temp tracks* fournissent ainsi au compositeur des indications précises sur les attentes musicales du réalisateur au moment d'écrire sa propre partition, souvent décriées avec véhémence par les musiciens comme un frein à leur imagination créatrice[26].

Les *temp tracks* utilisées dans l'hexalogie sont malheureusement très peu documentées, tant dans les entretiens des créateurs que dans la littérature sur la saga. Nous avons pu recouper certaines sources au sujet de *SW4*, mais les informations restent parcellaires[27] : outre des extraits de partitions de William Walton, de *Ben-Hur* de Miklós Rózsa (1959), de *Cléopâtre* (1963) d'Alex North et de *Psychose* (1960) de Bernard Herrmann, les *temp tracks* de cet épisode comprenaient le *Boléro* de Maurice Ravel ainsi que « de courtes sections des *Planètes* [de Gustav Holst], quelques mesures des *Préludes*

---

23. « *manipulating and shaping music to fit the motion picture and delivering music tracks for a mix* ». Steven Saltzman, *Music Editing for Film and Television : the Art and the Process*, Burlington / Abindgon, Focal Press, 2015, p. vii.

24. Pour un aperçu plus global des pratiques des *music editors*, voir Ronald H. Sadoff, « The Role of the Music Editor and the "Temp Track" as Blueprint for the Score, Source Music, and Scource Music of Films », *Popular Music*, vol. 25, n° 2, mai 2006, p. 165-183.

25. Les musiques composées par Thomas Newman pour *Les Évadés* (1994) et *American Beauty* (1999) et celle de James Newton Howard pour *Le Fugitif* (1993) sont ainsi entrées au « répertoire » des *temp tracks* les plus couramment employées (*ibid.*, p. 175).

26. Voir à ce sujet Fred Karlin et Rayburn Wright, *On the Track : A Guide to Contemporary Film Scoring* [1990], New York, Routledge, 2004, p. 26-31.

27. John Baxter, *George Lucas : A Biography*, Londres, HarperCollins, 1999, p. 228 ; Richard Dyer, « Making *Star Wars* Sing Again », *Film Score Monthly*, vol. 4, n° 5, juin 1999, p. 18 ; Peter Larsen, « The Empire Strikes Back : *Star Wars*, 1977 », *Film Music* [2005], Londres, Reaktion Books, 2007, p. 166-183.

de Liszt, et quelque chose de Dvorák »[28]. Ces *temp tracks* ont, selon Williams, « aidé à donner une forme d'indication »[29] quant aux attentes musicales du réalisateur. À la manière de Stanley Kubrick sur *2001, l'Odyssée de l'espace* (1966), Lucas ne souhaitait d'ailleurs initialement utiliser que des extraits de musique classique « savante », projet duquel Williams l'a lui-même dissuadé en faisant valoir le manque de flexibilité narrative et dramatique d'un accompagnement musical préexistant[30].

En dehors de l'assemblage des *temp tracks*, le *music editor* joue un rôle essentiel au cours des *spotting sessions*. Wannberg est chargé de prendre en note les demandes du réalisateur et de décrire très précisément tout ce qui se déroule à l'image, avec des notations de minutage fondamentales pour Williams au moment d'entamer la composition. Il dresse ensuite une *cue sheet*, une liste recensant tous les *cues* de chaque film et qui comporte leur titre, leur numérotation, les noms du compositeur et de l'orchestrateur, leur instrumentation détaillée et leur durée. Wannberg les accompagne de mémos rédigés d'après les indications du producteur, du réalisateur et du *sound designer*, listant de manière chronologique et selon un minutage précis « chaque action et chaque effet sonore qui interviennent dans les sections du film accompagnées de musique »[31]. Le *music editor* explique ainsi le processus créateur mis en place avec Williams :

> Tout est décomposé en centièmes de secondes, et John [...] esquisse le *cue*. Ensuite il me rejoint et nous diffusons la scène sur un moniteur vidéo et écoutons comment la musique fonctionne avec l'image. Puis il repart, ajoute de nouvelles mesures et nous regardons l'ensemble, jusqu'à ce qu'il ait terminé le *cue*[32].

Ces différents guides compositionnels établis par Wannberg sont ensuite amenés à être complétés en fonction des notes prises tout au long des processus d'enregistrement, de mixage et de montage. Il revient au *music editor* de monter les prises retenues par le compositeur, le réalisateur et les producteurs lors des sessions d'enregistrement avec l'orchestre, où il est chargé d'assister Williams, ainsi que de sélectionner les meilleures portions de chaque prise dans son assemblage final[33]. Le transfert du premier montage musique sur la station audionumérique (*Digital Audio Workstation, DAW*) *Pro Tools*,

---

28. « *a bit of* The Planets, *a few bars of Liszt's* Preludes, *plus something by Dvorák* ». Williams, cité dans Derek Elley, « The Film Composer : John Williams », *Films and Filming*, vol. 24, n° 10, août 1978, p. 30-33, ici p. 30.

29. « *helped to create a sense of direction* ». *Ibid.*

30. Voir Tony Thomas, « A Conversation with John Williams », *The Cue Sheet, Journal of the Society for the Preservation of Film Music*, vol. 8, n° 1, mars 1991, p. 6-15, plus spécifiquement p. 12.

31. « *[A chronological listing of] every event and sound effect that happens during the parts of the film that will be accompanied by music* ». Williams, cité dans Bernie Dobroski et Claire Greene, « Pass the Popcorn : An Interview with John Williams », *The Instrumentalist*, vol. 38, n° 12, juillet 1984, p. 6-9, ici p. 7.

32. « *It's broken down into hundredths of seconds, and John will [...] sketch it out. Then he'll come in here, and we'll put it on a video monitor and have a listen against the video. Then he'll go back and write some more, and we'll have a look at it, until he's finished with the cue* ». Wannberg, cité dans Ford A. Thaxton, « *Star Wars Episode One : The Phantom Menace.* Music Editor Ken Wannberg », *Soundtrack*, vol. 18, n° 70, été 1999, p. 8-10, ici p. 8.

33. Michael Matessino, « Return of the Trilogy », *Film Score Monthly*, vol. 2, n° 1, janvier-février 1997, p. 9-12.

une plateforme intégrative pour le montage son et image, l'enregistrement et le mixage, lui permet de « préparer la musique pour chaque bobine, de sorte que toutes les pistes soient synchronisées avec le film » [34]. L'imbrication évoquée précédemment entre les pratiques de mixage et de montage est donc également retrouvée dans les opérations effectuées par le *music editor*, qui est en outre le représentant de Williams lors des sessions du mixage son final (appelées en anglais les *final dubbing sessions* ou *re-recording mix sessions*). Ces séances, auxquelles le compositeur ne prend pas part [35], combinent le travail des bruiteurs, de l'équipe chargée des effets sonores, le dialogue et l'accompagnement musical, selon des normes bien précises qui régissent le mixage des films *mainstream* hollywoodiens.

Comme il nous l'a confié en entretien, Wannberg effectue une très large part des montages musique personnellement, ce dont témoigne l'équipe réduite dont il s'est entouré sur la trilogie républicaine (tableau 10). Seul responsable du montage musique sur les épisodes impériaux, Wannberg a dû être épaulé par des assistants afin de faire face aux pressions accrues, à la restriction des délais alloués pour faire correspondre l'accompagnement musical au montage image, et à la proportion titanesque des modifications à effectuer quasi continuellement depuis l'avènement du numérique. Outre les montages qu'il réalise lui-même, Wannberg assume donc également un rôle fondamental de superviseur lui permettant de disposer d'une vision globale du montage musique final et d'en assurer la cohérence à l'échelle du film.

| FILM (DANS L'ORDRE DE SORTIE) | MONTAGE MUSIQUE |
|---|---|
| *SW4* | – *Supervising music editor* : Kenneth Wannberg |
| *SW5* | – *Supervising music editor* : Kenneth Wannberg |
| *SW6* | – *Supervising music editor* : Kenneth Wannberg |
| *SW1* | – *Music editor* : Ken Wannberg<br>– *Assistant music editor* : Peter Myles |
| *SW2* | – *Supervising music editor* : Ken Wannberg<br>– *Music editor* : Peter Myles<br>– *Assistants music editor* : Steven R. Galloway<br>(*et Karen Bennett, non créditée) |
| *SW3* | – *Supervising music editor* : Ken Wannberg<br>– *Music editor* : Ramiro Belgardt<br>(*– *Assistant music editor* : Melissa Deanne Ferguson, non créditée) |

Tableau 10. Équipe chargée du montage musique
dans chaque épisode de *Star Wars*.

La place essentielle qu'occupe le *music editor* emblématise et éclaire d'un jour nouveau la dimension éminemment collective de la création musicale

34. « *prepare the music for each reel so that all tracks are in sync with the film* ». Karlin et Wright, *On the Track*, p. 11.

35. Kenneth Wannberg, entretien personnel réalisé le 24 février 2013.

cinématographique. Les cinémusicologues se limitent en effet la plupart du temps à une analyse de la partition et des relations musique / image. Cet état de fait se justifie certes en partie par la grande difficulté d'accès aux sources telles que les manuscrits, les *cue sheets* et les mémos des *music editors*, mais, comme le rappelle Ronald Sadoff, « l'analyse de l'accompagnement musical ne représente que la partie émergée de l'iceberg »[36]. Dans cette perspective, Sadoff insiste sur la nécessité de prendre de la distance vis-à-vis de l'approche la plus couramment adoptée et exclusivement centrée sur le compositeur, alors que son influence tend au contraire à diminuer dans le cinéma contemporain depuis l'adoption généralisée du numérique[37].

La prise en considération informée du rôle de Wannberg permet ainsi de mettre à distance une constante de la littérature sur la saga, construite autour du mythe du génie du compositeur et de postulats auteuristes doublés d'une fétichisation de la partition comme objet artistique en soi. L'image du « grand homme » s'avère récurrente pour qualifier Williams, aussi bien dans les articles journalistiques que les publications universitaires : pour Alexandre Tylski, par exemple, le compositeur fait partie des « montagnes sacrées », des « accoucheurs voyants, des magiciens fondamentaux »[38]. Cette révérence à l'égard de Williams implique un rapport à l'histoire particulier : dans la tradition de la *great men history* en musique savante et des discours sur le génie créateur de la seconde moitié du XVIII<sup>e</sup> siècle transcendant la notion d'originalité, cette conception valorise l'action d'hommes d'exception qui auraient changé le cours de l'histoire, et prend la forme d'une véritable « panthéonisation »[39] du compositeur.

La construction du génie williamsien se double de l'emploi fréquent, sous la plume de nombreux chercheurs et journalistes, du terme « auteur »[40] pour désigner le compositeur. Cette dénomination ne va pourtant pas de soi; le discours auctorial se heurte à la nature plurielle de la création cinématographique. Dans son article sur la musique de *Dracula* (1992), James Deaville note que le réalisateur et la *music editor* Katherine Quittner se sont livrés à de nombreux découpages et remaniements de la partition de Wojciech Kilar, concluant avec pertinence : « Aussi la présente étude laissera-t-elle nécessairement de côté la question de l'auctorialité, du moins dans le sens traditionnel faisant du compositeur le seul instigateur de tout le matériau musical »[41].

---

36. « *analysis of the film score represents the tip of the iceberg* ». Sadoff, « The Role of the Music Editor », p. 165-183, ici p. 165.

37. *Ibid.*, p. 179-180.

38. Alexandre Tylski, « Introduction », dans Alexandre Tylski (dir.), *John Williams : un alchimiste musical à Hollywood*, Paris, L'Harmattan, 2011, p. 17 et p. 16. Voir aussi Didier Leprêtre et Nicolas Michel, « La guerre ne fait pas rage que dans les étoiles », *Dreams to Dream…s*, n° 15, automne 1999, p. 42-44.

39. Bruno Moysan, « Le génie, le talent et la réputation, constructions de l'expérience du manque et de la dette », *Séminaire Arts et sociétés du Centre d'Histoire de Sciences Po*, 15 mai 2008, http://www.artsetsocietes.org/f/f-moysan.html, consulté le 24 janvier 2015.

40. Voir par exemple Jean-Christophe Manuceau, « *Star Wars, Épisode I. La Menace Fantôme* : un renouveau pour John Williams », *Cinéfonia*, n° 12, juin 2005, p. 56-57, plus spécifiquement p. 56.

41. « *Thus the present study will necessarily sidestep the question of authorship, at least in the traditional sense of one composer as the generator of all musical material* ». James Deaville, « The Beauty of Horror : Kilar, Coppola and Dracula », dans Neil Lerner (dir.), *Music in the Horror Film : Listening to Fear*, Londres, Routledge, 2010, p. 192.

L'emploi d'un champ lexical de l'Auteur se double souvent d'une sacralisation de l'« œuvre » musicale, typique du discours des « puristes »[42] de la musique de film. Certains auteurs font de Williams, pour reprendre les termes de Pierre-Michel Menger, « l'incarnation glorieuse de l'irréductible autonomie de l'art »[43], de l'autonomie de la musique vis-à-vis de l'image. Les critiques les plus virulentes et les plus récurrentes dans la littérature dominante à l'égard de la trilogie républicaine portent ainsi sur le traitement de la partition, envisagée comme une « bible ». Cette sanctuarisation de l'objet musical transparaît clairement dans la terminologie employée par John Takis au sujet de *SW2*, par exemple :

> Il n'est pas du tout rare qu'un réalisateur ne respecte pas la musique de son film. Mais [...] jamais une partition de John Williams n'a été traitée aussi mesquinement [...]. Lucas l'a utilisée et malmenée comme s'il s'agissait d'une simple couche supplémentaire d'accompagnement artificiel[44].

Comme le rappelle Nicholas Cook, cette position esthétique est héritée des débats virulents ayant agité le monde musical au XIX^e^ siècle, divisé entre les partisans de la musique à programme et les défenseurs d'une pureté et d'un prestige de la musique instrumentale, de son autonomie vis-à-vis des mots ou des images[45]. Cette vision utopique s'avère déconnectée à la fois des impératifs économiques, d'efficacité, et des réalités technologiques qui président à la réalisation d'un film. Elle ne peut tenir, surtout à l'ère du numérique, et encore moins dans le cas d'un *blockbuster* comme *Star Wars* gouverné par une nécessité de rentabilité.

## Le montage musique de la trilogie impériale

### *La Moviola et le montage musique*

Les pratiques de montage musical dans la trilogie impériale sont étroitement corrélées aux spécificités propres aux outils techniques utilisés. Pour *SW4*, *SW5* et *SW6*, Wannberg effectue le montage musique sur une Moviola. Contrairement aux tables de montage appelées *flatbed editors* et développées par les firmes Steenbeck et KEM (Keller-Elektro-Mechanik) au début des années 1930, où les bobines sont disposées à plat sur des plateaux horizontaux, la Moviola est verticale (*upright editing machine*). Initialement conçue par Iwan Serrurier comme un projecteur vidéo, la machine est retouchée pour devenir un appareil de montage de l'image et du son, sur lequel « le

42. Voir à ce sujet l'analyse éclairante qu'en fait Gianluca Sergi dans *The Dolby Era : Film Sound in Contemporary Hollywood*, Manchester, Manchester University Press, 2004, p. 76-79.

43. Pierre-Michel Menger, « Le génie et sa sociologie : controverses interprétatives sur le cas Beethoven », *Annales. Histoire, sciences sociales, 57^e^ année*, n° 4, 2002, p. 968.

44. « *For a director to disrespect his film's score in not at all uncommon. But [...] a John Williams score has never been so shabbily treated [...]. Lucas has used and abused it like just another layer of artificial trimming* ». John Takis, « *Star Wars* Episode Tunes : Attack on the Score », *Film Score Monthly*, vol. 7, n° 4, mai-juin 2002, p. 18-23, ici p. 18.

45. Voir Nicholas Cook, *Analysing Musical Multimedia*, Oxford, Clarendon Press, 1998, p. vii et 86-87.

défilement de la pellicule peut être réglé à différentes vitesses »[46]. Le prototype est vendu en 1924 aux Douglas Fairbanks Studios[47]. Au fil des décennies et à la suite de son succès croissant dans l'industrie cinématographique, la Moviola est peu à peu perfectionnée :

> Elle possédait un moteur de machine à coudre renforcé, des pédales de lecture en marche avant et arrière, un volant d'inertie extérieur et un frein manuel. Le monteur, qui travaillait debout ou juché sur un tabouret, visionnait les images, tremblotantes et assez petites, à travers un viseur pas plus grand qu'une carte postale. [...] En ce qui concerne le son, la Moviola permettait de manipuler une bande audio séparée [...] sur une bande magnétique 35 mm[48].

À l'époque de la trilogie impériale, le montage et le mixage son se font sur bande magnétique : en plus d'offrir une excellente qualité sonore, celle-ci permet de réaliser une synchronisation fine avec l'image. Toutefois, un report du son sur piste optique est ensuite effectué pour la lecture en salle[49], dont la qualité est considérablement améliorée grâce aux dispositifs de réduction des bruits parasites mis au point par les laboratoires Dolby.

En dépit de son utilisation généralisée dans les salles de montage, la Moviola présente plusieurs lourdeurs de fonctionnement et de manipulation. Outre le niveau de bruit élevé et la petitesse de la visionneuse, il n'est pas rare que le mécanisme avale ou abîme la pellicule. Surtout, en ce qui concerne le son, l'appareil se caractérise par son manque de maniabilité et de flexibilité : « En n'étant capable de lire qu'une seule piste audio à la fois, il ne permet au monteur qu'un contrôle relativement réduit sur le son en dehors du dialogue »[50]. Le monteur son est donc contraint d'attendre l'étape du mixage final pour être en mesure d'entendre toutes les pistes ensemble. Chaque son est monté séparément et ajouté à l'ensemble après coup, ce qui est loin de constituer une situation idéale pour les monteurs.

### *Les pratiques de montage musical dans les épisodes impériaux : typologie et analyse des procédés*

Nous analyserons ici en profondeur le montage musical pratiqué sur *SW5* dans la mesure où il s'agit de la seule source manuscrite de la trilogie impériale à laquelle nous ayons eu accès. *SW6*, en particulier, est très peu documenté à ce sujet. Certains compléments à nos observations ont néanmoins pu être apportés grâce au support

46. André Roy, *Dictionnaire général du cinéma. Du cinématographe à Internet : art, technique, industrie*, Saint-Laurent, Fides, 2007, p. 308.

47. Charles Koppelman, *Behind the Seen : How Walter Murch Edited Cold Mountain Using Apple's Final Cut Pro and What This Means for Cinema*, New York, New Riders Press, p. 50.

48. « *It had its beefed-up sewing machine motor, forward and reverse foot pedals, exposed flywheel, and a hand-brake. The editor, working standing up or perched on a stool, watched a smallish image flicker on a viewfinder no bigger than a postcard. [...] For sound, the Moviola could handle one separate reel of audio [...] on 35 mm magnetic film* ». *Ibid.*

49. Voir Richard Billeaud, « Du bon usage et des limites des techniques numériques pour la restauration des bandes sonores de films », dans Didier Huvelle et Dominique Nasta (dir.), *Le son en perspective : nouvelles recherches / New Perspectives in Sound Studies*, Bruxelles, PIE / New York, Peter Lang, 2004, p. 239.

50. « *By only being able to run one audio track at a time, it gives the editor little control over sound, aside from dialogue* ». Koppelman, *Behind the Seen*, p. 51.

précieux que constitue l'article de Lucas Kendall, détaillant les modifications apportées aux partitions de Williams dans *SW4*, *SW5* et *SW6*[51]. Nous avons en outre recoupé les informations de Kendall à la fois avec les livrets des doubles bandes originales rédigés par Michael Matessino – qui a assisté le producteur Nick Redman dans la restauration, la réorganisation, le nouveau montage et le remixage des *cues* de ces albums –, et avec les articles publiés à ce sujet par le même auteur dans *Film Score Monthly*[52].

Nous avons pu dégager tout d'abord les particularités propres à certains épisodes. La partition de *SW4* n'a ainsi quasiment pas été remaniée. Comme le révèle Kendall, la seule scène où la musique écrite par Williams a finalement été totalement abandonnée au montage est celle où Luke est attaqué par une créature tentaculaire dans le broyeur à ordures, initialement accompagnée par le *cue* « Dianoga ». De même, les *cues* tronqués sont peu nombreux : le début de « The Land of the Sand People » a été écourté en accord avec la suppression de quelques répliques du dialogue entre Luke et C3PO, tandis que les premières mesures de « The Little People Work » ont été coupées afin d'adapter l'accompagnement musical à un montage raccourci de la scène où les Jawas capturent R2D2 et le hissent à bord de leur char des sables. Enfin, quelques mesures du début du *cue* « The Wall Converge » dans la scène du broyeur à ordures ont été supprimées.

Il faut toutefois se garder de voir dans cette absence de remaniements profonds une déférence particulière que Lucas et ses monteurs auraient manifestée à l'égard de la partition de Williams, contrairement à ce que sous-entendent certains critiques[53]. Plusieurs hypothèses peuvent être avancées. Si *SW4* présente aussi peu de modifications musicales au montage final, cet état de fait ne résulte pas forcément de considérations artistiques ou esthétiques : il nous semble beaucoup plus plausible de l'expliquer par le contexte particulier de production de cet épisode, notamment les contraintes temporelles et financières considérables exercées sur Lucas et Williams. Les refus successifs essuyés par le réalisateur auprès des studios font désormais partie de la légende de la saga, Lucas ne manquant d'ailleurs jamais de rappeler en entretien les difficultés qu'il a rencontrées pour trouver un studio qui accepterait de financer son film après l'échec commercial de son précédent long-métrage de science-fiction, *THX 1138* (1971)[54]. Le projet est accepté par Alan Ladd Jr., président de la Twentieth Century Fox, pour un budget initial relativement modeste de trois millions de dollars – dépassé par Lucas en raison du coût des effets visuels jusqu'à atteindre la somme de onze millions[55]. La musique intervenant relativement tard dans le processus de post-production, Williams n'a disposé que de

51. Lucas Kendall, « *Star Wars* : Anal-retentive Trivia on the Lost Music, the Lost Scenes, and so on », *Film Score Monthly*, vol. 1, n° 41-42-43, janvier-février-mars 1994, p. 26-29.

52. Voir Matessino, « Return of the Trilogy », p. 9-12 ; Michael Matessino, « The *Star Wars* Trilogy Special Edition : The Comprehensive Reference for the John Williams Music Scores », *Film Score Monthly*, vol. 2, n° 1, janvier-février 1997, p. 12-17.

53. Voir notamment Leprêtre et Michel, « La guerre ne fait pas rage que dans les étoiles », p. 42-44, plus spécifiquement p. 42.

54. Voir en particulier Jean Vallely, « *The Empire Strikes Back* and So Does Filmmaker George Lucas With His Sequel to *Star Wars* » [1980], dans Sally Kline (dir.), *George Lucas Interviews*, Jackson, University Press of Mississipi, 1999, p. 87-97.

55. Tom Shone, *Blockbuster : How Hollywood Learned to Stop Worrying and Love the Summer*, New York, Free Press, p. 44-47.

six semaines pour composer une heure trente de musique[56]. Seules la mobilisation du réseau de Williams et ses relations privilégiées avec le chef d'orchestre André Previn ont permis l'enregistrement avec le London Symphony Orchestra, comme le relate le compositeur :

> J'ai demandé à George Lucas de m'octroyer un véritable orchestre symphonique pour l'enregistrement. Il était au bout du rouleau [*sic*] et il m'a dit : « Je n'ai plus un sou, tout l'argent doit passer dans les effets visuels ». [...] Je lui ai alors répondu : « L'administrateur de l'orchestre symphonique de Londres est mon ami André Previn, je suis sûr qu'on pourra s'arranger avec lui. » J'ai appelé Lionel Newman à la Fox, Alan Ladd Jr. aussi, j'en ai parlé à Steven Spielberg bien sûr, et j'ai pris mon téléphone et appelé André Previn. Cela a été une grande conversation[57].

L'absence relative de changements musicaux au montage final s'explique ainsi très probablement par le fait que le temps, le budget et l'attention consacrés au secteur musical s'avèrent moindres sur cet épisode. Le succès inattendu remporté par *SW4* au box-office change en revanche la donne pour les films suivants. Enfin, une dernière raison peut être invoquée : le montage visionné par Williams lors des *spotting sessions* de *SW4* au moment d'entamer l'écriture étant « très proche de la version définitive »[58] selon les dires du compositeur, il n'y a pas eu de remaniements massifs par la suite, ni sur le plan visuel ni sur le plan de l'accompagnement orchestral.

Kendall démarque également *SW6* des deux autres épisodes en ce que les *cues* composés par Williams et finalement rejetés y sont très peu nombreux. Il mentionne aussi le fait que « "Vader Contacts Luke / The Iron Door" est le seul exemple dans la trilogie [impériale] d'une musique enregistrée pour une scène entièrement coupée »[59]. En effet, au début du film, l'abandon de ce *cue* s'explique par la suppression totale d'une séquence au montage, pourtant finalisée et mixée, qui montrait Luke fabriquant son sabre laser et envoyant R2D2 dans le palais de Jabba, ainsi qu'un échange télépathique entre Dark Vador et son fils[60].

La particularité de *SW5* au sein de la trilogie impériale réside dans le nombre de modifications apportées à la partition au montage final, où une trentaine de minutes de musique ont été supprimées au total. Williams avait en effet prévu « 107 minutes d'accompagnement »[61], soit environ 89 % de la durée des 121 minutes du film, mais la musicalisation est finalement de 73 % selon les relevés de Laurent Jullier, ce qui représente le taux de présence musicale le plus faible de l'hexalogie[62]. Kendall a d'ailleurs

56. Jeremy Orosz, « John Williams : Paraphraser or Plagiarist ? », *Journal of Musicological Research*, vol. 34, n° 4, 2015, p. 299-319, plus spécifiquement p. 312.

57. Didier Leprêtre, « Il y a bien longtemps, dans une galaxie musicale lointaine, très lointaine... Rencontre avec le compositeur John Williams », *Lucasfilm Magazine*, hors-série *Star Wars : 30^e^ anniversaire*, n° 5, octobre 2007, p. 55-57, ici p. 56.

58. *Ibid.*, p. 55.

59. « *"Vader Contacts Luke / The Iron Door" is the only example of music in the [imperial] trilogy recorded for a completely cut scene* ». Kendall, « *Star Wars* : Anal-retentive Trivia », p. 26-29, ici p. 28.

60. Ben Burtt, commentaires audio du Blu-ray de *SW6*.

61. Williams, cité dans Jonathan W. Rinzler, *Le Making of de L'Empire contre-attaque*, Talence, Akileos, 2013, p. 266.

62. Voir Laurent Jullier, *Star Wars : anatomie d'une saga* [2005], Paris, Armand Colin, 2010, p. 63.

illustré son article d'un dessin humoristique qui reprend une réplique de Dark Vador dans le film, s'adressant cette fois-ci à Williams : « Estimez-vous n'avoir pas été traité équitablement ? ».

*Les remplacements de mesures à petite échelle*

Parmi les formes d'altération vis-à-vis du projet originel de Williams dans *SW5*, les suppressions et remplacements de l'ordre de quelques mesures sont très sporadiques sur l'ensemble du film. Nous n'avons ainsi relevé ce type de modifications à petite échelle que dans deux *cues*. Dans « R11 / 12P2 / 1 Losing a Hand », la seule modification apportée à l'accompagnement de la scène où Lando récupère Luke à bord du Faucon Millenium est le retranchement de la mesure 97. Cet ajustement minime découle de la suppression d'un plan :

> Dans les vieilles bandes-annonces d'*Empire* [...], il y a un plan de Lando (regardant vers le haut depuis l'intérieur du Faucon) qui sort la tête et le corps de l'écoutille supérieure, plus loin qu'il ne le fait dans le film. On peut conclure que c'est ce plan (plutôt idiot [*sic*]) qui a été coupé, et avec lui les cinq secondes d'accompagnement musical[63].

Au début de la bataille de Hoth, on observe une interpolation plus conséquente de six mesures : alors que les sept premières mesures de « R3P3 The Snow Battle » sont abandonnées au profit de roulements de timbales, un motif pesant dans le grave à l'ambitus restreint est joué *ff* par les cors et le tuba. Son caractère menaçant est renforcé par ses triolets martelés et par l'instabilité engendrée par les ruptures rythmiques (valeurs longues / courtes ; rythmes binaires / ternaires). Issu des mesures 139-144, le motif est inséré juste après la mesure 8 et raccordé directement à la mesure 23 (exemple 50) :

Exemple 50. *SW5*, accompagnement remanié du début de la bataille de Hoth (25:03-25:19).

La première page du manuscrit ne porte malheureusement aucune indication de Williams quant à ce qui se déroule à l'image, aussi est-il délicat de déterminer l'endroit précis où le *cue* devait débuter et les raisons de ce changement, mais une suppression de quelques plans au début de la scène paraît fort probable. Il est intéressant de

63. « *In the muddy-looking* Empire trailers *[...], there's a shot of Lando (looking up from inside the Falcon) sticking his head and body way out the top hatch, farther than he does in the film. One can conclude that this was the (rather silly) shot which was cut, and with it the accompanying five seconds of music* ». Kendall, « *Star Wars* : Anal-retentive Trivia », p. 26-29, ici p. 28.

constater que l'accompagnement initial disparaissant au montage final ne comporte aucun thème et repose uniquement sur une cellule rythmique ascendante répétée dans l'extrême grave aux bassons, contrebassons et percussions, probablement destinée à soutenir la tension des rebelles avant l'attaque. Confronté au raccourcissement de la scène, Wannberg choisit plutôt de créer un lien musical logique entre la mesure 8 et la mesure 23 à laquelle elle s'enchaîne, en complétant le segment manquant par ce thème menaçant, qui est précisément le motif joué aux trompettes, aux trombones et au tuba mesure 23. En synchronisant le second énoncé du motif avec le plan d'ensemble sur les quadripodes impériaux qui font feu sur la base rebelle – en accord avec les annotations du compositeur, indiquant « Plan sur les quadripodes »[64] au-dessus de la mesure 23 –, Wannberg crée alors une gradation dramatique par la répétition transposée deux octaves plus haut, appuyée par un effet de relais de timbres à travers la circulation du motif entre les pupitres de cuivres. En outre, l'amplification sonore générée par l'unisson à l'octave permet à la musique de cohabiter facilement avec les tirs nourris, les bruits d'explosion et les bribes de dialogue.

*Les substitutions de sections de* cues *issues du même épisode*

Un autre procédé très ponctuel relevant uniquement du travail du *music editor* est le remplacement d'une section de *cue* par des segments issus d'autres *cues* du *même* épisode. Nous l'avons observé uniquement à trois endroits du film. La scène au début de *SW5* où Luke et Han sont sauvés par les pilotes partis à leur recherche après la tempête de neige est exemplaire[65] en ce que le montage musical a été fait à partir de la juxtaposition de trois *cues* différents (tableau 11).

Tout le début de « R2P3 Luke's Rescue », accompagnant initialement les plans sur les vaisseaux en patrouille, a ainsi été supprimé jusqu'à la mesure 38 et remplacé par un assemblage de mesures du *cue* « R12P2 To Hyper-Space », tandis que le début de « R1 / 2 / P3 / 1 Luke's Escape » supplante les mesures 49-62 du *cue* originel. Les points de raccordement de ces trois *cues* s'entendent distinctement à l'écoute : l'enchaînement n'est pas fluide, mais constitué d'une simple mise bout à bout des groupes de mesures. Le motif lyrique de cordes à la mesure 38 débute assez brusquement alors que l'ostinato installé sur la majeure partie de la scène s'interrompt soudainement à ce même endroit. Le collage suivant avec « R1 / 2 / P3 / 1 Luke's Escape » intervient aussi de manière abrupte sur le premier temps de la mesure 49, synchronisé avec le volet faisant la transition entre le hangar et le droïde-soignant. Portant la trace manifeste des collures effectuées, cette séquence atteste du type de travail effectué par Wannberg et met en valeur son rôle dans la création musicale cinématographique.

---

64. « *Cut to Walkers* ».

65. Les deux autres substitutions de mesures sont évoquées par Kendall (« *Star Wars* : Anal-retentive Trivia », p. 26-29, ici p. 27) : « En ce qui concerne les changements de *cues*, il y en a quelques-uns : ce motif sec de cinq notes à la fin de "Crash Landing" a été placé dans la scène où Han rentre dans la base des rebelles au début du film [...], et une vingtaine de secondes de "Yoda and the Force" ont fini juste avant le "Finale" lorsque nous voyons la flotte rebelle pour la première fois ». (« *Regarding track-jobs, there were a few : that five-note slam at the end of "Crash Landing" was tagged onto the scene where Han rides into the Rebel base early in the film [...], and some 20 seconds of "Yoda and the Force" ended up right before the "Finale" when we first see the Rebel fleet* »).

| **Minutage** | **Musique utilisée au montage** |
|---|---|
| - 14:39<br>Plusieurs *speeders* survolent les étendues enneigées. | - Ostinato de cordes seul, issu des mesures 15-21 du *cue* « R12P2 To Hyper-Space » :<br> |
| - 14:49<br>Rogue Deux détecte une forme de vie. | - Mes. 22-39 de « R12P2 To Hyper-Space » : ostinato transposé à la tierce supérieure, contrepointé par un motif pointé ascendant aux cuivres puis par une petite fanfare claironnante aux trompettes :<br>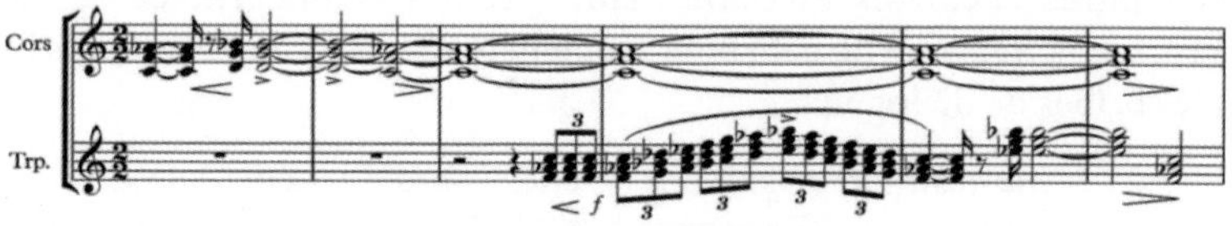 |
| - 15:12<br>Rogue Deux poursuit la diffusion de son message. | - Mes. 49-56 de « R12P2 To Hyper-Space » : nouvel énoncé du motif pointé ascendant aux cuivres et de la petite fanfare claironnante. |
| - 15:21<br>Rogue Deux annonce joyeusement avoir retrouvé Han et Luke. | - Reprise de l'accompagnement originel du *cue* « R2P3 Luke's Rescue », mes. 38-48 : motif lyrique et triomphant aux cordes :<br> |
| - 15:39<br>Volet puis gros plan sur le droïde-soignant s'occupant de Luke. | - Fin originelle du *cue* non utilisée : à partir du premier temps de la mes. 49, remplacement par les mesures 4-9 de « R1/2/P3/1 Luke's Escape ». Écriture pointilliste atonale visant à créer un climat d'étrangeté : éclatement du matériau dans l'espace en très brèves cellules disjointes confiées successivement au piccolo, au hautbois solo, à la clarinette puis au basson solo, sur des clusters dans l'extrême grave du piano, des arpèges aléatoires très rapides aux violoncelles et aux contrebasses, et de lents *glissandi* ascendants de clusters aux violons divisés à l'octave. |

Tableau 11. *SW5*, nouveau montage musical de la scène où Luke et Han sont sauvés par les pilotes partis à leur recherche au lendemain de la tempête de neige (14:39-15:54).

Il est difficile de déterminer la raison exacte de ce nouveau montage musical, car il ne semble pas y avoir eu de modifications sur le plan visuel. En effet, nous avons comparé les annotations de Williams quant à ce qui se déroule à l'image et ses indications de minutage avec la scène finale; elles correspondent parfaitement. Néanmoins, le nouveau montage apporte à la scène un supplément dramatique indéniable par rapport à l'accompagnement initial qui repose sur un ostinato beaucoup moins motorique, dépourvu de la force de propulsion des notes répétées *staccato*. Le nouvel accompagnement renforce au contraire le sentiment d'urgence et l'impression de vitesse des vaisseaux en générant un mouvement perpétuel vers l'avant, tout en mettant en valeur la tension des pilotes par son tempo enlevé et son profil heurté. Enfin, sur le plan de la narration musicale à grande échelle, Wannberg crée une symétrie avec la scène du second sauvetage de Luke accompagné par « R12P2 To Hyper-Space » à la fin du film, où le Faucon Millenium fait demi-tour pour récupérer Luke blessé, suspendu au-dessus du vide.

*La suppression de pans entiers de composition*

Outre cette substitution de mesures par des sections de *cues* du même film, qui semble constituer un trait typique de la trilogie impériale, le procédé de montage musical que l'on rencontre majoritairement dans *SW5* est la suppression de pans entiers de composition : contrairement à l'élision de l'ordre de la mesure ou du temps que l'on rencontrera très fréquemment dans la trilogie républicaine, les coupures se font ici sur une échelle importante. Kendall évoque l'usage de ce procédé également dans *SW4* et *SW6*. Dans ce dernier épisode, plus de deux minutes d'accompagnement orchestral ont notamment été retranchées du début de la scène sur Dagobah où Obi-Wan révèle à Luke qu'il a une sœur jumelle : le « passage effrayant et atonal entrecoupé du thème de la Force »[66] a été totalement coupé jusqu'à l'énoncé du thème de Leia sur la réplique de Luke « Leia est ma sœur ! »[67]. Mentionnons également dans *SW5* la suppression de l'intégralité du *cue* « R6P4 Training a Jedi » qui devait accompagner l'entraînement intensif de Luke par Yoda sur Dagobah, faisant écho aux pratiques de *SW4* évoquées précédemment.

Comment expliquer l'abandon de ces pans entiers de composition et quels sont les effets produits ? Kendall présume que, lors des *spotting sessions* de *SW5*, un montage beaucoup plus long a été soumis au compositeur, que de nombreuses scènes ont finalement été coupées, et que le ton du film, plus sombre que *SW4*, appelait moins de musique[68]. Cette dernière supposition n'est pas très convaincante et l'auteur ne développe aucun argument à ce sujet. Mais d'autres hypothèses et remarques plus précises, étayées par nos analyses, peuvent également être formulées.

Tout d'abord, ces larges élisions semblent attester une volonté d'Irvin Kershner – ou de Lucas, instigateur de nombreux changements musicaux sur *SW5* – de s'éloigner d'un accompagnement musical narratif jugé trop manifeste. Rappelons qu'à l'instar des symphonistes du cinéma classique hollywoodien, Williams prône une symbiose audiovisuelle, la musique devant selon lui capter les mouvements et les rythmes de l'image, amplifier l'atmosphère des scènes, souligner ponctuellement les moments importants de l'action et les répliques des personnages. Les coupes faites au montage final dans la partition semblent parfois aller à l'encontre de ce projet esthétique. Le *cue* « R2P2

66. « *creepy atonal stuff with the Force theme interspersed* ». *Ibid.*

67. « *Leia is my sister!* »

68. Kendall, « *Star Wars* : Anal-retentive Trivia », p. 26-29, plus spécifiquement p. 27.

Ben's Instructions » est particulièrement révélateur à cet égard. Tout le début – soit une minute entière d'accompagnement – a été supprimé. La musique devait commencer lorsqu'un soldat vient annoncer à son supérieur l'absence de nouvelles de Han et Luke, contraignant les rebelles à fermer les portes en raison du froid (11:13). L'abattement de la princesse Leia et de Chewbacca puis le verrouillage des portes ne sont ainsi pas mis en valeur, contrairement au projet initial du compositeur (tableau 12). Un motif triste au cor solo aux sonorités modales, transposé en écho par les bois, soulignait l'affliction des protagonistes, tandis que les harmonies mineures de l'écriture verticale aux cordes paraient la mélodie d'une couleur funèbre. Puis un *mickey-mousing* dramatique accompagnait le mouvement de fermeture des portes par une chute de tierces accentuée aux cuivres, suivie d'accords parallèles descendants juxtaposés pour leur couleur (accords parfaits mineurs, triade aux sonorités modales *si♭-mi♭-fa*, accord de quinte diminuée *do-mi♭-sol♭*) en *crescendo*, avec des roulements de caisse claire sur un *mi* grave :

| **Indications de Williams sur son manuscrit** | **Motifs musicaux correspondants** |
|---|---|
| – « Plan princesse attristée » (« *Cut sorrowful princesse* ») | – mes. 4-9 :<br><br> |
| – « Les portes se ferment » (« *Doors close* ») | – mes. 11-14 :<br><br> |

Tableau 12. *SW5*, accompagnement originel de la scène où les rebelles sont contraints de fermer les portes malgré l'absence de Han et Luke (11:13-11:51).

Outre la disparition totale de cet accompagnement orchestral peut-être jugé trop explicite, des « changements massifs sont intervenus, en particulier dans la première bobine, où de nombreuses expositions thématiques ont été abandonnées en faveur d'ambiances lugubres et du silence »[69]. La suppression de l'intégralité de la première partie du *cue* « The Probe Scanner » jusqu'à la mesure 38 semble ainsi procéder d'une stratégie de retenue musicale sur le plan narratif. Le moment où les rebelles écoutent l'énoncé du code émis par la sonde et comprennent qu'il s'agit d'un espion de l'Empire, était en effet appuyé par l'exposé du motif de la Marche impériale aux cors avec sourdine puis aux cordes graves et bois. La disparition de l'accompagnement musical permet alors de faire particulièrement ressortir le premier énoncé affirmé du thème dans une orchestration massive quelques minutes plus tard, sur les plans cadrant l'impressionnante flotte impériale. La réécriture faite par Williams du début du *cue* « 1M2 The Imperial Probe » va d'ailleurs également dans le sens d'une musique moins « directe » réclamée par Kershner. Elle découle tout d'abord du raccourcissement des plans par rapport au premier montage, dont témoignent les indications du compositeur (tableau 13) :

| **Indications de Williams sur son manuscrit** | ***Cue* originel « 1M2 The Imperial Probe »** | ***Cue* « 1M2 New start »** |
|---|---|---|
| « On voit le vaisseau » (« *We See Ship* ») | Mes. 5 | Mes. 5 |
| « La sonde part » (« *Probe Goes* ») | Mes. 8 | Mes. 8 |
| « Nouvel angle » (« *New Angle* ») | Mes. 13 | Mes. 12 |
| « Planète des glaces » (« *Ice Planet* ») | Mes. 18 | Mes. 16 |
| « Explosion » | Mes. 23 | Mes. 19 |
| « Robot » | Mes. 26 | Mes. 21 |

Tableau 13. *SW5*, comparaison des mesures correspondant aux indications du compositeur entre les deux versions de la scène d'ouverture.

Surtout, la réécriture abandonne complètement l'énoncé de la Marche impériale, jouée *ff* sur trois octaves aux bois et au piccolo dans la version d'origine sur les deux plans en plongée de la sonde filant à vive allure à travers l'espace puis vers la planète Hoth. Le thème est remplacé par un court motif mystérieux au profil sinueux et disjoint confié au piccolo solo, contrepointé au vibraphone par de petites cellules disjointes sur des arpèges descendants à la harpe et au piano, créant un halo nébuleux mouvant en arrière-plan (exemple 66). La menace explicite introduite par la mélodie de la Marche impériale disparaît donc au profit d'un voile énigmatique et délicat enveloppant la mission de la sonde et la découverte de la planète des glaces :

69. « *There were wholesale changes, especially in the first reel, where tons of thematic expositions were dropped in favor of bleak moodiness and silence* ». Doug Adams, Jon Kaplan et Al Kaplan, « Dumped ! », *Film Score Monthly*, vol. 8, n° 9, octobre-novembre 2003, p. 24-31, ici p. 29.

Exemple 51. *SW5*, nouvel accompagnement musical
des plans montrant la sonde impériale filer vers la planète Hoth (02:13-02:20).

Les réécritures demandées à Williams ainsi que les suppressions de larges parties de *cues* vont ainsi dans le sens d'un accompagnement orchestral à la fois moins présent et plus suggestif, à la narration moins marquée. On peut également constater que les abandons musicaux à grande échelle ont pour fonction de faire passer les effets sonores – et notamment les ambiances – au premier plan, et de leur faire endosser seuls un rôle dramatique souvent dévolu à la musique. Ainsi, dans la séquence où Luke pénètre dans la chambre froide (01:35:21), l'interruption de l'accompagnement repose sur un jeu avec les attentes spectatorielles : le spectateur sait qu'il s'agit d'un piège tendu par Dark Vador, visant à congeler Luke comme il l'a fait auparavant avec Han, mais il ignore à quel moment le Sith va mettre son stratagème à exécution. Afin de créer une imprévisibilité et de susciter une attente angoissée chez le spectateur, la musique est retirée en tant qu'indice dès le moment où la porte se referme sur Luke. Il revient ainsi aux bruitages de générer une atmosphère étouffante et oppressante, de pair avec l'éclairage bleuté et les fumées s'échappant du sol, ce qui s'est avéré un défi intéressant pour le *sound designer* :

> La musique cesse de jouer et il vous reste l'ambiance de la pièce. La chambre de congélation au carbone est un de mes intérieurs favoris de tous les *Star Wars*. C'était non seulement fascinant visuellement, mais on a pu lui donner beaucoup de caractère avec les sons – les grues qui descendent pour soulever le bloc de carbone, tous les tuyaux, la vapeur et l'équipement[70].

---

70. Ben Burtt, commentaires audio du DVD de *SW5*.

La suppression de toute présence orchestrale dans plusieurs scènes s'inscrit également dans l'optique de renforcer les effets horrifiques, le silence ainsi créé adhérant parfaitement aux conventions sonores du film d'épouvante. C'est le cas notamment du *cue* « R6P3 This is Not a Cave », dont les vingt-six premières mesures ont été supprimées (ce qui correspond à une minute de film). À l'opposé de l'accompagnement dissonant composé par Williams, reposant sur des *glissandi* de clusters, des textures denses et une nuance *fff* généralisée, l'apparition soudaine du Mynock qui vient se coller à la vitre se fait dans un environnement sonore très calme. Le silence renforce le choc de l'apparition frontale de la créature sur le hublot où, pour reprendre les termes de Burtt, « le son saute aux yeux en même temps que le visuel » [71]. L'effet recherché est typique des démarches couramment employées dans les films d'horreur : comme le rappelle Rebecca Coyle, le genre repose sur « l'emploi très répandu de signifiants acoustiques, tels [...] les sons à l'attaque soudaine, dont l'impact est conçu pour vous faire sursauter sur votre siège » [72].

Si le silence apporte un dramatisme supplémentaire indéniable dans les deux séquences analysées en permettant à Burtt de développer une large palette d'ambiances et de bruitages inquiétants, il peut toutefois être envisagé sous un angle davantage prosaïque qu'esthétique. En effet, l'abandon de pans entiers de composition apparaît également comme une solution de facilité, liée aux conditions techniques de réalisation et aux contraintes temporelles et budgétaires auxquelles le *music editor* doit faire face. Dans une certaine mesure, la suppression de larges segments de partition voire de *cues* entiers évite d'avoir à réaliser un nouveau montage musical. Il peut être plus simple de ne pas employer de musique du tout dans deux cas de figure. Premièrement, si les modifications au montage final sont trop importantes par rapport à la version des *spotting sessions*, Williams ne dispose pas du temps nécessaire à une nouvelle composition sur une ou plusieurs minutes de film – on a vu plus haut qu'il ne réécrit intégralement que de *courtes* sections ne dépassant pas dix-neuf mesures, et jamais des *cues* complets. Deuxièmement, à partir du moment où Williams ne recompose pas de musique en lieu et place de la partie abandonnée, il s'avère relativement long et fastidieux pour Wannberg de refaire intégralement un découpage et un montage musical issus du matériau existant : les outils techniques employés sur la trilogie impériale offrent une souplesse et un contrôle moindres.

Autre manifestation de ce pragmatisme, les changements de placement de la musique au montage peuvent être liés à des considérations purement techniques, comme le révèle Larry Blake au sujet d'une scène de *SW6* (la séquence précise n'est pas indiquée) [73]. Lucas souhaitait conserver la prise son de l'un des acteurs captée sur le plateau de tournage, plutôt que d'utiliser la version réenregistrée du dialogue – processus appelé « *automated dialogue replacement* » (*ADR*). Afin d'harmoniser les environnements sonores de la prise directe et de la partie créée en post-production pour les autres personnages, il est

71. Ben Burtt, commentaires audio du Blu-ray de *SW5*.

72. « *sonic signifiers are commonly used, such as [...] fast attack sounds to cause a jump-out-of-seat impact* ». Rebecca Coyle, « Spooked by Sound : *The Blair Witch Project* », dans Philip Hayward (dir.), *Terror Tracks : Music, Sound and Horror Cinema*, Oakville, Equinox, 2009, p. 221.

73. Voir Larry Blake, *Film Sound Today : An Anthology of Articles from Recording Engineer/Producer*, Hollywood, Reveille Press, 1984, p. 36.

d'abord envisagé d'ajouter des bruits de fond à la version de studio, mais cette tentative est peu concluante. Aussi l'accompagnement musical, qui devait commencer plus tard dans la séquence, est-il finalement déplacé plus tôt pour jouer un rôle de masque et camoufler cette différence de niveaux de bruits.

La typologie des procédés de montage musical observés dans la trilogie impériale que nous avons établie ici – remplacements de mesures à petite échelle, substitutions de sections de *cues* issues du même épisode, et suppression de pans entiers de composition – constitue une base fondamentale dans notre perspective comparative. Elle permet en effet de mesurer avec précision l'impact des technologies numériques sur les pratiques de la trilogie républicaine, où ce ne sont pas tant les procédés en eux-mêmes qui changent que leur échelle d'application.

## Chapitre VI

# LE MONTAGE MUSIQUE DE LA TRILOGIE RÉPUBLICAINE : LE NUMÉRIQUE, OU LA BOÎTE DE PANDORE

## Perfectionnement des outils numériques et intensification des possibilités de manipulation à grande échelle

### *Spécificités du montage son numérique*

Les premiers développements du montage numérique visuel et sonore voient le jour dès le début des années 1980. À la recherche d'un système de stockage numérique qui autoriserait un accès illimité à n'importe quelle donnée enregistrée, la branche Sprocket Systems de la société de George Lucas spécialisée dans le son met au point les prototypes de stations audionumériques (*DAW*) : EditDroid en 1984, et SoundDroid, développé par James A. Moorer entre 1980 et 1987 [1]. Ces deux systèmes permettent à la fois le montage et le mixage sonore en conservant sur disque dur les données issues de disques lasers (EditDroid) et, dans le cas de SoundDroid, à partir d'un traitement numérique du signal. Comme le rappellent Jay Beck et Vanessa Theme Ament, « en plus de présenter tous les avantages de l'enregistrement et du mixage sur enregistreurs multipistes, [SoundDroid] éliminait l'inconvénient principal des restrictions relatives à la synchronisation » [2] des systèmes antérieurs. En effet, SoundDroid offre la possibilité de déplacer les sons de manière fluide sur un flux temporel horizontal et chronologique [3]. S'il n'est finalement pas commercialisé en raison de son coût important, de ses capacités de stockage et de sa puissance encore limitées, SoundDroid constitue néanmoins une base essentielle en ce qu'il ouvre déjà pour les monteurs un réel champ d'expérimentations et de choix créatifs, offrant la possibilité de tester plusieurs versions montées d'une même portion de film.

1. Vanessa Theme Ament-Gjenvick, *From Splicing to Dicing : Film Sound Design Goes Digital in the 1990s*, thèse de doctorat, Atlanta, Georgia State University, 2014, p. 57-58.

2. « *In addition to having all the advantages of recording and mixing on multitrack recorders, [DroidSound] eliminated the primary disadvantage of synchronization restrictions* ». Jay Beck et Vanessa Theme Ament, « The New Hollywood, 1981-1999 », dans Kathryn Kalinak (dir.), *Sound : Dialogue, Music, and Effects*, Londres / New York, I.B. Tauris, 2015, p. 129.

3. Voir Benjamin Wright, *Sound from Start to Finish : Professional Style and Practice in Modern Hollywood Sound Production*, thèse de doctorat, Ottawa, Carleton University, 2011, p. 130-131.

Les années 1990 voient fleurir un nombre considérable de stations audionumériques telles Sonic Solutions, Fairlight ou WaveFrame, mais ce n'est qu'au moment où un standard est défini avec Pro Tools que leur adoption dans les salles de montage se fait de manière massive au tournant des années 2000. Dans les stations audionumériques, les données sont représentées sous forme de chiffres – une combinaison de zéros et de uns –, et organisées en un flux non linéaire. Ces configurations offrent un gain de temps et d'efficacité considérable par rapport aux systèmes analogiques, puisque le monteur bénéficie d'un accès direct à n'importe quel endroit de la piste voire à un seul son pris isolément, sans devoir chercher de manière séquentielle au sein du matériau ni lire l'ensemble des données qui précèdent.

Outre sa souplesse considérablement accrue, le montage numérique est caractérisé par son extrême facilité de manipulation et sa fiabilité, et ce malgré la démultiplication du nombre de pistes : les stations audionumériques « permettent aux utilisateurs de déplacer aisément les sons sur un axe temporel et d'accéder instantanément à un nombre prodigieux de sons. Elles peuvent aussi lire bien plus de pistes simultanément »[4].

À la manière de la « composition » visuelle (*compositing*) qui permet de mélanger plusieurs sources d'images hétéroclites (tels les effets spéciaux numériques avec les prises de vue réelles) en un plan unique[5], il est également possible pour les monteurs de réaliser un véritable « feuilletage »[6] de sons, pour reprendre un terme de Vincent Amiel. Dès lors, ils interviennent « en termes non seulement de succession, mais aussi de simultanéité »[7].

Autre particularité des stations audionumériques, les opérations de montage sonore sont à même d'être dupliquées et modifiées à l'infini, sans déperdition de qualité :

> Par son principe de codage en valeurs abstraites, le son numérique fait que la copie peut être véritablement un clone de l'original : les autres procédés amènent forcément [...] un souffle, une dégradation, une perte à chaque fois qu'on fait une génération de copies, ce qui limite le nombre de générations de copies successives[8].

Dans la mesure où tous les essais sont conservés en mémoire et immédiatement accessibles, autorisant à la fois un redéploiement illimité des éléments sonores, un effacement instantané, des comparaisons entre plusieurs versions et un éventuel retour à des moutures antérieures, les technologies numériques peuvent apparaître comme un terreau propice à l'expérimentation, « une infinie palette d'agencements et de combinaisons »[9]. En témoigne l'enthousiasme partagé par des acteurs majeurs du

4. « *DAWs allow users to easily move sounds around a timeline and to immediately access huge numbers of sounds. They can also play far more tracks simultaneously* ». Mark Kerins, « The Modern Entertainment Marketplace, 2000-Present », dans Kalinak (dir.), *Sound : Dialogue, Music, and Effects*, p. 135.

5. Pour une approche approfondie, voir Laurent Jullier, *Les images de synthèse : de la technologie à l'esthétique* [1998], Paris, Nathan, 2005.

6. Vincent Amiel, *Esthétique du montage* [2005], Paris, Armand Colin, 2010, p. 147. Si l'auteur emploie cette expression pour qualifier le montage image numérique, elle peut aussi selon nous s'appliquer parfaitement au domaine sonore, comme on le verra aux chapitres VIII et X.

7. *Ibid.*

8. Michel Chion, *Un art sonore, le cinéma : histoire, esthétique, poétique*, Paris, Cahiers du cinéma, 2003, p. 137.

9. Amiel, *Esthétique du montage*, p. 147.

montage son dans le cinéma hollywoodien contemporain, tels Randy Thom ou Gary Rydstrom, qui y voient de riches potentialités créatrices [10].

L'accès direct, la flexibilité, la rapidité et la facilité de manipulation du montage son numérique s'appliquent bien entendu également au montage image. En creux de ces reconfigurations techniques touchant l'ensemble des paramètres du montage se dessine une évolution esthétique souvent soulignée [11]. Les outils technologiques ont en effet accompagné et accéléré la transformation du statut de l'objet filmique, envisagé comme un « *work in progress* » [12] malléable à l'infini. Nicholas Rombes voit ainsi dans le perpétuel inachèvement des films l'une des conséquences du numérique [13]. À l'ère de sa généralisation, le film n'est plus appréhendé comme un tout uniforme, lisse et fixé, le contenu et l'agencement des séquences, les effets visuels et sonores ainsi que la musique étant en constant remaniement. Martin Lefebre et Marc Furstenau affirment :

> À travers les possibilités ouvertes par l'accès direct, le réagencement et la réorganisation du film, [...] apparaît une tendance croissante à considérer un film comme un objet pouvant légitimement subir des révisions et une réarticulation potentiellement constantes [14].

Certes, cette conception esthétique ne *naît* pas avec le numérique. Lucas a toujours manifesté une sensibilité particulière vis-à-vis d'une forme d'empirisme créatif et dynamique, s'exprimant dans le façonnement et la reconstruction du film au montage [15]. En témoignent tout d'abord les divers remontages de la trilogie impériale – traces visibles d'une forme de « repentir » artistique mettant en tension, dans le cas de Lucas, la virtualité de l'idée créatrice et sa réalisation, intrinsèquement liée aux possibilités techniques. La particularité du « repentir » dans *Star Wars* est qu'au lieu d'être uniquement antérieur à l'objet fini, le processus intervient également de manière ultérieure : Lucas « développe le concept de la représentation inachevée, du film imparfait » [16] pratiqué dans le cinéma d'auteur ou indépendant, qu'il transpose dans le cinéma commercial hollywoodien. Les comparaisons manuelles et picturales, récurrentes dans ses entretiens, sont également symptomatiques de sa manière d'envisager le film comme objet non définitif, pliable et façonnable jusqu'à la sortie en salle :

---

10. Voir Wright, *Sound from Start to Finish*, p. 126, et Peter Bergren, « Blurring the Lines Between the Edit and the Mix : New Trends in Audio Post-Production », *Mix Magazine*, mars 1997, p. 84-90, plus spécifiquement p. 88.

11. Voir notamment Michèle Borghi, « L'évolution du montage dans les nouveaux types de post-production », dans Stéphane Benassi et Alphonse Cugier (dir.), *Le montage : état des lieux réel(s) et virtuel(s)*, Paris, L'Harmattan, 2003, p. 231-240 ; Amiel, *Esthétique du montage*, p. 151-155.

12. Elie Yazbek, *Montage et idéologie dans le cinéma américain contemporain*, thèse de doctorat, Paris, Université Sorbonne Nouvelle-Paris 3, 2008, p. 147.

13. Voir Nicholas Rombes, *Cinema in the Digital Age*, Londres, Wallflower Press, 2009, p. 43-44.

14. « *From the possibilities for randomization, for shuffling and reordering the film [...], there is an increasing tendency to see a film as an object that may legitimately undergo perhaps constant revision and rearticulation* ». Martin Lefebvre et Marc Furstenau, « Digital Editing and Montage : The Vanishing Celluloid and Beyond », dans Elena Dagrada (dir.), *Limite(s) du montage*, numéro thématique de *Cinémas : revue d'études cinématographiques*, vol. 13, n° 1-2, automne 2002, p. 69-107, ici p. 78.

15. Voir en particulier Denise Abbott, « George Lucas : His First Love is Editing » [1991], dans Sally Kline (dir.), *George Lucas Interviews*, Jackson, University Press of Missisipi, 1999, p. 165-169.

16. Yazbek, *Montage et idéologie dans le cinéma américain contemporain*, p. 148.

> « Le film » en soi n'existe pas. Le film est ce dont on accouche à la toute fin. [...] C'est comme un tableau. Vous l'esquissez. Vous pensez : « Oh, je vais faire cela », et puis au milieu du processus vous changez d'avis. Vous pouvez le voir évoluer. [...] J'ai une mentalité de charpentier. J'ai une grossière idée de ce que je veux faire, mais je commence à donner des coups de marteau et quand j'ai progressé jusque-là, j'observe le résultat et je remarque : « Nous devrions déplacer ce mur ici, ce serait encore mieux » [17].

Responsable principal du montage image (en plus du montage son) sur les épisodes républicains, Ben Burtt entérine ce mode de pensée lorsqu'il évoque le processus créateur de Lucas et les modifications continuelles qu'il a dû apporter au montage :

> Il nous était possible de vérifier l'état de chaque plan à n'importe quel moment. La manière dont George travaille fait qu'on est constamment en train d'opérer des changements. On revient tout le temps en arrière pour décomposer un élément et l'assembler d'une nouvelle façon [18].

S'il n'est donc pas le déclencheur de cette manière de penser le montage, il demeure certain que le numérique en facilite grandement l'expression, à travers le processus de fragmentation intensifié et « les altérations continuelles et de plus en plus effrénées en [...] salle de montage » [19]. Lucas affirme ainsi, non sans provocation, trouver dans le numérique l'unique ressource capable de mettre en application sa pensée esthétique dans des conditions optimales :

> Je ne crois pas que je retournerai jamais à l'analogique. [...] C'est vraiment trop de travail : c'est trop laborieux, trop lent, et vous ne pouvez pas faire suffisamment de manipulations. Ce serait comme revenir à l'époque où l'on gribouillait sur les pierres [20] !

Le traitement de la partition musicale dans la trilogie républicaine s'insère donc au sein de ce vaste projet esthétique à la fois corrélé et exacerbé par les évolutions technologiques, affectant tous les domaines de la création cinématographique. La réévaluation du statut de l'objet filmique, qui peut désormais pleinement se déployer grâce aux outils numériques, influe alors sur la manière dont la partition est envisagée et utilisée, non seulement par le *music editor*, mais aussi et d'abord par le compositeur lui-même.

---

17. « *There is no such thing as "the film". The film is the thing that gets spit out at the very end. [...] It's like a painting. You rough it in. You say, "Oh, I was going to do this", and then halfway through you change your mind. You can see it evolve. [....] I'm of a carpenter mentality. I have a rough idea of what I want to do, but I'm going to start hammering, and then when I get along here, I'll look at it and say, "We should move this wall here, it would be even better"* ». Lucas, cité dans Kevin Kelly et Paula Parisi, « Beyond *Star Wars* », *Wired*, vol. 5, n° 2, février 1997, http://archive.wired.com/wired/archive/5.02/fflucas_pr.html, consulté le 11 juillet 2015.

18. « *At any moment we could check the status of every shot. The way George works, we're constantly making changes. We're always going back and tearing something apart and putting it together in a new way* ». Burtt, cité dans Erin K. Lauten, « Interview with Ben Burtt, Editor and Sound Designer, *Star Wars : Episode II* », *FilmSound*, avril 2002, http://filmsound.org/starwars/editorsnet-interview.htm, consulté le 12 avril 2015.

19. « *ongoing and increasingly unrestrained alteration in [...] the editing room* ». Lefebvre et Furstenau, « Digital Editing and Montage », p. 69-107, ici p. 78.

20. « *I don't think I'd ever go back to analog. [...] It's just too much work : it's too cumbersome, too slow, and you can't manipulate it enough. It would be like going back and scratching things on rocks !* ». Lucas, cité dans Kelly et Parisi, « Beyond *Star Wars* ».

*Adaptation des méthodes compositionnelles*

Les défis rencontrés par les compositeurs à l'ère du numérique sont ainsi résumés par Mervyn Cooke :

> Les avancées du montage à la fois du son et de l'image ont assuré de concert que les compositeurs actuels de cinéma soient soumis à des pressions encore plus grandes que leurs homologues besogneux de l'âge d'or pour respecter des délais courts et réviser leur matériau sur-le-champ. Les compositeurs sont encore presque toujours appelés sur un projet au dernier moment [...], et l'on attend d'eux qu'ils travaillent avec un équipement numérique qui facilite les expérimentations et les altérations instantanées. [...] Le système moderne de montage numérique Avid permettant de modifier prodigieusement les proportions et la structure du film en un clic de souris, le compositeur [...] se retrouve souvent à devoir effectuer des réécritures majeures incroyablement exigeantes[21].

Williams se fait l'écho de ces observations générales. Il commente ainsi le changement qui s'est opéré, à ses yeux, entre les deux trilogies quant à la temporalité du montage :

> Il faut bien comprendre que la musique de films évolue énormément depuis des années et ce, principalement à cause des nouvelles techniques de montage et d'effets visuels. Au temps de *L'Empire contre-attaque*, seuls quelques plans manquaient lorsque j'enregistrais. Aujourd'hui, des films comme celui-là sont finis la veille de leur sortie mondiale ! Je ne peux lutter contre ça. [...] George Lucas « confectionne » son film jusqu'au dernier moment. La technique le lui permet aujourd'hui et il faut vivre avec son temps[22].

L'adoption des technologies numériques dans la trilogie républicaine a dès lors nécessité chez le compositeur un changement d'approche vis-à-vis des films. Face à la désormais perpétuelle évolution du montage, et ne pouvant modifier sa partition à chaque changement opéré par Lucas, Williams est conduit à adopter d'autres méthodes d'écriture et d'utilisation de la musique, tout à fait inhabituelles aussi bien pour lui que, plus largement, au sein de l'hexalogie. Dès *SW2*, et de manière très singulière par rapport à la trilogie impériale, il décide tout d'abord de constituer un réservoir de matériau. Pour les séquences d'action en particulier, plutôt que de proposer un accompagnement linéaire spécifique qui aurait demandé des ajustements à chaque modification visuelle, il met à la disposition de Lucas une constellation de motifs dans laquelle Wannberg peut venir puiser pour constituer de nouveaux montages musicaux. Le matériau orchestral est envisagé comme une base malléable puisqu'il devient, *ipso facto*, déconnecté d'une scène ou d'une action particulière.

La séquence de l'arène de *SW2* où Padmé, Anakin et Obi-Wan combattent trois monstres puis où les Jedi venus à la rescousse et les droïdes s'affrontent, en est un

---

21. « *Advancements in the editing of both sound and image have conspired to ensure that today's film composers are under greater pressure to meet short deadlines and revise their work on the spot than were their hard-working Golden Age counterparts. Composers are still almost always brought into a project at the last moment, [...] and expected to work with digital equipment that facilitates instant experimentation and alteration. [...] The modern Avid digital editing system allows for huge changes to a film's structure and proportions to be made at the click of a mouse, placing the [...] composer in often impossibly demanding major rewrite situations* ». Mervyn Cooke, *A History of Film Music*, Cambridge / New York, Cambrige University Press, 2008, p. 473.

22. Williams, cité dans Vivien Lejeune, « John Williams, de Géonosis à *Minority Report* », *Dreams Magazine*, n° 29, septembre-octobre 2002, p. 81-84, ici p. 81.

exemple emblématique. Les différents *cues* initialement prévus par le compositeur, probablement esquissés à partir d'un premier montage lors des *spotting sessions*, ont été totalement abandonnés au profit d'un collage hétéroclite issu de cette réserve de matériau et de fragments de *SW1* – nous y reviendrons. Williams révèle à ce sujet :

> J'avais composé et enregistré quelques bribes de musique pour des moments précis. Il y avait aussi tout le matériel de l'arène – séquence elle aussi raccourcie – puis d'autres musiques d'action qui finalement n'ont pas été retenues. L'ensemble nous a amenés à un puzzle d'une quinzaine de minutes dont George, à travers mon monteur Kenneth Wannberg, avait le loisir de se servir pour couvrir certains moments du film. [...] Le reste ne fut qu'un travail d'assemblage et de technique de montage [23].

Loin de s'insurger contre cette situation, le compositeur valide ce type de pratiques, jugeant le travail de Wannberg « fort bien réalisé » [24]. Confronté aux réactions véhémentes des fans et des critiques quant à l'emploi de tels procédés sur les épisodes républicains, Williams réplique vigoureusement :

> C'est un débat inutile et sans réelle importance. Le film marche avec cette musique et George Lucas, qui plus est avec mon consentement, a su parfaitement intégrer telle ou telle musique dans ses séquences [25].

Le compositeur manifeste au contraire un détachement pragmatique vis-à-vis de l'exploitation de sa musique au montage final, qui transparaît sans ambiguïté lorsqu'il est interrogé sur un hypothétique contrôle de sa part quant au choix précis des motifs utilisés :

> Cela ne m'intéressait en aucune manière. À partir du moment où la confiance était installée, que les décisions étaient prises conjointement et que chacun – Ben Burtt, Kenneth Wannberg entre autres – savait ce qu'il avait à faire pour que le film soit une complète réussite, peu m'importait les cinq ou dix secondes venant d'une source quelconque, la fin justifiant toujours les moyens [26].

Au-delà de la teneur des propos tenus par Williams, jugés « inacceptables » [27] par certains critiques, le changement d'approche du compositeur a, en lui-même, suscité nombre de réactions négatives. Interprétant ces pratiques comme une véritable démission de la part du musicien, Vivien Lejeune s'indigne :

> Comment un compositeur comme John Williams a-t-il pu laisser remonter sommairement sa musique de la sorte ? [...] Où commence la créativité artistique réelle ? Et où s'arrête la concession, voire le désintérêt [28] ?

Cette radicalité, que ne partage aucunement le compositeur et qui rejoint le discours typique des « puristes » de la musique de film évoqué plus haut, atteste ainsi du fossé

23. *Ibid.*, p. 82.
24. *Ibid.*
25. *Ibid.*, p. 81.
26. *Ibid.*, p. 82.
27. Didier Leprêtre, « Rapport minoritaire », *Dreams Magazine*, n° 29, septembre-octobre 2002, p. 85.
28. Lejeune, « John Williams, de Géonosis à *Minority Report* », p. 81-84, ici p. 81.

séparant parfois les critiques musicaux des réalités du métier de compositeur dans le cinéma hollywoodien contemporain. Williams insiste avec fermeté :

> Le film prime sur la musique, vous vous devez de respecter les choix du metteur en scène et surtout de les accepter. [...] En agissant ainsi, [Lucas] a amélioré *L'Attaque des clones* et, je le répète, cela a été fait correctement et avec mon accord. [...] Ce genre d'attaque est puéril et totalement hors de propos. Surtout quand on ne sait pas de quoi on parle. À bon entendeur [29] !

Ce choix volontaire et conscient de retrait permet en effet à Williams de se concentrer sur d'autres scènes où la musique relève moins d'un simple « soutien » à l'action, et qui représentent donc pour lui des occasions de s'exprimer davantage musicalement. Loin de constituer une démission de la part du compositeur, la mise à disposition d'un réservoir de matériau orchestral destiné à être remanié au montage relève au contraire d'une lucidité indéniable à l'heure où, selon ses propres mots, « les délais d'écriture se raccourcissent dangereusement » [30]. Il explique avec discernement au sujet de la scène de l'arène de *SW2* :

> Au cinéma, je dois juguler mes aspirations avec la technique et l'imagination du metteur en scène. Il y a donc des choix à faire et lorsque George m'a parlé de l'assaut final sur Géonosis, j'étais loin de m'attendre à 45 minutes d'action non-stop. Musicalement, l'illustration dans son entier d'une telle scène m'aurait pris près de deux mois. [...] La décision a donc été vite prise. *L'Attaque des clones* devait survivre à Géonosis [31].

Conscient de ne pouvoir mener à bien un mode de composition « traditionnel » sur la totalité du film en raison des contraintes temporelles exacerbées par le numérique, Williams établit des priorités quant à ce qui doit être privilégié avant tout au sein de l'épisode, détermine les endroits où un travail musical approfondi et *spécifique* est réellement nécessaire, et ceux où un montage issu de matériau préexistant peut suffire. Pour reprendre les termes de Ronald Sadoff, cette

> solution flexible et modulaire [mise en place par le compositeur] [...], qui découle de la liberté du réalisateur accordée par l'environnement numérique de post-production, est un scénario représentatif illustrant à la fois la réorganisation du processus créateur et la préservation du contrôle et de l'intégrité compositionnels [32].

29. Williams, cité dans *ibid.*, ici p. 82.

30. *Ibid.*

31. *Ibid.*, ici p. 81. Rappelons, comme nous l'a signalé Laurent Guido, que les craintes exposées par Williams face à l'ampleur de la composition requise par une séquence mouvementée comme la bataille sur Géonosis apparaît comme l'écho des lamentations similairement exprimées, dans les années 1930, par Erich W. Korngold s'inquiétant de la difficulté entraînée par le *mickey-mousing* systématique de scènes de combat chez Warner.

32. « *[The composer]'s flexible, modular solution [...] in the wake of the directorial freedom accorded by a digital post-production environment is a representative scenario that depicts a revamping of the creative process while retaining compositional control and integrity* ». Ronald Sadoff, « Scoring for Film and Video Games : Collaborative Practices and Digital Post-production », dans Carol Vernallis, Amy Herzog, et John Richardson (dir.), *The Oxford Handbook of Sound and Image in Digital Media*, Oxford, Oxford University Press, 2013, p. 667.

L'approche de Williams sur les épisodes républicains est en effet loin d'être un cas isolé dans la création musico-visuelle contemporaine, mais semble plutôt être un type de réponse aux défis du montage numérique partagé par nombre de confrères[33]. Figure emblématique du cinéma *mainstream* hollywoodien, Hans Zimmer adopte, pour les mêmes raisons que Williams, un processus similaire de composition « lâche », au sens où le matériau musical n'est plus intrinsèquement lié à un référent particulier dans l'image. Le musicien allemand explique ainsi avoir travaillé en parallèle avec la prise de vues et le montage de Christopher Nolan sur *Inception* (2010) :

> De temps en temps, on m'appelait et on m'informait : « Nous avons besoin d'un petit quelque chose ici. » Mais cela allait très bien puisque la majorité des pièces musicales n'étaient pas tellement reliées à des scènes en particulier. Elles s'inscrivent dans de petites catégories[34].

Son travail avec Nolan se caractérise en outre par l'absence de *spotting sessions* sur *Inception* et *Interstellar* (2014). Une fois la composition terminée, Zimmer confie les *cues* au réalisateur sans lui donner d'indications sur leurs référents précis, poussant à l'extrême cette logique d'un matériau musical se prêtant à toutes les refontes possibles[35].

La hiérarchisation et le choix pragmatique des séquences appelant une musique spécifiquement écrite ou non ne sont pas les seules stratégies compositionnelles mises en place par Williams pour répondre aux contraintes du numérique. Tirant les conclusions de son expérience sur *SW1* et *SW2*, il décide pour *SW3* de repousser le plus tard possible le moment de l'écriture principale « afin d'avoir une version la plus fidèle possible au film définitif »[36]. Par ailleurs, Williams reproduit et élargit dans cet épisode le schéma compositionnel de la scène sur Géonosis de *SW2*. Il propose à nouveau à Lucas en amont un réservoir de motifs flexibles, pouvant être utilisés à n'importe quel endroit souhaité par le réalisateur, mais lui soumet également « différentes versions de certains thèmes standards »[37], un matériau dispersé destiné à la dernière partie du film, et compose même plusieurs portions de *cues* sans avoir vu les images, bien avant la première version finalisée du montage :

> N'ayant pas voulu lire le scénario de *La Revanche des Sith* avant la mi-décembre, il y a certaines phrases que l'on a enregistrées sans liens directs avec l'image puisqu'elles

33. Nous renvoyons à l'analyse très éclairante du processus créateur similaire mis en place par Martin Scorsese et Howard Shore sur *Les Infiltrés* (2006) dans Sadoff, « Scoring for Film and Video Games », p. 666-667.

34. « *Every now and then they would call and say "we need a little something here." But that was OK because much of the music pieces aren't that scene specific. They fall into little categories* ». Zimmer, cité dans Kevin Cassidy, « Q&A : Composer Hans Zimmer », *The Hollywood Reporter*, 13 juillet 2010, http://www.hollywoodreporter.com/news/qampa-composer-hans-zimmer-25455, consulté le 2 février 2016.

35. Voir Evan Dickinson, « Hans Zimmer Talks *Interstellar*, Breaking Away from the Sound of *Inception*, Working with Christophan Nolan, and Hypnotizing the Audience », *Collider*, 7 novembre 2014, http://collider.com/hans-zimmer-interstellar-interview/, consulté le 22 février 2016 ; Sam Leon, « Hans Zimmer Talks *Inception*, Composing, Working with James Newton Howard, and More », *Collider*, 31 octobre 2010, http://collider.com/hans-zimmer-interview-inception-batman/, consulté le 22 février 2016.

36. Williams, cité dans Jean-Christophe Arlon et Vivien Lejeune, « *Star Wars, Épisode III*. Avec des Sith, on refait le monde », *Cinefonia*, n° 12, juin 2005, p. 62-65, ici p. 62.

37. *Ibid.*

venaient tout droit d'une interprétation personnelle du film. Pour ce qui est des scènes d'action, il y a également des phrases musicales spécifiquement destinées à George[38].

Ce processus créateur, qui n'est certes pas inédit dans l'histoire de la musique de film, est toutefois suffisamment inaccoutumé et circonscrit chez Williams pour être souligné. Le compositeur revendique en effet de manière récurrente de composer sa musique uniquement à partir des impressions visuelles, du rythme du montage, de l'atmosphère du film, des énergies qui s'en dégagent et du jeu des acteurs, et non à partir de l'histoire ou du scénario[39]. Ce changement de méthode d'écriture est une conséquence directe du contexte technique de production sur un mode de composition « à l'ancienne », Williams écrivant toujours au crayon sur du papier à musique. Dans la mesure où il ne souhaite pas faire usage des technologies informatiques pour composer – contrairement à James Newton Howard, Thomas Newman, Harry Gregson-Williams ou Hans Zimmer par exemple, qui ont su tirer profit des nouvelles technologies (en particulier le logiciel *Cubase*) pour servir leurs besoins artistiques et faire face aux contraintes propres à l'ère numérique[40] –, la principale réponse à la vitesse et au nombre exponentiel de modifications au montage se matérialise chez Williams dans une nouvelle temporalité de l'acte créateur à l'ère numérique. Signe de cette conséquence des mutations technologiques sur les habitudes du compositeur, l'écriture de la partition de *La Guerre des mondes* (2005) est elle aussi amorcée très en amont, suscitant d'ailleurs l'étonnement de Steven Spielberg, familier des méthodes du musicien depuis le début de leur collaboration sur *Sugarland Express* (1974) :

> C'est le premier film que je fais avec John Williams où il n'a pas vu le film avant d'écrire la musique. Cela ne nous était jamais arrivé. John écrit la musique un peu à l'aveuglette. La première fois qu'il a vu le film, je n'avais tourné que six des douze bobines. Il n'a donc pu voir que six bobines. Il a vu 60 minutes du film et il a commencé à composer. Il n'a jamais vu les 60 dernières minutes. Mais il a dit que l'expérience des 60 minutes lui suffisait et qu'il savait exactement comment l'écrire. Je n'en reviendrai pas quand j'entendrai la première note, car je n'ai aucune idée de comment sera la musique[41].

Outre ce changement d'approche compositionnelle, Williams s'appuie également de manière beaucoup plus importante sur les ressources et les compétences de son *music editor* dans la trilogie républicaine. Les *cue lists* des épisodes républicains sont révélatrices à cet égard en ce qu'elles attestent une autre manière pour le compositeur d'envisager la nature même de l'accompagnement musical sur la globalité du film. Ainsi, contrairement à la trilogie impériale, plusieurs accompagnements de séquences relevant uniquement d'un travail de montage effectué par Wannberg ont semble-t-il été prévus

38. *Ibid.*

39. Voir Derek Elley, « The Film Composer : John Williams », *Films and Filming*, vol. 24, n° 10, juillet 1978, p. 20-24, plus spécifiquement p. 23 ; Bernie Dobroski et Claire Greene, « Pass the Popcorn : An Interview with John Williams », *The Instrumentalist*, vol. 38, n° 12, juillet 1984, p. 6-9, plus spécifiquement p. 6-7 ; Craig L. Byrd, « The *Star Wars* Interview : A New Talk », *Film Score Monthly*, vol. 2, n° 1, janvier-février 1997, p. 18-21, plus spécifiquement p. 18.

40. Voir Fred Karlin et Rayburn Wright, *On the Track : A Guide to Contemporary Film Scoring* [1990], New York, Routledge, 2004, p. 189-191 ; Sadoff, « Scoring for Film and Video Games », p. 672-673.

41. Spielberg, cité dans Laurent Bouzereau, *Scoring War of the Worlds*, Dreamworks Home Entertainment, 2005.

par Williams dès les *spotting sessions*, comme en témoignent les *cue lists* de *SW2* et *SW3*. Deux cas de figure nous permettent d'avancer cette hypothèse : soit certains *cues* ne sont pas répertoriés et la numérotation saute d'un *cue* à l'autre, laissant un « vide » dans la suite chronologique, soit la numérotation apparaît bien, mais le *cue* ne porte aucun titre :

– Dans la *cue list* de *SW3*, on note l'absence de tout *cue* « 3M4 ». L'accompagnement orchestral qui prend place à cet endroit du film est en réalité formé d'un assemblage de différents segments de *cues*. Plusieurs extraits juxtaposés du *cue* de *SW2* « Entrance of the Monsters » (film de 48:01 à 48:30) sur les plans de la planète Kashyyyk sont suivis d'une section du *cue* de *SW1* « The Senate » pendant le dialogue entre les Jedi lors du Conseil sur Coruscant (de 48:31 à 49:33). Un roulement de timbales est ensuite inséré afin de faciliter le raccordement au montage musical suivant[42]. Ce dernier, accompagnant le premier affrontement entre les Wookies et les droïdes sur Kashyyyk, est constitué d'un collage à partir de la première moitié et de la fin du *cue* de *SW1* « Activate the Droids » (de 49:34 à 50:05), et des onze premières secondes de « The Gungans Fight Back » (de 50:06 à 50:17).

– Dans la *cue list* de *SW2*, entre le « 5M3 The Commerce Guild Prepares for War » et le « 5M5 Finding the Conveyor Belt », figure un « 5M4 » sans titre. La musique entendue lors de la conversation entre Dooku et Obi-Wan prisonnier (de 01:32:25 à 01:33:38) est en effet issue de deux sections du *cue* de *SW1* « Anakin & Group to Coruscant », et des vingt premières secondes du *cue* « War Plans » du même épisode, tandis que l'arrivée de Padmé et Anakin sur Géonosis est accompagnée par une reprise d'un segment du premier tiers du *cue* de *SW1* « Boarding the Federation Battleship » (de 01:35:27 à 01:36:49). Enfin, les plans sur R2D2 et C3PO qui suivent discrètement les héros, précédant l'occurrence du « 5M5 Finding the Conveyor Belt », sont accompagnés par la fin du *cue* de *SW1* « War Plans » (de 01:36:50 à 01:37:25).

Ces exemples emblématiques de chaque configuration démontrent clairement le pragmatisme nouveau du compositeur sur la trilogie républicaine : avant même de débuter le processus d'écriture, Williams n'avait pas l'intention de composer un accompagnement spécifique pour l'ensemble des scènes du film, mais a décidé à plusieurs endroits – d'un commun accord avec Lucas – de recourir uniquement à un assemblage à partir du matériel musical existant, issu de *cues* des épisodes précédents.

### *La montée en puissance du* music editor

L'ère du numérique voit aussi se reconfigurer les responsabilités attribuées au sein de l'équipe musique, dans la mesure où Williams compose d'après un montage qui devient rapidement obsolète. À titre d'exemple, la partition de *SW2* est écrite d'après un montage datant du mois de décembre 2001, puis enregistrée entre le 18 et le 26 janvier 2002, alors que le mixage final a lieu entre le 4 mars et le 13 avril 2002[43]. Des ajustements

42. Les roulements de timbales constituent un exemple typique des fragments musicaux utilisés par Wannberg dans l'ensemble de la trilogie républicaine à la manière de sons *samplés* ; ils permettent d'adoucir les jonctions entre deux montages.

43. Larry Blake, « *Star Wars Episode II : Attack of the Clones* », *Mix Magazine*, juin 2002, http://www.mixonline.com/mag/audio_star_wars_episode_2/, consulté le 6 septembre 2014.

considérables sont donc nécessaires pour adapter l'accompagnement orchestral à un montage qui non seulement a grandement évolué entre-temps, mais peut encore être soumis à des modifications quotidiennes jusqu'à la toute dernière minute. Afin d'éviter des séries interminables de réécritures aussi coûteuses sur le plan temporel et financier que harassantes et peu opérantes, Williams délègue ce travail d'assemblage à Wannberg dès *SW1*.

Les épisodes républicains sont ainsi symptomatiques de la montée en puissance du *music editor* dans le cinéma contemporain[44]. Wannberg voit son rôle et son champ d'influence s'accroître considérablement, d'autant que Williams ne prend lui-même que très peu part aux nouveaux montages musicaux. Burtt atteste : « Ce travail peut être extrêmement ardu. [Ken] est celui à qui revient entièrement la charge de rendre la musique conforme après coup »[45]. Mais en quoi consiste précisément le travail effectué par Wannberg sur les épisodes républicains ?

### *Quelques procédés en germe à l'ère pré-numérique*

Comme le rappelle Michel Chion, le découpage de la partition à petite échelle « était possible dès 1950 »[46] et a permis d'ouvrir de nouvelles possibilités sonores pour les compositeurs. Il est également employé de manière ostensible chez un réalisateur comme Jean-Luc Godard dès 1960, utilisant les partitions de ses compositeurs de façon très libre et fragmentaire[47]. Une distinction essentielle doit cependant être faite. Alors que dans les films de Godard, ce montage musical éclaté est à la base même du projet esthétique du réalisateur et devient un principe qui gouverne l'ensemble du film, s'accordant avec la « disjonction affichée »[48] sur le plan visuel, dans la trilogie républicaine il est uniquement une solution commode pour faire face aux contraintes des changements incessants du montage image permis par le numérique. Il ne s'agit pas dans *Star Wars* d'un geste esthétique ou d'une matrice créatrice revendiquée – le montage musique tend au contraire non pas à exhiber, mais à effacer toute trace de son artificialité –, mais bien plutôt d'un impératif. Les pratiques de montage des épisodes républicains ressortissent ainsi d'une nécessité de combler les « trous » créés suite aux modifications du montage, de recomposer un nouveau « puzzle » musico-visuel qui soit avant tout efficace sur le plan dramatique.

---

44. Voir à ce sujet Sadoff, « Scoring for Film and Video Games », p. 673-677 ; Robert J. Ellis-Geiger, *Trends in Contemporary Hollywood Scoring : A Synthesized Approach for Hong Kong Cinema*, thèse de doctorat, Leeds, University of Leeds, 2007, p. 30-49.

45. « *This can be an extremely difficult job. [Ken] is the one solely responsible for making it fit after the fact* ». Burtt, cité dans « Ben Burtt Answers Questions about Sound Design of *Star Wars* », *FilmSound*, http://filmsound.org/starwars/starwars-AQ.htm, consulté le 20 mai 2015.

46. Chion, *Un art sonore, le cinéma*, p. 138.

47. Voir Jean-Claude Mari, *Quand le film se fait musique : une nouvelle ère sonore au cinéma*, Paris, L'Harmattan, 2007, p. 100-105 ; Térésa Faucon, *Penser et expérimenter le montage*, Paris, Presses Sorbonne nouvelle, 2009, p. 20-29, 113-116 et 119-122 ; Vincent Pinel, *Le montage : l'espace et le temps du film*, Paris, Cahiers du cinéma / SCÉRÉN-CNDP, 2001, p. 50-55 ; Chloé Huvet, *Georges Delerue : une esthétique musicale et sa mise en application dans deux films de Jean-Luc Godard et François Truffaut (1963-1983)*, mémoire de master, Lyon, ENS de Lyon, 2010, p. 145-151.

48. Faucon, *Penser et expérimenter le montage*, p. 22.

Certains des procédés observés à grande échelle dans la trilogie républicaine sont déjà en germe dans la trilogie impériale, bien qu'employés très parcimonieusement. On ne trouve ainsi des exemples d'altérations de mesures à petite échelle que dans deux *cues* de *SW5*, « R3/4P4/1 Luke's First Crash » et « R10P3 Chewie Chokes Lando ». L'absence de généralisation d'un tel procédé de micro-montage au sein des épisodes impériaux s'explique par la relative limitation des outils techniques utilisés, qui le rendent « certes possible, mais chronophage et improductif »[49]. Il est également vrai que les épisodes impériaux ne nécessitaient guère une telle malléabilité de la musique, dans la mesure où le montage image n'était pas soumis à des altérations comparables à celles de l'ère numérique. L'utilisation de la partition du « R10P3 Chewie Chokes Lando » présente le plus de similitudes avec les pratiques de la trilogie républicaine. Tout d'abord, dans la section très dramatique en accords verticaux énoncés par six cors et les trombones, alternant accords parfaits mineurs et triades dissonantes, on observe le recours à un *looping* : la première mesure est repassée immédiatement une seconde fois à l'identique. À la suite de ce rallongement artificiel, la troisième mesure est ensuite tronquée, Wannberg ne conservant que le premier accord sur les deux premiers temps, ce qui transforme la valeur rythmique de la mesure (exemples 52a et 52b) :

Exemple 52a. *SW5*, accompagnement originel des plans
où la civière transportant Han est embarquée à bord du vaisseau de Boba Fett.

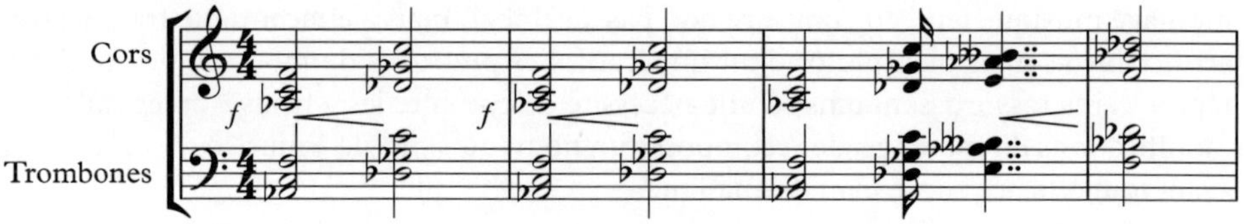


Exemple 52b. *SW5*, accompagnement final des plans où la civière
transportant Han est embarquée à bord du vaisseau de Boba Fett (01:37:40-01:37:51).

Il est délicat de déterminer les raisons exactes de ce changement, car le début de cette musique au montage final commence conformément aux indications de Williams (la civière transportant Han est embarquée à bord du vaisseau de Boba Fett), tandis que la nouvelle section correspond également au changement de plan sur les héros mentionné par le compositeur au-dessus de la troisième mesure. Le minutage de onze secondes sur le manuscrit entre les quatre mesures correspondantes concorde lui aussi à première vue avec la durée des plans relatifs à Boba Fett. On peut néanmoins supposer que la modification est plutôt de l'ordre du quart de seconde : en tout, une demi-mesure est

49. « *while possible, it was time-consuming and inefficient* ». Kerins, « The Modern Entertainment Marketplace », p. 136.

ajoutée par rapport au manuscrit. Il a pu paraître plus logique à Wannberg de répéter une mesure entière en raison de la continuité du mouvement ascendant, et d'interrompre ensuite cette section sur l'acmé de la phrase, générant à l'écoute une sensation d'aboutissement après la triade dissonante, plutôt que de choisir de répéter simplement les deux derniers temps de la troisième mesure, par exemple, qui auraient suscité un effet plus bancal.

Outre l'élision de deux portions plus conséquentes du *cue* (mesures 40-50 et surtout mesures 62-114), qui rejoint les pratiques caractéristiques de la trilogie impériale relevées précédemment, des troncatures sont opérées à petite échelle aux mesures 60-61, afin d'ajuster l'accompagnement orchestral au montage probablement raccourci de la scène. Initialement, le décollage du *Slave I* et l'expression atterrée de Leia étaient accompagnés par le thème d'amour de Han et de la princesse, soulignant le déchirement de Leia alors que Boba parvient à s'échapper. Du fait de la disparition des mesures 40-50, le motif intervient plus tôt, sur les plans des personnages courant dans les couloirs de Bespin, et c'est un geste cadentiel pesant qui est synchronisé avec la fuite du vaisseau, accompagnant originellement l'affrontement entre Leia, Chewbacca et les *Stormtroopers* après la fuite de Boba. Il est ici tronqué de quatre temps à cheval sur la fin de la mesure 61 et le début de la mesure 62, afin de s'interrompre précisément sur le plan cadrant le décollage agressif du *Slave I* (exemples 53a et 53b) :

Exemple 53a. *SW5*, accompagnement originel du décollage du *Slave I* sous les yeux de Leia.

Exemple 53b. *SW5*, accompagnement final du décollage du *Slave I* sous les yeux de Leia (01:38:16-01:38:20).

Par ce changement au montage final, ce sont la puissance et la vitesse de la fuite du *Slave I* qui sont mises en valeur – la résolution harmonique sur l'unisson de *ré* grave apportant un sentiment de clôture très fort qui s'accorde avec la disparition du vaisseau –, et non la tristesse de Leia. La musique est donc ici exploitée davantage pour son rôle structurel, marquant la fermeture d'un « chapitre » de l'histoire avec la fuite de Boba Fett, que dans une optique véritablement narrative comme dans le projet originel de Williams.

Un second type de pratique en germe avant l'ère numérique doit également être mentionné. On a vu précédemment que Wannberg pouvait occasionnellement recourir à un collage de mesures issues d'un autre *cue* du *même* épisode pour compléter l'accompagnement dans la trilogie impériale. Plus rarement, et uniquement dans *SW6*, le *music editor* puise dans du matériau provenant d'un épisode *différent* – procédé dont il usera profusément dans la trilogie républicaine. Lucas Kendall rapporte en effet que *SW6* comporte plusieurs citations de *cues* de *SW5*, remplaçant la musique d'origine composée par Williams : « Le changement de *cue* le plus significatif est intervenu sur "Through the Flames", dont la première moitié a été remplacée par la musique "Losing a Hand" d'*Empire* » [50], tandis que le « R7P3 Yoda Raises The Ship » de *SW5* est inséré juste avant l'énoncé de « Brother and Sister » dans *SW6*, lorsque Luke révèle à Leia les liens de parenté qu'il a avec elle et Dark Vador. L'absence de ce procédé dans *SW5* et sa rareté dans *SW6* s'expliquent par la lourdeur des opérations qu'il implique à l'ère pré-numérique : Wannberg doit soit retrouver la partition correspondante dans ses propres archives – mais il nous a révélé ne pas avoir à sa disposition l'intégralité des *cues* –, soit la faire venir en soumettant une demande auprès de la société JoAnn Kane Music, qui gère notamment la bibliothèque musicale du studio Twentieth Century Fox.

### *Des modifications intensives à (très) petite échelle*

En rendant les manipulations extrêmement faciles et rapides, les technologies numériques modifient le degré, l'échelle, le nombre et les proportions des modifications apportées à la partition. Le numérique entraîne ainsi une reconfiguration des procédés de montage sur la trilogie républicaine par une *accentuation* voire une radicalisation de pratiques déjà existantes par ailleurs. En outre, il faut tenir compte du fait que le projet esthétique n'est pas exactement le même sur les deux trilogies ; l'approche du *music editor* varie aussi corrélativement au style visuel des épisodes des années 2000. Les procédés nouveaux ont ainsi ouvert des possibilités techniques et esthétiques relativement inédites dans le cadre des *blockbusters*, appelant d'autres types de pratiques.

S'ensuit un travail très intensif d'assemblage, de découpage et de collage sur les épisodes républicains. Pour ne citer que l'exemple des fondus sonores que doit réaliser Wannberg – incluant les fondus entrants, les fondus sortants, et les raccordements entre deux zones séparées reliées sur la même piste –, les proportions se voient totalement reconfigurées par les outils numériques. Larry Blake révèle ainsi : « Le plus petit nombre

50. « *The most significant track-job was over "Through the Flames", which had its first half replaced by music from Empire's "Losing a Hand"* ». Lucas Kendall, « *Star Wars* : Anal-retentive Trivia on the Lost Music, the Lost Scenes, and so on », *Film Score Monthly*, vol. 1, n° 41-42-43, janvier-février-mars 1994, p. 26-29, ici p. 28.

de fichiers de fondus sonores pour une bobine dans les sessions *Pro Tools* de Wannberg était 7 000 ; la plupart des bobines en comportaient entre 12 000 et 14 000 »[51]. Le *cue* « 7M3 The Birth of the Twins » de *SW3* en offre un aperçu exemplaire : le thème de l'Empereur est exposé dans le grave par les cuivres, les bois et le chœur d'hommes, en synchronisation avec les plans montrant le Sith emmener Dark Vador à l'agonie dans la salle d'opération. Le montage semble avoir été légèrement raccourci, car les deux premiers temps de la deuxième mesure ont dû être supprimés (exemple 54), générant un énoncé incomplet de la tête du motif et un écourtement artificiel de la valeur de la mesure. Sur le plan rapproché du corps brûlé de Dark Vador étendu sur une civière (deuxième mesure), on entend très distinctement l'insertion par Wannberg d'un fondu sortant (« *fade out* », diminution progressive de l'intensité du son) marqué, destiné à masquer la coupure / collure et à faciliter l'enchaînement avec la section suivante contrastée, relative à l'accouchement de Padmé :

Exemple 54. *SW3*, l'Empereur emmène Dark Vador à l'agonie dans la salle d'opération (02:04:34-02:04:40).

L'intensification marquée des procédés de montage s'inscrit dans une double perspective, que notre analyse comparative minutieuse des manuscrits du compositeur et de l'accompagnement final a permis de mettre au jour. D'une part, sur un plan macroscopique, quasiment chaque *cue* des épisodes républicains est retouché, tronqué, raccourci ou au contraire allongé artificiellement par Wannberg afin de correspondre aux montages successifs sur le plan visuel. Les proportions des modifications s'accroissent considérablement ; il s'avère ainsi relativement rare, dans la trilogie républicaine – et surtout dans *SW2* – que la musique entendue au montage final corresponde entièrement à ce qui est écrit sur le manuscrit. D'autre part, sur un plan microscopique, les changements se font fréquemment sur une échelle très petite. Michel Chion voit d'ailleurs dans les « possibilités offertes par le *micromontage* de fragments de sons » l'une des « conséquences esthétiques du son numérique au cinéma »[52].

À l'« implosion du montage »[53] sur le plan visuel fait en effet écho le degré beaucoup plus fin et précis du montage de la partition, par les micro-coupures, les micro-collages et les mises en boucle de notes, qui témoignent d'une autre façon de découper la musique à la mesure, au fragment de mesure ou au temps près, loin des groupes de mesures ou des pans entiers de *cues* de la trilogie impériale. La scène où Mace Windu vient arrêter Palpatine et où Anakin, torturé par ses prémonitions macabres, se retourne

51. « *The smallest number of fade files in Wannberg's Pro Tools sessions for a reel was 7000; most reels had from 12000 to 14000* ». Blake, « *Star Wars Episode II* ».

52. Chion, *Un art sonore, le cinéma*, p. 138.

53. Amiel, *Esthétique du montage*, p. 155.

contre l'Ordre Jedi pour devenir Dark Vador à la fin de *SW3*, en présente de nombreux exemples. Il n'est guère étonnant qu'une séquence aussi dramatique et iconique ait subi de nombreux changements au niveau du montage, qui se sont forcément répercutés sur la partition. À la mesure 46 du manuscrit du *cue* « 4M6 I am the Senate », par exemple, sur les plans relatifs à Anakin, la tête du thème de la Force est exposée par les cors sur un ostinato houleux et obsédant aux cordes et aux bois graves (exemple 55), traduisant le déchirement intérieur du personnage entre son appartenance à l'Ordre Jedi et son désir irrationnel de sauver Padmé de ce qu'il croit être une mort certaine :

Exemple 55. *SW3*, accompagnement originel des plans montrant Anakin déchiré entre son appartenance à l'Ordre Jedi et son désir irrationnel de sauver Padmé.

Pourtant, au montage final, seuls le demi-soupir et le *la* de la première mesure (mesure 46 du manuscrit) sont conservés, mais la note est considérablement élaguée. Elle est immédiatement suivie du *mi* en double croche de la mesure 48 (exemple 56). En résulte la création artificielle d'une mesure d'une valeur de trois croches, enchaînée directement aux mesures 49-54 (deux premiers temps), à 3/4. La tête du thème de la Force, complètement éclatée, devient indécelable à l'écoute. L'apport narratif du motif a donc été secondaire au moment des décisions prises au montage final, face à l'impératif d'adapter le matériau musical initial à la séquence en des délais très courts :

Exemple 56. *SW3*, accompagnement final des plans montrant Anakin déchiré entre son appartenance à l'Ordre Jedi et son désir irrationnel de sauver Padmé (01:12:12-01:12:14).

Au-delà de cet exemple précis, l'emploi de tels procédés de montage à (très) petite échelle sur l'ensemble des épisodes républicains est symptomatique d'une autre manière d'envisager la partition, tirant parti de la facilité de manipulation et de la flexibilité des outils numériques. La scène au début de *SW2* où Padmé et Anakin pique-niquent dans une prairie idyllique de Naboo témoigne de cette malléabilité extrême du matériau musical. L'accompagnement musical de cette séquence a en effet été considérablement remanié, et ce à plusieurs reprises. Si Williams a écrit dix-huit nouvelles mesures après coup, destinées à être interpolées entre les mesures 43 et 55 du *cue* initial « 3M5 The Meadow Scene », cet ajout ne figure pas tel quel au montage final et a été réagencé de manière significative par Wannberg. Le compositeur prend d'ailleurs cette séquence en exemple pour illustrer les défis auxquels il est confronté à l'ère numérique :

> J'ai [...] écrit pour la scène du pique-nique un morceau très structuré mais une partie de la séquence a finalement disparu. Que fallait-il faire ? Réécrire et réenregistrer en mars ou avril une autre musique d'accompagnement ? Cela aurait pu s'organiser à la rigueur. Mais rien de précis n'était garanti. Cette même scène aurait pu évoluer, voire rétrécir le lendemain. Ainsi, on ne s'en sort pas[54].

Pour cette même scène, plusieurs opérations ont donc eu lieu avec (1) la composition initiale, (2) l'écriture par Williams d'un court insert pour tenter d'adapter la partition à un nouvel état du montage, (3) le réaménagement de l'accompagnement par Wannberg à partir de ces deux sources. Pour saisir clairement les différents types de procédés utilisés par le *music editor*, détaillons d'abord l'architecture musicale de la séquence prévue par Williams telle qu'elle apparaît à la lecture de ses manuscrits. Le compositeur planifiait de jouer le « 3M5 The Meadow Scene » jusqu'à la mesure 42, de greffer le « 3M5 Insert » en entier, puis de reprendre le *cue* originel « 3M5 » de la mesure 56 à la fin. Sous cette forme remaniée par Williams, la partition comporte tout d'abord l'exposé d'un thème pastoral au caractère doux et badin (exemple 57) par des bois solistes (flûte puis hautbois), doublés par les sonorités cristallines de la harpe et du clavecin synthétique. Il se développe en arabesques délicates avant d'être repris de manière plus lyrique par les violons et les violoncelles. Il participe ainsi pleinement à la peinture d'un décor idyllique et champêtre, propice à l'évolution de la romance entre les deux personnages :

Exemple 57. *SW2*, thème pastoral de l'accompagnement originel de la scène romantique dans la prairie de Naboo.

Un court segment en écriture verticale (exemple 58) vient ensuite teinter la partition d'une couleur plus sombre, notamment par la plongée soudaine dans le registre grave, le timbre voilé du cor anglais énonçant un motif descendant et la pédale de tierce mineure redoublée sur plusieurs octaves aux cors et aux bassons. L'ensemble génère un effet de contraste marqué vis-à-vis du thème pastoral et de l'atmosphère précédente :

54. Williams, cité dans Lejeune, « John Williams, de Géonosis à *Minority Report* », p. 81-84, ici p. 81.

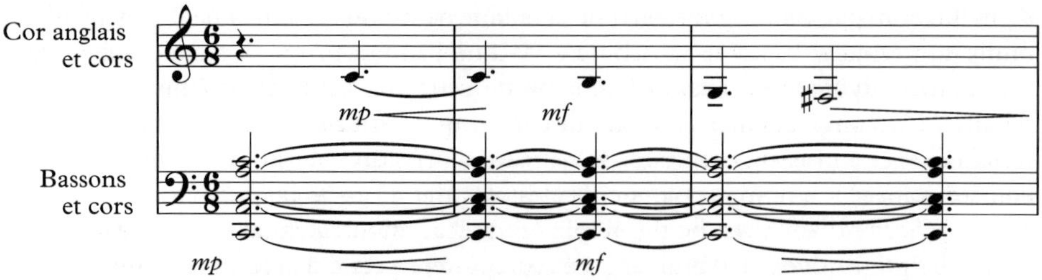


Exemple 58. *SW2*, segment plus sombre de l'accompagnement originel de la scène romantique dans la prairie de Naboo.

Une rapide transition renoue avec l'atmosphère première du *cue* et amène l'énoncé d'un motif enjoué et sautillant dans l'aigu (exemple 59) sur une pédale de *si*. Il est caractérisé par les timbres scintillants du glockenspiel, du célesta, du piano, et du piccolo, auréolés de *glissandi* de rivière (*mark tree*) et de harpe, et son rythme chaloupé croche / deux doubles / croche entraînant. Les contours du motif sont soulignés à la quarte ou à la quinte inférieure par le vibraphone, les cors et les altos, tandis que l'ensemble est figé harmoniquement sur une pédale de l'accord parfait de *si* majeur aux sonorités cuivrées éclatantes.

Exemple 59. *SW2*, motif enjoué et sautillant de l'accompagnement originel de la scène romantique dans la prairie de Naboo.

Après la mesure 42, Williams intercale le « 3M5 Insert », débutant par un énoncé très lyrique du thème d'amour « Across the Stars », ample et passionné, aux cordes, aux cors et au vibraphone dans le mode de *la* sur *si* (exemple 60). La mélodie est accompagnée par des accords-couleurs aux trombones et tuba, qui déclinent l'harmonie sous-jacente dont la fonctionnalité est temporairement suspendue. Il s'agit d'accords parfaits renversés, agrémentés à l'occasion de sixtes ajoutées, de septièmes et de neuvièmes d'espèce pour ajouter à l'expressivité.

Exemple 60. *SW2*, énoncé très lyrique du thème d'amour « Across the Stars » de l'insert prévu pour la scène romantique dans la prairie de Naboo.

Sous l'indication « Réaction de Padmé »[55], le thème d'amour laisse soudain place à une section tendue (exemple 61), traduisant l'alarme de la sénatrice qui croit Anakin blessé. Un motif descendant au caractère plaintif est joué par les violons, sur une harmonie dissonante tenue en pédale à la harpe, aux cors, aux violoncelles, aux contrebasses et aux trombones avec sourdines :

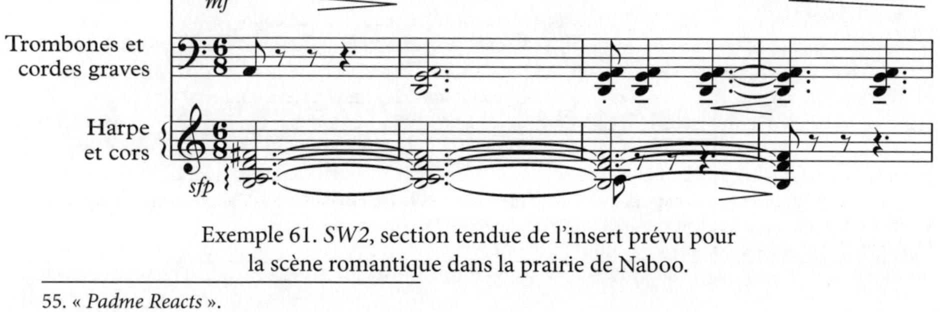


Exemple 61. *SW2*, section tendue de l'insert prévu pour la scène romantique dans la prairie de Naboo.

55. « *Padme Reacts* ».

Enfin, le compositeur prévoit un retour à la fin du « 3M5 The Meadow Scene » (mes. 56-62), comportant une reprise amplifiée du motif enjoué et sautillant dans l'aigu (un ton plus haut par rapport à la première occurrence), puis une version très lyrique du thème pastoral aux cordes, au glockenspiel, aux cors et hautbois, conclue par une tenue de quinte à vide *la-mi* à tout l'orchestre.

De nouveaux changements au montage ont visiblement eu lieu même après cet aménagement fait par le compositeur, car l'accompagnement musical de la scène s'avère beaucoup plus complexe et a nécessité de la part de Wannberg un travail très minutieux à partir du matériau des deux sources manuscrites. Pour davantage de clarté, nous avons choisi de présenter le montage final sous forme de tableau (tableau 14). Les exemples musicaux sur portées, présentés en intégralité plus haut, y sont reproduits partiellement à titre de rappel et pour faciliter la lecture. Les modifications par rapport à la version prévue par Williams sont indiquées en gras de manière à être repérables.

Cette courte séquence condense ainsi un nombre conséquent de procédés de montage employés de manière extensive dans les épisodes républicains : le *looping*, les petites troncatures – de l'ordre de la mesure et du temps –, un va-et-vient entre le *cue* originel et l'insert utilisant la structure de l'un comme de l'autre de manière libre, et le micro-tuilage par notes superposées (ici entre deux *cues* différents).

Pour autant, le montage effectué par Wannberg est loin d'être un simple tronçonnage de la partition de Williams. Tout d'abord, en dépit des modifications conséquentes que l'on a relevées, le *music editor* tente de rester proche du projet originel du compositeur pour construire son nouveau montage : la section tendue, par exemple, intervient sur le gros plan du visage inquiet de Padmé, conformément aux indications sur le manuscrit du « 3M5 Insert ».

| **Minutage et description de l'action** | **Matériau musical utilisé** |
|---|---|
| - 47:49. Anakin interroge Padmé sur son passé amoureux. | - « 3M5 The Meadow Scene », mes. 1-32. Thème pastoral (voir exemple 57).   |
| - 49:08. Anakin semble avaliser l'établissement d'une dictature. | - « 3M5 The Meadow Scene », mes. 32-35. Section plus sombre (voir exemple 58). 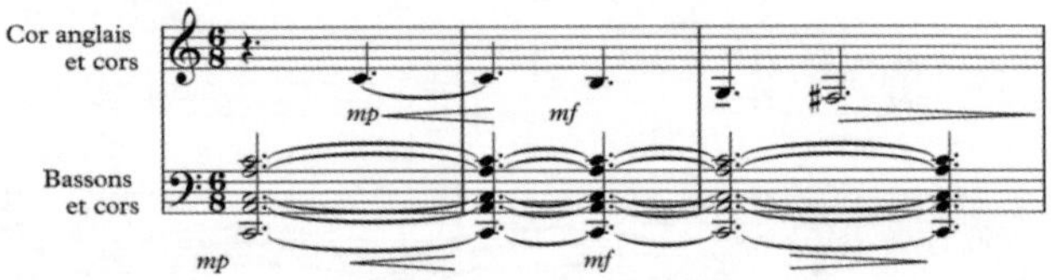  |
| - 49:17. Anakin désamorce la tension par une pirouette. | - « 3M5 The Meadow Scene », mes. 36-**40** (**au lieu de 42**). Seule la transition renouant avec l'atmosphère première du *cue* est conservée. |

<table>
<tr>
<td>- 49:27. Ellipse. Panoramique horizontal en plan général vers la droite. Padmé court dans la grande prairie ; Anakin fanfaronne devant elle en montant sur le dos de l'un des herbivores.</td>
<td>- « 3M5 Insert », de la seconde moitié de la mesure 1 jusqu'à la mesure 10. Thème d'amour (voir exemple 60).

</td>
</tr>
<tr>
<td>- 49:44. Continuation du même plan. Anakin tente de conserver l'équilibre malgré les ruades de la bête.</td>
<td>- « 3M5 The Meadow Scene », mes. 41-42. Motif enjoué et sautillant dans l'aigu (voir exemple 59).

</td>
</tr>
<tr>
<td>- 49:45. Padmé rit des pitreries d'Anakin, qui éprouve des difficultés de plus en plus grandes à rester sur sa monture.</td>
<td>- « 3M5 Insert ». Sorte de looping tronqué du thème d'amour : mesure 1 directement raccordée aux mesures 7-8, puis à la mesure 10. Le thème d'amour s'interrompt au moment où Anakin est brutalement jeté à terre par l'animal.

</td>
</tr>
<tr>
<td>- 49:53. Padmé s'inquiète en voyant qu'Anakin ne se relève pas de sa chute et accourt vers lui.</td>
<td>- « 3M5 Insert », mes. 10-18. Section tendue sur les plans relatifs à Padmé, conformément aux indications du compositeur (voir exemple 61).

</td>
</tr>
</table>

| | |
|---|---|
| - 50:07. Anakin met fin à sa plaisanterie et entraîne Padmé vers lui. Tous deux roulent dans l'herbe en riant aux éclats. | - « 3M5 The Meadow Scene », mes. 56-**59 (au lieu de 62)** ; reprise amplifiée du motif enjoué et sautillant dans l'aigu (un ton plus haut par rapport à la première occurrence), puis **troncature de la version très lyrique du thème pastoral**.<br>- « 3M5 The Meadow Scene », suppression de la première moitié de la mesure 60 ;<br>- « 3M5 The Meadow Scene », énoncé de la seconde moitié de la mesure 60 et de la mesure 61 (entière). |
| - 50:19. Volet faisant la transition entre Naboo et Kamino. | - **Micro-tuilage** : la dernière mesure du « 3M5 The Meadow Scene » (tenue de *la-mi* en blanche pointée) est superposée à la première mesure du « 3M6 The Meeting with Fett ». |
| - 50:25. Plan d'ensemble sur la planète Kamino battue par l'orage. | - « 3M6 The Meeting with Fett », énoncé de la fanfare tortueuse de Kamino par six cors dans une couleur de fa mineur. Suppression du premier temps de la mesure 3 :<br><br> |

Tableau 14. *SW2*, accompagnement final de la scène romantique dans la prairie de Naboo et de l'enchaînement avec la séquence sur Kamino (47:49-50:27).

Par ailleurs, Wannberg a le mérite de tenter d'adapter au mieux un matériau relativement « fixé » à un médium mouvant en privilégiant la plus grande lisibilité de la scène. Ainsi, telle qu'elle est utilisée au montage final, la musique suit très précisément ce qui se déroule à l'image, signalant les différentes étapes formelles de la séquence comme on le voit clairement dans le tableau 14 : la badinerie, le tour inquiétant pris par les propos d'Anakin, le désamorçage de la tension, le bonheur simple partagé par les deux personnages, l'inquiétude de Padmé, puis la fin de la plaisanterie d'Anakin, sont tous soulignés par une inflexion dans l'accompagnement musical, comme si celui-ci résultait d'une écriture spécifique du compositeur. Le montage musique rehausse ainsi l'action à l'écran ou la teneur du dialogue par une recherche indéniable de création de points de synchronisation précis de la part de Wannberg, les nouvelles sections musicales étant fréquemment corrélées à un changement de plan. Le double énoncé du thème d'amour, jugé maladroit par John Takis[56], permet de mettre en valeur l'intensification des sentiments amoureux des deux personnages au-delà du simple jeu léger et des plaisanteries, et participe pleinement, sur le plan narratif, à l'épanouissement de la romance suggérée à l'image. Le travail du *music editor* reconduit ainsi parfaitement les principes fondamentaux du « classicisme » hollywoodien en matière de musique de

56. Voir John Takis, « *Star Wars* Episode Tunes : Attack on the Score », *Film Score Monthly,* vol. 7, n° 4, mai-juin 2002, p. 18-23, plus spécifiquement p. 20.

film, tels que les avait identifiés Claudia Gorbman[57]. Enfin, même s'il est peu probable que le procédé ait été délibéré de la part de Wannberg, il est intéressant de remarquer que l'emploi du micro-tuilage musical de mesures à la fin de la séquence fait écho, d'une certaine manière, au travail plastique de l'image, comme une forme d'équivalent sonore au procédé visuel du volet superposant brièvement deux plans successifs.

### *Un réagencement profond de l'accompagnement musical pour des séquences entières*

Cette précision accrue permet alors à Wannberg de puiser dans une masse de matériau considérable pour recomposer entièrement l'accompagnement d'une scène, en utilisant n'importe quel endroit d'un *cue* dans un ordre non chronologique. Déjà observée sur les *cues* de taille assez réduite comme le « 3M5 The Meadow Scene » analysé plus haut, cette pratique est d'autant plus saisissante lorsqu'elle intervient dans des *cues* très longs, tels le « 1M7A Zam Chase Pt. 1 » (40 pages, 158 mesures) et le « 1M7B Zam in Pursuit » qui lui fait suite (42 pages, 168 mesures) dans *SW2*. En raison de la profusion du matériau ici à disposition, du langage atonal majoritairement employé dans les deux *cues* et de l'éclatement de l'écriture en cellules mélodico-rythmiques d'essence cinétique, de la densité de la bande sonore recouvrant partiellement l'orchestre à certains endroits, et de l'échelle microscopique de nombreuses modifications, l'accompagnement musical au montage final a été ardu à reconstituer. La section « The Chase Through Coruscant » sur la bande originale n'est pas d'une grande aide, puisqu'il s'agit de l'enchaînement linéaire des deux *cues* suivis du « 2M1 Zam is Eliminated », provenant tous trois probablement des versions des sessions d'enregistrement. Or, une grande partie du *cue* « 1M7B Zam in Pursuit », présenté dans son intégralité sur la bande originale, ne figure pas dans le film. Enfin, nous ne disposions que du support des partitions des orchestrateurs pour le « 1M7A » et le « 1M7B ». Il n'était donc pas possible de s'appuyer sur les indications du compositeur ni de déterminer quelle section était prévue par Williams pour accompagner tel plan ou telle action.

Nous avons observé une réorganisation profonde de la structure musicale de cette séquence où Obi-Wan et Anakin poursuivent la chasseuse de primes Zam Wesell à travers Coruscant, sur une grandeur d'échelle sans équivalent dans la trilogie impériale : Wannberg recrée intégralement un nouvel accompagnement couvrant près de sept minutes de film à partir du matériau de base des *cues* « 1M7A Zam Chase Pt. 1 » et « 1M7B Zam in Pursuit ». Alors que le montage de la scène de la prairie de *SW2* analysée plus haut tentait de conserver les grandes lignes du projet du compositeur – le début et la fin de l'accompagnement, en particulier, s'en rapprochaient –, dans la séquence sur Coruscant, Wannberg rompt totalement avec l'enchaînement linéaire des deux *cues* prévu par Williams ainsi qu'avec leur déroulement intrinsèque (tableau 15).

57. Claudia Gorbman, *Unheard Melodies : Narrative Film Music*, Londres, BFI / Bloomington, Indiana University Press, 1987. Le subtil remontage sonore effectué par Wannberg retrouve exactement les traits musicaux d'une célèbre scène de *L'Aigle des mers* (1940), où Erich W. Korngold souligne par des modifications thématiques la moindre inflexion du dialogue et des attitudes des deux protagonistes d'un dialogue amoureux au sein d'un jardin de roses. Nous remercions ici Laurent Guido d'avoir porté ce détail à notre attention.

| MINUTAGE ET DESCRIPTION DE L'ACTION | *CUE* UTILISÉ ET MODIFICATIONS OPÉRÉES PAR WANNBERG |
|---|---|
| - 14:09<br>Les Jedi sentent la présence d'un danger mortel dans la chambre de Padmé. Anakin tue les kouhuns, Obi-Wan saute sur le droïde ASN-121 qui le conduit jusqu'à Zam Wesell. | → « 1M7A Zam Chase Pt. 1 » :<br>- mes. 1-154,<br>- suppression de la mesure 156 (à 3/4),<br>- transformation de la mesure 155 (à 3/4) en mesure à 4/4 avec l'énoncé des deux premiers temps, le looping du premier temps, et l'énoncé du troisième temps,<br>- enchaînement direct à la mesure 157 à 2/4. Par le biais de ces deux opérations, Wannberg recrée ainsi une sensation de six temps qui compense la perte de la succession des deux mesures à 3/4, garantissant une stabilité rythmique.<br>- suppression de la mesure 158 qui termine normalement le *cue*. |
| - 17:42<br>Plan rapproché de Zam se dirigeant vers les coupleurs d'énergie. | → Reprise immédiate d'un segment au début de « 1M7A Zam Chase Pt. 1 » :<br>- mes. 17 seule,<br>- mes. 16-24,<br>- mes. 25 élidée (seuls les deux premiers temps sont conservés),<br>- mes. 26-30,<br>- création d'une mesure artificielle à 5/4 formée des trois premiers temps de la mesure 31, du premier temps de la mesure 31, et du dernier temps de la meure 30 ;<br>- looping de la mesure 32, enchaînée aux mesures 33-39,<br>- looping de la mesure 40, enchaînée aux mesures 41-48. |
| - 18:37<br>Zam dans le tunnel. | Arrêt de la musique, effets sonores seuls. |
| - 18:43<br>Zam ressort du tunnel, pensant avoir semé les Jedi. | → Nouvelle reprise du *cue* « 1M7A Zam Chase Pt. 1 », mais choix d'une toute autre section située vers la fin de la partition (mes. 126-136), de laquelle Wannberg retranche plusieurs mesures de manière sporadique :<br>- énoncé de la mesure 126,<br>- mes. 128-130,<br>- mes. 132,<br>- mes. 135-136. Enchaînement direct au cue suivant. |
| - 18:52<br>Plan rapproché sur Zam qui enlève le voile lui recouvrant le visage. | → *cue* « 1M7B Zam in Pursuit » :<br>- abandon des 56 premières mesures,<br>- à partir de la mesure 57, le reste du cue accompagne tout l'affrontement entre Anakin et Zam sur le speeder, et s'enchaîne au cue suivant. |
| - 20:57<br>Anakin se relève de sa chute après le crash du speeder de Zam. | → *cue* « 2M1 Zam is Eliminated ». |

Tableau 15. *SW2*, nouveau montage musical de la scène de poursuite entre Zam, Obi-Wan et Anakin à travers Coruscant (14:09-20:57).

Le travail de montage musical sur cette séquence est particulièrement emblématique des pratiques de la trilogie républicaine. À travers un enchaînement de mesures non linéaire, la partition est envisagée dans sa globalité comme un réservoir organisé en sections délimitées et contrastées, dans lesquelles Wannberg peut puiser et qu'il peut redistribuer dans n'importe quel ordre selon les besoins du montage. Dans le cadre d'une séquence aussi longue, la nécessité de compléter le « puzzle » musico-visuel prime ainsi sur la structuration première de la partition. Le premier retour du matériau du « 1M7A Zam Chase Pt. 1 » (voir deuxième cellule du tableau 15) est particulièrement révélateur de cette manière d'utiliser la partition. Le *music editor* prend une large portion du *cue* qu'il élague ensuite à petite et très petite échelles, qu'il retaille à un degré de précision extrême, sans qu'il n'y ait de création de points de synchronisation particulièrement saillants entre une inflexion de l'accompagnement, une modification opérée par Wannberg à partir de la partition originelle, et un élément de l'image. Hormis l'énoncé de la mesure 32, corrélé à un changement de plan cadrant le *speeder* de Zam en plongée qui dévie de sa trajectoire rectiligne pour s'engouffrer dans un tunnel, la sensation créée est plutôt celle de flux et de reflux intensifiant la vitesse et le suspense de la poursuite, plutôt que d'une clarification narrative : le matériau est employé de manière non spécifique, non référentielle. Ainsi, telle cellule qui, dans le premier énoncé, accompagne des plans relatifs à Obi-Wan, est accolée au *speeder* de Zam lors de son retour. La seconde reprise du « 1M7A Zam Chase Pt. 1 » (mes. 126-136), d'où Wannberg retranche plusieurs mesures de manière discontinue, atteste là encore de la fonction « utilitaire » de cette section de partition. Le *music editor* se livre à un travail de raffinage comme s'il œuvrait à partir d'un « matériau brut »[58], dont il se sert afin de compléter une portion visuelle pour une durée bien précise – d'où les nombreuses micro-coupures que l'on observe sur l'ensemble de la séquence, nécessaires pour ajuster au mieux le matériau musical à chaque segment visuel donné.

Précisons par ailleurs que cette utilisation au montage est grandement facilitée par le type d'écriture même pour lequel le compositeur a opté dans cette séquence : l'emploi d'une écriture à la fois fragmentée et compartimentée dans de grandes sections contrastées autorise, comme le rappelle Sadoff, « une grande latitude pour découper le *cue* en des fragments aisément manipulables »[59], bien plus facilement que dans le cas de longues mélodies pouvant être soumises à des développements.

*Des patchworks de* cues *à la provenance très diverse*

Utilisée à la manière des *rushes*, la partition est ainsi conçue comme un objet malléable, pouvant être adapté et modifié à loisir. Signe de cette interchangeabilité

58. « *raw material* ». Randy Thom, « Designing a Movie For Sound » [1998], dans Larry Sider, Diane Freeman et Jerry Sider (dir.), *Soundscape : The School of Sound Lectures*, Londres / New York, Wallflower Press, 2003, p. 130.

59. « *It allows great latitude in editing the cue into manageable slices* ». Ronald H. Sadoff, « The Role of the Music Editor and the "Temp Track" as Blueprint for the Score, Source Music, and Scource Music of Films », *Popular Music*, vol. 25, n° 2, mai 2006, p. 165-183, ici p. 171.

accrue du matériau, un nombre considérable de scènes de la trilogie républicaine se voient entièrement remontées à partir de fragments de *cues* très divers mis bout à bout par Wannberg. Cette reprise beaucoup plus importante de segments de partitions d'épisodes précédents, en particulier les *cues* de *SW1*, est là encore à mettre en rapport avec les mutations technologiques. Alors que dans la trilogie impériale, le recours à un tel procédé impliquait une certaine lourdeur dans les opérations de gestion et de manipulation, le numérique transforme le rapport au matériel musical existant : stockées numériquement, les données sont toujours à disposition et instantanément accessibles à n'importe quel moment – ce que Nicholas Rombes qualifie d'« hypervisibilité de l'archive numérique » [60]. De ce point de vue, l'ère numérique est celle de l'éternel présent, de l'immédiateté : les frontières entre l'espace et le temps, entre ce qui est antérieur et ce qui est actuel, se font de plus en plus minces.

La singularité des collages réalisés au montage par Wannberg, par rapport à la trilogie impériale, réside ainsi dans l'hétérogénéité des sources utilisées : dans plusieurs scènes des épisodes républicains, l'accompagnement orchestral prend la forme d'un gigantesque patchwork hétéroclite – « frankensteinien » [61] selon Takis – composé de sections de *cues* très divers. La première partie de la scène de *SW2* où les Jedi, les monstres et les droïdes combattent dans l'arène sur Géonosis est la manifestation la plus extrême de l'emploi extensif de ce procédé à l'échelle de la trilogie républicaine (tableau 16). Nous avons, à quelques endroits du tableau, complété nos propres reconstitutions avec les suggestions et dénominations de Takis (indiquées par un astérisque), qui tente de dresser un inventaire complet des *cues* utilisés dans le film entier [62]. Enfin, dans la mesure où nous n'avons pas eu accès à l'intégralité des partitions manuscrites de *SW1*, l'identification des *cues* de cet épisode renvoie majoritairement aux noms des pistes des bandes originales, hormis pour le « 6M5 Droid Battle » que nous avons consulté.

| Minutage et description de l'action | Provenance du matériau musical utilisé |
|---|---|
| – 01:49:53-01:49:57<br>Un plan rapproché cadre les pas de Mace Windu. | – *[*SW1* JV], « sqdanger1.imc » (00:00-00:04). |
| – 01:49:58-01:50:04<br>Windu se glisse subrepticement jusqu'à la tribune. Profitant de l'effet de surprise, il allume son sabre laser sous la gorge de Jango Fett. | – *SW2*, « 6M2 Entrance of the Monsters », mes. 111-114. |

60. « *the hypervisible digital archive* ». Nicholas Rombes, « Before and After and Right Now : Sequels in the Digital Era », dans Carolyn Jess-Cooke et Constantine Verevis (dir.), *Second Takes : Critical Approaches to the Film Sequel*, Albany, State University of New York Press, 2010, p. 203.

61. « *a Frankenstein patchwork* ». Takis, « *Star Wars* Episode Tunes », p. 18-23, ici p. 18.

62. Takis n'a visiblement pas eu accès aux partitions de *SW2*. En conséquence, ses suggestions faites à partir des bandes originales diffèrent parfois de nos propres conclusions, et nous n'avons conservé ici que les endroits où nous n'avons pu nous-mêmes déterminer la provenance des musiques utilisées au montage.

| | |
|---|---|
| - 01:50:05-01:50:13<br>Le compte Dooku se tourne vers lui et ironise : « Quelle bonne idée de vous joindre à nous ! » (« *How pleasant of you to join us!* ») | – [*SW1 UE*], disque 1, piste 3 « Boarding the Federation Battleship » (01:55-02:01). |
| - 01:50:14-01:50:25<br>Les Jedi infiltrés dans les tribunes révèlent leur présence. | – [*SW1 UE*], disque 1, piste 4 « Death Warrant for Qui-Gon and Obi-Wan » (00:50-00:54 ; puis 01:06-01:13). |
| – 01:50:26-01:50:27<br>Plan rapproché sur les trois condamnés à mort qui reprennent espoir. | – *[*SW1* JV], « sqdanger1.imc » (dernière note). |
| – 01:50:28-01:50:37<br>Dialogue entre Dooku et Windu. | – [*SW1 UE*], disque 1, piste 3 « Boarding the Federation Battleship » (02:02-02:11). |
| – 01:50:38-01:50:42<br>Des pas lourds et menaçants se font entendre derrière Windu. | – [*SW1 UE*], disque 1, piste 9 « Inside the Bubble City » (03:01-03:05). |
| – 01:50:43-01:51:12<br>Des super droïdes de combat font feu sur Windu, également attaqué par Jango. L'affrontement général commence. | – [*SW1* BO], piste 9 « Anakin Defeats Sebulba » (01:57-02:26). |
| – 01:51:13-01:51:28<br>L'armée droïde avance d'un pas cadencé dans l'arène en tirant sur les Jedi. | – [*SW1* BO], piste 14 « The Droid Invasion » (00:49-01:04). |
| – 01:51:29-01:51:37<br>Padmé tue un conducteur de char et s'empare du véhicule. | – [*SW1 Racer*], « Podloop1.wav » (00:29-00:37). |
| – 01:51:38-01:52:06<br>Obi-Wan, filmé en plan rapproché, détruit plusieurs droïdes de combat ; Anakin rejoint Padmé sur le char. | – [*SW1 UE*], disque 1, piste 33 « Anakin Defeats Sebulba » (01:44-02:12). |
| – 01:52:07-01:52:38<br>Windu brille au combat ; il rejoint Obi-Wan pour former un cercle défensif avec d'autres Jedi. Jango tue un Jedi menaçant le comte Dooku. | – [*SW1 UE*], disque 2, piste 26 « The Gungans Retreat and the Queen Surrenders » (jusqu'à 00:31). |
| – 01:52:39-01:53:12<br>Le reek charge Windu et Obi-Wan ; Jango s'élance dans l'arène et est attaqué par le monstre, qu'il parvient à tuer. | – [*SW1 UE*], disque 1, piste 12 « The Giant Squid and the Attack on Theed » (00:09-00:20).<br>– *looping* de la seconde mineure ascendante aux cors (00:19-00:20)<br>– reprise du *cue* (00:20-00:41). |
| – 01:53:13-01:53:17<br>Jango se retourne et tire sur Windu qui court vers lui, le sabre laser brandi. | – Quelques traits fusée dont nous n'avons pas pu identifier la provenance exacte (font peut-être partie du réservoir de matériau non spécifique évoqué par le compositeur). |
| – 01:53:18-01:53:21<br>Windu contre les tirs de Jango et le décapite. | – *[*SW1* JV], « sqplayerdeath.imc ». |

| | |
|---|---|
| - 01:53:22-01:53:23<br>La tête du chasseur de primes roule dans la poussière de l'arène. | - Quatre coups de timbale dont nous n'avons pas pu identifier la provenance exacte (font peut-être partie du réservoir de matériau non spécifique évoqué par le compositeur).<br>À noter que l'on retrouve les mêmes martèlements de timbale plus loin dans l'épisode (02:07:09), au moment où Dooku, qui a vaincu Obi-Wan puis Anakin au sabre laser, regarde ses deux adversaires gisant impuissants au sol. |
| - 01:53:24-01:53:32<br>Plan rapproché sur le comte Dooku, inquiet de ce revers, puis réaction horrifiée de Boba à la mort de son père. | - [*SW1 UE*], disque 2, piste 14 « The Gungans March » (00:39-00:47), qui s'enchaîne au *cue* de *SW1* « 6M5 Droid Battle » par le biais d'une note commune (do). |
| - 01:53:32-01:53:46<br>Retour sur le combat général qui fait toujours rage dans l'arène. | - *SW1*, « 6M5 Droid Battle », mes. 13-14.<br>- courte césure<br>- *SW1*, « 6M5 Droid Battle », mes. 19-26. |
| - 01:53:47-01:53:53<br>C3PO se rend compte que sa tête a été greffée sur un mauvais corps et s'excuse de tirer sur les Jedi. | - *SW1*, « 6M5 Droid Battle », mes. 1-4 (1er temps). |
| - 01:53:54-01:53:58<br>Un Jedi met C3PO hors d'état de nuire involontairement. | - *SW1*, « 6M5 Droid Battle », mes. 25-27. |
| - 01:53:59-01:54:27<br>L'armée droïde gagne du terrain, Padmé et Anakin se replient. L'acklay retrouve la trace d'Obi-Wan. | - *SW1*, « 6M5 The Droid Battle », mes. 31-47 |
| - 01:54:28-01:54:38<br>Obi-Wan prend le dessus en coupant les pattes du monstre. | - *SW1*, « 6M5 Droid Battle », mes. 75-80 (pas de résolution de la cadence parfaite en *do* mineur). |
| - 01:54:39-01:54:58<br>Obi-Wan porte le coup de grâce à l'acklay. R2D2 décapite C3PO et emporte sa tête. | - [*SW1* BO], piste 9 « Anakin Defeats Sebulba » (01:38-01:57). |
| - 01:54:59-01:55:34<br>L'armée droïde encercle les derniers Jedi survivants. R2D2 reconnecte la tête de C3PO au bon corps. Dooku ordonne le repos à ses troupes. | - *SW1*, « 6M5 Droid Battle », mes. 60-76.<br>- courte césure<br>- *SW1*, « 6M5 Droid Battle », mes. 79-81 (cadence parfaite en *do* mineur). |

Tableau 16. *SW2*, montage musical
de la première partie de la scène de l'arène sur Géonosis (01:49:53-01:55:34).

Le tableau 16 donne un bon aperçu de l'entreprise titanesque engagée par le *music editor* lors de l'assemblage musical final de la séquence. Il témoigne non seulement du nombre considérable d'opérations de montage que Wannberg a dû effectuer, mais aussi de la manière dont il a tiré profit des outils numériques, à travers le soin notable avec lequel les coupures et les collages ont été faits à une échelle très réduite. L'expertise du travail de Wannberg rend difficilement audible et identifiable à la simple écoute l'ensemble de ces modifications – et a par conséquent fait de notre tentative de reconstitution un travail long et laborieux, encore incomplet (comme on le voit à deux endroits du tableau).

Dans la mesure où tout est à disposition immédiatement, l'accès aux données numériques rend secondaire la question de la provenance exacte des sources musicales utilisées, qui semblent avoir une « valeur » égale. En ce sens, cette séquence est peut-être la plus représentative de la transformation du statut de la partition dans les *blockbusters* à l'ère numérique. Elle atteste également des responsabilités immenses qui échoient aux *music editors* dans le cinéma contemporain, en dépit de leur reconnaissance relative dans la littérature cinémusicologique, et dévoile tout un pan emblématique de leur pratique. Une remarque très pertinente de Sadoff sur la création des *temp tracks* s'applique ainsi parfaitement aux patchworks réalisés au montage final par Wannberg, en ce qu'il rappelle à juste titre :

> Les *music editors* sont privés de la possibilité de développer le matériel thématique, généralement considéré comme l'ADN de la structure d'une partition. Les *cues* et les phrases sélectionnés à partir de partitions diverses, et détachées de leur contexte d'origine, peuvent présenter une collection de vignettes musicales disparates et dépareillées. [...] Toutefois, quiconque a pu observer [...] un *music editor* professionnel est frappé par la qualité naturelle et l'efficacité de ces *cues* ré-assignés dans un contexte « étranger »[63].

## Musique et montage numérique : un remaniement musical problématique ?

Il n'est guère étonnant que l'ensemble de ces pratiques de montage, remodelant profondément la partition de Williams, ait généré une animosité aussi bien de la part des critiques musicaux que des fans mélomanes. Ces derniers expriment leur amertume dans des forums spécialisés où ils n'hésitent pas, sous couvert de pseudonymes, à employer des formules relativement violentes, évoquant une « boucherie »[64] voire même un « suicide créatif »[65]. Deux publications successives sur le site dédié à Williams, signées par les internautes Cypher et Jim Ware, résument à elles seules l'état d'esprit partagé par les fans au sujet des épisodes républicains :

> Ils devraient simplement se débarrasser entièrement du couper-coller bâclé de la musique de *SW1* qu'ils ont utilisé, parce que c'est complètement naze [*sic*]. – Pourquoi est-ce que

63. « *Music editors are deprived of the ability to develop thematic material, generally regarded as the DNA for a score's structure. Cues and phrases culled from various scores, and detached from their original contexts, can present a disparated and disenfranchised collection of musical vignettes.* [...] *Nevertheless, anyone who has witnessed* [...] *a professional music editor is struck by the effective and natural quality of these re-purposed cues in a "foreign" context* ». Sadoff, « The Role of the Music Editor », p. 165-183, ici p. 173-174.

64. « *butchery* ». Tpigeon, « Confirmed – No "Lost" Battle Music for Ep. 2 », *John Williams Fan Network*, 6 octobre 2002, http://www.jwfan.com/forums/index.php?/topic/1366-confirmed-no-lost-battle-music-for-ep-2/&page=2, consulté le 23 mars 2016.

65. « *creative suicide* ». Guest macrea, *ibid.*, http://www.jwfan.com/forums/index.php?/topic/1366-confirmed-no-lost-battle-music-for-ep-2/&page=1, consulté le 23 mars 2016.

Lucasfilm se donne encore la peine d'embaucher Williams pour écrire les partitions de ces films[66] ?

Une cristallisation très forte des attentes, couplée à un phénomène de forte projection intérieure que l'écart temporel de seize années entre *SW6* et *SW1* a par ailleurs grandement favorisé, a accompagné la sortie des épisodes républicains. Dès lors, les nouveaux films ne pouvaient, dans une certaine mesure, que susciter déconvenue et désillusion, voire même un sentiment de « trahison » chez les fans[67]. La virulence des attaques à l'encontre de *SW1* et de *SW2* s'explique aussi en partie par le rapport nostalgique que les fans entretiennent avec la trilogie impériale, à la dimension artisanale et presque « bricolée » des épisodes précédents à laquelle les nouvelles possibilités issues du numérique semblent avoir mis fin. L'opposition systématique entre le traitement de la partition des épisodes républicains et celle des épisodes impériaux recoupe d'ailleurs, bien plus largement, la scission au sein de la communauté des fans entre les défenseurs (surnommés les « *gushers* ») et les détracteurs (les « *bashers* ») de la trilogie républicaine, s'affrontant avec véhémence sur les forums internet[68].

Outre l'écart temporel séparant les deux trilogies, l'appropriation par les fans a été attisée par l'« univers étendu » (« *expanded universe* ») de *Star Wars*. Celui-ci regroupe notamment les bandes dessinées, les romans, les *comics*, le film d'animation *Star Wars : The Clone Wars* (2008), six saisons de la série d'animation *The Clone Wars* (2008-2014), trois saisons de la série d'animation *Star Wars Rebels* (2014-), le lancement d'une série de *spin-offs* parallèle aux épisodes formant le « canon » de *Star Wars*, intitulée *Star Wars Anthology*, plusieurs jeux vidéo, des jeux de rôle multijoueurs en ligne (dont *Star Wars : Clone Wars Adventures* et *Star Wars : The Old Republic*), l'attraction *Star Tours* proposée dans certains parcs Disneyland, plusieurs sites internet spécialisés (dont *Star Wars HoloNet* et *Wookieepedia*) et, bien entendu, l'ensemble des produits dérivés[69]. Cette synergie entre les différents supports entraîne un mode de réception particulier, que Carolyn Jess-Cooke théorise sous l'expression « expérience spectatorielle *séquelisée* »[70] (c'est-à-dire dont les suites – séquels – et l'univers étendu font partie intégrante), concourant fortement à entretenir cette forme d'identification et d'appropriation personnelle évoquée plus haut :

---

66. « *They should just get rid of the botched cut-and-paste tpm music they used entirely because it completely sucks. – Why does Lucasfilm even bother to employ Williams to write scores for these films ?* ». Cypher et Jim Ware, *ibid.*, http://www.jwfan.com/forums/index.php?/topic/1366-confirmed-no-lost-battle-music-for-ep-2/&page=1, consulté le 23 mars 2016.

67. Ce phénomène est étudié par Will Brooker dans le chapitre de son ouvrage sur la réception de *Star Wars* intitulé « Le fan trahi » : Will Brooker, *Using the Force : Creativity, Community and Star Wars Fans*, New York, Continuum, 2002, p. 79-100 (chapitre 4, « *The Fan Betrayed* »).

68. Pour un éclairage approfondi sur ce sujet, voir *ibid.*, p. 63-65 et 77-99 ; Patti McDaniel, *The Lucas Effect : George Lucas and the New Hollywood*, thèse de doctorat, Los Angeles, University of Southern California, 2004, p. 335-344.

69. Voir Frank Rose, *The Art of Immersion : How the Digital Generation is Remaking Hollywood, Madison Avenue, and the Way We Tell Stories*, New York, W.W. Norton & Company, 2011, p. 68-75.

70. « *a* sequelized *spectatorship* ». Carolyn Jess-Cooke, « Sequelizing Spectatorship and Building Up the Kingdom : The Case of *Pirates of the Caribbean*, Or, How a Theme-Park Attraction Spawned a Multibillion-Dollar Film Franchise », dans Jess-Cooke et Verevis (dir.), *Second Takes*, p. 208.

> Le type de relation forgée entre les consommateurs / spectateurs et la franchise cinématographique est une expérience spectatorielle *séquelisée*, ou un ensemble d'expériences et de rencontres spectatorielles personnalisées dans lesquelles la répétition, la reconstitution et la création d'une mémoire collective sont des principes structurants[71].

Déçus voire outrés du traitement de la partition de Williams dans les épisodes républicains, de nombreux fans effectuent alors leurs propres remontages, recréant un découpage musical à leurs yeux bien plus conforme au projet originel de Williams, qu'ils partagent et s'échangent en ligne, dans une quête quasi sacrée voire maniaque du « vrai » accompagnement musical tel qu'il aurait été pensé par le compositeur. En attestent les 101 pages du forum « *Star Wars* Prequel Music Resource » et les 47 pages du « *Star Wars* Prequel Music Resource (Part 2) » qui lui fait suite sur le site *John Williams Fan Network*, où sont postées d'innombrables reconstitutions personnelles extrêmement détaillées de la musique de *SW1*, *SW2* et *SW3*, avec un minutage de chaque fragment. Tels des Sherlock Holmes modernes, les fans mélomanes qui contribuent à ce forum traquent de façon obsessionnelle le *cue* perdu, la dernière pièce manquante à leur montage.

### *Une condamnation uniformisée du montage musical de la trilogie républicaine : analyse du discours critique*

De manière assez surprenante, les publications plus académiques sur le montage musical des épisodes républicains présentent des constats similaires et usent du même ton virulent que les fans. Les articles publiés dans le périodique bimestriel *Cinéfonia* (1995-2006), l'unique revue française d'envergure intégralement dédiée à la musique de cinéma, sont ainsi tout à fait emblématiques de cette réception négative du montage musique dans la trilogie républicaine[72]. Mais cette réception critique est loin d'être propre à la France. Du côté des publications anglophones, en effet, force est de constater que les mêmes formules, voire la même terminologie (en particulier celle du « papier peint »), sont employées dans le périodique américain spécialisé *Film Score Monthly*. Le titre même de l'article de Takis consacré à la musique de *SW2*, « Une attaque contre la partition »[73], est tout à fait révélateur. L'auteur y dénonce une « hypocrisie insupportable » de Lucas à l'égard de la musique et son « traitement pitoyable en post-production »[74]. Outre les présupposés sous-jacents similaires à ceux de *Cinéfonia* sur le statut de la partition musicale, ces remarques dépréciatives s'inscrivent, plus

71. « *The kind of relationship that is forged between consumers / spectators and the film franchise is a* sequelized *spectatorship, or a set of personalized spectatorial experiences and encounters in which repetition, reenactment, and collective memory-making are organizing principles* ». *Ibid.*, p. 208.

72. Voir notamment Didier Leprêtre et Nicolas Michel, « La guerre ne fait pas rage que dans les étoiles », *Dreams to Dream…s*, n° 15, automne 1999, p. 42-44, en particulier p. 42-43 ; Olivier Desbrosses, « La renaissance du symphonisme », dans Alexandre Tylski (dir.), *John Williams : un alchimiste musical à Hollywood*, Paris, L'Harmattan, 2011, p. 55-56.

73. Takis, « *Star Wars* Episode Tunes », p. 18-23.

74. « *borderline hypocrisy* » et « *wretched post-production treatment* ». *Ibid.*, ici p. 18.

largement, au sein d'un discours méfiant à l'égard des technologies numériques, ce que des chercheurs anglophones ont récemment tenté de démêler[75].

Un trait marquant de la réception des épisodes républicains mérite d'être souligné. De nombreux auteurs se sont insurgés contre la provenance, au montage final, de *cues* appartenant à des scènes ou à des épisodes différents. Ce type de critiques s'apparente davantage à une condamnation de principe de la pratique elle-même – Lucas et Wannberg feraient « intrusion » dans la partition du compositeur – que de l'utilisation réelle de ces *cues* dans leur nouveau contexte. Très peu d'exemples précis sur les nouveaux montages musicaux viennent en effet étayer les assertions négatives et, lorsqu'ils sont présents, ils ne donnent lieu à aucune argumentation ou ébauche analytique qui viendraient soutenir le point de vue avancé. Par exemple, selon Takis, la puissance de la séquence de *SW2* où Anakin part à la recherche de sa mère capturée par les Hommes des sables est considérablement amoindrie par la juxtaposition de la fin d'un *cue* de *SW1* avec l'ostinato de « Duel of the Fates » : « Lucas n'a visiblement pas approuvé la manière dont Williams crée une détente, puisqu'il y a collé un finale heurté et fracassant de *La Menace fantôme* [...] qui ruine l'effet »[76]. Aucun développement ne vient étayer cet argument. Or, vérification faite, cette conclusion éclatante telle qu'elle apparaît dans le *cue* de *SW1* « The Death of Qui-Gon and the Surrender of the Gungans » fait *déjà* suite à un énoncé de « Duel of the Fates ». Elle n'est donc pas raccordée arbitrairement par Wannberg à n'importe quel motif, mais rejoint au contraire parfaitement une progression prévue comme telle par le compositeur lui-même dans *SW1*. En outre, la gradation d'intensité qu'elle génère accroît au contraire considérablement le suspense sur le dernier plan de la séquence, où un Jawa indique une direction à Anakin, dans un décor baigné d'une lumière rouge orangé inquiétante, dramatisation de la violence à venir et du premier pas du Jedi du côté obscur.

De manière globale, les critiques restent le plus souvent générales et vagues. Takis regrette ainsi avec amertume, au sujet de la scène de *SW2* où Anakin fait part de ses cauchemars à Padmé :

> C'est la première fois dans la partition, mais malheureusement pas la dernière, où la musique est extraite directement de *La Menace fantôme* – pas simplement le même arrangement musical, mais bel et bien un enregistrement de *SW1*[77] !

En s'abstenant d'expliquer en quoi les exemples cités ci-dessus seraient réellement critiquables, Takis laisse ainsi sous-entendre que le recours à un tel procédé est condamnable *en soi*. Ce présupposé est à mettre en rapport avec le support de publication et le public ciblé. Les périodiques consacrés à la musique de cinéma – aussi bien français qu'américains – appartiennent en effet à une littérature grand public. Le type de public

75. McDaniel, « The Lucas Effect », p. 352-378, et Rombes, *Cinema in the Digital Age*, p. 1-10.

76. « *Lucas must not have approved of the way Williams wound it down, because he spliced on a slam-bang finale from* The Phantom Menace *[...] that ruins the effect* ». Takis, « *Star Wars* Episode Tunes », p. 18-23, ici p. 21.

77. « *This marks the first time in the score, but unfortunately not the last, that music is taken directly from* The Phantom Menace – *not merely the same musical arrangement but an actual recording from TPM's score !* ». *Ibid.*, ici p. 21.

visé influence indéniablement la teneur des discours : les critiques s'adressent à un lectorat de fans qui ne trouve d'écho ni dans les grands quotidiens ni dans les revues musicales spécialisées ou musicologiques. Afin de renforcer l'adhésion du lecteur et de fidéliser le lectorat, les auteurs s'emploient à gommer toute barrière entre la revue et ses lecteurs, à nouer une connivence d'autant plus forte et justifiée qu'ils se mettent en scène en tant que fans revendiqués. Le discours, émaillé d'expressions subjectives et métaphoriques, cherche à embrasser un public le plus large possible, tout en recréant une forme de communauté de pensée et en englobant les fans de manière complice dans les idées exprimées. Enfin, le contenu des articles est orienté par le courrier des lecteurs, ce qui explique en partie la similitude des opinions exprimées sur les forums de fans et dans les périodiques.

Or, il n'existe pas de publications scientifiques qui pourraient étayer ou, au contraire, offrir un contrepoids à ce discours critique dominant, dans la mesure où la question du montage musical a longtemps été délaissée et reste, aujourd'hui encore, très peu abordée par les chercheurs en cinémusicologie. Nous nous proposons donc d'évaluer ces critiques à la lumière d'une véritable analyse audio-visuelle. Notre objectif ici n'est pas de condamner ou de réhabiliter à tout prix les pratiques de montage dans la trilogie républicaine. Nous cherchons à en offrir une vision plus nuancée par le biais de nos constats analytiques qui, s'ils ne prétendent pas à une totale objectivité, s'écartent néanmoins de l'approche critique dominante et posent les premières pierres d'une approche véritablement musicologique du montage musical cinématographique.

*Une dénaturation de la partition ?*

Les commentaires négatifs sur Lucas se révèlent rarissimes chez Williams, le compositeur tendant au contraire à présenter sa relation avec le réalisateur de manière similaire à celle qu'il entretient de longue date avec Steven Spielberg et à créer une image assez idéalisée de ses rapports avec Lucas[78]. Pourtant, dans un entretien de 1999, le compositeur émet à demi-mot une critique à l'égard du montage des combats finaux dans *SW1*, regrettant les remaniements successifs qui ont, par endroits, nui à la logique musicale de l'ensemble :

> Il y a eu des impondérables que je n'ai pas pu maîtriser. J'ai écrit ma partition sur un premier montage. Ensuite, George Lucas a montré son film à plusieurs personnes, dont Steven Spielberg, Ron Howard… Un second montage a été effectué. J'ai fait les changements nécessaires et adéquats. Mais la plupart du temps, cela s'est terminé en suppression de mesures complètes. La cohérence a été affectée. Lors des sessions de février, nous avons fait en sorte que tout soit le plus linéaire possible. À ce moment-là, je n'ai eu aucun problème avec George, même pas une insatisfaction musicale […]. Après ces sessions, George a encore montré *La Menace Fantôme* à ses amis et il y a eu

78. Voir en particulier les propos que Williams tient dans Richard Dyer, « John Williams. Scoring *The Phantom Menace* », *Soundtrack*, vol. 18, n° 70, été 1999, p. 10-13, plus spéciquement p. 10-11 ; Chloé Huvet, *John Williams, héritier du symphonisme de l'âge d'or hollywoodien ? Étude comparative d'E.T. the Extra-Terrestrial et de Jurassic Park de Steven Spielberg (1982-1993)*, mémoire de master, Lyon, ENS de Lyon, 2011, p. 72-77.

> de nouveau quelques légères modifications au montage. Forcément, cela a déréglé cette seconde cohérence. George Lucas a préféré mixer certains passages de ma musique qu'il a pris à d'autres endroits plutôt que de me commander une nouvelle écriture que de toute façon, je n'aurais pas pu faire. [...] Il a fait un choix qui probablement s'imposait mais qui, artistiquement, me gêne sur quelques minutes. [...] Il est cependant fort dommage que des décisions prises entre février et avril 1999 n'aient pas été prises six mois plus tôt[79].

Bien qu'il ne détaille pas précisément quels passages il réprouve musicalement dans cette scène finale et que ses propos restent mesurés, le compositeur exprime ainsi une réticence, inhabituelle chez lui, vis-à-vis du traitement de sa partition. La liberté du numérique génère effectivement certains « problèmes » sur le plan musical. Premièrement, à un niveau structurel, le réemploi d'un *cue* prévu pour un autre endroit du film pose la question de sa place et de sa justification au sein de la narration musico-visuelle. Deuxièmement, le fait de raccorder des phrases musicales qui ne sont pas destinées à s'enchaîner, surtout dans un langage harmonique qui reste en partie ancré dans le système tonal, est loin d'être insignifiant et entraîne des répercussions sur la logique du discours musical.

Au début de *SW3*, lorsque Anakin tente de faire atterrir le vaisseau amiral du général Grievous partiellement détruit après le sauvetage du chancelier Palpatine, la spécificité de la scène n'a pas pu être véritablement prise en compte musicalement. Dans la *cue list* ne figure aucun « 2M2 », tandis que le « 2M1 » n'est pas titré. À ces deux endroits, Wannberg réemploie des *cues* de *SW1*, « Escape from Naboo », puis « The Tide Turns ». C'est l'utilisation de ce dernier *cue* que nous étudierons ici, en commençant par détailler sa structure initiale, qui peut être entendue sur la piste 28 du disque 2 de la bande originale de *SW1*. « The Tide Turns » débute par une courte introduction cuivrée très théâtrale et martelée, fondée sur des contrastes de registres. Un motif descendant est énoncé de façon déclamatoire par les cors, suivi d'une petite fanfare dont l'écriture verticale renforce la solennité (exemple 62) :

Exemple 62. *SW1*, « The Tide Turns ».
Transcription à partir de [*SW1 UE*], disque 2, piste 28 (00:00-00:13).

Une première partie (A) s'ouvre ensuite par l'énoncé, en *si* mineur dans l'extrême grave, d'un ostinato pesant et hiératique à sept temps aux trombones doublés par

79. Williams, cité dans Didier Leprêtre, « Étoiles fantômes », *Dreams to Dream...s*, n° 16, hiver 1999, p. 8-18, ici p. 14-15.

les violoncelles et les contrebasses, surmonté d'une fanfare brillante de trompettes (exemple 63) :

Exemple 63. *SW1*, « The Tide Turns ».
Transcription à partir de [*SW1 UE*], disque 2, piste 28 (00:14-00:33).

L'écriture très verticale, les choix d'orchestration et la pulsation marquée renforcent le caractère décidé. L'ostinato gagne peu à peu l'ensemble des pupitres dans une progression de l'extrême grave vers le registre médium et un *crescendo* dramatique, amplifié par les doublures de timbres et de registres. Une transition de deux mesures superpose l'ostinato à la tête du thème principal de « Duel of the Fates » jouée par les trompettes jusqu'à un climax de tension amenant la seconde partie (B) (exemple 64) :

Exemple 64. *SW1*, « The Tide Turns ».
Transcription à partir de [*SW1 UE*], disque 2, piste 28 (00:50-00:55).

La partie B débute par l'énoncé de l'ostinato très dynamique et obsédant de « Duel of the Fates », qui circule à différents registres en alternance aux cordes, aux cors, aux trombones, aux flûtes, au piccolo et au xylophone. Au-dessus, le thème de la Force est énoncé dans une couleur de *la* mineur aux trompettes (exemple 65) :

Exemple 65. *SW1*, « The Tide Turns ».
Transcription à partir de [*SW1 UE*], disque 2, piste 28 (00:55-01:17).

Enfin, la coda voit le retour de l'ostinato à sept temps légèrement varié aux cordes et à la caisse claire en *la* mineur, surmonté d'une cellule obstinée en triolets sur une seule note, martelée dans l'aigu aux trompettes et ponctuée de gammes fusées ascendantes aux bois. Le *cue* se conclut sur un motif descendant fortement appuyé aux trombones qui renoue avec la théâtralité de l'introduction, alternant grands sauts intervalliques et mouvements chromatiques (exemple 66) :

Exemple 66. *SW1*, « The Tide Turns ».
Transcription à partir de [*SW1 UE*], disque 2, piste 28 (01:18-01:30).

Loin d'être une simple reprise linéaire de ce *cue*, l'accompagnement musical tel qu'il figure dans la scène d'ouverture de *SW3* est constitué d'une juxtaposition de différents fragments de sections dans un ordre qui ne suit pas la forme initiale du *cue*. Les phrases musicales sont parfois coupées avant leur fin et enchaînées directement à une autre section totalement différente, ou repassées en boucle. Cela produit un morcellement musical assez curieux à l'écoute, qui fonctionne par morceaux de mesures sans forcément respecter la structure de chacune des sections. De ce fait, les liens musicaux entre les parties du *cue* n'existent plus que de manière très lâche, les phrases ne s'enchaînent ni de manière fluide ni de façon à respecter une logique musicale.

Le motif descendant déclamatoire aux cors qui ouvre le *cue* est énoncé juste après la réplique d'Anakin (« On a perdu quelque chose » [80]). Mais le repos final sur la tierce majeure *mi-sol♯* est supprimé, de même que tout le reste de cette section introductive. Cette coupe crée un effet bancal, par le saut soudain et le raccord artificiel à une section de la partie A (Wannberg coupe tout le début de A et ne l'utilise qu'à partir de la mesure 5). Sur le plan d'ensemble montrant le demi-vaisseau du général Grievous en flammes, le motif de cors s'enchaîne ainsi directement à la fanfare de trompettes, brillante et martiale, soutenue par l'ostinato à sept temps en *si* mineur.

Une nouvelle césure intervient sur le panoramique suivant l'entrée du vaisseau dans l'atmosphère de Coruscant : la dernière mesure de A et l'intégralité de la transition comportant la mélodie de « Duel of the Fates » sont supprimées. Wannberg insère à

80. « *We lost something* ».

la place un coup de timbale pour faire un raccordement avec la partie B qui, comme A précédemment, ne commence pas à son début mais à la mesure 2, sur l'occurrence du thème de la Force (accompagné par l'ostinato de « Duel of the Fates »). Mais le *cue* ne se poursuit pas jusqu'à sa fin initiale, retardée par une nouvelle interpolation. Un fondu sortant court, mais marqué, intervient avant la fin de la mesure 1 de la coda (sur le sixième temps), créant un déséquilibre métrique d'autant plus perceptible que la reprise de la fanfare de trompettes de la partie A, à laquelle il est juxtaposé, débute sur le troisième temps de la mesure 8. On observe donc ici un exemple clair de l'emploi avant tout « utilitaire » du *cue* : Wannberg interrompt la coda avant la fin pour éviter tout sentiment de clôture, et pour synchroniser le retour de la fanfare avec le gros plan sur le visage concentré d'Anakin. En outre, si le *music editor* fait rejouer une seconde fois un segment de la fanfare, c'est avant tout pour permettre à la musique de durer assez longtemps par rapport à la scène ; l'accompagnement musical doit en effet se poursuivre jusqu'à l'atterrissage catastrophe sur Coruscant. Après une nouvelle coupe – la dernière mesure de la partie A et l'intégralité de B disparaissent entièrement –, le *cue* est directement raccordé à sa section conclusive. La phrase de trompettes en triolets sur un *la* martelé dans l'aigu, puis la conclusion par un motif descendant très dramatique aux trombones (voir exemple 66) renforcent la tension du gros plan sur Anakin qui s'alarme et du plan rapproché sur le chancelier Palpatine inquiet.

Du point de vue des relations musique / image, chaque nouvelle troncature musicale s'explique aisément par la structure visuelle de la scène : elles interviennent sur un changement de plan, et apparaissent très synchronisées par rapport à l'action et aux événements à l'écran. Tel qu'il est utilisé dans le film, le *cue* ne choque pas l'audition outre mesure, d'autant que son volume sonore est assez faible. La fanfare de trompettes, l'ostinato à sept temps, ou encore la coda dramatique servent essentiellement à exacerber la tension de la situation délicate à laquelle les personnages doivent faire face. Cependant, d'un point de vue strictement musical, le morcellement s'entend clairement et s'avère assez bancal, du fait des enchaînements harmoniques soudains et des déstabilisations métriques. L'insertion du coup de timbale et du fondu sortant, en particulier, apparaît comme un moyen relativement artificiel et visible de tronquer puis raccorder des phrases différentes. Ces multiples collages ont aussi pour conséquence le fait que la musique est le plus souvent recouverte par les effets sonores, dans la mesure où elle n'est pas conçue spécifiquement pour la scène, et montée de manière assez abrupte. L'amplification progressive de l'ostinato à sept temps, générée par la gestion minutieuse des textures orchestrales par Williams, perd de sa puissance dramatique car l'ostinato devient quasiment inaudible dans la scène. De même, le motif pesant conclusif énoncé aux trombones et l'unisson final de *la* dans le grave ne peuvent se déployer réellement, recouverts par le fracas assourdissant de l'atterrissage du vaisseau. Le recours au collage ne permet pas ici de créer une relation fine entre musique et images en dépit de la synchronisation formelle indéniable.

En outre, sur le plan strict de la narration musico-visuelle, on peut s'interroger sur la réelle pertinence à faire intervenir « Duel of the Fates » dans cette scène. Williams définit ce *cue* comme « une messe antique où deux hommes d'affrontent, où le bien et le mal se combattent dans une lutte à mort pour se forger un destin [*sic*] »[81]. Ici, c'est simplement l'adresse d'Anakin à piloter qui est réellement en jeu, et non un combat contre le côté obscur. De plus, il n'est à aucun moment fait référence aux Sith. L'intervention du thème de la Force n'apparaît pas davantage justifiée dramatiquement dans la mesure où il survient sur les plans montrant le vaisseau poursuivre sa chute vers le sol, et non ceux où Anakin démontre son habileté de pilote par exemple. En outre, seuls les réflexes de pilotage du personnage sont mobilisés ici pour éviter une catastrophe, et non sa maîtrise de la Force en tant que Jedi. De tous ces éléments découle une absence de logique intrinsèque au retour de ce *cue* précis dans cette scène à l'égard de la narration musicale, aussi bien à l'échelle de la séquence qu'à celle du film, voire de la trilogie républicaine même.

Dans la scène de l'arène de Géonosis dans *SW2*, le moment où Obi-Wan porte le coup de grâce à l'*acklay* – sorte de croisement monstrueux entre un crabe géant et une mante religieuse – met en jeu des « problèmes » différents. L'enchaînement des deux *cues* utilisés, « Droid Battle » et « Anakin Defeats Sebulba » (voir fin du tableau 16), s'avère assez malaisé et bancal, tant sur le plan musical qu'au niveau de l'impact produit sur les images. En effet, le langage harmonique à la fin du « 6M5 Droid Battle » est franchement tonal, comportant une véritable cadence parfaite conclusive en *do* mineur (exemple 67) :

Exemple 67. *SW1*, « Droid Battle ».
Transcription à partir de [*SW1* BO], piste 5 (02:28-02:32).

81. Williams, cité dans Leprêtre, « Étoiles fantômes », p. 8-18, ici p. 13.

La tension générée par les notes à résolution obligée (neuvième, septième et quinte diminuée) – même si la sensible est simplement sous-entendue, brièvement énoncée dans les gammes fusées des bois –, appelle clairement une détente harmonique. Cependant, la résolution de la cadence parfaite en *do* mineur disparaît totalement au profit du début du *cue* « Anakin Defeats Sebulba », qui le suit immédiatement. Introduit par des gammes fusées aux bois dans le suraigu, l'accord très expressif de neuvième de dominante avec quinte diminuée (*sol-si♯-ré♭-fa-la♭*), au lieu de se résoudre sur la tonique, s'enchaîne à un *ré* bécarre, créant un triton mélodique et un sentiment de déséquilibre. Ce « manque » harmonique est d'autant plus fort que le *ré* conduit à une section très différente en ce qui a trait au caractère et à l'écriture, composée d'une succession de trilles et de trémolos ascendants dans l'aigu. Or, à l'image, l'action d'Obi-Wan qui s'apprête à porter le coup de grâce à l'*acklay* appelle elle-même une résolution en synchronisation avec le mouvement rectiligne du sabre laser s'abattant sur la créature, pour en souligner le caractère définitif, conclusif. L'effet de suspens musical créé par la suppression de la tonique (et donc de la détente harmonique) amoindrit ainsi la puissance de ce plan rapproché frontal – dominé par la verticalité de sa composition et du geste du Jedi, ainsi que par l'expression déterminée et soulagée de l'acteur –, dans la mesure où il tend à s'inscrire en porte-à-faux vis-à-vis de l'action représentée.

La reprise de cette même section du *cue* plus loin dans la scène, avec cette fois-ci la présence de l'intégralité de la cadence parfaite en *do* mineur, permet d'ailleurs de mesurer la différence d'effet produit par l'accompagnement musical pour deux actions à caractère conclusif (Obi-Wan achève l'*acklay* / Dooku ordonne aux super droïdes de combat de suspendre leur offensive). La neuvième de dominante avec quinte diminuée est énoncée en synchronisation avec le plan rapproché des super droïdes de combat prêts à ouvrir le feu sur les rescapés, tandis que le geste de retrait du premier droïde, qui replie son bras et fait plusieurs pas en arrière, est considérablement mis en relief par la résolution de la cadence parfaite. L'unisson de *do*, appuyé par un coup de timbale, marque la fin de la scène et signale l'interruption temporaire de l'affrontement. Alors que l'absence de résolution harmonique créait un effet d'irrésolution, de suspension lors de la première occurrence, la forte corrélation entre la musique et les actions représentées amplifie ici l'impact dramatique de la scène et le sentiment de clôture.

Pour autant, ces deux exemples constituent des cas isolés. Ils comptent parmi les rares endroits où le nouveau montage réalisé par Wannberg nous paraît réellement gênant ou malencontreux. À l'échelle des trois épisodes républicains, les occurrences où la logique musicale (et narrative) se voit réellement affectée sont finalement relativement peu nombreuses – ce qui, compte tenu des innombrables remaniements de l'accompagnement orchestral, atteste de l'expertise et de la minutie du travail du *music editor*. Les « problèmes » que nous avons relevés demeurent relativement localisés et ne peuvent en aucun cas avoir valeur de généralisation : le montage musical de la trilogie républicaine ne peut être caractérisé comme une dénaturation ou un charcutage grossier de la partition, comme le soutiennent de nombreux auteurs. Les fans et les critiques s'arrêtent trop aux moments problématiques ponctuels alors qu'ils sont loin d'être représentatifs ou majoritaires dans l'ensemble des films, d'autant qu'ils tendent à être souvent camouflés par le dialogue ou les bruitages.

Se pose ainsi la question de la perception réelle de ces modifications au montage. On peut en effet se demander *qui* entend ces micro-montages de sons et les modifications apportées aux manuscrits. Il faut avoir l'intégralité de la musique de *SW1* parfaitement dans l'oreille pour repérer les collages de fragments de *cues* issus de cet épisode dans *SW2* et *SW3*, surtout lorsqu'ils sont pratiqués à une si petite échelle. Même avec la partition sous les yeux et une solide connaissance de la musique de la saga, il s'avère relativement délicat de repérer toutes les modifications. La polémique autour du montage musical de la trilogie républicaine ne serait-elle pas finalement une tempête dans un verre d'eau ? Tout ceci relève surtout d'un débat spécialisé entre fans : il est certain que, pour le spectateur « moyen »[82] dont l'écoute n'est pas prioritairement tournée vers la musique, les sutures de motifs passent majoritairement inaperçues, tandis que leur provenance exacte est sans réelle importance.

En outre, la perception de l'accompagnement musical n'est pas la même selon que la musique est écoutée seule ou avec les images. Comme le souligne Nicholas Kmet au sujet du *cue* de *SW1*, « Talk of Podracing », les répétitions de fragments de mesures au milieu du *cue* sont quelque peu étranges lorsque l'on écoute l'accompagnement sans les images, mais passent totalement inaperçues dans le film[83]. Au sein du film, l'aplanissement des aspérités proprement musicales du montage (phrases musicales incomplètes, suppressions, ajouts, mises en boucle, juxtapositions harmoniques surprenantes) résulte, selon Kmet, de la puissance jouée par le synchronisme sur nos perceptions : « Les *music editors* peuvent créer de l'instabilité [musicale] grâce à la synchronie temporelle et à la congruence émotionnelle »[84].

Michel Chion abonde dans ce sens, rappelant que « dès la projection du film, chacun [des] éléments [de la piste sonore] se réorganise en fonction de l'image », en vertu de ce qu'il nomme un effet Koulechov audio-visuel « "vertical" (par projection d'un élément sur l'autre simultanément) »[85]. Au moment du visionnement d'une scène, un nouvel accord se forme alors entre ce que l'œil voit et ce que l'oreille entend, et l'accompagnement musical prend un sens, une fonction dont il était dénué à l'écoute musicale seule. L'inclinaison du spectateur à « guetter les moindres points de synchronisation et [à] les fabriquer à toute occasion »[86] explique ainsi en partie la réussite globale des remontages musicaux réalisés par Wannberg et le lissage des moments « problématiques » ponctuels lorsqu'ils sont pris dans le flux audio-visuel.

82. Cet adjectif est utilisé sans connotation péjorative, comme un synonyme de « non expert ».

83. Nicholas Kmet, « Discordant Synchrony : Film Scoring, Film Music Editing, and the Psychology of Meter in Film Music », colloque international *Music & the Moving Image*, New York, New York University, 29 mai 2015.

84. « *Music editors can use [musical] instability thanks to temporal synchrony and emotional congruence* ». *Ibid.*

85. Chion, *Un art sonore, le cinéma*, p. 203 et 206.

86. *Ibid.*, p. 240.

Chapitre VII

# LA CRÉATION D'AUTRES MODES D'INTERACTIONS MUSIQUE / IMAGE PAR LE MONTAGE DANS LA TRILOGIE RÉPUBLICAINE

Notre réévaluation analytique du montage musical des épisodes républicains implique de nous intéresser à un dernier élément saillant du consensus critique. Les choix effectués par George Lucas et Kenneth Wannberg entraîneraient en effet une perte conséquente sur le plan de la narration musicale, état de fait qui semble apparemment incontestable tant la condamnation est unanime dans le discours dominant. Exprimant une opinion largement partagée, John Takis affirme ainsi que « la musique de Williams est traitée moins comme un composant narratif fondamental et plus comme un papier peint cinématographique »[1].

La reconfiguration des *cues* au montage (placement, ordre, structure interne) modifie assurément, et à des degrés divers, les trajectoires musico-narratives prévues. Cela ne veut pas dire pour autant que le montage les désagrège ni qu'il ôte à la musique tout rôle narratif, comme on peut le lire sous la plume de plusieurs auteurs[2]. La restructuration musicale effectuée par Wannberg donne plutôt lieu à *d'autres* modes de fonctionnement sur le plan des interactions musique / image.

La série d'analyses systématiques que nous avons menées dans les trois épisodes républicains a ainsi permis de faire émerger un double constat. D'une part, aucune règle méthodique que Wannberg appliquerait selon une logique ferme et cadrée ne peut être dégagée des pratiques de montage ; d'autre part, deux tendances contradictoires tendent à coexister tout au long de la trilogie républicaine : une « micro-narration musicale »

---

1. « *Williams' music is treated less like a vital component and more like cinematic wallpaper* ». John Takis, « *Star Wars* Episode Tunes : Attack on the Score », *Film Score Monthly*, vol. 7, n° 4, mai-juin 2002, p. 18-23, ici p. 18.

2. Voir *ibid.*, p. 18-23 ; Jon Kaplan et Al Kaplan, « Star Wars Episode 2 ½ : Attack of the Kaplans », *Film Score Monthly*, mai 2002, http://www.filmscoremonthly.com/articles/2002/13_may---star_wars_episode_2_attack_of_the_kaplans.asp, consulté le 20 avril 2016 ; Olivier Desbrosses, « La renaissance du symphonisme », dans Alexandre Tylski (dir.), *John Williams : un alchimiste musical à Hollywood*, Paris, L'Harmattan, 2011, p. 55-56.

visant à une clarification narrative à petite échelle, et une logique de l'individualisation des séquences au service d'une efficacité dramatique immédiate.

## VERS UNE « MICRO-NARRATION » MUSICALE

Le premier trait du montage musical des épisodes républicains est de l'ordre de ce que l'on peut appeler de la « micro-narration ». Lorsqu'elle intervient dans les scènes d'action, cette dernière propose une forme de réponse singulière aux bouleversements esthétiques qui affectent la composition de l'image et le montage à l'ère numérique. L'ensemble des éléments caractéristiques de la « continuité intensifiée »[3] des films américains *mainstream* théorisée par David Bordwell – montage plus rapide, usage extensif des gros plans, de distances focales extrêmes, mouvements de caméra impressionnants – est en effet fréquemment concentré dans ce type de scènes. De leur conjugaison peut naître une désorientation chez le spectateur, certes volontairement recherchée et destinée à le plonger littéralement au cœur de l'action. C'est ici que la musique intervient et joue un rôle de premier plan dans la mesure où, comme le rappelle Bordwell, de telles pratiques visuelles « forcent le spectateur à assembler des fragments d'information épars »[4].

### *Un traitement musique / image plus direct au montage : une optique de clarification narrative à petite échelle*

La micro-narration à laquelle recourt Wannberg dans les scènes d'action est utilisée de manière assez ponctuelle dans *SW2* et *SW3*, mais elle intervient à des moments importants et de façon très éloquente. La séquence de l'usine de droïdes de *SW2* constitue peut-être l'application la plus poussée, mais aussi la plus éclatante de ce procédé, car il intervient sur plusieurs minutes et dans une scène d'action intense où le compositeur avait opté pour un type d'écriture fort différent. Dans cette scène, Padmé et Anakin découvrent sur Géonosis une gigantesque plate-forme souterraine s'enfonçant dans les entrailles de la planète, dédiée à la production en série d'une armée droïde. Le montage musical réalisé par Wannberg diverge considérablement de l'approche du compositeur. John Williams avait en effet composé deux *cues* successifs (« 5M5 Finding the Conveyor Belt », « 5M6 The Conveyor Belt ») à l'écriture atonale et très peu thématique, structurés en sections contrastantes à la manière de l'accompagnement de la course-poursuite à travers Coruscant étudié au chapitre VI.

L'accompagnement orchestral débute par la première partie (A) du « 5M5 Finding the Conveyor Belt ». En synchronisation avec le zoom avant sur les gardes géonosiens cachés dans les murs, des effets bruitistes dissonants sont créés par des *pizzicati* sans hauteurs ni vitesse déterminées, joués par les violons et les altos dans l'aigu avec des *crescendos* et des *decrescendos* constants, sous de lents *glissandi* aux trombones avec

3. David Bordwell, « Intensified Continuity Visual Style in Contemporary American Film », *Film Quarterly*, vol. 55, n° 3, printemps 2002, p. 16-28.

4. « *[This] obliges the viewer to assemble discrete pieces of information* ». *Ibid.*, ici p. 24.

sourdines *growl* produisant un effet de grondement. Les clusters de trois sons qu'ils énoncent évoluent ainsi constamment (de *do♯-ré-mi♭* à *mi♯-fa♯-sol* puis *mi♮-fa♮-sol♭*), générant des sonorités miroitantes inquiétantes qui s'accordent avec les mouvements furtifs des Géonosiens s'apprêtant à attaquer Anakin et Padmé. De nouvelles strates dissonantes s'ajoutent successivement avec un agrégat aux flûtes et aux clarinettes, les croches du piccolo jouant dans le registre le plus suraigu possible et sans hauteurs déterminées, et un son blanc produit par le synthétiseur. Alors que les jeunes gens perçoivent une menace derrière eux, les *glissandi* menaçants de clusters aux trombones refont leur apparition, accompagnés de rapides interventions dans le grave aux bassons et à la clarinette contrebasse, là encore sans hauteurs déterminées. L'accompagnement repose ainsi sur l'exploitation des registres extrêmes et de procédés d'écriture de la musique contemporaine, qui amplifient considérablement la tension des plans.

Une nouvelle section (B), presque exclusivement percussive, débute en synchronisation avec le début de l'affrontement entre Anakin et les gardes. Elle repose d'une part sur des clusters tenus en pédale aux violoncelles, aux clarinettes, au cor anglais, aux hautbois et aux voix synthétiques, d'autre part sur différents ostinatos superposés (exemple 68) ; l'un en doubles croches effrénées, l'autre marquant essentiellement les contretemps, le dernier, très disjoint, entretenant l'impulsion.

Exemple 68. *SW2*, Anakin engage le combat avec les Géonosiens tandis que Padmé court vers le bout du tunnel (01:37:40-01:37:45).

Un agrégat de neuf sons, en *glissando* descendant très court, est ensuite énoncé sur le plan d'ensemble en contre-plongée montrant les deux héros dans une situation périlleuse : la passerelle, qui débouche sur un vide béant, se rétracte. Ce *glissando* dissonant accentue ainsi l'effet de vertige ressenti par les personnages, avant la chute de Padmé.

Une dernière section de ce *cue* intervient plus loin, lorsque C3PO, poussé par R2D2, tombe dans le vide et se fait rattraper au vol par un robot-inspecteur. Williams opte ici pour un autre type d'écriture contemporaine intéressant, créant des sortes de nuages sonores[5] dans l'aigu aux violons divisés (exemple 69), accompagnés par des clusters dans le suraigu au synthétiseur et des agrégats aigus aux bois, dont les notes se modifient insensiblement par demi-tons. Le compositeur génère un ensemble très dissonant et extrêmement mobile, amplifiant la sensation de vitesse des actions à l'écran.

5. Nous employons cette expression dans le sens élargi d'une mobilité perpétuelle de figures sonores dissonantes groupées dans une même partie d'espace, et qui se déplacent, se déforment et se recomposent, créant alors cet effet de « nuage » de petites particules sonores.

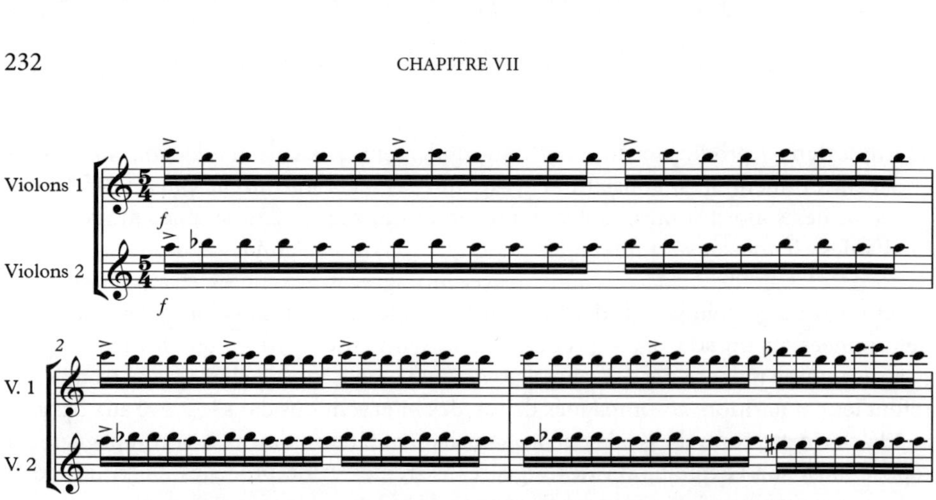


Exemple 69. *SW2*, C3PO tombe dans le vide et se fait rattraper au vol par un robot sur la chaîne de montage (01:39:06-01:39:14).

Hormis les sections que l'on vient de détailler, le reste du *cue* et la totalité du « 5M6 The Conveyor Belt » ont été abandonnés, ce qu'il convient de questionner. Certes, le montage a été modifié et rallongé par rapport à la version de travail de Williams : le rôle de Padmé s'est vu étoffer, tandis qu'une série de péripéties secondaires impliquant C3PO ont été ajoutées[6]. Mais, plutôt que d'aller puiser des thèmes connus dans divers *cues*, Wannberg aurait très bien pu recomposer facilement l'accompagnement de cette scène en exploitant uniquement des segments du « 5M5 Finding the Conveyor Belt » comme il l'avait fait pour la séquence de poursuite à travers Coruscant (voir tableau 15), et en les mélangeant à d'autres sections de la musique d'action du « 1M7A Zam Chase Pt. 1 ». Or, le *music editor* opte pour une tout autre approche : au sein du matériau atonal et athématique des deux *cues* cités, il insère par moments des thèmes clairement définis, le thème d'amour de *SW2*, le thème de la Force et le thème de Yoda, que nous faisons apparaître en gras dans le tableau 17 pour leur donner davantage de visibilité.

Par rapport à l'accompagnement initialement conçu par Williams, atonal et dénué de véritable motif saillant ou mémorisable, Wannberg revient donc au montage à un mode de fonctionnement bien plus thématique (même s'il conserve certaines sections du *cue* « 5M5 Finding the Conveyor Belt »). L'interpolation de thèmes connus et immédiatement identifiables par le spectateur atteste de la volonté de recréation d'une micro-narration musicale, qui fonctionne essentiellement à l'échelle réduite de la scène : l'énoncé d'un motif y est avant tout destiné à souligner et à mettre en valeur à l'écran la présence de tel personnage ou ses actions. Il serait peu pertinent de tenter de replacer ces interventions thématiques dans la narration à l'échelle de l'épisode, de la trilogie ou de l'hexalogie.

6. Voir Takis, « *Star Wars* Episode Tunes », p. 18-23, plus spécifiquement p. 21.

| **Minutage et description de l'action** | ***Cues* utilisés et modifications opérées par Wannberg** |
|---|---|
| – 01:37:26-01:37:57<br>Anakin et Padmé sont espionnés puis attaqués par des gardes géonosiens. | → « 5M5 Finding the Conveyor Belt » mes. 1-22 :<br>– partie A<br>– début de la partie B (cf. exemple 68) :<br><br> |
| – 01:37:58-01:38:13<br>Padmé perd l'équilibre et tombe sur l'un des tapis de montage. Anakin tente de la rejoindre, attaqué par des gardes. | → « 6M2 Entrance of the Monsters », mes. 91-100 :<br>– **thème d'amour « Across the Stars »**, dans le mode de *la* sur *sol* aux violons, altos, trompettes et bois<br>– court motif pesant et descendant aux cuivres. |
| – 01:38:14-01:38:29<br>Padmé observe avec appréhension les machines soudeuses en action face à elle et se concentre sur sa trajectoire | → « 6M5 Padme Falls », mes. 42-53 :<br>– **thème d'amour**, dans le mode de *la* sur *sib* aux violons, altos, hautbois et cor anglais (puis sur *fa* aux cors)<br>– motif nerveux de doubles croches aux cordes dans l'aigu. |
| – 01:38:30-01:38:38<br>Padmé parvient à franchir les obstacles. | → « 6M2 Entrance of the Monsters », mes. 91-96 :<br>– **thème d'amour**, dans le mode de *la* sur *sol* aux violons, altos, trompettes et bois. |
| – 01:38:39-01:38:50<br>Anakin vainc plusieurs gardes et saute sur un autre tapis roulant. | → « 7M3 Final », mes. 5-12 :<br>– **thème de la Force** dans une couleur de *ré* mineur aux six pupitres de cors, surmonté de traits fusée aux bois, de *glissandi* de clusters aux violoncelles, et d'agrégats dissonants aux autres pupitres. |
| – 01:38:51-01:39:05.<br>C3PO est frappé de stupeur devant le spectacle de l'usine de droïdes. | → « 5M5 Finding the Conveyor Belt », *looping* d'une mesure :<br>– mes. 21 (cluster-*glissando* de cuivres seul)<br>– mes. 21-22 (cluster-*glissando* de cuivres seul). |
| – 01:39:06-01:39:17<br>Poussé par R2D2, C3PO tombe dans le vide et est rattrapé au vol par un robot-inspecteur. | → « 6M2 Sweetener » : roulements de timbales<br>→ « 5M5 Finding the Conveyor Belt », mes. 61-66 (cf. exemple 69) :<br>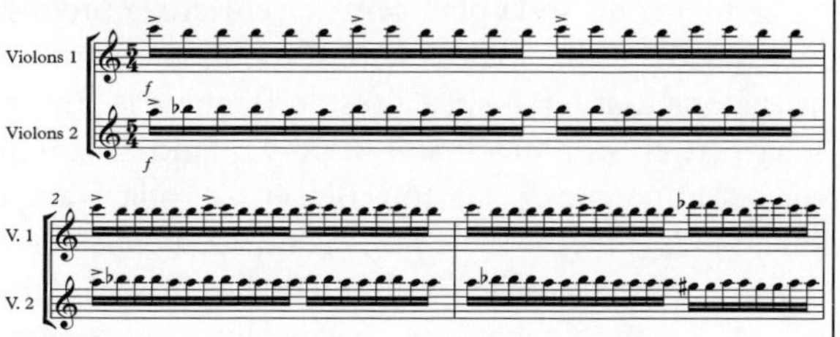<br> |
| – 01:39:18-01:39:29<br>C3PO, qui a atterri brutalement, se lamente sur son sort. | → « 1M7A Zam Chase Pt. 1 », mes. 32-38. |

| | |
|---|---|
| - 01:39:30-01:39:43<br>Anakin se fraie un chemin à travers les machines à coups de sabre laser ; Padmé affronte un garde au corps-à-corps. | → « 7M2 Yoda Strikes Back », mes. 41-48 :<br>- **thème de Yoda** aux six pupitres de cors, sur un accompagnement très dissonant. |
| - 01:39:44-01:40:26<br>Padmé est projetée dans un seau par le garde. R2D2 vole dans sa direction, tandis que C3PO se fait décapiter. | → « 1M7A Zam Chase Pt. 1 », mes. 16-38 |
| - 01:40:27-01:40:39<br>Anakin utilise le pouvoir de la Force pour se défaire de ses nombreux assaillants. | → « 6M5 Insert », mes. 1-7 (1er temps) :<br>- **thème de la Force** dans une couleur de *la* mineur aux six pupitres de cors doublés par les trombones, accompagné par des clusters aux bois et de rapides arpèges descendants en trémolos aux cordes<br>- rallongement artificiel du premier temps de la mesure 7, qui dure huit temps avant de s'enchaîner directement au segment de *cue* suivant. |
| - 01:40:40-01:41:02<br>Frappé par un levier, Anakin perd son sabre laser et se fait souder le bras. | → « 1M7A Zam Chase Pt. 1 » :<br>- mes. 68-84,<br>- mes. 127-130,<br>- mes. 135-136. |

Tableau 17. *SW2*, montage musical de la première moitié de la scène dans la manufacture de droïdes sur Géonosis (01:37:26-01:41:02).

Dans ses deux occurrences, le thème de la Force s'accorde particulièrement avec les gestes d'Anakin, qui fait usage de ce champ d'énergie pour vaincre ses ennemis : il rehausse la maîtrise de la Force qu'Anakin a désormais acquise et magnifie la bravoure du personnage, pourtant assailli de toutes parts par les Géonosiens et les machines d'assemblage, et environné par le vide béant des profondeurs de l'usine. Sa seconde intervention joue un rôle structurel important : il s'agit du dernier coup d'éclat d'Anakin avant qu'il ne soit capturé avec Padmé par Jango Fett. La disparition de tout énoncé thématique dans la suite de la séquence rend d'autant plus lisible ce retournement de situation en défaveur des héros, tous deux en mauvaise posture.

Le thème de Yoda peut sembler curieux à première vue, dans la mesure où il n'est question du vieux maître Jedi à aucun moment. Mais sa logique fait écho à deux utilisations tout à fait similaires du thème à la fin de *SW5*, lorsque Luke se bat contre Boba Fett et les *Stormtroopers*, puis quand Leia, Chewbacca et Lando affrontent les troupes impériales pour fuir Bespin – Yoda étant totalement absent de ces scènes. Dans *SW2*, le thème n'est pas, là encore, à considérer dans son acception restreinte de « thème de personnage » – il ne fait aucun sens dans l'arc narratif à grande échelle –, mais de manière générique : il fait plutôt office, comme dans les séquences de *SW5*, de « morceau de bravoure », soulignant le courage des deux héros qui continuent de lutter malgré leurs adversaires en surnombre. Il rejoint ainsi le mode de déploiement des thèmes propre à Williams étudié dans la première partie de cet ouvrage. Cette version particulière du thème a en outre probablement été privilégiée en raison de son accompagnement inhabituellement dissonant, la tension harmonique mettant alors particulièrement en valeur les dangers guettant les protagonistes.

Enfin, le thème d'amour « Across the Stars » connaît un type d'utilisation assez similaire à celui de Yoda. Son premier énoncé, synchronisé avec le plan moyen cadrant la chute de Padmé, est la plus aisément justifiable : intervenant alors que les deux amants sont brutalement séparés, il peut ici traduire l'inquiétude d'Anakin pour Padmé qui se trouve dans une situation périlleuse, d'autant qu'à l'écran les personnages échangent un dernier regard inquiet pendant que Padmé est emportée par le tapis roulant. Par la suite, ses deuxième et troisième occurrences fonctionnent de manière plus large, puisque le thème est énoncé sur des plans exempts de tout romantisme, où Padmé tente d'échapper aux machines soudeuses. Ce choix thématique s'éclaire à la lumière des annotations du compositeur sur son manuscrit, qui rendent compte d'un montage antérieur où le personnage de Padmé était très peu mis en avant et révèlent une première version de la séquence centrée avant tout sur l'action, l'affrontement, et tout particulièrement sur le combat d'Anakin. Aucune mention n'est faite au sujet de Padmé. Un changement substantiel a donc ainsi été réalisé quant à la dynamique de la séquence et à l'enchaînement des actions initialement prévues : au montage final, le personnage de Padmé est bien plus présent et valorisé pour son courage et son adresse. Cette modification peut alors expliquer l'incorporation du thème d'amour sur les plans relatifs à Padmé, surtout dans la mesure où ce personnage féminin ne possède pas de motif propre (contrairement à la princesse Leia, par exemple). Assez logiquement, le thème d'amour en vient à représenter Padmé, à la mettre en valeur, tout en rappelant le lien fort qui unit les deux amants.

L'approche de Wannberg dans cette séquence apparaît ainsi beaucoup plus directe que celle du compositeur et pourrait même, à première vue, paraître un peu « trop » appuyée en ce qu'elle repose sur une liaison relativement stricte entre un type d'action particulier (l'usage de la Force), la focalisation sur un personnage précis (Padmé), et le thème musical correspondant. Toutefois, la nature de la présence de la musique au montage et son rôle en « miroir » de l'action nécessitent d'être resitués dans le contexte visuel et sonore de la séquence. La composition de l'image, les mouvements de caméra et le rythme du montage s'inscrivent en effet parfaitement dans l'esthétique de la « continuité intensifiée » évoquée précédemment. Notons tout d'abord, outre l'emploi régulier de décadrages, le recours à des angles de vue très expressifs et contrastés, notamment les contre-plongées appuyées et surtout plusieurs plongées zénithales. L'une d'elles, en particulier, écrase Padmé sur le tapis roulant, redoublant visuellement le mouvement compressif des machines soudeuses. La grande mobilité de la caméra participe à l'énergie qui se dégage de la scène, par de nombreux zooms, panoramiques et travellings. À ce titre, le rapide travelling de suivi sur le robot-inspecteur qui rattrape C3PO au vol est particulièrement notable : le défilement de l'arrière-plan, réduit à un flou indistinct dans un effet de pure sensation, renforce l'impression de vitesse qui naît aussi, dans cette séquence, de la composition même des plans.

Visuellement, la séquence se distingue en effet par un travail extrêmement poussé sur la plastique de l'image et la densité de sa construction interne, dépeignant une fournaise infernale et grouillante, débordante d'activités simultanées où s'opposent verticalité et horizontalité, lignes droites et formes courbes. Dominée par une palette chromatique déclinant toutes les couleurs du rougeoiement (avec des tons allant du jaune orangé au rouge, en passant par l'ocre et le brun rouille) et les tons froids du métal (gris clair, gris bleuté, gris foncé tirant sur le noir), l'image est fréquemment zébrée de gerbes d'étincelles, de *flashs* lumineux, de fumerolles inquiétantes. Les diagonales, très présentes dans l'ensemble de la séquence, tracent des lignes de fuite qui s'entrecroisent, emboîtant les chaînes de montage de l'usine les unes en dessous des autres, tandis que l'usage majoritaire de focales courtes creuse une grande profondeur de champ qui conduit à la saturation de chaque « cadre »[7]. Ceux-ci se déplient en effet en des strates internes infinies : la primauté et surtout la lisibilité du premier plan, même lorsqu'il est occupé par l'un des héros, sont sans cesse disputées par les activités se déroulant dans le plan intermédiaire et à l'arrière-plan, prolongées dans le hors-champ. La séquence présente ainsi une sorte de « trop-plein » visuel, où le montage ne laisse pas le temps de saisir pleinement l'intégralité de chaque plan. Un effet vertigineux est produit par ces successions de vignettes kaléidoscopiques que chaque plan laisse entrevoir, immédiatement remplacées par d'autres compositions avant d'avoir pu être totalement assimilées par le regard.

Si les plans sont dans l'ensemble assez courts et s'enchaînent rapidement au sein d'un montage *cut*, il est important de souligner que la sensation de vitesse ne naît pas tant de leur durée réelle et quantitative qui, de manière assez remarquable pour un *blockbuster*, a très peu bougé entre *SW4* et *SW3*. Laurent Jullier note ainsi que « le premier épisode de la saga, en 1977, comptait 2089 plans dont la durée moyenne était de 3,3", tandis que le dernier, en 2005, en compte 2035 dont la durée moyenne est de 3,8" »[8].

La vitesse résulte plutôt de la sensation de mouvement imprimé à l'image par les déplacements rapides des personnages, des objets, et par l'ensemble des éléments visuels que l'on vient d'évoquer. L'« expérience de vision »[9] de cette scène est bien dominée par une énergie cinétique bouillonnante fondée sur des stimuli visuels (et sonores) incessants, qui n'est pas sans conséquence : comme le souligne Jullier, « il en ressort fatalement quelque confusion – on ne sait plus qui fait quoi – mais "quel *feeling*!" »[10]. Cette confusion volontaire est par ailleurs renforcée par la densité de la bande sonore, conçue dans une optique de collisions de sons pour renforcer la vitalité de l'usine qui tourne à plein régime à l'approche de la guerre. Comme le précise Ben Burtt, la « séquence de l'usine de droïdes a nécessité presque tous les enregistrements de machines. Certains remontent même à *SW5* »[11]. Il s'agissait pour le réalisateur et le *sound designer* de donner à entendre « une cacophonie de folie, de styles qui se heurtent[12] ».

C'est dans cette perspective que le choix du *music editor* prend toute sa force. Au milieu du flot atonal des *cues* « 5M5 Finding the Conveyor Belt » puis « 1M7A Zam Chase Pt. 1 », des entrechoquements sonores, et de la densité des actions se déroulant

7. Afin d'éviter toute confusion entre le plan cinématographique et le « plan » désignant la surface interne de l'image et ses degrés de profondeur, nous avons ici opté pour le terme de « cadre » cinématographique comme substitut temporaire.

8. Laurent Jullier, *Star Wars : anatomie d'une saga* [2005], Paris, Armand Colin, 2010, p. 55.

9. *Ibid.*

10. *Ibid.*

11. Burtt, cité dans Mary B. Bresolin, *Films Are Not Released. They Escape*, 20th Century Fox Home Entertainment, 2002.

12. *Ibid.*

en parallèle et sur différentes strates visuelles, les îlots thématiques créés par Wannberg signalent les moments essentiels, les points névralgiques de la séquence, de sorte que le spectateur, pris dans un tourbillon vertigineux d'images et de bruits, puisse néanmoins leur donner un sens et hiérarchiser les informations. Il suffit pour s'en convaincre de visionner la séquence en coupant la musique : sans le support des énoncés thématiques, les plans relatifs à Padmé ou à Anakin sont beaucoup moins délimités et mis en valeur, pris dans le flux des « rafales de prises de vues »[13]. La solution choisie par le *music editor* s'avère ainsi très efficace du point de vue de l'engagement du spectateur dans une scène aussi chargée, d'autant que l'équilibre du mixage rend particulièrement intelligible l'énoncé des thèmes. L'approche du *music editor* compense alors en grande partie la désorientation potentiellement suscitée par le style visuel en utilisant des motifs musicaux connus comme des points de repère et en redonnant une lisibilité aux actions représentées.

La micro-narration recréée au montage par Wannberg s'avère relativement directe dans l'ensemble des scènes de la trilogie républicaine présentant ce type d'approche : à un personnage, une action spécifique, un sentiment ou des valeurs morales, correspond l'énoncé du thème qui leur est relié. Dans *SW2* et *SW3*, on remarque en effet que le procédé intervient toujours en remplacement d'une démarche compositionnelle peu thématique et dissonante, générant une perte des repères ou, pour reprendre les termes de Michel Imberty, une « absence de directionnalité narrative »[14]. C'est cette absence (momentanée) de directionnalité narrative que pallie Wannberg par son approche lorsque, par exemple, dans la scène de *SW2* où Anakin avoue avoir cédé à la haine en massacrant les Hommes des Sables jusqu'au dernier et prend conscience de l'horreur de ses actes vis-à-vis du code des Jedi, il interpole à deux reprises le thème de l'Empereur là où Williams propose un simple soutien dissonant composé de clusters superposés (à la fin du *cue* « 5M1B Anakin Changes »). Le *music editor* appuie le premier pas d'Anakin du côté obscur, qui n'était pas mis en valeur par Williams de manière aussi franche.

Dans les épisodes républicains, le retour des thèmes connus au montage participe ainsi à (re)construire l'architecture des scènes concernées, à un degré plus ou moins poussé selon la durée et le nombre de leurs interventions, tout en jouant un rôle fondamental de clarification narrative que les technologies numériques permettent par ailleurs de réaliser facilement.

## La recherche d'une efficacité dramatique immédiate

### *Des pressions accrues exercées sur les* music editors *à l'ère numérique*

Les différentes approches du montage musique sur la trilogie républicaine découlent aussi directement de contraintes *extérieures*, en particulier l'accroissement des pressions financières et temporelles exercées sur les *music editors*. Les opérations effectuées par

13. Jullier, *Star Wars : anatomie d'une saga*, p. 55.

14. Michel Imberty, « Émotions, musicalité, narrativité », dans Muriel Joubert et Bertrand Merlier (dir.), *La traduction des émotions dans les musiques de films*, Sampzon, Delatour France, 2015, p. 175.

Wannberg doivent en effet être recontextualisées dans leur cadre particulier de création, trop souvent omis par ses détracteurs.

La facilité et la flexibilité de manipulation offertes par le numérique s'avèrent être à double tranchant, et font figure de cadeau empoisonné pour nombre de mixeurs et de monteurs : dans la mesure où des changements peuvent désormais être faits instantanément et jusqu'à la dernière minute, les attentes et les exigences des réalisateurs et des producteurs se sont intensifiées de manière inversement proportionnelle aux budgets et aux délais alloués. Dans une logique de gain de temps et d'argent, les plannings sont compressés puisqu'un certain nombre d'opérations différentes peuvent être effectuées par la même personne tout en exigeant beaucoup moins de temps pour les réaliser. Comme l'écrit avec justesse Mark Kerins, « les professionnels du son au cinéma sont d'une certaine façon devenus victimes de leurs propres gains d'efficacité portées par la technologie » [15]. Kerins pointe aussi le fait que, pour certains producteurs, la post-production sonore ne fait pas partie des priorités. Elle est souvent choisie par rapport à d'autres domaines pour réaliser d'ultimes économies, compensant par exemple le budget *marketing* très élevé, élément incontournable des *blockbusters* depuis *Les Dents de la mer* (1975) et *SW4* :

> Il n'est pas rare [...] que les producteurs tentent de rattraper les dépassements budgétaires de la préproduction et du tournage en coupant les sommes allouées à la post-production. Les dépassements du temps imparti sont gérés à peu près de la même façon, en particulier pour les grosses productions dont les dates de sortie sont fixées des années à l'avance et dont les campagnes *marketing* commencent bien avant que le film ne soit terminé : si le tournage s'éternise, ou que le montage [image] prend plus de temps que prévu, la post-production sonore doit tout bonnement être faite plus rapidement pour honorer la date de sortie [16].

À la suite du présupposé selon lequel « le numérique signifie "plus rapide" » [17], les membres des équipes son et musique se voient confier des tâches à la fois plus nombreuses et dont ils doivent s'acquitter en un temps très limité, tout en faisant preuve d'inventivité par l'expérimentation. Or, comme le rappelle Larry Blake avec une pointe d'humour :

> Les films d'aujourd'hui qui se vantent d'être le « premier film du tout numérique à employer exclusivement des gauchers comme monteurs son » ne contiennent pas nécessairement de pistes qui vaillent la peine d'être écoutées. Les stations audionumériques ne font pas davantage la piste que l'habit ne fait le moine [18].

---

15. « *Film sound professionals have in some ways become victims of their own technologically aided efficiencies* ». Mark Kerins, « The Modern Entertainment Marketplace, 2000-Present », dans Kathryn Kalinak (dir.), *Sound : Dialogue, Music, and Effects*, Londres / New York, I.B. Tauris, 2015, p. 139.

16. « *Producers [...] not infrequently try to make up for financial overruns during preproduction and production by cutting postproduction budgets. Schedule overruns are handled much the same way, particularly for major releases that have release dates locked in years ahead of time and marketing campaigns beginning long before the movie is completed : if production runs long, or editing takes more time than expected, audio post must simply be done more quickly to meet the release date* ». *Ibid.*, p. 140.

17. « *digital means "faster"* ». Benjamin Wright, *Sound from Start to Finish : Professional Style and Practice in Modern Hollywood Sound Production*, thèse de doctorat, Ottawa, Carleton University, 2011, p. 121.

18. « *Films today that brag about being the "first all-digital film to employ left-handed sound editors exclusively" don't necessarily contain tracks worth listening to. Digital workstations don't make the track any*

Benjamin Wright résume parfaitement ce cercle vicieux, sa remarque s'appliquant aussi bien aux monteurs son qu'aux monteurs musique :

> Si un monteur son disposait de six semaines à l'ère analogique pour compiler et découper des sons en vue du mixage, le même travail peut se voir allouer trois semaines. Bien que les temps de montage et de transferts aient été réduits avec les stations de travail sur ordinateur, les outils numériques n'ont pas accéléré les tâches relevant de la création [19].

La pression est particulièrement grande pour Wannberg dans la mesure où il doit œuvrer à partir du matériau relativement « fixé » fourni par Williams d'après une version du film rapidement obsolète. Or, si le montage musique est entièrement dépendant du montage image, ce dernier est non seulement soumis à des modifications quasi perpétuelles, mais sa finalisation intervient aussi de plus en plus en tard. D'une part, Wannberg et ses assistants disposent donc de moins de temps entre le moment où le montage image est terminé et celui où ils doivent fournir un accompagnement musical qui lui soit parfaitement approprié, et d'autre part, les ajustements nécessaires pour adapter la partition au film demandent en eux-mêmes un investissement temporel peu compressible. Les *music editors* doivent donc concentrer une grande part de leurs efforts dans un délai bien plus court qu'à l'ère analogique, parce que la phase du montage final est retardée par les potentialités quasi infinies du numérique [20].

### *Individualisation des séquences et logique de l'immédiateté*

De l'ensemble de ces contraintes extérieures découle l'absence de tout systématisme dans l'approche musicale des séquences au montage dans la trilogie républicaine. Il n'est en effet pas possible, on l'a dit, de dégager un principe général que Wannberg appliquerait à l'ensemble du film : tantôt il opte pour une approche micro-narrative très directe au regard des actions à l'écran – procédé circonscrit à quelques séquences –, tantôt au contraire, l'emploi des thèmes n'est plus forcément lié au fait que tel ou tel personnage soit présent à l'image. Cette absence de règle esthétique et structurelle unificatrice s'explique par le fait que le *music editor* vise au plus rapide et au plus efficace compte tenu des contraintes évoquées précédemment, évaluant ce qui peut fonctionner *dans le contexte de la scène*, sur le plan de l'impact dramatique et émotionnel, et non en l'envisageant dans l'architecture narrative large du film, de la trilogie ou de l'hexalogie.

Dans ce cadre, il est probable qu'à l'instar du compositeur, Wannberg fasse lui aussi des choix sur les endroits où un travail très méticuleux est nécessaire, et d'autres où la recherche d'articulation entre les fragments de *cues* peut être moins poussée, gérée à un niveau de détail moins fin [21], puisqu'il ne peut consacrer ni la même quantité ni la même

---

*more than clothes make the man* ». Larry Blake, « Go Back and Listen : Classic Film Soundtracks », *Mix*, vol. 19, n° 8, août 1995, p. 110 et 113-120, ici p. 110.

19. « *If a sound editor was given six weeks in the analog era to compile and cut sounds for a mix, the same job may be allotted three weeks. Although cutting and transfer times have been reduced with computer workstations, digital tools have not accelerated the creative tasks* ». Wright, *Sound from Start to Finish*, p. 148.

20. Voir à ce sujet *ibid.*, p. 119-126 et 147-150 ; Mark Kerins, « The Modern Entertainment Marketplace », p. 136-144.

21. Cette configuration intervient le plus souvent dans les scènes présentant une bande sonore chargée, où les raccordements artificiels tendent de toute façon à passer relativement inaperçus sous le dialogue ou les

qualité de temps à chacune des séquences. L'angle d'approche se resserre ainsi sur la scène individuelle nonobstant son emplacement à plus grande échelle dans l'architecture musico-filmique : seuls comptent l'effet produit par la musique dans l'immédiat et son impact dramatique. Il s'agit alors, dans l'analyse, d'envisager la séquence avant tout pour elle-même et d'évaluer comment la musique fonctionne, ce qu'elle permet d'apporter, par rapport à cette séquence-*là*. Dans cette perspective, nous nous intéresserons ici en détail à la manière dont plusieurs segments thématiques du *cue* « 6M2 Entrance of the Monsters » de *SW2* sont utilisés dans *SW3*.

Le *cue* « 6M2 Entrance of the Monsters » est irrigué par un motif martial confié aux cuivres, entrecoupé de sections moins thématiques à l'essence cinétique. Le thème n'est finalement employé qu'à un seul bref moment dans *SW2*, la majeure partie de la scène d'exécution dans l'arène étant accompagnée par les seuls effets sonores. La fanfare et plusieurs segments interviennent en revanche de manière marquante à deux reprises dans *SW3*. La première occurrence, relativement courte (mes. 17-20, puis 105-114), est synchronisée avec le rassemblement des forces armées des Wookies sur Kashyyyk, et s'achève au moment où débute le conseil entre les Jedi, Chewbacca et Tarfful (00:48:01-00:48:20). Le matériau issu de ces deux sections est réemployé lorsque Dark Vador et son armée de clones marchent sur le temple de Coruscant pour exterminer les apprentis Jedi, puis sur les plans de la fin de la bataille entre les clones et les droïdes sur Utapau (01:19:13-01:20:41). Précisons qu'aucun travail compositionnel ni aucune prise de son nouvelle n'ont eu lieu sur ces séquences ; l'accompagnement relève donc exclusivement du montage de Wannberg à partir de la version des sessions d'enregistrement de janvier 2002[22], qui figure sur la piste 13 « Love Pledge and the Arena » de la bande originale de *SW2*.

Il convient tout d'abord de remarquer que le travail d'assemblage effectué par Wannberg est particulièrement soigné, réalisé bien plus en accord avec les phrases musicales que dans la scène de l'atterrissage catastrophe sur Coruscant par exemple. Les mesures 17 à 24, où est exposée la fanfare martiale, forment une unité au sein de la partition, tandis qu'à partir de la mesure 25 débute une nouvelle section plus percussive, moins thématique. Wannberg respecte cette entité au montage : au lieu de procéder à un collage de divers fragments comme dans la scène de l'atterrissage, il fait jouer à deux reprises la fanfare dans son intégralité – nonobstant quelques légers ajustements nécessaires à la fluidité du raccordement tels les *loopings* de groupes de mesures, les micro-répétitions de temps et l'ajout de roulements de timbale. Il en va de même des mesures 69 à 79 qui les suivent directement et forment ensemble une petite section clairement délimitée, enchaînées ensuite au segment conclusif du *cue*[23]. Le montage musical se fait donc ici par une pensée véritable des sections et des phrases musicales, générant un ensemble plus fluide dans ses enchaînements.

---

bruits, comme on l'a vu par exemple dans la scène de l'atterrissage catastrophe au début de *SW3*.

22. Jonathan W. Rinzler, « The Making of *Star Wars – Revenge of the Sith* : The Final Chapter », 2005, http://www.starwars.com/episode-iii/release/publishing/img/thefinalchapter.pdf, consulté le 13 juin 2014.

23. La section formée par les mesures 69-79 est laissée totalement intacte, sans aucun ajustement ni aucune modification. La partie conclusive est tronquée de deux mesures purement percussives (mesures 105-108 puis mesures 111-114).

D'entrée de jeu, il apparaît vain de tenter d'établir des liens narratifs forts entre les deux séquences où le *cue* est utilisé. Certes, elles mettent en scène des forces armées, mais la relation est trop lâche pour être réellement convaincante, d'autant que les armées ne se rapportent pas au même camp : la première met en œuvre une coalition menée par les Wookies, la deuxième résulte du basculement d'Anakin du côté obscur et de la prise de pouvoir par Dark Sidious, tandis que dans la troisième, l'alliance entre les Jedi et les clones (qui sont alors encore fidèles à la République et obéissent à Obi-Wan) est toujours effective. À l'échelle de l'épisode dans son entier, la circulation du *cue* entre les Wookies, Dark Vador, et les clones qui n'ont pas encore trahi les Jedi, paraît peu cohérente du point de vue de la narration musico-filmique. Le retour de ce *cue* résiste donc à la méthodologie analytique, fréquemment employée pour l'étude musicologique du cinéma narratif, consistant à repérer les différents énoncés d'un même matériau musical au cours du film et à en dégager les fonctions au fil de son association avec les images et de ses transformations proprement musicales[24]. En permettant de constater simplement l'absence de logique, cette méthode – par ailleurs très efficace pour d'autres types d'utilisation thématique – conduit pour ce *cue* particulier à des conclusions qui demeurent superficielles. Le rôle et le fonctionnement de celui-ci sont à rechercher ailleurs : c'est en faisant retour à l'échelle des séquences elles-mêmes que le sens de la mise en relation entre la musique et les images peut émerger et attester l'efficacité des choix du *music editor*. La seconde occurrence du *cue* nous semble à ce titre particulièrement représentative.

En synchronisation avec le volet faisant la transition vers le temple Jedi, le thème, martial et pesant, à l'ambitus réduit, est exposé en homorythmie et en homophonie par les six pupitres de cors, les clarinettes et la clarinette basse dans le mode de *la* sur *ré*. L'instrumentation choisie renforce la profondeur et l'ampleur du registre grave. Le retour régulier du *ré* et du *la* (notes autour desquelles le thème est fortement polarisé), ainsi que les nombreux intervalles de quartes et quintes justes et les rythmes trochaïques, accentuent son caractère solennel, proche d'une marche. À l'accompagnement, la pédale du premier degré est émaillée de dissonances régulières, créées par des appoggiatures inférieures. Outre le thème lui-même, un contrechant de trompettes occupe également une place prééminente. Très simple, il est construit sur une même note répétée puis la reprise en écho de la cellule conjointe ascendante de la tête du thème, qu'il martèle de manière obstinée. Les contretemps brisent la régularité des notes tenues, tandis que la répétition marquée du *ré* intensifie la dimension martiale de l'ensemble (exemple 70).

---

24. Voir en particulier Justin London, « Leitmotifs and Musical Reference in the Classical Film Score », dans James Buhler, Caryl Flinn et David Neumeyer (dir.), *Music and Cinema*, Hanover, Wesleyan University Press, 2000, p. 85-96 ; Jamie L. Webster, *The Music of Harry Potter : Continuity and Change in the First Five Films*, thèse de doctorat, Eugene, University of Oregon, 2009 ; Janet K. Halfyard, « Cue the Big Theme ? The Sound of the Superhero », dans John Richardson, Claudia Gorbman et Carol Vernallis (dir.), *The Oxford Handbook of New Audiovisual Aesthetics*, New York, Oxford University Press, 2013, p. 171-193.

Exemple 70. *SW3*, Dark Vador et un escadron de clones marchent sur le temple Jedi (01:19:13-01:19:35).

Le caractère martial et décidé de la fanfare s'accorde particulièrement avec la marche implacable de l'armée de Dark Vador et avec l'attitude résolue du personnage. Le rythme des pas des clones, calqué sur le tempo musical et marquant chaque temps de la mesure[25], suggère l'idée d'une avancée inexorable et sinistre. La musique exalte le dramatisme des choix de mise en scène, exploitant pleinement l'expressivité des contrastes lumineux tranchés, des échelles de plans et des angles de vue singuliers.

25. Il est d'ailleurs intéressant de remarquer que les bruitages des pas soient calqués sur le tempo musical, et non synchronisés avec la démarche des clones à l'image, qui apparaît légèrement plus rapide.

En synchronisation avec le début de la fanfare, la scène s'ouvre sur un volet faisant progressivement disparaître le sourire machiavélique de l'Empereur pour dévoiler un plan général cadrant le temple Jedi en plongée dans une lueur crépusculaire symbolique. Un mouvement de grue descendant très fluide oriente le regard du spectateur vers l'action importante, dévoilant les formations militaires rectangulaires gravissant les marches, dans un lien de cause à effet : cette ellipse permet à la fois de situer géographiquement la suite du récit tout en montrant la rapidité d'exécution du plan terrible de Dark Sidious par son nouvel apprenti. Dans cette composition très sombre, les points de lumière sont concentrés en provenance du temple Jedi, matérialisant visuellement l'opposition entre le bien et le mal.

Un plan *cut* propose une autre vue évocatrice de la scène : précédant ses troupes, le visage caché par un capuchon, Anakin apparaît sous la forme d'une silhouette noire menaçante presque abstraite, dans une intrusion progressive au centre du cadre. À travers la symbolique du franchissement du seuil, ce plan de demi-ensemble frontal figure le coup d'État en train de se dérouler, sa force brutale et intangible, et le basculement d'Anakin du côté obscur. Les notes répétées et la polarisation de l'accompagnement orchestral mettent en valeur la détermination du personnage, renforcée par la dramatisation géométrique et lumineuse : l'enfermement de Dark Vador dans son aveuglement funeste est suggéré par la forte opposition entre la lumière de l'arrière-plan et l'obscurité cernant le personnage[26], et par le surcadrage des piliers monumentaux. La musique accentue la tension du plan, par l'extension du motif de trompettes dans l'aigu en *crescendo*, l'intervalle mélodique de seconde augmentée *fa-sol#*, et les frottements dissonants générés par le *sol* dièse puis le *si* sur la pédale de *la*.

Le retour de la fanfare martiale, synchronisé avec le plan d'ensemble en plongée zénithale sur Dark Vador et son armée de clones pénétrant dans le temple Jedi, met en relief la violence expressive de l'angle de vue, où Anakin apparaît littéralement à la croisée des chemins. Surcadré par le motif de la croix dessinée sur le sol et les murs gigantesques, il est écrasé par cette vue en plongée qui symbolise le caractère tragique du personnage : alors qu'il débute son ascension vers le pouvoir, Dark Vador est déjà soumis à l'inexorabilité de son destin. Enfin, le resserrement du cadre sur l'expression ténébreuse du visage d'Anakin dans le dernier plan de la scène, toujours accompagné par le thème, renforce la présence du personnage, accentuant son envergure maléfique.

Dans la séquence suivante, sur laquelle le *cue* « 6M2 Entrance of the Monsters » se prolonge, on observe également des points de correspondance significatifs entre le matériau musical choisi par Wannberg (qui intervenait lui aussi précédemment à la fin de la scène sur Kashyyyk), les actions représentées et la manière de filmer. Dès le premier plan sur la bataille d'Utapau, l'accompagnement musical se caractérise par un élargissement de l'espace sonore avec une extension nette vers les registres aigu et extrême grave (exemple 71). L'écriture très verticale génère une ampleur sonore et un dynamisme par les contretemps accentués entrecoupés de silences à la majeure partie

26. L'éclairage à contre-jour accentue ici le caractère malfaisant du personnage en prenant le contre-pied de son utilisation traditionnelle. En effet, comme l'écrit Jennifer Van Sijll, « le contre-jour, souvent associé à la bonté, [peut être] détourné de son sens pour suggérer la folie » (*Les techniques narratives du cinéma*, Paris, Eyrolles, 2006, p. 196).

de l'orchestre, qui créent une intensification dramatique et un contraste par rapport à la section précédente. L'accompagnement par de rapides *glissandi* aux troisième et quatrième pupitres de trombones, aux violoncelles et aux contrebasses, renforce l'impression de vélocité.

Exemple 71. *SW3*, plongée vertigineuse sur la bataille d'Utapau (01:19:47-01:19:51).

Cette amplification sonore revêt une force indéniable : elle s'accorde particulièrement avec le changement radical de lieu et de topographie à l'image, sur un *cut* dont la lumière très vive contraste fortement avec l'obscurité du plan précédent. La verticalité de l'écriture musicale trouve un écho intéressant dans la verticalité de l'angle choisi : une nouvelle vue quasi zénithale plonge le spectateur de manière saisissante et vertigineuse au cœur de la bataille opposant les clones à l'armée droïde.

Le thème martial réapparaît dans une instrumentation beaucoup plus fournie, avec l'entrée de nouveaux instruments aux timbres clairs et perçants (clarinette piccolo, xylophone, glockenspiel), des ponctuations de grosse caisse et cymbales, et de brèves gammes fusées aux bois, au glockenspiel, aux violons et aux altos générant un mouvement tourbillonnant. Là encore, cette intensification de l'écriture musicale concorde avec les échanges de tirs nourris entre les soldats et les droïdes, la vélocité des actions montrées et l'empressement d'Obi-Wan à mettre un terme à l'affrontement.

Après un motif descendant menaçant aux cors, le *cue* se termine par l'énoncé d'un agrégat. En conférant une tension au plan rapproché du commandant Cody recevant un signal sonore, la musique crée un léger effet d'annonce : il s'agit en effet d'un hologramme de Dark Sidious lui ordonnant d'exécuter l'Ordre 66.

L'ensemble des scènes présentant ce type d'approche au montage démontrent clairement que Wannberg ne s'attache pas à savoir si le réemploi d'un matériau musical est cohérent ou non par rapport à sa précédente occurrence, mais recherche avant tout une efficacité dramatique pour la scène elle-même, sans référer à d'autres moments du film[27]. Dans son nouveau contexte, le motif ou le fragment thématique choisi rehausse les plans qu'il accompagne parce qu'il est sélectionné et mis en relation avec l'image de manière soigneuse par Wannberg. Cette approche constitue d'une part une orientation pertinente dans le cadre de création que nous avons délimité précédemment, où les monteurs doivent optimiser leur efficience alors que le budget et les délais alloués se resserrent. D'autre part, il est de peu d'importance que les différents segments musicaux n'accompagnent pas du tout les mêmes référents (personnages, créatures, planètes...) que lors de leur premier énoncé : les motifs musicaux fonctionnent parfaitement, tant en regard des actions représentées que des choix de mise en scène et de composition de l'image, auxquels ils confèrent une ampleur et une puissance dramatique considérables. Une modification du prisme d'étude est donc nécessaire : les pratiques de montage de la trilogie républicaine incitent à repenser, affiner les outils méthodologiques et à faire varier les échelles d'analyse afin de saisir toute la portée des choix musicaux effectués au montage, qui sont à considérer de manière plus immédiate et circonscrite.

### ENRICHISSEMENT DE LA PORTÉE DRAMATIQUE ET RECONSTRUCTION D'UNE NARRATION MUSICO-VISUELLE À MOYENNE ÉCHELLE : « DUEL OF THE FATES »

Une dernière approche singulière de Wannberg mérite d'être abordée ; elle concilie les deux orientations précédentes du montage musique et constitue un geste musico-visuel particulièrement fort. Elle témoigne en effet à la fois de la recherche d'un impact dramatique immédiat et d'une efficacité optimale, tout en reconstruisant une narration musicale singulière concentrée dans le dernier tiers du film, à travers l'emplacement soigneux des différentes interventions du matériau issu du *cue*-signature de *SW1*, « Duel of the Fates ».

Introduit dans le dernier tiers du film à l'instar du motif emblématique de *SW3*, « Battle of the Heroes », « Duel of the Fates » s'en distingue cependant par la nature même de sa présence : alors que « Battle of the Heroes » est véritablement pensé par le compositeur dès l'écriture pour accompagner le duel final opposant Obi-Wan à Anakin sur Mustafar comme l'attestent ses manuscrits, l'emploi de « Duel of the Fates » à la fin

27. Une analyse approfondie des différentes occurrences du motif principal du *cue* de *SW1* « Activate the Droids » dans *SW3*, ou de l'utilisation réitérée du thème lyrique de la planète Kamino sur les plans où le comte Dooku s'enfuit du bunker secret des Séparatistes sur Géonosis, puis après son combat contre Yoda à la fin de *SW2*, révèlerait l'usage du même procédé selon une perspective similaire et son efficacité par rapport à l'image.

de *SW1* résulte presque essentiellement d'un méticuleux travail de montage, effectué par Wannberg à partir de *cues* initiaux et de réécritures de Williams.

Détaillons tout d'abord les étapes de la genèse de l'accompagnement musical du climax du film, avant d'analyser le matériau musical et sa mise en relation avec les images au montage final. « Duel of the Fates » est originellement conçu par le compositeur pour le générique de fin, mais il a finalement été déplacé à la demande du réalisateur pour accompagner, entre autres, le combat au sabre laser entre Qui-Gon, Obi-Wan et Dark Maul[28]. Pourtant, les choses ne sont pas si simples puisque le montage image de cette séquence a été modifié à de multiples reprises après des projections-test, altérant inévitablement la structuration et la nature de l'accompagnement orchestral.

Il est possible de dégager trois étapes principales : le *cue* « 6M4 The Big Army », que nous avons pu consulter, constitue la première composition de Williams pour l'amorce du combat entre les Jedi et le Sith – nous y reviendrons. À la suite d'un premier remontage de la séquence, Williams effectue une réécriture partielle, à laquelle nous n'avons malheureusement pas eu accès. On peut néanmoins établir avec certitude qu'elle incluait alors des sections de « Duel of the Fates » conformément aux vœux formulés par Lucas. Mais, à l'instar de la scène romantique dans la prairie de Naboo dans *SW2* (voir tableau 14), cette seconde composition a elle aussi été remaniée, comme l'indique le compositeur :

> « Duel of the Fates » a été construit en segments justement pour s'intercaler au mieux dans les séquences du combat au sabre laser [...]. Malheureusement, mes segments, du fait de ce montage raccourci, n'ont pas pu toujours aller là où ils devaient s'intercaler[29].

S'ensuit donc une troisième et dernière étape où la place, l'ordre, l'enchaînement des segments ont été modifiés, et dont Wannberg a eu l'entière responsabilité. Ainsi, lorsque Spielberg a conseillé à Lucas d'abandonner le montage linéaire des combats pour effectuer plutôt un va-et-vient entre les différentes actions parallèles, l'orchestrateur Conrad Pope nous a expliqué : « John a juste répondu : "Oh. Je crois que je vais laisser Kenny s'en charger." Il échut donc à Ken Wannberg de s'occuper de tous les découpages »[30]. Wannberg confirme d'ailleurs à propos de « Duel of the Fates » : « J'aime le surnommer "le morceau utilitaire". George l'appréciait beaucoup, et je m'en suis servi à d'autres endroits du film où quelque chose de différent était initialement prévu »[31].

En l'absence de consultation de l'intégralité des partitions, il est impossible de déterminer précisément quels sont les passages remontés par Wannberg issus de la version 2 du compositeur, et ceux qui sont entièrement remaniés (étape 3). Nous considérerons donc que l'ensemble de l'accompagnement musical des séquences

28. Richard Dyer, « John Williams. Scoring *The Phantom Menace* », *Soundtrack*, vol. 18, n° 70, été 1999, p. 6.

29. Williams, cité dans Didier Leprêtre, « Étoiles fantômes », *Dreams to Dream...s*, n° 16, hiver 1999, p. 8-18, ici p. 17.

30. « *John just said "Oh. I think I will let Kenny handle that." So it was up to Ken Wannberg to cut up everything* ». Conrad Pope, entretien personnel enregistré le 13 février 2013.

31. « *I like to call it "the utility track". George liked it very much, and I used it in other parts of the film where something else was there originally* ». Wannberg, cité dans Ford A. Thaxton, « *Star Wars Episode One : The Phantom Menace.* Music Editor Ken Wannberg », *Soundtrack*, vol. 18, n° 70, été 1999, p. 8-10, ici p. 8.

finales résulte des choix de Wannberg et de Lucas, même si certaines de ces nouvelles dispositions ont bien entendu pu recevoir l'aval de Williams. Nous avons toutefois eu accès aux manuscrits des *cues* « 6M4 The Big Army » et « 6M5 The Droid Battle », qui accompagnent en partie ces scènes de combat, tandis que la version de concert de « Duel of the Fates », publiée chez Hal Leonard, constitue un support appréciable.

Une analyse minutieuse des séquences concernées permet de mettre en évidence aussi bien un accroissement de leur impact dramatique par la musique, que la reconstruction au montage d'une narration musico-visuelle à moyenne échelle. Nous étudierons ici en détail deux des dix occurrences de « Duel of the Fates », qui démontrent avec éloquence que, dans toute la séquence, l'utilisation du *cue* dépasse une simple fonction « utilitaire » en enrichissant considérablement les actions représentées, même lorsque « Duel of the Fates » n'était pas prévu initialement.

*Amorce du duel entre Dark Maul, Qui-Gon et Obi-Wan*

Il nous a été possible pour la troisième intervention du *cue*, qui accompagne le début de l'affrontement entre les Jedi et le Sith, d'effectuer une comparaison avec le projet d'origine de Williams tel qu'il apparaît sur ses manuscrits, et de mesurer ainsi l'apport de ce nouvel accompagnement musical. Au niveau visuel, le montage très découpé, les surcadrages, la frontalité des plans et les nombreux gros plans sur le visage de Dark Maul exaltent l'antagonisme entre le Sith, les deux Jedi et le groupe de soldats dirigé par Padmé. Or, les plans dévoilant la présence du Sith n'ont, semble-t-il, pas changé par rapport à la version visionnée par Williams : les annotations « Dark Maul », « les yeux s'ouvrent » et « il enlève sa capuche » [32] sur le manuscrit correspondent parfaitement à ce que l'on voit au montage final.

Exemple 72. *SW1*, accompagnement originel du dévoilement de la présence de Dark Maul dans le hangar du palais de Theed.

32. « *Darth Maul* », « *Eyes Open* » et « *Hood Off* ».

L'accompagnement initialement prévu par le compositeur est intégralement percussif (exemple 72), s'avérant ainsi très différent de l'approche ultérieure. Sur le manuscrit, la mention « Dark Maul » intervient sur un quasi-silence (première mesure) ; seules des tenues en *decrescendo* aux percussions se font entendre. L'ouverture des yeux du Sith (troisième mesure) amorce un motif en quintolets de triples croches entrecoupés de silences, uniquement soutenu par des croches irrégulières à la grosse caisse. Enfin, l'énoncé dans le grave d'un accord renversé de septième majeure accentuée aux trombones et tuba, en synchronisation avec le moment où Dark Maul ôte sa capuche (dernière mesure), dévoilant pour la première fois son visage, fait office de *stinger*[33].

La substitution de « Duel of the Fates » à cet accompagnement percussif, par la synchronisation étroite des phrases musicales avec les actions représentées à l'image, et par la spécificité de son écriture, accroît considérablement l'impact dramatique de la scène. Si le *cue* a déjà été entendu précédemment, c'est cependant la première fois dans l'épisode qu'il présente un synchronisme aussi frappant avec l'image. En outre, alors que dans les deux occurrences antérieures, sur les plans où Qui-Gon, Obi-Wan, la reine et ses soldats investissent le hangar du palais de Theed, la musique était parfois recouverte par les tirs de laser et les explosions, elle occupe ici le premier plan sonore, ce qui la met particulièrement en valeur.

Le début de « Duel of the Fates », énoncé par les cuivres seuls sans le chœur, devient une fanfare très hiératique (tableau 18) ; la relative régularité du rythme harmonique et les longues tenues (sur quasiment toute une mesure) créent une temporalité musicale étirée, comme suspendue. Les enchaînements d'accords sont lents également et jouent sur différents effets d'éclairage harmonique. La tonalité principale est *mi* mineur, mais la sensible est absente, sous-entendue dans les deux accords de dominante – elle apparaît seulement dans le dernier accord, sous la forme d'un *mi* bémol, enharmonie de *ré* dièse. Cet accord final repose sur l'emploi d'une « mixture fonctionnelle »[34] qui fait entendre une « dominante », créant une coloration saisissante. Ce phénomène, déjà employé par Williams dans la Marche impériale comme on l'a vu au chapitre I, présente une dissociation entre la fondamentale d'un accord et sa fonction harmonique réelle : l'accord parfait mineur sur le sixième degré (*do-mi♭-sol*) semble occuper ici une fonction de dominante bien que sa fondamentale soit à distance de tierce de l'accord de résolution, générant un effet cadentiel suspensif (qui s'enchaîne ensuite à la tonique *mi* bécarre). Une grande expressivité est engendrée par les sonorités « creuses » de l'accord dépourvu de tierce (*si-fa♯-si*, mesure 2) la seconde augmentée mélodique descendante (*fa♯-mi♭*) aux trompettes et aux trombones, et l'éclairage particulier apporté par le *mi* bémol sur le dernier accord. Chaque modification harmonique est soigneusement synchronisée au montage à une nouvelle action ou à un changement de plan, auxquels elle confère alors une solennité particulière :

33. Sur les *stingers*, voir Claudia Gorbman, *Unheard Melodies : Narrative Film Music*, Londres, BFI / Bloomington, Indiana University Press, 1987, p. 88.

34. « *functional mixture* ». Daniel Harrison, *Harmonic Function in Chromatic Music : A Renewed Dualist Theory and an Account of Its Precedents*, Chicago, University of Chicago Press, 1994, p. 64.

| **Minutage et description de l'action** | **Accompagnement musical : « Duel of the Fates » (cuivres seuls)** |
|---|---|
| - 01:50:25-01:50:28<br>Les portes du hangar s'ouvrent, dévoilant la présence de Dark Maul. | 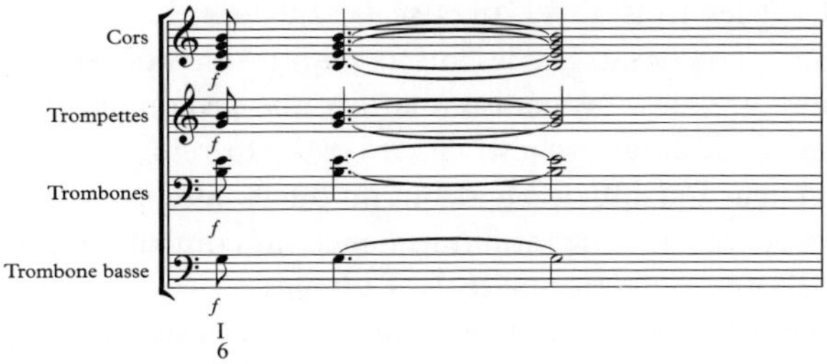 |
| - 01:50:29-01:50:31<br>Padmé et ses soldats s'arrêtent net, alarmés par cet adversaire redoutable et inattendu. | 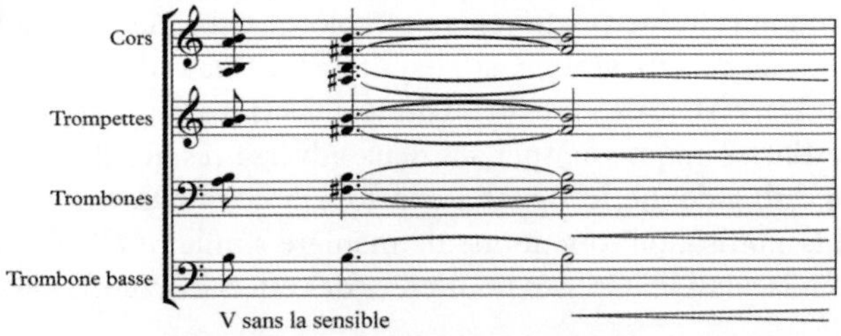 |
| - 01:50:31-01:50:35<br>Dark Maul relève la tête et toise ses adversaires d'un air de défi. | 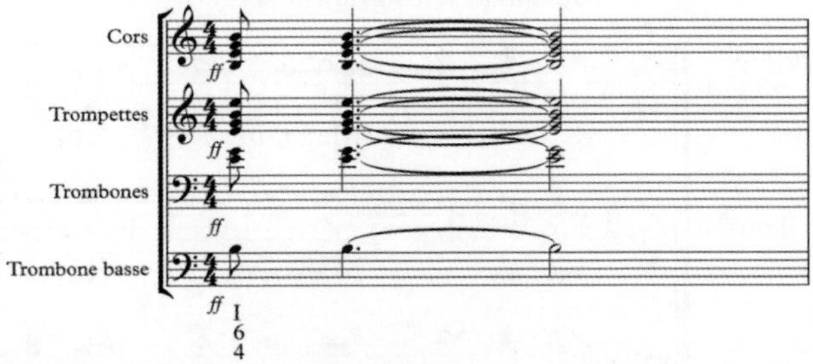 |
| - 01:50:36-01:50:38<br>Fuyant l'affrontement avec le Sith, Padmé décide d'emprunter un autre chemin. | 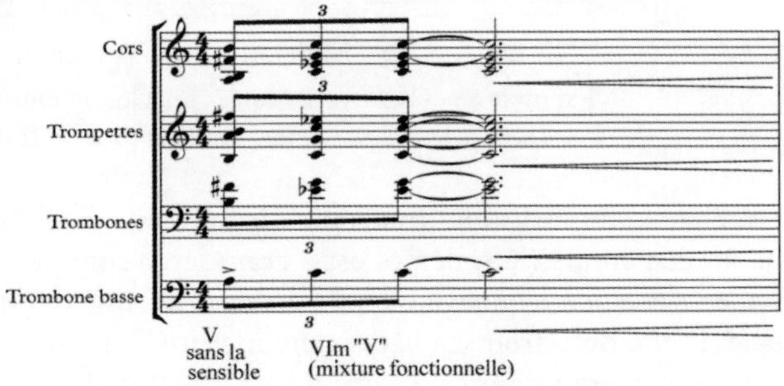 |

Tableau 18. *SW1*, accompagnement final du dévoilement de la présence de Dark Maul dans le hangar du palais de Theed (01:50:25-01:50:38).

L'ostinato motorique et obsédant de « Duel the Fates » est énoncé en synchronisation avec le plan moyen cadrant les deux Jedi qui s'avancent avec détermination vers le Sith. Sur le plan rapproché de Dark Maul qui a ôté sa capuche puis sur le plan d'ensemble cadrant les trois adversaires se faisant face, le mouvement impétueux de croches et doubles croches gagne les autres pupitres de bois et de cordes dans une amplification sonore graduelle, générant à la fois une profondeur saisissante et un effet d'urgence. La généralisation orchestrale de l'ostinato renforce le fort sentiment d'attente chez le spectateur qui anticipe le début du duel – attente suscitée par les échelles de plan plus rapprochées annonçant l'imminence du combat, le choix fortement connoté du plan américain[35], et la frontalité des cadrages.

Le même procédé de gradation orchestrale très dramatique intervient sur le plan américain du Sith qui s'apprête à actionner son double sabre laser : énoncé en homophonie et homorythmie aux flûtes, au piccolo, aux clarinettes, aux bassons, aux trompettes, aux trombones, aux violons et aux altos, l'ostinato dramatise fortement la démonstration par Dark Maul de sa maîtrise du *Vaapad* (forme agressive du maniement du sabre laser), destinée à impressionner ses deux adversaires avant le duel. L'allumage du sabre laser du Sith « donne le signal à son tour à la chorale en sanskrit »[36] en *sol* mineur, dont l'harmonisation fonctionne de manière similaire à la fanfare d'ouverture. Les accords sont là aussi juxtaposés pour créer des effets de coloration (exemple 73).

Exemple 73. *SW1*, Dark Maul, Qui-Gon et Obi-Wan allument leurs sabres lasers puis engagent le combat (01:51:04-01:51:14).

Williams minorise le troisième degré, fait entendre une septième diminuée sans fondamentale (le *si* bémol est à considérer comme une note pédale sur les trois premières mesures), qui agit comme un accord tendu de passage échappant à la logique tonale. Enfin, on retrouve à la dernière mesure la dominante sans sensible enchaînée à un sixième degré minorisé occupant une fonction de « dominante » par le biais d'une nouvelle « mixture fonctionnelle ».

35. Le plan américain est fortement associé au western (voir Glossaire). Le duel, élément-clé de la dramaturgie du western, est très présent tout au long de la saga, produisant un méta-discours sur le cinéma à travers le brassage des genres et des références cinématographiques.

36. Williams, cité dans Leprêtre, « Étoiles fantômes », p. 8-18, ici p. 17.

Les enchaînements soudains de couleurs harmoniques contrastantes, l'écriture très verticale et le caractère déclamatoire de la diction vocale, renvoient à un archaïsme musical et à l'imaginaire d'une action cérémonielle. Williams décrit le *cue* comme « quelque chose de rituel, et / ou païen et ancien » [37]. Les paroles prononcées par le chœur sont issues d'une traduction en sanskrit d'un ancien poème gallois du *Livre de Taliesin*, signifiant originellement : « Sous la racine de la langue, un combat tant redouté / Et un autre fait rage dans l'esprit » [38]. Le compositeur les a condensées en quelques mots (« tant redouté / dans l'esprit ») qu'il retient certes pour leur sens, mais surtout pour leur assonance en *a* se télescopant aux consonnes dures *k*, *r* et *t* : le heurt des sonorités lui semblait approprié à la situation dramatique, à ce combat-rituel s'achevant par la mort de deux des trois guerriers [39]. Le type d'écriture vocale s'inscrit dans cette optique cérémonielle et théologique ; selon Williams « la partie chorale amenait quant à elle toute une spiritualité, et le mysticisme qui devait envelopper les images » [40].

Le choix d'accompagner le début du combat par ces segments de « Duel of the Fates » ajoute ainsi un sous-texte dramatique supplémentaire à l'image, qui serait passé relativement inaperçu si la première approche du compositeur, percussive et athématique, avait été conservée. En outre, il est intéressant d'observer que la rupture soudaine de temporalité musicale, l'impression de suspension engendrée par les valeurs longues et les lentes couleurs harmoniques changeantes, ne trouvent pas leur source à l'image et ne s'accordent pas avec les actions immédiatement représentées. En effet, le début du duel est très rapide et dynamique, s'approchant de « la complexité chorégraphiée des films de sabre » [41]. Les personnages tournoient sur place ou effectuent des sauts périlleux dans les airs, rendant le combat particulièrement impressionnant sur le plan visuel, tandis que la musique se dissocie de la précipitation des mouvements et de la dépense d'énergie acrobatique. Ce décalage de temporalité entre musique et images produit un effet de dramatisation et situe les trois personnages dans un duel hors du temps, dont le statut dépasse le simple combat à l'épée pour prendre la forme symbolique d'un affrontement immémorial entre le bien et le mal.

*Fuite et poursuite de la mission de la reine Amidala*

À partir de ce « premier » exposé du matériau musical issu du *cue* « Duel of the Fates », Wannberg est à même de reconstruire une narration musico-visuelle dans le reste des combats, par ses occurrences très rapprochées concentrées dans le dernier tiers du film [42], favorisant la mémorisation du spectateur, tout en intensifiant l'impact dramatique des plans et des actions à l'image. C'est particulièrement le cas lorsque la

---

37. « *something ritualistic and / or pagan and antique* ». Williams, cité dans Dyer, « John Williams. Scoring *The Phantom Menace* », p. 10-13, ici p. 12.

38. Richard Dyer, « Making *Star Wars* Sing Again », *Film Score Monthly*, vol. 4, n° 5, juin 1999, p. 21.

39. Voir Richard Dyer, « John Williams. Scoring *Star Wars – Episode 1* », *Soundtrack*, vol. 18, n° 70, été 1999, p. 6.

40. Williams, cité dans Leprêtre, « Étoiles fantômes », p. 8-18, ici p. 13.

41. Jullier, *Star Wars : anatomie d'une saga*, p. 83.

42. Une quinzaine de minutes seulement séparent en effet la première intervention du *cue* et la dixième (qui est sa dernière occurrence si l'on excepte le générique de fin).

reine Amidala s'enfuit d'un étage du palais tenu par les droïdes pour aller capturer le vice-roy Gunray, retranché au niveau supérieur. L'emploi du *cue* à cet endroit n'a guère reçu l'approbation des critiques, qui jugent le retour de « Duel of the Fates » maladroit et incohérent[43]. L'emploi de l'ostinato de « Duel of the Fates », puis du retour du chœur, s'est pourtant fait avec un souci de synchronisation manifeste et revêt plusieurs dimensions essentielles.

Le moment où la reine et ses soldats s'évadent par la fenêtre est accompagné par la fin du *cue* « 6M5 Droid Battle », enchaîné directement à l'ostinato de « Duel of the Fates » (exemple 74). Certes, le collage entre la cadence parfaite en *do* mineur (voir exemple 67) et l'ostinato en *mi* mineur s'entend pour une oreille avertie, mais il convient d'opérer une distinction entre cette juxtaposition, et celle, plus « gênante », de la scène de l'arène de *SW2* évoquée au chapitre VI. La résolution bancale de la dominante un demi-ton « trop haut » par rapport à la tonique intervenait en effet dans *SW2* sur un seul et même plan, montrant Obi-Wan porter le coup de grâce à l'*acklay*. Ici, le raccordement du *cue* à « Duel of the Fates » se fait dans une rupture marquée de dynamique (*f* / *pp*), corrélée à une nouvelle action et à un changement de plan (les grappins sont lancés / Amidala est cadrée en gros plan, le regard tourné vers le haut). Ce découpage permet à Wannberg de passer outre la résolution de la dominante en faisant démarrer la nouvelle section dans un ton éloigné (*mi* mineur), ce que l'on pourrait assimiler à une stratégie de « pivotement par juxtaposition »[44], employée couramment par les compositeurs de la tradition « savante » lors d'un changement de section formelle. L'enchaînement harmonique est ainsi adouci par son intervention sur deux plans différents, et non dans la continuité d'une même action comme dans *SW2*. En outre, on remarque un accord singulier entre l'écriture orchestrale et la plastique de l'image : l'adjonction progressive de strates instrumentales supplémentaires à l'ostinato en *mi* mineur, dans un grand *crescendo* général, semble faire écho à l'ascension verticale des personnages, hissés par leurs grappins.

Par la suite, l'alternance entre l'ostinato orchestral au caractère impétueux et le retour du chœur seul fait également sens au regard du montage alterné. La musique rend en effet la transition des plans sur Amidala avec le duel entre les Jedi et le Sith plus fluide puisqu'il n'y a pas de véritable sensation de rupture sur le plan musical (ce type d'enchaînement apparaît dans la partition de Williams). La structure « séquencée » du *cue* en différentes sections juxtaposées selon une logique de mouvement / suspens momentané ainsi que l'écriture reposant sur des courts motifs constamment répétés, facilitent considérablement le travail ultérieur de découpage et d'assemblage. On l'observe nettement au montage final : si Wannberg raccorde des segments qui sont séparés et éloignés dans la logique linéaire du *cue*, ceux-ci s'enchaînent relativement bien en raison de cette structuration et de cette écriture musicale propres.

---

43. Voir notamment Didier Leprêtre et Nicolas Michel, « La guerre ne fait pas rage que dans les étoiles », *Dreams to Dream...s*, n° 15, automne 1999, p. 42-44, plus spécifiquement p. 43.

44. Luce Beaudet, « Le pivotement », *L'œil qui entend, l'oreille qui voit : un modèle d'analyse du discours musical tonal*, août 2015, http://bw.musique.umontreal.ca/chap2/pivotement.htm, consulté le 17 janvier 2016.

Exemple 74. *SW1*, le groupe de soldats mené par Amidala investit l'étage supérieur pour capturer le vice-roi Gunray (01:55:19-01:55:24).

Là encore, comme dans la scène de l'usine de droïdes géonosienne de *SW2*, le montage musical de Wannberg renforce la lisibilité de la séquence, palliant le morcellement des actions parallèles et la forme fragmentée des séquences où, comme l'écrit Jullier, les « pauses dans le combat et [le] montage alterné avec d'autres péripéties coupent le duel en cinq *rounds* et l'étirent sur 14 minutes »[45]. L'ostinato de « Duel of the Fates » accentue l'urgence de la fuite de la reine à partir du gros plan sur son visage et met en valeur l'impétuosité de la jeune femme, qui explose elle-même l'une des fenêtres. Synchronisé avec le plan moyen du groupe atterrissant à l'étage du haut, sa transposition en *sol* mineur dans l'aigu crée une intensification, redoublée par l'amplification orchestrale – en particulier l'adjonction des flûtes, des clarinettes, des hautbois, des clarinettes, des cors, des trompettes, des trombones, des violons, des altos, et du piccolo, du cor anglais, du glockenspiel et du piano (exemple 74). Le mouvement vers l'extrême aigu et l'ampleur sonore générée par l'homophonie et l'homorythmie de presque tous les pupitres crée un effet de masse et dramatise le plan d'ensemble où le groupe investit les lieux puis court capturer le vice-roi.

Wannberg confère également au matériau musical issu de « Duel of the Fates » une portée narrative qui, on l'a dit, s'épanouit au fil de ses interventions à moyenne échelle par extension référentielle. Son placement sur les plans où intervient la reine tend à mettre le combat de cette dernière sur le même plan que celui des Jedi, lui insufflant alors une autre envergure. L'intervention du *cue* en dehors du duel entre Dark Maul, Qui-Gon et Obi-Wan, permet d'élargir et d'enrichir la portée de la lutte entre le bien et le mal. Elle ne se limite pas au seul antagonisme entre Jedi et Sith, mais se déploie également, sur un plan davantage politique que métaphysique, dans le combat mené par Amidala pour la démocratie et la liberté contre la corrompue Fédération du Commerce. La lutte de la reine accède ainsi à une dimension allégorique grâce à ce réemploi thématique.

Enfin, avec le retour du chœur dans une autre temporalité, beaucoup plus étale, le duel au sabre laser se voit lui aussi étoffé par rapport à l'amorce du combat, par la mise en relation de la musique avec des plans fort singuliers visuellement (01:55:25). La portée symbolique de la chorale en sanskrit rejoint en effet l'abstraction du duel de plus en plus prononcée, filmé par Lucas de manière graphique. Comme le souligne Jullier, par cette démarche esthétique, le réalisateur « insiste sur la beauté du geste [...], l'inscription des corps dans un décor, souvent par le biais d'un angle de vue défamiliarisant ou d'une place d'observation inhabitable »[46]. Ici, le panoramique débutant en plongée zénithale pour cadrer les duellistes, les contre-plongées marquées, l'alternance rapide des échelles de plan, le caractère grandiose du décor ainsi que le travail sur la couleur, la saturation lumineuse et les effets de néons contribuent à la « monumentalisation »[47] du duel.

Outre l'accroissement considérable de la portée dramatique des actions représentées, sur un plan narratif à moyenne échelle l'extension référentielle de ce thème sur « la croisée des destins »[48] met en lumière le déploiement de la lutte entre le bien et le mal sur plusieurs niveaux riches de sens, et élève, au fil de ses interventions, les combats des différents personnages au rang de mythe. Il n'est alors pas infondé de formuler l'hypothèse suivante : l'efficacité du traitement musico-visuel du dernier tiers de *SW1* dans son ensemble a peut-être conduit le compositeur à opter pour une approche

45. Jullier, *Star Wars : anatomie d'une saga*, p. 81.

46. *Ibid.*, p. 78.

47. Nous entendons ce terme dans son acception initiale surnaturelle voire quasi mystique, propre à émerveiller.

48. Williams, cité dans Leprêtre, « Étoiles fantômes », p. 8-18, ici p. 16.

similaire dans les épisodes subséquents, inscrite cette fois-ci doublement *au cœur* même de sa démarche. D'une part, Williams intègre en effet cette logique de « mythification » à son écriture lors des reprises du matériau musical de « Duel of the Fates », notamment quand Anakin part à la recherche de sa mère dans *SW2*[49] et, surtout, lors du grand duel entre Obi-Wan et Anakin, puis Yoda et Dark Sidious à la fin de *SW3*. D'autre part, il compose et utilise le thème-signature de *SW3*, « Battle of the Heroes », dans la même perspective d'une narration concentrée à « moyenne échelle » vers la fin du film, comme en témoignent ses manuscrits des combats de *SW3* opposant Obi-Wan à son ancien padawan sur la planète volcanique Mustafar (voir la frise de *SW3* dans le cahier couleur) : « Battle of the Heroes » n'est introduit dans la partition qu'à partir du *cue* « 6M4 Heroes Collide ».

L'ensemble des exemples développés au long de ces trois chapitres, la variation des échelles d'analyse et la prise en compte de la spécificité de chaque scène étudiée (en elle-même, au sein de l'épisode ou de la trilogie) permettent d'éviter l'écueil des condamnations de principe souvent formulées à l'encontre de la trilogie républicaine. Ils démontrent tout l'intérêt que peuvent avoir ces méthodes de découpage et de réemploi du matériau musical pour le film, et en quoi l'approche et les stratégies mises en œuvre par Wannberg constituent une réponse efficace aux défis et aux bouleversements de l'ère numérique, tant sur le plan technique qu'esthétique.

Notre approche comparative sous l'angle du montage musical révèle le caractère nécessairement incomplet voire faussé des études envisageant la musique de *Star Wars* par le biais de la seule écriture de Williams, en dehors de son contexte : l'analyse approfondie de la nature de la présence de la musique au sein du complexe audio-visuel, de son placement et de son traitement, met en évidence à quel point le compositeur et le *music editor* sont confrontés à des régimes de production et à des enjeux techniques et esthétiques fort différents entre les deux trilogies. Elle invite aussi à repenser la dimension collective de la création musicale filmique (notamment à travers le rôle et les prérogatives du *music editor*) et à interroger, plus globalement, la redéfinition même de l'œuvre cinématographique à l'ère numérique. Comme le souligne Royal S. Brown, dès les années 1990, le film « a commencé à perdre son aura illusoire de permanence, son statut trompeur de sorte d'icône inviolable dans laquelle une place est solidement établie pour chaque élément, et où chaque élément a sa place fermement établie »[50].

Cette nature plurielle et flexible s'incarne également dans la création sonore. Après avoir étudié le fonctionnement « horizontal » de la partition par rapport aux images avec le montage, il convient donc d'orienter notre prisme d'étude vers la « verticalité » du mixage. Après la guerre du montage, attaquons-nous à la supposée guerre des sons.

---

49. Pour une analyse de cette séquence, voir Chloé Huvet, « Musique et effets sonores dans *Star Wars : Épisode II – L'Attaque des clones* : une alliance conflictuelle ? », *Revue musicale OICRM*, vol. 2, n° 2, 2015, p. 82-85, http://revuemusicaleoicrm.org/rmo-vol2-n2/musique-et-effets-sonores-dans-star-wars-episode-ii-lattaque-des-clones-une-alliance-conflictuelle%E2%80%89/.

50. « *Film has begun to lose its illusory aura of permanence, its deceptive status as a kind of inviolable icon in which there is a firmly established place for every segment and every segment has its firmly established place* ». Royal S. Brown, *Overtones and Undertones : Reading Film Music*, Berkeley, University of California Press, 1994, p. 265.

TROISIÈME PARTIE

# MUSIQUE ET EFFETS SONORES : AU-DELÀ D'UNE « GUERRE DES SONS »

## Chapitre VIII

# L'ORGANISATION DE LA BANDE SONORE

Le titre de cette troisième partie se veut d'emblée programmatique. En reprenant l'expression de Pierre Berthomieu qui cristallise les critiques les plus répandues dans la littérature dominante [1], nous souhaitons ainsi annoncer d'entrée de jeu notre ambition d'offrir une vision plus objective et nuancée de l'articulation du tissu audio-musico-visuel dans l'hexalogie, mais aussi, plus largement, dans les *blockbusters*. Si, d'un côté, les épisodes de *Star Wars* tendent à être de plus en plus fortement musicalisés (76,5 % de la durée totale du film dans *SW4*, 73 % pour *SW5*, 89 % pour *SW6*, 87 % pour *SW1*, 94 % pour *SW2* et 92 % pour *SW3* [2]), d'un autre côté, la présence pléthorique des effets sonores pose clairement la question de la gestion de l'organisation de la bande sonore dans son ensemble. Cette dernière ne peut être envisagée que si elle est d'abord replacée dans son contexte historique, socio-économique et technique, qui suscite d'importants changements sur les plans esthétique et dramatique.

## Évolutions technologiques sonores à partir du *Dolby*

### *Du* Dolby Stéréo *au son numérique*

Ce que les chercheurs ont coutume d'appeler « la révolution Dolby » [3] ne s'est pas fait en un jour, *ex nihilo*. Elle a au contraire été préparée en amont par un certain nombre d'innovations techniques :

1. Voir en particulier Pierre Berthomieu, « Le retour de *Star Wars* : héritage hollywoodien et guerre des sons », *Positif*, n° 435, mai 1997, p. 96-97 ; Robert Hershon, « Film Composers in the Sonic Wars », *Cineaste*, vol. 22, n° 4, mars 1997, p. 10-14, http://www.crouchingphotographer.com/Sonic%20Wars.htm, consulté le 10 avril 2015 ; James Buhler, « *Star Wars*, Music, and Myth », dans James Buhler, Caryl Flinn, et David Neumeyer (dir.), *Music and Cinema*, Hanover, Wesleyan University Press, 2000, p. 37-41 ; Jay Beck, *Designing Sound : Audiovisual Aesthetics in 1970s American Cinema*, New Brunswick / Londres, Rutdgers University Press, 2016, p. 193-195.

2. Laurent Jullier, *Star Wars : anatomie d'une saga* [2005], Paris, Armand Colin, 2010, p. 63.

3. Jay Beck, *A Quiet Revolution : Changes in American Film Sound Practices, 1967-1979*, thèse de doctorat, Iowa City, University of Iowa, 2003 ; Charles Schreger, « Altman, Dolby, and the Second Sound Revolution », dans Elisabeth Weis et John Belton (dir.), *Film Sound : Theory and Practice*, New York, Columbia University Press, 1985, p. 348-355.

– le son stéréo magnétique des années 1950, principalement employé dans les films à grand spectacle comme les comédies musicales et les épopées bibliques ou historiques. Ses répercussions esthétiques sur la production cinématographique globale sont relativement moindres, car ses possibilités de différenciation spatiale, offertes par la sensibilité accrue des micros, s'avèrent relativement inadéquates par rapport à la grammaire narrative du cinéma classique, gouvernée par un impératif de continuité et de fluidité dans les enchaînements des plans [4].

– le son *Sensurround*, développé en 1974 par la Music Corporation of America (MCA) et la Radio Corporation of America (RCA), et employé sur les films-catastrophes produits par les studios Universal. Sa nouveauté est d'adjoindre des grondements et des vrombissements, parfois sous le seuil de l'audition humaine, déclenchés lors des explosions ou des séquences de séisme. Par la mise en vibration du corps humain, l'objectif poursuivi est de créer un impact physique sur le spectateur.

Les prémisses du paradigme de l'immersion spectatorielle, caractéristique du *Dolby* et à plus forte raison encore, du son numérique, se voient ainsi posées. Dès lors, malgré l'échec commercial du *Sensurround* qui disparaît en 1981, « le système reste remarquable [...] pour son usage d'une piste séparée réservée aux basses fréquences, une idée qui refera surface une décennie plus tard, dans le cadre des spécifications techniques du son numérique *surround* » [5].

Dès les années 1970, les laboratoires Dolby développent un système de filtrage qui diminue les sifflements et autres bruits parasites (appelé parfois le système « *Dolby B* de réduction de bruit » [6]), puis élargissent leurs gammes de produits dédiés à la post-production. Philippe Cathé décrit ainsi le fonctionnement technique du système *Dolby Stéréo* :

> Non seulement la qualité de reproduction y gagne immédiatement [...], mais le système place deux voies optiques là où n'y en avait qu'une et un système de codage, fondé sur des déphasages, [qui] permet d'extraire en tout quatre pistes différentes : la stéréo ordinaire, plus une troisième voix au centre qui, en particulier, rend la parole plus nettement compréhensible, et une quatrième, *surround*, qui regroupe les ambiances et les effets, généralement diffusée derrière les spectateurs [7].

Le partenariat noué dès 1975 entre les dirigeants des laboratoires Dolby et George Lucas en 1975 s'explique par la place accordée à l'imaginaire et au spectaculaire dans le cinéma de science-fiction, particulièrement propice à des innovations sonores [8].

---

4. James Buhler, David Neumeyer et Rob Deemer, *Hearing the Movies : Music and Sound in Film History*, New York, Oxford University Press, 2010, p. 348.

5. « *The system remains noteworthy [...] for its use of a discrete low-frequency-only channel, an idea that would resurface a decade later as part of the digital surround sound specifications* ». Mark Kerins, *Beyond Dolby (Stereo) : Cinema in the Digital Sound Age*, Bloomington, Indiana University Press, 2011, p. 30.

6. « *Dolby B noise reduction* ». Michael Allen, « From *Bwana Devil* to *Batman Forever* : Technology in Contemporary Hollywood Cinema », dans Steve Neale et Murray Smith (dir.), *Contemporary Hollywood Cinema*, New York, Routledge, 1998, p. 118.

7. Philippe Cathé, « Bruit et musique dans la course des *Podracers* de *Star Wars, Episode I, The Fantom Menace* (*La Menace fantôme*), 1999 », *Musurgia*, vol. XIV, n° 2, 2007, p. 53-69, ici p. 61.

8. Voir William Whittington, *Sound Design & Science Fiction*, Austin, University of Texas Press, 2007, p. 4.

Devant la popularité croissance du cinéma de genre, adossée à l'utilisation substantielle d'effets spéciaux, les laboratoires Dolby prennent conscience des potentialités du film de Lucas comme exemplification des possibilités techniques et de la qualité sonore de leur système[9].

L'amélioration des performances du son optique s'exprime par une netteté de rendu accrue, un « gain plus important tant au niveau des graves que des aigus, [une] meilleure dynamique et [la] possibilité d'une multiplication des signaux sonores »[10]. L'éventail des fréquences et des nuances se voit fortement élargi. La précision du *Dolby* permet de créer des sons distincts et contrôlés, et « de faire coexister un beaucoup plus grand nombre de sons ensemble sans qu'ils se gênent, et donc de donner une place plus importante aux *bruits* comme éléments de décor, de ponctuation et d'expression »[11].

Paradoxalement, cette richesse et cette plénitude sonores nouvelles favorisent aussi l'émergence de sons pauvres, grêles, ténus, que Michel Chion désigne comme une « esthétique de l'imprécision maîtrisée »[12]. Il ajoute que cette « esthétique du son rugueux et déformé est devenue *possible*, là où jusqu'à présent une telle imprécision résultait des limitations techniques »[13]. Dans *SW4*, à la recherche d'une personnalité sonore pour le Faucon Millenium, le vaisseau piloté par Han jugé « bon pour la casse »[14] par Luke, Ben Burtt recrée minutieusement des sons « sales », hésitants, confus. Ceux-ci résultent, assez ironiquement, d'une construction très élaborée combinant jusqu'à huit sons différents, parmi lesquels le démarreur d'un biplan de 1928, le sifflement aigu d'un jet d'air enregistré dans un cabinet dentaire, des bruits de démarrage et d'arrêt de moteur, des sons de tourelle de tank et de tuyaux[15].

Le son multipistes est un autre développement majeur du *Dolby Stéréo*, les pistes séparées offrant une plus grande liberté créatrice. De là découle la multidirectionnalité des sons, marquant une rupture nette avec les pratiques pré-*Dolby*, où le son « provenait majoritairement du centre de l'écran »[16], face aux spectateurs. Les sons peuvent

9. Afin d'assurer la plus grande visibilité au film (et à leur système sonore), *SW4* est distribué sous deux formats différents : en 35 mm avec le système *Dolby Stéréo* quatre pistes, et en 70 mm, bénéficiant d'un nouveau système d'encodage développé par Dolby avec l'installation de cinq haut-parleurs derrière l'écran. Voir Ioan Allen, « The Dolby Sound System for Recording *Star Wars* », *American Cinematographer*, vol. 58, n° 6, juillet 1977, p. 709, 748 et 761, plus spécifiquement p. 748 ; Gianluca Sergi, « Tales of the Silent Blast : *Star Wars* and Sound », *Journal of Popular Film and Television*, vol. 26, n° 1, printemps 1998, p. 12-22, plus spécifiquement p. 15.

10. Gilles Mouëllic, *La musique de film*, Paris, Cahiers du Cinéma / SCÉRÉN-CNDP, 2003, p. 39-40.

11. Michel Chion, *Un art sonore, le cinéma : histoire, esthétique, poétique*, Paris, Cahiers du cinéma, 2003, p. 113.

12. *Ibid.*, p. 114.

13. « *An aesthetic of rough and distorted sound has become possible, where hitherto such imprecision has been the product of technical limitations* ». Michel Chion, « The Silence of the Loudspeakers, or Why With Dolby Sound it is the Film that Listens To Us » [1998], dans Larry Sider, Diane Freeman et Jerry Sider (dir.), *Soundscape : The School of Sound Lectures*, Londres / New York, Wallflower Press, 2003, p. 153. Nous soulignons.

14. « *What a piece of junk !* ».

15. « *Star Wars* – Music by John Williams », documentaire de la BBC, 1980, https://archive.org/details/StarWars-Music.by.John.Williams.BBC, consulté le 12 avril 2015.

16. « *[Sound] originated for the most part from the centre of the screen* ». Gianluca Sergi, « A Cry in the Dark : The Role of Post-Classical Film Sound », dans Steve Neale et Murray Smith (dir.), *Contemporary*

désormais voyager à travers la salle de cinéma tout entière, construisant un nouvel espace pour le spectateur, comme l'emblématise de manière éclatante le traitement sonore de la scène d'ouverture de *SW4* :

> Pour ce qui est de l'architecture sonore, la révolution spatiale est [...] définie d'entrée de jeu : on entend les vaisseaux voler au-dessus de nos têtes, se déplacer de la droite vers la gauche, et des tirs se répercutent à travers la salle. *Star Wars* explore un univers sonore où il n'y a pas seulement des sons forts et doux, mais aussi un haut et un bas, une droite et une gauche, un arrière et un devant, et tout cela en un peu moins de quatre minutes [17].

Ce choix sonore inaccoutumé s'accorde d'ailleurs avec la singularité du traitement visuel : au lieu de s'approcher progressivement face à la caméra, de manière conventionnelle, les vaisseaux jaillissent du hors-champ par le haut droit de l'écran, dans une intrusion progressive du cadre soulignant l'agressivité du croiseur impérial. La direction inversée du mouvement du croiseur par rapport au déroulement du texte génère également une perspective « dénaturante et momentanément détruite » [18]. L'effet de contreplongée créé amplifie par ailleurs l'aspect écrasant du croiseur, accentuant le contraste de taille avec le vaisseau rebelle. Le fait de plonger le spectateur *in media res* dans cette poursuite spatiale concourt enfin au caractère saisissant de la séquence d'ouverture.

La prise de conscience « des apports qualitatifs de ces nouveaux modes de reproduction sonore » [19], la « réaffirmation de la présence du son » [20] et le succès commercial rencontré par *SW4* puis *Rencontres du troisième type* (1977), entraînent une adoption massive du *Dolby Stéréo* par les exploitants des salles de cinéma, facilitée par les faibles coûts d'installation.

Pourtant, malgré toutes ces améliorations techniques, certains chercheurs ont récemment nuancé le discours traditionnel sur le *Dolby Stéréo*, soulignant les limites de ce système [21]. Tout d'abord, il génère des problèmes d'insonorisation, déjà rencontrés par le système *Sensurround*. Les sons graves diffusés par le *Dolby* se communiquent aux salles adjacentes, gênant ainsi les projections voisines en raison de l'ancienneté des constructions, et ce jusqu'à l'avènement du numérique en dépit des protestations du public [22]. Par ailleurs, selon Mark Kerins, « les capacités de la piste *surround* du *Dolby Stéréo* étaient *volontairement* limitées » [23] par les fabricants, de façon à privilégier plutôt le centre de l'écran. Réfutant l'image traditionnelle idyllique de l'union parfaite entre *Star*

---

*Hollywood Cinema*, New York, Routledge, 1998, p. 160.

17. « *In terms of sound architecture, the spatial revolution is [...] defined immediatly : one hears starships flying overhead; ships move from right to left; and blasts are heard around the auditorium.* Star Wars *explores a universe of sound where there is not only a loud and soft, but also an up and below, a right and left, a behind and in front, and all this in little more than four minutes* ». Sergi, « Tales of the Silent Blast », p. 12-22, ici p. 16-17.

18. « *denaturalized and momentarily obliterated* ». Buhler, « *Star Wars*, Music, and Myth », p. 38.

19. Cathé, « Bruit et musique dans la course des *Podracers* », p. 53-69, ici p. 61.

20. Chion, *Un art sonore, le cinéma*, p. 113.

21. Voir en particulier Jay Beck, « The Sounds of "Silence" : Dolby Stereo, Sound Design and *The Silence of the Lambs* », dans Jay Beck et Tony Grajeda (dir.), *Lowering the Boom : Critical Studies in Film Sound*, Urbana, University of Illinois Press, 2008, p. 75.

22. Buhler, Neumeyer et Deemer, *Hearing the Movies*, p. 372-373.

23. « *Dolby Stereo's surround capabilities were intentionally limited* ». Kerins, *Beyond Dolby (Stereo)*, p. 31.

*Wars* et le *Dolby*, il rappelle en outre que, si *SW4* a certes bénéficié des atouts indéniables du son *Dolby*, les limitations du système ont néanmoins dû être « contournées » par les ingénieurs lors de la diffusion en salle, notamment en lui adjoignant d'autres haut-parleurs afin de rendre toute la puissance des basses fréquences [24]. Aussi n'est-il pas inutile de rappeler dès à présent que l'inventivité sonore dont font preuve les épisodes de *Star Wars* est certes corrélée aux progrès techniques, mais est bien plus fortement liée à la volonté d'expérimentation sonore des personnalités travaillant sur l'hexalogie.

Dès les années 1980, des recherches sont lancées sur le son numérique. La conversion qu'il implique, du « signal sonore analogue en une série de chiffres binaires séparés (une combinaison de zéros ou de uns) » [25], réduit fortement le risque de distorsion sonore, les bruits de fond, qui tendaient à se confondre avec les fréquences graves dans le *Dolby Stéréo*, et la détérioration matérielle. Les spécifications techniques du son numérique 5.1 sont les suivantes : trois pistes à gauche, au centre et à droite de l'écran ; au moins deux pistes *surround* latérales, et une piste distincte réservée exclusivement aux basses fréquences (le « 1 » du « 5.1 », appelée en anglais *low-frequency effects*, LFE). La nouveauté est que ces six pistes sont toutes séparées. Elles offrent alors un rendu sonore d'une précision inégalée qui magnifie les sons créés, une « puissance sonore [qui] ne descend presque plus jamais au-dessous de 5000 watts » [26] notamment grâce au gain considérable dans les basses fréquences, une clarté dans la distinction des sons [27], et une finesse dans les effets de spatialisation. La possibilité de reproduire des sons extrêmement graves et puissants sans aucune distorsion influe sur les décisions artistiques et l'utilisation dramatique des bruits, comme l'écrit Kerins au sujet de la course de *SW1* :

> Le recours à des sons dans l'extrême grave d'une forte intensité pour reproduire la puissance brute des modules [...] atteste la maîtrise de Lucas et Burtt des capacités améliorées qu'offraient le *Dolby Stéréo Surround* et son canal LFE dédié aux basses fréquences, et leur volonté de s'en servir [28].

Surtout, le nouveau système offre aux créateurs une extrême flexibilité. Comme pour le montage, le maître mot du son numérique est la *facilité* de manipulation, à n'importe quel endroit du film. Burtt évoque ainsi les avantages de travailler avec le système *Pro Tools* :

---

24. Les films les plus créatifs de la période sur le plan sonore, tels *Rencontres du troisième type* (1977), *Superman* (1978), ou *Apocalypse Now* (1979), ont eux aussi tenté de pallier les limitations du système malgré leur association au *Dolby* dans la conscience collective. Voir *ibid.*, p. 32.

25. « *the analogue sound signal [is converted] into a series of discrete binary values (a combination of 0s or 1s)* ». Allen, « From Bwana Devil to Batman Forever », p. 119.

26. Laurent Jullier, « Esthétique du multipistes numérique », dans Didier Huvelle et Dominique Nasta (dir.), *Le son en perspective : nouvelles recherches / New Perspectives in Sound Studies*, Bruxelles, PIE / New York, Peter Lang, 2004, p. 203.

27. Voir à ce sujet William Whittington, « Lost in Sensation : Reevaluating the Role of Cinematic Sound in the Digital Age », dans Carol Vernallis, Amy Herzog, et John Richardson (dir.), *The Oxford Handbook of Sound and Image in Digital Media*, Oxford, Oxford University Press, 2013, p. 69.

28. « *The decision to convey the raw power of the podracers through loud low-end sounds [...] demonstrates Lucas and Burtt's awareness of, and willingness to rely on, the improved low-frequency capabilities DSS and its dedicated LFE channel offered* ». Kerins, *Beyond Dolby (Stereo)*, p. 82.

> Cette fois [...], rien n'est prémixé. À tout moment du mixage final, chaque son qui a été enregistré – la piste individuelle – reste disponible. [...] On peut le panoramiquer, le positionner autour de la salle. On peut donc traiter le moindre détail du son à tout moment. Cela n'a jamais été fait sur une aussi grande échelle [29].

Les créateurs sonores, tant Tomlinson Holman que Walter Murch, sur lequel nous reviendrons en détail plus loin, semblent partager un enthousiasme unanime à l'égard des technologies numériques, vues comme un formidable champ d'expérimentation [30].

Les films de genre jouent là encore un rôle de premier plan dans la « visibilité » du son numérique, l'optimisation de ses nouvelles potentialités et son adoption massive. Le premier système numérique à six canaux, appelé *Dolby Digital*, est ainsi lancé par Dolby et Time Warner lors de la sortie de *Batman : Le Défi* (1992). Un an plus tard, Steven Spielberg et Universal s'associent pour créer le *Digital Theater System* (DTS), un système à six canaux très peu coûteux présentant la particularité d'inscrire la bande sonore sur un disque à synchroniser avec l'image lors des projections, qui assure une grande qualité de rendu sonore. *Jurassic Park* (1993) est le premier film à utiliser ce système, qui est le plus largement diffusé au monde [31]. Enfin, la même année, dans une riposte commerciale évidente, la firme Sony introduit sur *Last Action Hero* (1993) le *Sony Dynamic Digital Sound* (SDDS). Il est possible que sa cherté ait joué en sa défaveur puisque « depuis 2007 [...], plus aucun film n'a été mixé avec une bande sonore SDDS à huit pistes » [32].

*Créer des « effets de réel » sonores*

Cette course aux technologies sonores toujours plus performantes témoigne de la montée en puissance du son au cinéma. Devenant « en lui-même un lieu intéressant d'expérimentation » [33], il se voit dès lors conférer plusieurs attributs esthétiques, narratifs et dramatiques. Le son joue un rôle de premier ordre tout d'abord dans la création d'« effets de réel » [34], dont il convient d'interroger le statut particulier et paradoxal. En effet, l'univers de la saga semble « réel » dans l'expérience du spectateur, alors qu'il relève d'une dynamique de création intense du côté des techniciens son. Le réalisme au cinéma est une question complexe et sujette à de nombreux débats divisant les chercheurs, déjà fort anciens, mais revivifiés à l'ère du numérique. Nous nous plaçons ici du point de

---

29. Burtt, cité dans Tippy Bushkin, *Within a minute*, 20th Century Fox Home Entertainment, 2005.

30. Voir Tomlinson Holman, *Sound for Film and Television*, Burlington, Focal Press, 2010, p. 146 ; Walter Murch, « Stretching Sound to Help the Mind See », *FilmSound*, octobre 2000, http://filmsound.org/murch/stretching.htm, consulté le 3 février 2015.

31. Allen, « From *Bwana Devil* to *Batman Forever* », p. 119.

32. « *Since 2007 [...], no films have been mixed with a full eight-channel sdds soundtrack* ». Kerins, *Beyond Dolby (Stereo)*, p. 330.

33. « *[sound takes its place] as a site of interest and experiment in its own right* ». Sergi, « A Cry in the Dark », p. 162.

34. L'« effet de réel » vise à susciter l'adhésion du spectateur au récit fictionnel, en faisant paraître comme vraisemblables ses éléments constitutifs. Il ne s'agit donc pas de la « réalité » en soi, mais d'une réalité qui naît de la fiction elle-même. Voir à ce sujet Roland Barthes, « L'effet de réel », *Communications*, n° 11, 1968, p. 84-89.

vue précis des créateurs, en nous intéressant au processus de fabrication sonore, aux démarches adoptées par les artistes pour reconstruire, générer une vraisemblance[35].

Alors que John Williams souhaite fournir des repères aux spectateurs en générant un environnement musical familier par le biais de l'orchestre symphonique et d'un idiome post-romantique[36], c'est par le son que les créatures, les vaisseaux et les environnements inconnus prennent véritablement corps pour le spectateur. La mauvaise réception de la deuxième projection-test de *SW4* s'explique selon le monteur Paul Hirsch par l'absence de la piste des effets sonores : les effets spéciaux visuels sont alors mis à nu, dénués du poids, de la puissance, de l'impact dramatique et émotionnel des bruitages[37]. Burtt lui-même insiste sur la nécessaire vraisemblance apportée par les bruitages : « Les effets sonores dans *Star Wars* rendent les super images crédibles »[38].

Par quels processus de création les sons génèrent-ils cet « effet de réel » pour le spectateur ? Burtt opte tout d'abord pour un ancrage dans notre réalité quotidienne. Il s'éloigne ainsi des pratiques sonores des années 1950-1960, où les mondes et les créatures inconnus se voyaient attribuer des sonorités étranges, électroniques et synthétiques, aussi bien dans les bruits à proprement parler que dans les partitions[39] – *Planète interdite* (1956) en étant peut-être l'exemple le plus emblématique. Si cette approche est désormais courante dans les *blockbusters* contemporains, il convient de rappeler qu'en 1977, Burtt est parmi les premiers à choisir de créer ce type de sons dans un univers de science-fiction, faisant ainsi figure de pionnier : à la demande de Lucas, il doit créer « une piste sonore organique »[40] et se livre à une collecte de sons.

La synchronisation entre musique et images, l'utilisation de plusieurs couches de sons et la variation du point d'écoute en fonction du point de vue sont des techniques employées de manière intensive dans les deux trilogies pour conférer une vraisemblance aux objets à l'écran. Holman relate ainsi les processus de création sonore pour la scène de l'avancée des quadripodes impériaux dans *SW5*, menaçant la base rebelle secrète située sur la planète Hoth :

---

35. La vraisemblance concourt à suspendre l'incrédulité du spectateur, en rendant les événements ou les objets représentés plausibles, à l'égard des codifications du genre et de la logique interne de l'œuvre. La vraisemblance d'un film de science-fiction n'est ainsi pas la même que celle d'un western ou d'une comédie, par exemple. Elle dépend du degré de conformité du film aux conventions du genre auquel il se rattache. Comme l'« effet de réel », elle résulte d'une construction et, implicitement, d'un « contrat tacite entre l'œuvre et son public » (Gérard Genette, « Vraisemblance et motivation », *Communications*, n° 11, 1968, p. 5-21, ici p. 8).

36. Voir Craig L. Byrd, « John Williams and *Star Wars* (1997) », dans Mervyn Cooke (dir.), *The Hollywood Film Music Reader*, Oxford / New York, Oxford University Press, 2010, p. 236 .

37. Voir Jonathan W. Rinzler, *The Making of Star Wars : The Definitive Story Behind the Original Film. Based on the Lost Interviews from the Official Lucasfilm Archives*, New York, Ballantine Books, 2007, p. 238.

38. Burtt, cité dans Mary B. Bresolin, *Films Are Not Released. They Escape*, 20th Century Fox Home Entertainment, 2002.

39. Dès les années 1950, les films de science-fiction possèdent une signature sonore caractéristique. Voir à ce sujet Chloé Huvet, *John Williams, héritier du symphonisme de l'âge d'or hollywoodien ? Étude comparative d'E.T. the Extra-Terrestrial et de Jurassic Park de Steven Spielberg (1982-1993)*, mémoire de master, Lyon, ENS de Lyon, 2011, p. 66-71 ; Vincent LoBrutto, *Sound-on-Film : Interviews with Creators of Film Sound*, Westport, Praeger, 1994, p. 143.

40. Marc Mancini, « The Sound Designer », p. 363.

> Deux pistes [ont été utilisées], l'une comme *fond* sonore, avec le bruit des multiples pattes s'abattant sur le sol, ici le son ralenti d'une presse à découper [...], dans un rythme adéquat. La seconde piste, jouée en parallèle, « crédibilise » le plan en synchronisant étroitement des bruits de pas individuels avec les mouvements de pattes les plus immédiatement visibles. [...] Dans le cas d'un gros plan sur les marcheurs impériaux, le son d'une chaîne de bicyclette heurtant du béton était ajouté en synchronisation avec le bruit de la presse à découper, car [...] un son proche est plus fort et clair qu'un son plus distant [41].

Une vraisemblance est également apportée par les sons de texture. Fournissant une présence subliminale, ils sont en quelque sorte des « signifiants » [42] du « réel », pour reprendre la terminologie de Roland Barthes. Très peu audibles en tant que tels, ils n'ont pas vocation à susciter une écoute particulière ni consciente de la part du spectateur, mais ils s'avèrent néanmoins nécessaires pour engendrer « un nouveau vraisemblable » [43]. C'est le cas par exemple des sons émis par le moteur de R2D2, quasiment imperceptibles, mais essentiels selon Burtt pour « maintenir une texture cohérente indiquant qu'il s'agit d'un vrai robot » [44]. La scène du *night-club* de *SW2* où se réfugie la chasseuse de primes Zam Wesell, poursuivie par Anakin et Obi-Wan, témoigne là encore d'une volonté de créer un bruit de fond qui ne doit pas être entendu en tant que tel, mais qui fournit la densité sonore adéquate pour recréer un lieu vraisemblable.

Chion insiste aussi sur l'importance des fréquences aigues dans la création d'« effets de réel » d'un genre nouveau, utilisées de manière particulièrement inventive par Burtt dès la fin des années 1970. Il analyse ainsi le son « concret » émis par les cosses extra-terrestres qui, après gestation, dupliquent les humains dans *L'Invasion des profanateurs* (1978) :

> Ce bruit, fait par le *sound designer* Ben Burtt [...], de défroissement, de dépliement d'organes, de membranes se décollant, de craquement tout à la fois, ce bruit réel et précis, net et fin dans les aigus, tactile, on l'entend comme si on le touchait [...]. Il semble que cinq ans plus tôt, en 1973, le réalisateur n'aurait pas disposé de cela, il n'aurait pas eu un rendu si concret, si présent, piqué dans l'aigu, haptique c'est-à-dire qui se touche, modifiant la perception du monde du film, la faisant plus immédiate, empêchant même la distance – on n'avait pas tout cela au cinéma. Et depuis que le petit peuple des aigus a fait son entrée dans les films [...], il a amené avec lui une autre matière, un autre sentiment de la vie. Nous ne parlons pas des jeux d'espace de la stéréo, ni des effets tonitruants rendus

---

41. « *Two tracks [were used], one an effects bed, with the sound of multiple feet falling, in this case a slowed-down punch press [...], at about the correct rate. The second track, run in parallel, "sells" the shot by cutting single footballs in hard sync with the most prominent visible feet falling. [...] In the case of a closer shot of the Imperial Snow Walker, the sound of a bicycle chain dropping on concrete was added in sync with the punch press, because [...] closer sound is louder, and brighter, than more distant sound* ». Holman, *Sound for Film and Television*, p. 162.

42. Barthes, « L'effet de réel », p. 84-89, ici p. 88. Ces sons de texture, purement destinés à générer une vraisemblance sonore, sont à rapprocher des détails *a priori* « "superflus" » (*ibid.*, ici p. 84), évoqués par Barthes sur le plan de la description littéraire : le baromètre de Madame Aubain dans « Un cœur simple » (premier des *Trois Contes* de Gustave Flaubert, 1877), et la porte de la cellule où Charlotte Corday attend son exécution dans le livre XII de *L'Histoire de la Révolution française* de Jules Michelet (1851).

43. *Ibid.*, ici p. 88.

44. « *They keep a consistent texture that tells you this is really a robot* ». Burtt, cité dans Larry Blake, *Film Sound Today : An Anthology of Articles from Recording Engineer/Producer*, Hollywood, Reveille Press, 1984, p. 40.

possibles par le *Dolby*, mais d'un micro-rendu de la rumeur du monde, qui met le film à l'extrême-présent de l'indicatif, le décline à l'extrême-concret[45].

Burtt joue en outre sur la transposition des sons. Pour reprendre les termes de Dominique Château, les objets sonores de Burtt ne sont pas « soumis au critère de la fidélité acoustique »[46], où la source resterait clairement identifiable pour le spectateur : il s'agit pour le *sound designer* de recréer une vraisemblance nouvelle, propre à l'univers fictionnel. Il va ainsi superposer de multiples strates de sons différents, et souvent déraciner le son de sa source de production et de son référent originels. Ces éléments sonores familiers sont combinés et transposés dans un nouveau contexte pour créer de l'inouï, dans le but de générer un impact dramatique maximal sur le spectateur. Dans cette perspective, Randy Thom, responsable du département *sound design* à Skywalker Sound et qui a travaillé sur *SW5* et *SW6*, préconise de mixer le « son réel » de la chose enregistrée, et le « son émotionnel » :

> [Vous devez] réfléchir aux émotions que le son vous fait ressentir, et partir à la recherche de n'importe quel son que vous pouvez trouver ; peu importe s'il a un rapport avec les images que vous regardez ou non, car c'est un effet dramatique ou émotionnel que vous voulez atteindre ici. [...] Et ensuite, l'art sera de mixer les deux, la chose véritable et le son plus puissant émotionnellement, de telle manière que le public ne demande pas : « Où est le tigre dans cette scène ? Je ne vois de tigre nulle part ». Mais les spectateurs auront le ressenti nécessaire[47].

L'approche décrite renvoie explicitement à celle de Burtt qui, pour donner vie à l'*acklay* dans *SW2* par exemple, combine des sons organiques (dauphins, baleines, marsouins et cochons) et des bruits bruts (une lourde palette de bois traînée sur le sol)[48]. Comme le souligne William Whittington, les paramètres qui président à la création des bruitages sont « la perspective sonore, la localisation, la psycho-acoustique, et le spectaculaire »[49]. En attestent avec éloquence les bruitages du Faucon Millenium évoqués plus haut (mixage de huit bruitages distincts), ou encore le début de la bataille de Hoth dans *SW5*, qui a permis à Burtt de jouer sur le pouvoir suggestif des bruitages

45. Michel Chion, « La question du bruit rapportée aux genres cinématographiques », p. 13, http://michelchion.com/texts, consulté le 2 mars 2015.

46. Dominique Château, *Le cinéma comme langage*, Paris, AISS-AIASPA, 1986, p. 141.

47. « *[You must] think about the way sound makes you feel, and then go for whatever sound you can find, no matter whether it has anything to do with the images that you're looking at or not, because that's the dramatic or emotional note you want to hit at that point. [...] And then the trick will be to mix the two, the real thing and the more powerfully emotive sound, in such a way that the audience doesn't say, "Where's the tiger in that scene ? I don't see a tiger anywhere there". But they'll get the feeling that they're supposed to get* ». Randy Thom, « Designing a Movie For Sound » [1998], dans Sider, Freeman et Sider (dir.), *Soundscape : The School of Sound Lectures*, p. 126-127.

48. « Ben Burtt Answers Questions about Sound Design of *Star Wars* », *FilmSound*, http://filmsound.org/starwars/starwars-AQ.htm, consulté 20 mai 2015. Notre projet n'est pas de dresser une liste exhaustive ni de livrer le détail de tous les sons les plus marquants de *Star Wars*, d'autant que ces informations sont accessibles facilement sur internet (notamment sur le site *FilmSound*).

49. « *sound perspective, localization, psychoacoustics, and spectacle* ». Whittington, « Lost in Sensation », p. 64.

des marcheurs impériaux. Ceux-ci sont bâtis à partir de trois couches de sons, dont la conception témoigne par ailleurs de l'approche empirique du *sound designer* :

> L'approche des quadripodes était une scène très satisfaisante du point de vue du son parce qu'elle comprenait la menace invisible de ces machines géantes qui apparaissent à l'horizon. Le bruit des pattes qui approchent consistait en plusieurs éléments. Le premier était une explosion d'artillerie enregistrée en Oklahoma – un bruit sourd d'explosion très éloigné. C'était ajouté au son rythmique d'une machine à couper le métal. Mais il fallait au quadripode un bruit de pattes qui grincent, et j'ai trouvé cela un matin [...]. J'ai ouvert le couvercle de la benne à ordures laissée par les éboueurs, et ce couvercle grinçant [...] est devenu l'un des éléments des quadripodes[50].

Gary Rydstrom, qui débute sa carrière auprès de Burtt et Lucas à Skywalker Sound en 1983, est lui aussi tributaire de cette méthode de création sonore dans *Jurassic Park*, dont les bruitages s'avèrent particulièrement travaillés, notamment lors de l'attaque du dilophosaure[51].

La vraisemblance sonore de la saga, et plus généralement des *blockbusters* contemporains, repose donc sur un jeu d'illusions paradoxal entre des sons perçus par les spectateurs comme étant appropriés à leurs nouveaux référents, impliquant du côté des créateurs une succession de transformations et de recombinaisons pour créer à la fois une « réalité sonore » nouvelle, propre au film, naissant de la fiction elle-même, et générer l'impact dramatique le plus grand. La séquence d'ouverture de *Terminator 2 : Le Jugement dernier* (1991, *sound design* conçu par Gary Rydstrom), lorsque le pied métallique d'une machine écrase soudainement un crâne filmé en gros plan, est exemplaire à cet égard :

> Le son extrêmement grave employé à cet endroit (fort éloigné du bruit « réel » qu'une action de ce type produirait) est utilisé à la fois pour faire sursauter les spectateurs et pour exprimer l'intensité de la lutte qui attend les humains dans leur combat contre les machines[52].

Ce processus de création inventif induit chez le spectateur un nouveau plaisir de l'écoute au cinéma, et en particulier dans le cadre des *blockbusters*. Comme le rappelle Chion, l'« une des trouvailles de *La Guerre des étoiles*, fut [...] d'associer le spectateur [au] plaisir du bruitage »[53]. Il suffit pour s'en convaincre de noter le nombre impressionnant et le succès des compilations qui reproduisent et classent méthodiquement les « meilleurs sons » de l'hexalogie, réalisées par des fans et mises en ligne

---

50. Ben Burtt, commentaires audio du DVD de *SW5*.

51. Voir Huvet, *John Williams, héritier du symphonisme de l'âge d'or hollywoodien ?*, p. 197.

52. « *The deep bass sound employed at this moment (a sound hardly close to the "real" sound an action like this would produce) is used both to startle the audience and to convey the mightiness of the struggle awaiting the humans in their fight against the machines* ». Sergi, « A Cry in the Dark », p. 162. Un autre exemple représentatif intervient dans la séquence d'ouverture de *Mission impossible 2* (2000), juste à la fin de la réplique du Dr. Nekhorvich, lorsqu'il s'inocule le virus de la Chimère. Le son de l'injection est fortement amplifié et réverbéré. Il accroît l'effet dramatique et confère une dimension très menaçante à la Chimère, matérialisant sa puissance létale avant même que les images ne montrent la détérioration des tissus causée par l'action du virus.

53. Chion, *Un art sonore, le cinéma*, p. 128.

sur des plates-formes comme YouTube. Sur le plan des classements plus généraux, regroupant les « meilleurs effets sonores du cinéma », deux constats s'imposent par ailleurs : ceux de *Star Wars* occupent toujours les premières places, et le corpus est fréquemment formé de films sur lesquels ont travaillé des techniciens de Skywalker Sound[54]. Dans cette optique, Gianluca Sergi évoque, à partir de *SW4*, le déploiement d'« un nouvel éventail de plaisirs auditifs »[55], tandis que Marc Mancini va jusqu'à parler « d'euphonie »[56] pour qualifier les bruitages de la saga. Selon lui, les effets sonores peuvent s'apprécier à la manière d'une partition : « Dans son développement de sons *comme* signifiants et de sons *porteurs de* sens, Ben Burtt est un concepteur d'effets qui mérite d'être écouté »[57].

Ce nouveau plaisir du bruitage se traduit notamment chez les spectateurs par l'importance de connaître la manière dont les sons ont été conçus. De nombreux entretiens avec Burtt visent ainsi essentiellement et avant tout à connaître ses secrets de fabrication, et ce de manière répétée à chaque nouvel épisode. Cette forme de fétichisme de l'effet sonore relève du phénomène du fan-club ; un groupe de spectateurs passionnés cherche à accéder au statut privilégié de *connaisseurs*, où les frontières entre créateur et fans seraient comme effacées. Le *sound designer* lui-même, dans tous ses commentaires des DVDs et Blu-rays, prend acte de cet engouement en s'attachant à livrer les détails de sa démarche créatrice pour le son de tel objet ou telle créature.

*Spectaculaire et immersion spectatorielle : un retour au « cinéma des attractions » ?*

Cette approche riche du son est par ailleurs étroitement corrélée au paradigme de l'immersion spectatorielle. À la suite de la trilogie impériale, de *Rencontres du troisième type*, d'*Alien* et de *The Thing* (1982)[58], celle-ci prend une ampleur nouvelle dans les *blockbusters*, à la faveur de la définition et de la précision offertes par les technologies : le son en lui-même devient une part intégrante du spectacle cinématographique. Il convient de souligner combien ce changement est étroitement lié à la fois à un phénomène générationnel – les adolescents sont le principal type de public visé par Lucas –, et aux attentes des spectateurs : « Le public attendait un nouveau type de "montagne russe" immersive, qui transformait la séance en un cinéma de la sensation »[59].

Dès la fin des années 1960, en effet, les spectateurs qui fréquentent les salles de cinéma sont plus nombreux et plus jeunes. Leur écoute est façonnée par la radio diffusée sur des systèmes haute-fidélité (*hi-fi*) performants, et les concerts de rock, où la musique

---

54. Voir par exemple WatchMojo, « Top 10 Memorable Movie Sound Effects », vidéo mise en ligne le 27 septembre 2013, https://www.youtube.com/watch?v=9TjxvA4kjwM, consultée le 18 avril 2015. Le seul rugissement du tyrannosaure, créé par Rydstrom pour *Jurassic Park*, fait l'objet d'une dizaine de vidéos différentes.

55. « *a new array of aural pleasures* ». Sergi, « Tales of the Silent Blast », p. 14.

56. « *euphony* ». Mancini, « The Sound Designer », p. 368.

57. « *In his deployment of sounds as meaning and sounds with meaning, Ben Burtt is an effects designer worth listening to* ». *Ibid.*

58. Cette liste de films ayant marqué l'histoire du son dans le cinéma de science-fiction est dressée par Whittington, *Sound Design & Science Fiction*, p. 30-31.

59. « *Audiences expected a new kind of immersive "ride" that transformed the experience into a cinéma of sensation* ». Whittington, « Lost in Sensation », p. 67.

amplifiée contribue à générer une expérience sensorielle attrayante et accroît en retour considérablement leurs exigences vis-à-vis du son dans les salles de cinéma. Le groupe démographique des 15-30 ans forme une nouvelle génération de spectateurs fascinée par le son, entraînant alors selon Dominique Nasta des « modifications radicales dans les habitudes d'écoute aussi bien dans les salles que devant les postes de télévision » [60]. Deux conséquences principales en découlent en effet pour l'industrie cinématographique :

> Premièrement, afin de susciter le même attrait sonore pour le public jeune que les nouvelles technologies de consommation semblaient posséder, Hollywood devait une nouvelle fois tenter de « rattraper son retard » en matière de qualité sonore [...]. Deuxièmement, cette « réaction » devait répondre à un ensemble d'attentes auditives, alors plus élevées que jamais, nées de l'accessibilité de moyens de reproduction sonore de plus en plus sophistiqués. De manière peut-être peu surprenante, ces deux dimensions clés étaient parfaitement claires dans l'esprit et dans les desseins de la génération de metteurs en scène émergents, tels George Lucas, Steven Spielberg et Francis Ford Coppola [61].

L'expérience cinématographique se doit dorénavant d'être enveloppante et captivante, en particulier dans les films de science-fiction contemporains [62]. Il s'agit de susciter l'adhésion du spectateur en le plongeant au cœur d'un monde diégétique saisissant et inouï. C'est d'ailleurs la raison pour laquelle Lucas et Burtt ont fait le choix esthétique de ne pas respecter la loi physique de la non-propagation du son dans l'espace, privilégiant plutôt l'impact émotionnel et dramatique des bruits émis par les vaisseaux. Les spectateurs, baignés dans un environnement sonore riche et détaillé, semblent ainsi « participer » au spectacle qui s'offre sous leurs yeux, par un « effet d'absorption diégétique » [63]. Le changement conceptuel suscité par le numérique est ainsi évoqué par Laurent Jullier :

> La tâche de la bande-son est d'aider le spectateur à se perdre dans le film », dit aujourd'hui Gary Rydstrom, ingénieur THX en chef. [...] Même discours chez Scott Milan, mixeur-son de *Gladiator*, qui explique combien le *Dolby DS-EX* a permis de « faire en sorte que le spectateur se retrouve au centre de l'arène » [64].

60. Dominique Nasta, « Musique, écoute et valorisation du son : de Starewitch à Tim Burton », dans Huvelle et Nasta (dir.), *Le son en perspective : nouvelles recherches*, p. 58.

61. « *First, in order to achieve the same aural appeal for young audiences that the new consumer technologies seemed to have, Hollywood had to play "catch-up" with sound quality once again [...]. Second, this "reaction" would have to address a set of aural expectations that was now higher than ever, born as it was out of availability of increasingly sophisticated means of sound reproduction. Perhaps not surprisingly, these two key aspects were perfectly clear in the minds and intents of the emerging generation of film-makers, such as George Lucas, Steven Spielberg and Francis Ford Coppola* ». Gianluca Sergi, « The Sonic Playground : Hollywood Cinema and its Listeners », dans Richard Maltby et Melvyn Stokes (dir.), *Hollywood Spectatorship : Changing Perceptions of Cinema Audiences*, Londres, BFI, 2001, p. 123.

62. Voir Geoff King, *Spectacular Narratives : Hollywood in the Age of the Blockbuster*, Londres / New York, I.B. Tauris, 2000, p. 69-90 (« The Final Frontier : Space Fictions »).

63. Jullier, « Esthétique du multipistes numérique », p. 104.

64. Laurent Jullier, « La complémentarité CinémaScope – son multipistes », dans Jean-Jacques Meusy (dir.), *Le CinémaScope entre art et industrie*, Paris, Association française de recherche sur l'histoire du cinéma, 2003, p. 216.

Cette immersion d'un nouveau genre – « intensifiée » en quelque sorte – passe par la mise en vibration du corps, notamment grâce à la diffusion de « sons graves impossibles auparavant »[65] qui accroît l'impact viscéral des bruits aussi bien que des sons orchestraux. Le fort degré d'implication physique du spectateur est étroitement lié à la puissance sonore des technologies numériques – exerçant une pression jusqu'à dix fois supérieure au son analogique. La dimension physiologique, et en particulier les « sensations archaïques »[66] produites par les fréquences dans le registre extrême grave diffusées à une intensité sonore élevée, joue un rôle de premier plan qui n'est pas à négliger :

> Tous les spectateurs sont amenés à appréhender *directement* ces sons – *via* le plexus, par exemple, mais souvent l'ensemble du corps peut faire office de récepteur des vibrations, c'est ce que rappelle John Cage lorsqu'il écrit en guise de provocation au début de son journal : « on entend aussi avec les pieds »[67]...

Dès lors, ne peut-on voir dans les films de Lucas, de manière concomitante à cette « immersion-sidération sonore »[68], un retour au « cinéma des attractions » ? Comme le souligne Tom Gunning, qui en a proposé le premier la conceptualisation, ce type de cinéma trouve son illustration récente la plus éclatante dans l'esthétique des *movie brats* : « Il est évident que, d'une certaine manière, le cinéma spectacle récent a réaffirmé ses origines dans le stimulus et les montagnes russes, dans ce que nous pouvons appeler le cinéma des effets de Spielberg, Lucas et Coppola »[69]. De l'aveu de Burtt lui-même, « le premier film [*SW4*], c'était comme aller au parc d'attractions pour la première fois »[70]. Les *blockbusters*, en particulier dans les années 1990-2000, présentent une forme de spectacle intensifiée qui se dissocie du simple regard contemplatif. Fabien Gaffez en démontre la parenté avec le cinéma des premiers temps :

> [La forme spectaculaire] est un élément de pur spectacle où le plan devient une performance, une fête, un numéro de cirque. [...] Le *blockbuster* (né économiquement avec *Jaws* [...] et stylistiquement avec *Star Wars* [...]) constitue un pur cinéma d'attractions, qui renvoie au cinéma des premiers temps où la narration passait par l'agrégat de séquences exclusivement monstratives. [...] Le cinéma à grand spectacle a développé cette logique de l'attraction monstrative, à travers ses progrès techniques, où l'économique innerve l'esthétique (dolby stéréo, grands formats, 3D, images de synthèse, etc.)[71].

---

65. Cathé, « Bruit et musique dans la course des *Podracers* », p. 53-69, ici p. 61.
66. Jullier, « La complémentarité CinémaScope – son multipistes », p. 216.
67. René Gardies (dir.), *Comprendre le cinéma et les images*, Paris, Armand Colin, 2007, p. 69-70.
68. Pierre Berthomieu, *Hollywood : le temps des mutants*, Pertuis, Rouge profond, 2013, p. 366.
69. « *Clearly in some sense recent spectacle cinema has reaffirmed its roots in stimulus and carnival rides, in what might be called the Spielberg-Lucas-Coppola cinema of effects* ». Tom Gunning, « The Cinema of Attraction[s] : Early Film, its Spectator and the Avant-Garde » [1986], dans Wanda Strauven (dir.), *The Cinema of Attraction Reloaded*, Amsterdam, Amsterdam University Press, 2006, p. 387.
70. Ben Burtt, commentaires audio du Blu-ray de *SW4*.
71. Fabien Gaffez, « La peau dure : quelques hypothèses relatives au "système d'incorporation spectaculaire" menant du burlesque au blockbuster », dans Claude Forest (dir.), *Du héros aux super héros : Mutations cinématographiques*, Paris, Presses Sorbonne nouvelle, 2009, p. 88.

Ce « bain de sons »[72] englobant, poussé à son paroxysme avec le son numérique multipistes, n'a pas été sans susciter certaines résistances. Le numérique a ainsi été la cible récurrente de critiques dans les études sur la réception spectatorielle. Faisant écho au discours longtemps dominant sur les *blockbusters*, accusés de suspendre tout sens critique, de nombreux auteurs considèrent le son de ce genre de films comme un moyen de plonger le spectateur dans un état de semi-conscience où, dans un magma audio-visuel, disparaîtrait le jugement personnel : « Il est instrumentalisé par l'installation – il raisonne moins qu'il ne résonne, pourrait-on dire méchamment »[73].

Les récentes recherches dans les études cinématographiques tendent cependant à renverser ce type de discours, dont les arguments sur la passivité supposée du public sont jugés fallacieux et simplificateurs. Gianluca Sergi et Geoff King, en particulier, insistent au contraire sur le caractère actif et dynamique du spectateur, sollicité de toutes parts par la richesse des sons multidirectionnels qui se propagent à travers l'espace de la salle, parallèlement à l'utilisation de plans tremblés, de mouvements de caméra très rapides voire saccadés et d'angles de vue vertigineux[74]. L'organisation de la bande sonore fait du spectateur un actant du film dans la mesure où il est physiquement impliqué, « invité à partager la même expérience sonore que les personnages à l'écran »[75]. Le plan-séquence ouvrant *SW3* – le plus long de l'hexalogie – est particulièrement emblématique de cette approche : alors qu'un lent panoramique vers le bas cadre un majestueux croiseur de l'armée républicaine, deux vaisseaux Jedi surgissent brusquement par le bord-cadre droit, précédés par deux bruits de moteurs, distincts dans leurs fréquences (le second étant légèrement plus grave que le premier) et se rapprochant progressivement par une rapide augmentation de leur volume sonore. Par des mouvements très fluides, continus et variés, la caméra les suit ensuite, plongeant le spectateur au cœur d'une gigantesque bataille spatiale *in media res*, par une plongée zénithale particulièrement saisissante (figure visuelle totalement absente de la scène d'ouverture de *SW4* présentant pourtant le même schéma). Le thème de la Force, énoncé *f* en *ré* mineur à l'unisson par huit pupitres de cors dans le grave lors de l'apparition soudaine des deux vaisseaux dans le champ, accroît l'ampleur, la puissance et la dimension épique du plan-séquence, renforçant l'identification du spectateur aux deux chevaliers Jedi. Il théâtralise fortement l'entrée des Jedi depuis le hors-champ, dont il accentue le caractère héroïque et la majesté en se dissociant, par son tempo modéré et sa dimension hiératique, de la vitesse des vaisseaux, de la frénésie et de la saturation visuelle. Le motif voit sa structure harmonique enrichie par un accord-broderie (*fa♯-la-do♯*) qui colore la triade du degré napolitain à l'état

72. Jullier, « Esthétique du multipistes numérique », p. 204.

73. *Ibid.* Le titre de sa sous-section « *Stop thinking* ou le bain de sons » est d'ailleurs éloquent. Voir aussi Bruce A. Austin, *Immediate Seatings : A Look at Movie Audiences*, Belmont, Wadsworth, 1988, p. 46; John Ellis, *Visible Fictions*, New York, Routledge, 1992, p. 40-41.

74. Voir Geoff King, « Spectacle and Narrative in the Contemporary Blockbuster », dans Linda R. Williams et Michael Hammond (dir.), *Contemporary American Cinema*, Maidenhead, Open University Press, 2006, p. 240.

75. « *invited to share the same sonic dimension as the characters on screen* ». Sergi, « The Sonic Playground », p. 128.

fondamental, tandis que la cadence parfaite marquée qui le clôt renforce son caractère pesant tout en soulignant la plongée zénithale.

Le spectaculaire devient une valeur esthétique et commerciale en soi dans les *blockbusters* contemporains. Aussi le son se voit-il attribuer un rôle particulier vis-à-vis des images de synthèse : il confère un poids et une profondeur aux effets spéciaux visuels, dont il assure la viabilité. Il est en quelque sorte un antidote à la dématérialisation des images numériques, capable d'en corriger ou d'en atténuer les imperfections. Dans cette perspective, David Schroeder écrit au sujet de *Star Wars*, non sans provocation : « Essayez de regarder ces films sans le son et voyez quel effet ils produisent. Pas grand-chose »[76].

L'esthétique sonore à la fois « vraisemblable », immersive et spectaculaire que l'on vient de définir contribue grandement à empêcher qu'une déconnexion s'opère entre le spectateur et le monde diégétique de synthèse, dans la mesure où il décuple l'impact dramatique par sa finesse de conception et la fidélité de sa reproduction dans les salles de cinéma. À l'ère du numérique, la bande sonore dans son ensemble permet de conférer une présence, une ampleur et une intensité à n'importe quel effet spécial généré par ordinateur, même dans le cas d'une image ordinaire ou peu convaincante. Dans la trilogie républicaine, en particulier, elle apporte selon Laurent Guido « une dimension épique que les images ne parviennent pas toujours à produire par elles-mêmes »[77].

## Une équipe à la pointe : une ambition de composition sonore globale

Pour importants qu'ils soient, les développements des technologies ne suffisent toutefois pas à expliquer en eux-mêmes la créativité sonore qui a fait la réputation de la double trilogie. Toutes les nouvelles potentialités offertes par les perfectionnements techniques n'auraient sans doute pas été aussi approfondies ni fécondes, si le réalisateur et les techniciens son ne s'en étaient emparés à leur manière, les utilisant pour modeler le son selon leurs choix esthétiques et dramatiques. Jay Beck abonde dans ce sens : « [Ben Burtt, Walter Murch et Alan Splet] ont été les précurseurs d'une approche progressiste du *sound design*, puisqu'ils cherchaient à confectionner le son d'un film en pliant la technologie à leurs besoins propres »[78].

### *Walter Murch et Ben Burtt : une figure nouvelle, le* sound designer

Le terme de *sound designer* naît de la réflexion de Walter Murch sur la séparation des métiers du son telle qu'elle prévalait encore dans les années 1970 aux États-Unis, entre

---

76. « *Try watching these films without the sound and see what sort of an impression they make. Very little* ». David Schroeder, *Cinema's Illusions, Opera's Allure : The Operatic Impulse in Film*, New York, Continuum, 2002, p. 220.

77. Laurent Guido, « Entre opéra wagnérien et culture de masse : l'univers musical de *Star Wars* », *Décadrages*, n° 8-9, 2006, p. 52-75, ici p. 66.

78. « *[Ben Burtt, Walter Murch and Alan Splet] were predecessors of a progressive sense of sound design because they sought to craft the sound of the film by tweaking the technology to serve their individual needs* ». Beck, « The Sounds of "Silence" », p. 76.

le créateur des bruitages, le mixeur et le monteur. Cette différenciation des tâches limite considérablement les possibilités créatives sur le plan sonore, dans la mesure où il n'est pas possible d'avoir une vue surplombante et globale de la bande sonore : un technicien se voit confier plusieurs bobines, souvent à des endroits disparates du film, sans savoir comment le son de ces séquences s'intègre avec celui des scènes qui l'encadrent[79]. À l'inverse, sur *Apocalypse Now* (1979), Murch endosse à la fois le rôle de créateur, de monteur et de mixeur sonore. L'invention de la dénomination *sound designer* s'affirme alors pour lui comme un moyen, mais aussi une nécessité de résoudre le flou des étiquettes recouvrant ses multiples pratiques ; c'est sur ce film que le terme apparaît pour la première fois dans un générique. Murch y suit toutes les étapes du procédé de création sonore, depuis la préproduction jusqu'au mixage final, ce qui lui permet de concevoir et d'agencer le son « comme un tout cohérent en lui-même au cours du film »[80]. Burtt, crédité en tant que tel à partir de *SW5*, reçoit ce titre *a posteriori* pour *SW4*, lors de « l'édition spéciale » de la trilogie impériale en DVD en 1997. Son intérêt pour la gestion méticuleuse et holistique de l'architecture sonore des films transparaît clairement lorsqu'il évoque la conception structurelle de *SW1* :

> Dans la conception globale du film avec le son et avec l'image [...], la bobine cinq est présentée comme une bobine tranquille. On est sur Coruscant. Dans des appartements. On est au Sénat ou dans les antichambres Jedi. On s'est efforcés d'atténuer un peu le son pour donner au public un répit par rapport à l'action – la course des modules et tout ce qui a précédé –, le préparer et poser les fondations pour la dernière bobine du film, dans laquelle on a vingt minutes de bruit continu, d'effets sonores, d'explosions, de musique forte, etc.[81]

Le terme « *sound designer* » est une étiquette floue, recouvrant des réalités différentes selon les films et les techniciens. S'appliquant d'abord uniquement au travail spécifique de Murch sur la quadriphonie dans *Apocalypse Now*, il désignait la création d'espaces sonores en trois dimensions, notamment par une sensation de « profondeur de champ sonore »[82] et une « contextualisation »[83] initiées sur *American Graffiti* (1975). La « contextualisation » est une manière de conférer une vraisemblance et une densité au monde diégétique, en délimitant différents plans et environnements sonores. Mais Murch applique également le terme de *sound designers* aux créateurs de bruits inédits et inventifs[84].

79. Voir Frank Paine, « Sound Mixing and *Apocalypse Now* : An Interview with Walter Murch », dans Weis et Belton (dir.), *Film Sound : Theory and Practice*, p. 358.

80. « *as a coherent whole within itself over the course of the film* ». *Ibid.*

81. Ben Burtt, commentaires audio du Blu-Ray de *SW1*.

82. François Thomas, « Entretien avec Walter Murch, "sound designer" », *Positif*, n° 335, janvier 1989, p. 11-21, ici p. 15.

83. Nous reprenons ici la traduction du terme « *worldizing* » proposée par Violette Libault, *La révélation de l'espace sonore par Walter Murch*, mémoire de master, Paris, Université Paris VII Denis Diderot, 2013, p. 15-16. Le mot « réellisation » choisi par le traducteur Pierre Brévignon (Michael Ondaatje, *Conversations avec Walter Murch : l'art du montage cinématographique*, Paris, Ramsay, 2009, p. 138) nous semble en effet sujet à caution.

84. Voir Michael Jarrett, « Sound Doctrine : An Interview with Walter Murch », *Film Quarterly*, vol. 53, n° 3, printemps 2000, p. 2-11, plus spécifiquement p. 9.

Au fil des années, l'appellation s'est généralisée et, perdant son origine première, tend à être galvaudée. Holman regrette ainsi la dilution du sens du mot, qui ne peut s'appliquer selon lui qu'à un petit groupe restreint, formé notamment par Murch, Burtt, Thom, Rydstrom, Leslie Shatz ou Richard Beggs[85]. Corroborant les propos de Holman, Thom souligne que, si cette dénomination est devenue monnaie courante dans les génériques de film, l'idéal qu'elle incarnait s'est en réalité peu concrétisé après les années 1970, en dehors des films réalisés par les *movie brats* tels Spielberg ou Coppola[86]. La particularité des films de Lucas, et notamment de la trilogie républicaine, au sein du paysage sonore des *blockbusters* contemporains semble donc résider dans la perpétuation des pratiques sous-entendues par le terme *sound designer* tel qu'il avait été conceptualisé par Murch. L'opportunité qu'a eue Burtt de superviser l'intégralité de la bande sonore dès le début de la production est loin d'être répandue. La plupart du temps, les *sound designers* sont appelés relativement tard à travailler sur un film, très souvent une fois le montage achevé, ce qui limite les possibilités d'interactions inventives entre le son, la musique et les images[87]. Burtt rappelle ainsi, non sans une pointe d'exagération :

> Obtenir les responsabilités créatives que j'ai eues était une situation rare. [...] On m'a confié le soin d'enregistrer, de monter, de mixer, et de superviser d'un point de vue créatif la majeure partie du projet [...]. J'ai constaté avec l'expérience que cette configuration a été à peu près unique, et que les autres *sound designers* se voient rarement offrir ce genre d'opportunités. [...] De nos jours, l'usage est de faire les choses plus vite qu'il y a dix ans – de livrer le film en un temps beaucoup plus court. Par conséquent, ceux qui travaillent sur le *sound design* en souffrent le plus, car ils ont à peine assez de temps pour faire autre chose que de jeter du matériau dans le film et de déguerpir[88].

Au-delà du flou définitionnel et de la dilution de l'acception originelle de ce terme que l'on vient d'évoquer, il est néanmoins possible de mettre en lumière la singularité des pratiques sonores de personnalités comme Burtt, Murch, ou Rydstrom à travers trois principales caractéristiques :

– un travail approfondi sur la spatialisation du son, concourant à la définition d'environnements sonores distincts, doublé d'un souci particulier envers la diffusion et la reproduction sonore dans les salles de cinéma ;

– un soin très méticuleux apporté à la création de bruits inédits et inventifs ;

– une vision d'ensemble précise de l'architecture sonore du film et une ambition de composition sonore globale.

---

85. Voir Holman, *Sound for Film and Television*, p. 146.

86. Voir Thom, « Designing a Movie for Sound », p. 133-137.

87. David Sonnenschein, *Sound Design : The Expressive Power of Music, Voice, and Sound Effects in Cinema, Studio City*, Michael Wise Productions, 2001, p. 215.

88. « *I was in a rare situation to get the creative responsibilities that I had. [...] I was given the responsibility to record, edit, mix, and creatively supervise most of the project [...]. I find that to have been pretty much unique to my experience, and other sound designers haven't really been given those opportunities too often. [...] The tradition now is to do things much faster than we were doing ten years ago – to deliver the film in a much shorter time. Therefore the people doing sound design really suffer more because they get hardly enough time to do anything other than throw stuff in the film and get out of here* ». Burtt, cité dans Vincent LoBrutto, *Sound-on-Film*, p. 148.

Un autre trait rapproche par ailleurs les pratiques de Murch et Burtt. Ceux-ci combinent sur leurs films ce que Murch nomme approches « horizontale » et « verticale » :

> La méthode anglaise, « horizontale », consiste à charger une personne d'une même famille d'effets sonores tout au long du film. [...] La méthode « verticale », de son côté, consiste à diviser le travail par bobine et à donner à chacun la responsabilité d'une bobine entière, si bien que plusieurs personnes travaillent sur le même type de sons, mais dans des bobines différentes [89].

Si les deux méthodes sont mêlées en raison des avantages et des inconvénients que chacune présente, l'approche « horizontale » est toutefois privilégiée en ce qu'elle permet une plus grande cohérence, mais aussi des variations intéressantes dans l'utilisation d'un même bruitage à l'échelle du film. Sur *SW6*, Teresa Eckton est ainsi chargée de s'occuper des bruits quasi imperceptibles du moteur de R2D2 et de tous les sons émis par Chewbacca [90]. Burtt conserve ce mode de fonctionnement dans la trilogie républicaine. Dans *SW2*, la scène de l'arène mobilise à elle seule quatre techniciens différents pour la création de tous les sons, comme le rapporte Burtt avec humour : « Bruce [Lacey] a fait toutes les foules géonosiennes, tous les *crashs*, les impacts et le reste. Terry [Eckton] travaille sur les lasers. Je m'occupe des créatures. Y'a un malheureux qui va se taper [*sic*] tous les sabres laser » [91].

Le corollaire de cette considération nouvelle envers l'importance du son dans le cinéma hollywoodien *mainstream* est l'accroissement du budget alloué au son et du nombre de techniciens engagés (souvent plus d'une trentaine) : « Le temps est révolu, où le générique portait une mention isolée, attribuant la création sonore à un seul individu en tant que chef de département » [92]. Au fur et à mesure que l'équipe son s'agrandit sur les films de la trilogie impériale et qu'il se voit confier des rôles de plus en plus importants, Burtt peut alors déléguer certaines tâches, choisir ce sur quoi il veut travailler et confier le reste à d'autres techniciens, comme on vient de le voir avec les exemples cités plus haut. Lors de la sortie de *SW6*, il explique ainsi son rôle de superviseur principal des effets sonores :

> Mon style et ma technique se reflètent déjà dans la sonothèque. Je fais des vérifications, je modifie et j'embellis, mais le gros du travail est transféré à quelqu'un d'autre. R2-D2 est une exception. [...] Je me suis toujours occupé de R2, et je me le réserve pour moi [93].

Toutefois, pour éviter un éparpillement et conserver une cohérence dans l'architecture globale sonore du film, Burtt privilégie plutôt une équipe modeste (toutes proportions gardées), engagée sur le long terme, comme il l'explique pour *SW2* : « On a tendance à avoir une plus petite équipe sur une plus longue période. Par rapport à

---

89. Murch, cité dans Thomas, « Entretien avec Walter Murch », p. 11-21, ici p. 19.

90. Blake, *Film Sound Today*, p. 40.

91. Burtt, cité dans Bresolin, *Film Are Not Released.*

92. « *Gone is the solitary credit attributing sound to one individual department head* ». Sergi, « A Cry in the Dark », p. 160.

93. « *My style and technique is already reflected in the library. I'll check and modify and sweeten, but the bulk of the work goes to someone else. One exception is R2-D2. [...] I have always done R2, and reserve that one thing for myself* ». Burtt, cité dans Blake, *Film Sound Today*, p. 39.

d'autres films, on a une équipe de montage sonore très réduite. On a vraiment réalisé ce film avec deux monteurs d'effets sonores principaux »[94].

Enfin, la culture cinématographique est un trait distinctif de la pratique de Burtt, la mémoire auditive jouant un rôle central dans son processus de création sonore. Dès son enfance, il développe son oreille en collectant des sons à partir des films diffusés à la télévision, en particulier des *cartoons* de la Warner, puis en les disséquant en tentant de comprendre leur processus de création[95]. Ce goût pour l'animation le mènera d'ailleurs à travailler sur la production Disney-Pixar *Wall-E* (2008), détail important à noter dans la mesure où il existe une grande porosité et une convergence de pratiques dans le *sound design* du cinéma d'animation et des longs-métrages de fiction. Par ses enregistrements sonores, Burtt affine considérablement son érudition cinématographique : « J'aimais enregistrer certains sons – beaucoup d'explosions, des bruits violents, des avions [...] – donc j'ai maîtrisé peu à peu parfaitement les sonothèques de studios distincts. Je pouvais identifier le studio d'un film à partir de ses effets sonores »[96].

Les solides connaissances techniques et historiques acquises au cours de sa formation à l'Université de Californie du Sud (USC) lui permettent, à l'instar de Murch, de se positionner par rapport aux pratiques sonores préexistantes. Si, comme on l'a souligné plus haut, la trilogie impériale est représentative de la volonté de Burtt de se démarquer des conventions sonores précédentes (en particulier celles des films de science-fiction), sa culture cinématographique l'amène *également* à rendre hommage à des longs-métrages antérieurs par une sélection de sons, réutilisés ou volontairement recréés. Son approche sonore quasi archéologique[97] le conduit tout d'abord à faire tout au long de l'hexalogie une utilisation parcimonieuse, et sous forme de clins d'œil, de quelques sons provenant de « vieux films de science-fiction [...], des séries de *Flash Gordon*, de *Planète interdite* »[98]. Sur *SW5*, il réalise de nouveaux enregistrements des « accessoires de *Frankenstein* construits dans les années 30 et appartenant à l'inventeur, Strickfaden. [...] C'était un ensemble impressionnant de bruits électroniques étranges. On en a utilisé par-ci par-là »[99]. La machine créée pour *Frankenstein* (1931) à partir d'une bobine de tesla sert ainsi de source principale aux sons électriques émis par les éclairs bleus qui jaillissent des doigts de l'Empereur dans *SW6*.

Burtt est également à l'origine de la redécouverte et de la très large diffusion de ce qu'il a baptisé « le cri Wilhelm »[100], enregistré par Sheb Wooley en 1951. Ce cri de douleur, qui se décline en fait en six versions différentes, apparaît pour la première fois

94. Burtt, cité dans Bresolin, *Film Are Not Released*.

95. Voir Jonathan W. Rinzler, *The Sounds of Star Wars*, San Francisco, Chronicle Books, 2010, p. 11.

96. « *I had certain kinds of sounds that I liked to record – lots of explosions, violent sounds, airplanes [...] –, so I became very familiar with the sound effects libraries of specific studios. I could identify the studio that made a movie from the sound effects* ». Burtt, cité dans *ibid.*, p. 12.

97. Voir Gianluca Sergi, « In Defense of Vulgarity : The Place of Sound Effects in the Cinema », *Scope*, n° 5, juin 2006, http://filmsound.org/articles/sergi/sound-effects-place.htm, consulté le 22 février 2017.

98. Ben Burtt, commentaires audio du DVD de *SW5*.

99. *Ibid.*

100. « *Wilhelm scream* ». Le terme provient en fait du nom du soldat Wilhelm, qui reçoit une flèche cheyenne dans la jambe et tombe de son cheval dans *La Charge sur la rivière rouge* (1953). Voir Benjamin Wright, « The Scream Heard 'Round the World », *Wright on Film*, mars 2008, http://wrightonfilm.com/2008/03/03/the-scream-heard-round-the-world/, consulté le 17 avril 2015.

dans *Les Aventures du capitaine Wyatt* (1951), lorsqu'un soldat se fait happer la jambe par un alligator. Il est resté jusque dans les années 1970 la propriété exclusive du studio Warner Bros., puisqu'il faisait partie de leur sonothèque. De manière peu étonnante au vu du mode de développement de sa mémoire auditive, Burtt a été le premier à s'apercevoir de la récurrence du « cri Wilhelm » dans les films produits par le studio, tels *Des monstres attaquent la ville* (1954), *La Terre des pharaons* (1955) ou *La Horde sauvage* (1969). Sa marque distinctive consiste alors à réemployer ce son en hommage aux films classiques hollywoodiens, en l'associant invariablement à la chute mortelle d'un personnage malfaisant. Le cri intervient pour la première fois sur l'Étoile noire dans *SW4*, alors qu'un *Stormtrooper* tombe dans le vide au cours du combat l'opposant à Luke et Leia ; il devient un gag sonore récurrent dans tous les épisodes suivants, ainsi que sur l'intégralité de la saga *Indiana Jones*. Prenant la forme d'un clin d'œil entre *sound designers*, cette pratique a ensuite essaimé dans les films de Gary Rydstrom (*Toy Story*, 1995) ou Randy Thom (*Monster House*, 2006), auprès de Quentin Tarantino (*Reservoir Dogs*, 1992 ; *Kill Bill vol. 1*, 2003) ou Peter Jackson (*Les Deux Tours* et *Le Retour du roi*), ainsi que dans des émissions télévisées (*Family Guy*) [101].

Enfin, ce travail d'archéologie sonore conduit Burtt à recréer intégralement le bruit des flèches des *Aventures de Robin des Bois* (1938) qu'il affectionnait particulièrement, pour donner vie aux archers Ewoks dans *SW6*. En effet, les flèches « modernes » ne produisent quasiment aucun bruit, alors que Burtt recherche un sifflement musical. En décortiquant la manière dont le son de *Robin des Bois* est construit, il conçoit alors des flèches sur ce modèle et obtient un sifflement similaire. Le même travail intertextuel et référentiel a lieu au début de *SW1*, pour l'invention du son de l'écran sur lequel apparaît la reine Amidala. Burtt souhaite renvoyer aux bruits de réglages d'écran utilisés dans la série des *Flash Gordon*. Mais sa création sonore prend ici plutôt la forme d'une transposition personnelle, puisqu'il explique n'être « jamais arrivé à saisir ce qu'était ce son » [102].

En rendant hommage de manière parcimonieuse et inventive aux films et aux séries de l'âge d'or hollywoodien, Burtt tend d'une certaine manière à s'inscrire au sein d'une filiation prestigieuse. Toutefois, au-delà de la continuité historique qu'il semble tisser, il opère en même temps une transposition inventive de cet héritage, qui dépasse le statut d'un simple pastiche. Par une nouvelle mise en contexte, l'inscription de ces bruits dans un environnement sonore singulier et novateur, il en fait une véritable recréation, et transcende le genre de la science-fiction en en élargissant à la fois le champ d'horizon sonore et les attentes spectatorielles :

> Burtt comprenait les codes sonores attendus sur le plan des relations image / sons, pas seulement dans les films de science-fiction, mais aussi dans les films hollywoodiens classiques, qui avaient exercé une influence si considérable sur la compréhension et les attentes du public vis-à-vis du son dans le cinéma hollywoodien. En créant le *sound design* des épisodes de *Star Wars*, Burtt élargissait et intégrait les pratiques antérieures

101. *Ibid.*
102. Ben Burtt, commentaires audio du DVD de *SW1*.

d'Hollywood, consolidant ainsi la tendance des films du « Nouvel Hollywood » à en faire de même sur le plan narratif[103].

Cette approche du son s'inscrit parfaitement dans l'esthétique cinématographique des *movie brats* qui, loin de rompre entièrement avec les modes de production d'Hollywood, les conventions des genres, les thèmes et les formes en vogue au cours de la période classique, en explorent plutôt les limites par le biais des innovations technologiques[104].

*Lucasfilm : un goût prononcé pour les expérimentations sonores*

Le *sound designer* n'est bien évidemment pas un artiste œuvrant seul dans sa tour d'ivoire ; l'équipe son qui épaule son travail, à qui il délègue une partie conséquente des tâches, est tout aussi importante dans la signature sonore d'un film. La sensibilité de Lucas envers le son joue également un rôle essentiel à cet égard, d'après Burtt :

> De nombreux producteurs et réalisateurs ne sont pas aussi attachés au son [que Lucas]. Ils veulent que la bande sonore soit réussie, mais ils sont réticents à fournir les ressources et le temps nécessaire aux tâtonnements – indispensables pour quelqu'un qui veut vraiment trouver le meilleur matériau. Le son intervient tard dans la production, quand l'argent, la patience et le temps sont épuisés [...]. Aussi je crains que, à bien des égards, les *sound designers* travaillant sur des grosses productions n'aient pas pu aller jusqu'au bout de leurs capacités[105].

Dès ses premières réalisations en tant qu'étudiant à l'USC au milieu des années 1960, à l'instar de Coppola, Lucas place en effet le son sous l'égide de l'expérimentation. La « profondeur de champ sonore » et la « contextualisation » novatrices qu'il met au point avec Murch sur *American Graffiti* seront au cœur de tous ses films ultérieurs, le son représentant selon lui « 50 % de l'expérience cinématographique »[106]. Sa formation à l'USC joue un rôle essentiel en ce qu'elle lui fait prendre conscience de l'importance

103. « *Burtt understood the expected sound codes of image-sound relations, not just for science fiction films, but rather typical Hollywood films as well, which had so influenced audience understandings and expectations regarding sound in Hollywood cinema. In the course of creating the sound design for* Star Wars, *Burtt would extend and incorporate Hollywood's past output, thus reinforcing the trend in "New Hollywood" narratives to do the same* ». Whittington, *Sound Design & Science Fiction*, p. 113.

104. Voir à ce sujet Geoff King, *New Hollywood Cinema : An Introduction*, New York, Columbia University Press, 2002, p. 49-84 ; Pierre Berthomieu, *Le cinéma hollywoodien : le temps du renouveau*, Paris, Armand Colin, 2003, p. 99-115.

105. « *Many producers and directors aren't as close to the sound track. They want it to be right, but they're not willing to provide the resources and the time for the trial and error necessary for somebody to really come up with the best material. Sound comes late in the production, when money, patience, and time are used up [...]. So I have a fear that in many respects the sound designers for commercial feature films have gone not as far as they can* ». Burtt, cité dans Vincent LoBrutto, *Sound-on-Film*, p. 148-149.

106. « *[Sound is] 50 % of the filmgoing experience* ». Lucas, cité dans Denise Abbott, « George Lucas : His First Love is Editing » [1991], dans Sally Kline (dir.), *George Lucas Interviews*, Jackson, University Press of Mississipi, 1999, p. 166.

d'appliquer un traitement particulièrement soigné aux interactions entre sons et images [107].

Cette attention portée à tous les paramètres de la production cinématographique préside à la fondation de sa propre société en 1971 à San Rafael, Lucasfilm – après avoir cocréé American Zoetrope avec Coppola en 1969. Lucasfilm comprend notamment les branches ILM (dédiée aux effets visuels et désormais basée à San Francisco), et Skywalker Sound (anciennement Sprocket Systems) déplacé au Skywalker Ranch dès la fin de sa construction en 1987. L'ambition de Lucas transparaît nettement lorsqu'il évoque sa compagnie avec une pointe de suffisance : « Plutôt que de construire des installations conformes aux standards dans le reste du monde, on s'est dit : "Bâtissons quelque chose de meilleur et changeons le monde, pour qu'il atteigne un aussi bon niveau lui aussi" » [108].

Le ton excessif et la volonté de promouvoir sa société qui transparaît dans ces propos sont bien entendu à prendre en considération. La fondation de Lucasfilm et la construction du Skywalker Ranch ne relèvent pas d'une pure philanthropie, totalement désintéressée :

> Lucas [...] a investi dans des domaines comme les effets spéciaux et le raffinement du son, qui présentaient des avantages immédiats et rentables dans l'esthétique dominante des *blockbusters*, et ont fait de lui un acteur puissant du paysage hollywoodien [109].

Lucas se livre en effet à la construction d'un véritable empire tentaculaire, dont les ramifications comprennent notamment une licence exclusive sur les produits dérivés de la franchise *Star Wars* et une division consacrée aux jeux vidéo, LucasArts Entertainment. L'indépendance (économique et artistique) de Lucas vis-à-vis des studios et de l'industrie hollywoodienne, revendiquée dans de nombreux entretiens, s'avère relative dans la mesure où le réalisateur s'inscrit de plain-pied dans ce système – le rachat de sa société par The Walt Disney Company en décembre 2012 ne fait que le confirmer.

Malgré ces nuances et les précautions qu'il convient d'employer vis-à-vis du discours des créateurs, l'attention particulière accordée par Lucas à la qualité des effets spéciaux, visuels et sonores reste indéniable. Les épisodes de l'hexalogie constituent ainsi selon Philippe Cathé des marqueurs forts qui jalonnent l'histoire des technologies [110]. *SW4* est le lieu de trois changements majeurs quant aux modes de production et de création du son dans le cinéma-spectacle.

Tout d'abord, signe de la volonté du réalisateur de faire du son une part intégrante de l'expérience cinématographique en assurant une qualité de diffusion optimale, des

---

107. Voir Stephen Keane, « Walter Murch and Ben Burtt : The Sound Designer as Composer », dans Graeme Harper, Ruth Doughty et Jochen Eisentraut (dir.), *Sound and Music in Film and Visual Media : An Overview*, New York, Continuum, 2009, p. 455.

108. « *Rather than build facilities in keeping with the rest of the world, we said, "Let's build something better and change the world so it becomes that good too"* ». Lucas, cité dans Abbott, « George Lucas », p. 169.

109. « *Lucas [...] invested in dimensions such as special effects and improved sound that were of immediate and profitable benefit to the dominant blockbuster aesthetic and have made him a powerful player in the Hollywood landscape* ». King, *New Hollywood Cinema*, p. 102.

110. Voir Cathé, « Bruit et musique dans la course des *Podracers* », p. 53-69, plus spécifiquement p. 61.

négociations entre Lucas et les laboratoires Dolby sont entamées dès 1975. L'engagement de Burtt neuf mois avant le début du tournage, en 1975 – donc très en amont de la production –, s'avère également inhabituel. Comme le souligne Murch, « pendant longtemps le son était perçu comme une opération mécanique comparable à un travail de laboratoire »[111] : les techniciens sons n'étaient appelés qu'à la fin du tournage voire du montage et puisaient essentiellement dans les sonothèques des studios, en raison du budget et du temps réduits alloués au son. Au contraire, Burtt se voit ici accorder un temps relativement long (une année entière) pour aller enregistrer des sons dans les alentours de l'USC, se démarquant des pratiques les plus courantes à Hollywood.

Le processus nouveau de collecte de sons concrets est l'une des particularités sonores les plus saillantes de la saga[112]. Bénéficiant des progrès des technologies d'enregistrement portatives, équipé de microphones et d'un enregistreur Nagra stéréo IV-S fournis par American Zoetrope, Burtt se rend dans des ranchs, chez des éleveurs d'animaux spécialisés dans le cinéma, sur des bases militaires comme Fort Irwin pour enregistrer des sons d'artillerie, dans des usines, ou encore des tunnels ferroviaires. Son processus créateur est relativement précis et structuré : à partir de sa lecture du scénario et de sa visite des décors, il divise les objets et les créatures pouvant émettre un son en différentes catégories. Les langages sont quant à eux délimités en trois types, selon qu'ils doivent être dérivés de bruits d'animaux, de sons humains, ou formés d'un mélange composite de sons acoustiques et électroniques[113]. Les bruits qu'il enregistre peuvent ainsi être répartis d'emblée au sein de ces classifications, ce qui facilite en retour leur manipulation et leur recomposition, et la constitution de sa propre sonothèque *spécifique* à la saga :

> Nous avons plus de 5000 sons dans la librairie *Star Wars*. J'enregistre des sons depuis 1975. Souvent, je reprends les bandes d'origine pour trouver des sons qu'on n'a pas encore samplés [...]. Ces enregistrements peuvent parfois servir d'inspiration pour de nouvelles choses[114].

Un exemple emblématique intervient dans *SW6*, lors de l'affrontement final dans la forêt d'Endor, où Burtt se sert notamment de sons de lasers et d'explosions développés dans les épisodes antérieurs.

L'implication de Burtt en aval dans la production constitue l'un des traits distinctifs de sa pratique qui se poursuit sur tous les épisodes suivants, y compris dans la trilogie républicaine. Sur *SW6*, le travail de Burtt dès la préproduction en 1981, bien avant le tournage, lui permet de concevoir des effets sonores inventifs pour des objets à l'importance secondaire, qu'il n'aurait pas eu le temps de créer ultérieurement. C'est le cas par exemple de la porte du palais de Jabba :

> J'ai conçu un son rien que pour la porte, comme un prémixage stéréo [...]. Si j'avais dû attendre un an avec l'intégralité des pistes individuelles, je n'aurais jamais eu le temps.

111. Murch, cité dans Thomas, « Entretien avec Walter Murch », p. 11-21, ici p. 21.

112. Ce processus d'enregistrement de sons concrets, déjà singulier dans les années 1970, le devient encore plus à la fin des années 1990 où, avec la généralisation du numérique, « de nombreux sons n'ont plus aucune base enregistrée » (Gardies (dir.), *Comprendre le cinéma et les images*, p. 56).

113. Rinzler, *The Sounds of Star Wars*, p. 27-29.

114. Burtt, cité dans Bresolin, *Film Are Not Released.*

> J'aurais probablement dit : « Mettez un bruit de porte de l'épisode précédent ». De cette manière, quand la porte gigantesque s'ouvre, j'ai d'abord ajouté un grondement, puis un craquement, et enfin un grincement [115].

Le travail de Burtt à un stade inhabituellement précoce de la production ménage ainsi une place significative pour une marge d'erreur dans le processus d'expérimentation sonore. Celle-ci concerne aussi bien le placement des microphones que la conception et la manipulation des bruitages, ou encore l'évolution du montage image. Dès qu'une bobine est montée, Burtt mixe les effets sonores et renvoie l'ensemble aux monteurs. Ainsi, ils peuvent l'appréhender dans sa globalité images / sons, et éventuellement modifier l'enchaînement ou la durée des plans en conséquence. Burtt explique à titre d'exemple l'importance nouvelle prise à l'image par R2D2, grâce aux bruitages créés très en aval :

> En fait, ils se sont de plus en plus basés sur le fait que R2 pouvait parler, et ils ont introduit des plans qui le cadrent bien plus souvent – parce qu'ils savaient qu'il pouvait s'exprimer. Ils proposaient : « Pourquoi ne pas enchaîner avec un plan sur R2 et observer sa réaction ? » Cela ne se serait pas produit s'ils n'avaient pas su qu'ils pouvaient intégrer le son dans ces plans. De ce point de vue, le processus s'est révélé vraiment unique [116].

Les effets sonores de *Star Wars* sont aussi le résultat de multiples tentatives et des retours pointilleux de Lucas. Si ce processus créateur a pu être source de tensions entre le réalisateur et le *sound designer* [117], la méticulosité des créateurs, les essais successifs, l'attention et le temps singulièrement long alloué à la bande-son, expliquent néanmoins en grande partie la richesse du monde sonore de la saga.

Les pratiques de mixage évoluent également au fil des épisodes. Les techniciens de Skywalker Sound tentent de repousser les possibilités techniques afin d'assurer un rendu sonore le plus fidèle possible dans les salles de cinéma, qui rende justice à tout ce travail minutieux effectué en aval. *SW6* est ainsi l'un des premiers films à se servir de quatre pistes séparées au mixage final (au lieu des trois pistes habituelles : dialogue, musique, effets sonores) [118]. Burtt et le mixeur Gary Summers décident de séparer le dialogue, la musique, les effets sonores (sabres laser, vaisseaux, sons réalisés par les bruiteurs…), et ce qui a trait aux « créatures » (R2D2, la respiration de Dark Vador, Jabba le Hutt, Salacious Crumb, Bibb Fortuna, Nien Nubb, Boussh, l'œil-robot et les Ewoks). Cette configuration, qui divise donc les bruitages en deux catégories, présente un double avantage : elle offre une plus grande flexibilité – Burtt peut plus facilement retoucher les bruitages sur une piste en particulier, sans avoir à modifier l'ensemble du

115. « *I developed a sound for the whole door as a stereo pre-dub […]. Had I had to wait a year with all of the individual tracks, I would never have had time. I might have said, "Put in a door from the last film". This way, when the giant door opened, I first added a rumble, then a crunching sound, then some squeaking* ». Burtt, cité dans Blake, *Film Sound Today*, p. 38.

116. « *In fact, they began to depend more on the fact that Artoo could talk and they would cut to him much more often – because they knew he could talk. They would say, "Why don't we bounce to Artoo and get a reaction ?" That would not have happened had they not known they could get the sound in. So it was a really unique experience in that respect* ». Burtt, cité dans Rinzler, *The Making of Star Wars*, p. 238.

117. Voir *ibid.*, p. 32.

118. Holman, *Sound for Film and Television*, p. 166.

mixage sonore – et, surtout, elle empêche l'équilibre sonore établi par les techniciens de Skywalker Sound d'être altéré lors des doublages dans les versions étrangères. Par ailleurs, dès *SW5*, Burtt enregistre une piste spécifiquement pour les *surrounds*. Il l'exclut volontairement du mixage final des autres pistes son, afin que les informations essentielles ou les effets dramatiques principaux n'y figurent pas. En effet, l'équipement des salles de cinéma n'est pas assez performant selon Burtt pour que la piste d'ambiance puisse jouer un rôle plus important : « sa majeure partie n'était jamais diffusée correctement dans les salles de cinéma » [119].

Jugeant lui aussi la qualité du son au cinéma insuffisante, Lucas mène dès 1980 des recherches sur le numérique [120], qui constitue selon lui la seule voie viable pour le futur. En 1983, au moment de la sortie de *SW6*, il met également au point avec Holman le THX, une certification technique payante assurant une uniformisation de la qualité de diffusion sonore et visuelle dans les salles de cinéma. L'acronyme fait référence au premier long-métrage de Lucas et à l'expression « *T*om *H*olman e*X*periment » [121]. Les critères de qualité dans l'attribution du label concernent la réverbération sonore, le volume, le niveau de bruit, le nombre et l'alignement des haut-parleurs, la luminosité de l'écran, et la netteté de l'image [122]. Par le biais du programme TAP (Theater Alignment Program) lancé par Sprocket Systems et le studio Twentieth-Century Fox, une trentaine de techniciens sont chargés d'inspecter les salles et d'aider les projectionnistes à diffuser le film selon les conditions requises.

Le premier épisode de la trilogie républicaine atteste à nouveau l'ambition de Lucas d'être à la pointe de la technologie sonore, à travers l'invention d'un nouveau système numérique développé par Lucasfilm, les laboratoires Dolby et Rydstrom : « *The Phantom Menace* représente encore une nouvelle étape dans cette histoire technologique puisque, pour la première fois, un film est présenté en *Dolby Digital Surround EX*, qui autorise la diffusion sur huit canaux différents » [123].

Enfin, au regard de ce goût prononcé des créateurs et des techniciens de la saga pour l'inventivité sonore, il convient de souligner le rôle de premier plan que joue incontestablement Skywalker Sound dans ce domaine. Les noms les plus prestigieux du *sound design* contemporain sont (ou ont été) attachés à cette compagnie. Les techniciens de Skywalker Sound, tel Rydstrom, comptent également parmi les plus récompensés par l'Académie des Oscars, qui a par ailleurs fortement contribué à leur visibilité dans le paysage hollywoodien contemporain. La reconnaissance des pairs s'avère en effet essentielle, comme en témoigne le nombre conséquent de prix reçus par les techniciens de la compagnie, et s'insère pleinement dans une « économie de prestige ». L'excellence

119. « *most of it was never played correctly in theaters* ». Burtt, cité dans Blake, *Film Sound Today*, p. 45.

120. Le prototype du processeur de signal numérique ASP (*Audio Signal Processor*), construit par Andy Moorer, est utilisé dès *SW6*, pour des taches spécifiques telles que le « nettoyage » du dialogue ou la création de quelques effets sonores ; il sera utilisé de manière plus extensive dans *Indiana Jones et le Temple maudit* (*ibid.*, p. 42). La première station audionumérique (*Digital Audio Workstation*) a été mise au point par la société de Lucas (Jay Beck et Vanessa Theme Ament, « The New Hollywood, 1981-1999 », dans Kathryn Kalinak (dir.), *Sound : Dialogue, Music, and Effects*, Londres / New York, I.B. Tauris, 2015, p. 129).

121. Allen, « From *Bwana Devil* to *Batman Forever* », p. 118.

122. Voir Blake, *Film Sound Today*, p. 50-51.

123. Cathé, « Bruit et musique dans la course des *Podracers* », p. 53-69, ici p. 61.

de leurs réalisations, vantée par Lucas et légitimée par l'institution des Oscars, rejaillit sur le rayonnement de la compagnie, qui prend alors la forme d'une véritable figure de proue dans le domaine des effets spéciaux. Thom met ainsi en valeur l'esprit créatif qui anime l'équipe autour de Lucas :

> En Californie du Nord, toute la période qui s'étire du début des années 1970 jusqu'aux années 1980 a été une renaissance dans le domaine du son au cinéma, qui était réellement menée par George [Lucas] et Francis [Ford Coppola], ainsi que par les personnes qu'ils engageaient. [...] Selon moi, de nombreuses innovations ont eu lieu à ce moment-là. Il y avait un réel esprit d'expérimentation ; George et Francis œuvraient à conférer au son un rôle plus important dans la narration qu'il n'en avait habituellement. Aussi, un nombre considérable d'individus talentueux ont été attirés vers eux, et ont saisi la balle au bond. Il était clair pour moi, à cette époque, que le travail le plus poussé et le plus intéressant dans le domaine du son cinématographique [...] se faisait dans la région de la baie de San Francisco [124].

Burtt souligne par ailleurs la polyvalence du personnel de Skywalker Sound. Leur formation au sein de la compagnie et les connaissances qu'ils développent dans différents métiers du son les distinguent des techniciens en dehors de l'orbite de l'empire lucasien :

> Ce qui est formidable avec Cheryl [Nardi], c'est qu'elle était un mélange d'assistante son et d'assistante image. L'embauche de personnes polyvalentes est devenue une caractéristique de Lucasfilm au fil des ans. [...] C'est encouragé ici. Les gens essaient de laisser la porte ouverte à une spécialisation, mais il y a beaucoup d'échanges. Nous ne sommes pas contre le fait d'élargir les responsabilités qui ont trait au métier de quelqu'un, si cette personne a les compétences nécessaires, et si ça peut nous aider en retour [125].

Pour toutes ces raisons, comme l'affirme Whittington, *Star Wars* « a redéfini les normes du son dans les *blockbusters*, sur les plans à la fois esthétique et technologique » [126].

### Normes et pratiques de mixage dans le cinéma *mainstream*

En dépit de ces pratiques sonores particulièrement inventives, la gestion du mixage dans la saga – et en particulier dans la trilogie républicaine – a fait l'objet de débats virulents, tant du côté des créateurs eux-mêmes que de la réception critique. Ces prises

---

124. « *That whole period in Northern California, beginning in the early 1970s and ending sometime in the early 1980s, was a renaissance for movie sound that was really being driven by George and Francis, and by the people they hired [...]. I think a lot of new ground was broken then. There was a real spirit of experimentation, and George and Francis were pushing sound to take a more important role in storytelling than was typical. So you had lots of talented people who were drawn to that and took that ball and ran with it. It was clear to me in those days that the best and most interesting work in film sound [...] was being done in the San Francisco Bay Area* ». Thom, cité dans Rinzler, *The Sounds of Star Wars*, p. 24.

125. « *The great thing about Cheryl [Nardi] is that she was a hybrid between sound assisting and picture assisting. Typical of Lucasfilm over the years has been a fostering of people who can do many jobs. [...] That's been encouraged here. People try to keep it open such that you have a specialty, but there's a lot of communication. We're not against widening someone's job responsibility if they have a skill for it and it will help us out* ». Burtt, cité dans Erin K. Lauten, « Interview with Ben Burtt, Editor and Sound Designer, *Star Wars : Episode II* », *FilmSound*, avril 2002, http://filmsound.org/starwars/editorsnet-interview.htm, consulté le 12 avril 2015.

126. « *[*Star Wars*] recalibrated the standards for film sound in blockbusters both aesthetically and technically* ». Whittington, *Sound Design & Science Fiction*, p. 113.

de position découlent d'un certain nombre de présupposés esthétiques, historiques et idéologiques entremêlés.

*Ambivalence du discours des créateurs*

Dans nombre de ses entretiens, Burtt évoque une « rivalité » entre l'équipe chargée de la musique et celle qu'il dirige, engendrée par les différences de point de vue :

> L'équipe musicale entend les trompettes, les piccolos et les tambours, et l'équipe des effets sonores n'entend que les explosions et les sabres. Chacun a son point de vue. [...] Il est arrivé que quelqu'un ne soit pas content. Il y a d'ordinaire rivalité entre les effets sonores et la musique. Cela veut dire Kenny Wannberg contre Ben Burtt. [...] C'est comme cela depuis trente ans. On se dispute au mixage [127].

À l'inverse, Kenneth Wannberg regrette la prééminence prise par les bruits sur la musique. Lors de plusieurs entretiens personnels, il a, à maintes reprises, déploré le volume trop fort des effets sonores. Cette tendance s'est, selon lui, fortement accentuée sur la trilogie républicaine à cause du développement des technologies, qui a permis une hausse généralisée du volume. Avant l'emploi du numérique, les sons ne pouvaient pas dépasser une certaine intensité sonore sans risquer de faire saturer les haut-parleurs lors de la diffusion en salle. Aussi Wannberg affirme-t-il devoir défendre la musique contre des effets sonores trop présents pendant les sessions de mixage, auxquelles Williams n'assiste pas :

> Pendant le mixage, le compositeur n'est généralement pas présent. Donc le *music editor* essaie de sauver la musique. Je pense que vous êtes au courant au sujet des bruits et de la musique. Les effets sonores sont devenus si abominables au fil des ans. Je ne comprends pas pourquoi. [...] C'est toujours une surprise lorsque l'on arrive à l'étape du mixage. Vous savez à quel point les épisodes de *Star Wars* sont chargés en effets sonores. [...] Je trouve que le son est excessif. Là où tout le reste est retiré, on peut entendre ce magnifique morceau de musique [128].

Au sujet du duel entre Anakin et Obi-Wan sur Mustafar à la fin de *SW3*, Wannberg va ainsi jusqu'à prôner la suppression totale des effets sonores au profit de la seule musique, afin d'amplifier la puissance dramatique de la séquence. L'amertume qui transparaît dans ses propos semble partagée par d'autres techniciens travaillant dans le département musique, à l'instar du mixeur Dan Wallin affirmant que les équilibres sonores des films contemporains se sont considérablement détériorés depuis l'avènement du numérique, en raison du recentrement sur les bruits : « Dans les pratiques de mixage actuelles, [le son] n'est plus qu'un énorme rugissement » [129].

---

127. Burtt, cité dans Tippy Bushkin, *Within a minute.*

128. « *In dubbing, the composer is not usually there. So the music editor is trying to save the music. I guess you know about sounds and music. Sound has gotten so horrendous through the years. I don't understand why. [...] It's always a surprise when you get to the dubbing stage. You know how heavy the* Star Wars *episodes are in sound effects. [...] I think the sound is overdone. Where everything is dropped out, you get this gorgeous piece of music* ». Kenneth Wannberg, entretien personnel réalisé le 24 février 2013.

129. « *They way they dub now, [sound]'s just a big roar* ». Wallin, cité dans Alexandra Brouwer et Thomas L. Wright, *Working in Hollywood*, New York, Crown, 1990, p. 486.

Williams lui-même fait parfois état d'une compétition entre sa musique et les effets sonores, considérant ces derniers comme « un problème important pour le compositeur »[130]. Emilio Audissino rapporte les plaintes que le musicien aurait formulées à l'égard de la première séquence de *SW3* et « les difficultés rencontrées [par Williams] afin de se détacher musicalement de la bataille assourdissante qui ouvre le film »[131].

Pourtant, Williams s'avère tout à fait conscient du contexte particulier dans lequel il compose, et sait pertinemment que toutes les notes composées ne seront pas entendues une fois incorporées au sein du film. Il souligne ainsi régulièrement en entretien l'attention qu'il porte aussi bien au dialogue qu'aux effets sonores, et explique avec discernement que la musique s'insère au sein d'une bande sonore globale où les bruits occupent une place importante :

> Tout n'est pas fait uniquement par moi dans les films [...], nous avons aussi toute la distraction des effets sonores, et il peut y avoir une section de quatre minutes au sein [d'une séquence] de quarante minutes où la musique passera délibérément au second plan pour laisser prévaloir les effets sonores. [...] Le bruit du film dicte une part si importante de ce que nous écrivons[132].

La même ambivalence se retrouve dans le discours de Burtt. Livrant une vision plus nuancée de son travail à l'échelle de la bande sonore dans sa globalité, il insiste de manière récurrente sur la nécessité d'opérer une gestion minutieuse des équilibres sonores en fonction des besoins de la narration[133]. Aussi, ne peut-on voir dans ces oppositions systématiques une forme de posture de la part des créateurs, où chacun prêche pour sa paroisse et défend sa sphère d'intérêt ? Les rivalités qui affleurent dans leurs discours ne reflètent pas la réalité des pratiques sonores de la saga et la minutie avec laquelle le mixage, l'alternance de primauté ainsi que les interactions entre musique et bruits sont abordés.

*Une musique sacrifiée sur l'autel du mixage ? Un consensus critique*

Souvent saturé par les propos les plus répandus des créateurs, repris sans être interrogés malgré ces ambivalences que seuls un examen minutieux des entretiens et le recoupement des sources permettent de mettre en lumière, un consensus critique semble s'être dessiné pour dénoncer l'écrasement de la musique sous les effets sonores

130. « *Sound effects are a big problem for a composer* ». Non signé, « *Star Wars* – Music by John Williams », https://archive.org/details/StarWars-Music.by.John.Williams.BBC, consulté le 12 avril 2015.

131. « *[Williams parla della] difficoltà di destreggiarsi musicalmente nella rumorosa battaglia che apre quel film* ». Emilio Audissino, *Neoclassical Hollywood Music : John Williams e il recupero dello stile classico di Hollywood*, thèse de doctorat, Pise, Università di Pisa, 2012, p. 372.

132. « *It isn't done as purely by me in films [...], we also have all the distractions of sound effects, and there may be a four-minute section within [a scene of] 40 minutes where the music will intentionally lay back and let the sound effects take over. [...] The noise of the film dictates so much of what we do* ». Williams, cité dans Jeff Bond, « God Almighty ! », *Film Score Monthly*, vol. 8, n° 1, janvier 2003, p. 10-13, ici p. 11. Voir aussi Bernie Dobroski et Claire Greene, « Pass the Popcorn : An Interview with John Williams », *The Instrumentalist*, vol. 38, n° 12, juillet 1984, p. 6-9 ; Richard Dyer, « Making Star Wars Sing Again », *Film Score Monthly*, vol. 4, n° 5, juin 1999, p. 18-21, plus spécifiquement p. 21.

133. Voir notamment Rinzler, *The Sounds of Star Wars*, p. 41.

dans les pratiques de mixage de la trilogie républicaine. Ainsi, l'accroissement du nombre et de l'intensité des bruits, issu de l'exploitation des technologies numériques, est jugé problématique et pénible par Berthomieu :

> Les bruitages, les effets sonores [...] ont acquis une présence qui rivalise avec la musique. Rivalité douloureuse et gênante quand l'un masque l'autre (au détriment de la musique) en un mixage discutable et avec un résultat éprouvant pour les oreilles [134].

Le déséquilibre entre bruits et musique prendrait une ampleur croissante au fil des épisodes de la trilogie républicaine selon Olivier Desbrosses, la musique devenant « parfois à peine audible tant elle est écrasée par un volume d'effets sonores en constante augmentation » [135]. Les récentes publications de James Buhler et d'Audissino vont également dans ce sens [136].

Sous la plume de différents chercheurs et journalistes se retrouvent ainsi les mêmes constats négatifs, avec l'emploi de termes similaires. Cette condamnation systématique du mixage mérite d'être interrogée. Considérer la subordination de la musique aux effets sonores comme une faute de goût dérive de plusieurs présupposés esthétiques et historiques. À partir du cinéma sonore, un certain nombre de critiques, de théoriciens et d'historiens du cinéma tendent à adopter une attitude péjorative vis-à-vis des améliorations techniques du son, comme le rappelle Martin Barnier [137]. Cette assimilation réductrice s'exalte particulièrement dans le genre du cinéma-spectacle où, pour une partie de la critique, « un son riche, plein, et aux textures travaillées [est perçu comme] un signifiant de l'artifice » [138].

La condamnation du traitement sonore des films *mainstream* contemporains cristallise en filigrane les critiques souvent adressées à l'encontre des *blockbusters*, pur spectacle étourdissant mais jugé vide, fragmenté et dénué de cohérence narrative réelle, accusé de manipuler le spectateur et de le priver de tout jugement critique en faisant appel à l'affect plutôt qu'à l'intellect. De manière révélatrice, on retrouve fréquemment sous la plume des auteurs des termes appartenant au champ lexical du vacarme pour qualifier le son de ce type de films [139]. Les présupposés entourant le débat autour du son « trop fort » dans les films *mainstream* contemporains ont fait l'objet de plusieurs publications intéressantes. Sergi, notamment, a mis en lumière avec justesse le jugement de valeur que recoupe le terme *loudness* :

> Le débat entourant la question du bruit et, partant, du mérite artistique des effets sonores, s'inscrit dans un cadre critique plus large où le son, la technologie et le cinéma populaire (en particulier hollywoodien) sont conçus comme les antithèses d'un cinéma de qualité.

---

134. Berthomieu, « Le retour de *Star Wars* », p. 96-97, ici p. 97.

135. Olivier Desbrosses, « La renaissance du symphonisme », dans Alexandre Tylski (dir.), *John Williams : un alchimiste musical à Hollywood*, Paris, L'Harmattan, 2011, p. 55.

136. Voir Buhler, « *Star Wars*, Music, and Myth », p. 39 ; Audissino, *Neoclassical Hollywood Music*, p. 372.

137. Voir Martin Barnier, « Réception critique et historique des technologies du son au cinéma », *Cinémas : revue d'études cinématographiques*, vol. 4, n° 1, automne 2013, p. 35-57, plus spécifiquement p. 36.

138. « *rich, full, highly textured sound [is seen as] a signifier of artifice* ». Buhler, Neumeyer et Deemer, *Hearing the Movies*, p. 398.

139. Voir en particulier Claude Bailblé, « L'image frontale, le son spatial », dans Franck Beau, Philippe Dubois et Gérard Leblanc (dir.), *Cinéma et dernières technologies*, Paris, INA / Bruxelles, De Boeck & Larcier, 1998, p. 239.

> [...] Au bout du compte, cette attitude ne peut que susciter une profonde méfiance à l'égard des effets sonores, perçus comme grossiers, dénués de sophistication [140].

Se dessine de manière sous-jacente un jugement esthétique et culturel à l'égard des bruits, souvent opposés à la musique dans le discours auctorial sur la musique de cinéma. La soumission jugée problématique de la musique aux effets sonores dans la trilogie républicaine a en effet pour corollaire la sacralisation de la partition comme « œuvre » musicale, caractéristique des « puristes » de la musique de film comme on l'a vu dans notre deuxième partie. Cette position esthétique envisageant la partition comme un tout en soi, apparaît pour le moins hasardeuse en raison de la dimension fondamentalement plurielle de la création sonore au cinéma. Williams lui-même, on l'a vu, ne souscrit pas à une telle vision autonomiste de ses compositions.

À cet égard, Whittington est l'un des rares chercheurs à renverser cette argumentation considérant la musique de cinéma à travers le prisme prestigieux de la musique de concert. Ainsi, selon lui, une subordination des bruitages à la musique dans certaines scènes peut tout aussi bien s'avérer importune, sur les plans à la fois narratif et expressif. En s'appuyant sur une analyse de plusieurs *blockbusters* contemporains tel *Van Helsing* (2004), l'auteur démontre que l'accompagnement musical « gâche » l'effet de la séquence de lycanthropie de ce film pour deux raisons. Tout d'abord, en recouvrant les bruitages, la musique amoindrit considérablement leur impact dramatique dans la mesure où ils ne peuvent réellement se déployer. En outre, par son aspect de *mickey-mousing*, elle brise l'« effet de réel » des effets sonores en exhibant le caractère artificiel de la transformation : « Cette approche [...] établit ainsi un lien indésirable avec le cinéma d'animation et la nature "spectaculaire" de l'effet visuel » [141].

Enfin, la résistance manifestée largement à l'égard du son dans la trilogie républicaine découle indéniablement de la remise en cause de la primauté traditionnelle de l'image, suscitée à la fois par l'approche inventive de l'équipe son, et par le perfectionnement des technologies. Aussi, comme le souligne Mancini, il n'est guère étonnant que cette nouvelle approche du son, abandonnant la réserve qui lui est traditionnellement assignée, ait suscité défiance et oppositions :

> Les *sound designers* s'élèvent au-dessus d'anciens préjugés. Depuis les premiers temps jusqu'au macluhanisme actuel, la créativité a en général été fermement placée sous le joug de la vision : imaginer, c'est visualiser. Des termes comme images animées, cinéma et télévision, puisent leurs racines étymologiques dans des concepts visuels et non sonores [142].

---

140. « *The debate surrounding the loudness issue and the relative artistic merits of SFX is part of a wider critical framework where sound, technology and popular cinema (especially Hollywood) are singled-out as the antithesis to quality cinema. [...] Ultimately, this attitude cannot but generate a profound suspicion of SFX as vulgar, unsophisticated* ». Sergi, « In Defense of Vulgarity », http://filmsound.org/articles/sergi/sound-effects-place.htm, consulté le 22 février 2017.

141. « *This approach [...] thus draws an unwanted connection to animation, and the "spectacular" nature of the visual effect* ». Whittington, « Lost in Sensation », p. 70.

142. « *Sound designers are rising above some old prejudices. From ancient times to the McLuhanist present, creativity has usually been yoked most tightly to seing : to imagine is to visualize. Terms like motion pictures, cinema, and television trace their etymological roots to visual concepts, not to audio ones* ». Mancini, « The Sound Designer », p. 361. L'auteur fait ici références aux théories du sociologue canadien Marshall

*Un discours critique déconnecté des normes du cinéma commercial contemporain*

En faisant état de « problèmes » d'équilibres au sein d'un mixage qui « fris[erait] parfois l'irrespect »[143] vis-à-vis de la partition musicale de Williams, le discours critique dominant ne tient en outre pas compte des normes sonores qui régissent le cinéma commercial contemporain. Le mixage est tout d'abord soumis à l'impératif d'intelligibilité du dialogue, une convention sonore fermement établie à partir d'une hiérarchisation des sons : « Les effets sonores et la musique sont subordonnés au dialogue et c'est, par-dessus tout, l'intelligibilité de la parole qui est en jeu ainsi que les nuances dans le ton des voix »[144].

Par son discours, Lucas semble chercher à se démarquer en se positionnant en dehors de ces normes, puisqu'il revendique de manière récurrente avoir élaboré les six épisodes sur le modèle du cinéma muet :

> Le film fonctionne comme des images animées, plus qu'avec le dialogue ou une autre façon traditionnelle de raconter un récit. Tous les *Star Wars* [...] sont conçus pour être des films muets. C'est de la narration visuelle avec une base musicale et émotionnelle[145].

Sergi souscrit entièrement à cette vision diffusée par le réalisateur, affirmant que les effets sonores, la musique, le silence et le dialogue « interagissent dans un système de collaboration [...], où aucun élément ne revendique une primauté sur les autres »[146]. Affleure ainsi le fantasme d'une fusion parfaite et sans heurts entre les différents éléments de la bande sonore.

Tout autant que la posture du réalisateur, cette position critique résiste difficilement face à la réalité des pratiques sonores de la saga où, au mixage, la priorité reste indéniablement accordée à la clarté des paroles. *Star Wars* appartient en effet pleinement à un type de cinéma « voco-centriste »[147], pour reprendre les termes de Chion. En témoignent les consignes données par Lucas lui-même aux mixeurs sur *SW2* après les premiers visionnages-tests :

---

MacLuhan sur l'ère des mass medias, dont il annonce les bouleversements sur les sociétés contemporaines. Il est considéré comme un pionnier dans la théorie médiatique et les études en communication, tout en étant souvent associé au déterminisme technologique (Oumar Kane, « Marshall McLuhan et la théorie médiatique : genèse, pertinence et limites d'une contribution contestée », *tic&société*, vol. 10, n° 1, septembre 2016, https://journals.openedition.org/ticetsociete/2043#quotation, consulté le 30 juin 2018).

143. Didier Leprêtre et Nicolas Michel, « La guerre ne fait pas rage que dans les étoiles », *Dreams to Dream...s*, n° 15, automne 1999, p. 42-44, ici p. 42.

144. « *Sound effects and music are subservient to dialogue and it is, above all, the intelligibility of the dialogue which is at stake, together with its nuances of tone* ». Mary A. Doane, « Ideology and the Practice of Sound Editing and Mixing », dans Teresa de Lauretis et Stephen Heath (dir.), *The Cinematic Apparatus*, New York, St Martin's Press, 1980, p. 52.

145. George Lucas, commentaires audio du Blu-ray de *SW1*.

146. « *[Sound effects, music, silence and dialogue] work in a system of collaboration [...], with no element claiming primacy over the others* ». Sergi, « Tales of the Silent Blast », p. 15.

147. Il s'agit d'un cinéma où, « dans un ensemble sonore, la voix attire et centre notre attention, de la même façon que pour l'œil, dans un plan de cinéma, le visage humain » (Michel Chion, « 100 concepts pour penser et décrire le cinéma sonore », s. l. n. d., p. 31, http://michelchion.com/texts, consulté le 2 mars 2015).

> La plupart de ces mémos étaient centrés sur des problèmes en matière d'intelligibilité du dialogue. […] [Michael] Semanick, le mixeur dialogue, se souvient […] du mantra de Lucas pendant le mixage final : « Tout est subordonné au dialogue » [148].

Outre cette primauté accordée à la compréhension du dialogue, une autre norme gouverne le mixage des scènes d'action, particulièrement abondantes dans les *blockbusters* : les effets sonores occupent habituellement le premier plan de la piste son. Ces pratiques de mixage sonore s'inscrivent dans l'horizon d'attente du spectaculaire, de l'inouï et de l'immersion « intensifiée ».

Dès lors, au sein de ces pratiques de mixage généralisées dans le cinéma *mainstream*, qu'en est-il réellement des scènes où la musique est placée en retrait vis-à-vis des bruitages, jugées problématiques dans la littérature dominante ? Certes, certains passages de la trilogie républicaine s'avèrent moins réussis que d'autres sur le plan des équilibres sonores. Un exemple significatif de cet enfouissement de l'accompagnement musical intervient dans la dernière partie de *SW2*, dans la scène de l'arène sur Géonosis, dont le mixage a été particulièrement décrié dans la littérature [149]. Dans cette séquence, il s'avère très délicat de percevoir avec clarté la musique. Par exemple, quand Obi-Wan rejoint Anakin et Padmé sur le dos du *reek* (01:49:20), l'accompagnement orchestral, qui repose sur des interventions de percussions (roulements de timbales, coups de cymbale) et un motif nerveux aux cordes en gammes fusées, est quasiment inaudible. La musique est étouffée par les hurlements de la foule, les cris des monstres puis l'intervention parlée du vice-roi Gunray. Cet état de fait résulte tout d'abord de la multitude des effets sonores utilisés, qui occupent déjà une grande part de la bande-son. Par ailleurs, comme on l'a vu au chapitre VI, la musique n'a pas été composée spécialement pour accompagner ces actions, ce qui n'est pas sans conséquence. La spécificité de la scène n'a en effet pas pu être prise en compte dans les choix d'écriture de Williams. Dans la mesure où elle n'obéit pas à la logique intrinsèque de la séquence, la musique peine alors à trouver sa place parmi les effets sonores particuliers à tel ou tel moment.

Mais on retrouve aussi le même cas de figure dans des scènes ne comportant aucun nouveau montage musical, et où le recouvrement de l'accompagnement par les bruitages relève véritablement de la gestion des volumes sonores au mixage, donc des choix qui ont été faits quant aux strates sonores à privilégier et à l'impact dramatique de l'action. C'est le cas par exemple dans la scène de *SW1* où Anakin, rapatrié par erreur dans le vaisseau mère de la Fédération du Commerce, décide de retourner la situation à son avantage en le détruisant de l'intérieur (02:02:23). L'ostinato pesant et hiératique du *cue* « The Tide Turns » (voir exemple 63), est énoncé en *si* mineur dans l'extrême grave par les trombones doublés par les violoncelles et les contrebasses, mais il est recouvert en majeure partie par le dialogue et les effets sonores particulièrement intenses (bips, sons de moteur, tirs et explosions). Sans que cela soit véritablement dommageable ou

---

148. « *Many of these notes revolved around dialog intelligibility issues. […] Semanick, being the dialog mixer, remembers […] Lucas' mantra during the final mix : "Everything is subservient to dialog"* ». Larry Blake, « *Star Wars Episode II : Attack of the Clones* », Mix Magazine, juin 2002, http://www.mixonline.com/mag/audio_star_wars_episode_2/, consulté le 6 septembre 2017.

149. Voir notamment Vivien Lejeune, « John Williams, de Géonosis à *Minority Report* », *Dreams Magazine*, n° 29, septembre-octobre 2002, p. 81-84, plus spécifiquement p. 84.

critiquable, la dimension motorique, vive et résolue de l'ostinato, générée par son profil circulaire et les triolets de doubles croches, est perdue jusqu'à l'énoncé du thème de « Duel of the Fates ». La répercussion physiologique des bruits a ainsi été privilégiée par rapport à l'accentuation musicale de l'urgence et la gravité de la situation, peut-être jugée moins essentielle quant à l'immersion du spectateur.

Or, si les chercheurs et les critiques s'insurgent contre la mise en retrait de la musique dans la trilogie républicaine, il convient cependant de rappeler que ces pratiques sont déjà manifestes dans plusieurs séquences importantes de la trilogie impériale, comme à la fin de *SW5* lorsque Lando, Leia, Luke et Chewbacca parviennent à s'enfuir en vitesse lumière sous les yeux de Dark Vador. Williams opte ici pour une petite fanfare au caractère épique et éclatant (exemple 75), dont le mouvement crée un effet d'élargissement de l'espace sonore. Une luminosité particulière est générée par les timbres cuivrés et les progressions parallèles des accords majeurs, juxtaposés pour leur couleur. La musique confère ainsi une dimension majestueuse et triomphante à la fuite des héros :

Exemple 75. *SW5*, Lando, Leia, Luke et Chewbacca parviennent à s'enfuir en vitesse lumière sous les yeux de Dark Vador (01:52:52-01:52:59).

Pourtant, ce sont plutôt le caractère spectaculaire, la puissance et la célérité du passage en vitesse-lumière, véhiculés par les effets sonores (grondements, sifflements, bruits de combustion), qui semblent avoir été là encore privilégiés au mixage. En effet, en dépit de l'écriture verticale privilégiant des accords en valeurs longues, et surtout de l'instrumentation mettant en avant les cuivres, la progression harmonique de cette courte fanfare est très peu audible. Seules les résonances de l'accord parfait de *si* majeur sont clairement perceptibles, car les bruits diminuent fortement en intensité à cet instant précis. D'autres exemples de cette nette mise en retrait de la musique au mixage interviennent dans plusieurs scènes d'action importantes de la trilogie impériale, pourtant singulièrement passés sous silence dans la littérature dominante, telles l'attaque de l'Étoile Noire par les rebelles à la fin de *SW4* (01:40:08-01:40:20 notamment), la bataille sur Endor à la fin de *SW6* (01:34:20-01:34:33, par exemple), ou encore l'explosion bleutée accompagnant la mort de l'Empereur (01:51:38).

Pour autant, le fait de ne pas entendre distinctement la musique dans les deux passages analysés ci-dessus constitue-t-il réellement un « problème » en soi ? Ce jugement paraît peu pertinent dans la mesure où la musique de ces scènes relève davantage d'un simple accompagnement : la musique ne revêt pas de rôle dramatique ou narratif particulier, mais vise surtout à renforcer l'action en maintenant une tension et un suspense sous-jacents. Au cours de nos relevés systématiques, nous n'avons ainsi trouvé quasiment aucune scène où un thème essentiel à la construction du récit était noyé sous les bruitages. Tout au plus peut-on regretter, dans certains passages, la perte momentanée d'une partie de l'accompagnement orchestral qui aurait pu apporter un degré d'intensité supplémentaire à l'action, comme lorsqu'Anakin détruit le vaisseau mère de la Fédération à la fin de *SW1*.

En outre, il est important de rappeler que le recouvrement ponctuel de l'accompagnement orchestral n'est pas un cas isolé : loin d'être propre à la trilogie républicaine, ce phénomène s'inscrit plus largement dans une communauté de pratiques gouvernant les *blockbusters*[150]. Dans *X-Men* 2 (2003), par exemple, la séquence où Pyro déploie ses pouvoirs contre les policiers (01:01:05-01:01:43) est particulièrement emblématique : les bruits des explosions et des boules de feu sont privilégiés sur l'accompagnement musical, afin de renforcer l'impact dramatique et la dimension spectaculaire des effets visuels.

Un autre cas de figure, particulièrement répandu dans les films de science-fiction contemporains, entraîne une gestion similaire au mixage : dans les séquences où des vaisseaux imposants passent rapidement devant la caméra, entrant dans le cadre depuis le hors-champ ou progressant à vive allure depuis le fond du plan, la musique est là aussi le plus souvent en retrait. Chaque scène d'ouverture de *Star Wars* comporte ce type de figure visuelle; dès *SW4*, la musique se voit en grande partie masquée par les sons denses de moteurs et les tirs nourris. Ces pratiques sont très nettement présentes sur la trilogie républicaine. Au sujet de la séquence d'ouverture de *SW2*, où l'impressionnant vaisseau-miroir de la sénatrice Amidala traverse le cadre en tournoyant à plusieurs reprises, Burtt lui-même admet la difficulté des techniciens son à se refréner : « Pour les vaisseaux qui arrivent rugissants juste au-dessus de la caméra, on a du mal à baisser le volume quand ils sont si imposants au niveau visuel »[151].

De telles pratiques sonores semblent être devenues une constante du cinéma *mainstream* de science-fiction à l'ère numérique, comme en témoignent des exemples similaires dans *Les Quatre Fantastiques* (2005), *Prometheus* (2012) ou *Man of Steel* (2013) : quasiment chaque passage de vaisseau près de la caméra se voit conférer un son massif, qui recouvre systématiquement l'accompagnement musical. Les *sound designers* tentent de trouver sur le plan sonore une équivalence à la puissance visuelle et graphique, de répondre aux stimuli visuels en privilégiant l'impact physiologique des sons des moteurs, amplifiés et magnifiés par les fréquences graves. *Star Wars*, et en particulier la trilogie républicaine, s'inscrit pleinement dans cette dynamique spectaculaire et immersive.

150. Voir à ce sujet Buhler, Neumeyer et Deemer, *Hearing the Movies*, p. 222-224.
151. Ben Burtt, commentaires audio du DVD de *SW2*.

## CHAPITRE IX

# ARTICULATION MUSIQUE / BRUITS : STRATÉGIES COMPOSITIONNELLES ET SONORES DANS LES DEUX TRILOGIES

Si les pratiques sonores de *Star Wars* s'inscrivent au sein d'un certain type de normes régissant les *blockbusters* contemporains, celles-ci ne constituent cependant pas des règles intangibles et systématiques. À l'intérieur de ce terreau de pratiques communes, Ben Burtt et John Williams vont exercer leur créativité, en infléchissant les équilibres sonores selon les besoins narratifs, dramatiques et émotionnels des séquences. Là réside peut-être leur spécificité : leur gestion des interactions musique / bruits témoigne d'une inventivité et d'une minutie que l'on ne retrouve pas à un degré aussi poussé dans d'autres réalisations similaires bénéficiant des mêmes outils techniques.

La densité de l'occupation de la bande sonore, qui ne fait que croître entre les six épisodes, a appelé de la part des créateurs son et musique une gestion fine et détaillée dans l'articulation des différents matériaux sonores. Des stratégies sont ainsi mises en place dans chaque trilogie à la fois par le compositeur et par l'équipe chargée des sons, afin de permettre la meilleure cohabitation possible au sein du tissu sonore. Williams et Burtt se livrent à une véritable activité de cocréation, qui répond aux objectifs esthétiques, narratifs et dramatiques des films.

Il pourrait paraître réducteur de considérer les deux trilogies dans leur globalité, plutôt que de s'attacher à dresser une forme de typologie des procédés mis en œuvre spécifiquement dans chaque épisode pour garantir un équilibre sonore. Une telle entreprise est en réalité irréalisable, car il n'est pas possible de faire ressortir une stratégie du compositeur ou de l'équipe son qui serait propre à tel film particulier et que l'on ne retrouverait dans aucun autre : les différences ponctuelles que l'on peut relever sont inhérentes au processus de création cinématographique lui-même et à ses aléas.

## UNE ABSENCE D'HOMOGÉNÉITÉ À L'ÉCHELLE DES ÉPISODES

Plusieurs épisodes individuels présentent des particularités quant au traitement des rapports musique / bruits. *SW5*, souvent loué dans la littérature, semble ainsi à première vue être le film qui apporte le soin le plus poussé aux équilibres sonores : cet épisode atteste un souci de ne pas générer de confrontation directe entre l'accompagnement orchestral et les effets sonores, et une volonté d'« harmonie » entre l'intensité des effets sonores et le volume de la musique. Hormis quelques exceptions passagères et la dernière demi-heure [1], l'accompagnement orchestral reste audible de manière relativement constante tout au long du film, et ce dès la scène d'ouverture qui se démarque de celle de *SW4*, où la musique était fréquemment recouverte par les bruits des vaisseaux et les tirs.

Pourtant, lorsque l'on étudie en détail le traitement de la partition de Williams au montage final, ce constat premier appelle à être nuancé ou, du moins, remis en perspective. Si l'épisode paraît particulièrement équilibré sur le plan sonore, cette impression est en fait fortement liée à la suppression de nombreux *cues* ou de sections orchestrales conséquentes initialement prévus par Williams, comme on l'a vu au chapitre V. Outre les nouveaux passages sans musique ainsi dégagés, le fait d'opter pour un simple soutien orchestral en remplacement permet de faire passer l'accompagnement musical au second plan dans les scènes concernées, alors que les thèmes initiaux auraient pu, s'ils avaient été conservés, engendrer un conflit vis-à-vis des bruits ou être majoritairement masqués. Rappelons d'ailleurs que *SW5* est l'épisode comprenant le moins de musique de toute la saga.

À l'inverse, si *SW6* est le seul épisode de la trilogie impériale à inclure une séquence uniquement accompagnée par des effets sonores, il paraît aussi être le moins abouti quant aux interactions musique / sons : d'après nos relevés transversaux sur l'ensemble de l'hexalogie, c'est dans ce volet que l'on rencontre le plus de scènes où la musique est recouverte par les bruits. Le film présente moins de complémentarité et de jeu de dialogue entre l'accompagnement orchestral et les effets sonores que les autres épisodes. Dans la scène d'ouverture où l'Empereur se rend sur sa nouvelle base spatiale en construction (02:50-03:12), des sirènes irrégulières et transposées à deux hauteurs différentes viennent ainsi à plusieurs reprises se greffer sur l'accompagnement orchestral. Ces bruitages s'avèrent assez malencontreux en ce que leurs fréquences et leur registre sont proches de ceux de la partition, entraînant des perturbations à la fois dans la construction harmonique du discours musical – leurs fréquences n'entrent aucunement dans la sphère harmonique de l'accompagnement orchestral – et la conduite des phrases. Les sons de sirène forment en effet des *glissandi* descendants à partir d'une hauteur déterminée que l'on pourrait transcrire sur portée. En s'entremêlant au thème de la Marche impériale, ils ajoutent un nouvel élément « musical » hétérogène à la mélodie principale. Ils créent alors des interférences dans le déroulement du thème et sa perception claire, et accentuent l'impression de superposition d'éléments sonores disparates.

Ce travail moins poussé sur le plan des interactions musique / bruits dans *SW6* s'explique, là encore, non par un changement d'approche ou de procédés employés

1. Les moments de confrontation entre accompagnement orchestral et effets sonores, où la musique tend à être masquée par ces derniers, sont majoritairement concentrés à la fin du film, c'est-à-dire au moment où l'action et le suspense se font de plus en plus pressants. Cela différencie aussi *SW5* des autres épisodes de la trilogie impériale.

par le compositeur et l'équipe son, mais par le poids de contraintes éprouvantes et le temps réduit imparti à la gestion des équilibres sonores. Comme le signale Burtt, la réussite sonore moindre de cet épisode s'explique par les innombrables changements de dernière minute intervenus au niveau du montage. Ces derniers ont nécessité de refaire un nouveau mixage en un temps très court, dicté par le calendrier de tournage d'*Indiana Jones et le Temple maudit* (1984) auquel participait George Lucas. Le *sound designer* en conserve un souvenir plus que mitigé, évoquant un travail harassant :

> « C'est le pire film sur lequel j'ai jamais travaillé en matière de changements. On recommençait à travailler sur les bandes depuis le début pour la troisième ou quatrième fois » [déplore Burtt]. Après l'achèvement d'un mixage de douze pistes considéré comme définitif, onze des treize bobines du film ont été modifiées, et l'équipe n'a alors eu que dix jours pour terminer le mixage final [2].

Ces contraintes temporelles se sont également exercées vis-à-vis de l'ordre de mixage, habituellement linéaire pour favoriser une progression narrative et dramatique :

> Normalement, on mixe un film du début à la fin dans l'ordre des scènes. Mais comme ce film était encore au montage quand on a commencé [...] le mixage final, on a en fait commencé le travail par le milieu du film. On a commencé par la bobine 5. Et puis plus tard, on a fait le début du film [3].

L'absence de chronologie sur *SW6* a pu gêner une vision globale de l'architecture sonore du film et, partant, une gestion minutieuse et cohérente des équilibres sonores tout au long de l'épisode. Enfin, les nombreuses modifications du montage ont eu aussi un impact sur la musique, nécessitant de la part de Williams de nouvelles compositions et d'autres enregistrements dans l'urgence :

> La bataille avec le monstre *sarlaac* était l'une des dernières scènes qu'on a mixées dans le film, parce qu'il y avait eu beaucoup de changements au montage. [...] La musique avait été enregistrée à Londres par Johnny Williams, et puis la séquence a été modifiée si souvent qu'ils ont dû retourner enregistrer à nouveau une musique différente [4].

Ainsi, les quelques particularités que l'on peut observer sur le plan des interactions musique / bruits et des équilibres sonores dans certains épisodes isolés dépendent en réalité bien davantage de contingences extérieures à l'acte de création – contraintes techniques et financières, conditions de travail propres à chaque épisode, temps imparti à l'équipe son, nombre de remaniements au montage final – que de changements volontaires dans les stratégies déployées par le compositeur et l'équipe son. Il s'avère dès lors plus pertinent de modifier l'échelle d'analyse et d'envisager un degré de détail moins restreint afin de dégager les procédés d'arrimage musique / bruits qui parcourent la double trilogie.

---

2. « *"This was the worst picture I've ever worked on in terms of changes. We were going back and starting reels over for a third or fourth time." After what was considered a final 12-track mix had been finished, there were changes in 11 of 13 reels in the film, and then the crew had only 10 days to finish the final mix* ». Larry Blake, *Film Sound Today : An Anthology of Articles from Recording Engineer / Producer*, Hollywood, Reveille Press, 1984, p. 43.
3. Ben Burtt, commentaires audio du DVD de *SW6*.
4. *Ibid.*

## Les stratégies communes aux deux trilogies

### *Des effets sonores mixés à un niveau inhabituellement bas*

L'hexalogie présente un nombre conséquent de scènes où les effets sonores sont mixés à un niveau inhabituellement bas, voire sont totalement supprimés. Burtt crée ainsi une « suspension », c'est-à-dire un « effet dramatique audio-visiogène consistant [...] à interrompre les bruits voire à les éliminer dès le départ, alors que les causes de ces sons continuent d'exister dans l'action et même dans l'image » [5]. Ce procédé de « suspension » n'est pas nouveau en soi, mais son utilisation est singulière à la fois à l'échelle de la saga et vis-à-vis des pratiques dominantes dans les *blockbusters*. En effet, comme le rappelle Mervyn Cooke, cette technique d'atténuation des sons diégétiques est employée dans le cinéma-spectacle dans un cadre bien délimité et différent de *Star Wars* : elle survient presque exclusivement lors de scènes de bataille, où elle est presque toujours associée à un ralenti visuel et à une musique solennelle, à l'instar de la fin de la séquence d'ouverture de *Gladiator* (2000) ou de la charge des éléphants dans *Alexandre* (2004) [6]. La forte diminution des sons d'ambiance et le caractère de l'accompagnement musical ont alors pour but de magnifier le courage du héros, de susciter l'empathie pour le personnage et, partant, d'accroître l'identification du spectateur. En dehors des *blockbusters*, on trouve essentiellement ce procédé dans les séquences de rêve et d'hallucinations, comme dans la scène de transformation de *Dr Jekyll et Mr Hyde* (1941) ; pour souligner les chocs psychologiques liés à la mort d'une personne aimée, comme à la fin du *Patient anglais* (1996) ou quand Eowyn apprend par Gimli la mort (présumée) d'Aragorn dans *Le Seigneur des Anneaux : Les Deux Tours* (2002) ; et pour créer un lien spatio-temporel dans les *road movies* [7].

L'utilisation de ce phénomène spécifique dans *Star Wars* ne se conforme pas à ces cas de figure ; il est réservé à des moments bien particuliers dans la saga et revêt des fonctions différentes selon ses modalités d'intervention. Par sa dimension inhabituelle et ponctuelle, il renforce considérablement plusieurs éléments dramatiques ou narratifs importants. Un exemple significatif de cette mise en retrait des bruitages intervient dans la scène de *SW3* où, à bord d'un vaisseau de transport, Yoda, Mace Windu et Obi-Wan discutent de la possible erreur d'interprétation de la prophétie concernant l'Élu. Burtt définit d'abord un environnement urbain au trafic dense ; des fluctuations rapides de volume, des effets de réverbération et de *Doppler* accentuent la sensation de rapprochement puis d'éloignement des vaisseaux à l'image, passant devant la caméra qui les suit par un rapide panoramique vers la gauche. Juste après la réplique d'Obi-Wan, lorsque Windu fait part de sa méfiance à l'égard d'Anakin, Burtt opère un glissement vers une désunion de l'œil et de l'oreille, en générant un nouvel espace sonore très

5. Michel Chion, « 100 concepts pour penser et décrire le cinéma sonore », s. l. n. d., p. 50, http://michelchion.com/texts, consulté le 2 mars 2015.

6. Voir Mervyn Cooke, *A History of Film Music*, Cambridge / New York, Cambrige University Press, 2008, p. 498.

7. Voir à ce sujet Paul Théberge, « Almost Silent : The Interplay of Sound and Silence in Contemporary Cinema and Television », dans Jay Beck et Tony Grajeda (dir.), *Lowering the Boom : Critical Studies in Film Sound*, Urbana, University of Illinois Press, 2008, p. 56-58.

différent, plus feutré, plus étouffé. Pourtant, les personnages évoluent toujours dans le même environnement extérieur, où de nombreux vaisseaux évoluent à proximité, sans qu'aucune vitre ne sépare les Jedi du dehors. Le dialogue est entendu de très près, tandis que les sons ambiants sont mixés relativement bas.

On pourrait voir là une application banale des normes de mixage privilégiant l'intelligibilité du dialogue. Toutefois, ce glissement d'environnement sonore ne se limite pas à une simple mise en avant du dialogue, mais possède une « valeur additionnelle » [8], pour reprendre les termes de David Sonnenschein. En tamisant les sons ambiants à un seuil relativement bas et en délaissant la mise en œuvre d'un point d'écoute « réaliste », Burtt génère une strate de sens supplémentaire sur les plans narratif et dramatique. Il modèle un environnement sonore renfermé et oppressant, accentué par le drone au synthétiseur à la fréquence très grave de 39 Hertz (d'après notre analyse acousmographique de cet extrait). Cette nappe sonore crée une présence inquiétante dans l'extrême grave, agissant à un niveau subliminal. Ce drone est peu audible en tant que tel. Proche du seuil d'inaudibilité de l'oreille humaine (20 Hertz), il agit davantage sur la perception physiologique, comme le rappelle Jean-Louis Alibert au sujet des basses fréquences : « Sens de l'intime, le son l'est également parce que proche du *toucher*, qu'il rejoint sous 40 Hz. Dans la partie inférieure du spectre sonore, nous percevons physiquement les sons avec tout notre corps, plus que nous ne les entendons » [9].

Cet environnement sonore contribue à enfermer les Jedi dans un cocon étouffant. En corrélation avec la lumière crépusculaire dans laquelle baignent les personnages et la dominance des tons gris et froids, l'espace sonore réinventé par Burtt reflète l'inquiétude de Yoda et de Windu, qui se démarquent de l'optimisme confiant d'Obi-Wan. Enfin, le retrait des bruitages permet de mettre en valeur l'énoncé orchestral du thème de l'Empereur dans le grave, dans le mode de *la* sur *si*, qui revêt ici une importance capitale. Le motif ajoute en effet une autre dimension, absente à l'image : en faisant planer l'ombre de l'Empereur sur les Jedi alors que le dialogue fait surtout référence à Anakin, la musique met en lumière la machination de Palpatine, ses manipulations secrètes du jeune homme, et fait ressortir l'aveuglement des Jedi par le côté obscur. En outre, cet aspect véhiculé par la musique s'inscrit parfaitement dans la continuité de l'environnement sonore oppressant créé précédemment par Burtt : les personnages semblent déjà pris au piège, dans les mailles du filet de l'Empereur.

Dans la trilogie impériale, la scène de *SW4* où Luke, Han et Obi-Wan se font tracter vers l'Étoile Noire se distingue à plusieurs égards. Sur le plan subjectif depuis les commandes du vaisseau, les bruits émis par le Faucon Millenium décroissent rapidement en intensité, laissant peu à peu la place à la musique. Le son du moteur disparaît même totalement à partir du panoramique suivant le trajet du vaisseau, qui se rapproche de plus en plus jusqu'à sortir rapidement par le bas du cadre. Burtt prend ici le contre-pied du traitement sonore habituel de ce type de plans où un vaisseau passe très près de la caméra, aussi bien à l'échelle de l'hexalogie que, plus généralement, dans les *blockbusters* contemporains : on l'a vu, les bruits, puissants et affectés d'un volume élevé,

8. « *added value* ». David Sonnenschein, *Sound Design : The Expressive Power of Music, Voice, and Sound Effects in Cinema*, Studio City, Michael Wise Productions, 2001, p. 170.

9. Jean-Louis Alibert, *Le son de l'image*, Grenoble, Presses universitaires de Grenoble, 2008, p. 19.

y tendent fréquemment à recouvrir l'accompagnement musical. Dans cette séquence, au contraire, le *decrescendo* des effets sonores témoigne d'une volonté manifeste d'accorder la prééminence à l'accompagnement orchestral. En outre, comme le souligne Sonnenschein, « l'omission d'un même son dans une scène ultérieure similaire crée une attente et rend les spectateurs conscients de l'absence de ce son précédemment entendu. Cela peut engendrer un changement saisissant sur le plan émotionnel » [10].

La place de cette séquence au sein du film est tout d'abord à prendre en compte pour expliciter l'emploi de ce procédé. La musique est en effet absente depuis la destruction d'Alderaan et le début de la scène, où le Faucon Millenium prend en chasse un chasseur TIE près de l'Étoile Noire, est accompagné uniquement par les bruits qui font ressortir la vitesse des deux vaisseaux tout en leur conférant une personnalité sonore distincte. En mettant volontairement en retrait les effets sonores à la fin de la séquence, les créateurs sonores attestent un souci d'équilibrer la bande-son, et de laisser chaque élément du tissu sonore exercer son rôle aux moments les plus adéquats. L'accompagnement musical apporte en effet un éclairage particulier et important à la scène. Williams crée un subtil décalage entre la musique et la situation dramatique : loin de souligner le caractère périlleux de la position des héros, piégés par le rayon tracteur, le compositeur opte pour une marche solennelle et l'énoncé du thème des rebelles, au caractère grandiose et triomphal. Bien que la fanfare soit énoncée sur une pédale de *do* générant des frottements passagers, le ton solennel et victorieux l'emporte nettement, à travers l'ostinato au rythme de marche déterminé et les timbres cuivrés éclatants de la fanfare des rebelles. Aussi, sans la présence de l'accompagnement musical ou s'il avait été inaudible sous les effets sonores, cette dimension épique aurait été perdue, et la séquence aurait paru beaucoup plus dramatique et angoissante – cet aspect étant accentué visuellement par l'insistance sur l'immensité oppressante de la station spatiale et la puissance de feu dont dispose l'Empire. Par ailleurs, l'exemple de cette séquence permet de mettre à distance le discours dominant selon lequel le mixage se ferait le plus souvent au détriment de l'accompagnement orchestral.

### *Prise en compte des sons dans l'écriture musicale et conception des bruits en fonction de l'accompagnement orchestral*

Le mixage est toutefois loin d'être le seul procédé facilitant la cohabitation entre la musique et les bruitages. Tout comme la conception même des sons par Burtt, le travail compositionnel réalisé en amont joue un rôle non négligeable pour permettre d'éviter un conflit vis-à-vis des effets sonores et du dialogue. Williams commence son écriture après avoir visionné un premier montage, d'où sont encore absents la plupart des effets sonores. Cependant, lors des *spotting sessions*, le *sound designer* ou le *supervising sound editor* peuvent donner des indications précieuses au compositeur quant aux bruitages qui seront présents ainsi que leur minutage précis, minutieusement recensés sur les

10. « *The lack of a same sound in a similar scene later in the film will create an expectation and make the audience aware of the previous sound's absence. This can create a striking shift in the emotional language* ». Sonnenschein, *Sound Design*, p. 125.

*cue sheets* du *music editor*[11]. Williams peut ainsi se représenter les effets sonores qui interviendront à tel endroit précis de la scène, et imaginer leur volume en fonction des actions auxquelles ils sont liés. Ayant travaillé au début de sa carrière en tant qu'orchestrateur et arrangeur auprès des pionniers du symphonisme du cinéma classique américain tels Adolph Deutsch et Dimitri Tiomkin, Williams a suffisamment de métier pour anticiper et éviter toute compétition entre sa musique et les autres éléments de la bande-son – en particulier les effets de masque qui interviennent entre deux sons situés dans une zone de fréquences similaire, ou possédant le même volume[12]. Le compositeur affirme régulièrement sa volonté de prendre en compte, dans la syntaxe musicale, la présence du dialogue et des bruits :

> Je suis très sensible aux effets sonores et au dialogue – tout ce qui entre en compétition avec ma musique (cela provient de mon expérience de la salle de mixage [...]). On devient cinématographiquement aguerri au bout d'un moment et on apprend à mettre en relation la coloration [musicale] avec l'organisation globale de la bande sonore : on sait que l'on a affaire à des bruits de sabots de cheval, et donc que X est préférable à Y, etc. [...] Cela fait partie de notre art[13].

James Buhler, David Neumeyer et Rob Deemer, bien qu'ils ne donnent pas d'exemple précis pour étayer leur thèse, y voient d'ailleurs l'une des spécificités de l'écriture de Williams, qui « a développé une approche musicale capable de côtoyer sans heurts un *sound design* aux textures denses et au volume souvent extrêmement fort »[14].

*Orchestration, textures et registres*

Plusieurs types de procédés peuvent être retrouvés dans l'ensemble des deux trilogies. Ils témoignent de l'efficacité des choix effectués par le musicien pour répondre aux impératifs de la création sonore cinématographique. La considération de Williams à l'égard des autres composants de la bande sonore influe tout d'abord sur ses choix d'orchestration. Dans un entretien de 1975, il dévoile certaines des astuces compositionnelles qu'il a développées pour accompagner les séquences dialoguées :

> Un compositeur doit toujours concevoir le dialogue comme faisant partie de la partition [...]. Il y a quelques « trucs », par exemple, des cordes dans le grave – [...] si [le dialogue] est accompagné par des sonorités de cordes graves, très souvent cela donne au dialogue une certaine assise [...]. Cela ne veut pas dire qu'on ne puisse pas avoir également des fréquences aigues, mais je crois que le choix des textures sous le dialogue, le registre des

---

11. Voir Bernie Dobroski et Claire Greene, « Pass the Popcorn : An Interview with John Williams », *The Instrumentalist*, vol. 38, n° 12, juillet 1984, p. 6-9, plus spécifiquement p. 7.

12. Voir Jean Chatauret, « La perspective sonore », *Communications*, vol. 2, n° 85, 2009, p. 139-154, plus spécifiquement p. 143.

13. « *I'm very sensitive to the sound effects and the dialogue – all the competition to my music (that comes from experience in the dubbing room [...]). You do get film-wise after a while, and you learn to relate the coloration to the overall aural set-up : you know you've got horses' hooves to deal with, therefore X is better than Y, etc. [...] It's part of the art of it* ». Williams, cité dans Derek Elley, « The Film Composer : John Williams », *Films and Filming*, vol. 24, n° 10, juillet 1978, p. 20-24, ici p. 24.

14. « *He developed a musical approach capable of integrating smoothly with a richly textured, and often extremely loud, sound design* ». James Buhler, David Neumeyer et Rob Deemer, *Hearing the Movies : Music and Sound in Film History*, New York, Oxford University Press, 2010, p. 382.

voix et le rythme du dialogue – si un homme dit une réplique, suivie d'un silence […], il est peut-être possible de colorer la musique un peu différemment [15].

La scène de *SW2* à l'intérieur de Tipoca City offre une illustration convaincante de ces techniques déployées par Williams pour ne pas masquer le dialogue tout en permettant néanmoins à la musique de jouer un rôle dramatique important. La séquence est typiquement focalisée sur le dialogue, dans la mesure où le Premier ministre délivre à Obi-Wan des informations essentielles pour la suite de l'intrigue. Lorsque le Jedi apprend le nom du chasseur de primes dont les gènes ont servi à la création de l'armée des clones, Williams opte pour un accompagnement de cordes dans l'extrême grave, en accord avec les propos tenus ci-dessus par le compositeur (exemple 76) :

15. « *A composer should think of the dialogue as part of the score […]. There are a few little tips, for example, low strings – I find that in underscoring dialogue, if the dialogue has a low string sonority underneath it, very often it gives the dialogue something to sit on […] This isn't to say that one can't have high frequencies as well, but I think the choice of textures under the dialogue, the register of the speaking voices, and also the tempo of the dialogue – if a man says a line, and there's a pause […], it may be possible to color the music somewhat differently* ». Williams, cité dans Irwin Bazelon, *Knowing the score*, New York, Van Nostrand Reinhold Company, 1975, p. 200-201.

Exemple 76. *SW2*, Lama Su explique à Obi-Wan le processus de clonage mené sur Kamino (46:42-47:20).

L'harmonie – une succession d'accords parfaits mineurs – est énoncée aux cors avec sourdines, doublés tantôt par les trombones, tantôt par les clarinettes dans une couleur sombre très herrmanienne. Ces effets de miroitement timbral et harmonique confèrent aux paroles de Lama Su une dimension inquiétante, renforcée par les nombreux chromatismes, le profil sinueux de la mélodie parcourue de grands sauts basés pour la plupart sur des intervalles dissonants, et le choix du registre extrême grave. Après une courte pause dans sa diction, Lama Su révèle à Obi-Wan la requête étrange de Jango Fett : posséder un clone identique (Boba), sans aucune transformation génétique pour le rendre plus docile ou accélérer sa croissance. Williams crée alors un changement d'éclairage dans l'écriture orchestrale, qui contribue à épaissir le mystère autour de Jango tout en accentuant son caractère sinistre. Cette gradation dramatique est créée par des moyens relativement simples mais efficaces : la transposition du motif dans le registre aigu, le changement de timbres (à la mélodie et à l'accompagnement), moins voilés, le mode de jeu en trémolos et l'exploitation du suraigu comme facteur de tension supplémentaire aux violons. Grâce à cette inflexion dans l'orchestration, la menace se fait plus pressante tout en conservant au dialogue sa primauté. En effet, les timbres de voix d'Ewan McGregor et d'Anthony Phelan se situent dans le registre médium, soigneusement évité par le compositeur ; leurs répliques ressortent sans aucune difficulté par-dessus les fréquences très graves puis aigues de la musique.

Outre cette attention portée au dialogue, le choix des textures, des timbres et des registres opéré par le compositeur est également primordial pour articuler musique et bruits avec succès. Un exemple éloquent intervient au début de *SW5*, lorsqu'une sonde impériale atterrit sur la planète Hoth. Williams modifie son écriture en synchronisation avec le moment où elle émerge de la glace – notant très précisément « Robot » à cet endroit sur son manuscrit (exemple 77). L'accompagnement orchestral se compose de deux plans distincts quant aux registres : une brève intervention de six cors et de tuba dans le grave souligne le caractère menaçant de la sonde, tandis que les violons et les altos tiennent les deux accords parfaits en valeurs longues dans l'aigu. L'éclairage changeant mineur / majeur, le frottement dissonant aux cuivres (deuxième mesure) et le chromatisme ascendant répété (*do♯-ré*) maintiennent une tension :

Exemple 77. *SW5*, une sonde impériale atterrit sur la planète Hoth (02:33-02:43).

En créant ces textures contrastées, Williams permet en retour à Burtt de veiller à ce que les fréquences des effets sonores n'entrent pas en conflit avec l'orchestre mais soient complémentaires : les sons sourds et pulsés de la sonde occupent le registre médium. En outre, leur mouvance se distingue du caractère relativement statique de l'accompagnement, contribuant à l'établissement de strates sonores simultanées, mais nettement différenciées. Ainsi, les bruits et la musique ne se recouvrent à aucun moment et cohabitent harmonieusement. L'hexalogie dans son ensemble témoigne d'une attention particulière que Burtt porte à l'articulation des différents éléments du tissu sonore, illustrée dans cette scène :

> Je travaille très dur pour orchestrer le mixage de sorte que la musique et les effets sonores se complètent mutuellement. Par exemple, les effets sonores peuvent occuper les hautes fréquences quand la musique est dans le registre grave, ou être prononcés quand la musique est rythmique. […] [On] doit réfléchir avec soin à la manière dont ils interagissent entre eux [16].

Dans de nombreuses séquences chargées en effets sonores, les choix d'orchestration de Williams favorisent également l'intelligibilité de l'accompagnement musical par

16. « *I work very hard to orchestrate the mix such that the music and the sound effects complement one another. For example, the sound effects might be occupying the high frequencies when the music is in the low register, or be sustained when music is rhythmic. […] [There] has to be careful thought given to how they relate to one another* ». Burtt, cité dans Richard Clews, « Sound for *Star Wars Episode II* », *AudioTechnology*, novembre 2002, p. 24, http://www.audiotechnology.com.au/pdf/5/at5_star_wars_episode_2.pdf, consulté le 9 septembre 2014.

rapport aux bruitages, comme cela transparaît lors du duel entre Obi-Wan et le général Grievous sur Utapau dans *SW3* (exemple 78).

Exemple 78. *SW3*, duel sur Utapau, thème du général Grievous (58:12-59:15).

Le thème pesant de Grievous est d'abord énoncé en *mi* mineur, en homorythmie et en homophonie aux cors, aux trombones et au tuba dans le grave. Les cordes ponctuent la mélodie dans le grave en esquissant la structure harmonique, très simple (tonique / quatrième degré altéré / sensible / conclusion sur la tonique par une cadence imparfaite, mes. 1-5). Le caractère martial du thème est généré par les accents appuyés, tandis que les notes répétées et le balancement du rythme ternaire lui confèrent un mouvement dynamique vers l'avant. La tension du quatrième degré altéré et les grands sauts intervalliques, apportant une rupture très expressive par rapport au profil conjoint de la tête du motif (ambitus restreint de quarte juste), renforcent l'expressivité et la vitalité de l'ensemble. Williams recourt à une amplification sonore par l'orchestration : l'énoncé du thème une octave plus aigue crée une intensification sonore naturelle, couplée au timbre clair des cors seuls (par contraste vis-à-vis du timbre plus voilé des doublures trombones / tuba aux mesures précédentes). L'effet de fourmillement orchestral des triolets pesants de doubles croches renforce l'ampleur et la profondeur de l'accompagnement musical. Par cette gestion des timbres et des registres dans l'écriture orchestrale, le thème de Grievous ressort ainsi clairement malgré l'intensité des crépitements des sabres laser et les normes de mixage leur conférant la primauté.

Dans cette optique, les doublures instrumentales jouent un rôle essentiel. L'écriture cinématographique de Williams s'avère d'une grande clarté et efficacité lorsque l'orchestre doit évoluer au sein d'un tissu sonore dense, grâce à sa conscience de la différenciation des timbres et des alliages qui permettent d'obtenir une intensification naturelle. L'orchestrateur Conrad Pope explique à ce sujet :

> Nous associons les cors avec sourdines avec les clarinettes. [...] Nous avons l'habitude de doubler les trombones et les cors entre eux, et de doubler les bois sur trois octaves très régulièrement [17].

L'exemple 76 analysé plus haut illustre de manière éloquente les doublures entre cordes et bois aigus, fréquentes chez Williams. On y remarque aussi l'emploi successif du deuxième puis du premier type de doublures évoquées par Pope, qui modifient légèrement l'éclairage de la séquence, renforçant sa dimension angoissante. Le second type de doublures cité par l'orchestrateur dans la famille des cuivres intervient de manière saillante dans les passages de l'hexalogie particulièrement tendus et déjà chargés en bruits ou en dialogue. On les observe par exemple dans *SW3*, lorsque Yoda et Palpatine dégainent leurs sabres laser tout en s'affrontant verbalement (01:50:31). Le thème de la Marche impériale est énoncé *ff* en *si* mineur par quatre cors doublés par les trombones, qui rehaussent son caractère pesant et très dramatique. De manière similaire, dans la scène de *SW4* où Luke se précipite chez son oncle et sa tante à la suite de l'attaque des Jawas par l'Empire (38:06), le thème de la Force est joué en *si* bémol mineur dans le grave par les trombones doublés par les cors. Afin de faire ressortir ce motif important, Williams opte ici pour un son massif, qui n'est pas recouvert par les sifflements du *landspeeder*. Soutenue par des ponctuations de timbales à contretemps, cette combinaison de timbres confère une urgence au pano-travelling suivant le trajet de Luke à travers le désert tout en exaltant le courage du personnage, qui retourne chez lui contre l'avis d'Obi-Wan.

Williams mélange aussi très fréquemment, au sein d'une même strate, les timbres d'instruments appartenant à des familles différentes afin d'accroître les sonorités d'ensemble. L'un des alliages les plus employés sur les deux trilogies consiste à doubler les cors (allant souvent par quatre ou six) par les violons et les altos pour créer un son plus

17. « *We associate muted horns with clarinets. [...] We tend to double the trombones and the horns together, in the woodwinds we tend to use triple octaves quite regularly* ». Conrad Pope, entretien personnel réalisé le 13 février 2013.

dense. À cette doublure cors / cordes, Williams adjoint souvent les pupitres de bois dans le registre aigu, d'où se détachent nettement les flûtes et le piccolo, permettant ainsi à l'accompagnement de « percer » facilement, comme dans le *cue* « 6M4 Heroes Collide » de *SW3* par exemple, qui accompagne le combat intense entre Obi-Wan et Anakin sur Mustafar. Dans cette perspective, Pope insiste : « On choisit l'orchestration non seulement en fonction du timbre, mais aussi selon l'intensité désirée » [18]. Cette doublure par les bois aigus apporte une brillance supplémentaire, qui constitue selon Pope l'une des signatures de l'orchestration williamsienne sur l'hexalogie. La fin de la scène de *SW5* où les rebelles se préparent à affronter les marcheurs impériaux est particulièrement emblématique (exemple 79). Le dialogue entre Luke et Dak est accompagné par un motif solennel et enjoué, énoncé par quatre cors doublés aux cordes. En dessous, les ponctuations de timbales et les roulements de caisse claire maintiennent un dynamisme sous-jacent et l'attente de la bataille. En synchronisation avec la réplique enthousiaste de Dak (« Je me sens prêt à affronter tout l'Empire à moi seul ! » [19]) s'ajoutent les pupitres de bois répartis sur trois octaves, emblématisant le traitement des doublures aux bois évoqué plus haut par Pope. Cette intensification par le timbre et le registre permet à la fois de mettre en valeur l'excitation des personnages à l'approche du combat, mais aussi de conserver un accompagnement musical nettement audible alors que le vaisseau amorce son décollage, dans un son de moteur surmonté de sifflements intenses.

Exemple 79. *SW5*, Luke et Dak se préparent à affronter les marcheurs impériaux (24:22-24:36).

18. « *You orchestrate not just for timbre but also for intensity* ». *Ibid.*
19. « *I feel like I could take on the whole Empire myself* ».

### *Placement minutieux des bruits et des interventions musicales*

Outre la gestion des fréquences et la répartition des matériaux sonores à différents registres, le choix du placement des bruits occupe une place fondamentale. L'intervention des effets sonores est en effet fréquemment pensée en regard du déroulement de l'accompagnement musical et des phrasés. Marc Mancini y voit l'une des particularités de Burtt : « Il coordonne son travail avec celui du compositeur, disposant ses sons entre les notes de musique et à des hauteurs opposées » [20].

La séquence de *SW3* où Obi-Wan se rend sur Utapau témoigne de cette minutie déployée par Burtt quant au placement des effets sonores. À deux reprises dans la séquence, des bruits au volume sonore important interviennent en effet sur des césures de l'accompagnement musical, qu'il s'agisse de notes tenues ou d'une micro-respiration entre deux phrases. Tout d'abord, un bref motif de fanfare, enjoué et héroïque, est énoncé aux trompettes doublées par les flûtes dans le registre aigu (exemple 80). L'apparition soudaine dans le cadre du vaisseau d'Obi-Wan, affectée d'un son puissant, intervient très exactement sur la tenue de l'accord parfait de *sol* majeur aux cuivres mesure 2, juste avant la conclusion de la petite fanfare : aucun élément essentiel de la phrase musicale n'est donc recouvert par l'intensité du bruit sourd associé au rétrogradage depuis la vitesse-lumière :

Exemple 80. *SW3*, Obi-Wan se rend sur Utapau (53:57-54:03).

Plus loin dans la scène, on remarque un procédé similaire quant à la minutie de placement des effets sonores par rapport à la musique (exemple 81) : le son mat et métallique du lourd bâton que le garde Magna heurte contre le sol intervient *entre* les deux phrases musicales, prévenant donc là encore tout risque de conflit. Il crée de surcroît un effet de ponctuation, séparant deux phrases musicales distinctes. Un rapide trait descendant au caractère furtif est d'abord joué à l'unisson aux flûtes et à la harpe dans le registre médium, sur une tenue dissonante de seconde majeure à l'accompagnement. Un court motif tendu, au profil tortueux, est ensuite énoncé dans l'aigu aux flûtes doublées par les trompettes, sur un agrégat aux violons et aux altos. Le placement du bruitage sur le dernier temps de la première mesure permet ainsi de délimiter ces différents motifs sans gêner l'intelligibilité de la progression de la trame orchestrale. On observe également un contraste de registres marqué entre le son grave

20. « *He coordinates carefully with the film's composer, placing his sounds between notes and at contrasting pitches* ». Marc Mancini, « The Sound Designer », dans Elisabeth Weis et John Belton (dir.), *Film Sound : Theory and Practice*, New York, Columbia University Press, 1985, p. 367.

du bâton du garde, et l'aigu choisi par Williams qui confère aux timbres des flûtes et des trompettes une clarté supplémentaire.

Exemple 81. *SW3*, un garde Magna heurte son lourd bâton contre le sol (54:30-54:37).

Par ailleurs, le compositeur et le *sound designer* semblent avoir porté une attention particulière à la progression harmonique afin de la perturber le moins possible – en particulier dans les passages cadentiels où la tension harmonique appelle à être résolue. Ainsi, les pics de volume des bruits interviennent fréquemment soit avant[21], soit après la détente harmonique. Au cours de la poursuite dans le champ d'astéroïdes de *SW5*, par exemple, le Faucon Millenium parvient à échapper à deux chasseurs TIE, qui s'écrasent contre les parois étroites d'un canyon. Malgré son intensité élevée, le fracassement des deux vaisseaux ne gêne aucunement l'accompagnement musical, car il a été minutieusement placé après la résolution harmonique. L'intensité et la tension de la course-poursuite sont soulignées musicalement par une progression harmonique aux cuivres dont le caractère fortement cadentiel est accentué par la ligne de crête (*la-si-do*), le grand *crescendo* et surtout l'enchaînement septième de dominante avec neuvième majeure / premier degré à l'état fondamental (exemple 82). La résolution sur l'accord de tonique (*do* majeur) prend alors la forme d'un climax, immédiatement suivi par la destruction des ennemis des héros. Cette configuration particulière a été précisément conçue par Williams puisqu'il note « Explosion » au-dessus du demi-soupir de la

21. À la fin de *SW1*, la reine Amidala décide de retourner sur Naboo pour combattre l'invasion droïde. Son vaisseau apparaît soudainement dans le cadre alors qu'il quitte la vitesse-lumière à l'approche de la planète (01:37:20-01:37:25). Aucun conflit n'intervient entre les bruits et la logique harmonique de l'accompagnement musical : la résolution éclatante de l'agrégat dissonant sur un *do* à tout l'orchestre intervient juste après l'acmé des effets sonores, alors que le vaisseau s'éloigne vers la gauche du cadre.

dernière mesure, soit juste après la résolution harmonique ; celle-ci est prévue pour précéder le bruitage dès le processus compositionnel :

Exemple 82. *SW5*, le Faucon Millenium parvient à échapper à deux chasseurs TIE qui s'écrasent contre les parois d'un canyon (38:12-38:17).

*Le cas des longues tenues*

Un dernier procédé d'écriture, souvent employé par Williams dans les deux trilogies pour éviter une rivalité entre musique et bruitages, consiste à privilégier les longues tenues dans des passages transitoires où l'intensité de l'action appelle en retour des effets sonores nourris. La scène de *SW6* où les rebelles se regroupent et s'apprêtent à passer en vitesse-lumière pour mener une offensive désespérée contre l'Empire (01:23:20) est emblématique de ce traitement. La tension est renforcée par le suspense de l'action parallèle se déroulant sur la lune d'Endor où Han, Luke et Leia doivent désactiver le bouclier protégeant la station impériale, sous peine de conduire les rebelles au massacre. L'effet visuel saisissant de toute la flotte disparaissant dans de longues traînées lumineuses est souligné par des effets sonores puissants. Comme dans l'exemple 82, Williams opte pour une progression harmonique aux cuivres dans l'aigu. Celle-ci repose sur un chromatisme ascendant sur trois accords aboutissant sur un *si* à l'unisson. Mais contrairement à la scène de *SW5*, la détente harmonique est synchronisée avec l'intervention des effets sonores : tous les bruits successifs associés au passage en vitesse-lumière du Faucon Millenium, de la flotte rebelle puis du vaisseau de l'amiral Ackbar, sont énoncés au-dessus de cet accord tenu jusqu'à la fin de la séquence. L'absence de modification dans l'accompagnement orchestral de ce moment crucial, marquant le basculement vers le dernier tiers du film, autorise à la fois le plein déploiement des effets sonores, et la conservation d'un nécessaire soutien musical à l'action dont l'intelligibilité reste préservée. La simplicité choisie par Williams permet ainsi d'optimiser l'efficacité de la musique, qui vient appuyer la tension dramatique de manière sous-jacente tout en laissant les bruits occuper le premier plan.

*Interactions musique / bruits : les effets de complémentarité*

Un dernier procédé nous paraît essentiel à souligner quant aux stratégies mises en place pour assurer une cohabitation harmonieuse entre musique et effets sonores dans la double trilogie. Contrairement à l'opinion la plus largement répandue dans la littérature dominante, selon laquelle la bande sonore de *Star Wars* possède une « qualité distinctive de conflit : la musique ne ménage aucune place aux effets sonores en général, pas plus que les bruitages ne tiennent compte de celle-ci »[22], la double trilogie présente à notre sens des interactions évidentes et une complémentarité essentielle entre ces différents éléments sonores, pourtant très peu évoquées.

Certes, il ne peut y avoir dans *Star Wars* d'« analogie de matière » entre les bruits et la musique, ni d'assimilation entre ces éléments à la manière de *Planète interdite* (1956), *Blade Runner* (1982), *Matrix* ou *Halloween 2* (2009) – souvent loués à cet égard[23] –, puisque le paradigme d'écriture de Williams reste l'orchestre symphonique traditionnel et non l'électronique. Toutefois, une analyse minutieuse et systématique de l'ensemble des épisodes met en lumière, même de manière fugitive, la présence d'effets de continuité, d'échos, de passerelles entre musique et effets sonores, qui remettent en question la séparation étanche habituellement tracée entre eux.

Cette communication entre les différents éléments sonores s'exprime d'abord par le biais de ce que Michel Chion nomme une « dimension-pivot », c'est-à-dire un « aspect commun appartenant à des éléments sonores considérés comme différents de nature (parole, musique, bruit), et permettant soit de passer progressivement de l'un à l'autre, soit de les faire ressembler l'un à l'autre »[24]. La hauteur est la dimension-pivot la plus employée dans l'hexalogie pour créer un pont entre musique et bruits. À la fin de la bataille d'Endor dans *SW6* (01:58:49-01:58:57), par exemple, alors que les Ewoks célèbrent leur victoire, la mélodie s'interrompt sur une quinte à vide *la-mi* aux bois et aux cordes, qui est très exactement l'intervalle ascendant énoncé par le cor d'un Ewok immédiatement après. Un autre appel de cor (*si-fa♯*) vient ensuite s'ajouter sur le plan rapproché d'un second Ewok. Les deux quintes à vide se superposent, soutenues par une pédale *la-mi* dans une nuance *p* aux cordes qui s'inscrit là aussi parfaitement dans les résonances d'appels de cor. La consonance généralisée et l'harmonie des matériaux sonores évoquent la paix retrouvée sur un plan général majestueux cadrant les sommets des arbres et les montagnes sous un ciel azur.

À un degré de réalisation supplémentaire, on observe, dans la scène de *SW5* où Han échoue à faire passer le Faucon Millenium en vitesse-lumière, un effet de continuité par le profil dynamique des sons, le mouvement des différentes lignes sonores et leur dessin « mélodique » – le registre et la hauteur jouant le rôle de dimensions-pivots. Les effets sonores apportent ici une réponse humoristique à l'accompagnement orchestral.

---

22. « *[Star Wars has a] distinctive quality of conflict : the music does not make room for sound effects in general any more than the sound effects take account of the music* ». James Buhler, « Star Wars, Music, and Myth », dans James Buhler, Caryl Flinn, et David Neumeyer (dir.), *Music and Cinema*, Hanover, Wesleyan University Press, 2000, p. 39.

23. Voir Michel Chion, *Un art sonore, le cinéma : histoire, esthétique, poétique*, Paris, Cahiers du cinéma, 2003, p. 127 ; Jeremy Barham, « Scoring Incredible Futures : Science-Fiction Screen Music, and "Postmodernism" as Romantic Epiphany », *The Musical Quarterly*, vol. 91, n° 3-4, automne-hiver 2008, p. 240-274, plus spécifiquement p. 252 ; Benjamin Wright, « What Do We Hear ? The Pluralism of Sound Design in Hollywood Sound Production », *The New Soundtrack*, vol. 3 n° 2, septembre 2013, p. 137-157, plus spécifiquement p. 152-153.

24. Chion, « 100 concepts pour penser et décrire le cinéma sonore », p. 43.

Le moment où Han déclenche la procédure est étroitement synchronisé avec une grande envolée conjointe dynamique en *crescendo* aux cordes, aux flûtes et au piccolo soulignant l'ardeur du personnage. Mais le trait fusée s'interrompt brutalement alors que rien ne se passe : le compositeur note le décompte « *One, two, three* » au-dessus des mesures 19-21 du *cue* « R7P2 Attack Position », et inclut deux mesures de silence après la croche finale. Ce silence musical inattendu sur l'aboutissement du *crescendo* souligne en creux l'insuccès de la manœuvre. La dernière note du trait fusée est immédiatement suivie par un petit sifflement dérisoire proche d'un *glissando* descendant en *decrescendo*, qui débute à une intensité et à une hauteur proches de la fin de la phrase musicale (sur un *ré* dièse), comme s'il en était un prolongement direct. Les choix effectués dans la création des bruits génèrent ainsi un effet de continuité avec la musique, tandis que la trajectoire sonore inversée entre la grande envolée ascendante à l'orchestre et la descente par paliers saccadés des bruitages au caractère piteux prend la forme d'un contrepoint comique. Ce jeu de dialogue entre la musique et les effets sonores se dissocie complètement du dramatisme de la situation : impuissants à passer en vitesse-lumière, les héros risquent en effet d'être capturés par les vaisseaux impériaux et livrés à Dark Vador.

Une complémentarité essentielle entre les différents matériaux sonores intervient également dans les effets de ponctuation rythmique, qui génèrent une forme de dialogue alterné entre musique et bruits. Un exemple particulièrement frappant intervient dans la séquence de *SW2* sur Géonosis où Anakin, le bras soudé sur le tapis roulant de la chaîne de montage droïde, risque de se faire littéralement aplatir par les machines (01:41:55-01:42:14). Laurent Jullier y observe avec justesse « un jeu de l'orchestre avec le bruit syncopé et métronomique des robots soudeurs en pleine action »[25]. Les ponctuations verticales d'accords parfaits de *la* mineur, énoncés *ff* en homophonie et en homorythmie à tout l'orchestre, interviennent ainsi à chaque fois *entre* les pulsations mécaniques des machines, juste avant que la plaque de métal ne se rabaisse. Cette alternance singulière entre bruits et musique génère une boucle rythmique dont chacun des matériaux sonores fait partie intégrante, répétée à sept reprises avec des variations infimes. Elle accentue le martèlement puissant des machines, renforçant le dramatisme et la tension de la scène.

Enfin, on relève dans l'ensemble des épisodes de nombreux passages où la musique se fait quasi bruitiste, concourant alors à amplifier les effets sonores. Ce procédé relativement classique dans les compositions pour l'écran, proche du *mickey-mousing*, mérite néanmoins d'être évoqué. Il s'avère en effet relativement efficace pour permettre aux différents matériaux sonores de cohabiter puisqu'il s'agit d'un point de rencontre très précis et saillant : musique et bruits s'associent pour produire de concert le même impact, sans distinction véritable. On trouve un exemple significatif de ce « bruitage stylisé »[26] par la musique, pour reprendre l'expression de Jean-Claude Mari, à la fin

25. Laurent Jullier, *Star Wars : anatomie d'une saga* [2005], Paris, Armand Colin, 2010, p. 65. On retrouve un effet similaire à la fin du duel de *SW3* entre Obi-Wan et Grievous, où le coup de poing que le général assène au Jedi est ponctué musicalement par un *si* énoncé à l'unisson par tous les pupitres de l'orchestre (01:06:29).

26. Jean-Claude Mari, *Quand le film se fait musique : une nouvelle ère sonore au cinéma*, Paris, L'Harmattan, 2007, p. 52.

du *cue* « 5M5 Finding the Conveyor Belt » de *SW2*, lorsque C3-PO tombe brutalement sur un tapis roulant de la chaîne de montage des droïdes géonosiens (01:39:18). Le son même de sa chute est accentué orchestralement par un *sfz*, un coup de cymbale et de tam-tam, et par des harmonies dissonantes formées par un agrégat de cinq sons aux bois, aux violons, aux harpes, aux cors et aux percussions (*mi-sol-do♯-ré-mi♭*), un cluster percussif dans le grave du piano, et un cluster vocal en *crescendo* dans l'aigu. Tous ces éléments musicaux sont conçus spécifiquement pour ce bruit de chute puisque le compositeur note « il atterrit ! »[27] au-dessus de la mesure correspondante. Par le recours à ce type d'écriture, la musique se rapproche ainsi d'un pur bruitage, floutant sa démarcation avec les effets sonores en tant que tels.

Si elles ne sont pas nouvelles en soi, ces stratégies s'avèrent néanmoins singulières au regard des normes du cinéma-spectacle et des pratiques les plus courantes dans les *blockbusters* ; elles font partie intégrante de la réussite de *Star Wars*. Elles emblématisent la prise en considération par Williams et Burtt, dans la totalité des épisodes, de la dimension éminemment collective de la création sonore trop souvent occultée dans la littérature sur la saga, qui tend à rester focalisée sur la scission de nature entre les deux types de matériaux sans envisager la manière dont ceux-ci s'inscrivent les uns par rapport aux autres. La collaboration entre le compositeur et le *sound designer* ne prend certes pas la forme de rencontres spécifiquement dédiées à une réflexion commune sur le sujet, mais chacun possède suffisamment de métier pour anticiper – ou modifier par la suite, du côté de Burtt – les réalisations de l'autre, et faciliter la cohabitation des différents matériaux sonores. Les interactions qu'ils créent entre la musique et les effets sonores dans la saga affirment ainsi leur spécificité dans la finesse de réalisation et le degré de minutie apportée à la gestion de chacun des éléments sonores, tant du côté de l'écriture musicale que de la conception des bruits et du mixage. Or, l'ère numérique entraîne avec elle des défis spécifiques et renouvelés.

## Extension et changements des procédés dans la trilogie républicaine

La trilogie républicaine présente deux particularités : la présence quantitative de plus en plus importante de la musique et, parallèlement, l'accroissement du nombre et du volume des bruits. Moins chargée sur le plan sonore, la trilogie impériale présentait de surcroît des plages assez longues sans accompagnement musical. Or, comme le souligne Jullier, la densité d'occupation musicale dans les épisodes récents « rappelle une caractéristique des films hollywoodiens des années 1930, le "100 % musical" lancé par le compositeur Max Steiner. Chaque nouveau *Star Wars* s'approche de cet idéal »[28]. Cet état de fait pourrait laisser penser qu'une confrontation inévitable s'opèrerait entre les différents éléments de la bande sonore. Or, une analyse minutieuse

27. « *Lands !* ».
28. Jullier, *Star Wars : anatomie d'une saga*, p. 62-63.

conduit à nuancer toute conclusion hâtive et permet d'apprécier la réarticulation du tissu audio-musico-visuel qui s'opère dans la trilogie républicaine, à travers les choix spécifiques opérés par le compositeur et le *sound designer* face à ce nouveau contexte.

*Une alternance de primauté musique / bruits à grande échelle*

Tout d'abord, la question de la prééminence soit de l'accompagnement orchestral, soit des effets sonores semble avoir été abordée de manière plus frontale et approfondie dans la trilogie républicaine. La gestion de détail se fait en effet sur une échelle bien plus fine, probablement grâce à la flexibilité et à la facilité de manipulation nouvelles offertes par les outils numériques. Les alternances s'opèrent de façon beaucoup plus variée : à un niveau microscopique, elles se font plus rapidement, sur des sections de quelques secondes. Sur un plan macroscopique, elles interviennent à l'échelle de scènes entières et s'inscrivent dans une conception globale de la progression dramatique et des enjeux de chaque séquence, qui entraîne fréquemment *plusieurs* échanges de primauté entre musique et bruits au sein d'une même scène. On ne rencontre pas du tout cette configuration dans *SW4*, et très rarement dans *SW5* et *SW6* : le cas de figure le plus répandu dans la trilogie impériale consiste à mettre en avant successivement la musique puis les effets sonores (ou l'inverse), cet échange s'effectuant une seule fois et à un moment ponctuel. Un exemple emblématique de ce type de pratiques propres à la trilogie impériale a été étudié plus haut, dans la scène de *SW4* où le Faucon Millénium se fait tracter vers l'Étoile Noire ; nous analysons ici leur extension dans deux scènes représentatives de la trilogie républicaine qui mettent en jeu des problématiques d'équilibre différentes.

La séquence de *SW2* où Zam introduit des *kouhuns* dans la chambre de la sénatrice Amidala à l'insu de R2D2 joue, à plusieurs reprises, sur la mise en avant alternée de la musique et des sons émis par le robot. Alors que les vers venimeux s'approchent du lit puis s'immobilisent pour ne pas être repérés, la musique très dissonante occupe le premier plan de la bande sonore. Les *glissandi* joués aux trombones avec sourdine et aux trombones basse, les *glissandi* d'harmoniques aux violons et aux altos en mouvements contraires, et les clusters énoncés aux cors avec sourdines métalliques se font de plus en plus présents, dans un *crescendo ff* sinistre qui s'interrompt brusquement. Williams crée une rupture marquée dans son écriture. L'effectif instrumental devient bien plus clairsemé, privilégiant les timbres éthérés et doux : cloches, vibraphone, voix au synthétiseur, *pizz.* de violoncelles, piano et violons dans le suraigu. L'écriture est beaucoup plus verticale, avec des accords répétés de septième majeure en blanches au synthétiseur, ponctuées par un intervalle dissonant de seconde majeure éclatée au piano (*si* bémol dans le registre médium / *do* dans le suraigu) et des noires répétées au vibraphone. Ces changements soudains, joints au *pp* généralisé, entraînent un effet de décrochage sonore et de respiration musicale qui met ici en valeur les sons émis par R2D2. La musique se fait soutien discret et permet aux bruits d'être clairement audibles.

Une autre césure intéressante intervient peu après, au moment où R2D2 s'éteint derechef après avoir balayé la chambre (exemple 83) :

Exemple 83. *SW2*, R2D2 s'éteint après avoir balayé la chambre de la sénatrice Amidala et les *kouhuns* sortent de leur cachette (13:42-13:48).

La fin des bips du droïde est corrélée à une raréfaction accrue du matériau musical, reposant principalement sur des arpèges nébuleux ascendants au piano et des longues tenues dans une nuance générale *p*. Le fait qu'il n'y ait aucun nouvel énoncé motivique ni aucune nouvelle attaque du son, et que tous les autres pupitres aient des silences renforce là aussi le sentiment de repos. Cet « effet de silence » [29] prépare le retour très dramatique

29. Plusieurs auteurs anglophones emploient l'expression de « *relative silence* », que nous traduisons de cette façon. Voir notamment Stephen Keane, « Walter Murch and Ben Burtt : The Sound Designer as Composer », dans Graeme Harper, Ruth Doughty et Jochen Eisentraut (dir.), *Sound and Music in Film and Visual Media : An Overview*, New York, Continuum, 2009, p. 461.

au premier plan de la musique : à cette micro-coupure succèdent (dernière mesure) des pédales de clusters grinçants à la clarinette basse, aux bassons, au contrebasson, aux cors avec sourdines métalliques, aux violoncelles et aux contrebasses, surmontées de *glissandi* descendants aux trombones avec sourdine *harmon*, de lents *glissandi* d'harmoniques aux violons, et des trémolos chromatiques ascendants aux altos.

À plusieurs reprises, on remarque donc une fluctuation entre le primat de la musique quand les *kouhuns* se déplacent en direction de Padmé, et celui des sons émis par R2D2 (puis des paroles lors du dialogue entre Anakin et Obi-Wan à l'extérieur de la chambre). La musique renforce le caractère menaçant et dangereux des vers venimeux, et ne joue dans un second temps qu'un rôle de soutien en maintenant l'attente tendue sur les plans du robot qui ne parvient pas à détecter la présence des *kouhuns*. En faisant se succéder ainsi les effets de suspens et de reprise de la tension, cette oscillation minutieuse rehausse la puissance dramatique de la scène.

Si cette alternance de prééminence musique / bruits intervient dans une séquence relativement « calme », on trouve également cette mise en avant périodique de la musique ou des bruitages selon les endroits les plus adéquats dans des scènes d'action particulièrement chargées en effets sonores, comme la scène de poursuite à travers Coruscant entre Zam et les Jedi dans *SW2*, ou le débarquement de l'imposante armée droïde sur Naboo au début de *SW1* (09:56). Sur le lent panoramique vers la gauche suivant le déploiement des vaisseaux de la Fédération du Commerce dans l'espace, l'accompagnement musical est tout d'abord purement rythmique. Un ostinato sur une même note (*do*), répétée alternativement sur les temps puis en syncopes, est mis en place aux cordes *staccato* à l'unisson, doublées par les timbales et des roulements de caisse claire. Il génère une impulsion vers l'avant et permet aux bruitages des moteurs d'occuper le premier plan lorsque les vaisseaux passent devant la caméra. Sur le plan d'ensemble suivant, en revanche, alors que le véhicule le plus massif se pose entre les arbres, les courtes sonneries de cors puis de trompettes sont clairement intelligibles. Les effets sonores à l'intensité la plus forte interviennent en effet au début et à la toute fin du plan, soit sur les notes répétées aux cors et *après* l'énoncé du motif de trompettes – celui-ci occupant nettement la prééminence par rapport aux bruits mixés très bas.

Les effets sonores prennent à nouveau brièvement le dessus sur le panoramique vers le bas cadrant le gigantesque vaisseau posé dans la clairière, des droïdes surgissant brusquement du hors-champ sur des motos dont la vitesse est mise en valeur par le son. Ce plan est accompagné par l'ostinato seul, sans aucun énoncé mélodique comme au début de la scène. Il est intéressant de remarquer qu'une nouvelle permutation de primauté a lieu sur ce même plan, alors qu'un panoramique suit des engins similaires passant très près de la caméra puis s'arrête sur de lourds véhicules de transport sortant des soutes du cargo. Les choix de mise en scène et le cadrage en contre-plongée insistent sur le caractère imposant des vaisseaux, et appelleraient *a priori* des bruits à la puissance équivalente. Or, les effets sonores sont ici mixés relativement bas [30]. Ce passage au second

30. Des choix de mixage similaires sont d'ailleurs faits plus loin, quand l'armée droïde se déploie vers Theed puis envahit la ville : le thème des droïdes se voit à nouveau accorder la prééminence sonore (20:39-21:12).

plan de la bande sonore s'explique par le fait qu'un nouveau thème musical important est ici énoncé pour la première fois. Il s'agit du thème des droïdes de la Fédération du Commerce (exemple 84), une marche militaire dans le mode de *la* sur *do* affectée d'un caractère majestueux et enlevé, jouée aux trompettes doublées par les trombones et accompagnée par l'ostinato évoqué plus haut :

Exemple 84. *SW1*, thème des droïdes, de lourds véhicules de transport sortent des soutes du cargo de la Fédération du Commerce (10:20-10:29).

Tout au long de la séquence, malgré la densité des effets sonores et l'insistance visuelle sur les lourds vaisseaux, les fluctuations successives de la musique et des bruits au premier plan du mixage se font donc suivant la nécessité de bien percevoir la musique aux nœuds importants de la scène : l'atterrissage sur Naboo puis le débarquement des bataillons de combat droïdes. Cette scène illustre parfaitement le souci accordé à la musique par Gary Rydstrom, *re-recording mixer* sur *SW1* et *SW2*, que Rick Kline évoque en ces termes : « Il a un véritable sens de la musique et est très à l'écoute. Il crée toujours un espace permettant aux textures musicales de percer »[31].

Ces différents exemples offrent ainsi un contrepoids intéressant au discours dominant sur la trilogie républicaine. Loin de « succomber à l'ivresse des mixages [...] sur la seconde saga [*sic*] de *Star Wars* »[32], les techniciens son opèrent au contraire une gestion fine de la prééminence de la musique ou des effets sonores afin de répondre au mieux aux enjeux narratifs, dramatiques et émotionnels propres à chaque séquence. Grâce aux procédés d'écriture de Williams et au processus de création de l'équipe son ainsi qu'à la souplesse du mixage numérique, de rapides fluctuations sont réalisées qui servent à la fois l'action représentée à l'écran et l'économie sonore générale de la scène.

*Les variations de dynamique*

Si le mixage joue un rôle important dans les variations d'intensité, la gestion des dynamiques au sein de l'*écriture* de Williams s'avère également fondamentale dans la trilogie républicaine en matière d'équilibres sonores. Il s'agit là d'une caractéristique beaucoup plus prégnante dans les épisodes récents que dans la trilogie impériale, où la fluctuation d'intensité de la musique relève fréquemment de procédés de mixage, pas toujours en lien avec les choix d'écriture du compositeur. La diminution du volume de la musique s'y fait surtout par le biais de contrastes et de variations d'intensité au mixage, et non intrinsèquement par des effets d'orchestration ou de dynamique purement musicales voulus par Williams. Ainsi, au début de *SW4*, l'évasion de R2D2 et C3PO du vaisseau arraisonné par l'Empire est accompagnée par un ample *crescendo* au *tutti* orchestral, mais le volume de la musique est brusquement ramené à un niveau faible au milieu d'une grande phrase lyrique de cordes déployée *f* dans l'aigu, afin que le dialogue entre les officiers impériaux soit clairement audible. L'élan orchestral emphatique est complètement interrompu; la gestion des intensités au mixage diffère fortement de l'écriture elle-même et est avant tout « voco-centrée ».

De manière similaire, lorsque les chasseurs TIE attaquent le Faucon Millenium vers la fin du film (01:28:18-01:29:55), il est important de souligner que l'on ne rencontre pas, comme dans les exemples de la trilogie républicaine, d'alternance de primauté régulière entre musique et sons pensée au mixage en fonction de la situation dramatique. Au contraire, l'accompagnement orchestral et les bruits restent à un volume fort constant. La partition, dont la texture dense est dominée par les cuivres, est très thématique. Elle repose sur des énoncés successifs et variés de la fanfare des rebelles, tandis que le motif de l'Étoile Noire clôt la scène comme pour « rappeler au spectateur que la véritable bataille est encore à venir »[33]. En accord avec les cadrages resserrés en contre-plongée sur les héros, la musique cuivrée confère une dimension héroïque à la contre-attaque de Han

31. « *He has a real sense of the music and is very tuned-in. He's forever creating space to allow textures of the music to come through* ». Kline, cité dans Larry Blake, « *Star Wars Episode II : Attack of the Clones* », *Mix Magazine*, juin 2002, http://www.mixonline.com/mag/audio_star_wars_episode_2/, consulté le 6 septembre 2014.

32. Pierre Berthomieu, *Hollywood : le temps des mutants*, Pertuis, Rouge Profond, 2013, p. 691.

33. « *It reminds the audience that the real battle is still to come* ». Michael Matessino, livret de [*SW4* BO], p. 24.

et Luke indépendamment de la situation immédiate, que les héros soient en mauvaise posture ou qu'ils parviennent à détruire les vaisseaux ennemis. Dès lors, les variations d'intensité de l'accompagnement musical ne sont pas dictées par une action particulière, mais découlent directement du nombre, du volume et de la nature des bruits utilisés de façon concomitante. Les tirs et les explosions ont une propension à davantage recouvrir la musique que les sons des vaisseaux, par exemple. Dans cette scène, la musique et les effets sonores « tendent à constituer [deux] discours parallèles »[34] et superposés, sans être tressés de manière aussi serrée que dans les épisodes républicains. Ce constat n'a pas de visée péjorative. Le choix de conserver une texture sonore globale particulièrement dense résulte sans doute d'une volonté de renforcer avant tout le caractère trépidant et exaltant de l'affrontement spatial, traduit visuellement par la brièveté du montage alterné et la multiplicité des points de vue au cours du combat.

Dans la trilogie républicaine, bien que le mixage continue d'occuper un rôle essentiel dans la gestion des équilibres sonores, la diminution des dynamiques musicales apparaît véritablement pensée dans l'écriture de Williams en fonction des bruitages. Elle tente de prévenir toute concomitance de volume qui conduirait au recouvrement de l'un ou l'autre des matériaux sonores. Lors de l'énoncé de certains effets sonores, Williams met ainsi en œuvre un dépouillement momentané du matériau musical et des *decrescendos* marqués.

Au début de la séquence de *SW1* où la reine Amidala lance un avertissement à la Fédération du Commerce, au moment précis où l'écran de transmission s'allume, la musique ménage une place au son du réglage de l'écran. Si nous n'avons malheureusement pas pu consulter la partition du *cue* qui attesterait la prise en compte spécifique par Williams de ce bruitage, l'écoute de la bande originale seule confirme néanmoins qu'un net *decrescendo* est réalisé par le compositeur et que celui-ci ne relève pas d'une diminution artificielle au mixage. Ce *diminuendo*, qui crée un effet de quasi-silence, est intégré au sein de l'écriture orchestrale : les gammes fusées ascendantes énoncées aux cordes dans l'aigu diminuent fortement puis s'interrompent, créant une rupture de texture et d'écriture ainsi qu'une suspension de l'accompagnement musical qui mettent en valeur le son de l'écran et l'amorce du dialogue. En outre, l'objet sonore lui-même, issu d'une flûte en hommage à *Flash Gordon*, s'avère musical et ne génère donc pas de rupture sonore tranchée avec l'accompagnement orchestral qui le précède. Burtt effectue ici de manière intéressante une « *substitution* d'un son musical à un son concret »[35] entre l'objet-source et le bruit qu'il émet, renforçant les interactions entre les différents éléments sonores de cette scène.

Une autre particularité en matière d'intensité musicale propre à la trilogie républicaine concerne les inversions de volume entre les bruits et l'accompagnement orchestral. Elles sont très fréquentes notamment durant les *shock cuts*, caractéristiques sonores de la saga définies par Jullier comme des « transitions accompagnées d'une

34. Laurent Guido, « Entre opéra wagnérien et culture de masse : l'univers musical de *Star Wars* », *Décadrages*, n° 8-9, 2006, p. 52-75, ici p. 66.

35. Dominique Château, *Le cinéma comme langage*, Paris, AISS-AIASPA, 1986, p. 148.

forte différence sonore »[36] : ce type d'enchaînement de plans voit le volume des effets sonores et de la musique augmenter et diminuer fortement en un temps très court, et de manière dissymétrique. Cette nouvelle stratégie mise en œuvre par le compositeur et l'équipe son permet de préserver l'intelligibilité de chacun des matériaux sonores.

Dans la section de transition entre la salle des archives et le passage du vaisseau transportant Anakin et Padmé dans *SW2*, le son du vaisseau croît au fur et à mesure qu'il s'approche de la caméra et diminue quand il s'en éloigne, cet effet de spatialisation accentuant en outre la puissance des moteurs par la mise en avant des basses fréquences. Contrairement à d'autres scènes similaires de la trilogie impériale, Williams opte ici pour un *crescendo* massif et constant dans sa partition, conjoint à un travail sur l'orchestration et les registres. Loin d'être noyée sous l'augmentation soudaine du volume, la musique croît parallèlement aux effets sonores et poursuit même son grand *crescendo* alors que les sons disparaissent rapidement au fur et à mesure que le vaisseau s'éloigne. Un motif énergique de triolets de doubles croches (exemple 85) est énoncé dans le suraigu en homophonie et en homorythmie par un pupitre de bois très étendu (piccolo, flûtes, hautbois, cor anglais, clarinette piccolo, clarinettes, clarinette basse, premiers bassons), doublé par les violons, les altos et les violoncelles. En dessous, un accord parfait de *la* majeur est répété aux cors, soutenu dans l'extrême grave par le contrebasson, le trombone basse, le tuba et les contrebasses. Le *crescendo* orchestral se prolonge par l'ajout des trompettes et des cors dont le timbre crée une amplification sonore supplémentaire, alors que le motif se conclut brillamment par un rapide chromatisme ascendant. Un nouvel effet de rupture sonore intervient à nouveau en synchronisation avec le plan de l'intérieur du vaisseau, par la nuance *p* soudaine renforcée par une brusque rupture d'écriture qui introduit un simple *la* tenu dans le grave :

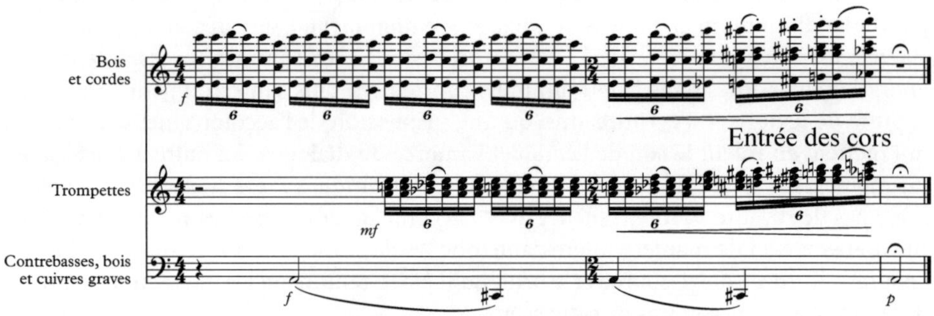


Exemple 85. *SW2*, *shock cut* entre la salle des archives
et le passage du vaisseau de transport de Padmé et Anakin (34:50-34:57).

L'accompagnement s'affranchit ici de l'une des fonctions traditionnelles de la musique de cinéma consistant à adoucir les transitions par l'unification de plans disparates[37], et met au contraire en valeur la discontinuité du montage. Par son impressionnant *crescendo* musical et l'affirmation de l'orchestre au grand complet, cette séquence met en outre en lumière l'une des caractéristiques de l'écriture williamsienne

36. Jullier, *Star Wars : anatomie d'une saga*, p. 66.

37. Voir Claudia Gorbman, *Unheard Melodies : Narrative Film Music*, Londres, BFI / Bloomington, Indiana University Press, 1987, p. 73.

évoquée par Pierre Berthomieu : « À la différence des partitions de Steiner et son école, travaillant [...] à masquer leur entrée ou une partie de leur présence, les musiques de John Williams s'affichent, s'exhibent », suscitant chez le spectateur « la conscience aiguë de l'élargissement »[38] qu'elles produisent. La courbe dynamique inversée résultant de la dissymétrie en intensité des bruits et de la musique crée précisément cet effet d'élargissement sonore saisissant.

*La prise en considération de l'énoncé de sons puissants : les arrêts musicaux momentanés*

Les manuscrits des épisodes républicains auxquels nous avons pu avoir accès dévoilent dans l'écriture du compositeur l'inclusion d'une syntaxe prévisible du sonore, dont témoignent ses nombreuses annotations indiquant avec précision les actions qui se déroulent à l'image et les sons qu'elles impliquent. Le musicien porte ainsi à un degré de précision supplémentaire le placement des interventions musicales vis-à-vis des bruitages. En particulier, la prise en compte par Williams dans sa composition de l'intervention de sons puissants s'exprime par l'inclusion de pauses et de silences momentanés dans le discours musical, que l'on rencontre relativement peu dans la trilogie impériale.

Exemple 86. *SW3*, Obi-Wan surprend le général Grievous sur Utapau (57:27-57:33).

38. Pierre Berthomieu, *La musique de film*, Paris, Klincksieck, 2004, p. 83.

L'affrontement entre Obi-Wan et l'armée de Grievous sur Utapau dans *SW3* présente plusieurs exemples intéressants de l'insertion d'arrêts momentanés de l'accompagnement musical en lien avec la survenue de fragments de dialogue et d'effets sonores intenses. Ainsi, lorsque le Jedi surprend le général Grievous (exemple 86), la musique occupe d'abord le premier plan et souligne son saut dans un effet de *mickey-mousing*, par des mouvements descendants généralisés et le figuralisme très usité du *glissando* de harpe. On remarque que Williams interrompt ensuite l'accompagnement par un silence général net, juste avant l'amorce du dialogue et l'émission de forts crépitements électriques par les bâtons de combat des Gardes Magna.

Plus loin, quand Obi-Wan tue plusieurs adversaires en faisant tomber un pan massif du mur, Williams note au-dessus de la mesure correspondante « la grosse brique tombe »[39] et, afin d'éviter que la musique ne soit recouverte par ce bruit puissant, crée un arrêt momentané de l'accompagnement à cet endroit précis. Ce n'est qu'après l'impact qu'un nouveau motif ascendant est énoncé aux trombones et au tuba. À la fin du même *cue*, on remarque également qu'au lieu de tenir l'accord final pendant l'intégralité de la dernière mesure, le compositeur introduit un silence à tout l'orchestre au moment où les droïdes chargent leurs armes et les pointent en direction du Jedi. La disparition totale de la musique permet ainsi de laisser place aux divers bruits de munition à un volume élevé, qui se voient mis en valeur puisqu'ils occupent seuls la bande sonore quelques instants.

Ce type de pratiques compositionnelles contribue par ailleurs à distinguer l'écriture de Williams d'autres réalisations contemporaines. Ainsi, dans *Les Quatre Fantastiques* (2005) par exemple, lorsque la Chose arrête le camion sur le pont et provoque plusieurs accidents violents de circulation (32:38), le choc sonore produit par le véhicule ne donne lieu à aucun arrêt de l'accompagnement musical. On entend quelques cuivres surnager un court instant, avant que la musique ne soit complètement recouverte par les effets sonores. Elle ne s'interrompt que sur les plans suivants montrant le télescopage des automobiles, et non au moment de l'impact.

Chez Williams, dans le cadre de cette prise en considération de la présence d'effets sonores intenses au sein de la partition, les explosions occupent une place singulière. Si l'on a établi précédemment que l'ensemble de l'hexalogie atteste d'un placement attentif de la musique lors des pics de volume, les explosions constituent néanmoins une exception notable qui peut être observée dans la majorité des scènes de la trilogie impériale. Elles suscitent en effet très rarement un arrêt de l'accompagnement musical, et lorsque ce dernier survient, il est extrêmement court, de l'ordre du demi-soupir comme dans l'exemple 82. Ainsi, au cours de la bataille de Hoth dans *SW5*, de nombreuses explosions se produisent, mentionnées par le compositeur sur son manuscrit des *cues* « R3P3 The Snow Battle » et « R3/4P4/1 Luke's First Crash ». Mais elles n'entraînent à aucun endroit d'interruption de l'accompagnement orchestral, Williams misant plutôt sur une orchestration massive – insuffisante néanmoins pour rendre la musique intelligible sous les déflagrations. *SW4* également présente de nombreux cas de synchronicité entre musique et explosions, conduisant à un recouvrement de l'accompagnement orchestral. C'est le cas par exemple au début de l'épisode lorsque l'Empire fait sauter la porte

39. « *Big brick falls* ».

principale du vaisseau de la princesse Leia, ou quand la planète Aldcraan est désintégrée par l'Étoile Noire. À la fin du film, l'explosion de l'Étoile Noire ne donne lieu à aucune interruption musicale : le bruit de la déflagration masque la résolution de l'accord de dominante (*sol-si-ré*) sur un *do* à l'unisson aux timbales et aux cordes graves. L'effet de détente est alors apporté visuellement par l'explosion de la station spatiale ennemie et, d'une certaine manière, par le son même de l'explosion, dans une substitution psycho-acoustique après la longue attente entretenue par la tension harmonique scandée à tout l'orchestre.

Les synchronicités musique / bruits d'explosion sont à l'inverse relativement rares dans la trilogie républicaine. Le premier attentat contre la sénatrice Amidala au début de *SW2* est particulièrement frappant à cet égard. La scène se démarque nettement de ces pratiques antérieures en proposant une interruption longue (dix secondes) et très marquée de l'accompagnement musical : l'orchestre disparaît aussitôt après les paroles du capitaine Typho, juste avant la déflagration, et ne fait son retour qu'à la fin de la dernière détonation. Cet arrêt musical et la place ménagée aux effets sonores seuls sont fondamentaux à plusieurs titres[40]. Tout d'abord, en matière d'équilibres sonores, le silence orchestral corrélé à l'énoncé de bruits aussi puissants permet de prévenir toute compétition stérile entre les matériaux sonores. Sur le plan dramatique, l'interruption de la musique amplifie considérablement l'effet de choc créé par le déclenchement soudain et violent de la bombe à un volume très élevé, contrastant fortement avec l'atmosphère sonore calme des plans précédents. Elle permet en outre aux bruits d'apporter un démenti immédiat et ironique au soulagement exprimé par Typho : « On a réussi. J'avais tort : il n'y avait aucun danger »[41]. Enfin, le fait de contrepointer cette réplique par une série d'explosions foudroyantes joue également un rôle narratif, mettant en lumière les nombreux dangers et tentatives d'assassinat auxquels la sénatrice devra faire face dans la suite du film. Cette dimension est d'autant plus importante à noter qu'elle souligne le changement radical de la situation d'Amidala entre les deux épisodes : le dernier plan de *SW1* la dépeignait souriante et confiante, ambassadrice de la paix et de l'alliance nouvelle entre les Naboos et les Gungans, tandis que l'ouverture de *SW2* en fait la cible d'attentats par des commanditaires redoutables agissant dans l'ombre.

### *Les musiques de scènes d'action intenses*

#### *Doublures orchestrales et alliages de timbres*

Outre le système de doublures développé précédemment et qu'il conserve, Williams recourt de manière extensive à des alliages de timbres employés seulement ponctuellement dans la trilogie impériale, pour permettre à la musique des épisodes républicains de « percer » aisément, en particulier dans les scènes d'action.

Ainsi, comme nous l'a expliqué l'orchestrateur Conrad Pope, la combinaison de trois pupitres de hautbois, trois pupitres de clarinettes et trois pupitres de flûtes, est utilisée dans un cadre bien spécifique dans la trilogie républicaine : « Nous ne l'utilisons

40. Voir Amy C. McGill, *The Contemporary Hollywood Film Soundtrack : Professional Practices and Sonic Styles Since the 1970s*, thèse de doctorat, Exeter, Université d'Exeter, 2008, p. 283-284.

41. « *We made it. I guess I was wrong. There was no danger at all* ».

que dans les séquences les plus radicales, les plus chargées en sons »[42]. Cette association timbrale va souvent de pair avec une doublure sur trois octaves, comme on le voit clairement dans le *shock cut* de *SW2* faisant la transition entre les archives et le vaisseau de transport, analysé dans l'exemple 85. On rencontre ces éléments d'écriture dans un tempo *presto* notamment dans la scène de *SW2* où Anakin et Obi-Wan pourchassent Zam à travers Coruscant, dont la bande sonore est particulièrement chargée : outre les différentes interventions parlées, les sons de vaisseaux et les tirs, Burtt a créé un tissu sonore urbain dense différenciant chaque quartier traversé au cours de la poursuite[43]. Williams déploie en conséquence une très large palette orchestrale qui permet à la musique d'être distinctement entendue. Il adjoint aux trois pupitres de hautbois quatre pupitres de flûtes (comprenant un piccolo) et trois pupitres de clarinettes. La présence de la clarinette basse est importante ici en ce qu'elle confère une intensité particulière aux sonorités d'ensemble, comme le souligne Pope : « Même si elle joue une octave en dessous des autres clarinettes, c'est très aigu pour la tessiture de cet instrument et cela contribue à conférer un son tout à fait éclatant au pupitre des bois »[44]. L'attaque est de surcroît renforcée dans l'ensemble de la séquence par l'adjonction de timbres beaucoup plus secs qui doublent par intermittence les parties de bois, tels l'enclume et le piano utilisé quasi exclusivement en croches accentuées dans l'aigu.

Les doublures des pupitres de bois ou de cordes par des timbres percussifs, en particulier le xylophone et les attaques au piano, déjà employées de façon circonscrite dans quelques *cues* des épisodes impériaux, deviennent des traits d'orchestration saillants des scènes d'action de la trilogie républicaine et, plus généralement, de la filmographie récente du compositeur. Si le xylophone apparaît déjà dans plusieurs *cues* de la trilogie impériale, son utilisation s'avère encore assez ponctuelle. Il est par exemple absent de la séquence où les chasseurs TIE attaquent le Faucon Millenium à la fin de *SW4*, où le compositeur privilégie une orchestration dominée par les cuivres. Dans la bataille de Hoth de *SW5*, le xylophone participe de « l'instrumentation étrange »[45] choisie par Williams : cinq piccolos, cinq hautbois, deux pianos et deux harpes, et un large pupitre de percussions se joignent à l'orchestre symphonique. Outre son association récurrente aux parties de bois, le xylophone intervient à plusieurs reprises de manière quasi « bruitiste » en doublant l'un des pianos : l'extrême rapidité du tempo ne permet pas de percevoir clairement les hauteurs, c'est le rythme qui prime ici à travers les nombreux contretemps et traits fusée. Par son timbre singulier, il joue enfin un rôle narratif, totalement absent de la trilogie républicaine : les xylophones « contribuent à générer un pressentiment de mauvais augure au début de la séquence et finissent associés aux marcheurs impériaux »[46].

---

42. « *We only do that in the most radical sequences, the loudest* ». Pope, entretien personnel réalisé le 13 février 2013.

43. Ben Burtt, commentaires audio du DVD de *SW2*.

44. « *The thing contributing to the very brilliant woodwind sound is the bass clarinet playing along with them, and even though it's an octave underneath than the other clarinets, in terms of tessitura for that instrument it seems pretty high* ». Pope, entretien personnel réalisé le 13 février 2013.

45. « *odd instrumentation* ». Kathryn Kalinak, *Settling the Score : Music and the Classical Hollywood Film*, Madison, University of Wisconsin Press, 1992, p. 200.

46. « *Xylophones contribute to a sense of foreboding at the beginning of the sequence and come to be associated with the imperial walkers by the end of it* ». *Ibid.*, p. 200-201.

À partir des années 1990-2000, Williams utilise le xylophone en doublure de manière quasi systématique dans ses *cues* d'action, dans une optique de fusion timbrale avec le pupitre des bois, qui acquiert une proéminence nouvelle par rapport aux scènes similaires de la trilogie impériale où dominent plutôt les sonorités cuivrées. Affecté principalement au registre aigu, le xylophone permet de rehausser facilement les parties de bois ou de cordes au sein de textures sonores chargées, grâce à son timbre clair et à ses attaques peu résonantes. Ainsi, dans la scène de *Minority Report* (2002) où John Anderton tente d'échapper à ses anciens coéquipiers venus l'arrêter pour le futur meurtre de Léo Crow (47:13-49:18), alors que le xylophone double la majorité des parties d'accompagnement aux bois, il vient renforcer le motif principal lors du premier pic dramatique de la séquence où Anderton est sur le point d'être attrapé. Il s'agit d'un ostinato de cordes (exemple 87) dont le mouvement motorique vers l'avant est généré par la juxtaposition de rythmes binaires et ternaires, de notes répétées et de triolets au profil circulaire. Il est énoncé sur un accord parfait de *si* mineur aux trompettes. Afin de préserver l'intelligibilité de la musique au milieu des bruits de bagarre et de combustion, Williams double les violons et les altos par les flûtes, les hautbois et les clarinettes répartis eux aussi sur trois octaves, et par les timbres « brillants » du xylophone, des cloches, du glockenspiel et du piano dans l'aigu.

Exemple 87. *Minority Report*, Anderton est sur le point d'être rattrapé par ses anciens coéquipiers (48:20-48:25).

Hormis cette configuration très fréquente dans la trilogie républicaine où le xylophone double les parties de bois ou de cordes, Williams combine son timbre sec et percussif aux trompettes dans les séquences les plus denses, où l'instrumentation cuivrée ne suffit pas toujours à garantir l'intelligibilité de la musique. Ainsi, dans la scène de *SW1* où le vaisseau de la reine Amidala force le blocus spatial de la Fédération du Commerce, bien que les effets sonores soient à un niveau très élevé, ils ne noient pas pour autant l'accompagnement orchestral grâce à l'emploi de ce type d'orchestration adjointe au registre aigu. La musique joue ici un rôle essentiel en ce qu'elle transmet un fort sentiment d'urgence par la répétition d'un ostinato enlevé de triples croches en notes répétées, circulant à différents pupitres de cuivres, tandis que trois courtes fanfares ascendantes soulignent l'intrépidité et le courage de la tentative de la reine aux nœuds dramatiques de la scène. La première est ainsi énoncée sur le panoramique vers la gauche cadrant la sortie du hangar du vaisseau majestueux et son élan vers le ciel, la seconde apporte une ponctuation dramatique à la réplique du pilote constatant la destruction du bouclier, tandis que la dernière accompagne les plans où le vaisseau s'échappe dans l'espace. D'abord introduit par les trombones dans le grave quand le pilote actionne les commandes, l'ostinato est ensuite joué par les trompettes doublées par le xylophone dans le registre aigu lorsque le bouclier est endommagé et que la bande sonore se fait beaucoup plus chargée : aux sirènes d'alarme se mêlent des sons de moteur, de tirs, de courtes explosions, les bips des droïdes réparateurs et les répliques de Jar Jar. Au moment où R2D2 parvient *in extremis* à réparer le bouclier, l'ostinato est transposé vers l'aigu par une courte marche chromatique et maintient la tension jusqu'au travelling arrière montrant le vaisseau d'Amidala dépasser le blocus.

*Relâchement de la narrativité musicale*

L'emploi extensif de ces doublures dans la trilogie républicaine ne peut être pensé en dehors du cadre général d'écriture dans lequel elles s'insèrent. Elles sont en effet indissociables de la nouvelle approche williamsienne des séquences d'action touchant à tous les paramètres de la composition. Laurent Guido remarque avec justesse :

> Chez Williams, la relation entre l'image et la musique ne se limite pas exclusivement à la dimension narrative : elle s'appuie fréquemment sur les mouvements visuels, les sinuosités formelles des séquences d'action. [...] C'est dans les passages d'actions mouvementées, où les informations visuelles se succèdent rapidement avec des rythmes souvent complexes, que peut se mesurer la virtuosité de l'écriture musicale. Chez Williams, des pièces presque dénuées de référence aux *leitmotive* peuvent atteindre des sommets de surprise et de dynamisme, le discours musical se détachant nettement de son ancrage postromantique pour emprunter aux techniques d'écriture plus contemporaine, à l'instar d'un Jerry Goldsmith [47].

Le relâchement de la narrativité musicale dans les scènes d'action de la trilogie républicaine constitue une différence majeure vis-à-vis des épisodes impériaux, où la perception spectatorielle est au contraire fréquemment guidée par un tissu musical narratif très serré alternant dans la partition plusieurs thèmes majeurs de la saga, en corrélation avec l'action représentée et les personnages présents à l'image. Ainsi, la bataille de Yavin qui ferme *SW4* est accompagnée majoritairement par le thème de la Force, entrecoupé du thème des forces impériales, du thème de Luke et de la fanfare des rebelles. Williams explique son approche en ces termes :

> C'est une sorte de pot-pourri de tout le matériau musical de l'épisode. J'ai inclus la plupart, si ce n'est l'intégralité des thèmes du film. Ils vont et viennent, ici et là, se pliant aux changements rapides de l'intrigue [48].

De même, lorsque Leia, Chewbacca et Lando combattent les *Stormtroopers* à Bespin à la fin de *SW5*, sont énoncés successivement le thème de Yoda et le thème d'amour de Han et Leia, variés dans leur tempo, leurs hauteurs et leur instrumentation. Plutôt que de souligner l'action immédiate, Williams rappelle ici musicalement les enjeux narratifs et dramatiques de la scène. D'une part, le thème de Yoda est utilisé en tant que signifiant

47. Guido, « Entre opéra wagnérien et culture de masse », p. 52-75, ici p. 64-65.

48. « *It's a kind a potpourri of all the musical material in the film. I included most, if not all, of the themes in the film. They are pushed around, in and out, here and there, to lend themselves to the rapidly changing story line* ». Williams, cité dans Charles Lippincott, livret de *Star Wars Original Soundtrack*, 2 disques 33 tours, 20th Century Records, RSO RS-2-4201, 1977.

du côté lumineux de la Force et souligne le revirement d'attitude de Lando à l'égard de l'Empire. D'autre part, le thème d'amour, répété à plusieurs reprises et transposé dans l'aigu dans une gradation de registres, met en avant l'intensité des sentiments de Leia pour Han et sa volonté désespérée de parvenir à le sauver à temps. Plus tôt dans ce même épisode, au cours de la bataille de Hoth, la musique joue un rôle similaire de clarification narrative, signalant les moments-clés de la séquence selon Kathryn Kalinak :

> Un certain nombre de *leitmotive* sont utilisés ici : le thème de Vador alors que les forces impériales se rapprochent du générateur, et plus tard quand Vador fait une entrée imposante dans le quartier général des rebelles ; le thème de la Force lorsque la retraite des rebelles est sonnée ; le thème de *Star Wars* au cours de l'effondrement du centre de commande des rebelles ; et la fanfare d'ouverture du thème de *Star Wars* quand Luke détruit un marcheur impérial. Les *leitmotive* annoncent même ici des développements narratifs ultérieurs : la scène se termine sur un court énoncé du futur thème d'amour de Han et Leia alors que le Faucon Millenium [...] évite de peu d'être capturé[49].

Une telle approche disparaît en revanche presque totalement du projet du compositeur sur les épisodes républicains. Ce changement d'écriture de Williams pour les scènes d'action tend à s'inscrire au sein d'une communauté de pratiques dans le cinéma contemporain. S'appuyant sur une analyse de deux séquences de *Tigre et Dragon* (2000) et *Matrix* (1999), Buhler, Neumeyer et Deemer caractérisent la musique des scènes d'action comme étant « répétitive, avec un rythme trépidant comportant des accents nettement dessinés et de fréquents *crescendos* rapides, et très peu mélodique »[50].

La résurgence d'un certain nombre de traits d'écriture dans les partitions récentes de Williams témoigne de l'intégration de ce type de pratiques et surtout de leur appropriation personnelle par le compositeur. Elle confirme la direction nouvelle prise par Williams depuis le début des années 1990, rompant avec l'approche mélodico-narrative qui caractérisait ses partitions précédentes pour les séquences d'action – *Les dents de la mer*, la trilogie impériale, *E.T. l'extra-terrestre* et *Les Aventuriers de l'Arche perdue* étant les plus représentatifs[51]. La littérature dominante évoque rarement ce changement d'approche, qui emblématise pourtant un tournant compositionnel pris par Williams à partir du début des années 1990. La densité et l'intensité sonores croissantes des scènes d'action, ainsi que l'accélération du rythme des séquences à l'ère numérique, semblent en effet avoir appelé chez le compositeur une écriture très peu thématique, souvent éloignée de fonctionnalités harmoniques claires, et d'essence principalement rythmique et cinétique. Dans nombre d'entretiens, Williams fait d'ailleurs du rythme

---

49. « *A number of leitmotifs are used here : Vader's theme as imperial forces close in on the power generator and later when Vader makes an imposing entrance in rebel headquarters; the Force theme, when the rebel retreat is called; the* Star Wars *theme during the collapse of the rebels' command center; and the opening fanfare to the* Star Wars *theme as Luke destroys an imperial walker. Leitmotifs here even foreshadow later narrative developments : the sequence ends with a short quotation from what will become Leia and Han's love theme as the Millenium Falcon [...] narrowly escapes capture* ». Kalinak, *Settling the Score*, p. 201.

50. « *repetitious, rhythmically driving with its accents clearly profiled and frequent quick swells in loudness,* and not strongly melodic ». Buhler, Neumeyer et Deemer, *Hearing the Movies*, p. 224.

51. Voir Doug Adams, « Action Scores in the '90s », *Film Score Monthly*, n° 74, octobre 1996, http://www.filmscoremonthly.com/features/action.asp, consulté le 23 octobre 2015.

le paramètre le plus fondamental de son esthétique musico-cinématographique[52]. Il explique, au sujet de l'hexalogie :

> Les séquences d'action nécessitent beaucoup de soin au niveau rythmique et métrique de la musique, du moins dans les films de George Lucas, où l'orchestre joue sur tous les mouvements chorégraphiés ou plusieurs d'entre eux. Il y a une série de coupes rapides qui montent ou descendent et s'arrêtent. Toute cette activité cinétique s'exprime musicalement. [...] La musique d'action est rythmiquement explicite pour suivre ce que l'on voit[53].

La partition se détache de toute fonction narrative marquée dans les scènes d'action de la trilogie républicaine : elle vise à créer avant tout des effets de jaillissement et un mouvement motorique vers l'avant ; elle peut alors cohabiter beaucoup plus facilement avec des matériaux sonores puissants, qui ne risquent plus de masquer de thèmes mélodiques importants. Aussi, dans l'ensemble de la trilogie républicaine, les passages où les effets sonores occupent le premier plan de la bande sonore ne présentent généralement pas de véritables thèmes, mais davantage une pure musique d'accompagnement, qui soit prend la forme d'un jeu de textures dont la fonction est de créer une atmosphère tendue ou menaçante, soit fournit un dynamisme sous-jacent. Si elle renonce ainsi à une part de narrativité, la musique revêt une fonction dramatique et cinétique très forte. Ce primat des trajectoires rythmiques dans la partition est également à mettre en rapport avec la rapidité accrue de l'enchaînement des actions à l'image et du montage dans les scènes d'action de la trilogie républicaine – sensation de vitesse moins quantifiable par la durée réelle des plans[54] qu'engendrée par les vifs mouvements de caméra, les angles de vue vertigineux, la grande mobilité des points de vue et la juxtaposition d'échelles de plans contrastés accentuant le découpage du montage.

Les compositions williamsiennes pour ce genre de scènes reposent désormais de manière privilégiée sur les alliages de timbres, les textures, les rythmes et les dynamiques, sur une fragmentation du discours en cellules motiviques atonales éclatées dans des blocs juxtaposés à l'écriture très contrastée, comme dans le *cue* « 1M7A Zam Chase Pt.1 » de *SW2*, à propos duquel le compositeur explique : « Je n'ai pas cherché à savoir qui était le bon et le méchant, et toute tendance d'individualiser ce morceau aurait été un échec »[55]. Williams souligne également la sensation de rapidité extrême produite par la partition : « George était obsédé par la vitesse. Il voulait que la musique "accélère" les images [...]. Le rythme est donc effréné, et le tempo empêche toute construction thématique »[56].

---

52. Voir notamment Irwin Bazelon, *Knowing the score*, New York, Van Nostrand Reinhold Company, 1975, p. 199.

53. John Williams, commentaires audio du Blu-ray de *SW2*.

54. Comme le démontre Jullier (*Star Wars : anatomie d'une saga*, p. 82), les scènes de combat ont une durée moyenne de plan relativement homogène dans toute la saga, qui distingue la trilogie républicaine des plans très brefs des *blockbusters* contemporains : la moyenne de *Star Wars* représente « environ les deux tiers de la durée moyenne dans des scènes de duel comme celles de *Matrix* ».

55. Williams, cité dans Didier Leprêtre, « Que les clones attaquent... », *Dreams Magazine*, n° 27, avril-mai 2002, p. 26-30, ici p. 27.

56. *Ibid.*, ici p. 29.

Ce *cue* est exemplaire en ce qu'il concentre justement la majorité des traits d'écriture caractéristiques de cette nouvelle approche peu thématique, d'essence principalement rythmique et atonale. L'orchestrateur Pope insiste lui aussi sur la vitalité émanant de l'ensemble du *cue* : « Ce dont je me souviens, c'est à quel point tout était vif et rapide. L'orchestre s'envole […], grâce à un dialogue entre tous ces éléments disparates qui donnent l'impression de se répondre les uns aux autres » [57]. Cette sensation de dialogue véloce entre les pupitres intervient dans les grandes gerbes orchestrales qui parcourent le *cue*. Formées soit de *glissandi* soit de traits fusée ascendants, elles se propagent en relais de timbres à différents groupes de pupitres avant de voir leur élan interrompu par une écriture à nouveau très verticale, en contretemps accentués, comme on le voit nettement sur l'exemple 88 :

Exemple 88. *SW2*, Anakin tue les *kouhuns* tandis que le droïde-espion de Zam prend la fuite (14:15-14:18).

57. « *What I remember is how quick and how fast that all was. The orchestra is flying around […] because of this dialogue between all these disparate elements sort of talking back to each other* ». Pope, entretien personnel réalisé le 13 février 2013.

Outre ces éruptions orchestrales, le *cue* repose sur l'alternance de trois principales cellules contrastées, dont les points communs sont leur dimension motorique et leur répétitivité. La plus proéminente est une cellule de trois doubles croches chromatiques descendantes suivies d'un quart de soupir, souvent jouées en tierces, qui génère par sa célérité une impression de *glissando* nerveux (exemple 89). Jouée en homophonie et en homorythmie par deux piccolos, par les flûtes et les violons partiellement doublés par les trompettes, elle est très souvent ponctuée par de courtes interventions accentuées de trombones renforçant le dynamisme de l'ensemble. Le reste des pupitres de bois, le piano et le synthétiseur marquent les temps par des clusters en croches répétitives :

Exemple 89. *SW2*, Obi-Wan s'accroche au droïde-espion (14:34-14:48).

Ce type d'écriture est devenue une véritable signature sonore williamsienne : elle irrigue un grand nombre de séquences d'action de ses films contemporains, renforçant la sensation de vitesse extrême suggérée par les images et le montage. On retrouve ainsi cette cellule quasi à l'identique, dans une présentation et une orchestration similaires, au cours du match de quidditch de *Harry Potter et la chambre des secrets* (2002), lorsqu'un Cognard ensorcelé poursuit Harry et Malefoy dans les sous-sols du terrain (exemple 90). L'accompagnement est lui aussi tout à fait semblable à la scène de *SW2*, avec les ponctuations dissonantes de croches aux bois sur le temps et le motif descendant aux trombones. La séquence de course-poursuite entre Obi-Wan et Grievous dans *SW3* propose une réinterprétation de cette cellule, qui accompagne également sous une nouvelle forme la fuite de Ray Ferrier et sa famille dans *La Guerre des mondes* (*cue* « Escape from the City »).

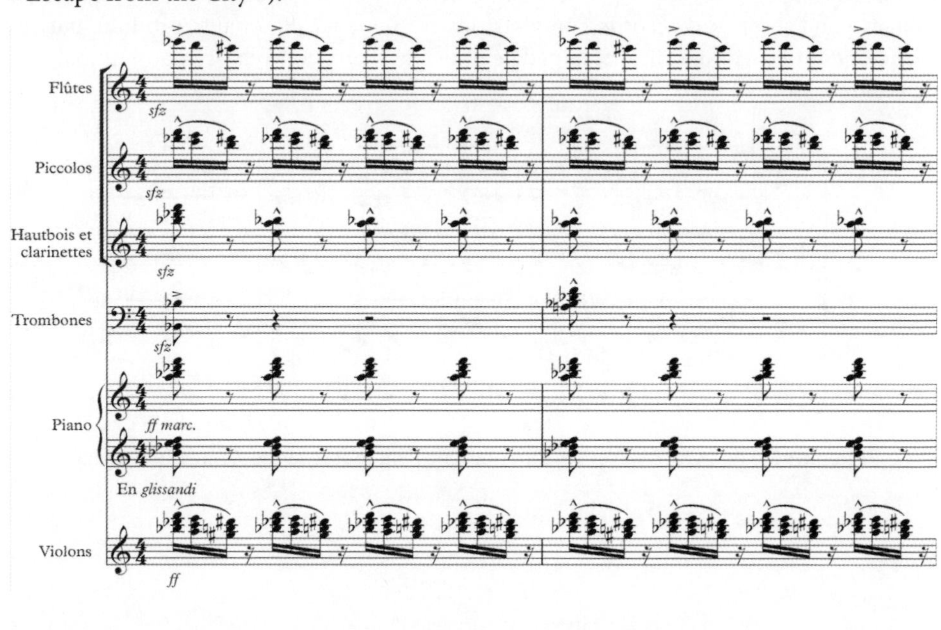

Exemple 90. *Harry Potter et la chambre des secrets*, un Cognard ensorcelé poursuit Harry et Malefoy dans les sous-sols du terrain de quidditch (53:36-53:42).

La scène de poursuite dans Coruscant de *SW2* est également jalonnée par un motif très dynamique et chaloupé dans une mesure à 5/4, alternant anapeste, dactyle et contretemps (exemple 91). Très répétitif, il est joué tel quel ou transposé à l'octave supérieure. Sa particularité est aussi d'être énoncé *f* à l'unisson à quasiment tous les pupitres (flûtes, flûte en *sol*, hautbois, cor anglais, clarinettes, clarinette basse, bassons, cors, trompettes, violons et altos), générant une grande puissance sonore. L'élargissement vers l'aigu renforce l'effet de giration issu de la mesure asymétrique et des rythmes irréguliers. Contrairement à la première cellule, le motif présente une ébauche de fonctions tonales (évocation d'un enchaînement V-I en *si* mineur). Mais celles-ci sont diluées par l'absence d'accords complets, les frottements dissonants produits par les trombones et les violoncelles, et la pédale grave de *si* aux contrebasses, aux timbales et au contrebasson.

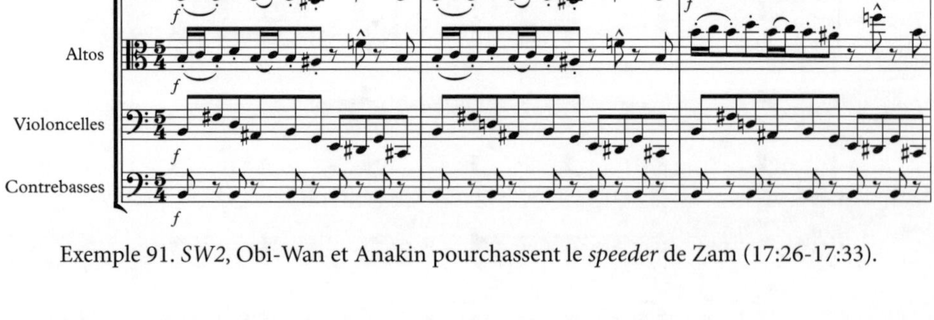


Exemple 91. *SW2*, Obi-Wan et Anakin pourchassent le *speeder* de Zam (17:26-17:33).

La troisième cellule, récurrente dans le *cue*, est constituée d'appels de trompettes en notes répétées, renforcés par les bois, les violons, les tambours, les bongos et le xylophone en homophonie et en homorythmie (exemple 92). Là encore, comme pour la première cellule, la fulgurance rythmique et la création d'harmonies verticales dissonantes (superposition de quintes justes ici) priment sur le dessin mélodique – d'ailleurs simplement esquissé dans le second motif :

Exemple 92. *SW2*, Zam plonge en piqué (16:56-17:00).

Enfin, un dernier trait caractérisant l'approche williamsienne des scènes d'action de la trilogie républicaine consiste, pour reprendre les termes du compositeur, à créer une « sensation de flux et reflux cinétique »[58] qui participe à la structure formelle et dramatique des séquences. Williams entrecoupe en effet les passages très véloces de ses *cues* par des sections plus calmes, qui entraînent un court effet suspensif tout en maintenant une tension par l'énoncé d'harmonies dissonantes. Ces moments de suspens s'articulent autour de deux gestes emblématiques, présents aussi bien dans la séquence sur Coruscant de *SW2* que pendant le match de quidditch de *Harry Potter et la chambre des secrets*. La première cellule repose sur des syncopes en valeurs longues et aux hauteurs stables, qui rompent avec le mouvement directionnel animant l'ensemble du *cue* (exemple 93a) :

Exemple 93a. *SW2*, Anakin plonge en piqué pour rattraper Obi-Wan dans sa chute (16:03-16:10).

58. Williams, cité dans Guido, « Entre opéra wagnérien et culture de masse », p. 52-75, ici p. 64.

Cette suspension et ce statisme momentanés sont suivis d'un grand mouvement descendant aux bassons, aux cuivres, au synthétiseur et aux cordes graves, s'achevant sur un triolet de noires dans le grave aux trombones, aux trombones basse et au tuba (exemple 93b). Présentant à nouveau une écriture très verticale, ce geste suspensif repose sur des couleurs d'accords hors de la sphère tonale, alternant unissons, accords parfaits mineurs et agrégats dissonants. Ce second geste amorce le retour de l'impulsion vers l'avant et en particulier la reprise du second motif analysé plus haut.

Exemple 93b. *SW2*, Anakin stabilise son *speeder* dans la trajectoire d'Obi-Wan (16:11-16:17).

Dans toute la séquence de poursuite à travers Coruscant, la musique fonctionne ainsi par flux et reflux, par saillies, par éclats de cellules orchestrales répétées qui confèrent une grande vitalité à l'image et rehaussent l'action, tout en facilitant grandement l'intégration de l'accompagnement orchestral au sein d'un tissu sonore très dense. Ainsi, la première cellule intervient sur les plans où Obi-Wan est accroché au droïde assassin (par exemple, 14:34-14:48 puis 15:00-15:15). Elle génère une sensation de vitesse extrême que les plans n'ont pas toujours en eux-mêmes, accentue l'effet vertigineux des plongées sur le vide et souligne le danger encouru par le Jedi, que mettent en valeur les cadrages alternativement larges et resserrés sur son visage tendu. La section suspensive accompagne quant à elle la chute libre d'Obi-Wan après la destruction du droïde et la plongée en piqué d'Anakin qui tente de le rattraper, et s'harmonise parfaitement avec ce moment figeant momentanément l'action dans une attente angoissée (16:03-16:17).

La troisième cellule analysée plus haut, caractérisée par sa quasi-absence de mélodie, est employée dans les passages où les sons émis par le *speeder* de Zam occupent le premier plan (par exemple, 16:52-17:00). Ceux-ci étant relativement musicaux puisqu'ils sont issus d'une guitare électrique jouant un *glissando* descendant, toute compétitivité est ici évitée par le choix de les accompagner par cette cellule essentiellement rythmique, qui maintient de surcroît une tension par l'énoncé d'agrégats dissonants. À l'inverse, le motif plus mélodique (exemple 91) est énoncé lorsque les personnages arrivent à la hauteur des coupleurs d'énergie où les sons musicaux du *speeder* sont absents (17:26-17:37) : le moteur du vaisseau des Jedi émet un bourdonnement pulsé dans le grave sans hauteur transcriptible. Burtt révèle justement avoir modifié certains sons une fois la partition de Williams composée, les rendant moins « musicaux » pour qu'ils n'entrent pas en conflit avec l'orchestre[59]. La gestion minutieuse de l'accompagnement sonore de cette scène témoigne plus largement sur la trilogie républicaine d'une collaboration étroite

59. Ben Burtt, commentaires audio du DVD de *SW2*.

entre l'équipe son, le *music editor* et le compositeur, tant au moment du mixage qu'au niveau du processus compositionnel, du placement de la musique et des combinaisons musique / bruits.

*Un tressage resserré du tissu sonore*

Outre ces nombreuses stratégies mises en œuvre par le compositeur et l'équipe son dans la trilogie républicaine pour garantir des équilibres sonores les plus satisfaisants possible, Williams et Burtt poursuivent leur ambition de faire interagir la musique et les bruits de manière particulièrement poussée sur ces trois films. La recherche d'une bande sonore intégrative se voit portée à un degré de finesse supplémentaire dans les épisodes républicains ; les créateurs sonores exploitent ici pleinement la facilité de manipulation et de réalisation des technologies numériques pour servir leurs besoins et leur inventivité [60].

La littérature dominante prend étonnamment peu acte de ce tressage serré du tissu sonore. Selon Gustavo Costantini, « les sons symphoniques de Williams ne communiquent pas avec le *sound design* » [61], tandis qu'Amy McGill abonde dans ce sens, voyant dans la bande sonore de la saga « une esthétique de la scission » [62]. Elle oppose cette dernière aux « amalgames acoustiques » [63] réalisés dans les films de David Lynch par le *sound designer* Alan Splet et le compositeur Angelo Badalamenti, alors qu'on rencontre pourtant plusieurs exemples saisissants d'« amalgames soniques » dans la trilogie républicaine.

*Les sons percussifs*

Le décloisonnement des frontières entre musique et bruits s'exprime tout d'abord par la création de sons percussifs, tant au *sound design* que dans la composition. Randy Thom voit d'ailleurs dans les « bruitages orchestraux » l'une des spécificités de l'écriture de Williams par rapport à d'autres compositeurs, permettant à sa musique de se fondre ponctuellement avec les bruits : « Williams réalise à l'orchestre un certain nombre d'effets sonores dans sa partition traditionnelle, grâce à des instruments exotiques et des percussions de différentes sortes » [64]. Lorsqu'Anakin décapite le comte Dooku au début de *SW3*, le tressage serré des différents matériaux est ainsi effectué par le biais de sons exclusivement percussifs dans la partition, joués en *crescendo* jusqu'à un *fff* accentué : Williams opte pour des clusters sans hauteur déterminée au piano dans le

60. Voir à ce sujet Kevin J. Donnelly, « Extending Film Aesthetics : Audio Beyond Visuals », dans John Richardson, Claudia Gorbman et Carol Vernallis (dir.), *The Oxford Handbook of New Audiovisual Aesthetics*, New York, Oxford University Press, 2013, p. 357-360 et 364-370.

61. « *The symphonic sounds of Williams do not connect with sound design* ». Gustavo Costantini, « Leitmotif Revisited », *FilmSound*, s. d., http://www.filmsound.org/gustavo/leitmotif-revisted.htm, consulté le 12 février 2018.

62. « *an aesthetic of separateness* ». McGill, *The Contemporary Hollywood Film Soundtrack*, p. 262.

63. « *sonic amalgams* ». *Ibid.*, p. 263.

64. « *Williams does quite a few orchestral sound effects in his typical score, using exotic instruments and percussion instruments of various kinds* ». Randy Thom, « Designing a Movie For Sound » [1998], dans Larry Sider, Diane Freeman et Jerry Sider, *Soundscape : The School of Sound Lectures*, Londres / New York, Wallflower Press, 2003, p. 131.

grave, alternativement sur les touches blanches et sur les touches noires, des roulements de timbales, de grosse caisse et des interventions accentuées de tam-tam. L'emploi de ces sonorités percussives permet de réaliser un enchaînement sonore très fluide avec le bruitage à proprement parler, un objet sonore très singulier composé de plusieurs strates successives. Sa base grave âpre s'inscrit parfaitement dans la continuité du registre des timbales. Elle est suivie d'un son crissant et perçant dans l'aigu au mouvement ascendant puis descendant. Cet effet sonore très amplifié et réverbéré souligne, par son timbre âcre et distordu, le caractère terrible et irréparable du geste d'Anakin qui vient d'exécuter sommairement un adversaire désarmé à l'encontre du code des Jedi. Le grand silence dramatique qui lui succède renforce son impact expressif : en créant un « vide » sonore momentané, le compositeur et le *sound designer* soulignent le vertige qui saisit Anakin, et la solitude du personnage qui vient de faire un nouveau pas vers le côté obscur.

De son côté, Burtt crée dans *SW2* et *SW3* des bruits semblables à des sons de percussions pour se rapprocher au plus près de l'accompagnement orchestral, lissant les frontières entre ces deux types de matériaux. Il explique ainsi, au sujet de la séquence de l'usine de droïdes sur Géonosis dans *SW2* : « L'idée est de mélanger des percussions, des sons musicaux avec les sons naturels des machines »[65]. La scène d'ouverture de *SW3* est emblématique, rompant totalement avec l'approche sonore des commencements des cinq épisodes précédents. Dès les premiers plans cadrant en plongée un gigantesque vaisseau rebelle (01:53), de lourds tambours se font entendre, dont le tempo est très exactement calqué sur celui de la musique accompagnant précédemment le générique de début. À leur tour, ils déterminent ensuite la pulsation du thème de la Force, énoncé immédiatement après par huit cors en *ré* mineur, et dont le caractère pesant s'inscrit tout à fait en continuité avec celui des tambours. L'accompagnement musical semble ainsi se poursuivre sans discontinuité du générique à la scène d'ouverture, alors que ces percussions ne sont en réalité pas produites orchestralement : le *cue* « 3M1 Boys into Battle » ne porte aucune mention d'un rythme trochaïque aux tambours. Interrogé à ce sujet, Pope nous a révélé que ces percussions relèvent du *sound design* : « Ce sont des taïkos enrichis électroniquement. Il y a une banque de sons intitulée "tambours d'orage" que nous appréciions beaucoup. [...] Burtt les a ajoutés à cet endroit »[66]. Le choix d'inclure des tambours au caractère martial amplifie le caractère imposant et majestueux du vaisseau rebelle, et va dans le sens des directives de Lucas : « Je voulais quelque chose qui dise "guerre" [...] et établir le fait qu'il y a une bataille, mais révéler les choses une à la fois »[67]. Plutôt que de recourir à un effet sonore pur pour les réacteurs du vaisseau, Burtt crée un lien rythmique et acoustique grâce à ces taïkos : le générique et les premiers plans du film semblent ainsi constitués d'un seul et même tissu instrumental.

### *Les effets de* continuum

Outre ces éléments musicaux qui ne sont pas produits par des instruments acoustiques, la porosité des frontières entre musique et bruitages se révèle

65. Burtt, cité dans Mary B. Bresolin, *Films Are Not Released. They Escape*, 20th Century Fox Home Entertainment, 2002. Au sujet de *SW2*, voir Keane, « Walter Murch and Ben Burtt », p. 460.

66. « *These are taiko drums with electronics. There is a library called "storm drum" that we were very fond of here. [...] Burtt added them here* ». Pope, entretien personnel enregistré le 13 février 2013.

67. George Lucas, commentaires audio du DVD de *SW3*.

particulièrement intéressante dans la création d'effets de *continuum*, absents de la trilogie impériale. Le *continuum* sonore désigne un déplacement perpétuel des limites entre les différentes catégories de sons [68], mis en pratique notamment par le compositeur Michel Fano. Ce dernier le définit comme un « système de contiguïté des substances, de glissement, de contamination des substances sonores les unes sur les autres » [69]. En composant les « partitions sonores » de films d'Alain Robbe-Grillet, tels *L'Immortelle* (1963) ou *L'Homme qui ment* (1968), Fano recourt à la fois aux techniques de la musique concrète et de la musique électroacoustique qui, en s'appuyant sur la part « matérielle » de la musique, permettent de générer un tissu musico-sonore très serré. Fano rejoint ainsi les préoccupations d'Edgar Varèse qui, dès les années 1920, par le biais des possibilités offertes par la science, cherche à se libérer des contraintes des instruments acoustiques pour créer de nouveaux timbres. C'est en ce sens que Varèse parle « de son art comme un travail d'organisation sonore » [70], et non comme une composition musicale au sens traditionnel du terme.

La reprise d'un geste audio-musico-visuel aussi moderniste dans un film de science-fiction à grand spectacle comme *Star Wars* produit des effets de sens totalement différents. En effet, si la démarche de création sonore peut paraître similaire, le projet, les objectifs et les effets produits divergent diamétralement : le travail de Fano a notamment pour conséquence de déplacer considérablement les fonctions psychologiques, dramatiques et poétiques des sons et de la musique, et ce, grâce au développement d'un langage qui complique la lecture du film et défait les repères objectifs. Dans la trilogie républicaine, la création d'effets de *continuum* acoustique n'a nullement pour projet de désorienter le spectateur ou de crypter la lecture des séquences, mais plutôt de fusionner de manière éphémère les divers matériaux sonores pour générer la puissance dramatique la plus grande à des moments bien particuliers. Ils interviennent le plus souvent pour générer une tension extrême.

Ces effets de *continuum* sont fréquemment créés dans les partitions des épisodes républicains par le biais de la dissonance et de procédés d'écriture atonaux (clusters, agrégats, *stingers*) : le timbre, les hauteurs et les registres y jouent le rôle de dimensions-pivots. Le rythme est assez peu exploité comme dimension-pivot dans l'hexalogie. Philippe Cathé, l'un des rares chercheurs à souligner le décloisonnement des frontières entre bruits et musique opéré dans la saga, évoque, à la fin de la course de modules de *SW1*, une gradation transitoire qui se fait insensiblement entre les matériaux sonores. Une fois que les effets sonores deviennent relativement constants dans leur spectre harmonique, la musique orchestrale refait son apparition. Le timbre et la hauteur servent ici de dimensions-pivots :

---

68. Voir Kevin J. Donnelly, *Occult Aesthetics : Synchronization in Sound Film*, New York, Oxford University Press, 2014, p. 123-153 (« "Visual" Sound Design : The Sonic Continuum »).

69. Michel Fano, « L'ordre musical chez Alain Robbe-Grillet. Le discours sonore dans ses films », dans Jean Ricardou (dir.), *Robbe-Grillet : Analyse, théorie*, tome 1 : *roman/cinéma*, Paris, Ugé, 1976, p. 186.

70. Ariel Harrod, *Les conditions d'une musicalité du sonore : étude comparative sur le statut musical du bruit en musique et au cinéma*, mémoire de maîtrise, Montréal, Université de Montréal, 2010, p. 16.

> La musique [est] formée d'agrégats sourds [...] prenant le relais des bruits précédents en tous points : la stabilité des hauteurs durant toute leur émission, la stabilité dynamique, la stabilité timbrale (au début) et une nouvelle régularité rythmique (lente) [71].

Outre ces effets de transition imperceptible entre les matériaux sonores, Williams et Burtt réalisent un tuilage de sonorités dans plusieurs scènes de la trilogie républicaine, et en particulier dans *SW3*. Au terme de son combat avec Dooku, Anakin tranche les mains du comte. Son geste est précédé d'un agrégat dissonant aux trompettes, trombones, bois, cordes, piano et synthétiseur aboutissant à un *fff*, soutenu par des *glissandi* aléatoires à la harpe, des roulements de cymbales et un motif de tam-tam en *crescendo* (exemple 94).

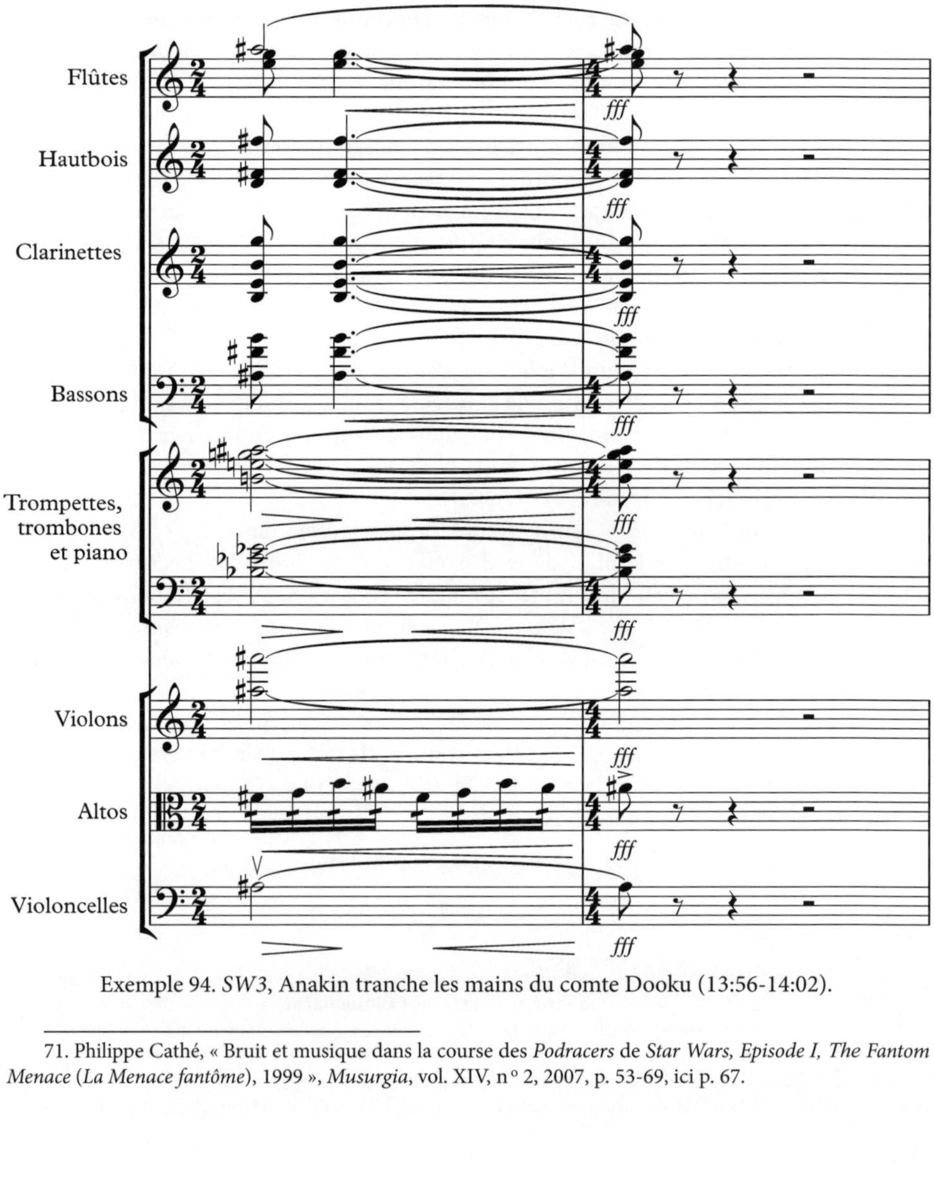


Exemple 94. *SW3*, Anakin tranche les mains du comte Dooku (13:56-14:02).

71. Philippe Cathé, « Bruit et musique dans la course des *Podracers* de *Star Wars, Episode I, The Fantom Menace* (*La Menace fantôme*), 1999 », *Musurgia*, vol. XIV, n° 2, 2007, p. 53-69, ici p. 67.

L'effet sonore crissant et inquiétant, construit en écho, qui accompagne le gros plan sur les moignons de Dooku, vient alors couronner la tension harmonique en se fondant dans les sonorités orchestrales dissonantes. Il est relativement délicat de déterminer le point précis où la musique à proprement parler s'interrompt, et où commence le bruitage : les deux types de sons semblent former un seul et même matériau, et l'on passe insensiblement de l'un à l'autre dans une gradation dramatique du tissu sonore. L'« amalgame sonique » créé ici fait ressentir presque physiologiquement l'impact du sabre laser tranchant les chairs et la douleur aiguë de Dooku.

Le *continuum* acoustique le plus frappant intervient dans la première séquence de cauchemar de *SW3*, où Anakin imagine l'agonie de Padmé lors de son accouchement. Le caractère fiévreux et tourmenté de l'accompagnement orchestral est généré par l'exploitation des registres extrêmes – quinte augmentée dans le suraigu au piccolo, cluster sur les notes les plus graves du piano et agrégat dans l'extrême grave aux trombones, trombone basse et tuba avec sourdine – et l'attribution de différentes harmonies dissonantes par groupes de pupitres, tenues en pédales. La partition orchestrale est traitée à la manière d'un assemblage d'effets sonores, visant à générer une sensation de chaos et une grande tension. Un cluster de neuf sons est joué aux cors et trombones, distinct de l'agrégat énoncé aux bois et synthétiseur, tandis qu'un autre agrégat éclaté est confié aux cuivres graves. Une véritable « contamination »[72] réciproque des objets sonores est créée entre le cluster, les agrégats, les *glissandi* oscillatoires aux altos et aux violoncelles en harmoniques qui introduisent des dissonances mouvantes, les cris de douleur de Padmé et les pleurs du bébé, fortement amplifiés et réverbérés. Tous les matériaux sonores se mêlent ici indistinctement jusqu'à un point d'acmé *fff* suivi d'un silence, produisant un effet dramatique saisissant. Le choix de réaliser un *continuum* précisément dans cette séquence n'est pas anodin : manifestation « la plus archaïque de la vie psychique et corporelle »[73], le cri est arrachement de la voix à la parole signifiante. Qualifié de « bruit vocal »[74] par Sylvain Labartette, il présente ainsi en lui-même une circulation maximale de tous les types de matériaux sonores, favorisant la création d'un entrelacement complexe entre voix, bruits et sons musicaux : les frontières entre les différents types de sons se brouillent, voire se défont momentanément. Le traitement visuel de la séquence s'avère intéressant en ce qu'il participe à cette perméabilité. Les bords lumineux de la spirale et le gros plan en iris aimantent l'attention du spectateur vers le visage défait de Padmé, qui semble englouti par la pénombre, écrasé par l'horizontalité de la prise de vue, tandis que la mouvance kaléidoscopique du flou coloré fait écho aux modulations de la voix de la jeune femme et au chaos sonore. Tout, de la mise en scène au tissu sonore, converge vers le cri dans un maelström onirique de couleurs et de sons.

Enfin, au sein de ce maillage serré, un effet remarquable de contiguïté visuelle et sonore intervient au début de *SW1*, à la fin de l'échange entre la reine Amidala et

72. Fano, « L'ordre musical chez Alain Robbe-Grillet », p. 186.

73. Danielle Cohen-Levinas, *La voix au-delà du chant : une fenêtre aux ombres*, Paris, Vrin, 2006, p. 75.

74. Sylvain P. Labartette, « De la représentation du cri dans la musique savante occidentale, de la Renaissance à 1914 », *L'Éducation musicale*, p. 1, www.leducation-musicale.com/musique_savante.pdf, consulté le 2 juin 2015.

les représentants de la Fédération du Commerce. Tout d'abord, l'accompagnement orchestral s'inscrit dans l'exacte continuité des sons flûtés émis par l'écran de transmission grâce à deux dimensions-pivots : les trilles de cordes et les *glissandi* ascendants de harpe se situent dans le même registre, et débutent à une hauteur similaire à celle des effets sonores. En outre, une étroite correspondance est créée entre l'effet tremblé, ondoyant, de l'écriture orchestrale et la plasticité de la surface de l'écran, qui se trouble de cercles concentriques bleu-argent en s'éteignant comme s'il était liquide. On assiste ici à une forme singulière de synesthésie audio-musico-visuelle où, pour paraphraser Charles Baudelaire, « la musique, les images, les mouvements et les sons se répondent »[75].

Cette recherche d'une communication poussée entre les matériaux, que l'on pourrait penser ponctuelle chez un symphoniste comme Williams, s'avère en réalité très présente dans ses partitions science-fictionnelles contemporaines. Ainsi, il réalise dans la scène d'ouverture de *Minority Report* (00:45-01:48) un véritable brouillage des frontières entre musique et *sound design* en composant des cellules orchestrales s'apparentant à des effets sonores, en particulier les interventions très brèves et ponctuelles de *wood-block* et de plusieurs pupitres de piccolos dans le suraigu, surmontant un nuage sonore très dissonant éclaté entre l'extrême aigu aux cordes et l'extrême grave au piano, aux gongs et aux cuivres. Un agrégat très tendu clôt le *cue*, énoncé en *crescendo* aux trois piccolos, aux cuivres et aux cordes – d'où surnage principalement le triton *si*b-*mi* dans le suraigu –, produit un son clair et très perçant. Ce quasi-bruitage semble mimer à la fois l'ouverture de l'œil d'Agatha et la netteté visuelle soudaine produite par la mise au point sur l'iris bleu de la *précog*, filmé en insert.

Williams poursuit cette ambition de *continuum* sonore dans *La Guerre des mondes*, dont la musique est presque exclusivement atonale ou polytonale, employant de nombreux sons synthétiques et électroniques[76]. Le *sound designer* Randy Thom est épaulé par Richard King, qui endosse aussi le rôle de *supervising sound editor*, et par Michael W. Mitchell qui est également *sound effects editor*. Williams travaille en étroite collaboration avec cette équipe son qui lui transmet régulièrement des matériaux en amont de sa composition, permettant une approche sonore réellement intégrative. Certains éléments orchestraux et percussifs sont là encore pensés comme des effets sonores. Williams souligne ainsi, au sujet des scènes où les humains se font désintégrer par les extra-terrestres : « On a des effets orchestraux et sonores [...]. Il y a des femmes qui font une sorte de *glissando* montant presque jusqu'au hurlement »[77]. De même, lorsque les aliens fouillent le sous-sol où sont réfugiés Ray, Rachel et Ogilvy, la bande sonore est pensée dans sa globalité : les sons orchestraux se mêlent indistinctement aux

75. Nous faisons ici référence au vers du poème « Correspondances » de Baudelaire : « Les parfums, les couleurs et les sons se répondent ». Charles Baudelaire, *Les Fleurs du Mal*, Paris, EJL, 2003, p. 17.

76. Sur la bande-son de ce film, voir Chloé Huvet, « Le son de l'apocalypse spielbergienne : musique et sound design dans *La Guerre des mondes* (2005) », dans Sylvie Allouche, Hélène Machinal, Monica Michlin et Arnaud Regnauld (dir.), *Formes d(e l)'Apocalypse*, Paris, Bibliothèque numérique de l'Université Paris 8, 2017, p. 179-202, https://octaviana.fr/document/COLN20_1.

77. Williams, cité dans Laurent Bouzereau, *Scoring War of the Worlds*, Dreamworks Home Entertainment, 2005.

bruitages, en strates superposées. La musique elle-même est traitée comme un effet sonore subliminal, comme l'explique le compositeur :

> On a des effets sonores intéressants pour la sonde et également pour les extra-terrestres. Mais si on cherche vraiment au tréfonds de la bande sonore, il y a des hommes qui chantent. [...] Ça descend presque dans le registre des moines tibétains, le ton de voix le plus bas que nos corps puissent produire[78].

L'exemple le plus saisissant de cette coordination entre compositeur et *sound designer* intervient probablement lorsque les sirènes des vaisseaux extra-terrestres se font entendre. Elles émettent un son de corne de brume construit sur *si* bémol puis *ré* bémol, la deuxième note agissant comme une désinence en écho. Dans la scène précédant l'attaque du ferry (57:34-57:45), une fois que la sirène a retenti, l'orchestre reprend très exactement ces deux mêmes notes, précédées d'un *si* bécarre. L'effet de relais de timbres ainsi produit permet de passer imperceptiblement des bruits à l'orchestre, dans une circulation très fluide des matériaux sonores.

78. *Ibid.*

## Chapitre X

# UNE MUSICALISATION DES EFFETS SONORES

Au vu de la méticulosité du travail et des réflexions engagées autour de la gestion du tissu sonore dans son ensemble, l'étanchéité des catégorisations de sons habituellement établies, séparant la musique et les effets sonores en deux ensembles distincts, appelle à être interrogée. La mouvance et le brouillage des frontières entre musique et *sound design* s'expriment de manière éclatante dans la manière même dont les effets sonores sont pensés, élaborés et utilisés dans l'hexalogie. La préoccupation d'ouvrir le champ sonore et le goût prononcé de Ben Burtt, Walter Murch ou Gary Rydstrom pour l'expérimentation témoignent de la conception novatrice du timbre qu'ont ces *sound designers*. Les effets sonores sont appréhendés non plus comme de simples bruits informatifs ou utilitaires, mais « pour leur qualité acoustique, plastique, ou encore pour le potentiel d'évolution (dessin rythmique, enveloppe dynamique) qu'ils recèlent » [1]. En ce sens, ils prennent véritablement une valeur musicale.

## La qualité musicale des effets sonores

### *Le* sound design *comme « composition »*

Il n'est pas inutile de rappeler que Burtt possède une connaissance musicale approfondie, par sa formation en tant que percussionniste – particularité qu'il partage d'ailleurs avec les *sound designers* Jimmy MacDonald et Murray Spivack [2]. L'appréhension musicale des effets sonores par Burtt transparaît tout d'abord dans le vocabulaire employé. En effet, le champ lexical de la musique, du rythme et surtout de l'orchestration, s'avère récurrent dans ses entretiens pour qualifier son travail : « Il faut être sélectif, ne choisir que ce qui convient, et orchestrer les sons au bon moment. C'est souvent dicté, comme en musique, par la convention et par l'histoire » [3].

1. Jean-Claude Mari, *Quand le film se fait musique : une nouvelle ère sonore au cinéma*, Paris, L'Harmattan, 2007, p. 110-111.

2. Marc Mancini, « The Sound Designer », dans Elisabeth Weis et John Belton (dir.), *Film Sound : Theory and Practice*, New York, Columbia University Press, 1985, p. 368.

3. Ben Burtt, commentaires audio du DVD de *SW5*.

Un nouveau parallèle musical est établi au sujet de l'articulation des différents bruits qui, selon Burtt, s'avère proche d'une composition orchestrale : « Il ne s'agit pas seulement de trouver des bruitages, mais de trouver des sons qui se connectent bien. Tout comme la musique. Les effets sonores, c'est assez similaire »[4]. Aussi n'est-il pas étonnant d'observer l'emploi d'une terminologie musicale métaphorique au sujet du traitement sonore des différents sabres laser. Sa présence dans le discours du *sound designer* découle directement des conventions ayant forgé l'opposition des modes majeur / mineur, rigoureusement codifiée dès le XVIIe siècle dans la représentation des passions en musique :

> Le sabre laser de Dark Vador s'inscrit dans une tonalité mineure, tandis que celui de Ben Kenobi est plus proche d'un accord de *do* majeur. Quand ils s'entrechoquent, ils ne s'harmonisent pas vraiment bien – [ils génèrent] une dissonance[5].

Cette référence récurrente à la musique n'est pas anodine. Elle procède probablement en partie d'une volonté de faire rejaillir le raffinement traditionnellement attaché à la composition musicale sur la propre pratique de Burtt et de faire accéder le *sound design* au statut d'art au même titre que la musique, loin des connotations purement techniques, voire frustes parfois attachées aux bruitages. La montée en puissance des *sound designers* participe d'ailleurs de l'émergence d'une « auctorialité sonore », à l'origine même des « nouvelles stratégies esthétiques »[6] développées à la fin des années 1970. De surcroît, en traçant un pont métaphorique et symbolique entre sa pratique et celle du compositeur, Burtt met en valeur le décloisonnement des métiers du son et la circulation des pratiques sonores. Cette conception globale et déhiérarchisée de la bande sonore se manifeste dans une nouvelle référence à la musique : Burtt envisage son travail comme un tout comprenant « l'orchestration des effets sonores, du dialogue et de la musique »[7].

Dans cette perspective, sa méthode de création sonore est remarquable en ce qu'elle s'approche des processus compositionnels des musiciens. Burtt conçoit en effet ses alliages de timbres au clavier, comme il l'explique notamment au sujet de la scène sur Mustafar à la fin de *SW3* : « Je vais prendre ces sons et les jouer sur un clavier. Je joue un assortiment de notes créant des explosions continues, mais avec du caractère »[8].

Le *sound designer* crée également certains effets sonores à partir d'une base instrumentale, en particulier les bruits des vaisseaux. Ainsi, le son de décollage du *Slave I* de Boba Fett dans *SW5* « a réellement été fait avec un trombone jouant une note très fausse et amère »[9]. Comme on l'a souligné plus haut, les sons du *speeder* de Zam

---

4. Ben Burtt, commentaires audio du DVD de *SW6*.

5. « *Darth Vader's laser sword is pitched in a minor key, whereas Ben Kenobi's is more of a C major chord. When they get together they don't really harmonize very well – a disharmony* ». Burtt, cité dans Vincent LoBrutto, *Sound-on-Film : Interviews with Creators of Film Sound*, Westport, Praeger, 1994, p. 144.

6. « *sound authorship* » et « *new aesthetic strategies* ». Jay Beck et Vanessa Theme Ament, « The New Hollywood, 1981-1999 », dans Kathryn Kalinak (dir.), *Sound : Dialogue, Music, and Effects*, Londres / New York, I.B. Tauris, 2015, p. 108.

7. Burtt, cité dans Tippy Bushkin, *Within a minute*, 20th Century Fox Home Entertainment, 2005.

8. Burtt, cité dans Mary B. Bresolin, *Films Are Not Released. They Escape*, 20th Century Fox Home Entertainment, 2002.

9. Ben Burtt, commentaires audio du Blu-ray de *SW5*.

dans *SW2* sont émis par une vieille guitare électrique des années 1950, tandis que ceux de l'allumage de l'écran de transmission au début de *SW1* sont joués sur une flûte de manière détimbrée par Cindy Rydstrom, la femme du *sound designer*[10].

D'autres sons, qui ne sont pas conçus à partir d'une base instrumentale véritable, produisent également un son relativement musical, prenant souvent la forme de courts *glissandi* ou de battements percussifs. À cet égard, le bruitage émis lors de la désactivation du rayon tracteur de l'Étoile Noire dans *SW4* (01:19:37) est particulièrement notable, tout d'abord dans sa conception même. Par son aspect de lent *glissando* dans le grave, il s'apparente à un bourdonnement « musical » descendant et se distingue des bips, des cliquetis et autres bruits « secs » peuplant les espaces intérieurs entendus précédemment. Il est aussi relativement singulier par son utilisation à l'écran, où il bénéficie d'une double mise en valeur. La musique, constituée de tenues dissonantes aux cordes, au piano et à la harpe dans le suraigu, maintient une tension sous-jacente tout en laissant aisément percer l'effet sonore par le choix du registre et son relatif statisme. Au sein de cet accompagnement calme et discret, le bruit est énoncé par deux fois. Cette répétition rapprochée accroche d'autant plus l'oreille que toute l'attention est concentrée sur les actions d'Obi-Wan, magnifié par une forte contre-plongée. La perception de l'effet sonore se voit en outre rehaussée par son étroite synchronisation avec le geste du Jedi abaissant une manette dans le premier plan, sa seconde occurrence étant soulignée par un insert sur la jauge descendante. Il revêt enfin un rôle narratif grâce au choix de ses sonorités : par sa courbe descendante, il souligne la neutralisation progressive du rayon magnétique et la réussite de la manœuvre d'Obi-Wan. L'ensemble de ces procédés concourent à faire de ce bruit un véritable marqueur sonore ; alors qu'il intervient uniquement dans cet épisode, il est classé par les fans comme le dixième meilleur son de la saga[11].

Mais la qualité musicale des effets sonores ne se limite pas à cette simple proximité de hauteur, de timbre ou de dessin mélodique avec les sons instrumentaux. Au-delà de ces effets de résonance, et plus fondamentalement, un nouveau paradigme d'écoute découle de la conception et de l'approche burttienne des effets sonores comme objets musicaux en eux-mêmes, en particulier par leur qualité plastique et leur agencement. Ce changement de perspective, corrélé à la montée en puissance de la figure du *sound designer* et de l'ensemble des pratiques sonores qui l'accompagnement, engage en effet une réflexion sur la redéfinition de l'écoute cinématographique dans l'hexalogie, et plus généralement dans les *blockbusters*.

L'un des mérites de la double trilogie est d'avoir importé et poussé plus loin, au sein d'un cinéma commercial destiné à un large public, des recherches sonores qui existaient déjà ailleurs, dans le cinéma d'auteur ou les films expérimentaux. Les nouvelles technologies ont permis aux créateurs sonores de *Star Wars* de reconduire un programme rhétorique, esthétique et poétique ancien, qui va être transposé et

10. Ben Burtt, commentaires audio des DVD de *SW2* et *SW1*.

11. Voir David Phillips, « The 10 Greatest Sounds from *Star Wars* », vidéo mise en ligne le 27 mai 2007, https://www.youtube.com/watch?v=TLmM87r1ft4, consultée le 6 mai 2017.

adapté dans le cadre du cinéma-spectacle[12]. Toutefois, la particularité de l'hexalogie est d'aborder la créativité sonore sous l'angle d'un véritable plaisir du bruitage, absent des visées du cinéma expérimental. À sa manière, Burtt s'inscrit dans l'horizon des musiques électronique et électroacoustique, qui vise à susciter une extension du monde sonore, à déployer une large palette de couleurs. L'intérêt porté à la qualité, à la diversité et à la richesse du tissu sonore est particulièrement évident dans les nombreuses scènes non musicalisées qui jalonnent l'hexalogie, où les effets sonores occupent, seuls, le devant de la scène. Par son approche du son et son processus de création, Burtt renoue, d'une certaine façon, avec l'« écoute musicienne [qui] serait l'écoute musicale de nouveaux objets sonores »[13], ambitionnée en 1966 par Pierre Schaeffer.

*Vers une musicalité des voix*

Dans cette écoute tournée vers des objets sonores riches et novateurs, le traitement des voix dans la saga occupe une place de premier plan. *SW4* joue ainsi un rôle fondamental dans une nouvelle appréhension de la voix au cours des années 1970, de concert avec *Le Parrain* (1971) et *L'Exorciste* (1973). En cessant d'être considérée comme « un élément naturel »[14], la voix travaillée, fabriquée, recomposée, se pare d'une musicalité nouvelle. Le caractère construit et ostentatoire des paroles suscite en retour une écoute particulière, focalisant l'attention sur leur débit et leur timbre particulier sous la couche signifiante du langage. Si les trois films évoqués ci-dessus participent à cette reconfiguration, ce n'est pas tant parce qu'ils seraient les premiers à proposer une utilisation riche de la voix, mais comme le souligne Michel Chion, « parce qu'ils transformèrent des effets jusque-là subis, ressentis de manière diffuse, en effets marqués »[15].

Dans l'ensemble de la saga, Burtt porte un soin extrêmement minutieux à la création des voix extra-terrestres, mais aussi à celles des humains – en particulier les Sith. Ainsi, dans *SW3*, une fois que le chancelier Palpatine révèle son vrai visage d'Empereur, la voix de l'acteur Ian McDiarmid est transformée, participant à la narration et à la dramatisation du dévoilement du côté obscur de la Force : le ton de sa voix est transposé dans le grave, affecté d'un léger écho pour lui conférer un caractère sinistre et rendre la scène « théâtrale »[16] selon les vœux de George Lucas. Mais la voix maléfique la plus emblématique de cette minutie de traitement est sans aucun doute celle de Dark Vador. L'accent écossais prononcé de son interprète David Prowse ayant été jugé inadéquat, voire ridicule[17], ses répliques sont finalement intégralement doublées par James Earl

12. Voir à ce sujet Chloé Huvet, « Ben Burtt, une écoute "musicienne" des bruitages. Le cas des vaisseaux dans *Star Wars* », dans Martin Barnier, Benjamin Labé et Marylin Marignan (dir.), *Les objets sonnants au cinéma*, numéro spécial d'*Écrans*, n° 11, 2019, p. 107-119.

13. Pierre Schaeffer, *Traité des objets musicaux : essai interdisciplines*, Paris, Éditions du Seuil, 1966, p. 353.

14. Michel Chion, *Un art sonore, le cinéma : histoire, esthétique, poétique*, Paris, Cahiers du cinéma, 2003, p. 129.

15. *Ibid.*, p. 130.

16. George Lucas, commentaires audio du DVD de *SW3*.

17. L'équipe de tournage et les comédiens l'avaient ainsi ironiquement surnommé « *Darth Farmer* », comme le révèle Carrie Fisher dans le documentaire réalisé par Edith Becker et Kevin Burns, *Empire of Dreams : The Story of the Star Wars Trilogy*, 20th Century Fox Home Entertainment, 2004.

Jones, dont le timbre grave et profond entoure le personnage d'une aura inquiétante. Selon Jones, la voix de Dark Vador est traitée comme un instrument de musique[18]; sa particularité réside dans le refus délibéré d'inflexions particulières et dans son caractère mécanique. Ainsi se créent une diction et une intonation inhabituelles, car froides, dénuées la plupart du temps de tout affect. Par ailleurs, les répliques sont retravaillées pour créer une sensation de gros plan sonore, donnant l'illusion que la voix provient directement de l'intérieur du casque. Burtt emploie la technique de « contextualisation » : la bande est diffusée dans une grande pièce sur des haut-parleurs, où elle est ensuite réenregistrée, bénéficiant d'un effet de réverbération et d'une ampleur nouvelle[19]. L'ensemble de ces procédés participe à l'arrachement de la voix de Dark Vador à la parole naturelle et à sa musicalisation.

À un degré de recherche supplémentaire et de manière plus radicale, Burtt crée une palette extrêmement riche de langues imaginaires, donnant vie aux Hutts, aux Ewoks ou aux Sullustains. Lors de son processus créateur, sensiblement identique à chaque fois, la voix est appréhendée comme un objet sonore. Burtt prélève tout d'abord des « échantillons issus de langues réelles qui sont exotiques et intéressantes »[20]. Ainsi, les mots sullustains prononcés par le copilote du Faucon Millenium Nien Nunb dans *SW6* dérivent du kikuyu, originaire du Kenya, tandis que le langage des Jawas et le huttese parlé par Jabba, Greedo et Bib Fortuna proviennent du zoulou d'Afrique australe. Pour le langage des Ewoks, Burtt enregistre du tibétain, du mongolien et du népalais. À partir de cette collecte, il extrait ensuite certaines syllabes et les recompose phonétiquement pour former de nouvelles phrases, tout en les mélangeant à des mots totalement inventés ainsi qu'à des dérivés simplifiés de l'anglais[21]. En associant résultat sonore et contenu sémantique énigmatique, le *sound designer* fait du mot un pur signifiant. Certes, il s'agit bien d'un langage, donc d'un système linguistique « fonctionnel » que recrée ici Burtt, mais le contenu sémantique des phrases inconnues s'avère tout à fait secondaire : les phonèmes mêmes sont choisis et enchaînés pour leur qualité sonore. Une transcription des répliques huttees de Greedo adressées à Han dans *SW4* met en lumière la musicalité émanant des nombreuses assonances et allitérations en *k* : « *Koona t'chuta, Solo? [...] Mala tram pee chock makacheesa. Jabba wah ning chee kosthpa murishani tytung ye wanya yoskah. Chas kee nyowyee koo chooskoo* »[22].

Des *blockbusters* contemporains tels *Le Seigneur des Anneaux* (2001-2003) ou *Le Hobbit* (2012-2014) seront très largement tributaires des travaux de Burtt. On y retrouve ce même souci de conférer un phrasé particulier et une sonorité spécifique au langage elfique, à la langue des nains et au noir parler, dont les répliques ne sont d'ailleurs pas toujours

18. Voir « Dave Prowse & James Earl Jones : Dark Vador », *Lucasfilm Magazine*, hors-série *Star Wars : 30e anniversaire*, n° 5, octobre 2007, p. 41-43, plus spécifiquement p. 43.

19. Jonathan W. Rinzler, *Star Wars : le making of*, Talence, Editions Akileos, 2014, p. 264.

20. « *samples of real languages that are exotic and interesting* ». David Sonnenschein, *Sound Design : The Expressive Power of Music, Voice, and Sound Effects in Cinema*, Studio City, Michael Wise Productions, 2001, p. 148.

21. Larry Blake, *Film Sound Today : An Anthology of Articles from Recording Engineer/Producer*, Hollywood, Reveille Press, 1984, p. 39.

22. « Tu vas quelque part, Solo ? [...] Tu aurais dû payer à temps. Jabba a mis un prix si élevé sur ta tête que chaque chasseur de primes de la galaxie sera à tes trousses. C'est mon jour de chance ». Ben Burtt, *Star Wars Galactic Phrase Book & Travel Guide*, New York, Lucas Books/Del Rey, 2001, p. 166-167.

traduites. Dans *Star Wars* et ce type de films, la parole des personnages fait l'objet d'une « systématisation musicale », qui se rapporte aux propriétés physiques des sons davantage qu'à leur dimension fonctionnelle. Dominique Château écrit ainsi :

> La systématisation musicale s'applique [...] à la parole par un renversement des valeurs : les traits prosodiques (timbre, hauteur, intensité, durée), dont la fonction est considérée comme marginale dans la communication proprement dite, passent alors au premier plan [23].

Dans la trilogie républicaine, et en particulier dans *SW2*, les voix de deux personnages nous paraissent particulièrement remarquables, traitées de manière distincte et singulière. Lors d'une réplique en anglais du leader séparatiste Wat Tambor, Burtt réalise un étonnant effet de syntonisation : alors que le personnage prononce les mots « les droïdes du Techno-syndicat... » [24], sa voix se brouille soudain et devient bruissement incompréhensible, interrompant soudainement sa phrase. Wat triture alors deux boutons sur son armure, réglant sa propre voix comme s'il en égalisait les fréquences pour retrouver une intelligibilité. Un tel procédé, unique dans la saga, attire là encore l'attention du spectateur sur le caractère *fabriqué* de la voix, mettant en avant son artificialité. En brisant volontairement l'« effet de réel », Burtt génère un effet humoristique, mais procède surtout à une véritable mise en spectacle de la voix.

Sur ce même épisode, Burtt met à profit la flexibilité de manipulation du numérique pour enrichir considérablement l'éventail vocal en recourant à un « micromontage de fragments de son extrêmement courts [...], mais aussi à un travail de sculpture de la forme dynamique des sons » [25] et de leur timbre. L'archiduc de Géonosis, Poggle, fait ainsi l'objet d'un traitement très minutieux et inventif, nécessitant plusieurs étapes de transformation. À la désarticulation des syllabes est adjoint un bourdonnement, produit par une émission vocale au bord d'une feuille de papier. À la demande de Lucas, ce bourdonnement est délibérément désynchronisé avec la prononciation des paroles, de sorte que les mots jaillissent de leur entrechoquement. Le débit est également « rendu trop rapide » [26] par Burtt. Enfin, le *sound designer* procède à un découpage, un éclatement et une redisposition des phonèmes; la musicalité surgit de leurs heurts ou de leur euphonie. Le flot du discours de Poggle se voit sans cesse interrompu, mais de manière irrégulière, par des saillies en forme d'éructations incontrôlables, de halètements et de bruits de bouche créant un effet de scansion tant rythmique que timbrale. Aussi les propos tenus par le psychanalyste Jean-Michel Vivès sur le chant des sirènes s'appliquent-ils parfaitement au traitement inventif de la voix dans *Star Wars* : envisagée dans sa qualité timbrale, elle « occupe le devant de la scène se faisant pure matérialité sonore » [27].

---

23. Dominique Château, *Le cinéma comme langage*, Paris, AISS-AIASPA, 1986, p. 141.
24. « *The Techno Union Army...* ».
25. Chion, *Un art sonore, le cinéma*, p. 138.
26. Burtt, cité dans Bresolin, *Films Are Not Released*.
27. Jean-Michel Vivès, « Le chant entre parole et cri étouffé. Ou heurs et malheurs de l'innovation dans les *Contes d'Hoffmann* de Jacques Offenbach », *Insistance*, vol. 1, n° 1, 2005, p. 45-57, ici p. 53-54.

## Une individualisation marquée des bruits

La musicalisation de l'univers sonore de *Star Wars*, incluant aussi bien les paroles que les bruits, s'incarne également dans le soin extrêmement minutieux apporté à la création d'effets sonores singularisés, distincts les uns des autres y compris au sein d'une même famille.

### *La singularité de chaque effet sonore*

L'ensemble de l'hexalogie témoigne d'une volonté particulièrement marquée de singulariser chaque bruit, de conférer aux personnages, aux créatures, aux vaisseaux, aux armements et aux environnements une identité sonore propre. Burtt souligne par exemple, au sujet de la scène de l'arène sur Géonosis dans *SW2* : « Les monstres n'avaient pas à communiquer d'émotion ou de contenu. [...] Le défi était de trouver trois voix bien distinctes »[28]. Pour ce faire, le *sound designer* recourt à des sons de provenance très différente pour chacune des créatures (chats et chiens pour le *nexu*; éléphants, taureaux, vaches et chevaux pour le *reek*; mammifères marins et matières inanimées pour l'*acklay*), qu'il mélange selon diverses proportions.

Cette gestion de détail s'applique à tous les niveaux de création, aussi bien pour les objets les plus évidents tels les vaisseaux spatiaux ou les sabres laser, que pour les bruits plus ponctuels comme les explosions, ou encore pour les sons secondaires qui passent plus inaperçus tels les bruits de porte, comme on l'a vu plus haut pour le palais de Jabba. La force de cette individualité sonore est telle qu'elle permet au réalisateur de substituer complètement le son à l'image. Les illusions audio-visuelles qui en découlent reposent en effet implicitement sur la force du synchronisme recréé mentalement par le spectateur, même si l'objet correspondant en est réalité absent du cadre, comme l'explique Marc Mancini au sujet de la porte du Faucon Millenium dans *SW5* :

> Elle émet d'abord un bruit sourd, puis un sifflement, et enfin un grincement – tout ceci en moins d'une seconde [...]. Les sons de courants d'air de Burtt persuadaient les spectateurs que les portes avaient coulissé rapidement, alors qu'elles avaient, en fait, subitement disparu de l'écran[29].

Les différentes planètes se voient également conférer une personnalité par le son, dès les premiers plans où elles apparaissent à l'image. La planète-océan Kamino, qui abrite une base secrète dédiée à la création d'une armée de clones, dont toute trace a été effacée des archives de l'ordre Jedi, est particulièrement emblématique de ce traitement. Dès le travelling vertigineux dévoilant l'architecture de Tipoca City surplombant la mer, Kamino apparaît comme un monde hostile, tout d'abord par sa monochromie : les bâtiments sont aux couleurs du ciel et de l'océan, dans un bleu-gris foncé uniforme et sinistre. Balayée par le vent et la pluie, la planète jouit d'une identité sonore très marquée

---

28. Ben Burtt, commentaires audio du Blu-ray de *SW2*.

29. « *The door first clunks, then hisses, and finally squeaks – all in less than a second. [...] Burtt's whoosing sounds convinced audiences that the doors had rapidly slid aside, when they had, in fact, suddenly disappeared from the screen* ». Mancini, « The Sound Designer », p. 367.

et contrastée. La minutie du travail sonore contribue là encore à une musicalisation des bruits, à travers l'effet rythmique des grondements orageux intermittents, la palette timbrale des coups de tonnerre – qui, fait remarquable, ne sont pas synchronisés avec les zébrures des éclairs contrairement à une tradition cinématographique fermement enracinée[30] –, superposés à la houle et aux sons nettement réverbérés des gouttes de pluie martelant les surfaces. Les effets sonores revêtent ici une dimension métaphorique et narrative : ils n'établissent pas seulement l'atmosphère du lieu, mais en font un endroit inhospitalier et menaçant, presque apocalyptique, tandis que la prégnance des fréquences graves parachève l'immersion du spectateur. Comme le rappelle William Whittington, dans les films d'horreur et de science-fiction contemporains, « les bruits des vagues ou les sons d'eau sont [...] de mauvais augure et véhiculent un sentiment d'effroi »[31]. À l'intérieur, au contraire, l'ambiance sonore très calme et feutrée crée une sensation de confinement, une atmosphère étouffante et glacée à l'image des terribles secrets gardés par les Kaminoens. Dans cette optique de différenciation des sons, Burtt joue ainsi pleinement sur les connotations symboliques associées à certaines sonorités, provenant d'associations culturelles[32].

La singularité des effets sonores vient également en grande partie de leur caractère très étudié, qui permet de générer des modulations, des inflexions. Grâce à un travail particulièrement poussé sur leur timbre, leurs fréquences, leur registre, leur profil rythmique et leur intensité, il est possible de différencier distinctement des sons d'un même type ou appartenant à une même famille – en particulier les vaisseaux[33] et les sabres laser. Ces derniers ne produisent pas le même son, comme on l'a évoqué au sujet des différences de timbre, de hauteur et de registre entre l'arme de Dark Vador et celle d'Obi-Wan. Leur maniement entraîne des variations sonores qui renforcent leur « personnalité ». La sensation de mouvement qui en résulte est obtenue grâce à la réflexion de Burtt sur la place et l'utilisation du microphone – la technique de ré-enregistrement spatialisé rappelant le procédé développé par Murch et Lucas sur *American Graffiti* (1973)[34]. L'approche et le processus de création du sabre laser de Dark Maul à double lame dans *SW1* sont intéressants en ce qu'ils attestent de la volonté de Burtt de créer un son différencié des autres types d'épées existantes, mais aussi une polyphonie de bruits où le son individuel de chacune des deux lames resterait distinct afin de rendre compte de la singularité visuelle de l'objet :

> Le son du sabre laser de Dark Maul devait être nouveau par rapport à ce qui existait déjà dans le folklore des sabres laser. [...] J'ai pris les composants de base développés pour le sabre laser, je les ai mis sur le clavier d'un synthétiseur et j'ai pu, en parcourant rapidement les touches [...], créer un mouvement bruissant bien plus rapide de l'épée, et

30. Laurent Jullier, *Star Wars : anatomie d'une saga* [2005], Paris, Armand Colin, 2010, p. 66.

31. « *the sounds of waves or water effects are [...] charged with foreboding and dread* ». William Whittington, *Sound Design & Science Fiction*, Austin, University of Texas Press, 2007, p. 139.

32. Pour davantage de détails, voir Huvet, « Ben Burtt, une écoute "musicienne" des bruitages », p. 113-114.

33. Sur le processus de création des bruitages des vaisseaux, voir *ibid.*, p. 107-119.

34. Voir à ce sujet François Thomas, « Entretien avec Walter Murch, "sound designer" », *Positif*, n° 335, janvier 1989, p. 11-21, plus spécifiquement p. 14-15.

avoir deux sons différents de chaque extrémité de l'épée qui formaient un accord, plutôt qu'un simple son dédoublé[35].

Burtt propose d'ailleurs une réinvention marquante du son émis par les sabres laser dans *SW7*, aussi bien pour l'ancienne arme de Luke, confiée à Finn par Maz Kanata, que pour l'épée à double garde enflammée de Kylo Ren. Sur *Le Réveil de la Force* (2015), le son du sabre de Ren doit se distinguer des armes déjà connues de manière à mettre en exergue sa particularité visuelle et son aspect brut : le sabre « crachote quand il s'allume donc nous voulions que le son ait cette qualité inachevée par un crépitement électrique »[36]. Pour transmettre un sentiment de menace, des sons de tronçonneuse, de lance-flammes et de Harley Davidson sont entremêlés et le registre grave privilégié de manière à imprimer sa marque sur cette nouvelle génération tournée vers le côté obscur.

Cette volonté de conférer une individualité sonore ostensible à chaque objet, créature ou environnement, semble constituer une signature sonore particulière à la saga et plus largement à Burtt : on retrouve ce souci dans les films suivants sur lesquels Burtt a travaillé, comme *Star Trek* (2009), *Star Trek Into Darkness* (2013) ou encore *Wall-E* (2008), où il crée une palette de sons propres à Wall-E et d'autres spécifiques à Eve. Cet éventail de sonorités est d'autant plus crucial dans le cas d'un film qui ne présente quasiment aucun dialogue, et où la personnalité des robots et leur expressivité individuelle sont en grande partie prises en charge par les bruits. Une telle approche singularise les pratiques du *sound designer* vis-à-vis d'autres *blockbusters* science-fictionnels qui leur sont contemporains. Dans *Superman* (1978), par exemple, les cristaux mémoires, qui occupent pourtant une place importante dans ce cycle cinématographique, ne possèdent aucun son distinctif. Dans *Les Quatre Fantastiques* (2005), on n'observe pas davantage de caractérisation sonore poussée. Ainsi, une même action se voit attribuer différents bruitages au sein du film, notamment les disparitions et réapparitions de la Femme Invisible. Lorsque Sue Storm découvre son nouveau pouvoir, sa disparition est accompagnée par un sifflement clair et aigu semblable au bruit émis lors du frottement d'un verre en cristal. Or, quand elle devient invisible une nouvelle fois, l'effet sonore utilisé n'est pas le même que précédemment : il s'agit d'un bruit beaucoup plus mat, dans le registre médium, qui s'avère beaucoup moins perceptible, et que l'on ne retrouve d'ailleurs plus par la suite, par exemple lors de son affrontement avec Victor (24:17 puis 33:54).

Un examen minutieux de notre contre-corpus permet de faire émerger une constante notable : sans que cela ne soit restrictif, dans les films présentant ce souci de créer des bruits fortement individualisés, une « signature » sonore propre et distincte aux divers éléments du monde diégétique, on constate que les membres de l'équipe son sont majoritairement issus de Skywalker Sound ou ont travaillé avec Burtt, voire sur certains épisodes de *Star Wars*. Ainsi, dans *Predator* (1987), le cliquetis étrange qui accompagne les attaques « signale la présence de la créature et devient son motif acoustique

35. Ben Burtt, commentaires audio du Blu-ray de *SW1*.

36. « *It sputters when it turns on, so the sound we wanted to have that unfinished kind of sputtery electric quality* ». Kristen Acuna, « The Sounds for Kylo Ren », *Business Insider*, avril 2016, https://www.businessinsider.com/star-wars-kylo-ren-lightsaber-sound-inspired-by-chainsaw-2016-4?IR=T..

caractéristique »[37]. Le *supervising sound effects editor* Richard L. Anderson a auparavant travaillé à plusieurs reprises sous la houlette de Burtt, sur *SW4*, *American Graffiti, la suite* (1979) puis *Les Aventuriers de l'Arche perdue* (1981).

À travers ce réseautage, ne peut-on voir se dessiner une forme d'« école » du son dans le cinéma-spectacle, construite autour de Burtt[38] ? La notion d'école est relativement floue et possède une pluralité d'acceptions : elle peut désigner une « coprésence géotemporelle », une « référence directe à un maître », une « tendance artistique » partagée par des épigones, ou une « technique académique »[39] issue d'un enseignement. Ce concept est donc ici à prendre au sens large ; aucune formation à proprement parler n'est dispensée par Burtt. Il est toutefois indéniable qu'une transmission naît de l'observation de ses collaborateurs, même s'il s'avère délicat de la quantifier et d'en déterminer la nature précise. Nous empruntons ici à Inès Taillandier-Guittard la notion de « filiation »[40], qui nous paraît particulièrement pertinente pour qualifier les relations entre Burtt et la jeune génération de *sound designers* spécialisés dans les *blockbusters*. Gary Rydstrom, en particulier, assume totalement ce modèle et dépeint sans ambiguïté Burtt comme son mentor :

> L'ensemble de mes approches et de ma philosophie du son vient de Ben Burtt. Au moment où il révolutionnait le *sound design*, j'ai été assez chanceux pour obtenir un emploi à Sprocket Systems et voir comment il faisait, combien il connaissait l'histoire du son au cinéma, et à quel point il se souciait de raconter une histoire à l'aide du son[41].

Sans vouloir gommer les spécificités propres aux pratiques de chacun, on ne peut que constater que les proches collaborateurs de Burtt, notamment Thom et Rydstrom, perpétuent dans leurs propres films les recherches sonores de leur aîné, poussant toujours plus loin la créativité et la minutie du tressage audio-musico-visuel. L'esthétique du *sound designer* se retrouve ainsi redistribuée et prolongée dans des productions très différentes, tant dans les longs-métrages que les films d'animation. Collaborateur de Murch sur *Apocalypse Now* puis de Burtt sur *SW5* et *SW6*, et aujourd'hui à la tête du département *sound design* à Skywalker Sound, Thom effectue un travail sonore particulièrement inventif et méticuleux sur *Harry Potter et la coupe de feu* (2005). Cet épisode se démarque particulièrement par la recherche d'interactions entre musique et

37. « *The noise signals the creature's presence and becomes its signature sonic motif* ». Whittington, *Sound Design & Science Fiction*, p. 144.

38. Nous laissons ici volontairement de côté Walter Murch, dans la mesure où celui-ci s'est plus tourné vers le cinéma d'auteur et des films plus intimistes que vers les grosses productions hollywoodiennes, alors que la particularité de Burtt réside dans son travail presque exclusif sur des *blockbusters*.

39. Federico Lazzaro, *Écoles de Paris en musique 1920-1950. Identités, nationalisme, cosmopolitisme*, Paris, Vrin, 2018.

40. Voir Inès Taillandier-Guittard, *Alfred Cortot, interprète de Frédéric Chopin*, thèse de doctorat, Saint-Étienne, Université Jean Monnet, 2013, p. 337.

41. « *All of my approaches and philosophies about sound come from Ben Burtt. At the time he was revolutionizing sound design, I was lucky enough to get a job at Sprocket Systems and see how he did it, how much he knew about film sound history, and most importantly how much he cared about using sound to tell a story* ». Matteo Milani et Federico Placidi, « An Interview with Gary Rydstrom », *Unidentified Sound Object Project*, juin 2011, http://usoproject.blogspot.ca/2011/06/interview-with-gary-rydstrom.html, consulté le 13 avril 2015.

bruits, comme lors du meurtre du gardien Moldu ouvrant le film, où le son du sortilège « *Avada Kedavra* », le cri de l'homme, le sifflement de la bouilloire laissée sur le feu et le cluster orchestral se confondent dans un climax dramatique. Par ailleurs, le *sound designer* confère une identité sonore très particulière à plusieurs objets ou sortilèges comme la Marque des Ténèbres (11:24). Son traitement relève, comme chez Burtt, d'une musicalisation : Thom l'infléchit à la manière de *glissandi* oscillatoires sinistres, réverbérés et distordus, dont la courbe sinueuse accompagne le mouvement du serpent sortant de la bouche du crâne. Précédés d'un bruit d'éclatement au moment où la Marque déchire le ciel, ces *glissandi* sont greffés à un grondement pulsé de 19 Hertz et à des souffles de vent[42] qui renforcent l'attitude menaçante du serpent. De son côté, Rydstrom développe l'approche burttienne d'individualisation sonore dans des films constituant des marqueurs importants du son au cinéma, tels *Terminator 2* (1991) et *Jurassic Park* (1993) :

> Dans les précédents films de dinosaures, les mêmes sons se répètent continuellement. [...] Nous tenions à développer, pour ces créatures, tout un « langage » – souffles, grognements, reniflements, etc. – et jusqu'aux bruits des paupières qui se ferment ou des narines qui frémissent[43].

Gianluca Sergi insiste ainsi sur la cohésion et l'excellence de cette nouvelle génération de *sound designers* : « Leur statut et leur contribution au son dans les films contemporains constituent leur marque d'appartenance à un "groupe d'élite" soudé, dont les opinions et les réalisations ont modelé l'ère du *Dolby*, en matière de création, d'institution et de technologie »[44].

*Variations sur un même son*

Un autre trait singulier de la pratique de Burtt et de ses épigones réside dans la capacité du *sound designer* à faire varier ses sons fortement individualisés au cours du film, voire d'épisode en épisode, tout en leur conservant leur caractéristique fondamentale malgré les changements de fréquences ou de dynamiques[45]. Le son qui accompagne l'usage de la Force est remarquable à cet égard en ce qu'il parcourt l'ensemble de l'hexalogie et reste clairement identifiable à travers la constance de ses caractéristiques essentielles, tout en se parant de diverses nuances. Une analyse comparative des occurrences de ce bruit dans plusieurs épisodes permet de remettre en question l'affirmation de Bertrand Guez selon laquelle « la vibration de la Force fait plutôt figure de "luxe de narration" [...]

---

42. Non signé, « Magical Sounds », *Creative Planet Network*, février 2012, http://www.creativeplanetnetwork.com/news/news-articles/magical-sounds/383191, consulté le 15 novembre 2015.

43. Rydstrom, cité dans Don Shay et Jody Duncan, *Jurassic Park : l'album*, Paris, Hors Collection, 1993, p. 141.

44. « *Their status and contribution to contemporary film sound marks them as belonging to a cohesive "elite group", whose views and work have shaped the Dolby era in creative, institutional and technological terms* ». Gianluca Sergi, *The Dolby Era : Film Sound in Contemporary Hollywood*, Manchester, Manchester University Press, 2004, p. 119.

45. Au sujet des tirs du vaisseau de Jango Fett dans la scène de poursuite dans le champ d'astéroïdes de *SW2*, voir Huvet, « Ben Burtt, une écoute "musicienne" des bruitages », p. 116-117.

c'est-à-dire qu'elle ne révèle à l'analyse du récit aucune valeur narrative ou structurale, il s'agit d'un pur "effet de réel" destiné à faire vibrer le spectateur »[46].

Certes, la dimension physiologique et immersive de cet effet sonore concentré dans les basses fréquences n'est pas à négliger. Pour autant, il nous paraît erroné de lui dénier toute valeur narrative ou dramatique. En effet, ce son, semblable à un grondement légèrement voilé accompagné d'un souffle de vent, est traité à la manière d'un motif musical : son intensité, mais aussi son dessin varient selon les personnages et les actions pour lesquelles ils recourent à la Force. Différents sons sont combinés pour générer ces transformations :

> Les grondements étaient issus de sources distinctes. Certains venaient du tonnerre, considérablement ralenti et délesté de ses hautes fréquences. D'autres provenaient de sons ralentis de lancement de missiles, et certains émanaient de la médiathèque de la Fox, des sons de secousses sismiques de *Voyage au centre de la Terre*[47].

Plusieurs variations sont ainsi créées dans *SW1* : au début du film (06:00), quand Obi-Wan projette trois droïdes au sol, le son de la Force est relativement bref et peu marqué. Il connaît une modification notable dans le même épisode lors du combat final opposant le Jedi à Dark Maul (02:02:07). Alors que le Sith se débarrasse de son adversaire en le propulsant dans le vide, le bruit devient plus « mélodique ». Accompagné d'un souffle intense, il décrit une courte trajectoire descendante réverbérée en écho, suggérant l'onde de choc redoutable qui frappe Obi-Wan de toute sa puissance. Une autre occurrence saisissante intervient dans les deux scènes de *SW4* et *SW5* où Dark Vador étrangle à distance respectivement l'amiral Motti (36:38) et le capitaine Needa (01:09:59) : le son, à l'intensité élevée, se fait beaucoup plus sourd, pesant et étouffant. Il illustre alors la suffocation des personnages et évoque, par l'inflexion de son caractère initial, l'oppression terrifiante exercée par Dark Vador. Notons enfin que, dans *SW7* et *SW8*, Burtt poursuit ce travail de modulation et de réinvention d'un même son à travers de nombreuses inflexions proposées autour du souffle-grondement de la Force.

L'ensemble de ces transformations ne nuit jamais à la claire reconnaissance du bruit associé à la Force, dans la mesure où elles sont subtiles et s'accompagnent toujours du grondement et du souffle qui fondent son essence. Cette cohésion sonore parcourant l'ensemble de la saga est importante à noter dans la mesure où l'on ne rencontre pas toujours une telle homogénéité dans des cycles cinématographiques équivalents. Outre la supervision attentive du *sound designer*, cette constance sonore s'explique par la relative homogénéité de l'équipe son de *Star Wars*, dont ne bénéficient pas les épisodes de *Harry Potter*, la franchise *X-Men* ou les films Marvel, par exemple. En effet, un visionnage des quatre premiers volets de *Superman* (1978-1987), de *Superman Returns* (2006) et de *Man of Steel* (2013) ne permet pas de distinguer d'identité sonore qui serait conférée à tel objet et que l'on retrouverait comme un marqueur sonore tout au long des épisodes. Dans *Harry Potter* (2001-2011), une autre grande saga que l'on peut rapprocher de *Star Wars*, si une attention particulière est accordée aux détails dans

46. Bertrand Guez, « Art du bruitage : l'abstraction sonore dans *Star Wars* », dans Pierre Berthomieu, *Le Rebelle et l'Empereur : étude sur Star Wars*, Paris, Ellipses, 2006, p. 123.

47. Ben Burtt, commentaires audio du Blu-Ray de *SW4*.

la représentation sonore de l'univers magique des sorciers, on remarque là aussi une mouvance des bruits attribués à un même référent d'épisode en épisode. D'une part, certains objets ou sortilèges n'ont pas de personnalité sonore marquée ; d'autre part, celle-ci, quand elle existe, peut varier considérablement selon les équipes en charge du son. Ainsi, l'incantation « *Lumos* » se voit affecter un son cristallin réverbéré dans *Harry Potter et le prisonnier d'Azkaban* (2004), mais ne produit aucun bruit particulier dans les autres volets, tandis que le déluminateur émet des sons relativement différents dans *Harry Potter à l'école des sorciers* (2001) et *Harry Potter et les Reliques de la Mort – Première Partie* (2010). Le changement des équipes son et des *sound designers* selon les films explique aussi en partie la créativité plus ou moins marquée des épisodes sur le plan sonore. Seules les deux parties des *Reliques de la Mort* présentent une relative stabilité de collaborateurs, relevant probablement d'une volonté de conférer une unité sonore à ce qui est en réalité un seul film.

## Une mise en relief des effets sonores

### *Le bruit comme empreinte sonore*

La musicalisation des bruits s'incarne également dans leur mise en avant ostensible, dans des cas bien précis. Une constante frappante de la saga se dégage : lorsqu'une nouvelle créature ou un nouvel environnement apparaissent pour la première fois à l'écran, le son qui leur est associé est toujours prééminent par rapport à l'accompagnement musical.

Le traitement de la respiration de Dark Vador en est peut-être l'exemple le plus représentatif[48]. La première apparition du Sith dans *SW4* est intéressante en ce que la respiration acquiert dès l'abord le statut de « son-emblème »[49] pour reprendre le terme de Chion, désignant l'association étroite d'un personnage à un bruit. En effet, Williams n'a pas composé de thème spécifique à Dark Vador dans cet épisode : les apparitions du protagoniste sont tantôt accompagnées par un motif dérivé de celui de l'Étoile Noire (04:23-04:40), tantôt par le thème des forces impériales (07:10-08:05), mais il ne possède pas d'identité musicale propre. De manière intéressante, les effets sonores se voient alors affecter une fonction d'ancrage traditionnellement dévolue à la musique : il s'agit de sceller d'emblée, dans l'esprit du spectateur, l'association entre un effet sonore et son objet, d'apposer une empreinte sonore d'autant plus forte qu'elle sera répétée tout au long de la saga. S'opère ainsi une migration de procédés d'écriture typiques de la composition musicale vers les bruits, participant pleinement à leur musicalisation et à l'utilisation presque leitmotivique des effets sonores. La force de la respiration de Dark Vador provient tout d'abord de sa simplicité, le dépouillement sonore contribuant fortement à l'aspect sinistre du personnage, comme l'explique Burtt :

> Quand je travaillais sur Dark Vador, il était à l'origine beaucoup plus bruyant. Il avait initialement un battement de cœur, une respiration, et des moteurs quand il tournait la

48. Au sujet du rugissement des chasseurs TIE, voir Huvet, « Ben Burtt, une écoute "musicienne" des bruitages », p. 114-115.

49. Michel Chion, *L'audio-vision : son et image au cinéma*, Paris, Armand Colin, 2013, p. 225.

> tête. Lorsque nous avons mixé une version expérimentale de Vador que j'avais faite, il ressemblait à un bloc opératoire ambulant. Il y avait juste trop de choses à la fois. [...] Le plus efficace fut finalement de passer en boucle un cycle respiratoire particulier, parfois un peu plus vite et d'autres fois un peu plus lentement[50].

Outre ce choix, la particularité de la respiration de Dark Vador réside dans sa captation. En plaçant le microphone directement dans un régulateur de scaphandre et en s'enregistrant respirant dans le masque, Burtt crée un point d'écoute particulier, qui fait partie intégrante de la signature sonore du personnage : le son semble provenir de l'intérieur du casque. L'amplification sonore et la résonance liée au mode de captation particulier du son du scaphandre enveloppent le personnage d'une aura de mystère inquiétante. D'une part, le souffle froid, mécanique et légèrement réverbéré, crée une impression de « poumon métallique »[51], faisant de Dark Vador à la fois un être mi-homme mi-machine dans ce premier épisode où aucun morceau de chair n'est montré sous l'armure, mais aussi un personnage déchu et tragique dont la vie est maintenue artificiellement. D'autre part, la décision de créer un point d'écoute à l'intérieur du masque, qu'il s'accorde ou non avec le point de vue proposé à l'image, renforce la présence et l'envergure du personnage. Indépendamment du fait que le protagoniste soit cadré en gros plan, en plan plus large ou en hors-champ, une proximité inquiétante est engendrée par le son de sa respiration et de sa voix dans toutes les séquences où il apparaît.

Ainsi, grâce à ce procédé d'ancrage très fort, le « son-emblème » de Dark Vador peut être utilisé de manière dissociée de la visualisation du personnage à l'écran, comme dans la séquence de *SW5* où Luke pénètre dans la chambre de congélation selon les plans de Vador (01:25:22-01:36:36). Le jeune homme semble enfermé dans l'espace circulaire d'où s'échappent des vapeurs menaçantes, saisi par un plan d'ensemble, tandis qu'en arrière-plan, un battement sourd investit le décor d'une présence oppressante. La brusque fermeture de la trappe dans un bruit sec métallique, réverbéré et auréolé d'un court sifflement, parachève ce tableau sonore étouffant. L'amorce de la confrontation entre Luke et Vador repose sur l'exploitation des potentialités dramatiques du hors-champ sonore. En effet, la présence du Sith est annoncée et immédiatement identifiée par le son de sa respiration, qui précède à la fois sa réplique (« La Force est avec toi, jeune Skywalker »[52]) et l'apparition théâtrale du personnage en haut des marches, filmé en contre-plongée et éclairé de dos par une lumière bleue surnaturelle. Le choc chromatique produit avec l'éclairage rouge des marches renforce la tension et dramatise le conflit entre les côtés lumineux et obscur de la Force avant le début du duel. La répercussion en écho de la respiration de Dark Vador accroît considérablement la tension en conférant au personnage une omniprésence, une ubiquité inquiétante.

---

50. « *The original Vader, when I was working on him, was much noisier. He originally had a heartbeat going, breathing, and motors when he turned his head. When we dubbed an experimental version I did of Vader, he sounded like a walking operating room. It was just too many things all at once. [...] What ended up being the most successful was really one loop of a particular breathing cycle, sometimes a little faster and sometimes a little slower* ». Burtt, cité dans LoBrutto, *Sound-on-Film*, p. 144.

51. Lucas, cité dans Rinzler, *Star Wars : le making of*, p. 264.

52. « *The Force is with you, young Skywalker* ».

Elle place d'emblée le Sith dans une position de supériorité, d'autant que le même procédé intervient à l'identique peu après, lorsque Luke entre dans une nouvelle pièce sous la chambre froide. À la manière des quelques notes de Grieg sifflotées par M dans *M le maudit* (1931), on pourrait dire, pour reprendre les mots de Gilles Mouëllic, que la respiration de Vador en hors-champ suffit « à donner au spectateur le sentiment de la menace : le tueur est là, autour du plan, partout et nulle part »[53].

En dépassant le statut de « zone d'écoute visualisée »[54] grâce à ces dissociations momentanées entre le son et sa source, la respiration de Dark Vador en devient une sorte de synecdoque sonore et acquiert une puissance dramatique indéniable, renforçant considérablement l'aura maléfique du personnage tout en se parant d'une musicalité indéniable par l'écoute particulière qu'elle suscite.

### *Une théâtralisation des effets sonores dans la trilogie républicaine*

Dans la trilogie républicaine, ce processus d'empreinte sonore est considérablement amplifié par une mise en spectacle des bruits, qui se fait toujours en corrélation avec une lenteur délibérée de la mise en scène et un effet fugitif de suspens.

Un exemple marquant intervient dans la scène au début de *SW3* où Anakin, Obi-Wan et le chancelier Palpatine sont faits prisonniers par Grievous à l'aide de rayons capteurs. L'ordre du général lancé à ses soldats droïdes, « Activez les rayons tracteurs ! »[55], agit comme une didascalie, baptisant et annonçant un nouvel objet sonore et visuel, inconnu jusqu'alors dans la saga. Le spectateur est ainsi placé dans une situation d'attente, suspendu au moment où ces rayons tracteurs vont trouver leur incarnation visuelle et sonore. Le plan suivant, rendu quasi silencieux par l'absence de dialogue et la disparition des bruits d'ambiance du vaisseau dans un contraste dynamique avec le plan précédent, renforce cette attente. Cadrant les héros en plongée avec une grande profondeur de champ, il offre une vue très large de la scène. Par sa fixité et sa prise de vue singulière, il annonce que quelque chose va se produire, que l'ordre de Grievous va être immédiatement suivi d'effet. L'objet sonore créé par Burtt pour les rayons tracteurs s'avère là encore très travaillé : il est formé de trois couches fondues à partir de la base du bruitage, surmontée d'un léger crépitement visant à recréer une impression d'électricité statique, et affectée d'un écho subtil dans le registre médium / aigu. Il possède en outre un mouvement ondulatoire intéressant, créé par la variation en fréquences de ses résonances ; ces modulations à l'intérieur du son font écho au mouvement serpentin des faisceaux mauves qui enserrent soudainement les protagonistes sur le plan visuel. Les rayons tracteurs se voient conférer d'emblée un ancrage audio-visuel fort et singularisé grâce au figement momentané de l'action.

La première apparition à l'image des *droidekas* dans *SW1* venant combattre Qui-Gon et Obi-Wan (06:57), fait particulièrement saillie dans cette mise en spectacle des effets sonores. Les deux droïdes possèdent une panoplie très élaborée de bruits distincts : le raclement réverbéré de leurs roues, le grincement de leur dépliement

53. Gilles Mouëllic, *La musique de film*, Paris, Cahiers du Cinéma / SCÉRÉN-CNDP, 2003, p. 19-20.

54. Guez, « Art du bruitage », p. 121.

55. « *Activate ray shields !* ».

lorsqu'ils se mettent en position de combat, le bruit léger et métallique de leurs pattes sur le sol, le bruit sourd de l'activation du bouclier protecteur qui les entoure, et enfin le son clair de leurs lasers tirés en rafale. La mise en valeur de cette palette d'effets sonores, placés au premier plan du mixage, est particulièrement efficace pour dépeindre instantanément les *droidekas* comme des adversaires redoutables sur un temps très court. Elle est d'autant plus forte que l'image « prend le temps » de montrer en détail le fonctionnement de ces droïdes jusqu'ici inconnus dans l'univers de l'hexalogie. En effet, l'attaque envers les Jedi n'est pas immédiate, mais repose sur une articulation de plusieurs phases bien distinctes, dont la séparation est amplifiée par le traitement sonore différencié et l'incorporation de micro-silences, au cours de la lente phase de dépliement puis avant le début de la seconde salve des tirs. Après l'arrivée des *droidekas* dans le champ, roulant à vive allure vers les Jedi, un panoramique vertical en plan rapproché suit la métamorphose des deux sphères métalliques en machines de guerre, se dépliant vers le haut de manière parfaitement symétrique et synchronisée avant d'activer successivement leur bouclier. Bien que fugace, la lenteur marquée de leur mise en position, qui semble étirer le temps, s'avère suffisamment inhabituelle pour être notée. Ce plan repousse encore quelques instants le moment de l'affrontement, mais puise surtout sa singularité dans le mouvement presque chorégraphié des *droidekas*. On assiste ainsi à une véritable théâtralité dans le mode de présentation visuel et sonore de ces nouveaux droïdes, qui décuple la puissance dramatique de la scène[56]. Elle démontre en outre que le spectaculaire ne s'affirme pas seulement dans les grands moments d'action impressionnants, mais se loge aussi dans de micro-espaces plus inattendus.

De manière intéressante, on remarque une mise en spectacle des bruits par le biais d'un procédé tout à fait similaire dans *La Guerre des mondes* (2005), lorsque le vaisseau extra-terrestre sort de terre (24:28-25:25). Après un premier mouvement de panique, les mouvements se ralentissent fortement et l'action s'interrompt, les personnages fixant le hors-champ, silencieux, dans l'expectative. Saisi en légère contre-plongée dans un plan d'ensemble cadrant le face-à-face entre les humains et la machine, le vaisseau lui-même semble immobile, flottant dans les airs. Tout, du comportement des personnages et des créatures jusqu'à la fixité du plan et au silence généralisé, semble figé, comme si l'image elle-même était suspendue au sonore. Celui-ci vient soudainement briser la paralysie généralisée : la puissante sirène du vaisseau fortement amplifiée et réverbérée se fait entendre, emplissant toute l'étendue du champ sonore et clouant la foule sur place dans une stupeur glacée. Le son cuivré et synthétique légèrement distordu qu'elle émet n'est pas sans évoquer, sur le plan symbolique, les trompettes de l'Apocalypse. Il marque la fin du répit éphémère avant qu'un déchaînement de violence effroyable ne s'abatte sur l'humanité. Le son signe ainsi la perte de tout espoir pour les témoins de la scène, dans un effet de sidération brutal qui découle directement de la suspension de l'action et de la théâtralisation des bruits.

56. On retrouve d'ailleurs un traitement sonore théâtral similaire dans la séquence de *SW1* où l'armée droïde se met en position pour affronter les Gungans dans une vaste prairie de Naboo où, là aussi, l'action est figée, suspendue au spectaculaire visuel et sonore (01:45:52-01:48:24).

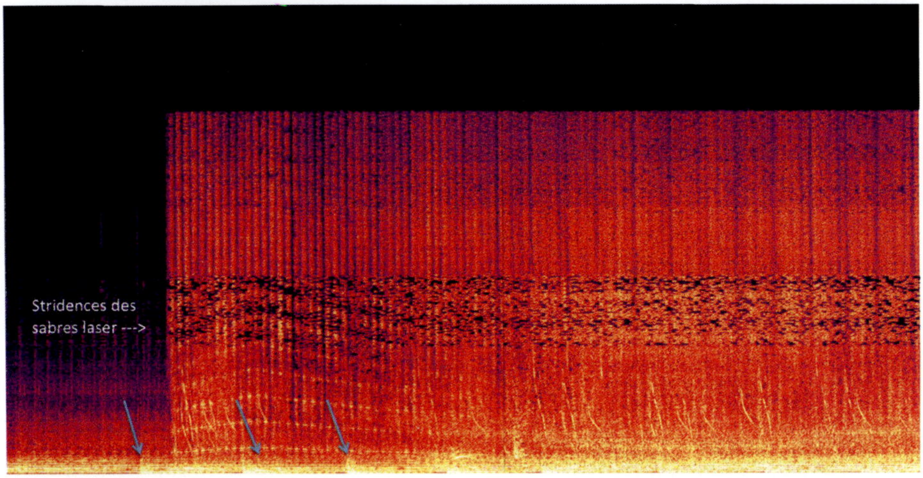


Graphique 1. *SW3*, charge du général Grievous, sonagramme (58:35-58:45).

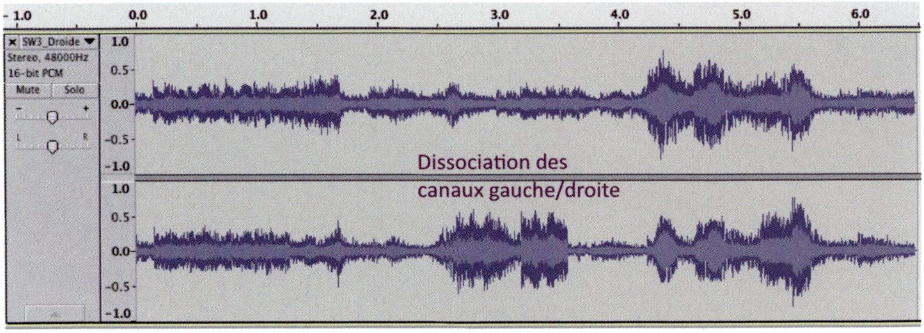


Graphique 2. *SW3*, attaque des *droidekas*, représentation de l'intensité du signal à partir du début des tirs. Le canal gauche figure dans la partie supérieure ; le canal droit en bas (08:58-09:05).

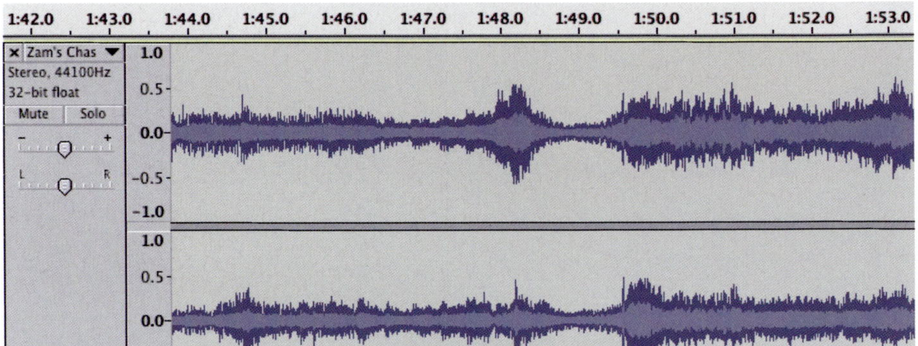

Graphique 3. *SW2*, Anakin sauve Obi-Wan d'une chute mortelle, représentation de l'intensité du signal de 01:44 à 01:53 à partir du début de la séquence (15:58-16:07).

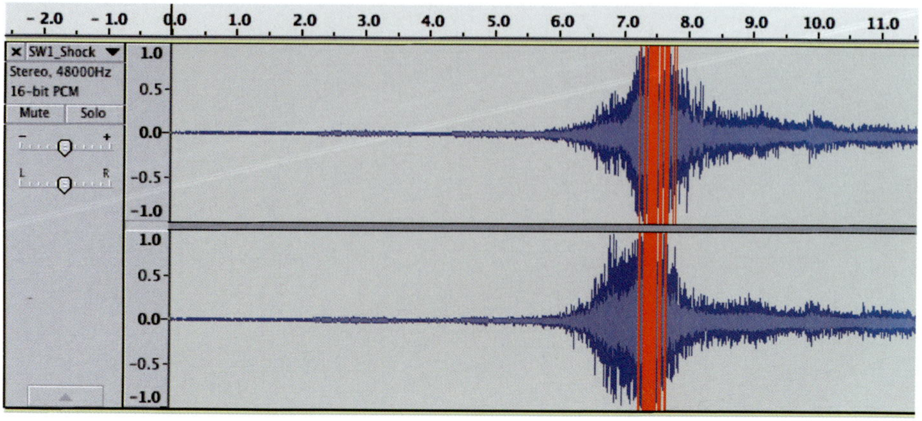


Graphique 4. *SW1*, *shock cut*, le vaisseau de Dark Maul se dirige vers Tatooine, représentation de l'intensité du signal, jusqu'à 11:30 à partir du début de la séquence (51:07-51:18).

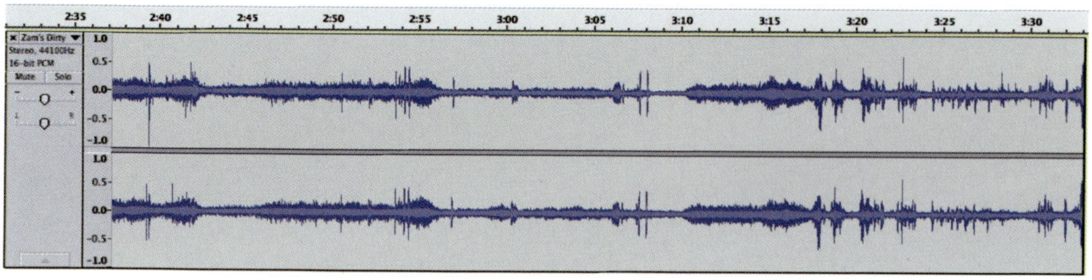


Graphique 5. *SW2*, scène des *kouhuns*, représentation de l'intensité du signal de 02:37 à 03:33 à partir du début de la scène (13:12-14:08).

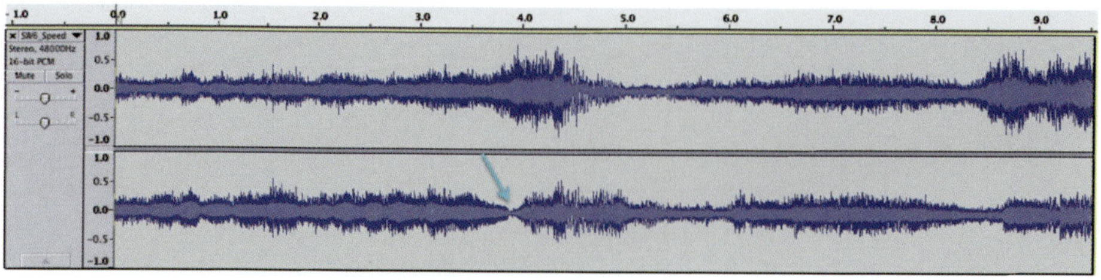


Graphique 6. *SW6*, scène de poursuite à *motojets* dans la forêt d'Endor, représentation de l'intensité du signal jusqu'à 09:30 à partir du début de la séquence (56:11-56:20).

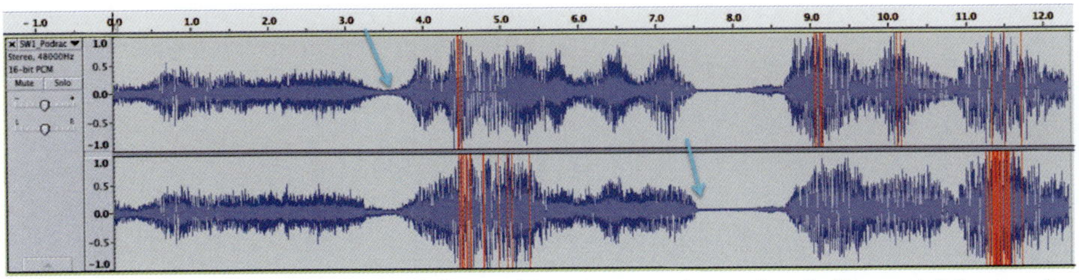


Graphique 7. *SW1*, course des modules sur Tatooine, représentation de l'intensité du signal jusqu'à 12:09 à partir du début de la séquence (01:01:15-01:01:27).

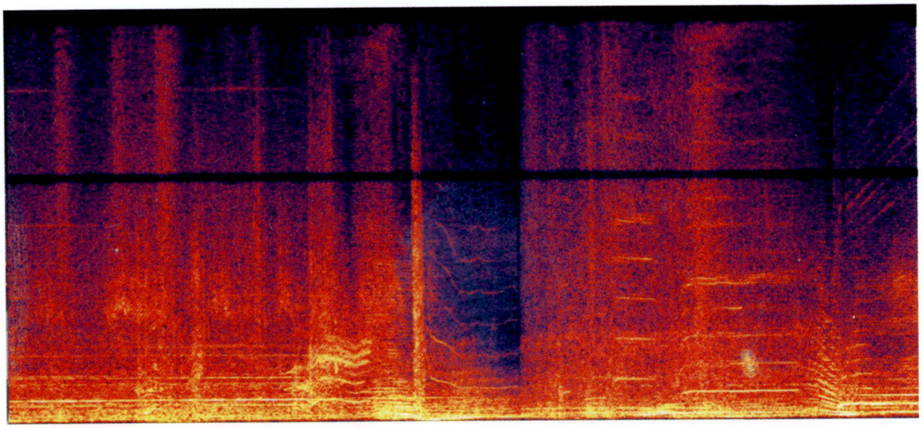

Graphique 8. *SW6*, scène de poursuite à *motojets* sur Endor, sonagramme (56:21-56:30).

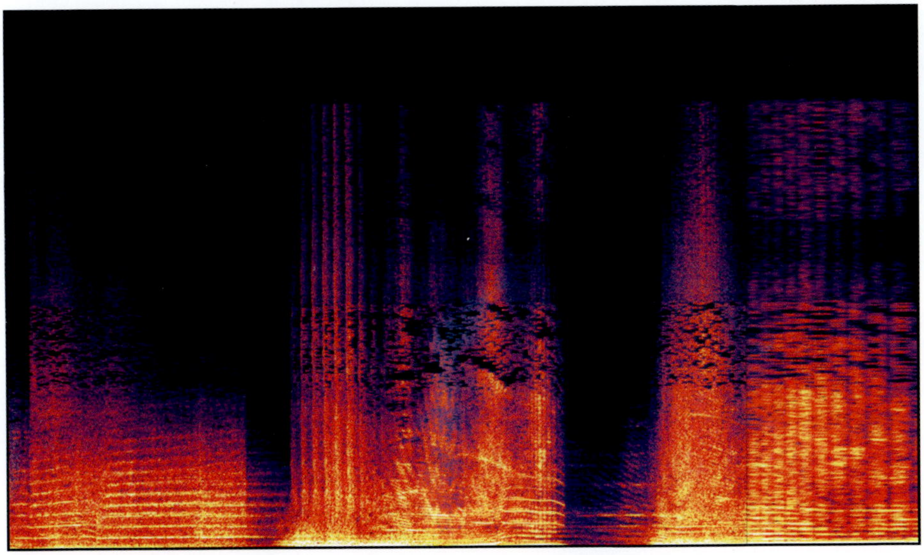

Graphique 9. *SW1*, course des modules, sonagramme (01:01:15-01:01:27).

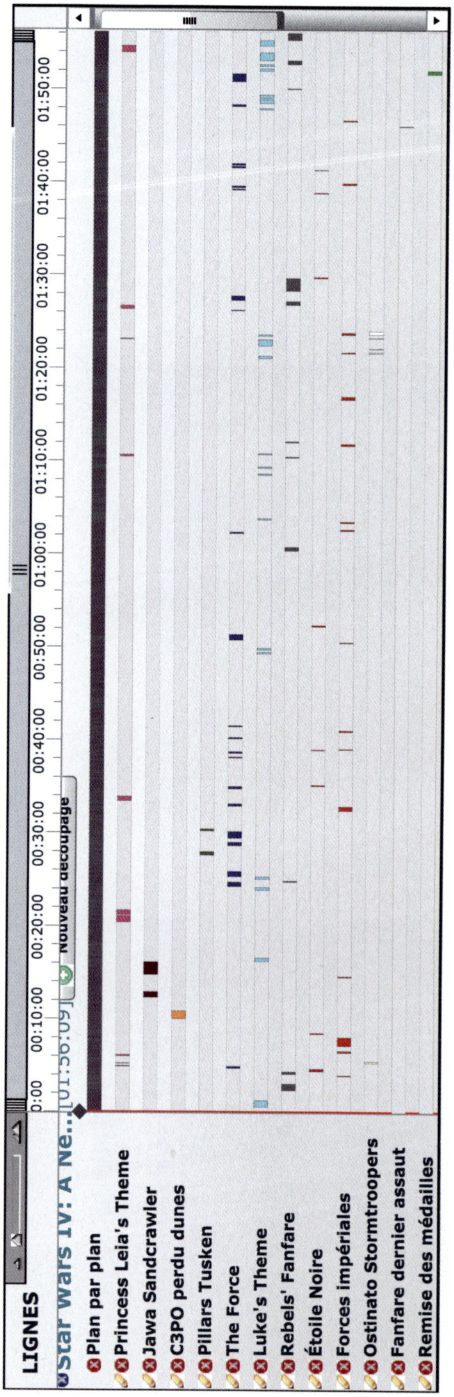


Graphique 10. *SW4*, frise thématique.

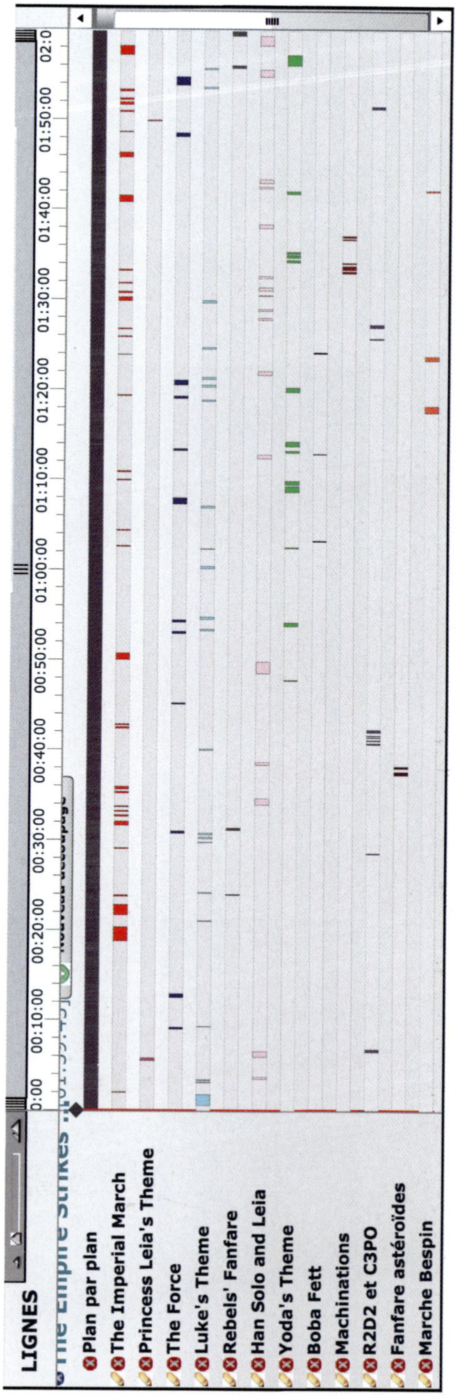


Graphique 11. *SW5*, frise thématique.

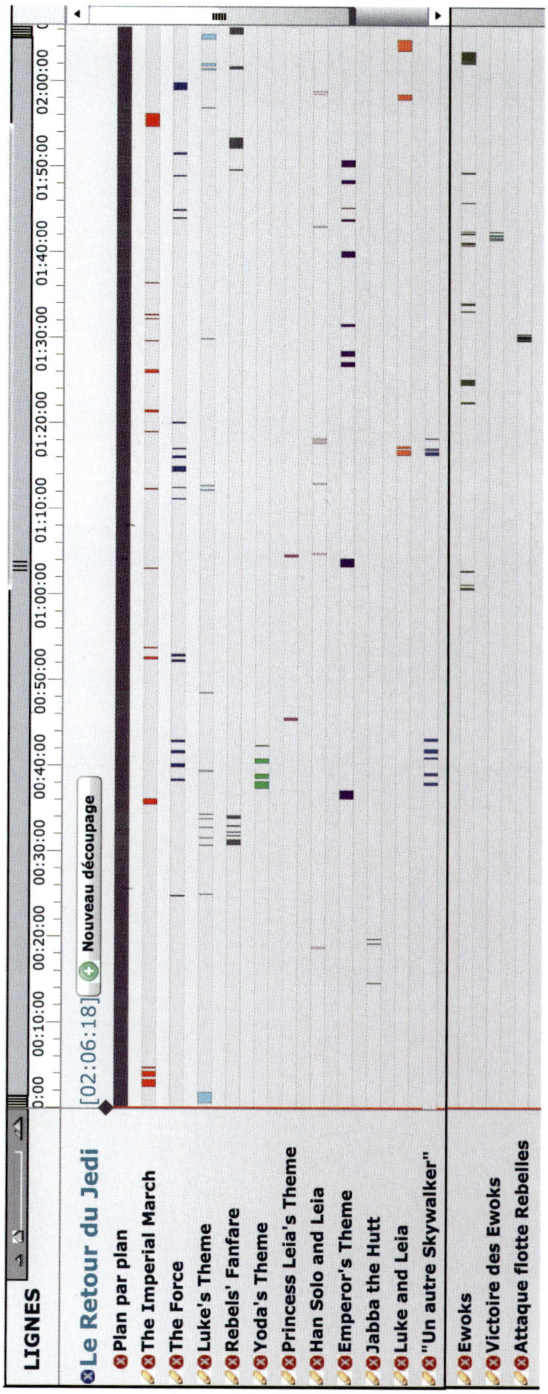


Graphique 12. *SW6*, frise thématique.

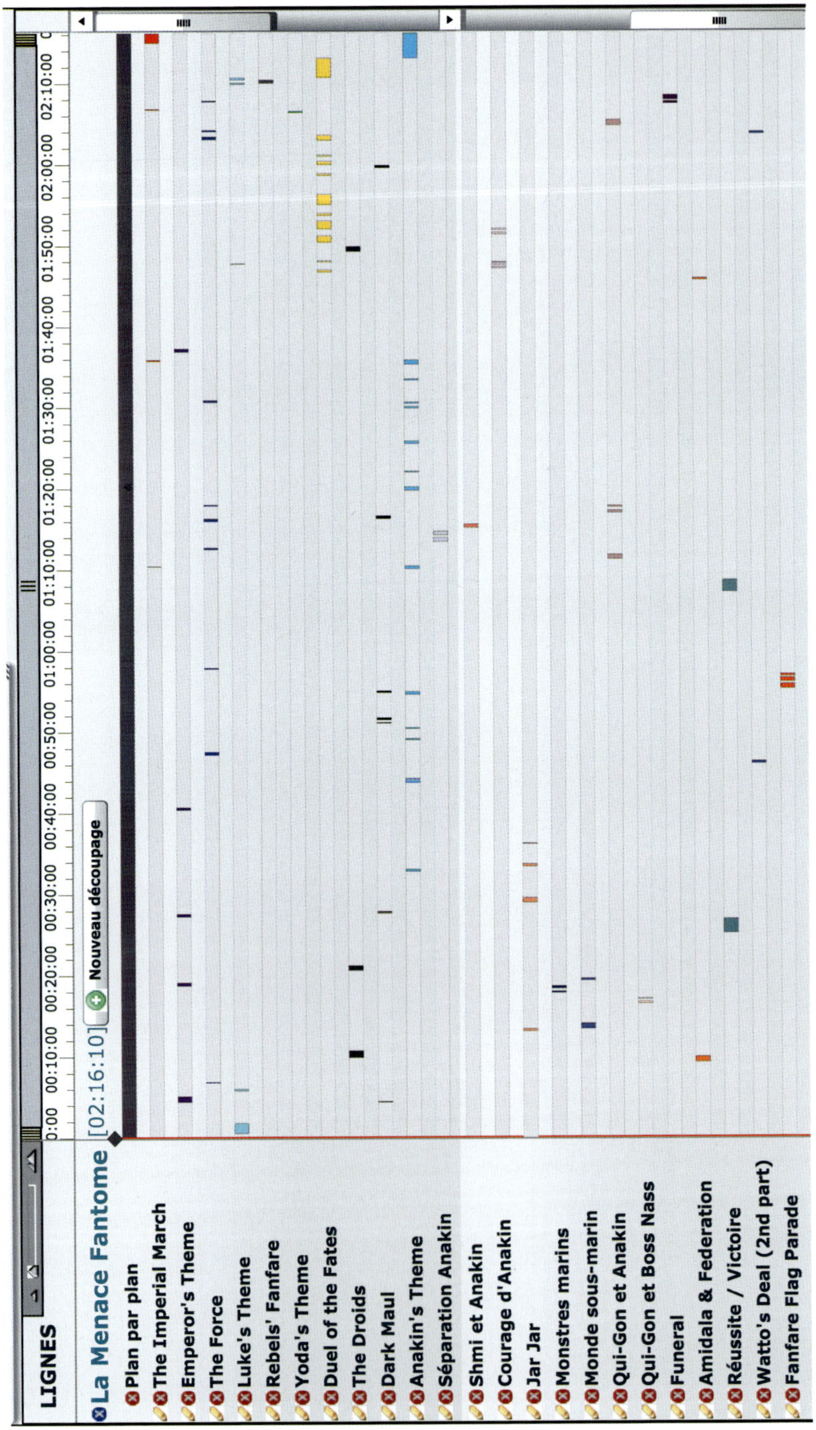


Graphique 13. *SW1*, frise thématique.

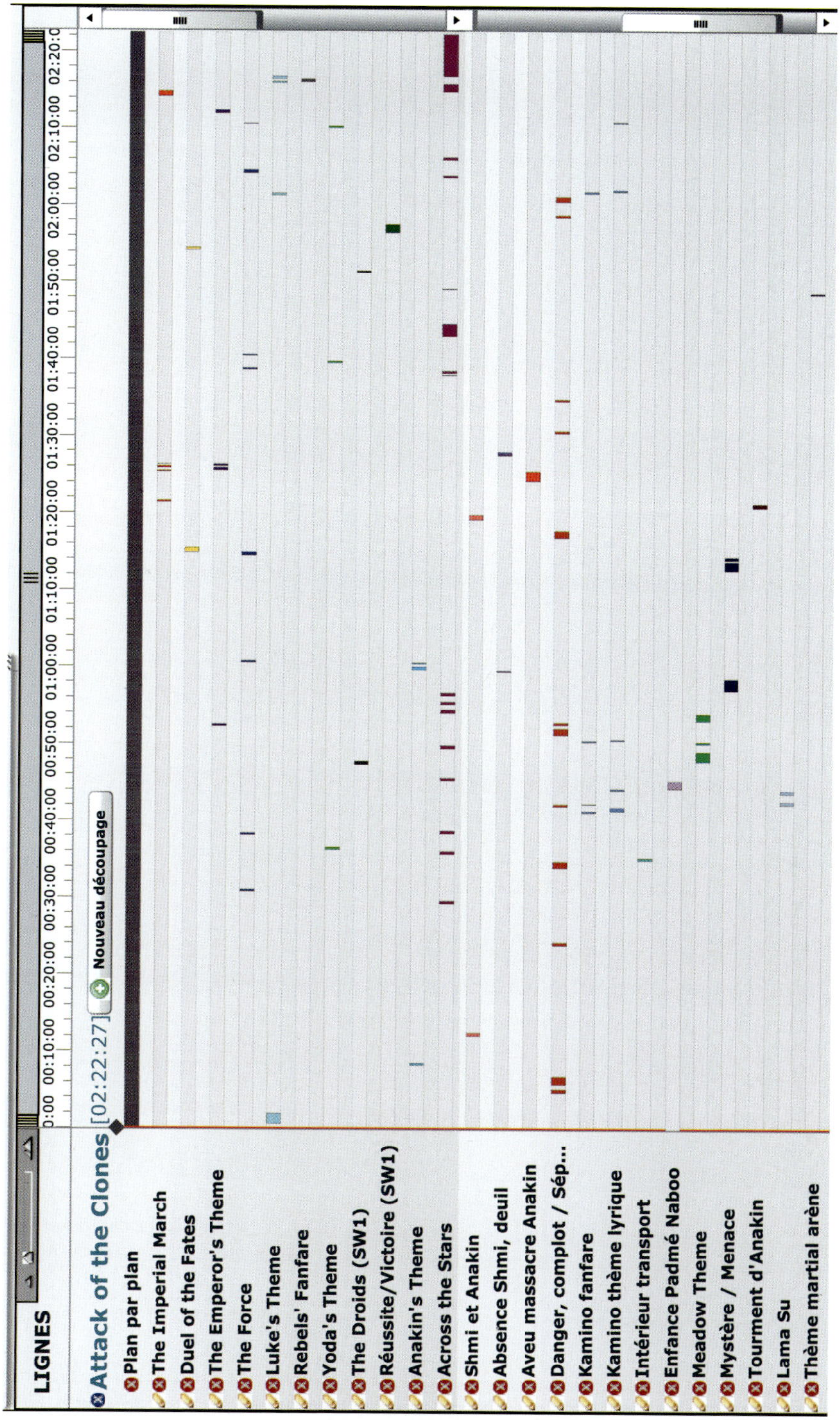


Graphique 14. *SW2*, frise thématique.

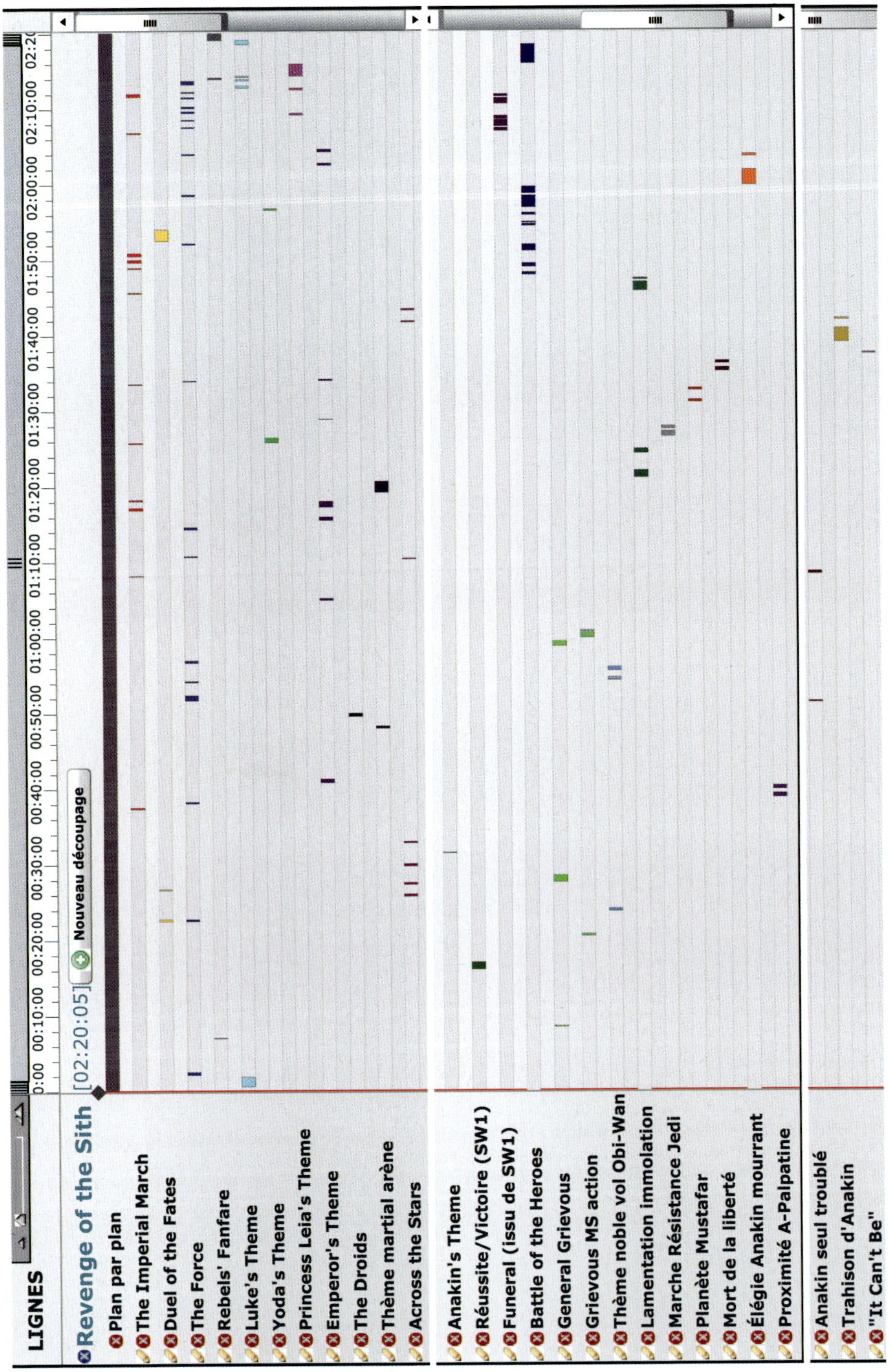


Graphique 15. *SW3*, frise thématique.

## Accroissement de la gestion de détail et perfectionnement du son numérique dans la trilogie républicaine

Dans cet univers sonore très travaillé où la gestion de détail permet de créer des effets sonores singularisés et mis en relief, musicalisés par leur utilisation au sein des séquences, le numérique génère un traitement particulièrement fin et poussé de trois aspects : la stratification et la densification intrinsèques des effets sonores, la spatialisation du son, et les contrastes de dynamiques – qui participent tous de cette « écoute musicienne » des bruits[57]. Les effets sonores de la saga se distinguent en effet par leur « organisation » au sens varésien du terme, « c'est-à-dire en délimitant des zones d'intensités différenciables par des variations de timbre (de couleur) et d'intensité (de dynamique) »[58]. Fortement différenciés dans leurs fréquences, leur intensité, leur profil rythmique et leur timbre, les effets sonores acquièrent une qualité musicale manifeste. Alors que nous avons étudié précédemment les processus de création des bruits et le projet esthétique au fondement de leur élaboration distincte et contrastée, nous analyserons ici en profondeur des exemples de leur réalisation et de leur utilisation en nous appuyant sur des représentations graphiques de l'intensité du signal et des sonagrammes, qui permettront de visualiser avec netteté la manière dont Burtt s'approprie les possibilités offertes par les technologies numériques dans la trilogie républicaine.

Rappelons que ces éléments ne naissent pas dans les années 1990 : les sons créés numériquement relèvent d'une différence de *degré* plutôt que de *nature* vis-à-vis des systèmes antérieurs. La spécificité des nouvelles technologies est d'offrir une extrême facilité et flexibilité de manipulation du son, à n'importe quel endroit du film et des pistes, offrant ainsi la possibilité d'un travail de précision et de détail supérieur.

### *Densité et clarté : la stratification des effets sonores*

L'avènement du numérique entraîne une densification croissante de la bande sonore, ménageant la possibilité de mixer un nombre considérable de couches de sons différentes. Plusieurs centaines d'éléments sonores peuvent ainsi cohabiter. Murch insiste : « Il y a soixante-dix ans [...], il n'était pas inhabituel pour un film entier de nécessiter seulement entre quinze et vingt effets sonores. Aujourd'hui, ce chiffre pourrait être des centaines, voire des milliers de fois supérieur »[59].

---

57. Voir Mark Kerins, *Beyond Dolby (Stereo) : Cinema in the Digital Sound Age*, Bloomington, Indiana University Press, 2011, p. 53-83 ; James Buhler, David Neumeyer et Rob Deemer, *Hearing the Movies : Music and Sound in Film History*, New York, Oxford University Press, 2010, p. 392-396 ; William Whittington, « Lost in Sensation : Reevaluating the Role of Cinematic Sound in the Digital Age », dans Carol Vernallis, Amy Herzog, et John Richardson (dir.), *The Oxford Handbook of Sound and Image in Digital Media*, Oxford, Oxford University Press, 2013, p. 61-74.

58. Ariel Harrod, *Les conditions d'une musicalité du sonore : étude comparative sur le statut musical du bruit en musique et au cinéma*, mémoire de maîtrise, Montréal, Université de Montréal, 2010, p. 39.

59. « *Seventy years ago [...], it would not be unusual for an entire film to need only fifteen to twenty sound effects. Today that number could be hundreds to thousands of times greater* ». Walter Murch, « Dense Clarity – Clear Density », *The Transom Review*, avril 2005, http://transom.org/2005/walter-murch/#part-2, consulté le 30 mars 2015.

Cette grande quantité de sons entraîne chez Burtt une gestion de détail qui s'exerce à la fois sur les plans horizontal et vertical, visant à assurer que les bruits restent distincts malgré la densité accrue. Tout d'abord, Burtt cherche à différencier les effets sonores au niveau *horizontal*, c'est-à-dire dans leur juxtaposition : les strates sonores successives doivent fournir « un contraste dramatique » [60] les unes par rapport aux autres. Les bruits sont ainsi conçus en fonction du type de sons qui les précèdent et qui leur succèdent, afin de créer un tissu sonore dense dont les éléments restent le plus intelligible possible.

La scène de *SW2* où la chasseuse de primes Zam Wesell est pourchassée par Anakin et Obi-Wan à travers Coruscant en présente un exemple remarquable. Passant devant des coupleurs d'énergie, elle tire sur les pylônes pour activer leur électricité statique (17:49-18:02) ; lancés à pleine vitesse à sa poursuite, les Jedi n'ont pas le temps de les contourner. Le support visuel qu'offre la représentation acousmographique s'avère précieux, apportant un complément à l'analyse auditive[61]. La texture sonore est particulièrement dense, d'autant que la musique est également présente au début de l'extrait. Pourtant, le tissu sonore ne forme pas une masse confuse et saturée. Au contraire, chaque élément ressort avec clarté.

Du fait du choix du registre (extrême aigu) et de l'orchestration où les trompettes émergent nettement, l'accompagnement musical, qui intensifie la fuite de Zam, reste audible jusqu'à son interruption au moment de l'activation des coupleurs d'énergie. Un ostinato de trois doubles croches chromatiques descendantes très rapides, créant des effets de *glissandi* par le tempo *presto*, est joué en homophonie et en homorythmie dans le suraigu aux flûtes, au piccolo, aux violons et aux altos. Trois pupitres de trompettes scandent des accords parfaits mineurs appogiaturés en doubles croches, qui ressortent nettement sur un accompagnement dissonant de clusters, énoncés *ff marcato* dans l'extrême aigu par le piano et le synthétiseur. En ce qui concerne les bruits, le tir du *pistolaser* de Zam, son complexe composé de multiples fréquences, est suivi de nombreux autres sons clairement différenciés. On remarque plusieurs bruits blancs – formés de toutes les fréquences – émis par les coupleurs d'énergie, qui dessinent visuellement de grandes traînées verticales. Ces bruits blancs sont entrecoupés par le son du *speeder* de Zam, dont le traitement est particulièrement minutieux. Ses sonorités musicales issues d'une guitare électrique sont rendues visibles par les nombreuses stries horizontales se mouvant dans la même direction ; celles-ci représentent le son fondamental et ses partiels. Le son du *speeder* se voit aussi affecté d'un effet de spatialisation (nous y reviendrons plus loin) se dirigeant rapidement de la gauche vers la droite, dans une augmentation puis une diminution progressive du volume sonore après le passage du module. Outre l'intervention de la voix parlée, le sonagramme fait aussi nettement ressortir la présence de sifflements monofréquentiels émis par le *speeder* des Jedi. S'échelonnant entre 5000 et 7300 Hertz environ, ils sont caractérisés par la rareté de leurs harmoniques. Enfin, les

60. Burtt, cité dans Bresolin, *Film Are Not Released*.

61. Voir la figure 9 dans Chloé Huvet, « Musique et effets sonores dans *Star Wars : Épisode II – L'Attaque des clones* : une alliance conflictuelle ? », *Revue musicale OICRM*, vol. 2, n° 2, mai 2015, p. 69-98, ici p. 91, http://revuemusicaleoicrm.org/rmo-vol2-n2/musique-et-effets-sonores-dans-star-wars-episode-ii-lattaque-des-clones-une-alliance-conflictuelle%E2%80%89/.

sons d'électricité statique, plus diffus, s'imposent dans les fréquences aiguës, ressortant distinctement par-dessus les réprimandes d'Obi-Wan.

Ces nuances apportées dans la construction juxtaposée d'effets sonores complexes et différenciés se rencontrent également sur le plan *vertical* de la simultanéité. En superposant plusieurs strates de bruits jouées en même temps, Burtt crée une « densité claire » selon une formule oxymorique inventée par Murch. Ce dernier en donne la définition suivante, employant une métaphore musicale :

> Ce qui a commencé à m'intéresser, d'un point de vue créatif, c'était les endroits où [...] une Clarté, provenant du ressenti des éléments individuels (les notes), était réalisée conjointement à une Densité, issue d'une impression plus globale (l'accord). Et je me suis rendu compte que cet équilibre avait lieu le plus souvent lorsqu'il n'y avait pas plus de trois couches[62].

La « densité claire » réalisée par Burtt dans la trilogie républicaine est rendue possible par la séparation des pistes sonores des systèmes numériques. Celle-ci génère en effet une plus grande indépendance de chacune des pistes et, par là même, la possibilité pour les créateurs sonores de différencier des sons concomitants au sein de ces superpositions verticales. À la manière d'un orfèvre, Burtt réalise ainsi un véritable facettage des effets sonores.

La charge de Grievous dans *SW3* constitue un exemple emblématique de ce traitement en plans distincts, que l'on peut identifier et séparer clairement les uns des autres à l'oreille. Confiant dans son maniement du sabre laser, dont la science lui a été transmise par le comte Dooku, le général décide de se livrer à un duel avec Obi-Wan. Dévoilant ses quatre épées qu'il fait tournoyer dans les airs, il s'avance d'un pas lourd vers le Jedi. Les sons de ce court extrait se déploient sur un éventail de fréquences relativement large (allant de 30 Hertz à 16 920 Hertz) ; ils possèdent chacun leur timbre et leur temporalité propres. En outre, les différentes couches ne sont pas affectées de la même intensité au mixage. La « densité claire » de la stratification sonore est nettement visible à travers l'étagement des fréquences (graphique 1 dans le cahier couleur).

On remarque tout d'abord les accents réguliers de lourds tambours électroniques dans l'extrême grave (indiqués par les flèches), calés sur certains pas du général. Ils offrent un contrepoint sonore intéressant aux sifflements aigus des sabres laser, prenant la forme d'une ponctuation pesante et menaçante. En effet, comme le rappelle Martin Barnier, « les sons extrêmement graves renvoient à des peurs archaïques par leur similitude avec des sons chtoniens (relatifs à l'enfer, au monde souterrain) »[63]. Au-dessus, le mouvement ondulatoire des stridences des sabres laser, qui se répartissent dans les registres médium et surtout aigu, se démarque très distinctement. Ces sifflements perçants concourent eux aussi à créer une sensation oppressante dans la mesure où, avec le numérique, « la netteté

62. « *What began to interest me from a creative point of view was the point where [...] there was simultaneously Clarity, which comes through a feeling for the individual elements (the notes), and Density, which comes through a feeling for the whole (the chord). And I found this balande point to occur most often when there were not quite three layers of something* ». Murch, « Dense Clarity – Clear Density ».

63. Martin Barnier, « Créer la peur par le son », *Séminaire de l'Institut des Arts*, École Normale Supérieure de Lyon, 24 janvier 2012.

du rendu sonore des hautes fréquences communique un sentiment de proximité »[64], que l'on pourrait transposer ici à un effet d'invasion de l'espace vital. Aussi, « les bruits aux fréquences aiguës sont devenus une caractéristique essentielle de la représentation de la violence »[65] au cinéma. Ces différentes strates s'insèrent par ailleurs au sein d'un véritable mur sonore, dans une occupation maximale de la bande-son qui fait écho au bouclier visuel lumineux formé par les quatre sabres laser maniés par Grievous (voir le graphique 1 dans le cahier couleur).

Le choix des cadrages et des mouvements de caméra renforce la tension de la séquence et la sauvagerie de cet être hybride, en particulier le travelling arrière cadrant en plongée les profonds sillons enflammés qu'il trace sur le sol. Les gros plans sur les articulations du général faisant tournoyer les épées captent des *flashs* de couleurs aveuglants qui saturent l'image. La frontalité et la légère contre-plongée du plan américain – dans une relecture intéressante de ce *topos* du duel au cinéma – redoublent l'aspect terrifiant du général : Grievous semble marcher littéralement sur le Jedi (et sur le spectateur puisque le plan propose une vision subjective), envahissant progressivement l'intégralité du cadre. Le son et l'image concourent ainsi à souligner le caractère très agressif et menaçant du général, qui s'avance inexorablement telle une machine de guerre implacable ; la puissance sonore enveloppe le personnage d'une aura surhumaine. En outre, ce court extrait permet à Burtt de proposer une utilisation nouvelle et inventive du son bien connu des sabres laser : il leur confère une autre envergure en créant un effet de masse stridente, au service de la dramatisation. Cette créativité sonore rehausse la singularité du traitement plastique de l'image, où l'effet stroboscopique de l'arme-lumière produit par les tourbillons verts et bleus est tout à fait saisissant.

L'accroissement de la densité de la bande sonore ne se réduit donc pas à un magma sonore confus, mais entraîne sur les épisodes républicains un travail musical de différenciation qui privilégie la clarté sur l'effet de masse. Burtt cisèle chaque bruitage, les étage en strates distinctes, qui en retour mettent en valeur cette gestion de détail approfondie, grâce à la précision de leur conception et à la manière dont ils sont mixés. Comme le rappelle Chion, avec les progrès technologiques, « il est devenu possible de faire entendre sur plusieurs couches à la fois des sons individualisés et définis, qui ne se contentaient pas de répondre à un code, mais pouvaient avoir une certaine matière, une densité, une présence, une sensorialité »[66]. La scène de la charge du général Grievous en est une parfaite illustration.

### *Des effets de spatialisation accrus*

Dans cette optique de différenciation sonore qui participe du plaisir de l'écoute cinématographique, la mise en espace minutieuse des bruits joue également un rôle essentiel :

64. « *high-frequency definition promises proximity* ». Buhler, Neumeyer et Deemer, *Hearing the Movies*, p. 400.

65. « *high-frequency sound has become a hallmark of the rendering of violence* ». *Ibid.*

66. Chion, *L'audio-vision*, p. 128.

> L'implication puissante et sensuelle du public au sein d'un espace sonore en trois dimensions est clairement conçue pour combler leurs attentes exigeantes en matière de son, pour intensifier l'expérience cinématographique, et pour fournir aux spectateurs une source constante de plaisir[67].

Cette attention portée à la répartition spatiale des sons constitue un trait caractéristique de la pratique de Burtt dès la scène d'ouverture de *SW4*. Vers la fin du film, lorsque le Faucon Millenium se dirige vers la base des rebelles sur Yavin, une succession rapide de six plans offre un autre exemple de traitement sonore intéressant. D'importants effets d'éloignement et de rapprochement se succèdent selon la place du vaisseau à l'image, par un placement panoramique des sons vers la gauche ou vers la droite, et le traitement différencié de leur dynamique, qui exemplifient les avancées du *Dolby Stéréo*. Cependant, cette application n'est pas mécanique ni systématique. La mise en espace sonore s'avère relativement variée pour un extrait aussi court, contribuant ainsi à l'aspect « musical » de la scène. Après les trois premiers plans couvrant un éventail de dynamiques assez restreint, le champ d'intensité s'élargit considérablement lors de l'enchaînement du troisième et du quatrième plans, qui fonctionne par ruptures sonores. La quasi-disparition du son à la fin du troisième plan engendre ainsi un contraste marqué lors de la forte reprise du son sur le plan suivant, amplifiant l'effet dramatique produit par le jaillissement soudain du Faucon Millenium depuis le hors-champ. À l'inverse, le *decrescendo* puis le *crescendo* réalisés « en tuilage » avec le plan sur Yavin génèrent une continuité sonore nouvelle à la fin de cette séquence tout en maintenant, par la variation du volume, une impression de mouvement. Remarquons que les bruitages du Faucon Millenium ne sont pas non plus constants dans leur timbre, ce qui différencie *SW4* des scènes de même nature dans *Silent Running* (1972), par exemple : les sifflements ou les grondements du vaisseau sont plus ou moins prononcés selon les angles de vue, et ne se répartissent pas dans les mêmes proportions. À l'inverse, dans *Silent Running*, les bruits émis par les vaisseaux, dans les plans qui les cadrent dans l'espace, sont toujours sensiblement les mêmes, et ne changent pas en fonction de la position du *Valley Forge* à l'image. Dans cet extrait, Burtt pose en quelque sorte les jalons des scènes non musicalisées de la trilogie républicaine, où le *sound designer* se saisit des outils numériques pour porter son ambition de spatialisation contrastée à un niveau supérieur.

À cet égard, le traitement fin de la concordance entre point de vue et point d'écoute, s'il n'est pas nouveau en soi, mérite cependant d'être abordé[68]. La trilogie républicaine

---

67. « *The audience's powerful sensual involvement with this three-dimensional sonic space is clearly designed to fulfil their high aural expectations, to heighten the cinematic experience and to provide audiences with a constant source of pleasure* ». Gianluca Sergi, « The Sonic Playground : Hollywood Cinema and its Listeners », dans Richard Maltby et Melvyn Stokes (dir.), *Hollywood Spectatorship : Changing Perceptions of Cinema Audiences*, Londres, BFI, 2001, p. 125.

68. Voir Chloé Huvet, « Articulation du point de vue et du point d'écoute dans la saga *Star Wars* : des partis pris techniques et esthétiques entre réalisme sonore et spectaculaire », dans Roxane Hamery, Antony Fiant et Jean-Baptiste Massuet (dir.), *Point de vue et point d'écoute au cinéma : approches techniques*, Rennes, Presses Universitaires de Rennes, 2017, p. 185-201.

permet en effet d'apprécier la précision offerte par le numérique dans le rendu du point d'écoute, entendu au sens spatial. Mark Kerins rappelle à cet égard :

> Alors que les brefs « trajets aériens », répartis en stéréo le long des haut-parleurs avants, font depuis longtemps partie des fondamentaux des bandes sonores multipistes, le son numérique *surround* représente le premier système adopté massivement où les sons peuvent se mouvoir non seulement à l'écran, mais aussi à travers tout l'espace de la salle de cinéma [69].

Une succession de quatre plans rapides dans la course des modules de *SW1* (01:05:44-01:05:55) nous servira d'illustration de ce travail accru sur la localisation des sources sonores adossé à l'exploitation des outils numériques dans la trilogie républicaine. Un plan en plongée zénithale sur le canyon, situé très en hauteur et usant d'une courte focale, offre une vue saisissante de la progression des vaisseaux. Immédiatement et de manière très marquée, le traitement du son se fait beaucoup plus lointain, doux et diffus. La concordance entre point de vue et point d'écoute crée ainsi une rupture vis-à-vis de la netteté sonore des deux plans qui l'encadrent. Ce traitement minutieux de la spatialisation vise à renforcer l'« effet de réel » de la prise de vue – si l'on peut qualifier ainsi un tel plan en image de synthèse –, par des contrastes sonores marqués semblant correspondre parfaitement à la position de l'observateur-caméra. Cela est d'autant plus net que le dernier plan de l'extrait propose un point de vue subjectif, comme si le spectateur remplaçait Anakin aux commandes de son module, juste après le gros plan frontal sur le personnage qui génère une identification très forte. Un nouveau point d'écoute est alors créé en conséquence par une relative stabilité sonore. Celle-ci s'avère beaucoup plus importante que dans le premier plan de l'extrait, dont les bruits en perpétuelle évolution soulignent la vitesse, la puissance de moteur des deux véhicules et la position extérieure de l'observateur, dans un pano-travelling proche « du "visuel" des jeux vidéo » [70]. Ainsi, en l'espace de onze secondes, trois points d'écoute différenciés se succèdent strictement selon le placement de la caméra, matérialisant l'apport des technologies numériques.

Ce passage emblématise également la démarche de « contextualisation » de Burtt à travers la définition fine de différents espaces grâce au son : dans le deuxième plan, alors que les modules s'engouffrent dans un canyon particulièrement haut et étroit, les bruits de leurs moteurs semblent se répercuter le long des parois rocheuses, affectés d'une légère mais audible réverbération. Lorsqu'ils passent à nouveau en terrain découvert, le son se fait immédiatement plus clair. Le numérique apporte ici une netteté et une clarté supplémentaires aux réalisations du *sound designer*.

Un trait stylistique semble par ailleurs spécifique à Burtt sur la trilogie républicaine. Le traitement sonore qu'il fait des montages alternés rapides s'avère en effet tout à fait particulier et inhabituel pour ce type de montage. Lorsque les *droidekas* attaquent Anakin et Obi-Wan au début de *SW3*, le *sound designer* se démarque de l'approche

69. « *While brief stereo "fly-bys" across the front speakers have long been a staple of multi-channel soundtracks, digital surround sound represents the first commonplace system where sounds can move not just across the screen but all throughout the theater* ». Kerins, *Beyond Dolby (Stereo)*, p. 79.

70. Jullier, *Star Wars : anatomie d'une saga*, p. 87.

la plus largement répandue dans les *blockbusters* qui, dans le contexte d'un montage très rapide, vise à « homogénéiser l'énoncé en *lissant* la discontinuité fondamentale des éléments »[71] par le son, comme dans la scène du *Fugitif* (1993) où le personnage de Gerard apparaît pour la première fois. Au contraire, Burtt fait ici le choix de mettre en espace les bruits malgré la brièveté des plans et la rapidité du montage. L'intensité des tirs des droïdes varie ainsi nettement selon la place de la caméra, et ce sans aucune transition : des effets de voilement (impression d'éloignement), puis de reprise très rapide du son (sensation de proximité avec l'émetteur sonore), interviennent à chaque changement de plan. En outre, l'absence de symétrie des courbes des canaux gauche et droite, qui apparaît clairement sur cette représentation du signal stéréophonique (graphique 2 dans le cahier couleur), témoigne de la finesse de ce travail de spatialisation ; elle accentue l'impression de mouvement, les sons semblant passer d'un côté puis de l'autre comme le montre l'alternance de prédominance de chaque canal dans cette représentation stéréophonique.

Au lieu de générer une continuité sonore qui lisserait l'extrême rapidité du montage et jouerait un rôle d'unification, la variation des points d'écoute renforce au contraire la fragmentation visuelle et délimite différentes positions dans l'espace sur une période de temps très resserrée, de l'ordre de la fraction de seconde. Cette gestion de détail et ce choix esthétique confèrent un aspect très singulier à la scène sur le plan sonore. En outre, ils renforcent l'immersion spectatorielle, dans la mesure où, par la précision des dynamiques et le traitement très différencié des canaux, « les spectateurs sont placés *précisément* à l'intérieur de l'espace diégétique, à la fois d'un point de vue narratif et physique »[72]. Il est d'autant plus remarquable d'observer ces contrastes marqués et très rapides alors que la scène se déroule au sein d'un *même* espace, contrairement à la séquence du trajet du Faucon Millenium de *SW4* analysée plus haut, par exemple, où les disparités sonores visaient à distinguer des environnements différents. On ne trouve ainsi aucun exemple similaire, dans la trilogie impériale, d'un tel travail de spatialisation dans un montage alterné au sein d'un même environnement ; le numérique favorise un son net et découpé.

Au sein de cette recherche de mise en espace accrue, l'effet *Doppler* se démarque particulièrement. Celui-ci n'existe pas en tant que tel dans la trilogie impériale. La fluctuation des bruits des chasseurs TIE s'apparente davantage à un effet de *glissando* au profil ondulatoire (sons instables, sinusoïdaux), qui se distingue de la trajectoire descendante par paliers de l'effet *Doppler*. D'autres expérimentations sonores « manuelles » tentent aussi de s'en rapprocher. Pour introduire une variation timbrale liée aux mouvements des sabres laser, Burtt explique :

> J'ai mis le son sur des haut-parleurs et je l'ai ré-enregistré avec un autre microphone. Je pouvais prendre ce microphone et le balancer dans l'air, et cela produisait un effet *Doppler*, un décalage de ton, car le son bouge par rapport au microphone. Grâce à cela,

71. Jean-Louis Alibert, *Le son de l'image*, Grenoble, Presses universitaires de Grenoble, 2008, p. 57.

72. « *the audience is situated precisely within narrative space, both in narrative and physical terms* ». Gianluca Sergi, « Blockbusting Sound : The Case of *The Fugitive* », dans Julian Stringer (dir.), *Movie Blockbusters*, Londres / New York, Routledge, 2003, p. 148.

> j'ai pu donner au son statique du sabre laser une sensation de mouvement, d'allées et venues[73].

À la différence de ces tentatives résultant d'une construction « artisanale », semblable à celle de Murch et Lucas dans *American Graffiti*, Burtt crée pour la première fois de l'hexalogie dans *SW2* un véritable effet *Doppler*, tirant parti des possibilités du numérique. Le rapide panoramique vers la droite et le traitement minutieux du son mettent en valeur la vitesse extrême du vaisseau. Alors que la source sonore arrive au centre du cadre puis disparaît peu à peu, le son émis se fait plus grave, glissant d'un demi-ton environ. Ici, le point de vue suggéré par la place de la caméra, suivant le passage du *speeder* à la manière d'un observateur qui tournerait la tête de gauche à droite, et le point de vue sonore, sont étroitement associés : l'approche spatiale du son se veut au plus proche de nos perceptions quotidiennes. La hauteur n'est pas le seul paramètre affecté par ce déplacement du *speeder* : l'intensité croît fortement avec son rapprochement. Dans la distribution du volume, la nette prééminence accordée au canal de droite s'accorde parfaitement au mouvement de caméra suivant la trajectoire du module. Cette finesse de réalisation sur un laps de temps là encore très court (une seconde), participe alors pleinement de l'esthétique immersive et de cet engagement du spectateur dans l'espace diégétique fictionnel, le plongeant au cœur de l'action. Signe de l'importance nouvelle de cet effet *Doppler*, Burtt l'emploie une dizaine de fois au cours de la séquence, et à plusieurs reprises dans la scène de l'ascenseur de *SW3*, où il lui confère une dimension sinistre et menaçante. Cet effet est parfois de l'ordre de la fraction de seconde, du fait de la brièveté des plans. Mais il contribue grandement à faire d'un simple ascenseur un objet intéressant du point de vue sonore, caractérisé par une masse et une vitesse que le son permet à la fois de saisir avec acuité, mais surtout d'amplifier considérablement, dans une optique spectaculaire.

*Contrastes extrêmes de dynamiques et respiration de la bande sonore*

La création d'effets de spatialisation clairs et précis est étroitement liée à un traitement fin des dynamiques sur les épisodes républicains. L'extension de l'éventail des nuances possibles est peut-être la caractéristique la plus saillante du son numérique :

> Le son numérique *surround* est capable de déployer et de reproduire des sons dans toute l'étendue des seuils d'audition de l'oreille humaine, de 20 Hz à 20 000 Hz. Aucun système sonore adopté massivement au cinéma avant le son numérique *surround* n'offrait cette possibilité[74].

L'instauration de contrastes marqués de dynamique constitue pour Burtt un paramètre essentiel de son travail : « Un *sound design* de qualité implique de créer des

---

73. Ben Burtt, commentaires audio du Blu-ray de *SW4*.

74. « *Digital surround sound is able to contain and reproduce sounds in the full range of human hearing, from 20 Hz to 20,000 Hz. No widely adopted film sound system prior to DSS offered this capacity* ». Kerins, *Beyond Dolby (Stereo)*, p. 79.

nuances dès que vous le pouvez : des moments de silence, une alternance de séquences calmes et de forte intensité »[75].

De cette pensée du sonore découle en premier lieu la création de très nombreux effets de décrochage de volume, d'autant plus significatifs qu'ils interviennent dans des séquences d'action au sein d'une bande-son très dense. Dans *SW2*, la scène de poursuite à travers Coruscant est fréquemment ponctuée par ces effets de diminution et de reprise très rapides du son, qui participent de l'énergie de la scène et exaltent les actions représentées en renforçant leur impact dramatique. Zam tente de tuer Obi-Wan en provoquant une chute mortelle. Anakin plonge alors en piqué pour le sauver. La forme d'onde représentant le volume de ce passage est éloquente (graphique 3 dans le cahier couleur) : on y voit très distinctement le son vibré du moteur augmenter et décroître en moins d'une seconde (01:48:00), suivi d'un très court moment de calme (01:48:30) qui précède une rapide reprise du son (01:49:00), correspondant au moment où Anakin pousse le moteur. Par ces variations d'intensité extrêmement rapides et resserrées, Burtt se livre à une « gestion véritablement musicale des contrastes et des dynamiques »[76].

Les *shock cuts*, trait saillant et singulier de *Star Wars*, en sont une application particulièrement emblématique. Or, on peut observer des changements notables quant à leur traitement entre les deux trilogies. Prenons tout d'abord un exemple de la trilogie impériale : après un plan relativement calme montrant Han Solo quitter la Cantina de Mos Eisley dans *SW4*, un plan de transition cadre deux chasseurs TIE qui s'éloignent de l'Étoile Noire à toute vitesse. La progression vers un fort volume sonore, au moment où les vaisseaux sortent du cadre par le bord gauche inférieur de l'écran, se fait de manière graduelle, le *crescendo* constant créant un effet de rapprochement.

Alors que les *shock cuts* de la trilogie impériale reposent, dans la majorité des cas, sur une progression constante dans l'augmentation ou la diminution du son, dans la trilogie républicaine, au contraire, les passages d'un extrême sonore à l'autre sont beaucoup moins graduels et se font sur un temps très court, générant des pics sonores soudains et discontinus. Ces contrastes intenses jouent grandement sur la perception : l'intensité sonore maximale est atteinte très rapidement et soudainement, puis chute symétriquement assez vite ; elle « marque » alors d'autant plus l'oreille qu'elle est relativement fugace. Le *shock cut* accompagnant le passage du vaisseau de Dark Maul dans *SW1* illustre de manière significative le rôle joué par les technologies quant à ce changement net de traitement entre les deux trilogies. Mixeur sur ce film, Rydstrom explique que, avec les possibilités quasi illimitées offertes par le numérique, « même les plans de transition vont du silence à un son terriblement fort et à une nouvelle absence de son dans le même plan »[77], comme on le voit nettement sur cette représentation stéréophonique (graphique 4 du cahier couleur).

---

75. « *Good sound design means creating dynamics wherever you can : moments of silence, alternating quiet and loud sequences* ». Burtt, cité dans Jonathan W. Rinzler, *The Sounds of Star Wars*, San Francisco, Chronicle Books, 2010, p. 294.

76. Philippe Cathé, « Bruit et musique dans la course des *Podracers* de *Star Wars, Episode I, The Fantom Menace* (*La Menace fantôme*), 1999 », *Musurgia*, vol. XIV, n° 2, 2007, p. 53-69, ici p. 63-64.

77. Rydstrom, cité dans Jon Shenk, *The Beginning – Making Episode I*, 20th Century Fox Home Entertainment, 2001.

Sur le dernier plan de la scène sur Tatooine, d'une intensité sonore faible, le bref motif de Dark Maul au caractère sombre et inquiétant est psalmodié par des voix de femmes dans le grave. Il permet de créer une continuité musicale et narrative avec le plan suivant, et constitue un guide discret pour le spectateur en indiquant sans ambiguïté l'identité du propriétaire du vaisseau à l'écran. Sur le rapide volet de transition et le reste du *shock cut*, la partition se fait simple texture nébuleuse, visant à soutenir la tension dramatique produite par le passage du *Scimitar*. Celui-ci est accompagné par des agrégats dissonants tenus dans l'aigu aux bois et au synthétiseur. On trouve là encore un exemple de cette attention portée par Burtt à la répartition des fréquences des bruits, de manière à ce qu'elles n'entrent pas en conflit avec l'accompagnement orchestral : les agrégats, situés dans l'extrême aigu, restent clairement audibles malgré le passage du vaisseau à un volume très élevé, car les fréquences de celui-ci se répartissent plutôt dans le médium / grave. Le passage du *Scimitar* est d'autant plus saisissant que le pic d'intensité est atteint en une seconde à peine, sans aucune transition véritable (contrairement au *crescendo* progressif du *shock cut* de *SW4*), contrastant fortement avec le faible volume du plan précédent. Symétriquement, le retour à un volume relativement bas se fait très rapidement sur ce même plan et se maintient sur le panoramique final, montrant le vaisseau se poser sur Tatooine.

Ce *shock cut* est intéressant à plusieurs égards. Certes, comme le rappelle Laurent Jullier, « il est vrai que les *shock cuts* mettent en valeur les systèmes de reproduction sonore comme le THX »[78]. Aussi pourrait-on voir dans ces contrastes sonores extrêmes une simple application de l'esthétique du spectaculaire, dénuée de toute autre fonction que de constituer une « attraction » supplémentaire et de faire vibrer le corps du spectateur par leur puissance sonore – l'une des critiques les plus fréquemment formulées à l'encontre des *blockbusters* est qu'ils « perturbent la narration par des moments spectaculaires [...] d'excès »[79]. Cependant, il est essentiel de noter que les effets sonores – dans cette scène, mais aussi plus largement, dans la double trilogie – constituent, en eux-mêmes, des « éléments micro-narratifs »[80]. L'agressivité du son de ce *shock cut* apparaît en effet comme un signifiant du danger incarné par le Sith. Les bruits jouent un rôle à la fois dramatique et narratif : ils signalent l'arrivée sur Tatooine d'un nouvel opposant dont Qui-Gon, Obi-Wan et la reine Amidala ignorent encore l'existence, et la menace imminente que le personnage représente pour les héros. Le *shock cut* prépare en quelque sorte la violence à venir.

Par ses contrastes marqués, cette scène emblématise en outre le souci constant chez les techniciens de *Skywalker Sound* de ne pas lasser ni d'assommer le spectateur, comme le souligne le mixeur Rick Kline : « Michael [Semanick] et Gary [Rydstrom] étaient tous les deux très sensibles à l'intensité du volume. Je leur ai vraiment été reconnaissant de ne pas avoir cherché à achever le public »[81]. Malgré toutes les nouvelles possibilités

78. Jullier, *Star Wars : anatomie d'une saga*, p. 66.

79. « *they disrupt storytelling with spectacular moments of [...] excess* ». Keane, « Walter Murch and Ben Burtt », p. 459.

80. « *micro-narrative elements* ». *Ibid.*, p. 460.

81. « *Michael and Gary were both very sensitive to loudness. I really appreciated that they were not out to kill the audience* ». Kline, cité dans Larry Blake, « *Star Wars Episode II : Attack of the Clones* », *Mix Magazine*,

technologiques et le volume beaucoup plus fort permis par le numérique, la trilogie républicaine ne se limite pas à une application banale d'une mise en vibration quasi constante du corps du spectateur. Le mixeur Michael Semanick rappelle à cet égard :

> Quand le son numérique est apparu [...], c'était comme fêter Halloween pour la première fois. Vous mangiez tous les bonbons. C'était bon au début, mais vous finissiez avec un mal d'estomac. [...] Ce n'est pas une si bonne chose d'être bruyant du début à la fin. Vous devez intégrer des nuances, comme une symphonie[82].

Les moyens techniques performants sont ainsi mis au service de l'inventivité sonore dans le traitement contrasté des dynamiques. Cette approche démarque la saga des pratiques les plus courantes dans les *blockbusters*. Selon William Whittington, en effet, des films comme *Armageddon* (1998) et *Matrix Revolutions* (2003) ont défini la norme sonore des films commerciaux contemporains : les bandes sonores sont maintenues de manière quasi constante à un niveau de densité très élevé conjointement à un volume fort et percutant, ce qui accorde peu de place au silence en retour[83].

De fait, de nombreux films de science-fiction de notre contre-corpus – tels *Les Quatre Fantastiques* ou *Man of Steel* –, ne présentent pas une gestion des dynamiques aussi poussée et méticuleuse que les épisodes républicains, pourtant souvent critiqués, on l'a vu, pour leur volume jugé trop fort. Dès 1984, Tomlinson Holman met en avant la responsabilité des producteurs, qui poussent les mixeurs à opter pour un son très fort[84]. Et, comme le regrette le monteur son George Watters, les réalisateurs tendent eux aussi à privilégier la puissance du son au détriment d'une variété de nuances :

> Avec tous les formats numériques disponibles de nos jours, certains réalisateurs veulent opter pour un mixage à un volume élevé [...]. Il devient difficile de les convaincre de conserver des niveaux bas. [...] La variation et le contraste sont la clé, pas le volume[85].

Dans *Star Wars*, ce degré de recherche s'applique également aux effets de respiration de la bande sonore. Même dans les scènes d'action comme la course des modules de *SW1*, « presque chaque plan débute par une respiration, brève mais nettement audible »[86]. La représentation du signal stéréophonique d'une minute prise dans la scène de la seconde tentative d'assassinat contre Amidala dans *SW2*, fait valoir elle aussi la présence de nombreuses micro-coupures très contrastées (en particulier de 03:08 à 03:33, graphique 5 du cahier couleur).

---

juin 2002, http://www.mixonline.com/mag/audio_star_wars_episode_2/, consulté le 6 septembre 2014.

82. « *When digital sound first came out, [...] it was like going trick-or-treating on Halloween for the first time. You ate all the candy. It was good the first time, but you got a stomach ache. [...] It isn't so good to be loud from beginning to end. You have to build in dynamics, like a symphony* ». Semanick, cité dans *ibid.*

83. Voir William Whittington, « Sound Design in the New Hollywood Cinema », dans Graeme Harper, Ruth Doughty et Jochen Eisentraut (dir.), *Sound and Music in Film and Visual Media : An Overview*, New York, Continuum, 2009, p. 566; Whittington, *Sound Design & Science Fiction*, p. 93-114.

84. Blake, *Film Sound Today*, p. 46.

85. « *With all the digital formats available today, some directors want to go for a loud mix [...] It becomes difficult to convince them to keep levels down. [...] Variation and contrast is the key, not volume* ». Watters, cité dans Sonnenschein, *Sound Design*, p. 51.

86. Cathé, « Bruit et musique dans la course des *Podracers* », p. 53-69, ici p. 64.

Cette aération du tissu sonore ne se limite pas aux seuls bruits : elle se fait conjointement avec la musique de la scène (voir exemple 83), manifestant une vision holistique de l'architecture sonore. Le traitement très minutieux des textures et de l'intensité sonore globale s'avère là encore relativement cohérent d'un point de vue narratif et dramatique. Tout d'abord, selon Burtt, « le volume ne pouvait pas être très fort, car sinon le bruit aurait réveillé R2, ou prévenu les Jedi ou Padmé de la présence [des *kouhuns*] »[87]. La tranquillité de la séquence renforce par ailleurs considérablement la tension dramatique, en rendant la menace des vers venimeux beaucoup plus insidieuse ; le calme accroît par opposition la présence du danger mortel guettant la sénatrice dans l'ombre.

La singularité des pratiques sonores de la saga, sur le plan des contrastes de dynamiques et de la gestion générale du volume, peut ainsi apporter une forme de réponse aux regrets exprimés par Michel Fano à l'égard du cinéma *mainstream* contemporain : « C'est un cinéma de cirque où il faut que le son soit très fort. Le travail qui joue sur la délicatesse et le silence n'existe plus »[88]. Au contraire, l'équipe son de *Star Wars* a « prouvé que de grosses productions permettent un son tout en nuances, créé avec recherches et innovations »[89].

## Le silence comme écrin : des effets sonores donnés à entendre pour eux-mêmes

La double trilogie se démarque ainsi du « *loudness* permanent »[90], qui est pourtant selon Jullier une caractéristique fondamentale de l'esthétique du son multipistes numérique. Au-delà des effets de respiration, le silence y occupe une place fondamentale à plusieurs niveaux[91].

### *Les scènes non musicalisées : un monde sonore entier à construire*

Le silence musical à grande échelle, tout d'abord, occupe une place particulière dans *Star Wars*. Pour apprécier la singularité des scènes intégralement non musicalisées, il convient de les replacer au sein des pratiques de l'hexalogie, mais aussi de prendre en compte les conventions du genre auxquelles elles sont liées. Il est d'autant plus remarquable que des séquences entières aient été prévues sans aucun accompagnement musical, dans des films où la présence orchestrale est quasi constante. *SW2*, musicalisé à 94 %, est probablement la partition la plus conséquente de la filmographie de Williams

87. Ben Burtt, commentaires audio de *SW2*.

88. Michel Fano, classe de maître à la Cinémathèque québécoise, 20 novembre 2014.

89. René Gardies (dir.), *Comprendre le cinéma et les images*, Paris, Armand Colin, 2007, p. 55.

90. Laurent Jullier, « Esthétique du multipistes numérique », dans Didier Huvelle et Dominique Nasta (dir.), *Le son en perspective : nouvelles recherches / New Perspectives in Sound Studies*, Bruxelles, PIE / New York, Peter Lang, 2004, p. 205.

91. Nous considérerons ici le silence d'un point de vue intrinsèque, en nous intéressant à sa place au sein de la bande sonore des films étudiés ; nous écartons de notre horizon d'analyse le bruit de la projection et des salles de cinéma.

à ce jour, dépassant largement les 85 % de *Hook ou la revanche du capitaine Crochet* (1991), la plus longue qu'il ait composée pour un long-métrage de Steven Spielberg[92].

L'absence de musique dans des scènes habituellement accompagnées par l'orchestre crée un jeu avec les attentes spectatorielles, non seulement par rapport aux pratiques habituelles de la saga, mais aussi vis-à-vis des conventions du genre, intériorisées par les spectateurs. Ainsi, les duels au sabre laser de la trilogie impériale emblématisent ce que Paul Théberge qualifie de « silence générique »[93] : ils se démarquent de la tradition du film de cape et d'épée où les combats étaient quasiment toujours accompagnés d'une musique orchestrale, le plus souvent emphatique comme dans *Capitaine Blood* (1935), *Les Aventures de Robin des bois* (1938) ou *L'Aigle des mers* (1940). L'absence inhabituelle de musique pendant les duels au sabre laser apparaît comme un choix esthétique, et un moyen de musicaliser les effets sonores :

> La règle avait été qu'on ne jouait pas de musique pendant les combats aux sabres laser, parce que les sabres eux-mêmes semblaient posséder un degré de qualité musicale. C'est un des moments les plus gratifiants de faire toute une séquence [...] rien qu'avec des effets sonores. Encore une fois, les effets sonores lui confèrent une telle crédibilité, et parfois cette crédibilité est ce qui donne le plus grand impact émotif. Il n'est pas nécessaire d'ajouter de la musique. Les effets sonores peuvent être la musique dans des cas pareils[94].

Le début du duel entre Obi-Wan et Dark Vador dans *SW4* est représentatif de ces « étonnantes pièces de musique concrète [...], composées de ronflements caractéristiques des gros transformateurs à haute tension », dont la chorégraphie frappe « par la simplicité de sa gestuelle, une sorte de hiératisme japonisant »[95].

Le traitement cinématographique des duels évolue sur la trilogie républicaine : plus rapides, plus denses et plus fluides, les combats font valoir une virtuosité acrobatique nouvelle. La violence y est plus graphique et spectaculaire, soulignée par des angles de vue déstabilisants tels les plongées zénithales sur les combattants ou les décadrages. L'approche originelle des duels au sabre laser semble à première vue abandonnée. Les combats renouent avec les conventions du genre, puisqu'ils sont majoritairement accompagnés par l'orchestre, de surcroît par les thèmes-signatures des films à la texture instrumentale particulièrement dense : « Duel of the Fates » dans le dernier tiers de *SW1*, et « Battle of the Heroes » à la fin de *SW3*.

Une exception remarquable intervient cependant à la fin de *SW2*, au cours du duel opposant Anakin au comte Dooku. Si l'accompagnement musical est présent, il est néanmoins particulier en ce qu'il est uniquement percussif – pratique de plus en plus courante chez Williams dans les scènes d'action des films des années 1990-2000. La musique participe ainsi au traitement sonore « bruitiste » de la scène qui, conjointement au traitement visuel singulier, prend la forme d'un ballet graphique de sons et de

---

92. Peter Moormann, *Spielberg-Variationen : Die Filmmusik von John Williams*, Baden-Baden, Nomos, 2010, p. 777.

93. « *generic silence* ». Paul Théberge, « Almost Silent : The Interplay of Sound and Silence in Contemporary Cinema and Television », dans Jay Beck et Tony Grajeda (dir.), *Lowering the Boom : Critical Studies in Film Sound*, Urbana, University of Illinois Press, 2008, p. 62.

94. Ben Burtt, commentaires audio du DVD de *SW5*.

95. Jullier, *Star Wars : anatomie d'une saga*, p. 83-84.

lumières pendant quelques secondes. Alors que le duel de *SW4* cadre souvent les deux protagonistes dans le même plan (plans rapprochés et champs / contrechamps où la silhouette de l'un se dessine en amorce du plan), celui de *SW2* privilégie au contraire l'isolement des duellistes, par le biais de champs / contrechamps resserrés sur leur visage, du traitement de la lumière et du décor environnant. Le travail plastique de l'image prend le pas sur ce que Jullier nomme « l'option du *témoignage* consist[ant] à rendre compte le mieux possible de ce qui se passe réellement [dans le duel] »[96]. Lucas propose plutôt une série de tableaux, qui se détachent momentanément de l'obscurité environnante par des éclairs lumineux fugaces, un mouvement rythmique des couleurs et des sons, situant brièvement les deux personnages dans l'espace. La désorientation prédomine : la rapidité des plans, jointe aux bourdonnements changeants des sabres, crée davantage des « impressions et des "sensations" de duel »[97] qu'elle ne permet de saisir son déroulement et sa progression. De manière encore plus prononcée que dans le combat opposant Obi-Wan à Grievous dans *SW3*, Lucas crée un phénomène stroboscopique onirique : les sabres laser projettent des lumières colorées bleue et rouge qui découpent les visages des combattants et accentuent leurs traits, dans une dramatisation de la lutte entre le bien et le côté obscur de la Force. L'effet hypnotique produit, semblant suspendre l'action, n'est pas sans rappeler les fantasmagories des lanternes magiques, qui « substituaient à l'opacité des murs d'impalpables irisations, de surnaturelles apparitions multicolores [...] comme dans un vitrail vacillant et momentané »[98].

En dehors du cas de figure particulier que représentent les duels au sabre laser, plusieurs scènes du début de *SW3* (pour ne prendre que cet exemple) sont elles aussi finalement exemptes de tout accompagnement musical au montage final. Ce changement vis-à-vis du projet originel du compositeur, dont témoignent les manuscrits de Williams, peut s'expliquer pour deux raisons : dans une vision globale de l'architecture sonore du film, Lucas insiste sur la nécessité de ménager des respirations, plus efficaces sur le plan dramatique et narratif qu'un accompagnement musical constant. En outre, il s'agit là d'une (autre) manière de musicaliser les effets sonores en les « utilisant en tant que substituts à la musique »[99].

Cette pratique est récurrente dans les films du metteur en scène depuis *THX 1138* (1971) et *American Graffiti*. Par ce geste esthétique, Lucas inscrit à sa manière sa démarche dans un *continuum* de pratiques expérimentales dont il reconnaît d'ailleurs l'influence, et qu'il transpose dans un cinéma commercial. Les séquences prévues dès leur conception sans aucun accompagnement orchestral, telles la scène de poursuite à *motojets* à la fin de *SW6* (pendant près de trois minutes), la course de modules de *SW1* (qui dure plus de dix minutes) et la course-poursuite dans le champ d'astéroïdes de *SW2* (d'une longueur similaire à celle de *SW6*), sont en effet l'occasion d'un réel travail musical de la part du *sound designer* puisque, comme le souligne Michel Fano, « en

96. *Ibid.*, p. 78.
97. *Ibid.*
98. Marcel Proust, *Du côté de chez Swann* [1913], Paris, Librairie générale française, 1992, p. 47.
99. « *used in place of music* ». Keane, « Walter Murch and Ben Burtt », p. 460.

l'absence de paroles et de voix *off*, l'univers sonore est à reconstruire entièrement, sans avoir à recréer du sens » [100].

Curieusement, la scène de poursuite en *motojets* dans la forêt d'Endor, prévue sans accompagnement musical d'un commun accord entre Burtt et Williams dès les *spotting sessions* [101], a relativement peu attiré l'attention des chercheurs alors qu'elle met en lumière la particularité des pratiques du *sound designer*. Han, Luke et Leia se font repérer pendant leur attaque-surprise contre le bunker impérial basé sur la lune d'Endor. Plusieurs *Stormtroopers* enfourchent alors des *motojets* pour avertir de l'assaut des rebelles ; Luke et Leia se lancent à leur poursuite. Pendant près de trois minutes, et contrairement aux scènes de même nature dans la saga comme la poursuite dans le champ d'astéroïdes de *SW5*, la musique est totalement absente. L'objectif de Burtt, en créant un « silence structurel » [102] soudain, est de surprendre les spectateurs et créer une intensification dramatique immédiate, en donnant les bruits à entendre pour eux-mêmes. L'utilisation d'un enregistreur Otari MTR-90 24 pistes se révèle alors indispensable selon Burtt, en raison du caractère novateur de la scène et de la flexibilité qu'il offre dans les modifications des pistes individuelles, permettant une construction graduelle du son de la séquence [103]. La création progressive des différents effets sonores se fait par étapes et modifications successives, à la manière d'un véritable travail compositionnel :

> C'est une sorte de composition musicale abstraite. Le son des *speeders* provient de plusieurs sources. Les *speeders* qui démarrent, c'est le son d'un hélicoptère, mais accéléré. [...] Beaucoup de passages des *speeder bikes* étaient des coups de tonnerre combinés à un *P-38 Lighting*, un avion de chasse de la Seconde Guerre mondiale, avec un ronronnement merveilleux très musical. [...] L'orchestration du son est très importante pour avoir des *crescendos* et des pauses [104].

Nous n'aborderons pas en détail les caractéristiques de chaque bruit, déjà longuement explorées ; nous nous contenterons de pointer l'attention portée à la différenciation des timbres (grondements / sifflements), des fréquences (répartition dans le médium / grave, l'aigu et l'extrême aigu), des profils rythmiques (sons longs tenus / sons ponctuels très brefs), à la spatialisation (réverbération, échos), aux contrastes de dynamiques, et à la présence de courts effets de silence. Un aspect singulier mérite cependant d'être mis en valeur dans cette musicalisation des effets sonores. Il est en effet possible de réaliser une transcription approximative des hauteurs sur portées, et de suivre le déroulement de la séquence à l'aide de ce relevé (nous avons indiqué les

---

100. Fano, classe de maître à la Cinémathèque québécoise, 20 novembre 2014.

101. Blake, *Film Sound Today*, p. 40.

102. Nous reprenons ici la terminologie de Claudia Gorbman (*Unheard Melodies : Narrative Film Music*, Londres, BFI / Bloomington, Indiana University Press, 1987, p. 19), qui en donne la définition suivante : « Un *silence structurel* intervient lorsqu'un son, présent précédemment dans un film, est ensuite absent dans des passages structurellement similaires. Le film nous encourage ainsi à prévoir le son (musical), comme auparavant, de sorte que quand il n'y a en réalité aucune musique, nous prenions conscience de son absence ». (« *A structural silence occurs when sound previously present in a film is later absent at structurally corresponding points. The film thus encourages us to expect the (musical) sound as before, so that when in fact there is no music, we are aware of its absence* »).

103. Voir Blake, *Film Sound Today*, p. 38.

104. Ben Burtt, commentaires du Blu-ray de *SW6*.

secondes correspondantes au-dessus de chaque « note » sur l'exemple 95). Même si cette tentative de notation doit être considérée à titre indicatif, elle démontre néanmoins de façon frappante comment Burtt envisage les bruits, à la manière d'une partition – ce dont témoigne d'ailleurs la terminologie musicale qu'il emploie pour évoquer son processus de création.

Exemple 95. *SW6*, scène de poursuite à *motojets* dans la forêt d'Endor.
Transcription des bruitages à l'oreille (56:10-56:28).

Si la présence de scènes dénuées de musique au sens « traditionnel » est désormais relativement courante dans les *blockbusters* contemporains, laissant le champ libre aux *sound designers* de proposer un accompagnement sonore intéressant, en 1983, ce choix et le traitement qui en est fait par Burtt s'avèrent relativement novateurs. La singularité de ces scènes de « musique électroacoustique » dans *Star Wars* est en outre leur longueur. Il est indéniable que Burtt a laissé son empreinte sur les pratiques sonores des films de science-fiction ultérieurs. Étant donné le rayonnement et l'influence dont jouit le *sound designer* dans le milieu, et la popularité de la saga, les traitements similaires postérieurs à la trilogie républicaine s'inscrivent, d'une manière ou d'une autre, dans le sillon ouvert par Burtt. Les séquences non musicalisées de *SW1* et *SW2* ont très certainement agi comme un modèle pour le traitement des séquences de même nature dans *Transformers* (2007), par exemple : dans la scène de course-poursuite et de combat automobile sur l'autoroute (01:50:00-01:50:54), les sons de moteurs et la différenciation de leurs timbres s'inscrivent clairement dans l'héritage de la course des modules. La gestion de détail est néanmoins loin d'être aussi poussée que chez Burtt ; la densité sonore, notamment, est maintenue à un niveau relativement élevé et les micro-respirations marquées sont rares. De plus, la musique reprend rapidement ; ce passage est comparativement bien moins long que dans *Star Wars*.

Pratiquement chaque *blockbuster* sur lequel Burtt travaille comporte ce type de scènes, constituant ainsi sa signature dans le cinéma *mainstream*, qu'il perpétue aussi dans les longs-métrages d'animation comme *Wall-E* (2008). La séquence de déraillement du train au début de *Super 8* (2011), est une illustration éclatante des « sortes de compositions musicales abstraites »[105] réalisées par Burtt en l'absence de tout accompagnement orchestral. Le *sound design*, conçu conjointement avec son émule Rydstrom, en est extrêmement travaillé. D'une longueur comparable à celles de la saga, la scène témoigne d'un travail méticuleux sur chaque bruitage, sur les contrastes, les silences et sur le rôle dramatique conféré au hors-champ sonore.

105. Ben Burtt, commentaires audio du Blu-ray de *SW6*.

*Silences brefs et « éclats » sonores*

À une plus petite échelle, les courts silences qui précèdent, suivent ou délimitent les effets sonores jouent un rôle fondamental dans la musicalisation des bruits, auxquels ils confèrent une intensité particulière. De l'aveu de Lucas lui-même, dans l'ensemble de la saga, « les silences sont des décisions musicales. Ils constituent une sorte de contrepoint »[106]. C'est peut-être ici que l'apport du numérique est le plus tangible, car il permet de réaliser de véritables silences au sein du tissu sonore en supprimant le bruit de fond de la bande-son – les sifflements qui subsistaient encore avec le son analogue malgré le système de filtrage du *Dolby Stéréo*[107].

L'insertion de silences soudains, destinés à mettre en valeur une action particulièrement dramatique et un effet sonore puissant (très souvent, une explosion), n'est pas nouvelle en soi. Certains films présentés en *Dolby Stéréo* comme *Mosquito Coast* (1986) ou *Backdraft* (1991), sur lequel Rydstrom et Thom ont travaillé comme mixeurs, en présentent déjà des exemples sporadiques. La trilogie impériale ne comporte que trois exemples véritablement comparables aux micro-silences purs de la trilogie républicaine, précédant des bruits d'une forte intensité : dans la scène des Mynocks de *SW5* (55:05-56:42), plusieurs courts silences précèdent les apparitions des créatures à l'image, amplifiant le choc de leur irruption soudaine et de leurs cris ; dans *SW6*, lorsque Luke tente de dissuader Dark Vador de le livrer à l'Empereur (01:19:58-01:20:15), le thème de la Force s'interrompt juste avant le son de l'allumage progressif du sabre laser de Luke à un volume élevé ; et lorsque C3PO et R2D2 attirent les troupes impériales dans une embuscade (01:32:42-01:32:52), plusieurs micro-silences interviennent juste après l'ordre « Pas un geste ! »[108] de l'un des *Stormtroopers*, et juste avant que les Ewoks ne sortent de leur cachette en poussant des hurlements guerriers.

Ce type de silences est rendu de manière beaucoup plus saisissante par le son numérique, avec bien plus d'impact, et est employé à une échelle beaucoup plus grande dans les films contemporains. L'adoption massive du son numérique a entraîné une réévaluation du rôle expressif et dramatique du silence dans les *blockbusters*[109]. Une analyse comparative entre deux scènes de même nature, prises dans chacune des trilogies – la séquence de la cantina de Mos Eisley dans *SW4*, et la scène du *night-club* de Coruscant dans *SW2* – permet d'éclairer la spécificité des silences brefs de la trilogie républicaine. Dans la cantina de *SW4*, alors que Luke se fait menacer par un contrebandier, Obi-Wan tente de trouver une solution pacifique, mais est contraint de réagir face à la violence de l'individu. Le *cue* « Cantina Band » s'interrompt au moment où Obi-Wan dégaine son sabre laser et coupe le bras de l'assaillant, ce qui met à la fois en valeur la réaction du Jedi et les bruits. Dans la scène de *SW2*, Zam s'est réfugiée dans un *night-club* pour échapper à Anakin et Obi-Wan en se fondant dans la foule. Les dissonances des cuivres dominent nettement la séquence, accroissant la tension. À partir du gros plan sur Zam, le *crescendo* et l'amplification musicale progressive sont renforcés

106. George Lucas, commentaires audio du DVD de *SW1*.
107. Kerins, *Beyond Dolby (Stereo)*, p. 58.
108. « *Freeze !* ».
109. Buhler, Neumeyer et Deemer, *Hearing the Movies*, p. 399.

par l'ajout d'instruments ; le simple ostinato syncopé de croches aux percussions se voit enrichi graduellement jusqu'à former un agrégat très dissonant de huit sons (*mi-fa-fa♯-sol-sol♯-la-do-ré♭*). En parallèle, on remarque une diminution significative du niveau des bruits environnants. Burtt explique ainsi sa démarche :

> À l'origine, j'avais toute une cacophonie là-dedans – des gens qui jouaient et riaient, des tintements de verre. Et en plus j'avais un groupe musical qui jouait hors-champ. C'était juste trop pour la scène, qui portait sur la discrétion de Zam la chasseuse de primes. Pour que la musique puisse être efficace, elle devait employer des sons soutenus et non résolus. En conséquence, la seule façon d'entendre cette musique était de baisser artificiellement tout le reste. Si la scène était restée bruyante, vous n'étiez pas engagé à croire qu'il y avait un risque qu'Anakin ou Obi-Wan soit sur le point de se faire tirer dessus [110].

Sur le gros plan du pistolaser sorti par Zam, un intervalle menaçant de seconde mineure est joué *f* accentué en alternance aux cors, aux trompettes avec sourdines, aux hautbois et aux trombones, ajoutant de nouvelles dissonances tendues. L'accompagnement musical s'interrompt brusquement juste après que Obi-Wan a dégainé son sabre laser : le grand *crescendo* aboutit sur un *ff* suivi de trois temps et demi de silence. Le vrombissement de l'arme et le cri de douleur de Zam se voient accentués par ce silence orchestral soudain, qui relève d'une volonté du compositeur. Williams intègre dans sa partition l'emploi du son du sabre laser – il note très précisément « le sabre se déclenche » [111] en haut de la mesure correspondante –, en créant dans son écriture même une coupure soudaine à cet endroit précis.

Si l'on remarque donc dans ces deux scènes une même interruption musicale au moment où les sabres laser s'allument, le traitement et le statut du silence orchestral s'avèrent cependant relativement différents, tout d'abord sur les plans narratif et dramatique. *SW4* déploie une musique diégétique au caractère jazzy et entraînant. L'interruption soudaine de l'accompagnement est justifiée par la situation à l'intérieur même de la narration, puisque la violence soudaine vient perturber l'atmosphère paisible du bar – les musiciens s'arrêtent de jouer, tout comme les discussions environnantes cessent. À l'inverse, la scène de *SW2* repose sur une mise en valeur des effets sonores et une dramatisation de l'action par l'interruption de l'accompagnement extra-diégétique. Elle témoigne d'une réflexion minutieuse sur la place de la musique extra-diégétique et sur les éléments à faire ressortir particulièrement, à la fois au sein de l'image et du tissu sonore, rejoignant les observations faites au chapitre 9 quant à l'inclusion d'une syntaxe prévisible du sonore dans les manuscrits de Williams.

---

110. « *Originally I had a lot of cacophony in there – people playing games and laughing, drinks and glasses clinking. Plus I had an off-screen band playing. That was just too much, because the scene was about the stealth of Zam the bounty hunter. For the music to be effective it needed to use sustained, unresolved tones. Consequently, the only way you could hear that music was to artificially bring everything else down. Left as a noisy scene, you weren't drawn into the belief that there was a danger that Anakin or Obi-Wan was about to be shot* ». Burtt, cité dans Richard Clews, « Sound for *Star Wars Episode II* », *AudioTechnology*, novembre 2002, http://www.audiotechnology.com.au/pdf/5/at5_star_wars_episode_2.pdf, consulté le 9 février 2018.

111. « *Sword Flash* ».

En outre, les fonctions que revêt l'accompagnement musical des deux scènes s'opposent. La séquence de *SW4* est un exemple de musique anempathique[112] – très rare dans l'hexalogie – puisqu'elle reprend son cours une fois les troubles finis, là où elle s'était arrêtée, comme si rien ne s'était produit. La scène de *SW2* s'en distingue donc également par le statut de la musique et par son traitement : contrairement à l'« indifférence ostensible » affichée par les clients et par la musique « suivant son cours impavide et mécanique »[113] dans la cantina, ici, un rapide coup de timbale dans le grave vient ponctuer l'action, tandis qu'une tenue de *fa* dièse à l'octave aux violoncelles et aux contrebasses renforce l'effet dramatique, mettant en valeur les différentes réactions alarmées ou amusées des clients du bar.

Enfin, ces deux scènes permettent de mesurer la précision et la netteté du silence numérique, qui peut être rendu de manière particulièrement fine : dans *SW4*, l'endroit exact où la musique s'arrête n'est pas aussi distinctement perceptible que dans *SW2*, où la rupture sonore est beaucoup plus tranchée. Le silence suscite une intensification dramatique et revêt une force particulière dans la mesure où il intervient, par contraste, dans une séquence dont la texture orchestrale se construit par densification progressive jusqu'à un climax dissonant *ff*.

Mais les scènes non musicalisées sont peut-être l'illustration la plus frappante de cette nouvelle approche du silence total exploitant les possibilités des technologies numériques, notamment lorsque celui-ci précède ou suit des pics de volume. Contrairement à ce que l'on pourrait penser, le son numérique ne suscite pas forcément la création d'effets sonores plus « forts » en matière de décibels. Les techniciens jouent en réalité très souvent sur un phénomène relevant de la psychoacoustique : en valeur relative, le volume d'une explosion n'est pas forcément plus fort, mais le contraste extrême créé par l'inclusion d'un silence lui confère une ampleur et une profondeur inégalées auparavant. Ainsi, un son d'un même volume paraît comparativement plus puissant et incisif lorsqu'il est précédé ou suivi d'un silence complet[114].

Le silence numérique complet permet aux bruits de voir à la fois leur impact considérablement accru, mais aussi d'être écoutés pour leur valeur expressive et musicale. Il entraîne, dans la double trilogie, un changement net de paradigme sur les plans esthétique et dramatique, comme on peut le constater en analysant comparativement un passage de la poursuite à *motojets* de *SW6* (graphique 6 dans le cahier couleur), et une section similaire de la course des modules de *SW1* (graphique 7).

L'apport du numérique apparaît clairement sur le graphique 7, à travers des contrastes de dynamiques extrêmement marqués, dessinant des pics discontinus – ces « éclats »[115] de sons évoqués par Burtt –, et l'insertion de silences (indiqués par les flèches), dont un silence complet qui dure plus d'une seconde. Cette caractéristique est suffisamment inhabituelle dans une scène d'action intense pour être soulignée. Notons cependant

112. Michel Chion, « 100 concepts pour penser et décrire le cinéma sonore », s. l. n. d., p. 30, http://michelchion.com/texts, consulté le 2 mars 2015.

113. Chion, *Un art sonore, le cinéma*, p. 382.

114. Voir à ce sujet Whittington, *Sound Design & Science Fiction*, p. 201 ; Kerins, *Beyond Dolby (Stereo)*, p. 61 ; Keane, « Walter Murch and Ben Burtt », p. 460.

115. Ben Burtt, commentaires audio du Blu-ray de *SW6*.

l'insertion d'un très court silence juste avant la quatrième seconde sur le canal droit de l'extrait de *SW6* (indiqué par la flèche), signe de l'attention que Burtt a toujours portée à la présence de césures, et que le perfectionnement technologique lui permet de réaliser beaucoup plus facilement et fréquemment dans la trilogie républicaine. À deux reprises dans *SW1*, une coupure marquée précède ainsi l'arrivée des modules dans le champ, suivis à chaque fois par un rapide panoramique vers la droite. Une comparaison des représentations acousmographiques des deux extraits permet également d'observer une divergence de texture (voir les graphiques 8 et 9 dans le cahier couleur).

Dans *SW6*, le tissu sonore est relativement continu, et la densité d'occupation des fréquences se maintient à un niveau élevé de manière assez constante. Dans *SW1*, la texture est nettement plus ciselée, plus découpée. Aux contrastes dynamiques fait écho un travail considérable de différenciation des effets sonores, déjà perceptible dans *SW6* : le son du module d'Anakin (à gauche du graphique 9), aux nombreuses stries horizontales, s'accompagne de résonances en écho représentées par les traînées moins marquées, dans une occupation décroissante des fréquences, tandis que le bruit pulsé du véhicule de Sebulba (tout à droite) s'en démarque clairement, par un « nuage » de fréquences plus large et diffus.

Si cette divergence de traitement est liée au moins en partie aux mutations techniques entre les deux trilogies, elle s'explique aussi par une modification des choix esthétiques et dramatiques effectués par les créateurs. Dans la scène de *SW6*, c'est avant tout la sensation de vitesse qui est mise en avant, conjointement au traitement visuel saisissant réalisé par ILM. Dennis Murren, responsable des effets visuels, a d'abord effectué à pied le trajet des *motojets*, équipé d'une *steadicam* filmant une image par seconde. Lorsque la diffusion est rétablie à vingt-quatre images par seconde, l'accélération produite crée une impression de vitesse extrême, d'environ cent soixante kilomètres par heure[116]. Le son met celle-ci en valeur par la prégnance de sifflements aigus et d'effets d'écho au passage des *speerderbikes* devant la caméra. La vélocité constitue d'ailleurs, selon Chion, l'un des traits les plus novateurs de la trilogie impériale :

> L'originalité de ces films est liée à un effet de dynamisme et de vitesse – qui était jusqu'alors finalement assez rare dans le *space-opera*. [...] Ainsi George Lucas propose-t-il à un public essentiellement jeune un spectacle basé sur l'énergie [et] la dépense vitale[117].

Bien que la vitesse reste un paramètre important dans la course de *SW1*, la puissance des modules prend cependant le dessus, à travers la primauté accordée aux fréquences graves, aux vibrations et aux trépidations de moteurs. La base des sons elle-même est modifiée : aux bruits de combustion, d'avions et de fusées de la trilogie impériale, succède ici une combinaison très élaborée de sons de voitures de course, de camions et de motocycles amplifiés, de canots à moteur et de pulsations synthétiques qui viennent enrichir la texture[118]. Les bruitages visent à créer un effet de masse et de profondeur. Le vocabulaire même utilisé par Lucas pour qualifier l'approche sonore de la course est

116. Edith Becker et Kevin Burns, *Empire of Dreams : The Story of the Star Wars Trilogy*, 20th Century Fox Home Entertainment, 2004.

117. Michel Chion, « Cinéma de rêve », *Cahiers du cinéma*, n° 352, octobre 1983, p. 44-48, ici p. 47-48.

118. Ben Burtt, commentaires audio du DVD de *SW1*.

révélateur de ce glissement : « Je voulais [...] jouer avec l'exagération des différentes tailles de moteurs et le frisson viscéral de la course avec son bruit et sa fureur »[119]. Ce « frisson viscéral » est accentué par le fait que l'on n'entend pas les modules arriver progressivement, en dépit de la puissance de leur moteur qui devrait normalement les précéder sur le plan sonore : de courts silences très nets précèdent des sons puissants et profonds, qui en ressortent considérablement amplifiés.

Ce changement de paradigme amène alors des approches opposées du point d'écoute à coexister dans une même séquence ; elles ne se limitent ni à une application stricte et systématique de la correspondance entre point de vue et point d'écoute, ni à une simple congruence perceptive[120]. Burtt n'en fait pas une règle intangible, bien au contraire. La rupture avec une mise en espace « vraisemblable » sur le plan sonore tend ainsi à prendre le dessus tout au long de la course sur la « perspective sonore » ou sur l'association spécifique à l'audition d'un personnage. Cathé rappelle à juste titre que, dans la majeure partie de la séquence, le point de vue et le point d'écoute ne coïncident pas[121] : le spectateur n'est pas « embarqué » avec l'un des pilotes à bord de son module, mais profite plutôt d'un véritable feu d'artifice sonore à la manière d'un observateur extérieur, comme surplombant la scène dont il percevrait le son dans sa totalité, dans un éclatement saisissant des points d'écoute. Ce traitement sonore revêt un statut singulier. Tout d'abord, le choix d'inclure des silences au lieu de créer un *crescendo* progressif et continu à l'arrivée des modules est lié à l'extrême rapidité du montage, comme le souligne le *sound designer* :

> Comme la course va de plus en plus vite, il est plus difficile de faire ressortir les sons des différents pilotes, car si le son existait pour une fraction de seconde, il n'y en avait pas assez pour entendre un pilote arriver de loin ou savoir quand il passait devant la caméra. L'œil peut enregistrer l'information très vite dans un plan rapide. Ça ne marche pas ainsi avec le son. Plus il y a de coupes, plus le concepteur sonore doit penser à des façons d'orchestrer le son[122].

Au-delà de cet aspect « technique », l'absence majoritaire de corrélation entre point de vue et point d'écoute signe surtout le basculement de la séquence dans le spectacle pur. Le moment où Anakin, projeté sur la rampe de service par Sebulba, parvient à retrouver le contrôle de son module et revient dans la course à pleine puissance, dépassant son adversaire, incarne particulièrement ce ballet virtuose d'images et d'éclats de sons (01:06:13-01:06:35). Le traitement sonore très singulier inclut plusieurs silences complets (notamment quand Anakin amorce sa chute en piqué) et des reprises de son importantes au sein de contrastes dynamiques intenses. Il rehausse les choix de mise en scène inaccoutumés, exploitant une grande variété de cadrages, des angles de vue vertigineux et « quelques mouvements ahurissants, comme ces travellings hélicoïdaux qui ponctuent [...] son échappée [à Anakin] sur la rampe de service (88e et 278e plans) »[123].

119. George Lucas, commentaires audio du Blu-ray de *SW1*.

120. Voir à ce sujet Stan Link, « Nor the Eye Filled with Seeing : The Sound of Vision in Film », *American Music*, vol. 22, nº 1, printemps 2004, p. 76-90, plus spécifiquement p. 80-81.

121. Voir Cathé, « Bruit et musique dans la course des *Podracers* », p. 53-69, plus spécifiquement p. 66.

122. Ben Burtt, commentaires audio du Blu-ray de *SW1*.

123. Jullier, *Star Wars : anatomie d'une saga*, p. 89.

Lucas pousse même le souci du détail jusqu'à créer un (faux) tremblement du plan au moment où le module d'Anakin, brisant la rambarde de sécurité, est violemment propulsé vers le bord-cadre gauche de l'écran, comme si la caméra avait effectivement enregistré cette sortie de route, témoin « objectif » plongeant le spectateur au cœur de la course. Les procédés sonores et visuels intensifient l'immersion du spectateur, véritablement pensés « pour répondre aux impératifs du cinéma de la sensation, et assurer un "tour de manège" sonore » [124].

*Une écoute tendue vers le sonore*

Les respirations dramatiques ménagées au sein de la bande-son jouent un rôle non négligeable dans la délimitation d'un certain type d'écoute, complémentaire de cette approche « musicienne » des bruits : il s'agit d'une écoute qui n'est pas passive, mais dirigée vers un objet sonore, « tendue à l'ordre du sonore » [125] selon la définition de Jean-Luc Nancy. Le silence favorise la délimitation d'un espace d'écoute qui rehausse la valeur expressive et musicale des bruits : en formant une sorte d'écrin qui délimite les effets sonores, les enserre et les isole du reste du tissu sonore, le silence les magnifie.

Ainsi, lors de la renaissance d'Anakin en Dark Vador, la construction sonore de la séquence est toute entière tendue vers la dimension symbolique et iconique du bruit de respiration du seigneur Sith, qui apparaît ici pour la première fois de la trilogie républicaine. L'effet sonore confère au personnage toute son envergure, et le fait advenir au monde : c'est par le son qu'Anakin Skywalker renaît en Dark Vador, et non simplement lorsqu'il est baptisé par l'Empereur ou qu'il endosse son costume noir. La naissance du Sith se fait dans un silence complet : le thème de la Marche impériale, énoncé en *fa* majeur à l'octave aux violoncelles et aux contrebasses seuls, dans un silence orchestral affectant tous les autres pupitres, disparaît dans un *diminuendo* véritablement pensé par le compositeur pour laisser place à l'effet sonore (exemple 96). Williams note en effet au-dessus de la mesure correspondante : « Le casque se ferme, puis bruit de respiration » [126] :

Exemple 96. *SW3*, Dark Vador prend sa
première respiration sous le masque (02:06:45-02:06:55).

Après un sifflement dans le suraigu et la disparition de tout autre son ambiant, la respiration se met en marche dans le registre extrême grave, fortement amplifiée et réverbérée. Le silence est ici le lieu d'une véritable mise en scène du son : donné à nu, il

124. « *to fold in the imperatives of the cinema of sensation to provide a sonic "thrill ride"* ». Whittington, « Lost in Sensation », p. 68.

125. Jean-Luc Nancy, *À l'écoute,* Paris, Galilée, 2002, p. 30.

126. « *Shut in and Breathing* ».

se suffit à lui-même par la valeur mythique qu'a acquise le personnage depuis la trilogie impériale. Dark Vador prend corps par le son, qui en est son incarnation métonymique. Lucas crée un moment de suspension de la narration tout à fait saisissant, où le gros plan fixe sur le masque du Sith agit comme une loupe sonore, concentrant toute l'attention et l'attente du spectateur vers le son qui va s'en échapper. L'écrin du silence décuple la puissance dramatique et émotionnelle de ce bruit de respiration métonymique, qui devient « musicalement écouté » [127].

De manière intéressante, ce type d'écoute active des bruits est mis en abyme dans le dernier volet du *Seigneur des Anneaux*, pour lequel les mixeurs de Skywalker Sound, Christopher Boyes et Michael Semanick, ont d'ailleurs reçu un Oscar. Dans la scène de la version longue du *Retour du roi* (2003) où le roi-sorcier d'Angmar est sur le point de vaincre Gandalf (02:32:00-02:32:35), le geste meurtrier du Nazgûl est littéralement suspendu par le son des cors du Rohan, tandis que le personnage est filmé en gros plan en position d'écoute : un court panoramique vers la droite souligne son mouvement de tête, qui se tourne majestueusement vers la source du son. Pendant quelques secondes, une suspension de l'action est ainsi engendrée par l'écoute du son, rehaussée par un silence qui suit les dernières résonances de cor, semblant figer momentanément la scène. Cette courte pause permet d'appuyer la puissance symbolique des sons – ceux-ci représentent à la fois l'espoir pour Minas Tirith, tout en étant l'expression de l'ultime résistance des Hommes face au Mordor –, mais aussi d'apprécier la sonorité éclatante de la quinte à vide (*si♭-fa*), magnifiée par l'amplification et la réverbération du son numérique [128].

Un glissement intéressant semble s'être ainsi opéré dans certains *blockbusters* contemporains au *sound design* particulièrement travaillé : c'est au son qu'il revient aussi, désormais, de jouer un rôle de premier plan dans l'esthétique « de l'éblouissement » [129] présidant à ce genre de films. La mise en scène elle-même prend acte de ce passage d'une mise en abyme du regard – souvent à travers une succession de *reaction shots* –, à une mise en abyme de l'écoute : les personnages ne sont plus uniquement cadrés en train de fixer, bouche bée et yeux écarquillés, quelque chose hors-champ, mais sont également filmés en situation d'écoute. *SW7* (2015) en offre un exemple saisissant lorsque Rey et Finn se chamaillent au sujet des troupes lancées à la recherche, la scène reposant sur la force d'évocation nostalgique des effets sonores associés aux chasseurs TIE – absents de la trilogie républicaine en dehors des derniers plans de *SW3* [130].

127. Nancy, *À l'écoute*, p. 21.

128. Le procédé est d'ailleurs reproduit quasiment à l'identique dans *Le Hobbit : La Bataille des cinq armées* (2014) au moment où l'attaque des Orcs est ralentie pendant quelques secondes par les sons de cor flamboyants de Thorin (là encore, une superposition de quarte et quinte à vide *mi-la-mi*, suivie d'un grand silence). Ils annoncent le revirement du Roi, décidant de se joindre à la mêlée et de venir au secours de l'armée des nains. Ils redonnent courage à Bilbo et à Gandalf, filmés tour à tour en gros plan, en situation d'écoute (01:26:59-01:27:15).

129. Olivier Assayas, « *L'Empire contre-attaque* (Irvin Kershner) », *Cahiers du cinéma*, n° 316, octobre 1980, p. 52.

130. Pour une analyse de cette scène de *SW7*, voir Huvet, « Ben Burtt, une écoute "musicienne" des bruitages », p. 117.

*Un silence assourdissant : les charges sismiques de* SW2

Emblématique de cette attention nouvelle au son que Burtt cherche à mobiliser, la poursuite dans le champ d'astéroïdes de *SW2*, dont la majeure partie n'est pas musicalisée, se distingue des autres exemples étudiés par le caractère unique et très novateur du traitement sonore des charges sismiques. Jango et Boba Fett, pourchassés par Obi-Wan, tentent de se débarrasser de lui en larguant successivement deux bombes. Burtt pousse plus loin encore son utilisation expressive et dramatique du silence, par l'articulation en deux temps de ce nouvel objet sonore : le silence pur et la rupture sonore totale qu'il génère font partie intégrante du *sound design* des charges sismiques, suivis de l'explosion à proprement parler. Il est d'autant plus singulier que, comme le rappelle Théberge, « le silence, le silence absolu, est une rareté dans le cinéma contemporain et à la télévision »[131]. Ici, il isole par deux fois le son de la charge sismique (01:07:13-01:07:23 puis 01:07:26-01:07:32) et rehausse considérablement sa singularité visuelle, toute en déploiement d'ondes bleues concentriques[132].

En créant un « trou noir audio »[133], Burtt génère une tension considérable pour le spectateur, comme s'il se retrouvait soudainement confronté au « silence éternel »[134] de l'espace, à un vide d'autant plus vertigineux qu'il est inopiné. Le spectateur prend tout à coup conscience de la réalité infinie de l'espace. L'effet produit est particulièrement puissant ; selon les études psychoacoustiques, en créant un sentiment de vulnérabilité, le silence invoque la peur du vide et de l'absence de vie[135]. L'accroche du film *Alien* (1979) n'est-elle pas : « Dans l'espace, personne ne vous entend crier » ?

La particularité des charges sismiques repose de surcroît sur une dissociation entre l'explosion visuelle et le son correspondant, surprenante et unique dans la saga. Un décalage s'opère de manière tout à fait inattendue entre l'image de la sonde sismique qui, en heurtant un astéroïde, s'enflamme de l'intérieur et émet de vives radiations bleutées, et le silence absolu qui accompagne ces quelques secondes. Burtt se distingue des pratiques sonores les plus couramment répandues au cinéma où, comme le déplore l'ingénieur du son Daniel Deshays,

> le bruitage n'est guère utilisé comme lieu de création mais plutôt comme objet d'inscription d'un effet de réel, d'un réel calmé. [D'ordinaire] la vérité du bruitage est activée par la synchronisation qui confirme et verrouille les liens avec l'image[136].

131. « *silence, absolute silence, is a rarity in contemporary cinema and television* ». Théberge, « Almost Silent », p. 51.

132. Voir les figures 6 et 7 dans Huvet, « Musique et effets sonores dans *Star Wars : Épisode II – L'Attaque des clones* », p. 69-98, ici p. 89, http://revuemusicaleoicrm.org/rmo-vol2-n2/musique-et-effets-sonores-dans-star-wars-episode-ii-lattaque-des-clones-une-alliance-conflictuelle%E2%80%89/.

133. Ben Burtt, commentaires audio du DVD de *SW2*.

134. Nous faisons ici référence à la fameuse phrase de Blaise Pascal : « Le silence éternel de ces espaces infinis m'effraie » (*Pensées* [1670], Paris, Gallimard, 1969, p. 60).

135. Voir Sonnenschein, *Sound Design*, p. 125 ; Walter Murch, « Touch of Silence » [1998], dans Larry Sider, Diane Freeman et Jerry Sider (dir.), *Soundscape : The School of Sound Lectures*, Londres / New York, Wallflower Press, 2003, p. 100.

136. Daniel Deshays, « Entendre le cinéma (1) », s. l., mars 2011, https://cinemadocumentaire.wordpress.com/2011/03/29/entendre-le-cinema-par-daniel-deshays/, consulté le 17 février 2015.

Ici, le son ne confirme pas l'image ; au contraire, une disjonction particulièrement saisissante est réalisée. À une écoute qui aurait été plus « passive » s'il avait opté pour l'évidence de la synchronisation traditionnelle entre explosion et bruit, Burtt substitue une écoute tendue vers cet objet sonore singulier : passé l'effet de surprise de la première occurrence, le spectateur *attend* la réitération du procédé lorsque les Fett larguent la seconde charge sismique. Burtt rejoint ici, d'une certaine manière, des démarches expérimentales où le son « "se libère" d'une double contrainte : il n'a plus à illustrer nécessairement les mouvements visuels, ni à reproduire avec fidélité la réalité acoustique » [137]. Ce constat s'applique tout à fait aux charges sismiques, qui illustrent de façon éclatante cette force qu'a le sonore d'ébranler le visuel, ne serait-ce que de façon éphémère.

Ce passage est novateur non seulement dans la double trilogie, qui ne comporte aucun autre exemple similaire, mais s'avère aussi, à notre connaissance, sans précédent dans l'histoire du cinéma pour ce type d'événement audio-visuel [138]. Jullier insiste à cet égard :

> Allant contre une tradition tenace qui veut qu'au cinéma le tonnerre gronde exactement en même temps que l'éclair luit (tradition qui heurte l'expérience ordinaire [...]), la « décharge sonique » est [...] une bombe qui décale de quelques secondes l'éclair et le bruit de son explosion [139]...

Le choix audacieux proposé par Burtt n'a d'ailleurs pas été sans susciter des résistances auprès du réalisateur, du producteur et du reste de l'équipe son : « L'idée d'avoir du silence au moment où la charge sismique crée une lueur, et que le son arrive après, n'a pas été facile à faire accepter. Gary Rydstrom a été le seul à être pour, au départ » [140].

Signe du caractère innovant et non conventionnel de cet objet sonore, le *sound designer*, pourtant habituellement très prolixe lorsqu'il est interrogé sur l'élaboration de ses bruits, refuse de révéler le détail du processus de création des charges sismiques : « Je préfère ne pas aborder en détail cet effet sonore pour l'instant. Après tout, ne puis-je pas garder quelques secrets ? » [141].

---

137. Frédéric Dallaire, « Son organisé, partition sonore, ordre musical : la pensée et la pratique cinématographiques d'Edgard Varèse et de Michel Fano », *Intersections : Canadian Journal of Music / Intersections : revue canadienne de musique*, vol. 33, n° 1, automne 2012, p. 76.

138. Burtt reproduira ce silence intersidéral et angoissant, caractéristique du vide de l'espace, dans la scène d'ouverture de *Star Trek* (2009, 02:57) : le cri de la jeune femme appelant le lieutenant à l'aide est brutalement coupé lorsqu'elle est aspirée hors du vaisseau endommagé par l'attaque du *Narada*. Son hurlement se perd de manière saisissante dans l'immensité silencieuse de l'espace et accentue le caractère tragique de sa mort. Précisons ici que cette pratique ne dérive pas d'un postulat « réaliste » puisque dans la majorité des autres scènes se déroulant dans l'espace, les sons émis par les vaisseaux sont clairement entendus. Il s'agit d'un geste esthétique singulier à l'échelle du film, destiné à produire un fort impact dramatique, comme dans *Star Wars*.

139. Jullier, *Star Wars : anatomie d'une saga*, p. 66.

140. Ben Burtt, Commentaires audio du DVD de *SW2*.

141. « *I prefer not to discuss in detail this sound at this time. After all, can't I keep a few secrets ?* ». « Ben Burtt Answers Questions », *FilmSound*, s. d., http://filmsound.org/starwars/starwars-AQ.htm, consulté le 20 mai 2015.

Ce type de silence imaginé par Burtt, à la fois « structurel » et « générique », semble avoir fait exceptionnellement peu d'émules dans les *blockbusters* contemporains, où les explosions ou autres collisions tendent invariablement à être accompagnées par un bruit puissant, étroitement synchronisé avec sa source visuelle. Ren Klyce proposera une variation sur ce procédé sonore dans *SW8* (2017), lorsque la vice-amirale Amilyn Holdo se sacrifie en pointant son vaisseau vers la flotte de Kylo Ren au moment de passer en vitesse-lumière. La désintégration du destroyer stellaire prend la forme d'une stase momentanée éblouissante, à la fois par le silence total qui affecte l'accompagnement orchestral et les bruits pendant dix secondes, par le montage et la construction plastique de l'image. La sidération sonore est en effet magnifiée par la succession des plans rapprochés, saisis comme autant de tableaux majestueux et poétiques en clair-obscur, où la noirceur de l'espace et les contours sombres de la flotte ennemie sont traversés par les sillons éclatants creusés par le vaisseau de Holdo. Ce n'est que bien après que le son de l'explosion se fait entendre, synchronisé de façon stupéfiante avec le cercle de lumière aveuglant délimitant le souffle de la déflagration depuis le lointain.

En dehors de l'univers de *Star Wars*, le seul exemple à notre sens comparable à ce type de traitement sonore intervient dans *The Dark Knight : Le Chevalier noir* (2008), film singulièrement passé inaperçu dans les études cinématographiques sur le son. Lors de l'accident provoqué par Batman, dénué d'accompagnement musical, un silence total d'une seconde et demie est synchronisé avec le moment où le camion conduit par le Joker se renverse (01:18:04). De manière tout à fait inattendue, le son de ferraille émis par le camion lorsqu'il est projeté dans les airs – hommage évident aux bruits accompagnant la chute du camion dans le ravin à la fin de *Duel* (1971) –, est brusquement interrompu pour laisser place à un vide sonore complet. Cette rupture sonore est d'autant plus remarquable qu'elle intervient sur un plan impressionnant en matière d'effets visuels, un travelling avant s'avançant vers les tonneaux effectués par le camion. Plusieurs techniciens oscarisés de Skywalker Sound ayant travaillé sur ce film (les monteurs son Lora Hirschberg et Gary Rizzo), il est probable que le procédé novateur utilisé de manière saisissante dans *SW2* ait pu influencer ce choix dramatique. En ce sens, l'approche initiée par Burtt démontre de manière éclatante que, dans certains cas, même au sein d'un *blockbuster* au tissu sonore particulièrement dense, « le silence se révèle plus puissant que le son » [142].

142. « *silence proves to be more powerful than sound* ». Théberge, « Almost Silent », p. 65.

## CONCLUSION

Au terme de notre étude qui nous a menée de l'écriture de John Williams au montage puis au mixage et à la conception sonore, les six bandes-son de *Star Wars* apparaissent comme un gigantesque cycle protéiforme. Les dissymétries entre les deux trilogies, les aspérités et les particularités propres à chaque épisode ne cessent de se révéler au fil des différents angles d'analyse choisis. Les deux trilogies ne forment pas en elles-mêmes deux ensembles homogènes. Au sein de chacune, plusieurs films affirment leur singularité, tant en ce qui a trait à l'écriture même du compositeur, plus ou moins poreuse aux influences extérieures et aux « modes » passagères dominant le paysage musical des *blockbusters* contemporains, à l'adaptation par Williams de ses méthodes compositionnelles couplée à un changement dans la temporalité de l'acte créateur, qu'au contexte de création spécifique à chaque film. Le temps alloué au compositeur, au *music editor* et à l'équipe son, les contraintes techniques et financières, et donc les conditions de travail propres à chaque épisode, influent inévitablement sur le degré de remaniement de la partition au montage, sur son déploiement au sein du film, et sur les équilibres sonores. L'individualisation musicale des films s'accentue sur la trilogie républicaine, où chaque épisode tend à revêtir une couleur orchestrale distincte.

Surtout, à plus grande échelle, les deux trilogies obéissent à des régimes de production différents liés aux bouleversements technologiques. L'adoption du numérique a eu un impact considérable sur l'utilisation de la partition dans la trilogie républicaine. Si certains procédés de montage sont déjà en germe dans la trilogie impériale, le numérique permet toutefois à Kenneth Wannberg d'étendre et d'intensifier considérablement leur emploi en mettant à profit la flexibilité et la facilité de manipulation offertes par les outils numériques, à un niveau macroscopique (film entier) et microscopique (de l'ordre de la mesure, voire de la note). Dans cette perspective, Ronald Sadoff affirme :

> Pour la première fois de l'histoire, grâce au système binaire de l'univers numérique, l'ensemble du contenu [musical] est interchangeable. […] De surcroît, la perspective chronologique a laissé place à la juxtaposition et à l'assimilation d'éléments hétérogènes [1].

1. « *For the first time in history, thanks to the digital domain of zeros and ones, all [musical] content is interchangeable. […] Moreover, a chronological perspective has yielded to juxtaposition and to the assimilation of heterogeneous elements* ». Ronald Sadoff, « Scoring for Film and Video Games : Collaborative Practices and Digital Post-production », dans Carol Vernallis, Amy Herzog et John Richardson (dir.), *The Oxford Handbook of Sound and Image in Digital Media*, Oxford, Oxford University Press, 2013, p. 677.

L'ère du numérique est celle de la montée en puissance du *music editor* dont les responsabilités s'accroissent considérablement, alors que le compositeur lui délègue de plus en plus de tâches, influant de manière non négligeable sur les trajectoires narratives et dramatiques de chaque film. Les impératifs de rapidité et d'efficacité entraînent alors, dans de nombreux cas, un traitement musique / image plus direct vis-à-vis du projet initial du compositeur, et la recherche d'un impact dramatique immédiat et maximal. Cette logique d'individualisation des séquences et de l'immédiateté prime parfois sur la logique musicale intrinsèque ou sur l'arc musico-narratif global du film, le *music editor* puisant dans la partition telle une réserve de matériau intarissable et flexible pour faire face aux contraintes temporelles et financières. Cela ne veut pas dire pour autant que le travail de Williams en soit « dénaturé »[2] ni que la partition soit remaniée par Wannberg de manière arbitraire sans aucune considération créatrice. À travers les exemples de la chaîne de montage droïde géonosienne de *SW2*, l'invasion du temple Jedi par Anakin et ses clones renégats dans *SW3* ou la gestion de « Duel of the Fates » dans le dernier tiers de *SW1*, en particulier, nous espérons avoir montré en quoi ce travail de découpage et de remontage du matériau musical répond de façon judicieuse et adéquate aux défis spécifiques des *blockbusters* de l'ère numérique, sur les plans technique et esthétique.

L'adoption des technologies numériques a également pour corollaires une augmentation générale du volume, un accroissement de la densité de la bande sonore dans son ensemble et un foisonnement des bruits, qui représentent pour Williams des défis renouvelés par rapport à la trilogie impériale. De fait, les transformations technologiques ont influé sur l'approche même du compositeur, différente d'une trilogie à l'autre. La prolifération des bruits sur les épisodes républicains appelle un autre équilibre sonore, réalisé par le biais de manières singulières de concevoir et d'organiser les relations entre musique et effets sonores, et de procédés d'écriture auparavant peu ou pas mobilisés dans *SW4*, *SW5* et *SW6*. Williams emploie de façon extensive plusieurs types de doublures orchestrales mises en place dans la trilogie impériale, et il en introduit d'autres, tels les timbres secs et percussifs du piano et du xylophone, plus à même de répondre au défi représenté par l'intensification de la bande-son. Les partitions de la trilogie républicaine révèlent l'inclusion d'une syntaxe prévisible du sonore dans l'écriture du compositeur, notamment par la gestion fine des dynamiques et des micro-coupures du discours musical lors de l'énoncé de sons puissants. Dans les scènes d'action intenses, Williams délaisse largement l'approche musico-narrative des séquences équivalentes de la trilogie impériale au profit d'une écriture cinétique, éclatée, majoritairement atonale et d'essence rythmique, dominée par les juxtapositions hétérogènes et les contrastes prononcés. Ainsi dénué de thème mélodique important qui risquerait de toute façon d'être recouvert, l'accompagnement orchestral peut côtoyer beaucoup plus souplement et facilement les autres matériaux sonores.

Plus généralement, la démultiplication des fils narratifs, la diffraction et l'emboîtement des intrigues, la profusion des personnages, le rythme plus soutenu

2. Olivier Desbrosses, « La renaissance du symphonisme », dans Alexandre Tylski (dir.), *John Williams : un alchimiste musical à Hollywood*, Paris, L'Harmattan, 2011, p. 55.

de l'action et du montage, le renforcement de la densification et de l'abstraction dans la construction plastique de l'image, liés en partie aux bouleversements des techniques, suscitent une évolution notable dans l'écriture thématique et orchestrale du compositeur sur la trilogie républicaine. Peu conciliables avec cette manière de réaliser les films, les amples déploiements thématiques tels qu'on pouvait les trouver dans les épisodes impériaux se raréfient au profit de motifs brefs et ponctuels, moins délimités et référentiels, et démultipliés à l'échelle du film, tandis que le procédé du *leitmotiv* est presque totalement abandonné. Certains paramètres, comme l'écriture mélodique, se voient « minimisés » au profit de recherches sur le timbre, le registre et le rythme[3]. Williams s'empare aussi des possibilités offertes par les mutations technologiques sur le plan de l'enregistrement et du mixage. Conjointement aux choix effectués par le compositeur, celles-ci influent notamment sur la gestion du timbre instrumental (sonorité, registre, intensité, résonance, réverbération), des alliages instrumentaux (en particulier les timbres « transparents »), de l'ambitus (déploiement vers les extrêmes), sur la palette orchestrale mobilisée (synthétiseur, percussions, voix), la circulation orchestrale des motifs et la délimitation nette de plans sonores clairement différenciés. L'évolution de l'écriture du compositeur observée sur les épisodes républicains s'inscrit dans une dynamique globale de transformation de son style pour les *blockbusters* depuis les années 1990.

L'on retrouve dans *SW7* la plupart des procédés compositionnels mis en place par Williams sur les épisodes républicains notamment pour assurer l'intelligibilité de la musique et sa cohabitation harmonieuse avec les effets sonores, qu'il s'agisse des couleurs instrumentales et des doublures orchestrales, de l'inclusion de micro-interruptions dans l'accompagnement orchestral (comme lors de l'atterrissage catastrophe du Faucon Millénium sur la base Starkiller) ou du primat des trajectoires rythmiques dans plusieurs séquences d'action (à l'instar de la scène des Rathtars ou lorsque Rey et Finn tentent d'échapper aux *Stormtroopers* sur Jakku), pour n'en citer que quelques-uns. Par ailleurs, le réemploi du matériau thématique impérial intervient à plusieurs moments-clés, rehaussant l'image ou ajoutant souvent une dimension supplémentaire, comme lorsque la fanfare des rebelles retentit de manière éclatante sur le plan cadrant le Faucon Millenium pour la première fois. Au moment où Rey prend l'ascendant sur Kylo Ren dans leur duel final au sabre laser dans la forêt enneigée de Starkiller, le thème de la Force est d'abord joué délicatement aux bois sur des trémolos de cordes, soulignant la prise de conscience par la jeune femme de ses pouvoirs, avant d'être énoncé à pleine puissance de façon hiératique par les cuivres ponctués par les timbales quand Rey fait fondre l'épée de son adversaire dans la neige. Le thème atteint ici un climax dramatique comparable à sa présentation orchestrale à la fin de *SW6*, lorsque Dark Vador se retournait contre l'Empereur et sauvait la vie de Luke. La Marche impériale fait également une apparition notable dans l'extrême grave, confiée aux bassons et à la clarinette basse. Son caractère grinçant fait écho à la déformation sinistre du casque de Vador conservé comme un fétiche par Kylo Ren, implorant son grand-père

3. Nous remercions Nicole Biamonte d'avoir porté ce point à notre attention.

de lui montrer « la puissance des ténèbres »[4]. Williams façonne en outre dans cet épisode toute une palette thématique nouvelle, déclinant plusieurs motifs clairement délimités et facilement mémorisables associés à Rey, Kylo Ren, Finn, Poe Dameron, à la Résistance, à la carte menant à Luke ou au temple Jedi (exposé dans les derniers plans du film). Atteignant une ampleur et un souffle épique comparables à ceux de la double trilogie, sa musique puise une nouvelle fois son inspiration dans les mouvements visuels et la plastique de l'image[5].

Au-delà des conclusions propres à la double trilogie starwarsienne, la présente étude vise à dégager une forme d'approche et de méthodologie renouvelée pour aborder les rapports entre la musique, le complexe audio-visuel et la technique – qu'il s'agisse de notre emploi de logiciels de soutien à l'analyse sonore et musicale, de nos analyses empiriques du montage proposées en deuxième partie, ou de notre manière d'articuler musique, images et sons tout au long des première et troisième parties. Dans le sillon de chercheurs en études cinématographiques comme Alice Leroy ou Marta Boni[6], nous avons adossé nos analyses thématiques de l'hexalogie au logiciel « Lignes de temps » pour produire une représentation macro-structurelle du canevas thématique de chaque film. La cartographie visuelle ainsi générée nous a permis d'observer aisément et précisément, à l'aide de couleurs différentes, les récurrences thématiques et les singularités propres à la construction motivique de chaque épisode, faisant ainsi émerger de façon objective le changement d'approche effectué par Williams sur la trilogie républicaine. Les frises obtenues attestent de tout l'intérêt que peuvent trouver les musicologues à employer un tel outil pour étayer et complémenter leurs propres analyses, dont l'application thématique pour laquelle nous avons opté constitue un usage possible parmi les multiples fonctionnalités offertes.

La prise en considération du montage et des effets sonores, paramètres encore peu abordés dans la littérature cinémusicologique, et leur mise en regard avec l'évolution des technologies nous ont aussi amenée à repenser notre propre approche analytique du complexe audio-musico-visuel, à procéder à des investigations méthodologiques pour trouver une démarche adéquate. Nous avons donc élaboré pas à pas notre propre cadre d'analyse, en procédant de manière empirique à des études, d'une part, des procédés de montage musical et, d'autre part, des interactions entre musique, effets sonores et voix dans chaque épisode et dans chaque trilogie. Après avoir éprouvé différentes méthodes, nous avons finalement opté pour une analyse comparative systématique dans chacun

4. « *The power of the darkness* ».

5. Voir Chloé Huvet, « D'*Un nouvel espoir* au *Réveil de la Force*… John Williams, compositeur d'émotions », *Cahiers du cinéma*, n° 731, mars 2017, p. 32-34 ; Laurent Guido, « Entre opéra wagnérien et culture de masse : l'univers musical de *Star Wars* », *Décadrages*, n° 8-9, 2006, p. 52-75, plus spécifiquement p. 64-65.

6. Alice Leroy, « Spectres de l'histoire et lanternes magiques dans *Comrades* de Bill Douglas : une "hantologie" du corps au cinéma », Journée des doctorants en cinéma, École Normale Supérieure de Lyon, 12 décembre 2012 ; Marta Boni, « Proposition de navigation dans un film et dans une série. Annotation de Romanzo Criminale », *Institut de Recherche et d'Innovation du Centre Pompidou*, 2009-2010, http://www.iri.centrepompidou.fr/wp-content/uploads/2010/11/RomanzoCriminale_annotations.pdf, consulté le 5 mars 2013.

des épisodes dont nous avons pu consulter les manuscrits. Celle-ci s'est traduite, dans le cas du montage, par un long et méticuleux travail de confrontation entre la partition et l'accompagnement musical final, de comparaison faisant varier les échelles d'analyse, de reconstitutions et d'investigations visant à retracer parfois la provenance de segments de mesures. Notre démarche empirique et systématique a, grâce à une typologie détaillée, permis d'analyser de manière fine les mécanismes et procédés à l'œuvre, et de faire émerger un certain nombre de catégories distinctes de procédés de montage musical et d'articulations musiques / bruits employés à la fois avant et pendant l'ère numérique qui, bien au-delà de notre seul corpus, pourront être réexploitées, développées et étendues à l'étude d'autres films. Nos analyses ouvrent ainsi la voie à des prolongements qui proposeraient des typologies et des modes d'approche complémentaires à ceux que nous avons initiés et exposés dans la deuxième partie de cet ouvrage.

L'analyse de la musique de film dans son contexte visuel, sonore, historique et technique, selon les multiples implications qui en découlent, constitue l'une des visées les plus importantes du présent volume. Les différentes méthodes que nous avons mises en œuvre permettent d'envisager de façon concrète et précise les relations entre musique et cinéma, invitant à repenser également la notion de partition de cinéma et l'approche même de la musique de film, dans une prise en considération plus franche de sa nature proprement intermédiatique. La musique de film impose aux cinémusicologues, comme nous espérons l'avoir montré, d'adopter une forme de décentrement vis-à-vis du seul matériau musical et de développer des compétences doubles pour saisir avec acuité les rapports d'« entre-expression »[7] entre le visuel et le sonore, interpréter leur rencontre, leur influence et leur enrichissement mutuels.

Une interdisciplinarité affirmée paraît en effet non seulement pertinente, mais aussi essentielle pour appréhender un tel objet, qui nécessite de croiser (entre autres) analyses musicologiques, sonores et visuelles pour s'écarter résolument de « l'habituelle abstraction analytique consistant à dégager la logique de telle musique en se fermant les yeux, et celle de telle séquence d'images en se bouchant les oreilles »[8]. Dans la plupart des études existantes sur la saga, l'écriture de Williams est souvent envisagée en tant que telle, détachée de son contexte global de création. Or, on a vu tout au long de cet ouvrage que le type même d'instrumentation, de doublures orchestrales employées, la gestion des dynamiques, le placement des phrases musicales et des micro-silences, mais aussi l'approche thématique et narrative du compositeur sont véritablement pensés en fonction du mode de narration visuelle, du traitement du montage et de la construction plastique de l'image, ainsi que de la densité et de l'intensité de la bande sonore. Comme le soulignent justement Solenn Hellégouarch et Serge Cardinal,

> les rapports entre la musique et les images en mouvement composent [...] un processus d'investigation et de découverte mutuelles, comme si une prothèse auditive et une

7. Pierre-Henry Frangne, « Introduction : musique et image au cinéma », dans Marie-Noëlle Masson et Gilles Mouëllic (dir.), *Musiques et images au cinéma*, Rennes, Presses universitaires de Rennes, 2003, p. 18.

8. Solenn Hellégouarch et Serge Cardinal, « Introduction : Musiques aux limites de l'image / Images at the Limits of Music », *Circuit*, vol. 26, n° 3, 2016, p. 7-10, ici p. 9.

> machine optique se branchaient l'une sur l'autre pour prospecter, extraire et transformer les richesses du sonore et du visible[9].

Dans cette perspective, nous souhaiterions insister sur l'importance capitale de greffer à ces éléments l'histoire du cinéma et des techniques pour analyser les partitions filmiques. Les perfectionnements techniques constituent des outils permettant à la créativité des artistes de s'exprimer avec davantage de facilité, de liberté et de flexibilité, même s'il convient de rappeler ici qu'ils demeurent un *support* et ne *déterminent* pas les réalisations faites. Cette manière de concevoir l'étude de la musique au cinéma laisse augurer des perspectives fécondes (1) pour appréhender la manière dont l'accompagnement musical est pensé par rapport au complexe sonore et visuel, et utilisé au montage ainsi qu'au mixage, (2) mieux comprendre les processus de création du compositeur ainsi que de l'équipe son autour du *sound designer* et leur(s) évolution(s), et (3) plus généralement, saisir avec davantage d'acuité la transformation des pratiques audio-musico-visuelles sur un corpus donné.

La prise en compte du contexte propre à chaque film et de l'histoire des techniques nous a ainsi amenée à faire émerger la complexité des pratiques musicales actuellement en vigueur dans l'industrie culturelle. Elle a permis de réévaluer et de reconsidérer un certain nombre d'idées répandues dans la littérature dominante au sujet de la musique des épisodes républicains et, plus globalement du son numérique dans le cinéma industrialisé à grand spectacle, qu'une analyse « musico-centrée » n'aurait pas permis de mettre au jour. Citons en particulier :

– L'absence présumée de thème marquant et la dilution du matériau musical. La diffraction des motifs que l'on peut observer sur les épisodes républicains résulte en fait de deux dimensions concomitantes et indissociables : l'éclatement motivique, l'abstraction accrue et le « cryptage » des relations thème / référent sont bel et bien présents dans l'écriture même du compositeur, mais, d'une part, ils ne signifient pas pour autant que les thèmes soient inexistants et, d'autre part, ils ne sont pas le fait du seul compositeur. On l'a vu, l'éparpillement du matériau au sein du film et l'abandon d'une narrativité musicale dans la majorité des scènes d'action au profit d'un flux / reflux cinétique aux contours perpétuellement mouvants résultent aussi d'un autre mode de narration mis en œuvre par Lucas, d'une prolifération des personnages et des sous-intrigues, d'un traitement visuel et plastique différent, d'un éclatement de la partition au montage final à l'échelle des plans, des séquences et du film entier, et de la densification généralisée de la bande sonore.

– L'utilisation jugée problématique de la musique au montage. Si nous avons pointé les perturbations localisées que les remaniements intensifs des partitions peuvent générer quant à la logique du discours musical, celles-ci demeurent toutefois limitées à quelques moments brefs et sont, pour la plupart, trop peu perceptibles dans leur contexte audio-visuel pour avoir un impact véritablement néfaste. Notre approche interdisciplinaire a également mis en valeur les transformations dans la manière même d'envisager l'accompagnement musical à l'ère numérique : la partition est

9. *Ibid.*

conçue comme un objet malléable à l'infini, un « *work in progress* » adaptable aux transformations continues de l'image, et non comme une œuvre indépendante, fixée par la plume du compositeur et ayant une valeur artistique autonome. En filigrane, notre plongée dans l'atelier de création collective que constitue la réalisation de la bande-son d'un film invite aussi à sortir de l'auctorialité souvent attachée à la figure du compositeur, en intégrant pleinement à l'analyse la dimension plurielle de la création filmique, surtout dans le cadre des *blockbusters*.

– La rivalité alléguée entre musique et bruits. Loin de consacrer une « guerre des sons », les choix compositionnels de Williams et les stratégies mises en place par Burtt et son équipe dans les deux trilogies attestent une forme singulière et inventive de collaboration entre compositeur et *sound designer*, par le biais d'un enrichissement sonore mutuel et d'un maillage étroit entre musique, effets sonores et voix. Par la création d'un monde sonore très affiné et minutieusement organisé, Williams et Burtt ont clairement apposé un sceau indélébile sur la saga qui fait partie intégrante de la réussite de *Star Wars* et dont ils ont forgé, défini et sans cesse réévalué les contours sur le plan musico-sonore. Cette réussite découle sans doute en grande partie de la quête constante de créativité et de renouvellement des deux artistes, et de leur acuité dans la manière de saisir les articulations possibles entre la partition, l'image, la voix et les effets sonores, souvent hors des pratiques les plus courantes, les plus évidentes ou les plus attendues. La mise en évidence par nos analyses de l'ensemble de procédés employés aussi bien par le compositeur que par l'équipe son conduit à nuancer tout jugement hâtif. Elle permet d'éviter l'écueil des condamnations de principe souvent dirigées à l'encontre des épisodes républicains, et plus généralement, des *blockbusters* contemporains, apportant ainsi un contrepoids au discours dominant.

Les frontières entre les catégories de sons appellent à être interrogées, y compris dans le cas de films à grand spectacle faisant principalement appel au paradigme d'écriture pour orchestre symphonique – omniprésent dans la trilogie républicaine, le synthétiseur est rarement mis en avant en tant que tel – et qui semblent, à première vue, loin des préoccupations esthétiques du cinéma d'auteur ou expérimental. Pourtant, on observe dans la trilogie républicaine une réarticulation de la grammaire audio-musico-visuelle, rendue incontournable par l'adoption des technologies numériques. Elle s'exprime dans la présence d'effets de continuité, d'échos, de passerelles entre musique et bruits qui, même de manière fugace, brouillent, voire défont les séparations étanches habituellement établies entre les catégories de sons. Au terme de ce raisonnement, nos analyses invitent à approfondir l'approche de chercheurs tels Philippe Cathé ou Stephen Keane [10], qui envisagent les bruits eux-mêmes sous un prisme musical par le facettage de leurs différents attributs (timbre, fréquences, stratification interne, intensité, spatialisation) et un travail minutieux sur le silence, suscitant une « écoute musicienne » des effets sonores. Autour de Burtt et de ses épigones spécialisés dans les *blockbusters*

10. Philippe Cathé, « Bruit et musique dans la course des *Podracers* de *Star Wars, Episode I, The Fantom Menace* (*La Menace fantôme*), 1999 », *Musurgia*, vol. XIV, n° 2, 2007, p. 53-69 ; Stephen Keane, « Walter Murch and Ben Burtt : The Sound Designer as Composer », dans Graeme Harper, Ruth Doughty et Jochen Eisentraut (dir.), *Sound and Music in Film and Visual Media : An Overview*, New York, Continuum, 2009, p. 452-462.

– en particulier Gary Rydstrom et Randy Thom – semble ainsi s'être dessinée une forme d'« école » du son dans le cinéma-spectacle, caractérisée notamment par la création inventive de sons inouïs, l'individualisation sonore et la minutie du tressage audio-musico-visuel, dans une optique d'« immersion-sidération sonore » [11]. Il ne reste plus qu'à tendre l'oreille aux horizons musico-sonores découverts par ces orfèvres du son dans leurs dernières réalisations cinématographiques.

11. Pierre Berthomieu, *Hollywood : le temps des mutants*, Pertuis, Rouge Profond, 2013, p. 366.

# BIBLIOGRAPHIE

## SOURCES PRIMAIRES

### *Sources non publiées*

HUVET, Chloé, entretien avec Conrad Pope, 13 février 2013, entretien avec l'« orchestrateur 2 », 18 février 2013 et entretien avec Kenneth Wannberg, 24 février 2013.

WILLIAMS, John, *Star Wars – Episode V : The Empire Strikes Back*, 1980 (manuscrit intégral à l'exception des *cues* « R4P2 The Rebels Escape Again » et « R5P1 Crash Landing »), *Episode I : The Phantom Menace*, 1999 (*cues* « 6M4 The Big Army » et « 6M5 Droid Battle »), *Episode II : Attack of the Clones*, 2002 (manuscrit intégral à l'exception du *cue* « 6M2 Sweetener ») et *Episode III : Revenge of the Sith*, 2005 (manuscrit intégral à l'exception du *cue* « 6M3 Padme's Visit »).

### *Partitions publiées*

WILLIAMS, John, *Star Wars : Deluxe Souvenir Folio of Music Selections, Photos and Stories from the Twentieth Century-Fox Motion Picture*, éd. Steve Francis et Jim Pierce, Los Angeles, Twentieth Century-Fox / Hialeah, Columbia Pictures, 1977.

— *Star Wars Suite for Orchestra*, Milwaukee, Hal Leonard Corporation, 1977.

— *Souvenier [sic] Folio of Music Selections and Photos from the Star Wars Saga : Star Wars, The Empire Strikes Back*, Hialeah, Columbia Pictures Publications, 1980.

— *Star Wars : Return of the Jedi. Music from the Original Motion Picture*, New York, Warner-Tamerlane / Bantha Music, 1983.

— *Music from the Star Wars Trilogy : Special Edition*, Miami, Warner Bros. Publications, 1997.

— *Music from Star Wars – Episode I : The Phantom Menace*, Miami, Warner Bros. / Londres, IMP, 1999.

— *Star Wars : The Phantom Menace Suite for Orchestra*, Milwaukee, Hal Leonard Corporation, 1999.

— *« Across the Stars » (Love Theme from Star Wars : Episode II)*, Milwaukee, Hal Leonard Corporation, 2002.

— *Selections from the Original Motion Picture Soundtrack Star Wars – Episode II : Attack of the Clones*, Miami, Warner Bros. / Londres, IMP, 2002.

— *« Battle of the Heroes » (from Star Wars Episode III : Revenge of the Sith)*, Milwaukee, Hal Leonard, 2005.

— *Star Wars – Episode III : Revenge of the Sith. Music by John Williams*, Miami, Warner Bros., 2005.

### *Sources multimédia*

*A Conversation with the Masters : The Empire Strikes Back – 30 years later*, 20th Century Fox Home Entertainment, 2010.

« Endlessly Compelling. The Music of *Episode III* », 20th Century Fox Home Entertainment, 2005.

« *Star Wars* – Music by John Williams », documentaire de la BBC, 1980, https://archive.org/details/StarWars-Music.by.John.Williams.BBC, consulté le 12 avril 2015.

BAY, Michael, *Transformers* [2007], 2 Blu-ray, Paramount Home Entertainment, 315931, 2008.

BECKER, Edith et BURNS, Kevin, *Empire of Dreams : The Story of the Star Wars Trilogy*, 20th Century Fox Home Entertainment, 2004.

BOUZEREAU, Laurent, *Scoring* War of the Worlds, Dreamworks Home Entertainment, 2005.

BRESOLIN, Mary B., *Films Are Not Released. They Escape*, 20th Century Fox Home Entertainment, 2002.

BUSHKIN, Tippy, *Star Wars : A Musical Journey* et *Within a Minute: The Making of Episode III*, 20th Century Fox Home Entertainment, 2005.

JACKSON, Peter, *Le Seigneur des Anneaux : La Communauté de l'Anneau* [2001], 2 DVD, Metropolitan Filmexport, 202463, 2002.

— *Le Hobbit : La Bataille des cinq armées* [2014], 2 Blu-ray, Warner Bros. Entertainment, 1000542640, 2015.

KERSHNER, Irvin, *Star Wars – Episode V : The Empire Strikes Back* [1980], 1 DVD, Twentieth Century Fox Home Entertainment, 3344428023348, 2008.

LEE, Ang, *Tigre et dragon* [2000], 1 DVD, Warner Home Video, 1053200, 2001.

LUCAS, George, *Star Wars – Episode IV : A New Hope* [1977], 1 DVD, Twentieth Century Fox Home Entertainment, 3344428023348, 2008.

— *Star Wars – Episode I : The Phantom Menace* [1999], *Episode II : Attack of the Clones* [2002] et *Episode III : Revenge of the Sith* [2005], 3 Blu-rays, Twentieth Century Fox Home Entertainment, 3344428045142, 3344428045142 et 3344428045142, 2011.

MARQUAND, Richard, *Star Wars – Episode VI : Return of the Jedi* [1983], 1 DVD, Twentieth Century Fox Home Entertainment, 3344428023348, 2008.

NEWELL, Mike, *Harry Potter and the Goblet of Fire* [2005], 1 DVD, Warner Bros. Entertainement, 5860900, 2006.

SHENK, Jon, *The Beginning – Making Episode I*, 20th Century Fox Home Entertainment, 2001.

SINGER, Bryan, *X-Men 2* [2003], 1 Blu-ray, Twentieth Century Fox Home Entertainment, 3344428035051, 2009.

SPIELBERG, Steven, *Hook ou la revanche du capitaine Crochet* [1991], 1 DVD, Gaumont Columbia Tristar Home Video, 753187, 2000.

— *Minority Report*, 1 DVD, 20th Century Fox Home Entertainment, 2091845, 2002.

— *La Guerre des mondes* [2005], 1 DVD, Paramount Home Entertainment, 313856, 2006.

— *Munich* [2005], 1 DVD, Universal Pictures Video, 830287-1, 2006.

STANTON, Andrew, *Wall-E*, 1 Blu-ray, Walt Disney Studios Home Entertainment, BF0007322Z2B, 2009.

STORY, Tim, *Les Quatre Fantastiques* [2005], 1 Blu-ray, Twentieth Century Fox, 2866795, 2006.

WILLIAMS, John, *Star Wars Original Soundtrack*, 2 disques 33 tours, 20th Century Records, 2T-541, 1977.

— *The Original Soundtrack for the Motion Picture Star Wars : The Empire Strikes Back*, 2 disques 33 tours, RSO Records, RS-2-4201, 1980.

— *Star Wars : Return of the Jedi. The Original Motion Picture Soundtrack*, 1 disque 33 tours, RSO Records, 422-811 767-1 Y-1, 1983.

— *Nixon Original Motion Picture Soundtrack*, 1 disque compact, Hollywood Records, 1620432, 1996.
— *Sleepers : Original Motion Picture Soundtrack*, 1 disque compact, Philips, 4549882, 1996.
— *The Lost World : Jurassic Park. Music from the Motion Picture*, 1 disque compact, MCA Records, MCD11628, 1997.
— *Star Wars – Episode I : The Phantom Menace. Original Motion Picture Soundtrack*, 1 disque compact, Sony Classical, S261812, 1999.
— *The Ultimate Edition. Star Wars – Episode I : The Phantom Menace*, 2 disques compacts, Sony Classical, S2K 89460, 2000.
— *Catch Me if You Can : Music from the Motion Picture*, 1 disque compact, Dreamworks Records, 4504102, 2002.
— *Harry Potter and the Philosopher's Stone : Music from and inspired by the Motion Picture*, 1 disque compact, Atlantic, 7567834914, 2002.
— *Minority Report : Original Motion Picture Score*, 1 disque compact, Dreamworks Records, 4503852, 2002.
— *Star Wars – Episode II : Attack of the Clones. Original Motion Picture Soundtrack*, 1 disque compact, Sony Classical, SK89968, 2002.
— *Harry Potter and the Prisoner of Azkaban : Original Motion Picture Soundtrack*, 1 disque compact, Atlantic, 83711-2, 2004.
— *Star Wars – Episode IV : A New Hope. Original Motion Picture Soundtrack, Episode V : The Empire Strikes Back. Original Motion Picture Soundtrack* et *Episode VI : Return of the Jedi. Original Motion Picture Soundtrack*, 6 disques compacts, Sony Classical, SK92950, S2K92951 et S261812, 2004.
— *Star Wars – Episode III : Revenge of the Sith. Original Motion Picture Soundtrack*, 1 disque compact, Sony Classical, SK94220, 2005.
— *War of the Worlds : Music from the Motion Picture*, 1 disque compact, Decca Records, 9881413, 2005.
— *A.I. Artificial Intelligence. Music from the Motion Picture Limited Edition : Expanded Archival Collection*, 3 disques compacts, La-La Land Records, LLCD 1353, 2015.

## Sources secondaires

« Ben Burtt Answers Questions about Sound Design of *Star Wars* », *FilmSound*, s. d., http://filmsound.org/starwars/starwars-AQ.htm, consulté le 20 mai 2015.
« Ben Burtt – Sound Designer of *Star Wars* », *FilmSound*, 1993, http://www.filmsound.org/starwars/burtt-interview.htm, consulté le 20 avril 2015.
« Dave Prowse & James Earl Jones : Dark Vador », *Lucasfilm Magazine. Star Wars : 30e anniversaire*, hors-série n° 5, octobre 2007, p. 41-43.
« John Williams : Back Again to a Galaxy… », *International Musician*, juin 2015, http://internationalmusician.org/john-williams/, consulté le 12 juillet 2015.
Abbott, Denise, « George Lucas : His First Love is Editing » [1991], dans Sally Kline (dir.), *George Lucas Interviews*, Jackson, University Press of Mississipi, 1999, p. 165-169.
Adams, Doug, « Sounds of the Empire », *Film Score Monthly*, vol. 4, n° 5, juin 1999, p. 22-25 et 47.
— « A Return, or a New Hope ? », *Film Score Monthly*, vol. 4, n° 7, août 1999, p. 32-34.
— « Revenge of the Sixth », *Film Score Monthly*, vol. 10, n° 3, mai-juin 2005, p. 33-35.
Adams, Doug, Kaplan, Jon et Kaplan, Al, « Dumped ! », *Film Score Monthly*, vol. 8, n° 9, octobre-novembre 2003, p. 24-31.

ADORNO, Theodor W. et EISLER, Hanns, *Musique de cinéma* [1944], Paris, L'Arche, 1972.

ALIBERT, Jean-Louis, *Le son de l'image*, Grenoble, Presses universitaires de Grenoble, 2008.

ALLEN, Ioan, « The Dolby Sound System for Recording *Star Wars* », *American Cinematographer*, vol. 58, n° 6, juillet 1977, p. 709, 748 et 761.

ALLEN, Michael, « From *Bwana Devil* to *Batman Forever* : Technology in Contemporary Hollywood Cinema », dans Steve Neale et Murray Smith (dir.), *Contemporary Hollywood Cinema*, New York, Routledge, 1998, p. 109-129.

ALTMAN, Mark A., « A Critical Look at the *Star Wars* Trilogy Special Editions », dans Ted Edwards (dir.), *The Unauthorized Star Wars Compendium : The Complete Guide to the Movies, Comic Books, Novels, and More*, Boston, Little, Brown, 1999, p. 158-167.

ALTMAN, Rick (dir.), *Sound Theory, Sound Practice*, New York / Londres, Routledge, 1992.

AMIEL, Vincent, *Esthétique du montage* [2005], Paris, Armand Colin, 2010.

ARLON, Jean-Christophe, « L'Empire contre-attaquera », *Dreams Magazine*, n° 27, avril-mai 2002, p. 31-32.

ARLON, Jean-Christophe et LEJEUNE, Vivien, « *Star Wars, Episode III*. Avec des Sith, on refait le monde », *Cinefonia*, n° 12, juin 2005, p. 62-65.

ARNOLD, Alan, livret de *The Original Soundtrack for the Motion Picture Star Wars : The Empire Strikes Back*, 2 disques 33 tours, RSO Records, RS-2-4201, 1980.

ASSAYAS, Olivier, « *L'Empire contre-attaque* (Irvin Kershner) », *Cahiers du cinéma*, n° 316, octobre 1980, p. 51-52.

AUDISSINO, Emilio, *John Williams's Film Music : Jaws, Star Wars, Raiders of the Lost Ark, and the Return of the Classical Hollywood Music Style*, Madison, The University of Wisconsin Press, 2014.

AUMONT, Jacques, BERGALA, Alain, MARIE, Michel et VERNET, Marc, *Esthétique du film* [1983], Paris, Armand Colin, 2008.

AUSTIN, Bruce A., *Immediate Seatings : A Look at Movie Audiences*, Belmont, Wadsworth Publishing, 1988.

BAILBLÉ, Claude, « L'image frontale, le son spatial », dans Franck Beau, Philippe Dubois et Gérard Leblanc (dir.), *Cinéma et dernières technologies*, Paris, INA / Bruxelles, De Boeck & Larcier, 1998, p. 225-249.

BARNIER, Martin, « Réception critique et historique des technologies du son au cinéma », *Cinémas : revue d'études cinématographiques*, vol. 4, n° 1, automne 2013, p. 35-57.

BARTHES, Roland, « L'effet de réel », *Communications*, n° 11, 1968, p. 84-89.

BAXTER, John, *George Lucas : A Biography*, Londres, HarperCollins, 1999.

BAZELON, Irwin, *Knowing the score*, New York, Van Nostrand Reinhold Company, 1975.

BEAU, Franck, DUBOIS, Philippe et LEBLANC, Gérard (dir.), *Cinéma et dernières technologies*, Paris, INA / Bruxelles, De Boeck & Larcier, 1998.

BECK, Jay, *A Quiet Revolution : Changes in American Film Sound Practices, 1967-1979*, thèse de doctorat, Iowa City, University of Iowa, 2003.

— « The Sounds of "Silence" : Dolby Stereo, Sound Design and *The Silence of the Lambs* », dans Jay Beck et Tony Grajeda (dir.), *Lowering the Boom : Critical Studies in Film Sound*, Urbana, University of Illinois Press, 2008, p. 68-83.

— *Designing Sound : Audiovisual Aesthetics in 1970s American Cinema*, New Brunswick / Londres, Rutdgers University Press, 2016.

BECK, Jay et GRAJEDA, Tony (dir.), *Lowering the Boom : Critical Studies in Film Sound*, Urbana, University of Illinois Press, 2008.

BECK, Jay et THEME AMENT, Vanessa, « The New Hollywood, 1981-1999 », dans Kathryn Kalinak (dir.), *Sound : Dialogue, Music, and Effects*, Londres / New York, I.B. Tauris, 2015, p. 107-132.

BENASSI, Stéphane et CUGIER, Alphonse (dir.), *Le montage : état des lieux réel(s) et virtuel(s)*, Paris, L'Harmattan, 2003.

BENAYOUN Robert et CIMENT, Michel, « Entretien avec George Lucas », *Positif*, n° 197, septembre 1977, p. 51-60.

BERGREN, Peter, « Blurring the Lines Between the Edit and the Mix : New Trends in Audio Post-Production », *Mix Magazine*, mars 1997, p. 84-90.

BERTHOMIEU, Pierre, « Le retour de *Star Wars* : héritage hollywoodien et guerre des sons », *Positif*, n° 435, mai 1997, p. 96-97.

— « *Star Wars - Episode I : La Menace fantôme*. Les paradoxes de George Lucas », *Positif*, n° 465, novembre 1999, p. 64-65.

— *Le cinéma hollywoodien : le temps du renouveau*, Paris, Armand Colin, 2003.

— *La musique de film*, Paris, Klincksieck, 2004.

— « *Star Wars - Episode III : La Revanche des Sith*. Les deux soleils de Tatooine », *Positif*, n° 533-534, juillet-août 2005, p. 126-127.

— *Hollywood classique : le temps des géants*, *Hollywood moderne : le temps des voyants* et *Hollywood : le temps des mutants*, Pertuis, Rouge Profond, 2009, 2011 et 2013.

BESSON, Anne, *D'Asimov à Tolkien : cycles et séries dans la littérature de genre*, Paris, Éditions du CNRS, 2004.

BILLEAUD, Richard, « Du bon usage et des limites des techniques numériques pour la restauration des bandes sonores de films », dans Didier Huvelle et Dominique Nasta (dir.), *Le son en perspective : nouvelles recherches/New Perspectives in Sound Studies, Bruxelles*, PIE/New York, Peter Lang, 2004, p. 235-242.

BISKIND, Peter, *Le Nouvel Hollywood : Coppola, Lucas, Scorsese, Spielberg… La révolution d'une génération*, Paris, Le Cherche Midi, 2002.

BLAKE, Larry, *Film Sound Today : An Anthology of Articles from Recording Engineer/Producer*, Hollywood, Reveille Press, 1984.

— « Go Back and Listen : Classic Film Soundtracks », *Mix*, vol. 19, n° 8, août 1995, p. 110 et 113-120.

— « *Star Wars Episode II : Attack of the Clones* », *Mix Magazine*, juin 2002, http://www.mixonline.com/mag/audio_star_wars_episode_2/, consulté le 6 septembre 2017.

BOND, Jeff, « The Second Coming », *Film Score Monthly*, vol. 4, n° 5, juin 1999, p. 2.

— « *Star Wars : The Phantom Menace : The Ultimate Edition*. Score Review », *Film Score Monthly*, vol. 5, n° 9, novembre-décembre 2000, p. 49-50.

— « A Score for All Fans », *Film Score Magazine*, vol. 10, n° 3, mai-juin 2005, p. 32-33.

— « God Almighty ! », *Film Score Monthly*, vol. 8, n° 1, janvier 2003, p. 10-13.

— « Dialogue : John Williams », *The Hollywood Reporter*, janvier 2006, http://www.hollywoodreporter.com/hr/search/article_display.jsp?vnu_content_id=1001808239, consulté le 20 avril 2011.

BORDWELL, David, *On the History of Film Style*, Cambridge, Harvard University Press, 1997.

— « Intensified Continuity Visual Style in Contemporary American Film », *Film Quarterly*, vol. 55, n° 3, printemps 2002, p. 16-28.

— *The Way Hollywood Tells It : Story and Style in Modern Movies*, Berkeley, University of California Press, 2006.

BORDWELL, David et THOMPSON, Kristin, *L'art du film : une introduction* [2000], Bruxelles, De Boeck, 2009.

BORGHI, Michèle, « L'évolution du montage dans les nouveaux types de post-production », dans Stéphane Benassi et Alphonse Cugier (dir.), *Le montage : état des lieux réel(s) et virtuel(s)*, Paris, L'Harmattan, 2003, p. 231-240.

BRIBITZER-STULL, Matthew, *Understanding the Leitmotif : from Wagner to Hollywood Film Music*, Cambridge, Cambridge University Press, 2015.

BROOKER, Will, *Using the Force : Creativity, Community and Star Wars Fans*, New York, Continuum, 2002.

BROWN, Royal S., *Overtones and Undertones : Reading Film Music*, Berkeley, University of California Press, 1994.

— « Music and/as Cine-Narrative or : *Ceci n'est pas un leitmotif* », dans James Phelan et Peter J. Rabinowitz (dir.), *A Companion to Narrative Theory*, Malden, Blackwell, 2005, p. 451-465.

BUCHSBAUM, Tony, « *Star Wars – Episode I : The Phantom Menace*. Music by John Williams », *Soundtrack*, vol. 18, n° 70, été 1999, p. 7.

BUCKLAND, Warren, *Directed by Steven Spielberg : Poetics of the Contemporary Hollywood Blockbuster*, New York, Continuum, 2006.

BUHLER, James, « *Star Wars*, Music, and Myth », dans James Buhler, Caryl Flinn, et David Neumeyer (dir.), *Music and Cinema*, Hanover, Wesleyan University Press, 2000, p. 33-57.

— « Analytical and Interpretative Approaches to Film Music (II) : Analysing Interactions of Music and Film », dans Kevin J. Donnelly (dir.), *Film Music : Critical Approaches*, Edinburgh, Edinburgh University Press, 2001, p. 39-61.

BUHLER, James, FLINN, Caryl et NEUMEYER, David (dir.), *Music and Cinema*, Hanover, Wesleyan University Press, 2000.

BUHLER, James, NEUMEYER, David et DEEMER, Rob, *Hearing the Movies : Music and Sound in Film History*, New York, Oxford University Press, 2010.

BURLINGAME, Jon, *Sound and Vision : 60 Years of Motion Picture Soundtracks*, New York, Billboards Books, 2000.

BURTT, Ben, *Star Wars Galactic Phrase Book & Travel Guide*, New York, Lucas Books/Del Rey, 2001.

BYRD, Craig L., « The *Star Wars* Interview : A New Talk », *Film Score Monthly*, vol. 2, n° 1, janvier-février 1997, p. 18-21.

— « John Williams and *Star Wars* (1997) », dans Mervyn Cooke (dir.), *The Hollywood Film Music Reader*, Oxford/New York, Oxford University Press, 2010, p. 233-244.

CANO, Cristina, *La musique de film au cinéma : musique, image, récit*, Rome, Gremese, 2010.

CARAYOL, Cécile, *Une musique pour l'image : vers un symphonisme intimiste dans le cinéma français*, Rennes, Presses universitaires de Rennes, 2012.

CATHÉ, Philippe, « Bruit et musique dans la course des *Podracers* de *Star Wars, Episode I, The Fantom Menace* (*La Menace fantôme*), 1999 », *Musurgia*, vol. XIV, n° 2, 2007, p. 53-69.

CHATAURET, Jean, « La perspective sonore », *Communications*, vol. 2, n° 85, 2009, p. 139-154.

CHATEAU, Dominique, *Le cinéma comme langage*, Paris, AISS-AIASPA, 1986.

CHION, Michel, « La question du bruit rapportée aux genres cinématographiques », s. l .n. d., http://michelchion.com/texts, consulté le 2 mars 2015.

— « 100 concepts pour penser et décrire le cinéma sonore », s. l .n. d., http://michelchion.com/texts, consulté le 2 mars 2015.

— « Cinéma de rêve », *Cahiers du cinéma*, n° 352, octobre 1983, p. 44-48.

— *La musique au cinéma*, Paris, Fayard, 1995.

— *Un art sonore, le cinéma : histoire, esthétique, poétique*, Paris, Cahiers du cinéma, 2003.

— *L'audio-vision : son et image au cinéma*, Paris, Armand Colin, 2013.

CLEWS, Richard, « Sound for *Star Wars Episode II* », *AudioTechnology*, novembre 2002, http://www.audiotechnology.com.au/pdf/5/at5_star_wars_episode_2.pdf, consulté le 9 février 2018.

COOK, Nicholas, *Analysing Musical Multimedia*, Oxford, Clarendon Press, 1998.

COOK-WILSON, Winston, « Why You Can't Hum Any of the Tunes from John Williams' *Star Wars* Soundtrack for *The Force Awakens* », *Inverse*, décembre 2015, https://www.inverse.com/article/9553-why-you-can-t-hum-any-of-the-tunes-from-john-williams-star-wars-soundtrack-for-the-force-awakens, consulté le 11 novembre 2016.

COOKE, Mervyn, *A History of Film Music*, Cambridge, Cambridge University Press, 2008.

COOKE, Mervyn (dir.), *The Hollywood Film Music Reader*, Oxford/New York, Oxford University Press, 2010.

COSTANTINI, Gustavo, « Leitmotif Revisited », *FilmSound*, s. d., http://www.filmsound.org/gustavo/leitmotif-revisted.htm, consulté le 12 février 2018.

COYLE, Rebecca, « Spooked by Sound : *The Blair Witch Project* », dans Philip Hayward (dir.), *Terror Tracks : Music, Sound and Horror Cinema*, Oakville, Equinox Publishing, 2009, p. 213-228.

DAHLHAUS, Carl, *Les drames musicaux de Richard Wagner* [1971], traduit de l'allemand par Madeleine Renier, Liège, Mardaga, 1994.

DALLAIRE, Frédéric, « Son organisé, partition sonore, ordre musical : la pensée et la pratique cinématographiques d'Edgard Varèse et de Michel Fano », *Intersections : Canadian Journal of Music/Intersections : revue canadienne de musique*, vol. 33, n° 1, automne 2012, p. 65-81.

DARBY, Williams et DU BOIS, Jack, *American Film Music : Major Composers, Techniques, Trends, 1915-1990*, Jefferson/Londres, McFarland Classics, 1990.

DASTUGUE, Gérard, *Le corps du cinéma : musique de film et réception spectatorielle dans le cinéma hollywoodien classique*, Lille, ANRT, 2006.

DAUBNEY, Kate, *Max Steiner's Now, Voyager : A Film Score Guide*, Westport, Greenwood Press, 2000.

DESBROSSES, Olivier, « La renaissance du symphonisme », dans Alexandre Tylski (dir.), *John Williams : un alchimiste musical à Hollywood*, Paris, L'Harmattan, 2011, p. 43-56.

DEAVILLE, James, « The Beauty of Horror : Kilar, Coppola and Dracula », dans Neil Lerner (dir.), *Music in the Horror Film : Listening to Fear*, Londres, Routledge, 2010, p. 187-205.

DESHAYS, Daniel, « Entendre le cinéma (1) », *Cinéma documentaire*, mars 2011, https://cinemadocumentaire.wordpress.com/2011/03/29/entendre-le-cinema-par-daniel-deshays/, consulté le 17 février 2017.

DIXON, Wheeler W. et FOSTER, Gwendolyn A., *21st-Century Hollywood : Movies in the Era of Transformation*, New Brunswick : Rutgers University Press, 2011.

DOANE, Mary A., « Ideology and the Practice of Sound Editing and Mixing », dans Teresa de Lauretis et Stephen Heath (dir.), *The Cinematic Apparatus*, New York, St Martin's Press, 1980, p. 47-56.

DOBROSKI, Bernie et GREENE, Claire, « Pass the Popcorn : An Interview with John Williams », *The Instrumentalist*, vol. 38, n° 12, juillet 1984, p. 6-9.

DONNELLY, Kevin J., « Extending Film Aesthetics : Audio Beyond Visuals », dans John Richardson, Claudia Gorbman et Carol Vernallis (dir.), *The Oxford Handbook of New Audiovisual Aesthetics*, New York : Oxford University Press, 2013, p. 357-371.

DONNELLY, Kevin J. (dir.), *Film Music : Critical Approaches*, Edinburgh, Edinburgh University Press, 2001.

DYER, Richard, « Making *Star Wars* Sing Again », *Film Score Monthly*, vol. 4, n° 5, juin 1999, p. 18-21.

— « John Williams. Scoring *Star Wars – Episode 1* » et « John Williams. Scoring *The Phantom Menace* », *Soundtrack*, vol. 18, n° 70, été 1999, p. 6 et 10-13.

EATON, Rebecca, *Unheard Minimalisms : The Functions of the Minimalist Technique in Film Scores*, thèse de doctorat, Austin, The University of Texas at Austin, 2008.

EDWARDS, Ted (dir.), *The Unauthorized Star Wars Compendium : The Complete Guide to the Movies, Comic Books, Novels, and More*, Boston, Little, Brown, 1999.

ELLEY, Derek, « The Film Composer : John Williams », *Films and Filming*, vol. 24, n° 10 et 11, juillet et août 1978, p. 20-24 et p. 30-33.

ELLIS, John, *Visible Fictions*, New York, Routledge, 1992.

FAUCON, Térésa, *Penser et expérimenter le montage*, Paris, Presses Sorbonne nouvelle, 2009.

FLINN, Caryl, *Strains of Utopia : Gender, Nostalgia and Hollywood Film Music*, Princeton, Princeton University Press, 1992.

FRANGNE, Pierre-Henry, « Introduction : musique et image au cinéma », dans Marie-Noëlle Masson et Gilles Mouëllic (dir.), *Musiques et images au cinéma*, Rennes, Presses universitaires de Rennes, 2003, p. 17-25.

GAFFEZ, Fabien, « La peau dure : quelques hypothèses relatives au "système d'incorporation spectaculaire" menant du burlesque au *blockbuster* », dans Claude Forest (dir.), *Du héros aux super héros : mutations cinématographiques*, Paris, Presses Sorbonne nouvelle, 2009, p. 87-98.

GARDIES, René (dir.), *Comprendre le cinéma et les images*, Paris, Armand Colin, 2007.

GENETTE, Gérard, « Vraisemblance et motivation », *Communications*, n° 11, 1968, p. 5-21.

GIMELLO-MESPLOMB, Frédéric (dir.), *Analyser la musique de film : méthodes, pratiques, pédagogie*, Norderstedt, Books on Demand, 2010.

GONIN, Philippe, « L'héritage wagnérien dans la musique de John Williams : réflexion sur l'usage du leitmotiv dans la première trilogie de *Star Wars* », dans Alexandre Tylski (dir.), *John Williams : un alchimiste musical à Hollywood*, Paris, L'Harmattan, 2011, p. 95-112.

GORBMAN, Claudia, *Unheard Melodies : Narrative Film Music*, Londres, BFI/Bloomington, Indiana University Press, 1987.

GREIVING, Tim, « John Williams On *The Force Awakens* and the Legacy of *Star Wars* », *Projector & Orchestra*, 5 janvier 2016, http://projectorandorchestra.com/john-williams-on-the-force-awakens-and-the-legacy-of-star-wars/, consulté le 2 mai 2016.

GREY, Thomas S., « ...*wie ein rother Faden* : On the Origins of "Leitmotif" as Critical Construct and Musical Practice », dans Ian Bent (dir.), *Music Theory in the Age of Romanticism*, 1996, Cambridge, Cambridge University Press, p. 187-210.

GROULT, Florent, « Musica Dentata », *Colonne Sonore*, n° 3, printemps-été 2001, p. 158-170.

GUEZ, Bertrand, « Art du bruitage : l'abstraction sonore dans *Star Wars* », dans Pierre Berthomieu (dir.), *Le Rebelle et l'Empereur : étude sur Star Wars*, Paris, Ellipses, 2006, p. 115-124.

GUIDO, Laurent, « Entre opéra wagnérien et culture de masse : l'univers musical de *Star Wars* », *Décadrages*, n° 8-9, 2006, p. 52-75.

GUNNING, Tom, « The Cinema of Attraction[s] : Early Film, its Spectator and the Avant-Garde » [1986], dans Wanda Strauven (dir.), *The Cinema of Attraction Reloaded*, Amsterdam, Amsterdam University Press, 2006, p. 381-388.

HALFYARD, Janet K., « Cue the Big Theme ? The Sound of the Superhero », dans John Richardson, Claudia Gorbman et Carol Vernallis (dir.), *The Oxford Handbook of New Audiovisual Aesthetics*, New York, Oxford University Press, 2013, p. 171-193.

HARPER, Graeme, DOUGHTY Ruth, et EISENTRAUT, Jochen (dir.), *Sound and Music in Film and Visual Media : An Overview*, New York, Continuum, 2009.

HARRISON, Daniel, *Harmonic Function in Chromatic Music : A Renewed Dualist Theory and an Account of Its Precedents*, Chicago, University of Chicago Press, 1994.

HARROD, Ariel, *Les conditions d'une musicalité du sonore : étude comparative sur le statut musical du bruit en musique et au cinéma*, mémoire de maîtrise, Montréal, Université de Montréal, 2010.

HAYWARD, Philip (dir.), *Off the Planet : Music, Sound and Science Fiction Cinema*, Londres/ Eastleigh, John Libbey Publishing, 2004.

— *Terror Tracks : Music, Sound and Horror Cinema*, Oakville, Equinox Publishing, 2009.

HELLÉGOUARCH, Solenn, *Musique, cinéma, processus créateur. Norman Mclaren et Maurice Blackburn David Cronenberg et Howard Shore*, Paris, Vrin, 2020.

HELLÉGOUARCH, Solenn et CARDINAL, Serge, « Introduction : Musiques aux limites de l'image/ Images at the Limits of Music », *Circuit*, vol. 26, n° 3, 2016, p. 7-10.

HERSHON, Robert, « Film Composers in the Sonic Wars », *Cineaste*, vol. 22, n° 4, mars 1997, p. 10-14, http://www.crouchingphotographer.com/Sonic%20Wars.htm, consulté le 10 avril 2015.

HICKMAN, Roger, *Reel Music : Exploring 100 Years of Film Music*, New York, W.W. Norton, 2006.

HOLMAN, Tomlinson, *Sound for Film and Television*, Burlington, Focal Press, 2010.

HUVET, Chloé, *Georges Delerue : une esthétique musicale et sa mise en application dans deux films de Jean-Luc Godard et François Truffaut (1963-1983)*, mémoire de master, Lyon, ENS de Lyon, 2010.

— *John Williams, héritier du symphonisme de l'âge d'or hollywoodien ? Étude comparative d'E.T. the Extra-Terrestrial et de Jurassic Park de Steven Spielberg (1982-1993)*, mémoire de master, Lyon, ENS de Lyon, 2011.

— « La dissociation musique/images dans *Jurassic Park* : un élargissement des pratiques compositionnelles de l'âge d'or hollywoodien dans la partition de John Williams », *Cahiers de la Société Québécoise de Recherche en Musique*, vol. 15, n° 2, automne 2014, p. 23-39.

— « Musique et effets sonores dans *Star Wars : Episode II – L'Attaque des clones* : une alliance conflictuelle ? », *Revue musicale OICRM*, vol. 2, n° 2, mai 2015, p. 69-98, http:// revuemusicaleoicrm.org/rmo-vol2-n2/musique-et-effets-sonores-dans-star-wars-episode-ii-lattaque-des-clones-une-alliance-conflictuelle%E2%80%89/.

— « *The Tudors* de Trevor Morris : l'importation du style "Media Ventures" dans une série télévisée ? », dans Cécile Carayol et Jérôme Rossi (dir.), *Musiques de séries télévisées*, Rennes, Presses Universitaires de Rennes, 2015, p. 119-137.

— « D'*Un nouvel espoir* au *Réveil de la Force* : John Williams, compositeur d'émotions », *Cahiers du cinéma*, n° 731, mars 2017, p. 32-34.

— « Articulation du point de vue et du point d'écoute dans la saga *Star Wars* : des partis pris techniques et esthétiques entre réalisme sonore et spectaculaire », dans Roxane Hamery, Antony Fiant et Jean-Baptiste Massuet (dir.), *Point de vue et point d'écoute au cinéma : approches techniques*, Rennes, Presses Universitaires de Rennes, 2017, p. 185-201.

— « *Ouvrir la neuvième porte* : musique et sorcellerie dans le film de Roman Polanski (1999) », dans Cécile Carayol, Pierre-Albert Castanet et Pascal Pistone (dir.), *Le fantastique dans les musiques des XX^e^ et XXI^e^ siècles : musiques actuelles, musique contemporaine et musique de film*, Sampzon, Delatour France, 2017, p. 204-221.

— « Le son de l'apocalypse spielbergienne : musique et *sound design* dans *La Guerre des mondes* (2005) », dans Sylvie Allouche, Hélène Machinal, Monica Michlin et Arnaud Regnauld (dir.), *Formes d(e l)'Apocalypse*, Paris, Bibliothèque numérique de l'Université Paris 8, 2017, p. 179-202, https://octaviana.fr/document/COLN20_1.

— *D'*Un nouvel espoir *(1977) à* La Revanche des Sith *(2005) : écriture musicale et traitement de la partition au sein du complexe audio-visuel dans la saga Star Wars*, thèse de doctorat, Rennes/ Montréal, Université Rennes 2/Université de Montréal, 2017.

— « Ben Burtt, une écoute "musicienne" des bruitages. Le cas des vaisseaux dans *Star Wars* », dans Martin Barnier, Benjamin Labé et Marylin Marignan (dir.), *Les objets sonnants au cinéma*, numéro spécial d'*Écrans*, n° 11, 2019, p. 107-119.

IMBERTY, Michel, « Émotions, musicalité, narrativité », dans Muriel Joubert et Bertrand Merlier (dir.), *La traduction des émotions dans les musiques de films*, Sampzon, Delatour France, 2015, p. 157-175.

JARRETT, Michael, « Sound Doctrine : An Interview with Walter Murch », *Film Quarterly*, vol. 53, n° 3, printemps 2000, p. 2-11.

JESS-COOKE, Carolyn, « Sequelizing Spectatorship and Building Up the Kingdom : The Case of *Pirates of the Caribbean*, Or, How a Theme-Park Attraction Spawned a Multibillion-Dollar Film Franchise », dans Carolyn Jess-Cooke et Constantine Verevis (dir.), *Second Takes : Critical Approaches to the Film Sequel*, Albany, State University of New York Press, 2010, p. 205-223.

JOUBERT, Muriel et MERLIER, Bertrand (dir.), *La traduction des émotions dans les musiques de films*, Sampzon, Delatour France, 2015.

JULLIER, Laurent, *L'écran post-moderne : un cinéma de l'allusion et du feu d'artifice*, Paris, L'Harmattan, 1997.

— « La complémentarité CinémaScope – son multipistes », dans Jean-Jacques Meusy (dir.), *Le CinémaScope entre art et industrie*, Paris, Association française de recherche sur l'histoire du cinéma, 2003, p. 207-216.

— « Esthétique du multipistes numérique », dans Didier Huvelle et Dominique Nasta (dir.), *Le son en perspective : nouvelles recherches/New Perspectives in Sound Studies*, Bruxelles, PIE/New York, Peter Lang, 2004, p. 199-211.

— *Les images de synthèse : de la technologie à l'esthétique* [1998], Paris, Nathan, 2005.

— *Star Wars : anatomie d'une saga* [2005], Paris, Armand Colin, 2010.

KALINAK, Kathryn, *Settling The Score : Music And The Classical Hollywood Film*, Madison, University of Wisconsin Press, 1992.

— « "Disturbing the Guests with This Racket" : Music and *Twin Peaks* », dans David Lavery (dir.), *Full of Secrets : Critical Approaches to Twin Peaks*, Detroit, Wayne State University Press, 1995, p. 82-92.

KALINAK, Kathryn (dir.), *Sound : Dialogue, Music, and Effects*, Londres/New York, I.B. Tauris, 2015.

KAMINSKI, Michael, *The Secret History of Star Wars : The Art of Storytelling and the Making of a Modern Epic*, Kingston, Legacy Books Press, 2008.

KAPLAN, Jon et KAPLAN, Al, « *Star Wars* Episode 2 ½ : Attack of the Kaplans », *Film Score Monthly*, mai 2002, http://www.filmscoremonthly.com/articles/2002/13_may---star_wars_episode_2_attack_of_the_kaplans.asp, consulté le 20 avril 2016.

— « Sithburger ? », *Film Score Monthly*, vol. 10, n° 3, mai-juin 2005, p. 31-32.

KARLIN, Fred, *Listening to Movies : The Film Lover's Guide to Film Music*, New York, Schirmer, 1994.

KARLIN, Fred et WRIGHT, Rayburn, *On the Track : A Guide to Contemporary Film Scoring* [1990], New York, Routledge, 2004.

KEANE, Stephen, « Walter Murch and Ben Burtt : The Sound Designer as Composer », dans Graeme Harper, Ruth Doughty et Jochen Eisentraut (dir.), *Sound and Music in Film and Visual Media : An Overview*, New York, Continuum, 2009, p. 452-462.

KENDALL, Lucas, « *Star Wars* : Anal-retentive Trivia on the Lost Music, the Lost Scenes, and so on », *Film Score Monthly*, vol. 1, n° 41-42-43, janvier-février-mars 1994, p. 26-29.

KERINS, Mark, *Beyond Dolby (Stereo) : Cinema in the Digital Sound Age*, Bloomington, Indiana University Press, 2011.

— « The Modern Entertainment Marketplace, 2000-Present », dans Kathryn Kalinak (dir.), *Sound : Dialogue, Music, and Effects*, Londres/New York, I.B. Tauris, 2015, p. 133-155.

KING, Geoff, *Spectacular Narratives : Hollywood in the Age of the Blockbuster*, Londres/New York, I.B. Tauris, 2000.

— *New Hollywood Cinema : An Introduction*, New York, Columbia University Press, 2002.

— « Spectacle and Narrative in the Contemporary Blockbuster », dans Linda R. Williams et Michael Hammond (dir.), *Contemporary American Cinema*, Maidenhead, Open University Press, 2006, p. 334-352.

KLINE, Sally (dir.), *George Lucas Interviews*, Jackson, University Press of Mississipi, 1999.

KOPPELMAN, Charles, *Behind the Seen : How Walter Murch Edited Cold Mountain Using Apple's Final Cut Pro and What This Means for Cinema*, New York, New Riders Press, 2004.

LANCASHIRE, Anne, « *The Phantom Menace* : Repetition, Variation, Integration », *Film Criticism*, vol. 24, n° 3, printemps 2000, p. 23-44.

LARSEN, Peter, « From Bayreuth to Los Angeles : Classical Hollywood Music and the Leitmotif Technique », dans Didier Huvelle et Dominique Nasta (dir.), *Le son en perspective : nouvelles recherches/New Perspectives in Sound Studies*, Bruxelles, PIE/New York, Peter Lang, 2004, p. 185-197.

— *Film Music* [2005], Londres, Reaktion Books, 2007.

LARSON, Randall D., *Musique Fantastique. A Survey of Film Music in the Fantastic Cinema*, Metuchen/Londres, Scarecrow Press, 1985, p. 293-306 (« Déjà Vu. The Music of John Williams »).

LAUTEN, Erin K., « Interview with Ben Burtt, Editor and Sound Designer, *Star Wars : Episode II* », *FilmSound*, avril 2002, http://filmsound.org/starwars/editorsnet-interview.htm, consulté le 12 avril 2015.

LEFEBVRE, Martin et FURSTENAU, Marc, « Digital Editing and Montage : The Vanishing Celluloid and Beyond », dans Elena Dagrada (dir.), *Limite(s) du montage*, numéro thématique de *Cinémas : revue d'études cinématographiques*, vol. 13, n° 1-2, automne 2002, p. 69-107.

LEHMAN, Frank M., *Reading Tonality Through Film : Transformational Hermeneutics and the Music of Hollywood*, thèse de doctorat, Cambridge, Harvard University, 2012.

— « Scoring the President : Myth and Politics in Williams's *JFK* and *Nixon* », *Journal of the Society for American Music*, vol. 9, n° 4, 2015, p. 409-444.

LEINBERGER, Charles, « Thematic Variation and Key Relationships : Charlotte's Theme in Max Steiner's Score for *Now, Voyager* », *The Journal of Film Music*, vol. 1, n° 1, 2002, p. 63-77.

LEJEUNE, Vivien, « John Williams, de Géonosis à *Minority Report* », *Dreams Magazine*, n° 29, septembre-octobre 2002, p. 81-84.

LEPRÊTRE, Didier, « Étoiles fantômes », *Dreams to Dream...s*, n° 16, hiver 1999, p. 8-18.

— « Que les clones attaquent... » et « Le retour du Jedi Williams », *Dreams Magazine*, n° 27, avril-mai 2002, p. 26-30 et p. 30.

— « Rapport minoritaire », *Dreams Magazine*, n° 29, septembre-octobre 2002, p. 85.

— « Il y a bien longtemps, dans une galaxie musicale lointaine, très lointaine... Rencontre avec le compositeur John Williams », *Lucasfilm Magazine*, hors-série *Star Wars : 30e anniversaire*, n° 5, octobre 2007, p. 55-57.

LEPRÊTRE, Didier et MICHEL, Nicolas, « La guerre ne fait pas rage que dans les étoiles », *Dreams to Dream...s*, n° 15, automne 1999, p. 42-44.

LERNER, Neil, « Copland's Music of Wide Open Spaces : Surveying the Pastoral Trope in Hollywood », *Musical Quarterly*, vol. 85, n° 3, automne 2001, p. 477-515.

— « Nostalgia, Masculinist Discourse, and Authoritarianism in John Williams' Scores for *Star Wars* and *Close Encounters of the Third Kind* », dans Philip Hayward (dir.), *Off the Planet : Music, Sound and Science Fiction Cinema*, Londres/Eastleigh, John Libbey, 2004, p. 96-108.

LERNER, Neil (dir.), *Music in the Horror Film : Listening to Fear*, New York, Routledge, 2010.

LIBAULT, Violette, *La révélation de l'espace sonore par Walter Murch*, mémoire de master, Paris, Université Paris VII Denis Diderot, 2013.

LINK, Stan, « Nor the Eye Filled with Seeing : The Sound of Vision in Film », *American Music*, vol. 22, n° 1, printemps 2004, p. 76-90.

— « Leitmotif : Persuasive Musical Narration », dans Graeme Harper, Ruth Doughty et Jochen Eisentraut (dir.), *Sound and Music in Film and Visual Media : An Overview*, New York, Continuum, 2009, p. 180-193.

LIPPINCOTT, Charles, livret de *Star Wars Original Soundtrack*, 2 disques 33 tours, 20th Century Records, 2T-541, 1977.

LITWIN, Mario, *Le film et sa musique : création, montage*, Paris, Romillat, 1992.

LOBRUTTO, Vincent, *Sound-on-Film : Interviews with Creators of Film Sound*, Westport, Praeger, 1994.

LONDON, Justin, « Leitmotifs and Musical Reference in the Classical Film Score », dans James Buhler, Caryl Flinn et David Neumeyer (dir.), *Music and Cinema*, Hanover, Wesleyan University Press, 2000, p. 85-96.

MAGID, Ron, « An Expanded Universe : Digital and Analog Special Effects Collide in the Retooled Version of *Star Wars* », *American Cinematographer*, vol. 78, n° 2, février 1997, p. 60-62 et 64-70.

MALONE, Chris, « Recording the *Star Wars* Saga », mars 2012, *Malone Digital*, http://www.malonedigital.com/starwars.htm#.VsSLjynraft, consulté le 17 février 2016.

MANCINI, Marc, « The Sound Designer », dans Elisabeth Weis et John Belton (dir.), *Film Sound : Theory and Practice*, New York, Columbia University Press, 1985, p. 361-368.

MANUCEAU, Jean-Christophe, « *Star Wars, Episode I. La Menace Fantôme* : un renouveau pour John Williams », *Cinéfonia*, n° 12, juin 2005, p. 56-57.

MARI, Jean-Claude, *Quand le film se fait musique : une nouvelle ère sonore au cinéma*, Paris, L'Harmattan, 2007.

MASSON, Marie-Noëlle et MOUËLLIC, Gilles (dir.), *Musiques et images au cinéma*, Rennes, Presses universitaires de Rennes, 2003.

MATESSINO, Michael, « Return of the Trilogy », « The *Star Wars* Trilogy Special Edition : The Comprehensive Reference for the John Williams Music Scores » et « 70mm Variations Strike Back », *Film Score Monthly*, vol. 2, n° 1, janvier-février 1997, p. 9-12, p. 12-17 et p. 15.

MCCREDIE, Andrew, « Leitmotife : Wagner's Points of Departure and their Antecents », *Miscellanea Musicologica*, n° 14, 1985, p. 1-28.

MCDANIEL, Patti J., *The Lucas Effect : George Lucas and the New Hollywood*, thèse de doctorat, Los Angeles, University of Southern California, 2004.

MCGILL, Amy C., *The Contemporary Hollywood Film Soundtrack : Professional Practices and Sonic Styles Since the 1970s*, thèse de doctorat, Exeter, Université d'Exeter, 2008.

MEYER, Stephen C., « "Leitmotif" : On the Application of a Word to Film Music », *Journal of Film Music*, vol. 5, n° 1-2, 2012, p. 101-108.

MOORMANN, Peter, *Spielberg-Variationen : Die Filmmusik von John Williams*, Baden-Baden, Nomos, 2010.

MOUËLLIC, Gilles, *La musique de film*, Paris, Cahiers du Cinéma/SCÉRÉN-CNDP, 2003.

MULLIKEN, Seth, « Ambient Reverberations : Diegetic Music, Science Fiction, and Otherness », dans Mathew J. Bartkowiak (dir.), *Sounds of the Future : Essays on Music in Science Fiction Film*, Jefferson, McFarland & Company, 2010, p. 88-99.

MURCH, Walter, « Touch of Silence » [1998], dans Larry Sider, Diane Freeman et Jerry Sider (dir.), *Soundscape : The School of Sound Lectures*, Londres/New York, Wallflower Press, 2003, p. 83-102.

— « Stretching Sound to Help the Mind See », *FilmSound*, octobre 2000, http://filmsound.org/murch/stretching.htm, consulté le 3 février 2015.

— « Dense Clarity - Clear Density », *The Transom Review*, vol. 5, n° 1, avril 2005, p. 7-23, http://transom.org/2005/walter-murch/#part-2, consulté le 30 mars 2015.

NANCY, Jean-Luc, *À l'écoute*, Paris, Galilée, 2002.

NASTA, Dominique, « Musique, écoute et valorisation du son : de Starewitch à Tim Burton », dans Didier Huvelle et Dominique Nasta (dir.), *Le son en perspective : nouvelles recherches/New Perspectives in Sound Studies*, Bruxelles, PIE/New York, Peter Lang, 2004, p. 47-67.

NATTIEZ, Jean-Jacques, « Quelques réflexions sur l'analyse du style », *L'Analyse musicale*, n° 32, juillet 1993, p. 5-8.

NEALE, Steve et SMITH, Murray (dir.), *Contemporary Hollywood Cinema*, New York, Routledge, 1998.

NEUMEYER, David et BUHLER, James, « Analytical and Interpretative Approaches to Film Music (I) : Analysing the Music », dans Kevin J. Donnelly (dir.), *Film Music : Critical Approaches*, Edinburgh, Edinburgh University Press, 2001, p. 16-38.

NICOLAS, François, « La généalogie wagnérienne de la musique de film », dans Frédéric Gimello-Mesplomb (dir.), *Analyser la musique de film : méthodes, pratiques, pédagogie*, Norderstedt, Books on Demand, 2010, p. 37-54.

ONDAATJE, Michael, *Conversations avec Walter Murch : l'art du montage cinématographique*, Paris, Ramsay, 2009.

OROSZ, Jeremy, « John Williams : Paraphraser or Plagiarist ? », *Journal of Musicological Research*, vol. 34, n° 4, 2015, p. 299-319.

PAINE, Frank, « Sound Mixing and *Apocalypse Now* : An Interview with Walter Murch », dans Elisabeth Weis et John Belton (dir.), *Film Sound : Theory and Practice*, New York, Columbia University Press, 1985, p. 356-360.

PASCUAL, Don, « Chroniques sonores. *Star Wars Episode I : The Phantom Menace. The Ultimate Edition* », *Colonne sonore*, n° 3, printemps-été 2001, p. 192-193.

PAULUS, Irena, « Williams versus Wagner or an Attempt at Linking Musical Epics », *International Review of the Aesthetics and Sociology of Music*, vol. 31, n° 2, 2000, p. 153-184.

PINEL, Vincent, *Le montage : l'espace et le temps du film*, Paris, Cahiers du cinéma/SCÉRÉN-CNDP, 2001.

POCHÉ, Bill J., *Musical Content and Thematic Process in the Star Wars Concert Suites of John Williams*, mémoire de maîtrise, San Diego, San Diego State University, 1995.

RICHARDS, Mark, « Celebrating *Star Wars* », *Film Music Notes*, novembre-décembre 2015, http://www.filmmusicnotes.com/series/celebrating-star-wars/, consulté le 6 août 2016.

RICHARDSON, John, GORBMAN, Claudia et VERNALLIS, Carol (dir.), *The Oxford Handbook of New Audiovisual Aesthetics*, New York, Oxford University Press, 2013.

RINZLER, Jonathan W., « The Making of *Star Wars - Revenge of the Sith* : The Final Chapter », s. l., 2005, http://www.starwars.com/episode-iii/release/publishing/img/thefinalchapter.pdf, consulté le 13 juin 2014.

— *The Making of Star Wars : The Definitive Story Behind the Original Film. Based on the Lost Interviews from the Official Lucasfilm Archives*, New York, Ballantine Books, 2007.

— *The Sounds of Star Wars*, San Francisco, Chronicle Books, 2010.

— *Le making of de L'Empire contre-attaque et Star Wars : le making of*, Talence, Akileos, 2013 et 2014.

ROBB, Brian J., « Across the Stars », *Star Wars Insider*, n° 61, octobre 2002, p. 22-32.

ROGER, Mathias, *Star Wars : musique et narration dans le cinéma spectacle*, mémoire de master, Paris, Université de Paris-Sorbonne, 2004.

ROMBES, Nicholas, *Cinema in the Digital Age*, Londres, Wallflower Press, 2009.
— « Before and After and Right Now : Sequels in the Digital Era », dans Carolyn Jess-Cooke et Constantine Verevis (dir.), *Second Takes : Critical Approaches to the Film Sequel*, Albany, State University of New York Press, 2010, p. 191-204.
ROPARS-WUILLEUMIER, Marie-Claire, « Fonction du montage dans la constitution du récit au cinéma », *Revue des sciences humaines*, n° 141, janvier-mars 1971, p. 33-52.
ROSE, Frank, *The Art of Immersion : How the Digital Generation is Remaking Hollywood, Madison Avenue, and the Way We Tell Stories*, New York, W.W. Norton & Company, 2011.
ROSSI, Jérôme, « Le dynamisme harmonique dans l'écriture filmique de John Williams : harmonie fonctionnelle *versus* harmonie non fonctionnelle », dans Alexandre Tylski (dir.), *John Williams : un alchimiste musical à Hollywood*, Paris, L'Harmattan, 2011, p. 113-140.
— « De la musique de scène à la musique de film : *Macbeth* d'Orson Welles et Jacques Ibert, une écriture musico-cinématographique », dans Frédérique Toudoire-Surlapierre et Pascal Lécroart (dir.), *Marges de l'opéra : musique de scène, musique de film et musique radiophonique 1920-1950*, Paris, Vrin, 2015, p. 151-171.
ROY, André, *Dictionnaire général du cinéma. Du cinématographe à Internet : art, technique, industrie*, Saint-Laurent, Fides, 2007.
SADOFF, Ronald H., « The Role of the Music Editor and the "Temp Track" as Blueprint for the Score, Source Music, and Scource Music of Films », *Popular Music*, vol. 25, n° 2, mai 2006, p. 165-183.
— « Scoring for Film and Video Games : Collaborative Practices and Digital Post-production », dans Carol Vernallis, Amy Herzog et John Richardson (dir.), *The Oxford Handbook of Sound and Image in Digital Media*, Oxford, Oxford University Press, 2013, p. 663-681.
SALTZMAN, Steven, *Music Editing for Film and Television : the Art and the Process*, Burlington/Abindgon, Focal Press, 2015.
SCHAEFFER, Pierre, *Traité des objets musicaux : essai interdisciplines*, Paris, Éditions du Seuil, 1966.
SCHREGER, Charles, « Altman, Dolby, and the Second Sound Revolution », dans Elisabeth Weis et John Belton (dir.), *Film Sound : Theory and Practice*, New York, Columbia University Press, 1985, p. 348-355.
SCHROEDER, David, *Cinema's Illusions, Opera's Allure : The Operatic Impulse in Film*, New York, Continuum, 2002, p. 213-223 (« Wagner's Ring for Adolescents : *Star Wars* »).
SERGI, Gianluca, « A Cry in the Dark : The Role of Post-Classical Film Sound », dans Steve Neale et Murray Smith (dir.), *Contemporary Hollywood Cinema*, New York, Routledge, 1998, p. 156-165.
— « Tales of the Silent Blast : *Star Wars* and Sound », *Journal of Popular Film and Television*, vol. 26, n° 1, printemps 1998, p. 12-22.
— « The Sonic Playground : Hollywood Cinema and its Listeners », dans Richard Maltby et Melvyn Stokes (dir.), *Hollywood Spectatorship : Changing Perceptions of Cinema Audiences*, Londres, BFI, 2001, p. 121-131.
— « Blockbusting Sound : The Case of *The Fugitive* », dans Julian Stringer (dir.), *Movie Blockbusters*, Londres/New York, Routledge, 2003, p. 141-152.
— *The Dolby Era : Film Sound in Contemporary Hollywood*, Manchester, Manchester University Press, 2004.
— « In Defense of Vulgarity : The Place of Sound Effects in the Cinema », *Scope*, n° 5, juin 2006, http://filmsound.org/articles/sergi/sound-effects-place.htm, consulté le 22 février 2017.
SHONE, Tom, *Blockbuster : How Hollywood Learned to Stop Worrying and Love the Summer*, New York, Free Press, 2004.
SMISSI, Hélène, « Le scénario fantôme », *Synopsis*, n° 4, automne 1999, p. 12-16.

SMITH, Jeff, « The Sound of Intensified Continuity », dans John Richardson, Claudia Gorbman et Carol Vernallis (dir.), *The Oxford Handbook of New Audiovisual Aesthetics*, New York, Oxford University Press, 2013, p. 331-356.

SONNENSCHEIN, David, *Sound Design : The Expressive Power of Music, Voice, and Sound Effects in Cinema*, Studio City, Michael Wise Productions, 2001.

STRINGER, Julian (dir.), *Movie Blockbusters*, Londres/New York, Routledge, 2003.

TAGG, Philip, *Everyday Tonality : Towards a Tonal Theory of What Most People Hear* [2009], New York, The Mass Media Music Scholar's Press, version 2.5.2., 2014.

— « Trois méthodes proposées pour l'analyse de musiques de films », dans Frédéric Gimello-Mesplomb (dir.), *Analyser la musique de film : méthodes, pratiques, pédagogie*, Norderstedt, Books on Demand, 2010, p. 169-184.

TAKIS, John, « *Star Wars* Episode Tunes : Attack on the Score », *Film Score Monthly*, vol. 7, n° 4, mai-juin 2002, p. 18-23.

THAXTON, Ford A., « *Star Wars Episode One : The Phantom Menace*. Music Editor Ken Wannberg », *Soundtrack*, vol. 18, n° 70, été 1999, p. 8-10.

THÉBERGE, Paul, « Almost Silent : The Interplay of Sound and Silence in Contemporary Cinema and Television », dans Jay Beck et Tony Grajeda (dir.), *Lowering the Boom : Critical Studies in Film Sound*, Urbana, University of Illinois Press, 2008, p. 51-83.

THEME AMENT-GJENVICK, Vanessa, *From Splicing to Dicing : Film Sound Design Goes Digital in the 1990s*, thèse de doctorat, Atlanta, Georgia State University, 2014.

THOM, Randy, « Designing a Movie For Sound » [1998], dans Larry Sider, Diane Freeman et Jerry Sider (dir.), *Soundscape : The School of Sound Lectures*, Londres/New York : Wallflower Press, 2003, p. 121-137.

THOMAS, François, « Entretien avec Walter Murch, "sound designer" », *Positif*, n° 335, janvier 1989, p. 11-21.

THOMAS, Tony, « A Conversation with John Williams », *The Cue Sheet, Journal of the Society for the Preservation of Film Music*, vol. 8, n° 1, mars 1991, p. 6-15.

THORET, Jean-Baptiste, *Le cinéma américain des années 70*, Paris, Cahiers du cinéma, 2006.

TOMMASINI, Anthony, « John Williams's Surprising Score for *Sith* », *New York Times*, 25 mai 2005, http://www.nytimes.com/2005/05/25/arts/john-williamss-surprising-score-for-sith.html, consulté le 18 novembre 2016.

TYLSKI, Alexandre (dir.), *John Williams : un alchimiste musical à Hollywood*, Paris, L'Harmattan, 2011.

VALLELY, Jean, « *The Empire Strikes Back* and So Does Filmmaker George Lucas With His Sequel to *Star Wars* » [1980], dans Sally Kline (dir.), *George Lucas Interviews*, Jackson, University Press of Mississipi, 1999, p. 87-97.

VAN SIJLL, Jennifer, *Les techniques narratives du cinéma*, Paris, Eyrolles, 2006.

VERNALLIS, Carol, HERZOG, Amy et RICHARDSON, John (dir.), *The Oxford Handbook of Sound and Image in Digital Media*, Oxford, Oxford University Press, 2013.

VILLANI, Vivien, *Guide pratique de la musique de film : pour une utilisation inventive et raisonnée de la musique au cinéma*, Paris, Scope, 2008.

— « L'analyse des musiques de films : quelques études de cas », dans Frédéric Gimello-Mesplomb (dir.), *Analyser la musique de film : méthodes, pratiques, pédagogie*, Norderstedt, Books on Demand, 2010, p. 73-89.

VINCENT, Coralie, « Voix chantée et émotion dans le cinéma de James Cameron : une étude empirique », dans Muriel Joubert et Bertrand Merlier (dir.), *La traduction des émotions dans les musiques de films*, Sampzon, Delatour France, 2015, p. 141-154.

VUILLAUME, Corinne, « *La Revanche des Sith*, George Lucas (2005). L'impatience des limites », *Diable et cinéma*, 2005, http://www.diable-cinema.net/articles/index_revanche.htm, consulté le 16 novembre 2016.

WEBSTER, Jamie L., *The Music of Harry Potter : Continuity and Change in the First Five Films*, thèse de doctorat, Eugene, University of Oregon, 2009.

WEINER, Rex, « Lucas the Loner Returns to *Wars* » [1995], dans Sally Kline (dir.), *George Lucas Interviews*, Jackson, University Press of Mississipi, 1999, p. 184-189.

WEIS, Elisabeth et BELTON, John (dir.), *Film Sound : Theory and Practice*, New York, Columbia University Press, 1985.

WHITTINGTON, William, *Sound Design & Science Fiction*, Austin, University of Texas Press, 2007.

— « Sound Design in the New Hollywood Cinema », dans Graeme Harper, Ruth Doughty et Jochen Eisentraut (dir.), *Sound and Music in Film and Visual Media : An Overview*, New York, Continuum, 2009, p. 555-568.

— « Lost in Sensation : Reevaluating the Role of Cinematic Sound in the Digital Age », dans Carol Vernallis, Amy Herzog et John Richardson (dir.), *The Oxford Handbook of Sound and Image in Digital Media*, Oxford, Oxford University Press, 2013, p. 61-74.

WISE, Peter J., « *Return of the Jedi* : The Score », *CinemaScore*, n° 11-12, automne-hiver 1983, p. 17-20.

WRIGHT, Benjamin, « The Scream Heard 'Round the World », *Wright on Film*, mars 2008, http://wrightonfilm.com/2008/03/03/the-scream-heard-round-the-world/, consulté le 17 avril 2015.

— *Sound from Start to Finish : Professional Style and Practice in Modern Hollywood Sound Production*, thèse de doctorat, Ottawa, Carleton University, 2011.

— « What Do We Hear ? The Pluralism of Sound Design in Hollywood Sound Production », *The New Soundtrack*, vol. 3, n° 2, septembre 2013, p. 137-157.

YAZBEK, Elie, *Montage et idéologie dans le cinéma américain contemporain*, thèse de doctorat, Paris, Université Sorbonne Nouvelle-Paris 3, 2008.

## GLOSSAIRE DES TERMES TECHNIQUES CINÉMATOGRAPHIQUES

– *automated dialogue replacement* (*ADR*) : version du dialogue réenregistrée par les acteurs en studio en synchronisation avec l'image. Elle est destinée à remplacer la majorité des prises de son captées sur le plateau de tournage (trop bruyantes ou rendues inutilisables par des bruits parasites).

– *blockbuster* : terme employé pour qualifier les superproductions qui, à la suite des *Dents de la mer* (1975), se caractérisent par des effets spéciaux spectaculaires, un budget très conséquent investi dans la production, dont une large part est consacrée à une campagne publicitaire massive et aux produits dérivés, des avant-premières organisées à travers le monde et une large distribution dans les cinémas, et par un succès public immédiat et global assurant des revenus bien supérieurs aux coûts de production.

– *crawl* : texte déroulant qui défile verticalement ou horizontalement sur un fond neutre, ou en superposition d'images statiques ou animées.

– *cue* : désigne chaque musique entendue à partir de son signal d'entrée jusqu'à son interruption au sein du film.

– *cut*, aussi appelé « coupe franche » ou « coupe sèche » : passage direct entre deux plans ou deux séquences sans aucune transition ni effet de liaison (fondu, volet, trucage…) visible.

– *final dubbing sessions*, aussi appelées *re-recording mix sessions* : sessions où est réalisé le montage son final à partir des différentes pistes sonores et musicales.

– *flatbed editors* : tables de montage développées par les firmes Steenbeck et KEM (Keller-Elektro-Mechanik) au début des années 1930, où les bobines sont disposées à plat sur des plateaux horizontaux.

– *foley* : terme qui désigne les bruitages (bruits du quotidien, environnements sonores, ambiances, bruits de fond…), d'après le nom de Jack Foley (1891-1967), inventeur de techniques de bruitages synchronisées à l'image au moment de la transition vers le cinéma sonore.

— franchise : désigne, au cinéma, un accord ou une licence commerciale faisant d'un film (ou d'un ensemble de films) l'élément-clé d'une vaste stratégie *marketing*. Celle-ci consiste à produire une large gamme de produits dérivés à partir des personnages, des lieux fictionnels et du scénario du film – bandes originales, jeux vidéo, séries animées, jouets, parcs d'attractions à thème, etc. La commercialisation d'une franchise implique le plus souvent des suites (ou « séquels »), à l'image de *James Bond* (1962-), de *Harry Potter* (2001-2011) ou de *Pirates des Caraïbes* (2003-2017).

— iris : forme particulière de volet qui permet de générer une transition progressive entre deux plans. Dans une « fermeture à l'iris », un cercle part des bords de l'image et se rétrécit progressivement, recouvrant l'écran de noir. L'inverse se nomme « ouverture à l'iris ».

— *mickey-mousing* : procédé dont le nom renvoie aux dessins animés de Walt Disney, qui consiste en l'imitation littérale de certains bruits ou actions par l'accompagnement musical, musique et action physique étant étroitement synchronisées.

— *movie brats* : expression employée pour la première fois par Lynda Myles et Michael Pye pour désigner les jeunes réalisateurs des années 1970 nouvellement diplômés des universités américaines – en particulier George Lucas, Martin Scorsese, Francis Ford Coppola et Steven Spielberg.

— *music editor* : monteur musique, chargé notamment d'assembler les *temp tracks*, d'ajuster la musique au film après les sessions d'enregistrement et de la conformer au montage image, de fournir les pistes musique pour le mixage. Il joue également le rôle d'intermédiaire et de coordinateur entre le producteur, le réalisateur et le compositeur, pour qui il dresse mémos et listes détaillées des actions, des bruits et des interventions de la musique au cours du film.

— plan américain : manière de cadrer un personnage (ou un groupe de protagonistes) à mi-cuisse. Son nom vient de sa démocratisation par les films américains des années 1910-1940, et en particulier par le genre du western, fondateur de la mythologie américaine, où ce type de plan permettait de cadrer les cowboys avec leurs pistolets à la ceinture.

- préquel/séquel : film dont la réalisation est postérieure à une œuvre de référence, mais qui, sur le plan de la chronologie narrative, évoque des faits antérieurs à ce premier film – l'inverse des séquels dont l'action se déroule après. Prolongation narrative et chronologique d'un film précédent, le séquel reprend les mêmes protagonistes et débute là où l'histoire s'est arrêtée.

— prélogie : désigne les trois premiers épisodes de la trilogie *Star Wars* réalisée par George Lucas et sortis en salles respectivement en 1999, 2002 et 2005.

— *re-recording mixer* : mixeur son, parfois également responsable du montage son. Il mixe toutes les pistes sonores d'un film pour produire un montage son final.

— *shock cut* : caractéristique sonore de *Star Wars*. Il s'agit d'une transition mettant en œuvre une forte différence de volume sonore entre les plans qu'elle raccorde.

— *sound designer* : concepteur sonore, impliqué dans toutes les étapes du procédé de création sonore, de la préproduction au mixage final. Inventé par Walter Murch sur *Apocalypse Now* (1979), le terme implique originellement (1) un travail approfondi sur la spatialisation du son, la définition d'environnements sonores distincts, et un souci particulier envers la diffusion du son dans les salles de cinéma ; (2) la création d'effets sonores inventifs et inédits ; (3) une vision d'ensemble précise de l'architecture sonore du film et une conception intégrative de la bande-son s'exprimant à travers une ambition de composition sonore globale.

— *sound editor*, ou *sound effects editor* : monteur son, parfois également responsable du mixage son. Sous la houlette du *supervising sound editor*, le monteur son construit les différentes pistes sonores, comprenant celles du dialogue, des ambiances, des effets sonores, des bruitages *foley* et de la musique, puis les prépare pour le mixage (vérification de l'ordre des pistes, de leur dénomination et de leur volume sonore, conversion éventuelle dans un autre format...).

— *spotting sessions* : rencontres organisées entre le producteur, le réalisateur, le compositeur et le *music editor* (parfois en présence du *sound designer*) une fois qu'un premier montage image est effectué. Le type de musique souhaitée, son rôle, sa place et la durée de ses interventions y sont discutés.

— *stinger* : procédé très répandu en musique de film qui consiste en un *sforzando* souvent corrélé à l'énoncé d'une harmonie dissonante ; il est utilisé pour accentuer une tension dramatique particulière à l'image.

— *temp track* : musique temporaire préexistante employée sur les premiers montages image, avant d'être remplacée par la musique originale du film spécialement écrite par le compositeur.

## INDEX DES NOMS

# TABLE DES MATIÈRES

SECONDE PARTIE

## RELATIONS MUSIQUE/MONTAGE : INTENSIFICATION ET RECONFIGURATION DES PRATIQUES

Suite des ouvrages parus dans la collection

*Perception et cognition de la musique*, par Stephen McAdams, 2015, 248 pages.

*Camille Saint-Saëns et le politique de 1870 à 1921 : le drapeau et la lyre*, par Stéphane Leteuré, 2014, 224 pages.

*L'orchestre au travail : interprétations, négociations, coopérations*, par Hyacinthe Ravet, 2015, 384 pages.

*L'enquête en ethnomusicologie : préparation, terrain, analyse*, par Simha Arom et Denis-Constant Martin, 2015, 288 pages.

*Perception et cognition de la musique*, par Stephen McAdams, 2015, 248 pages.

*Camille Saint-Saëns et le politique de 1870 à 1921 : le drapeau et la lyre*, par Stéphane Leteuré, 2014, 224 pages.

*Darius Milhaud, compositeur et expérimentateur*, sous la direction de Jacinthe Harbec et Marie-Noëlle Lavoie, 2014, 288 pages.

*La steppe musicienne : analyses et modélisation du patrimoine musical turcique*, par Frédéric Léotar, 2014, 320 pages (Coup de cœur Académie Charles Cros, 2015).

*La musique face au sytème des arts ou les vicissitudes de l'imitation au siècle des Lumières*, sous la direction de Marie-Pauline Martin et Chiara Savettieri, 2014, 352 pages.

*Ernest Van Dyck et Jules Massenet : un interprète au service d'un compositeur*, par Jean-Christophe Branger et Malou Haine, 2014, 176 pages.

*Michèle Reverdy, compositrice intranquille*, par Emmanuel Reibel et Yves Balmer, 2014, 200 pages.

*Le compositeur, son oreille et ses machines à écrire : déconstruire les grammatologies du musical pour mieux les composer*, par Fabien Lévy, 2014, 288 pages.

*Les Variations pour piano op. 27 d'Anton Webern : essai d'analyse sémiologique*, par Luiz Paulo de Oliveira Sampaio, 2014, 256 pages.

*L'essor du romantisme : la fantaisie pour clavier de Carl Philipp Emmanuel Bach à Franz Liszt*, par Jean-Pierre Bartoli et Jeanne Roudet, 2013, 400 pages.

*Analyses et interprétations de la musique : la mélodie du berger dans le* Tristan et Isolde *de Richard Wagner*, par Jean-Jacques Nattiez, 2013, 402 pages.

*Bruxelles, convergence des arts 1880-1914*, sous la direction de Malou Haine et Denis Laoureux, avec la collaboration de Sandrine Thieffry, 2013, 408 pages.

*Écrits de compositeur : une autorité en question*, sous la direction de Michel Duchesneau, Valérie Dufour et Marie-Hélène Benoit-Otis, 2013, 440 pages.

Serge Diaghilev, *Danse, musique, beaux-arts : lettres, écrits et entretiens*, présentés et annotés par Jean-Michel Nectoux, 2013, 542 pages.

*Du politique en analyse musicale*, sous la direction de Esteban Buch, Nicolas Donin et Laurent Feneyrou, 2013, 256 pages.

Camille Saint-Saëns, *Écrits sur la musique et les musiciens 1870-1921*, par Marie-Gabrielle Soret, 2012, 1172 pages.

*Liszt et la France : musique, culture et société dans l'Europe du* XIX^e^ *siècle*, sous la direction de Malou HAINE, Nicolas DUFETEL, Dana GOOLEY et Jonathan KREGOR, 2012, 608 pages.

*Généalogies du romantisme musical français*, sous la direction d'Olivier BARA et Alban RAMAUT, 2012, 288 pages.

*Le Conservatoire national de musique et de déclamation 1900-1930 : documents historiques et administratifs*, par Anne BONGRAIN, 2012, 752 pages.

*La symphonie dans la Cité : Lille au* XIX^e^ *siècle*, par Guy GOSSELIN, 2011, 504 pages.

*Le style de Claude Debussy*, par Sylveline BOURION, 2011, 514 pages.

*Lettres de Franz Liszt à la princesse Marie de Hohenlohe-Schillingsfürst, née de Sayn-Wittgenstein*, présentées et annotées par Pauline POCKNELL, Malou HAINE et Nicolas DUFETEL, 2010, 436 pages.

*Charles Koechlin, compositeur et humaniste*, sous la direction de Philippe CATHÉ, Sylvie DOUCHE et Michel DUCHESNEAU, 2010, 610 pages.

*Composer au* XXI^e^ *siècle : pratiques, philosophies, langages et analyses*, sous la direction de Sophie STÉVANCE, 2010, 206 pages.

www.vrin.fr

IMPRIMERIE F. PAILLART, B.P. 30324, 80103 ABBEVILLE – (16968)
DÉPÔT LÉGAL : 1er TRIMESTRE 2022